MONUMENTA PONTIFICIA

ARVERNIÆ

DECURRENTIBUS IX°, X°, XI°, XII° SŒCULIS

CORRESPONDANCE DIPLOMATIQUE DES PAPES

CONCERNANT L'AUVERGNE

Depuis le Pontificat de Nicolas Ier jusqu'à celui d'Innocent III.

(IXe, X^e, XIe, XIIe Siècles)

Par A.-C. CHAIX DE LAVARÈNE

CHANOINE HONORAIRE, CURÉ DE SAINT-GENÈS-LES-CARMES
MEMBRE DE L'ACADÉMIE DE CLERMONT.

Monumentum ære perennius.

CLERMONT-FERRAND
IMPRIMERIE FERDINAND THIBAUD, LIBRAIRE
Rue Saint-Genès, 8-10.
MDCCCLXXVIII.

Prêtre

MONUMENTA PONTIFICIA
ARVERNIÆ

CORRESPONDANCE DIPLOMATIQUE DES PAPES
Concernant l'Auvergne.

A SA GRANDEUR

MONSEIGNEUR JEAN-PIERRE BOYER

Evêque de Clermont.

APPROBATIO.

Opus cui titulus « *Monumenta Pontificia Arverniae* » a nostro dilecto in Christo, Chaix de Lavarène, Rectore Ecclesiae Sancti Genesii (1), exaratum, typis mandari libenter annuimus.

In hoc enim saeculo, filii lucis opera tenebrarum confutare cupientes, operam ardenter navaverunt ut ex antiquioribus bibliothecis exhaurirent documenta quae in testimonium et gloriam Ecclesiae afferri possint. Eodem veritatis amore suffultus, nunc in lucem praedictus Auctor edidit monumentum ex quo Summi Romani Pontificatûs honor et Arvernensis Ecclesiae decus quam luculenter exoriuntur. His enim diplomatibus, indefesso labore de pulvere ceptis, Sancta Sedes Apostolica, ut perennis fidei custos, sanctitatis necnon et disciplinae Zelator, bonorum temporalium Cleri tam regularis quam saecularis protector, et omnium Ecclesiam attinentium propugnator, saeculis decurrentibus, magis ac magis splendet. Aliunde, filialis amor et addictissimum Gentis Arvernae erga Petri successores obsequium, a diuturnis historicis temporibus, constantissima ac firmissima, hoc opere, fulgent.

Idirco Deum adprecamur ut opus tam valde commendabile honorem et gloriam Ecclesiae quam maxime promoveat.

Datum Claromonte, 1ª die mensis Aprilis 1880.

† J. PETRUS, *Episcopus Claromonten.*

---

(1) L'auteur est maintenant chanoine-archiprêtre de la Cathédrale de Clermont.

LITTERÆ AD AUCTOREM

Adm. Rde Dne Obsme,

Pervenerunt ad SSmum Dnum Leonem XIII tuae litterae unaque exemplar operis a te exarati, cui titulus, *Monumenta Pontificia Arverniae*.

Beatissimus Pater benevolo gratoque animo illud excepit, praesertim cum per Rmum Episcopum Claromontensem noverit a te illud exhiberi ut certum tuae in Apostolicam Sedem observantiae testimonium. Quapropter paterno affectu Apostolicam Benedictionem, caelestium munerum auspicem, tibi impertitus est.

Hac ego opportunitate libenter utor, ut peculiares obsequii mei sensus tibi tester, meque profitear ex animo.

Adm. Rde Dne Obsme

Romae, die 16 Junii 1880.

Servum tibi addictissimum,

G. BOCCALI.

INTRODUCTION

———•———

La science historique a son fondement dans les sources originales qui sont le témoignage et la lumière de ses publications.

Ce qui est vrai pour les annales du monde ne l'est pas moins pour celles d'une province; et, comme l'humanité se compose de provinces éparses dans une patrie limitée par des frontières, c'est concourir à l'histoire des nations que de mettre au jour les monuments qui restent des générations provinciales.

Si la France a une place marquée dans la vie des peuples, l'Auvergne a un des premiers rangs dans cette nation dont elle fut une des provinces les plus considérables. Sans doute, son histoire remonte au-delà des âges chrétiens; mais, dès l'instant où elle embrassa l'Evangile, sa vie sociale et sa vie religieuse se confondent tellement qu'on ne peut les séparer, si on veut suivre sa marche à travers les siècles.

En nous plaçant à l'aurore de cette vie nouvelle, nous en trouvons les premiers éléments dans les inscriptions que le temps a respectées, dans les édifices qui ont survécu à la barbarie, dans les vies de nos premiers saints, dans les traditions des premiers âges et dans les œuvres des écrivains qui, comme Sidoine Apollinaire et Grégoire de Tours, ont éclairé les origines de l'Auvergne chrétienne.

Sur notre sol, les monuments lapidaires sont rares : quelques édifices anciens sont à peine debout; les tombeaux qui restent sont muets. Il faut arriver jusqu'au siècle de Charlemagne, pour trouver dans la voix et les écrits de la papauté des documents sur lesquels reposent les annales de notre vie sociale et religieuse. Sans doute, avant ce siècle, la papauté correspondait avec les nations chrétiennes, et depuis saint Austremoine, que Rome avait envoyé pour évangéliser les Arvernes, jusqu'au temps où s'ouvrent avec notre province les relations officielles du pontificat romain, l'Auvergne avait entendu sa voix et reçu ses messages. Mais, dans ces temps sans cesse troublés par les guerres et l'anarchie, la papauté n'avait pu établir d'une manière régulière son administration : elle ne le fit que lorsqu'elle eut acquis l'indépendance si nécessaire à la stabilité de l'ordre religieux. Dès lors, sa voix arrive officiellement dans toutes les provinces; elle parvient jusqu'aux extrémités du monde connu, et nous voyons se régulariser, pour ne plus s'interrompre, cette magnifique Correspondance qui, partant de la Chancellerie romaine, va, sous des noms divers, répandre en tous lieux la vérité, la lumière, la justice, les grâces et les conseils.

I.

La Correspondance diplomatique des papes est un des brillants faisceaux du système littéraire des âges chrétiens. Par les mille questions qu'elle traite, elle est une mine qu'il faut explorer, si on veut connaître à fond l'esprit administratif, le droit canon, la discipline, l'histoire, la vie morale et intellectuelle des peuples catholiques; autant de choses qui constituent en partie la science et la littérature de l'Eglise. Dans cette Correspondance, on trouve les jugements de la papauté sur tous les points soumis à son arbitrage; on y voit en exercice son esprit d'administration qui toucha à tant de questions pour les résoudre, à tant de différends pour les pacifier. Ces décisions, inspirées par une haute sagesse, contribuèrent à former et à développer la législation chrétienne qui, dans son vaste ensemble, embrasse le droit canon et la discipline ecclésiastique.

Il est incontestable que l'histoire de l'humanité chrétienne est en partie dans cette Correspondance. La vie religieuse a été, depuis tant de siècles, la vie publique et intime de l'Europe et de nos provinces que, si on veut dérouler les annales des générations qui ont précédé la nôtre, il faut en chercher les vrais éléments dans les relations officielles de la papauté qui communiquait partout la vérité et la justice, tout ce qui fait la gloire historique d'un peuple. Notre vie nationale ne commence pas seulement à l'aurore de cette Révolution dont certains esprits font le point de départ de la vie intellectuelle des sociétés modernes; elle a ses origines dans la profondeur des âges chrétiens, et pour bien la connaître, il faut explorer à fond les monuments qui attestent sa vitalité et ses transformations. Or, il n'est pas de monuments plus authentiques que ces monuments pontificaux qui, dressés par les gardiens de la vérité, conservés par la foi des peuples, sont, à chaque époque, des témoins irrécusables qui proclament la vérité. Aussi, c'est pour avoir fait l'histoire avec des pamphlets où la passion respire, et non à l'aide de ces graves documents, que nous avons des histoires universelles ou locales qu'une critique impartiale surprend en délit de prévention ou d'erreur.

Il suffit d'avoir jeté un coup-d'œil sur cette Correspondance pour constater que la science géographique y trouve, autant que l'histoire, des indications précieuses et indispensables. Les rapports des papes avec les diocèses étaient multiples, constants et variés. Ces chefs de l'humanité chrétienne intervenaient à chaque heure dans le règlement des affaires générales ou particulières, et, pendant les longs siècles où la papauté fut d'une manière directe et sensible l'âme et la règle de tous les intérêts de nos églises, il est à peine un coin de terre qu'ils n'aient compris dans leur immense sollicitude, et qu'ils n'aient signalé, avec les accidents périodiques de leur existence politique ou territoriale.

Où trouver ailleurs mieux que dans cette Correspondance les traces de la vie morale des peuples ! Les habitudes, les mœurs, les vertus, les vices de chaque siècle y sont mis à découvert : c'est un miroir fidèle où, du fond de leurs tombeaux, se reflètent, dans leur ancienne vie, les générations qui ont disparu.

Cette Correspondance est aussi une des plus sérieuses productions de la littérature chrétienne. Sans doute, le génie de la papauté a revêtu des formes aussi variées que remarquables. Les papes ne se recommandent pas seulement à la reconnaissance des lettres par leur correspondance ; beaucoup parmi eux ont grossi le trésor de la science par des écrits qui touchent à tout, à la théologie, à l'exégèse, au droit canon, à l'histoire, à la poésie, à l'éloquence et aux beaux-arts. Mais leur correspondance est une production à part où la papauté révèle son génie administratif. Outre qu'on y constate la sagesse des pensées qui l'inspirent, la justesse des jugements qui la déterminent, on a lieu d'admirer avec quel soin elle entretenait partout la vie littéraire, et comment elle conservait sans altération les formes de cette langue romaine qui, après avoir servi d'instrument au génie des peuples latins, était devenue la langue officielle des sociétés chrétiennes.

Sans doute, pour avoir ces avantages réunis, il faudrait publier intégralement la Correspondance diplomatique de la papauté. Cette œuvre ne peut être le fruit d'un jour et d'un labeur solitaire ; elle demanderait de longues années et une légion d'écrivains. Mais, si on songe que l'unité religieuse, fondée par la papauté, a établi partout le même système de relations diplomatiques, on comprendra que réaliser ce travail pour une province, c'est donner un véritable aperçu de la Correspondance générale de la papauté. Ainsi, publier les relations des papes avec l'Auvergne, c'est faire connaître dans une certaine mesure quelles furent leurs relations avec l'humanité chrétienne. Indépendamment du vaste horizon qu'ouvrent ces études, la Correspondance des papes avec l'Auvergne fournit des éléments indispensables pour l'histoire de la papauté, de l'Eglise, de la France et du monde. Elle donne en outre des indications d'une utilité incontestable pour les sciences particulières qui, comme la théologie, le droit canon, la jurisprudence et la discipline ecclésiastique, contribuent à former la science catholique.

L'histoire de notre province se trouve surtout dans cette Correspondance. Dès le IX° siècle, les monuments pontificaux se dressent au milieu de ses ruines pour attester ce que fut la vie religieuse, sociale et domestique de nos vieilles générations.

Ce ne sont pas seulement nos villes les plus importantes, nos institutions les plus considérables qui revivent avec ce qui reste de leur passé; il n'est presque pas de villages, de hameaux, de coins de terre dont ces monuments ne révèlent l'existence et la topographie. Cette Correspondance est en même temps une des branches de notre littérature provinciale, et il est hors de doute que l'Auvergne dut à ses relations avec la Cour Romaine de conserver, outre le goût de la science chrétienne, les formes de la langue latine qui, pendant de longs siècles, fut le principal instrument de la pensée et du savoir.

II.

La Correspondance pontificale a donc sa place dans le vaste champ des connaissances humaines, et pour posséder à fond la science chrétienne, il importe de la connaître. Ses origines remontent au berceau même du christianisme. Les lettres de saint Pierre et de ses successeurs sont les premiers anneaux de cette chaîne. Il faut néanmoins reconnaître que, pendant les premiers siècles, et surtout pendant la période des persécutions, cette Correspondance n'eut rien de stable et de régulier. Même, après l'ère de Constantin, et lorsque la paix fut rendue à l'Eglise, il ne fut pas toujours possible aux pontifes romains de correspondre avec les peuples chrétiens. L'anarchie qui succéda à la dissolution de l'empire romain, l'invasion de la barbarie, les guerres continuelles dont l'Italie et l'Europe furent le théâtre, tout mit obstacle aux relations officielles de la papauté. Mais lorsque les nations furent assises dans une paix plus solide, et que Charlemagne eut établi la papauté dans son indépendance, elle put correspondre librement avec ceux qui recouraient à ses lumières, ou qu'elle avait mission de conduire.

Nous appelons Actes ou Monuments tous les écrits qui restent de cette Correspondance: on leur donne aussi le terme générique de Diplômes, Lettres, Instruments, Documents, Chartes. On nomme ces monuments, pontificaux, pour les distinguer des lettres qui émanaient d'une autre autorité.

Les Monuments pontificaux comprennent les Bulles, les Brefs, les Rescrits, les Lettres apostoliques.

Les Bulles sont des lettres pontificales auxquelles était attaché un sceau de métal connu sous le nom de bulle. On a aussi appelé de ce nom les lettres des empereurs, de quelques conciles généraux et de certains évêques. L'usage d'appliquer aux lettres un sceau de plomb ou d'autre métal est fort ancien. Les empereurs romains imprimaient un sceau de plomb à leurs édits. Nous avons les sceaux de Marc-Aurèle, de Lucius Vérus, de Trajan et d'Antonin-le-Pieux. Les papes adoptèrent cet usage, on ne peut dire en quel siècle. On trouve des sceaux de plomb dans les lettres de Adéodat, de Théodore, de Vitalien et de Zacharie. A part quelques exceptions, les bulles, jusqu'à Léon IX, portent le nom du pape d'un côté, et son titre de l'autre. Depuis, elles représentent généralement sur une face les portraits de saint Pierre et de saint Paul, et sur l'autre le nom du pape dont émane la lettre. La forme des bulles est orbiculaire. Vers la fin du XIIe siècle, le plomb était suspendu au moyen de lacs en soie mi-partie de rouge et de jaune; dans la suite, on ajouta des cordelettes de chanvre.

Dans la science bullaire, on distingue les grandes et les petites bulles. Les grandes bulles ou bulles solennelles ont ordinairement des formules indiquant qu'elles ont un effet invariable et perpétuel : IN PERPETUUM : AD PERPETUAM REI MEMORIAM : TAM PRÆSENTIBUS QUAM FUTURIS. Dans leur conclusion, on voit le plus souvent le nom du notaire qui les a écrites, un cercle qui renferme une devise, la suscription du pape régnant, et un monogramme appelé communément BENE VALETE. Il y a trois sortes de grandes bulles : les bulles pancartes, les bulles priviléges et les bulles consistoriales. Les bulles pancartes confirmaient les églises dans la possession de leurs biens. La plus ancienne qu'on connaisse est du IXe siècle. Ces bulles furent surtout en usage dans les XIe et XIIe siècles; dès le XIVe, on n'en trouve plus. Les bulles priviléges accordaient des droits ou des faveurs aux monastères et aux églises. Elles ont cours dès le XIe siècle et disparaissent au XIVe. Les bulles consistoriales, ainsi dénommées parce qu'elles sont données en plein consistoire, ont pour objet les matières qui concernent la religion et le Saint-Siége. Elles portent encore le nom de bulles encycliques. On comprend aussi parmi les grandes bulles les bulles de canonisation données en faveur d'un saint qui est élevé aux honneurs d'un culte public. Les petites bulles se reconnaissent par la formule, SALU-TEM ET APOSTOLICAM BENEDICTIONEM, et surtout par la conclusion où sont généralement indiquées les dates du lieu, du jour, du mois et de l'indiction. L'origine des petites bulles remonte au VIIe siècle.

La langue latine a été invariablement employée dans les bulles. On s'est servi du caractère lombardique jusqu'au XIIIe siècle, et depuis, du caractère gothique. Dès la Renaissance, les bulles consistoriales sont en caractères italiques.

Les Brefs, ainsi désignés parce qu'on les considère comme des actes ayant peu d'étendue, étaient à l'origine des lettres, des mandements, des billets émanés des rois, des princes ou autres personnages. Les papes employèrent, dès le XIIIe siècle, ce mode de correspondance. La chancellerie romaine leur donna une forme définitive dans le cours du XVe siècle. Dans les brefs, les papes ne traitent jamais des affaires générales de l'Eglise ; ils les emploient pour accorder des dispenses, des priviléges, des indulgences et autres faveurs spirituelles, ce qui leur a souvent fait donner le nom d'indults. Dans le début, les brefs énoncent le nom du pape avec le nombre qui le caractérise et la formule, Salutem et apostolicam benedictionem: à la fin, ils indiquent le lieu, le jour, le mois, l'année de l'ère chrétienne et celle du pontificat du pape qui les envoie. Dès le xve siècle, les brefs sont scellés en cire rouge et ont pour empreinte l'anneau du Pêcheur. Ils émanent d'une chancellerie particulière appelée Secrétairerie des brefs.

Les Rescrits, Rescriptiones, Rescripta, sont des réponses adressées par les papes à ceux qui recourent à eux pour obtenir une grâce ou une décision. Ces pièces commencent par ces mots, Significavit nobis dilectus filius, et se terminent par ces formules ou autres semblables : Bene valete — Deus te incolumem juvet.

Dans la classe des monuments pontificaux, il faut ranger les Lettres apostoliques. Elles diffèrent des bulles en ce qu'elles ne renferment ni menaces d'excommunication, ni promesses de bénédiction, ce qui ne convient qu'aux pièces juridiques, et des brefs, en ce qu'elles ont trait à des intérêts généraux ou particuliers d'une nature différente. On distingue les lettres synodiques, les lettres décrétales, les lettres monitoires, les lettres préceptoriales, les lettres commissoires. Par les lettres synodiques, les papes notifient les décisions des conciles romains. Les lettres décrétales étaient d'abord des lettres adressées par les papes à ceux qui les consultaient sur la discipline ; dans la suite, et surtout dès le xve siècle, elles traitaient de toutes les matières ecclésiastiques. Aux viiie et ixe siècles, les lettres monitoires renfermaient des instructions données aux légats, et quelquefois même des sentences d'excommunication. Plus tard, on appela ainsi les lettres où les papes recommandaient aux ordinaires de ne pas conférer certains bénéfices qu'ils se réservaient. Dans les lettres préceptoriales, les papes ordonnaient de conférer des bénéfices à certaines personnes ; dans les lettres commissoires, ils annulaient les collations qu'ils désapprouvaient.

Nous ne comprenons pas dans les monuments pontificaux les lettres privées et confidentielles des papes. Elles appartiennent plus à la correspondance privée qu'à la correspondance diplomatique, unique objet de nos études.

On voit quelles richesses le génie pontifical a accumulées dans le cours des siècles. L'esprit humain a été plus d'une fois tenté à la vue de ces immenses trésors. Afin d'arriver à leur exploration, il a fondé une science qui, sous le nom de Diplomatique, a pour but de constater l'authenticité des documents par la discussion des procédés mis en usage pour leur rédaction scientifique. De bonne heure, on traça des règles qui furent les premiers éléments de la Diplomatique. Alexandre III et Innocent III établirent des principes d'après lesquels on pouvait discerner les vrais diplômes de ceux qui ne l'étaient pas. Au xiiie siècle, Durand, évêque de Mende, indiqua le moyen de constater l'authenticité des bulles par leurs sceaux. La Diplomatique fit dans les siècles suivants quelques progrès. Mais elle n'eut sa véritable méthode qu'au xviie siècle. Mabillon en traça les règles avec une autorité et un génie qui l'ont fait regarder comme le créateur de cette science. Son ouvrage de *Re Diplo-*

matica est un chef-d'œuvre d'érudition et de sagacité. Pénétrant avec le flambeau de la discussion dans le vaste domaine des manuscrits, Mabillon a appris comment il fallait constater leur âge, leur valeur, leur authenticité, au moyen de leurs écritures, de leurs sceaux, des suscriptions et des signes. Grâce à lui, une vive lumière a pénétré au sein des ténèbres et de la poussière où gisaient tant de trésors de l'antiquité chrétienne (1). Le maître a fait école et a eu de nombreux disciples qui ont appliqué ses principes et sa méthode. Dès le xviie siècle, et dans le cours du xviiie, la Diplomatique a été cultivée avec soin en France, en Allemagne, en Italie, en Espagne et dans les autres pays où florissait la science chrétienne. Citer Montfaucon, Martène, Baluze, de Vaines, Muratori, Maffei, Trombelli, Eckard, Grebner, Heumann, Torreros y Pardo, c'est nommer des savants qui, par leurs études et leurs écrits, ont assuré à la Diplomatique un rang marqué dans la hiérarchie des lettres humaines. Les ordres religieux ouvrirent de bonne heure ce nouveau champ à leur féconde activité ; aucun d'eux ne se signala avec autant de succès que l'ordre de Saint-Benoît, qui publia sur ces matières les travaux les plus considérables et les plus estimés.

Notre siècle n'a pas délaissé la science de la Diplomatique. Depuis ses commencements jusqu'à nos jours, de laborieux diplomatistes sont à l'œuvre dans tous les pays du monde, disputant à la poussière et au temps les épaves intellectuelles qu'ont respectées les révolutions.

---

(1) L'ouvrage de Mabillon parut à Paris en 1681. Il se divise en six livres. Il fut réimprimé en 1709 avec un appendice de D. Ruinart. Une troisième édition parut à Naples en 1789.

Grâce à leur infatigable labeur, la Diplomatique produit chaque jour de nouvelles œuvres et révèle au monde historique des richesses inconnues.

III.

La Correspondance diplomatique des papes émane en partie de la Chancellerie romaine. Dès les premiers siècles, l'Église adopta le système des chancelleries en usage dans l'administration civile. La Chancellerie pontificale remonte aux premiers temps du christianisme. Elle avait pour objet la rédaction des écritures, qui devaient consigner et perpétuer les actes importants de la papauté. On vit aussi les chancelleries s'établir successivement dans les monastères, dans les églises particulières et dans les chapitres. Celui qui était à la tête ne prit pas d'abord le nom de chancelier : il était plus connu sous les noms de notaire régionnaire, de bibliothécaire, de primicier, de sacellaire. Le titre de chancelier figure pour la première fois, au ixe siècle, dans une bulle du pape Formose : depuis, il apparaît fréquemment dans les bulles du xie siècle. Dès le xiiie siècle, les vice-chanceliers remplacèrent les chanceliers ; dès le commencement du xve siècle, on les voit rarement figurer dans les actes pontificaux. Ce n'est pas le lieu de faire connaître l'organisation et le fonctionnement de la Chancellerie romaine. Il suffit de constater que la papauté a déployé la plus grande vigilance, pour que ses actes fussent rédigés avec soin, notifiés sûrement aux différentes églises du monde et précieusement conservés dans ses archives.

Les archives de l'Eglise romaine existaient, dès le milieu

du IVe siècle. Saint Jérôme recommandait de les consulter. Cet immense trésor à la formation duquel ont contribué tous les siècles chrétiens est à Rome, au Vatican, sous la garde de savants archivistes et sous le regard protecteur des papes qui ont été, à chaque âge, les défenseurs dévoués de la science et de la civilisation. Les monuments pontificaux de la chrétienté sont là, à leur véritable origine. Echappés aux nombreuses révolutions qui ont traversé la ville Eternelle, ils remplissent les salles immenses que la papauté leur a consacrées, et constituent, parmi les richesses que possède l'intelligence humaine, le monument le plus merveilleux de l'esprit chrétien.

Il est vrai que la partie la plus ancienne et assurément très précieuse des actes pontificaux a disparu à la suite des perturbations et des pillages dont Rome a souffert, et au milieu des diverses translations qu'ont subies les archives pontificales. Ce qui reste n'est pas moins le trésor bibliographique le plus considérable que possède le monde chrétien.

La collection des actes pontificaux, qu'on peut appeler les diamants de l'histoire, comprend deux parties. La première qui forme 2,022 volumes, commence à Grégoire VII (1073), et finit à Sixte V inclusivement (1585). Depuis Grégoire VII jusqu'au commencement du XVIe siècle, la Correspondance pontificale est plus volumineuse, à cause de la multiplicité des affaires qu'on eut à traiter. Le pontificat de Jean XXII comprend en 22 volumes près de 80,000 pièces, et celui de Clément VI (1342-1352) 72 volumes. La seconde partie va de Sixte V à la fin du XVIIIe siècle et renferme 2,000 volumes.

Le Bullaire du Vatican comprend 4,022 volumes. Ils

sont in-folio et tous remarquables par la pureté et la beauté des caractères. Si à ces REGESTA on ajoute une collection aussi considérable de Mémoires, Notes et autres documents, on reconnaîtra que le Vatican possède les plus vastes archives. Il faut convenir qu'elles sont les plus importantes et les plus instructives, si on considère que la papauté, au sein du mouvement religieux de l'humanité, a eu des relations officielles avec la plupart des nations du monde.

A cette source originale de la Correspondance diplomatique des papes, nous devons joindre les sources secondaires qui se trouvaient dans les diocèses, dans les monastères, dans les églises avec lesquels Rome avait eu à correspondre. Si, au Vatican, on conservait les titres primitifs, ailleurs on gardait avec soin les duplicatà des lettres pontificales. Dès le IVe siècle, les monastères et les églises avaient des archives au sein desquelles on conservait précieusement les lettres des papes. Les premiers monuments de la science diplomatique ont presque tous disparu au milieu des invasions et des pillages. Il faut aller jusqu'aux IXe et Xe siècles pour trouver dans les monastères et les églises les premiers éléments de la Correspondance de la papauté. Beaucoup de ces documents disparurent pendant les guerres religieuses du XVIe siècle : le plus grand nombre resta jusqu'en 1789. La Révolution française bouleversa les archives du pays. Beaucoup furent pillées ou dévorées par les flammes; celles qu'on parvint à sauver furent réunies dans les chefs-lieux des départements. Pendant bien des années, elles furent condamnées à l'oubli, mais la loi du 10 mai 1838, en rendant obligatoire pour les départements l'entretien des archives, attira l'attention des esprits sur ces trésors de l'histoire. Les archivistes, chargés de la conservation de ces dépôts, les classifièrent dans un ordre qui permit de les reconnaître et de les étudier. Aujourd'hui, dans chaque département, on retrouve les archives ecclésiastiques qui ont échappé à la Révolution, et c'est là qu'on peut consulter la plupart des documents pontificaux que les siècles nous ont transmis. Les Archives nationales et la Bibliothèque nationale en possèdent aussi un grand nombre. Ce n'est pas sans fruit que le diplomatiste explorera le MONASTICON BENEDICTINUM, le MISCELLANEA MONASTICA, les COLLECTIONS Moreau, Baluze, et d'autres manuscrits dont le nombre est considérable.

IV.

La Correspondance diplomatique de la papauté n'est pas restée comme un mystérieux trésor sous les clés du Vatican. Cette mine féconde a été plus d'une fois exploitée. De laborieuses et intelligentes investigations ont donné naissance aux divers Bullaires qui sont une des branches de la littérature catholique et parmi lesquels le Bullaire Romain, dû au zèle infatigable de Cocquelines, tient une des premières places. C'est en effet aux archives du Vatican qu'ont puisé ceux qui ont mis au jour les importantes publications à la tête desquelles se trouvent les noms de Baronius, Rainaldi, Mansi, d'Achéry, Mabillon, Montfaucon, Martène, Baluze, La Porte du Theil, Du Chesne, Bouquet, Ughelli et de tant d'autres diplomatistes dont les veilles savantes ont contribué puissamment à la prospérité littéraire de l'Eglise.

Pour composer la Correspondance diplomatique de la papauté avec l'Auvergne, il faudrait compulser les archives du Vatican et en extraire les pièces qui intéressent cette province. L'entreprise, il ne faut pas se le dissimuler, serait gigantesque. Outre la nécessité de s'enfermer pendant de longues années dans cette aimable captivité, il faudrait plus qu'une vie, il faudrait plusieurs vies pour arriver à un tel résultat. Il est vrai que les archives du Vatican ne sont pas seules à posséder ces trésors, et que les mêmes pièces se trouvent dans les archives des églises auxquelles étaient adressées les lettres des papes. On peut donc aussi les découvrir dans les archives départementales et dans les archives particulières des églises de la province. La Bibliothèque nationale et les archives nationales en renferment un certain nombre. Les Cartulaires des abbayes et des monastères, disséminés dans les dépôts publics, les monographies qui paraissent chaque jour sur nos établissements monastiques contiennent aussi beaucoup de documents pontificaux. C'est à ces sources multiples qu'il faut puiser, pour réaliser l'œuvre de la Diplomatique pontificale. On comprend quelles investigations réclame un tel labeur.

Bien que la Correspondance des papes avec l'Auvergne ne soit qu'une faible partie de cette œuvre gigantesque, elle ne demande pas moins un travail considérable. Cette étude n'avait pas encore été abordée; le champ de la Diplomatique pontificale était sans culture.

L'homme n'a qu'une mesure d'efforts et de jours. Toute entreprise, qui paraît un peu considérable, lui révèle aussitôt son impuissance. Malgré cela, il doit consacrer sa patience et ses heures à tout travail utile, et, s'il a le bonheur de comprendre que le plus utile est celui qui profite à la religion et à l'Eglise, il doit s'y vouer même dans le plus obscur labeur.

V.

La Correspondance diplomatique des papes avec l'Auvergne est assurément une œuvre importante, dont l'exécution peut avoir de sérieux avantages pour les diocèses compris dans notre province. Nous avons formé cette entreprise. Si nous ne pouvons l'achever avant la fin de ce jour qu'on appelle la vie, d'autres, également dévoués à l'Eglise et à la science, voudront la poursuivre et l'accomplir.

Nous n'avons reculé devant aucun labeur, afin de donner à ces études le perfectionnement qu'elles méritent. Nous avons parcouru les archives départementales du Puy-de-Dôme, du Cantal et de l'Allier, dans lesquelles se trouvent en grand nombre les lettres pontificales autrefois renfermées dans les archives des chapitres, des abbayes et des monastères. Les administrations préfectorales ont daigné nous prêter le plus bienveillant concours. Nous devons surtout payer ici le tribut de notre reconnaissance à notre savant archiviste, M. Cohendy, qui n'a cessé de mettre à notre service avec un empressement dont nous gardons le fidèle souvenir, son zèle éclairé, son érudition et sa profonde connaissance de nos archives.

Nous avons dû visiter les grandes Bibliothèques où nous espérions trouver d'utiles éléments pour nos travaux. Les Bibliothèques de Rome et de l'Italie nous ont fourni de précieuses indications. La source la plus abondante à laquelle nous ayons puisé est la Bibliothèque nationale de Paris, dont les manuscrits contiennent beaucoup de documents pontificaux concernant notre province. Nous avons reçu de plusieurs amis de la science et de l'histoire des communications importantes. Nous avons parcouru les différentes publications de la Diplomatique monastique. C'est à la suite de ces investigations que nous avons réuni les éléments de la Diplomatique pontificale de notre province, œuvre qui mettra pour la première fois la Correspondance des papes avec notre pays sous les yeux du public qu'intéressent la religion, la science, l'histoire et la littérature.

Le travail, dont nous commençons la publication, comprend sous le titre de « MONUMENTA PONTIFICIA ARVERNIÆ, » ou de « CORRESPONDANCE DIPLOMATIQUE DES PAPES AVEC L'AUVERGNE, » tous les Actes qui, sous les titres de Bulles, Lettres apostoliques, Brefs, Rescrits, et autres ont été adressés aux évêques, à divers dignitaires ecclésiastiques ou civils de notre province, aux chapitres, abbayes, monastères, églises et autres institutions religieuses établies en Auvergne.

Cette vaste Correspondance prend ses origines au IXe siècle, et va jusqu'à la fin du XVIIIe. Nous n'avons pu remonter à des temps plus reculés. Les archives du Vatican, les archives nationales et départementales ne remontent même pas si haut. Notre province a eu à souffrir, comme toutes les provinces de l'Europe chrétienne, de l'invasion des Barbares qui, pendant près de cinq siècles, ont sillonné nos routes, répandant le pillage et la terreur. Ce n'est qu'après que les sociétés eurent été délivrées de leurs déprédations et de leurs menaces, que les lettres, amies de l'ordre et de la paix, purent reprendre le cours de leurs admirables travaux.

Le plan, que nous avons conçu, permet de faire de chaque publication une œuvre complète. Un volume fait un ouvrage à part; pour son complément il n'est pas nécessaire qu'on publie les volumes suivants.

Le volume que nous mettons au jour, embrasse les ixe, x^e, xie et xiie siècles, et comprend les Actes des Papes, qui, pendant cette période, ont signalé leurs relations officielles avec l'Auvergne. A la fin du volume est un Appendice, contenant des documents qui sont de nature à éclairer d'un nouveau jour les Actes pontificaux compris dans le cours de l'ouvrage.

L'Académie de Clermont, toujours jalouse d'encourager les plus humbles efforts, a bien voulu se charger de la publication de ces travaux. Elle sera, en Europe, la première des sociétés savantes, à entrer dans cette voie. Elle aura ainsi fécondé un sillon où la science pourra recueillir une abondante moisson.

Si les Académies des différentes villes de France et les sociétés savantes de l'Europe suivaient un tel exemple, nous aurions, dans quelques années, un des travaux les plus considérables que notre génération pût léguer à la postérité.

Nous aimons à croire que cette publication, fruit d'un constant travail dans lequel nous soutient l'amour de l'Eglise et celui de notre pays, rendra quelque service à la science et à la vérité. Elle fera connaître, une fois de plus, l'admirable sagesse avec laquelle les pontifes romains gouvernaient le monde chrétien, quel magnifique rôle de juges, de conciliateurs et d'arbitres ils remplissaient, avec quel zèle infatigable ils travaillaient au maintien du droit, à la restauration des mœurs, à la sécurité des peuples et au bonheur de l'humanité. Elle restera aussi, pour les temps auxquels elle touche, une des principales sources de l'histoire de cette province des Arvernes, où tant de grandes choses ont été faites au nom de la religion et de la patrie.

MONUMENTA PONTIFICIA
ARVERNIÆ

I.

Nicolas Ier à Etienne, comte d'Auvergne. Il lui ordonne de rétablir sur son siége Sigon, évêque des Arvernes, qu'il en avait chassé, et de se présenter au synode qui sera présidé par ses légats, pour répondre aux accusations portées contre lui.

Novembre 862.

NICOLAUS (1), episcopus, servus servorum Dei, Stephano (2), comiti. Quæ et quanta contra canonicas et ecclesiasticas regulas, imo contra naturalia jura pertinaciter egeris, Sedis Apostolicæ, quæ ubique, ex ministerio sibi credito, spiritaliter præsto est, cognitionem omnino non latet. Et licet tanto sint odio a nostris mentibus

---

(1) Saint Nicolas Ier siégea de 830 à 867. Par ses rares vertus et son zèle pour le maintien de la discipline ecclésiastique, il rappela saint Grégoire et saint Léon. Comme eux, il mérita le nom de Grand.

(2) Etienne, comte d'Auvergne, était un seigneur d'Aquitaine. Ayant été fiancé avec la fille de Raymond Ier, comte de Toulouse, il refusa de l'épouser, à cause d'un empêchement qu'il allégua, et qui s'opposait à la validité du mariage. Il fut mandé au concile de Touzi, diocèse de Toul (860), et exposa ses raisons. Ce synode, composé des évêques de quatorze provinces, et parmi lesquels était saint Stable, évêque d'Auvergne, déclara que le mariage ne pouvait avoir lieu. Hincmar, archevêque de Reims, chargea, au nom du synode, Rodulfe, archevêque de Bourges, et Frotaire, archevêque de Bordeaux, de terminer cette affaire, dans un des plaids de l'Aquitaine dont ils étaient métropolitains (Hincm., *Epist.*, XXII). Etienne ajouta à ses désordres de graves violences. C'est sans doute pour avoir été repris par Sigon, qu'il le chassa de son siége. Il mourut peu de temps après, dans une guerre contre les Normands.

repellenda, ut in te earum auctoritatem merito mittere in virga cogamur; ut tamen adhuc te resipiscere a tantis malis sperantes, has nostri apostolatus litteras tibi dirigimus, ut submissa pertinaciæ tuæ cervice, sanctorum sacerdotum præceptis pareas, de præteritis pœnitudinem geras, et a futuris te, ne perseverando in talibus in diaboli laqueos sempiternos incidas, circumspecte ac solerter custodias. Cæterum quia, quod his nequius exstat, contra omne quod christianæ religioni convenit, dejecto sanctissimo Sigone (1), Arvernensi episcopo, in locum ejus, pervasorem Adonem (2) clericum, substituisti, præcipimus tibi, auctoritate Dei omnipotentis, beatorumque apostolorum principum, Petri ac Pauli, ut nullam passus moram, sanctissimum Sigonem, episcopum, dejecto pervasore, Ecclesiæ suæ restituas, et in omni sacerdotii dignitate eum manere amodo dimittas. Nam, quia nonnulla impudica ac scelestissima de te inculcantur, apostolica auctoritate sancimus, ut de his plenissime satisfacturus, in nostrorum legatorum præsentia, qui constitutæ a nobis synodo præesse debebunt, in loco præfixo, occurrere studeas. Quodque si neglexeris, et præsentiam tuam a synodico examine defraudare tentaveris,

(1) Saint Sigon succéda à saint Stable, vers 862. Il fut rétabli sur son siége. En son temps, eut lieu l'invasion des Normands. L'église de Notre-Dame du Port ayant été dévastée par ces barbares, il la restaura, ainsi que le témoigne ce distique :

SED SIGO HANC PROESUL PRISCO DECORAVIT HONORE
UT TIBI, COELITONANS, AFFORET AULA MICANS.

En 866, il assista au 3ᵉ concile de Soissons, où il approuva le privilége accordé au monastère de Solignac, diocèse de Limoges. Il mourut au sein de ses travaux, vers 875. Il fut enseveli dans l'église de Notre-Dame du Port. Ses reliques y étaient conservées dans une châsse, et on y célébrait sa fête, le 4ᵉ des ides de février (*Acta Sanctorum*, t. v, pp. 429-430).

(2) Adon usurpa le siège de Sigon, et s'y maintint quelque temps par la protection d'Etienne. (Sirmond, *Conc.*, t. III, p. 226). Le *Gallia Christiana* (t. II, p. 252) pense qu'il y eut alors pour évêque un nommé Ranulfe. Il l'infère d'une charte de Brioude, où il est dit d'un échange fait, en 864, entre le comte Bernard et les moines de Mozat, qu'il eut lieu du consentement du roi Charles et de l'évêque Ranulfe. Cette opinion est aussi celle de Mabillon et de Justel. Nous pensons qu'il est question de l'évêque Rodulfe, archevêque de Bourges, qui, comme métropolitain, dut intervenir dans les affaires de l'Église d'Auvergne.

scias te, præsulatus nostri auctoritate, a vini et carnium participatione omnino excommunicatum, quoadusque Romæ, in nostra speciali præsentia, districtam positurus rationem assistas. Pervasor vero sanctæ Arvernensis Ecclesiæ si, post hanc nostram definitionem, illic remorari tentaverit, et aliquod impedimentum sanctissimo Sigoni, episcopo, facere quacumque argumentatione præsumpserit, sciat se pari modo non tantum a vini et carnium, verum a corporis et sanguinis Domini nostri Jesu Christi participatione penitus esse sejunctum, quamdiu nostris jussionibus obstinate in præsentiam apostolicam venire distulerit. Bene vale (1).

II.

Jean VIII à Geilon, abbé de Sainte-Marie et de Saint-Philibert de Noirmoutier. Il confirme la donation qui lui avait été faite par Charles-le-Chauve, du monastère de Saint-Pourçain.

15 octobre 876.

oannes (2) episcopus, servus servorum Dei, Geiloni (3), religioso abbati venerabilis monasterii sanctæ Dei genitricis semperque Virginis Mariæ, dominæ nostræ, et sancti Philiberti, ac per te eidem venerabili monasterio in perpetuum. Convenit aposto-

---

(1) Mansi, *Concilia*, t. xv, p. 552. — *Gallia Christiana*, Fragment, t. ii, col. 251-252; *Patrologie*, éd. de Migne, t. cxix, col. 805-806. — Jaffé, *Regesta Pontificum Romanorum*, Berolini, mdcccli, p. 240.

(2) Jean VIII gouverna l'Eglise dix ans (872-882). On lui reproche d'avoir manqué de fermeté, surtout dans sa conduite avec Photius.

(3) Geilon, VII⁰ abbé de Saint-Philibert de Noirmoutier, fut contraint de quitter son abbaye que les Normands venaient de mettre en ruine. Ayant obtenu de Charles-le-Chauve la petite abbaye de Saint-Pourçain, il prit les reliques de saint Philibert et vint s'y établir avec ses moines. L'abbaye de Saint-Pourçain n'étant plus assez spacieuse pour contenir les anciens moines et ses nouveaux hôtes, Geilon la quitta, après l'avoir gouvernée près de cinq ans, et vint à l'abbaye de Tournus, d'où il fut promu à l'évêché de Langres. (*Hist. de l'abbaye royale et de la ville de Tournus*, François Chifflet, de

lico moderamini pia religione pollentibus benevola compassione succurrere, poscentium animis alacri devotione impertiri assensum. Ex hoc enim lucri potissimum prœmium a conditore omnium Domino promeremur, dum venerabilia loca opportune ordinata ad meliorem fuerint sine dubio statum perducta. Igitur omnibus sanctæ Dei Ecclesiæ fidelibus, et nostris præsentibus et futuris notum fieri volumus, qualiter Reverentia tua per Adalgarium, sanctissimum episcopum sanctæ Eduensis Ecclesiæ, nostro suggessit apostolatui, observans quòd abbatiolam, quæ vocatur Sanctus Porcianus (1), quamque piæ memoriæ Carolus imperator (2), spiritualis scilicet filius noster, ob sui perennem memoriam, per præcepti seriem in eodem venerabili monasterio conferens largitus est (3), nostri apostolici privilegii auctoritate confirmaremus. Nos autem considerantes hanc petitionem salubrem fore, et eidem venerabili monasterio, cui præesse dignosceris, stabilimentum consistere, præcipue cum omnia pia loca (4) proprium robur et munimentum habere optemus, inclinati petitionibus tuis, a præsenti nona indictione, præfatam abbatiolam cum omnibus rebus suis mobilibus vel immobilibus, sibi juste et legaliter pertinentibus,

la Compagnie de Jésus, p. 90 et suiv., Dijon, MDCLXIV. — *Chronicon Trenorciense*, auct. Falcone, Trenorch. monacho, ex ms. cod. Trenorch.) Parmi les abbés qui succédèrent à Geilon on cite Hervé, qui devint abbé de Tournus en 948; Etienne qui transféra les reliques de saint Pourçain et releva les ruines du monastère. L'abbaye était transformée en prieuré, au xi° siècle. (Ms. lat. de la Bibliothèque nationale, 12,694. *Monasticon Benedictinum*, t. xxx, fol. 288 et suiv. D. Joseph Mège, *Hist. ms. de Saint-Pourçain*.)

(1) Saint-Pourçain, petite ville du département de l'Allier, à trente kilomètres de Moulins, était à l'origine un désert, au milieu duquel s'élevait un monastère, nommé *Mirandense*, Montmiret, à cause de la petite montagne de Miret qui l'avoisine. Pourçain, cénobite renommé par ses prodiges, en prit la direction, vers la fin du v° siècle, et laissa son nom au monastère et à la ville qui y prit naissance. (Greg. Turonensis, *Vitæ Patrum*, cap. v). Ce fut dans la suite une petite abbaye. Les reliques de saint Pourçain étaient conservées en partie dans l'église de ce monastère, en partie dans l'église de Saint-Martin de l'Aigle, en Normandie.

(2) Charles-le-Chauve monta sur le trône, le 20 juin 840. En 848, il fut reconnu roi d'Aquitaine.

(3) Voir le diplôme de Charles-le-Chauve (Appendice, n° I).

(4) *Forte* legata.

quemadmodum ex prædicto eodem Augusto concessum est, per hoc apostolicum nostrum privilegium in sæpe dicto venerabili monasterio confirmamus et perpetualiter stabilimus, et ad mercedem nostram roboramus; ita quoque apostolica auctoritate munientes decernimus, ut nullus episcoporum ad negotia divina illuc aut pro alia re peragenda, nisi a te successoribusque tuis abbatibus fuerit invitatus, ire pertentet. Immo, ne judiciaria potestas quamcumque vel molestiam, aut destructionem quamlibet pergens facere audeat, quam secundum ipsius venerabilis monasterii ritum, et prædicti Augusti concessionem et confirmationem ab omnibus Christi fidelibus observandam sancimus. Si quis autem cujuslibet dignitatis homo contra hoc nostrum privilegium, quod non credimus, in toto vel in parte, ire præsumpserit, ac quod a nobis salubriter sancitum est, in aliquo frangere ausus fuerit, auctoritate Dei omnipotentis et beati Petri apostoli, atque nostra, sciat se propria communicatione privatum, et, nisi cito resipuerit ac canonicæ sanctioni obedierit, anathemate perpetuo condemnatum : qui vero custos et observator exstiterit, benedictionem et gratiam a Domino Deo nostro consequi mereatur.

Scriptum per manum Anastasii, notarii regionarii et scriniarii sanctæ Romanæ Ecclesiæ, in mense octobris, indictione nona. Bene valete. Datum idus octobris, per manum Cristophori, primicerii sanctæ sedis apostolicæ, imperante domino piissimo Augusto Karolo a Deo coronato magno imperatore(1), post consulatum ejus anno primo, indictione nona (2).

---

(1) Charles-le-Chauve, s'étant rendu à Rome, en 875, reçut la couronne impériale, le 25 décembre, des mains de Jean VIII. Il mourut le 6 octobre 877, à l'âge de 54 ans, après un règne de 37 ans.

(2) D. Luc d'Achery, *Spicilegium*, nova editio, Parisiis, MDCCXXIII, t. III, p. 351. Parisiis, ap. Guill. Desprez, MDCLXXV. — Ms. lat. de la Bibliothèque nationale, 12,700, *Monasticon Benedictinum*, f. 126. — Recueil des Historiens de France, t. VIII, p. 630. — Mansi, *Conc.*, XVII, 262. — Cocquelines, *Conc.*, 1,209. — Juénin, *Histoire de l'abbaye de Tournus*, ad an. 871.

III.

Jean VIII à Louis-le-Bègue. Il l'assure de son dévouement. Il lui rend grâce, au sujet du comte Boson qui l'avait accompagné en Italie, et lui recommande Agilmare, évêque d'Auvergne, dont il a reçu des marques d'un attachement unique.

878.

ILECTISSIMO filio Ludovico (1) gloriosissimo regi, divæ memoriæ Caroli imperatoris filio. Quanto vos amore diligimus, quantumque charitatis affectum erga vos tenemus, paucis explicare verbis minime possumus : hoc tamen gloriam excellentiæ vestræ scire cupimus, quod devotionem ardoremque charitatis, sicut polliciti sumus, erga vos indeficientem perpetuo retinemus. Interea millenas serenitati vestræ de Bosone (2) dilecto et communi filio ac fidele gratias referimus, qui tam prudenter communibus obtemperans jussis, parere in omnibus ita nobis studuit, ut etiam velut vere Christianæ religionis cultor, animæ et vitæ suæ non pepercerit, sed pro sanctæ Ecclesiæ et communi fidelitate ultro se morti tradere non dubitavit, et usque Ticinum, annuente Deo, securius nos perduxit. Quapropter, dilectissime fili, ac porphyretice rex, obsecramus excellentiæ vestræ culmen ut, si res exegerit, sicut nobis vestra dignata est repromittere sublimitas, ei adjutorium ad debellandos hostes nostros virorum bellatorum adminiculum præbeatis : quoniam dignum est ut soli omnes adjutorium præbeant qui solus pro cunctis desudare non cessat. Præsentem itaque hujus lato-

---

(1) Louis II, dit le Bègue, succéda, le 6 octobre 877, à Charles-le-Chauve, son père. Il fut couronné, le 8 décembre suivant, à Compiègne, par Hincmar, archevêque de Reims, et de nouveau, le 7 septembre 878, au concile de Troyes, par Jean VIII. Il mourut le 10 avril de l'année suivante.

(2) Le comte Boson suivit Jean VIII en Italie, et le soutint contre les attaques de Lambert, duc de Spolète. Charles-le-Chauve en avait fait un des plus puissants seigneurs du royaume. Il était père de l'impératrice Richilde, et avait épousé en secondes noces Ermengarde, fille de l'empereur Louis II.

rem epistolæ, Agilmarum (1) venerabilem episcopum, excellentiæ vestræ plurimum commendamus, quatenus idem suaque Ecclesia crescat augmento perfectionis, qui in omnibus opportunitatibus nostris nulli secundus extitit, et vobis fidelissimum in cunctis quæ cognoverit verissime comprobavimus. Inter hæc, episcopos quos serenitas vestra in nostrum jussit venire adjutorium, scias, præter Agilmarum, nullum venisse. Quapropter regalis censura, culminis vestri sua auctoritate compellat eos quantocius hostiliter (f. synodaliter) Romam venire, ut de cœtero discant apostolico culmini et regali excellentiæ congruenter præbere obedientiam (2).

IV.

Sergius III confirme la fondation du monastère de Blesle, faite par Ermengarde, épouse de Bernard (3), comte de Poitiers et d'Auvergne (4).

904-911.

(1) Agilmare (*Agismarus*, *Aymarus*, *Ademarus*) succéda à saint Sigon. En 875, il signe un privilége accordé à l'abbaye de Tournus. En 876, il assiste au synode de Pontion, en Champagne. Il figure, en 877, dans un diplôme de Charles-le-Chauve accordé à l'abbaye de Manglieu qu'il voulait mettre sous sa dépendance. En 878, il assista au concile de Troyes, assemblé par Jean VIII (Gallia Christiana, t. II, *Instrum. Ecclesiæ Claromont.*, col. 118). La même année, il signe le privilége apostolique en faveur du monastère de Saint-Gilles : « Ademarus Claromontis episcopus firmat » (D. Bouquet, *Recueil des Historiens...*, t. IX, p. 167. — *Patrol.*, éd. Migne, t. CXXVI, col. 795). Agilmare était d'une famille opulente de Bourgogne. Il y possédait de vastes terres. C'est là qu'il fonda, non loin de la Saône, un monastère pour les moines qui, chassés du Poitou, étaient venus en Auvergne, avec les reliques de saint Vivent, lui demander un asile et des secours (*Acta Sanctorum*, nov. editio, t. II, p. 95). Agilmare accompagna Jean VIII en Italie, et porta, à son retour, la lettre de Jean VIII à Louis-le-Bègue. En 891, il est fait mention d'Agilmare au concile de Meun-sur-Loire. On voit par la lettre de Jean VIII, que cet évêque était très-dévoué à la personne du pape et à la cause du roi.

(2) Mansi, *Conc.* — *Patrol.*, t. CXXVI, col. 810.

(3) Bernard II possédait le comté d'Auvergne, dès 869. En 879, Louis-le-Bègue lui donna le marquisat de Septimanie. Il mourut vers l'année 886. *L'Art de vérifier les dates*, p. 712.

(4) L'existence d'une bulle accordée à Ermengarde, quand elle se rendit à Rome, est démontrée par une lettre de Florence, abbesse de Blesle, à Urbain II. On peut lire cette lettre à l'Appendice. On ne sait pas d'une manière certaine

V.

Jean X (1), aux évêques de la Gaule. Il ratifie la donation de Magentiac et autres terres, faite par Guillaume, comte d'Auvergne, et Ingelberge, son épouse, aux moines de Saint-Launomar, chassés de leur monastère par les païens.

914 (2).

IOANNES (3) episcopus, servus servorum Dei, omnibus episcopis et senioribus (4) Galliæ, cæterisque sanctæ Dei Ecclesiæ fidelibus salutem. Quoniam ex successorum apostolorum pietate sic universaliter debemus consulere cunctis, ut singulorum quo-

---

quel pape accorda cette faveur. Mabillon (*Annales Benedictini*, t. III, p. 535) pense que ce fut Sergius III, qui siégea de 904 à 911. Estiennot (Ms. lat. 12,750 de la Bibliothèque nationale, *Antiquitates Benedictinæ in diœcesi S. Flori*, p. 206), croit que ce fut Sergius IV, pape en 1009. Ce sentiment n'est pas admissible. Ermengarde, la comtesse d'Auvergne et la mère de Guillaume-le-Pieux, dut mourir au commencement du xe siècle. Elle se rendit à Rome, et intéressa le pape à son œuvre. Celui-ci prit l'abbaye de Blesle sous sa protection, et l'exempta de la jurisdiction épiscopale, moyennant une rente annuelle de cinq sols, monnaie de Poitiers. Ermengarde mourut, dit-on, dans ce monastère, pleine de jours et de mérites. La première abbesse que signale la Chronologie du monastère est Emilde, qui gouverna de 1009 à 1030. A son aurore, et dans ses beaux jours, l'abbaye de Blesle eut jusqu'à soixante religieuses. Elle donna naissance à la ville de Blesle dont elle fut l'ornement et l'histoire.

(1) Nous attribuons cette bulle à Jean X, par la raison qu'elle est d'un pape Jean, et qu'il n'en est pas d'autre, aux environs de 912, époque de la donation de Guillaume.

(2) Nous adoptons pour date la première année du pontificat de Jean X. Dans sa lettre, il parle de la donation de Guillaume comme d'un fait récent. D. Estiennot s'est trompé en mettant ce diplôme en 912. (Ms. lat. de la Biblioth. nation., 12,745. *Antiquit. Bened. in diœcesi Claromontensi*). Jean X ne siégeait pas encore. Mabillon, en mettant cette bulle, en 874 (*Acta SS. ord. S. Benedicti*, t. II, p. 254-255), commet une erreur plus grave, mais il y a lieu de croire qu'elle est involontaire, puisqu'il constate ailleurs (*Annales Bened.*, t. III, p. 562) que la fondation de Magentiac eut lieu en 912.

(3) Jean X tint le saint-siége plus de quatorze ans (914-928). Il fut plein de sagesse et d'attachement à ses devoirs. Si, au commencement, il commit quelques fautes, il sut les réparer par la pénitence.

(4) *Alias* primoribus, *sed melius* archiepiscopis.

que causas sine fastidio debeamus cognoscere, studendum est nobis non minus velle prodesse quam præesse. Noveritis itaque illustrem nobisque carissimum Arvernorum præsidem, Willelmum (1), et uxorem ejus, Ingelbergam (2), per fideles sibi legatos, Adalelmum (3) scilicet, reverendissimum episcopum, Ocbertum et Caseum, clarissimos viros, manifestasse nobis qualiter pro Dei amore monachos sancti Launomari (4), confes-

(1) Guillaume, fils de Bernard II et d'Ermengarde, succéda, dans le comté d'Auvergne, à Bernard, son père, et selon d'autres, à Guérin II, son frère. D'après une charte de 887, il était aussi comte de Bourges. En 893, le roi Eudes le nomma duc d'Aquitaine. Son amour pour la religion lui valut le surnom de Pieux. Il fit d'importantes fondations. Par un diplôme du 2 septembre 910, il fonda le monastère de Cluny; deux ans après, il fonda celui de Moissat. Suivant Baluze (*Histoire de la maison d'Auvergne*, t. I, p. 14), il mourut en 917 ou 919 : selon Justel et Mabillon, il serait mort en 927. Il fut enseveli dans l'église de Brioude. (V. l'Appendice, II).

(2) Ingelberge, épouse de Guillaume-le-Pieux, était fille de Boson, roi de Provence. Elle mourut à Moissat en 919, et fut inhumée dans l'église qu'elle y avait fait construire. (*Notice manuscrite sur Moissat*, provenant de la Biblioth. des PP. Jésuites de Billom, p. 60).

(3) Dans la série des évêques de Clermont, on trouve à cette époque Adalard, et non Adalelme. Dom Estiennot pense qu'Adalelme peut être le même qu'Adalard. Cette conjecture paraît fondée. Adalard (*Adalardus, Adelardus*) a pu devenir sous la main d'un copiste *Adelermus, Adelelmus*. Il est vraisemblable que Guillaume a dû choisir, pour faire confirmer sa donation par le pape, Adalard, qui déjà avait signé l'acte de fondation de Cluny. En 903, Adalard donna à l'église Cathédrale l'église de Saint-Victor, près de Chamalières. En 906, il figure dans une charte concernant la consécration de l'église des Saints Julien et Privat (*Mémoires de l'Académie de Clermont*, nouvelle série, t. III, p. 387). Les Bollandistes démontrent que le *Gallia Christiana* met sans raison Adebert II après Adalard. L'inscription sur laquelle se fonde le *Gallia*, montre qu'il s'agit d'Adebert, évêque au VIIIe siècle, époque où était comte d'Auvergne, Icterius, qui y est désigné. Il ne faut pas admettre avec le *Gallia* et Mabillon qu'Arnaud succéda à Adalard, en 912, par la raison qu'Arnaud signa cette année la charte de fondation du monastère de Déols. Mabillon lui-même (*Annales Benedictini*, t. III, p. 357) met cette fondation en 917. (Cf. *Rerum Gallicarum* et *Francicarum Scriptores*, t. IX, p. 715. — Labbe, *Bibliotheca*, t. II, p. 164.

(4) Saint Laumer (Launomar) vivait au VIe siècle. Il mourut en 594. Ses reliques furent d'abord gardées à Corbion, diocèse de Chartres. Contraints de fuir devant les Normands, les moines de Corbion les transportèrent au diocèse d'Avranches, puis au Mans et à Blois, où on construisit un monastère en leur honneur. Elles furent ensuite transférées à Moissat.

soris Christi, cum corpore ipsius sancti, persecutione diutina paganorum a suo loco fugatos, quodque eis ad refugium ipsi donaverint aliquid de rebus suis in præsenti, et, si opportunitas se illis præbuerit, deinceps plura daturos quæ sunt in partibus Arvernicis, id est; villam Magenciacum (1) cum ecclesia Sancti Petri nomine consecrata, et vineam indominicatam ejusdem villæ, et aliam villam (juxta) Magenciacum, et juxta illas villam quæ dicitur Blavignacus, partemque in villa quæ vocatur Espidincus (2) mansos duos, et in villa Regniaco (3) vineam indominicatam, et in villa Malamorte (4), omnem hæreditatem cujusdam Asterii, quam de Geraldo et Lucretia ejus uxore acquisierunt, et in Varennis (5), vineam indominicatam et in ipso comitatu, villam Bornicum (6) quam de........ acquisierunt, et super fluvium Dore, in comitatu Claromontensi, villas Piscatorias (7) cum servis et ancillis, pratis, terris cultis et incultis, silvis et manso quæ de Fulcherio commutaverunt, et similiter Prisciniacum cum omni integritate, et tres alios mansos juxta positos, scilicet Vallecinga, Floriacum, Montjocundum (8). Super qua re suggesserunt vigilanter apostolatui nostro, quem vice beati Petri tenemus, per religiosum et venerabilem episcopum Adalelmum, et supra nominatos Ocbertum et Caseum, nobiles viros, Sedem Romanam de more scilicet devote adeuntes, ut ipsam eorum donationem, secundum consuetudinem prædeces-

---

(1) Moissat (*Magentiacum, Maenssat, Maissat, Meyssat*), eut d'abord une abbaye. Le *Cartulaire* de la Chaise-Dieu désigne comme premiers abbés Bernard, Guy et Richel. L'abbaye devint plus tard un prieuré, sous la dépendance de Saint-Laumer de Blois. On voit Théodart, prieur en 1077 ; Maurice, prieur en 1080. Le monastère était à Moissat-Bas, situé dans l'ancien archiprêtré de Billom. Moissat est du canton de Vertaizon.

(2) Espezen, autrefois paroisse sous le vocable de Saint-Remi, est un terroir de la commune de Moissat.

(3) Regnat, paroisse du canton de Vertaizon.

(4) La Marthe : il y a deux domaines de ce nom, la Grande et la Petite Marthe. Ils sont dans la commune de Moissat.

(5) La Varenne : il y a un terroir de ce nom dans la commune de Bort.

(6) Bort, paroisse du canton de Billom.

(7) Peschadoires, paroisse du canton de Lezoux.

(8) Montjoly. Il y a deux propriétés de ce nom : l'une dans la commune de Crevant, l'autre dans celle de Vinzelles.

sorum nostrorum, sanctæ Sedis Apostolicæ privilegio firmaremus, propter quorumlibet in posterum certam cupiditatem vel inquietudinem; quatenus omni deinceps tempore, absque quorumcumque crudelitate (1) vel subreptione, monachi cum ipso abbate ipsi et successores eorum possint ibidem consistere et sui propositi normam optime servare. Quorum piis actibus gaudentes, et justis petitionibus annuentes, decernimus per hoc apostolicæ auctoritatis privilegium, perque illam potestatem quam a Deo in beato Petro apostolo accepimus, ut tam ipsæ res supra nominatæ quam aliæ quas vel ipse Deo amabilis præses et ejus uxor Ingelberga, vel alii forte Dei amatores, deinceps eisdem monachis vel successoribus eorum donaverunt, Domino Salvatori nostro sanctoque Petro atque beato Launomaro deserviant in usibus monachorum et diversis utilitatibus, adveniente unquam Christianorum (2).... qualibet occasione, aliquam sustineant calumniam, sed liceat servis Dei, ejusdem loci cultoribus, cum consilio et voluntate abbatis sui, ea stabili firmitate, sicut eis expedierit, tenere et gubernare. Si quis autem, cupiditate vel aliqua malignitate ductus, eorum testamentum et hoc nostræ auctoritatis privilegium aliqua occasione conatus fuerit infringere, et de ipsis rebus sæpe dictis servis Dei aliquam calumniam vel molestiam *ingerere,* aut abbatem eis imponere, nisi solum illum quem concors omnis congregatio sibi ex sese elegerit, qui eis prodesse et præesse, secundum regulam beati Benedicti, valeat, hunc auctoritate Spiritus sancti sanctorumque apostolorum a liminibus sanctæ Dei Ecclesiæ, et a communione corporis et sanguinis Domini nostri Jesu Christi, atque consortio omnium Christianorum anathematis vinculo ligatum separamus, ut, nisi cito resipuerit, omnia quæ depravaverat corrigendo, cum rapacibus a regno Dei exclusus perpetua damnatione feriatur (3).

(1) *Alias* cupiditate.
(2) *Deest.*
(3) Mabillon, *Acta Sanctorum ordinis Sancti Benedicti,* t. II, p. 254-255. — Bibliothèque nationale, ms. latin, 11,766. *Fragmenta Historiæ Aquitanicæ,* p. 341 et suiv., Recueil de Dom Estiennot.
NOTE. M. Ad. Michel, dans son récit sur la fondation du monastère de

VI.

Jean X confirme la donation de cent manses ou hameaux faite à l'abbaye d'Aurillac (1) par Jean 1er, abbé,

Moissat a commis plusieurs inexactitudes (*L'ancienne Auvergne et le Velay*, t. I, page 84). 1°. Il soutient que saint Laumer fut le fondateur de l'abbaye de Saint-Laumer de Blois. Saint Laumer vivait au vie siècle et l'abbaye de Blois n'a été fondée qu'au ixe. 2°. Le prieuré de Moissat n'a jamais été dans la vallée de la Dore. 3°. Guillaume ne put faire prendre aux moines de Moissat la règle de saint Benoît; ils la suivaient depuis longtemps. 4°. Le comte d'Auvergne n'a pas obtenu des bulles, mais une seule pour Moissat. 5°. M. Michel appelle Jean X, un mauvais pape. Muratori qui le connaissait mieux, l'appelle un pape d'un grand esprit et d'un grand cœur. Ce pape a pu commettre des fautes; mais, pour être juste, il fallait rappeler qu'il les expia.

(1) L'abbaye d'Aurillac, une des plus célèbres d'Auvergne, fut fondée, en 898, par saint Géraud. Géraud, fils de Gérald et d'Aldeltrude, eut, dès l'enfance, un goût prononcé pour l'étude et la piété. Il acquit une vertu éminente que signalèrent des prodiges. Après la mort de ses parents, le jeune comte d'Aurillac résolut de consacrer sa fortune à Dieu et aux pauvres. Il alla à Rome (894) et fit approuver par le pape Formose son projet d'établir sur ses terres une abbaye. De retour à Aurillac, il en jeta les fondements près de l'église de Saint-Clément, que ses parents avaient fait construire dans une prairie au-dessous de leur château. Il la dota richement, la soumit au Saint-Siège, et arrêta qu'on lui servirait une rente annuelle de dix sols d'or, en signe de dépendance. Elle fut placée sous le vocable de Saint-Pierre et de Saint-Clément, et ne prit le nom de Saint-Géraud qu'après la mort de son fondateur. L'abbaye devait avoir quarante religieux, y compris l'abbé, les frères convers et les séculiers chargés des affaires matérielles. Monseigneur Bouange, dans son récent travail sur l'abbaye d'Aurillac, établit que saint Géraud mourut le 15 octobre 909. Il démontre contre Mabillon et les Bollandistes que c'est Amblard, évêque de Cahors, et non Adalard, évêque d'Auvergne, qui assista à ses derniers moments. (Cf. *Vita S. Geraldi*, auctore Odone. — *Histoire de Saint-Géraud* par le P. Dominique de Jésus. — *Saint-Géraud d'Aurillac et son illustre abbaye* par Mgr G. Bouange). Adalgaire fut le premier abbé d'Aurillac. Il obtint de Charles-le-Chauve des lettres de sauvegarde. Jean Ier, parent de saint Géraud, était abbé de Tulle quand il succéda à Adalgaire. Pieux et savant, il dirigea le monastère dans les voies de Dieu. Saint Odon continua son œuvre pendant un court abbatiat. Arnulphe ne dégénéra pas de ses prédécesseurs. Il fonda un monastère à Saint-Pons de Tomières (956) et rétablit celui de Saint-Chaffre. Adralde Ier établit un monastère à Capdenac et agrandit l'église abbatiale. Géraud de Saint-Céré l'acheva et le fit consacrer: il restaura l'abbaye de Souillac qui relevait de celle d'Aurillac et se rendit à Rome au tombeau des saints Apôtres. Raymond de La Vaur, qui lui succéda, élève le pâ-

et met le monastère sous la dépendance immédiate du Saint-Siége (1).

914-928.

VII.

Agapet II engage les Arvernes à arrêter les pillages qui se commettaient sur les terres du monastère de Sauxillanges, et en particulier, Etienne, évêque d'Auvergne, à retrancher du sein de l'Eglise les auteurs de ce brigandage.

951.

AGAPETUS (2) episcopus, servus servorum Dei, omnibus sanctæ Dei Ecclesiæ filiis in Arvernico habitantibus perpetuam pacem æternamque salutem in Christo Jesu. Immensa suspendimur admiratione cur illi, quibus inter vos pastoralis cura commissa est, oculos habeant mentales clausos, sanctam Ecclesiam ita, ut nobis suggestum est, sinant pravorum rabie lacerari, vastari, rebus propriis exspoliari, non opponentes se murum pro domo Israel, nec in prælio in die Domini stantes, ut obvient sua auctoritate raptoribus et prædonibus; sed videntes inhonorari suam ipsorum matrem, tacent, nec aspera redarguunt invectione

---

tre Gerbert, correspond avec son illustre élève, et meurt, laissant le monastère plein de sa science et de la gloire de Silvestre II. Adralde II, de Saint-Christophe, maintient l'abbaye dans son éclat. Il élève une statue d'or à saint Géraud, et fait construire un autel d'argent. Sous lui, Léon, évêque de Gaëte, vient s'ensevelir dans le cloître ; de célèbres personnages vont visiter, à la fois, le tombeau de saint Géraud et le berceau de Gerbert. Après Adralde II, viennent Géraud II de Vaix, Géraud III de la Chaussée, Géraud IV de Capdenac, qui par son heureuse administration donna une nouvelle splendeur à l'abbaye.

(1) Bulle indiquée dans le *Gallia Christiana*, t. II, col. 440, et dans le *Dictionnaire statistique du Cantal*, t. I, p. 129.

(2) Agapet II signala son pontificat de neuf ans (946-955) par son zèle à maintenir la paix entre tous les Etats du monde.

patratores. Videmur enim terribilem illam vocem aut ignorare, aut nullatenus omnino pertimescere, quæ dixit: Maledictus qui prohibet gladium suum a sanguine. Unde generaliter omnibus vobis condolemus, timentes ne ira Dei a sanctuario ipsius, id est a prælatis incipiens, in oves eorum justo grassari permittatur judicio. Nostis quam plurimis, fratres, et qui ignorat, cognoscat locum Celsinianias (1), ex quo fundatus est, sanctæ Romanæ Ecclesiæ specialiter esse contraditum, ejusque sub tuitione ab initio mansisse, quem speciali amore deligendum esse decernimus, atque omni tempore multiplici sublimandum honore judicavimus. Nec immerito: nam salutiferum monastici ordinis aroma ex eodem loco surgens nunc in nostris partibus, Deo

---

(1) Guillaume-le-Pieux jeta les premiers fondements du monastère de Sauxillanges, en 912, comme on le voit par un acte, passé à Sauxillanges, la 18e année du règne de Charles-le-Simple. (Appendice, n° III). Soit que ses volontés n'eussent pas été accomplies, soit pour leur donner une consécration nouvelle, Acfred II, duc d'Aquitaine, son neveu, fit, en 928, un autre acte de fondation, où il établit qu'en l'honneur des douze apôtres, il y aurait, dans le monastère de Sauxillanges, douze religieux chargés de louer Dieu nuit et jour. Il lui donna des biens compris dans les comtés d'Anvergne, Brioude, Tallende, dans les vicairies d'Usson et d'Ambron. (Appendice, n° IV).

Ce monastère fut une abbaye jusqu'en 1062. Les abbés de Cluny, saint Odon, Aimard, Ragnibert et saint Mayeul, furent les premiers abbés de Sauxillanges. Ils administraient cette abbaye par eux-mêmes ou par des moines qui étaient sous leur dépendance. Saint Odon, né dans le Maine, en 879, avait succédé, en 927, au bienheureux Bernon dans l'abbatiat de Cluny. On le voit à la tête du monastère de Sauxillanges, en 928. Il est plusieurs fois mentionné dans son Cartulaire. Il mourut en 942, laissant un grand renom de sainteté et de savoir. Il composa beaucoup d'écrits, parmi lesquels se trouve la vie de saint Géraud. Aimard lui succéda; il gouverna Cluny et Sauxillanges jusqu'en 948. Il est désigné dans 25 chartes (*Mém. de l'Acad. de Clermont*, nouv. série, t. III, p. 1467). Saint Mayeul est abbé de Cluny et de Sauxillanges, dès 948. Il était né à Avignon, en 906. Chanoine d'abord, puis archidiacre de Mâcon, il fut attiré vers la solitude, et entra à Cluny. A la tête de cette abbaye, il se fit estimer, par ses rares vertus, des princes et des seigneurs de son temps. Othon-le-Grand recourut à ses conseils. Il était digne de la tiare; il la refusa. Il composa quelques écrits, et fit dresser le cartulaire de Cluny. Il mourut le 11 mai 994. Il figure dans 196 chartes, au Cartulaire de Sauxillanges. Le *Gallia Christiana* nomme deux abbés de Sauxillanges, Raimond (958) et Raimbert (961), pendant l'abbatiat de saint Mayeul. C'étaient, sans doute, des abbés secondaires, chargés de diriger le monastère sous la juridiction de l'abbé de Cluny.

donante, flagrare utiliter videtur. Quapropter rogamus et obsecramus, magnaque prece deposcimus, ut prædicto loco reverentiam exhibere curetis, ibique Deo militantes nullus inquietare præsumat. Si quis autem de terra ad jam dictum monasterium pertinente, vel eosdem monachos, aut de ipsorum familia, aliquid injuste contra voluntatem abbatis ejusdem cœnobii tenet, nostra apostolica auctoritate præcipimus, ut hoc sine dilatione reddere festinet. Quod si non fecerit, ante nostram præsentiam jubemus ut veniat rationabilem causam dicturus. Si vero et hoc contempserit facere, terribilis anathematis innodatus nostra excommunicatione qui vices beati Petri, licet indigni, agere videmur, cujus (terras) injuste invadere non timet, plectatur atque vulneretur. Specialiter ergo nostra ex parte obsecrando præcipimus domino Stephano (1) episcopo, in cujus diœcesi Celsinianias monasterium situm est, ut omnes res ejusdem monasterii vastantes, vel aliquid mali familiæ monachorum ibidem consistentium inferentes, gladio excommunicationis ferire non differat, et a liminibus sanctæ Dei Ecclesiæ tamdiu sequestret, donec digna satisfactione emendare cogantur (2).

(1) Etienne II, évêque d'Auvergne. Il était fils de Robert, vicomte d'Auvergne et d'Hildegarde. Il fut d'abord abbé de Conques. Selon Baluze, il aurait, dès 937, souscrit une charte, comme évêque. Il est certain qu'il siégeait en 944. En cette année, il donne l'église de Bonnac à l'abbaye de Sauxillanges. En 945, il jette les fondements du monastère de Liziniac. Vers 949, il souscrivit une donation, faite par sa mère, au monastère de Sauxillanges. En 950, il signe un diplôme de Louis d'Outremer pour Cluny. Vers 955, il souscrit, à Ennezat, une charte de donation faite à Cluny par Etienne et son épouse Ermengarde. En 959, étant sur le point de partir pour Rome, il fit, par testament, d'importantes donations. Il rapporta de Rome des reliques qu'il plaça dans l'image de Notre-Dame. En 962, il donna à Saint-Julien de Brioude les églises de Liziniac. La cité de Clermont ayant été en partie consumée par les flammes (965), il la fit rebâtir. Il fit aux églises de nombreuses libéralités. Il figure au Cartulaire de Sauxillanges, dans plusieurs chartes. Dans l'une d'elles (*Cart.*, ch. 177), il signe, la 15e année du roi Lothaire (969). Etienne II se qualifie, dans une charte, d'évêque de Clermont. M. Gonod ne la connaissait pas, ni d'autres documents que nous ferons connaître, quand il écrivait que Gilbert, évêque à la fin du xiiie siècle, fut le premier à se donner ce titre. (*Chronologie des évêques de Clermont*).

(2) Mabillon, *Annales Benedictini*, t. iii, p. 514-515. — D. Bouquet, *Recueil des Historiens de France*, t. ix, p. 252. — *Patrologie*, éd. Migne, t. cxxxiii,

VIII.

Jean XIII à plusieurs évêques de la Gaule, parmi lesquels figure Etienne, évêque de Clermont. Il leur recommande de protéger Mayeul, abbé de Cluny, et les monastères de sa dépendance. Il engage en particulier Etienne à faire restituer au monastère de Sauxillanges une terre enlevée par l'Arverne Amblard.

965-970.

JOANNES (1) episcopus, servus servorum Dei, fratribus et coepiscopis per urbes Galliarum consistentibus et præsidentibus, Hicterio scilicet Arelatensi, Amblardo Lugdunensi, Theuthbaldo Viennensi, Stephano (2), Claromontensi, Aimoni Valentinensi, Widoni Vesontiensi, Adoni Matisconensi, Frotgario Cabillonensi, Widoni Vallaviensi, Londrico Avenionensi, Geraldo Genevensi, Magnerio Lausanensi, Lubogno Lurensi, Rostagno Vivariensi apostolicæ gratiam benedictionis et gloriam æternæ beatitudinis. Lætamur valde in Domino, et exultamus quod dilectio Dei et caritas proximi, quam vos studiosissime multorum audivimus custodire, ad vias Domini et mandata facit vos subtiliter anhelare, ut pontificatus vestri discretum regimen multis sanctæ Ecclesiæ filiis necessarium præstet levamen. Quod manifestis probationibus vos semper facere desideramus pie et commonemus, ut virtutum pennis ad cœlestia convolantes, plures ad Christum populos habere post vos possitis. Nostrum namque est vos hortari ne Domini disciplinam, per quam pervenitur ad gloriam, parvipendatis aut negligere velitis, quoniam vos estis,

---

col. 912-915. — *Mémoires de l'Académie de Clermont*, nouvelle série, *Cartulaire de Sauxillanges*, t. III, p. 515-516. L'auteur de cette publication a commis une erreur, en faisant Agapet, évêque d'Auvergne.

(1) Jean XIII gouverna l'Eglise pendant six ans. Son pontificat fut signalé par la conversion de la Pologne au catholicisme.

(2) Etienne II.

ut ait Dominus, lux mundi et sal terræ, quibus commisit Dominus Jesu Christus Ecclesiam suam regendam, quam acquisivit sanguine suo. Notum itaque vobis facimus, dilectissimi, quod latior et amplior specialissime nobis et caritas circa monasterium Cluniense, cui sapienter et beate præest carissimus filius noster Maiolus abbas, vobis, ut credimus, bene notus, utpote vir religiosus, quem vobis attentius et diligentius, cum monasteriis omnibus, quæ ejus subjecta sunt regimini, commendo, vestramque beatitudinem precor, quod Dei amore et veneratione beati Petri apostolorum principis, nostræ quoque dilectionis affectu, protectores sitis cœnobiorum sibi commissorum. Nostra insuper auctoritate beati Petri vice fulta et roborata, Dei omnipotentis disponente gratia, vos commonefacio ut, quicumque potens vel persona alicujus momenti præeminens res seu possessiones jam dictorum locorum pervadere ausu nefario tentaverit, censuram vestræ excommunicationis districtissimam, mox ut cognoveritis, irrevocabiliter et acrius incurrat, et a conventu fidelium segregetur, per vestram necne satisfactionem satis formidabilem vinculo nostræ excommunicationis se noverit colligatum, donec satisfactione congrua resipiscat, et prædicti monasterii patri Maiolo humilitatem exhibeat, veniam postulando et consequendo. Denique vos adjuro, sub invocatione sanctissimæ et individuæ Trinitatis, atque auctoritate apostolica enixus præcipio, et ut fratres carissimos rogo non licere vobis præterire hoc nostri pondus præcepti, quod et sanctæ Ecclesiæ exaltatio et vestra ad æterna bona est provectio. Te autem frater et coepiscope Stephane, in Domino alloquor pro insita bonitate tibi, ut compellas Amblardum, fidelem tuum, Celsinianensi cœnobio propriam terram, quam hactenus eidem subtraxit monasterio (restituere), ut tuo judicio correctus ligamina terribilis excommunicationis et pœnas æternæ damnationis evadere possit; quoniam, si non resipuerit, interminabili anathemate ferietur. Res quoque exigit ut tibi aliqua dicamus, frater carissime et amande Domine Ado (1) episcope, quem licet non viderimus, ex nomine novimus in omni spirituali bonitate. Efflagitamus itaque benignissimam tuæ paternitatis dulcedinem, ut, quo vicinior esse

---

(1) Adon, évêque de Mâcon.

videris præfati monasterii Scholæ (1), et tua protectione pro tuo posse celerior fratrum necessitatibus occurrat, qui te ex abundanti caritate diligunt et ulnis totius amoris perfectissime ambiunt et amplecti desiderant. Quocirca Cluniensis monasterii semper esto protector, sicut beati Petri es fidelis amator (2).

IX.

Grégoire V à Odilon, abbé de Cluny. Il confirme ce monastère dans ses possessions, dont plusieurs étaient dans le diocèse de Clermont.

999.

REGORIUS (3) episcopus, servus servorum Dei dilecto filio Odiloni (4) abbati monasterii, Cluniacum quod dicitur in honore beatorum apostolorum Petri et Pauli consecratum in comitatu Matisconensi situm, et per te in cunctis successoribus tuis abbatibus in perpetuum. Desiderium quod religiosorum præpositorum et sanctorum locorum stabilitate permanere monstratur, sine aliqua dilatione, est Deo auctore perficiendum, et quoties in suæ utilitatis commodis nostrum assensum et solitæ apostolicæ auctoritatis exposcunt præsidium, ultro benignitatis intuitu nos convenit sub-

(1) Ecole est de la commune de Brouet-Vernet, canton d'Escurolles.
(2) *Bullarium Cluniacense*, 5. — *Patrologie*, éd. Migne, t. cxxxv, col. 990-991.
(3) Grégoire V, porté sur le Saint-Siége en 996, se fit remarquer par sa grande érudition et ses larges aumônes. Il eut pour successeur, en 999, Silvestre II, l'ancien moine d'Aurillac.
(4) Odilon naquit en Auvergne, en 962, de Béraud-le-Grand et de Girberge. Attaché d'abord au chapitre de Saint-Julien de Brioude, il vint ensuite à Cluny et en fut nommé abbé en 994. Il acquit auprès des papes et des évêques de son temps la plus haute considération. Il refusa l'archevêché de Lyon. Il remplit son abbatiat de mérites et de travaux, et mourut à Souvigny dans la nuit du lundi au dimanche, premier jour de janvier 1049. Il laissa beaucoup d'écrits et de lettres. Dans le *Cartulaire* de Sauxillanges, saint Odilon est désigné dans un grand nombre de chartes, tantôt comme abbé, tantôt comme gouverneur de Sauxillanges. Le *Gallia Christiana* met, sous son abbatiat, comme gardiens ou abbés secondaires, Robert d'Auvergne (996), Etienne de Mercœur (1034).

venire, et rite pro integra securitate ea ratione solidare, ut ex hoc nobis quoque potissimum præmium a conditore omnium Deo, in sidereis arcibus conscribatur. Et ideo quia postulastis a nobis ut præfatum monasterium apostolicæ auctoritatis serie muniremus, et omnia ejus pertinentia perenni jure ibidem inviolabiliter permanenda confirmaremus..... decernimus, ut cuncta loca et monasteria ad supradictum Cluniacense cœnobium pertinentia.... absque ullius contradictione cum magna securitate quietus debeas possidere, et per te universi successores tui in perpetuum, hoc est, ipsum Cluniacense cœnobium a potentissimo olim duce Guillelmo in pago Matisconensi fundatum, cum omnibus rebus in circuitu ejusdem loci, et in aliis regionibus positis ad ipsum locum pertinentibus : in comitatu videlicet Matisconensi........ In comitatu quoque Arvernensi (1), Silviniacum monasterium, ubi prædecessor tuus, sanctus Maiolus (2), requiescit, cum omnibus ad eumdem locum pertinentibus, et cellam quæ vocatur Firmitas (3), cum omnibus ad se pertinentibus : cellam quoque quæ vocatur Scuriolas (4); ecclesiam etiam in honore sancti Sulpicii dicatam in villa quæ dicitur Langiacus (5) ; et cellam quæ vocatur ad Boscum (6) in honore sancti Petri constructam ; monasterium quoque quod dicitur Rivis (7), consecratum in honore sanctæ Dei Genitricis cum curte Lipsaco (8) et omnibus suis appendiciis ; ecclesiam

---

(1) L'Auvergne, à cette époque, se divisait en plusieurs comtés : les comtés d'Auvergne, Clermont, Tallende, Turluron, Brioude.

(2) Mayeul se rendait à Paris, quand la mort le surprit à Souvigny, à l'âge de plus de 80 ans. Le roi Hugues assista à ses funérailles. Il fut enseveli dans l'église de Saint-Pierre : ses reliques y étaient en grande vénération. Dès cette époque, l'abbaye de Souvigny relevait de Cluny. Elle avait été donnée, sous l'abbé Bernon, par Adhémar, comte du Bourbonnais.

(3) La Ferté-Hauterive, commune du canton de Neuilly-le-Réal.

(4) Escurolles, aujourd'hui chef-lieu de canton, arrondissement de Gannat.

(5) Saint-Sulpice de Langy, commune du canton de Varennes-sur-Allier.

(6) Bost, commune du canton de Cusset.

(7) Ris, prieuré situé près de Châteldon, sur les confins de l'Auvergne et du Bourbonnais. Selon Probst, il aurait été fondé en 952, par Amblard de Thiers, archevêque de Lyon. D'autres prétendent que saint Odilon en fut le fondateur. Ce prieuré a été considérable : il a eu jusqu'à vingt moines.

(8) Lussat, aujourd'hui paroisse du canton de Pont-du-Château.

quæ vocatur Manrengum (1) cum aliis terris eidem monasterio ab Eustorgio nobilissimo viro nuper traditis, cellulam quoque juxta positam in ipso comitatu sitam, in honore sanctæ Dei Genitricis sacratam, quæ vocatur ad Montes (2); monasterium etiam Celsinianense cum cellis, ecclesiis, villis et terris suis, Carniacum (3) videlicet, Burnunculum (4), Albuniacum (5), Ginniacum (6), Cardonetum (7) et cum omnibus ecclesiis et terris ad ipsum Celsinianense monasterium pertinentibus; cellam quoque in ipso comitatu sitam, ubi requiescit sanctus Florus (8), quam tradidit supradicto loco Eustorgius clericus cum omnibus ad eam pertinentibus; cellam quoque in Brivatensi vico pertinentes ad supradictum locum; cellam etiam Riliacum (9) cum curte et omnibus ad eam pertinentibus; capellam quoque juxta positam in honore sancti Salvatoris constructam in villa Saraciaco; omnes quoque ecclesias et terras, seu quæcumque videtur supradictus Cluniacus possidere in jam dicto comitatu........ Qui vero custos et observator hujus nostri privilegii exstiterit, benedictionis gratiam et vitam a Domino æternam consequatur. Amen (10).

(1) Maringues. Ce monastère fut dans la suite un prieuré.
(2) Notre-Dame de Mons, aujourd'hui paroisse du canton de Randan.
(3) Chargnat, aujourd'hui paroisse du canton de Sauxillanges.
(4) Bournoncles. Hildegarde donna l'église de Bournoncles au monastère de Sauxillanges, sous l'abbatiat de Mayeul. (*Cart. de Sauxillanges*, charte 28). Parmi ceux pour lesquels elle fait cette donation figurent Robert et son fils Etienne, évêque d'Auvergne. (Appendice, n° v). L'église de Bournoncles fut un prieuré : aujourd'hui, c'est une paroisse du canton de Ruynes, arrondissement de Saint-Flour.
(5) Bonnac. Etienne II, évêque d'Auvergne, donna cette église, en 944, au monastère de Sauxillanges que gouvernait Aimard, abbé de Cluny. (App., n° vi). Pierre de Bonnac donna à Odilon, abbé de Cluny, ses biens de Bonnac. C'est aujourd'hui une paroisse du canton de Massiac, arrondissement de Saint-Flour.
(6) Gignat, canton de Saint-Germain-Lembron, arrondissement d'Issoire.
(7) Saint-Hilaire. Arbert donna cette église à Sauxillanges sous saint Mayeul. (Appendice, n° vii). Elle fut longtemps prieuré : aujourd'hui c'est un domaine, au sud de Monton.
(8) Saint-Flour. Ce monastère, fondé Indiciat par Eustorge et Amblard de Brezons, son neveu, fut donné à l'abbaye de Cluny (1004). (App., n° viii).
(9) Reilhac, ancien prieuré compris dans l'archidiaconé d'Aurillac, aujourd'hui paroisse du canton et de l'arrondissement d'Aurillac.
(10) *Bullar. Cluniac.*, 10. — *Patrol.*, éd. Migne, t. cxxxvii, col. 952-955.

X (1).

Sergius IV (2) confirme la donation de quelques biens faite par Guy (3), au monastère de Saint-Symphorien de Thiers (4).

1010.

XI.

Benoît VIII à Etienne, évêque des Arvernes. Il signifie qu'il ait à excommunier Tétard et Girbert, détenteurs de biens qui appartenaient à Cluny.

1013-1024.

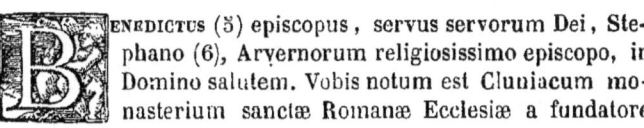ENEDICTUS (5) episcopus, servus servorum Dei, Stephano (6), Arvernorum religiosissimo episcopo, in Domino salutem. Vobis notum est Cluniacum monasterium sanctæ Romanæ Ecclesiæ a fundatore ejusdem ad defendendum contra insatiabilem cupiditatem sæ-

---

(1) Nous connaissons cette bulle par ce passage de Mabillon : « Wido huic monasterio quædam prædia contulit, quæ omnia apostolico privilegio, regali præcepto, auctoritate Stephani, Arvernensis ecclesiæ pontificis... confirmari optavit. » (*Annales Bened.*, t. IV, p. 212-213).

(2) Sergius IV gouverna l'Eglise près de trois ans (1009-1012). Il brilla par ses vertus et sa libéralité envers les pauvres.

(3) Guy est sans doute le même que celui qui restaura la collégiale de Thiers. (*Gallia Christiana*, t. II, col. 365).

(4) Ce monastère, situé sur les bords de la Durolle, fut consacré au Sauveur, à la bienheureuse Marie, aux saints apôtres Pierre et Paul, à saint Symphorien et à saint Desidérat. Il était depuis longtemps occupé par des séculiers. Guy le mit sous la règle de Saint-Benoît, et y fit fleurir l'esprit monastique.
Premiers abbés : Joseph I, chancelier du roi Pépin, abbé vers 765 : Pierre I (1010), *filius beatæ simplicitatis* : sous lui, saint Odilon aggrégea ce monastère à l'abbaye de Cluny : Hugues I (1077) figure dans une charte de donation au profit de Maurice, prieur de Moissat : N...: il assiste au concile de Clermont, en 1095. Il y a une lacune dans la série des abbés, jusqu'à Bertrand I qui figure en 1231.

(5) Benoît VIII gouverna près de douze ans (1012-1024) avec une sage habileté.

(6) Etienne III. Il était fils de Guillaume IV, comte d'Auvergne, et d'Um-

cularium esse commissum. Unde, justitiæ regula dictante admoniti, quotiescumque pressuram isdem locus a pravis nominibus patitur, scutum nostræ defensionis debemus apponere. In qua re, sanctitatem vestram, ad confringendam cervicositatem eidem cœnobio res delegatas rapere volentium, adjutricem nostri esse omnimodis volumus; et non levem lapillum, sed fortissimum excommunicationis jaculum rogamus vos in eos intorquere, qui ausu nefario, Domini timore postposito, Dei servos scandalizare aut contristare, res eorum auferendo, non metuunt. Præcipue autem hoc ad præsens gladio feriantur Tetardus atque Girbertus, filii Stephani, qui alodem, quem Amblardus(1) archiepiscopus reliquit sancto Petro, injuste retinent ac possident. Hi igitur, donec reddant jam dictum alodum, sicut ex parte nostra, ita ex vestra vinculo excommunicationis innodentur. Bene valete (2).

XII.

Benoît VIII signe la charte de restauration de l'église collégiale de Saint-Genès de Thiers.

1016.

ECET omnes homines, qui catholicam inviolabili ritu observant fidem, ad memoriam sanctorum reducere vitam; et idoneum est ingenti relatu pronuntiare qualiter omnipotens Dominus in eorum gloria per diversa terrarum spatia elegerit loca. Etenim conditor rerum non propter loca homines, sed propter homines eligere

---

berge. D'après les conjectures que le *Gallia Christiana* tire d'un passage de la *Chronique de Massay* (Labb., *Biblioth. nova*, t. II, p. 732), cet évêque aurait été tué en 1013, en allant voir sa tante Legarde. Saint Odilon ayant eu la pensée d'ordonner le meurtrier d'Etienne, à cause de son repentir et de ses qualités, le pape s'y opposa, par la raison qu'un religieux coupable d'homicide ne devait jamais être promu aux ordres. (*Acta conc.* II *Lemovicensis*).

(1) Amblard, archevêque de Lyon, fit don à Cluny de plusieurs biens qu'il possédait en Auvergne, entre autres d'Espiral.

(2) *Bullar. Cluniac.*, 7. — *Patrologie*, éd. Migne, t. CXXXIX, col. 1628-1629.

voluit loca. Nam in quibus locis sanctorum martyrum membra recondita sunt, in illis totius bonitatis Dominus ad laudem illorum et gloriam sui hæc divina operatur bona, et beneficia præstat fidelibus populis qui ad eorum confugiunt præsidium, et ex propriis delictis indulgentiam petunt : sicque eorum nomina glorificat, dum non solum eos in cœlis perpetua felicitate coronat, sed etiam in terris virtutibus diversis honorat. Quapropter, omnis qui templum in eorum memoria ædificat terrenum, cœleste sibi acquirit meritum, et pro temporali beneficio, quod quisque in honore eorum largitur, munus indeficiens in cœlesti regno a perenni Deo percipere creditur. Qui vero templa eorum violaverit, aut prædium, aut aliquid ex propriis abstulerit, non solum perpetuo carebit bono, sed etiam supplicio subjacebit æterno. Igitur locum, in quo templum constructum est in honore perpetuæ Virginis Mariæ, atque sanctissimi Genesii (1) martyris, qui nunc Thiernense castrum nuncupatur, amplificavit Guydo (2), ditissimus atque famosissimus dominus supradicti castri cum filiis suis Theotardo atque Stephano episcopo (3), necnon et Guillelmo, anno ab incarnatione Domini nostri Jesu Christi millesimo sexto decimo, indictione XIII, VIII idus Januarii, luna quarta, in Francia regnante piissimo rege Roberto, Aquitaniam vero gubernante Willelmo (4) Pictaviensi comite, et in Arvernia Roberto (5) honorabili principe, constituens ibi clericos quamplurimos, qui omnipotenti Domino, in nomine Genesii martyris beatissimi, laudes quotidie canerent ; inter quos Addradus

(1) Saint Genès fut, jeune encore, immolé par les idolâtres, en haine de la foi, sur les bords de la Durolle.

(2) Guy II, vicomte de Thiers, était fils d'Etienne II, seigneur de Thiers. Il épousa Riclinde, et en eut Théotard, Guillaume, Etienne qui fut évêque. De concert avec ses fils, il agrandit l'église de Saint-Genès, et y établit un chapitre de chanoines.

(3) Nous ne savons quel siége occupait Etienne. Théotard succéda à Guy II, et eut pour successeur Guillaume Ier, son frère, qui fonda, en 1048, de concert avec sa mère Riclinde, le chapitre de Saint-Martin d'Artonne.

(4) Guillaume III, le Grand, comte de Poitiers, duc d'Aquitaine. Après une carrière des plus glorieuses, il se fit moine à Maillezais, en 1029, et y mourut, en 1030, à l'âge de 71 ans.

(5) Robert I, comte d'Auvergne, était fils de Guillaume IV, et frère d'Etienne III, évêque de Clermont. Il prenait le titre de prince d'Auvergne. Il mourut vers 1032.

fuit præpositus, et Gerardus, prudentissimus decanus, qui multum ibi laborantes et beneficia eorum multiplicaverunt, et clericorum numerum auxerunt (1). Guydo vero jam prædictus miles cum filiis suis hoc pacto canonicam illam constituit, ut nullus postremum venturus senior de prædiis sive de aliquo beneficio eorum auderet aliquid demere; sed et si aliquis ex subditis canonicorum contra eum vel contra suos commisisset aliquid inconveniens, ne vindictam inde sumeret præcepit, sed proclamationem præposito vel decano faceret; quod si ipsi etiam statim sibi rectum non facerent, exspectaret usque ad spatium dierum quadraginta, et si tunc facere vellent, gratanti animo susciperet; sin autem, ipse recto judicio tractaret eum qui injuriam irrogasset, et ne ultra modum vindictam ex eo sumeret, consuetudinem vere canonicorum ne frangeret, neque malum usum illis atque in terris eorum imponeret, omnino interdixit, et ut eos in honorem haberet humiliter monuit. Ministris quoque suis, sive eorum qui post eum venturi fuerant interdixit, ut nec in propriis beatissimi Genesii martyris vi aliquid caperent, atque ejusdem subditis damnum vel injuriam afferrent, ab episcopo illius provinciæ atque a multis aliis, sub anathemate Maranatha ponere fecit, ut segregatus a consortio fidelium particeps fieret Judæ traditoris, et cum Dathan et Abiron atque cum cæteris maleficis pari pœna in infernali supplicio condemnaretur. Itaque hæc omnia scribere præcepit, atque a religioso rege Francorum Roberto confirmare fecit (2). Qui rex nobilissimus etiam principibus sibi subditis, ut ipse confirmaverat, manibus propriis confirmare præcepit. Postea vero idem venerabilis Guydo, Romam veniens, chartulam, in qua hoc præceptum scriptum continebatur, super altare beatissimi Petri apostolorum principis, pro testimonio confirmationis imposuit, atque Benedictum, virum apostolicum, rogavit ut ex præcepto suo quod fuerat a supradictis statutum confirmaret. Benedictus

(1) Le prévôt et le doyen augmentèrent le nombre des clercs qui desservaient la collégiale. La collégiale de Thiers fut longtemps prospère. Une bulle de Clément V, de 1304, constate que les chanoines étaient alors au nombre de 20. Le décanat fut aboli; resta la prévôté avec quatorze chanoinies capitulantes et quatre semi-prébendées.

(2) Guy fit confirmer les règlements du chapitre de Thiers, par Robert, roi de France.

itaque papa, non solum rogatione illius, illud quod cœteri statuerunt confirmavit, verum etiam propria maledictione eos excommunicavit, qui domum illius atque præceptum in aliquo violarent (1). Post obitum vero illius gloriosi militis, atque Roberti, regis Francorum invictissimi, Gerardus ejusdem loci decanus Franciam pergens, Henricum regem piissimum, supradicti Roberti filium, rogavit ut hoc præceptum quod pater suus confirmaverat sua auctoritate simili modo confirmare dignaretur (2). Quod rex gloriosissimus simul cum filio suo Philippo statuens atque affirmans, precatu prædicti decani insuper aliud statuit, ut quidquid postea pro eleemosyna vel pro aliqua reverentia ab aliquibus ibi largitum fuerit, eodem modo ut de cœteris, si aliquis inde minuerit vel defraudaverit, simili pœna atque excommunicatione sortiretur. Dona vero quæ supradictus Guydo ecclesiæ beatissimi Genesii in proprium ex præcepto dedit, hæc sunt: scilicet ecclesia sancti Johannis (3) cum villa in qua sita est quæ Thiers vocatur. Dedit etiam silvas quæ in circuitu villæ habentur, et omnia pertinentia ad eamdem villam. Dedit quoque omnes incisiones ipsius villæ, quæ ad præsens tunc factæ erant, et quæ deinceps faciendæ essent causa seminandi ab omnibus qui operari ibi voluissent. Insuper dedit aliam ecclesiam sanctæ Mariæ cum villa quæ Aquasparsa (4) dicitur, atque omnia quæ pertinent ad ipsam villam, ita ut nullus ex suis ausus inde fuisset aliquid postea accipere. Dedit quoque et campum unum in quo seminari possunt sextaria octo. Theotar-

(1) Guy se rendit à Rome, et fit aussi confirmer sa charte de restauration par Benoît VIII.

(2) Après la mort de Guy, Gérard, doyen du chapitre, alla trouver Henri Ier, en 1059, et obtint de lui et de Philippe, son fils, la confirmation de ce qui avait été réglé pour la collégiale de Thiers.

(3) Eglise de Saint-Jean. Le vieux Thiers était autour de cette église.

(4) Eglise de Sainte-Marie d'Aigueperse. De là vint la prééminence du chapitre de Thiers dans cette église. Il nommait à la cure, et alternativement avec la collégiale de N.-D. d'Aigueperse, aux prébendes. Lorsque le chapitre de Thiers déléguait des chanoines pour assister à l'office de leur patron, les chanoines d'Aigueperse devaient céder leurs places du chœur. De plus, ce chapitre avait la seigneurie directe dans une moitié de la ville. Pendant plusieurs siècles, il perçut des cens sur les maisons et hôtels du quartier du Bourg, qui fut l'humble berceau d'Aigueperse. Les rues de la Ville-Neuve et de la Chossade ne s'élevèrent que plus tard. (*Tablettes historiques de l'Auvergne*, t. I, p. 106).

dus vero filius ejus in morte sua dedit silvam Bornatam (1). Guillelmus quoque frater ejus in vita sua dedit duos mansos, et post mortem suam, silvam maximam quæ Born dicitur, dans pro testimonio in vita sua clericis omnia necessaria in igne et in ædificandis domibus. Luminaria quoque in ecclesia sancti Genesii per totum annum inde simili modo pro testimonio dedit. Pascuaria etiam porcis eorum simili modo in eadem silva concessit (2).

S. Benedicti papæ.
S. Roberti regis Francorum.
S. Henrici regis filii Roberti.
S. Philippi regis filii Henrici regis.
S. Guillelmi comitis Arvernensis.
S. Stephani episcopi Arvernensis.
S. Roberti comitis.
S. Guidonis militis instructoris ecclesiæ Sancti Genesii.
S. Ridlendis, uxoris ejus, *alias* Richlendis.
S. Theotardi filii ejus.
S. Guillelmi filii ejus.
S. Stephani episcopi filii ejus. — (3).

---

(1) La forêt de Bort.
(2) Guillaume et Théotard furent, à l'exemple de leur père, des bienfaiteurs du chapitre de Thiers.
(3) Baluze, *Hist. générale de la maison d'Auvergne*, t. II, p. 30 31. — *Gallia Christiana*, t. II, *Instrum. Eccles. Claromont.*, col. 75-77. Les auteurs du *Gallia* avaient tiré ce document des archives de Grammont. Ils avaient une autre copie, provenant de D. Boyer, bénédictin de Saint-Allyre, qui la tenait lui-même du prévôt de la collégiale de Thiers. La charte différait en plusieurs endroits de celle que nous avons donnée. Elle commençait par ces mots : « Totius conditionis humanæ rector.... » Puis, après quelques mots, on lisait : « Idcirco hunc locum ubi corpus sancti Genesii quiescit, cum consilio uxoris meæ, Richlendis nomine, filiorumque meorum Stephani episcopi, Theotardi atque Guillelmi... statuimus in canonicali ordine hunc locum instructum atque ordinatum tali modo, ut sint duo prælati, scilicet præpositus et decanus, et in numero XII apostolorum XII canonici sint electi et serviant Domino die ac nocte... et ego Stephanus, Arvernensis episcopus, roboravi multo precatu domini Guillelmi, filii hujus Guidonis. »

XIII.

Benoît VIII aux évêques des provinces de Bourgogne, d'Aquitaine et de Provence, parmi lesquels figure Etienne, évêque d'Auvergne. Il leur recommande d'excommunier les usurpateurs des propriétés clunisiennes, s'ils refusent de donner satisfaction.

1016.

ENEDICTUS, per divinam gratiam sanctæ Romanæ Ecclesiæ præsul et episcopus, omnibus fratribus et episcopis per Burgundiam, Aquitaniam et Provinciam constitutis, Burchardo, scilicet archiepiscopo Lugdunensi, ejusdem nominis archiepiscopo Viennensi, Walterio, archiepiscopo Besontiensi, Walterio, summæ religionis, episcopo Augustodunensi, Stephano (1), episcopo Arvernensi, Fredeloni, episcopo Aniciensi, Gaufredo, episcopo Cabilonensi, Lamberto, episcopo Lingonensi, Gauslino, episcopo Matisconensi, Vuigoni, episcopo Valentinensi, Harmanno, episcopo Vivariensi, Pontio, archiepiscopo Arelatensi, Aribaldo, episcopo Uzeticensi, Odulrico, episcopo Tricassinensi, Geraldo, episcopo Vapincensi, Petro, episcopo Vassinensi, Eldeberto, episcopo Avinionensi, Stephano, episcopo Carpentoractensi, Almerado, episcopo Rhegensi, salutationem et benedictionem ex parte Dei omnipotentis et beati Petri apostolorum principis, et mea qui præsulatum, licet indignus, tenere videor apostolicæ sedis. Liquidum est Cluniacense monasterium olim a Willelmo, nobilissimo Aquitanorum principe, in pago Matisconensi constructum, ipso agente, cum apostolicæ sedis pontifice et Romanorum imperatore, regibus quoque Francorum et Burgundionum, quod ita sit ab omni subjectione cujuslibet personæ, sive regis, sive episcopi, sive comitis, liberum, ut aliquid debeat nulli nisi Deo et sancto Petro et sedis apostolicæ summo præsuli (2)...

---

(1) Etienne IV.
(2) Nous donnons cette lettre en abrégé, de manière à ce qu'on en saisisse la pensée générale.

Sunt autem crudeliores sæpe nominati loci habitatorum persecutores..
....

Hos..... persecutores, deprædatores et invasores terrarum et substantiarum ad sæpe dictum locum pertinentium.... ex parte Dei et sancti Petri, et nostra, vocamus ad resipiscendum, et monemus ut contrarietates et injustas querelas, quibus servos Dei inquietant et conturbant, quam citius deponant. Terras etiam injuste pervasas, et substantias deprædatas, cum omni integritate.... restituant. Sed de injuria quam sine causa illis intulerunt, congrue satisfaciant infra spatium quod est abhinc usque in festivitatem sancti Michaelis. Quod si fecerint, habeant gratiam, et benedictionem, et absolutionem Dei et sancti Petri, et nostram. Si autem, infra præfixum a nobis terminum, monitioni et vocationi nostræ non assenserint, sed contemptores et inobedientes exstiterint..... sint.... a liminibus sanctæ Dei Ecclesiæ procul repulsi, et a consortio fidelium alienati et excommunicati..
....

Vobis etiam fratribus meis et coepiscopis, supra nominatis, mando et præcipio auctoritate apostolica ut hanc meam confirmetis sententiam, et similiter illos excommunicetis, omnibusque presbyteris et cœteris sacri ordinis ministris vobis commissis excommunicare præcipiatis. Si quis autem vestrum (quod minime credo futurum) non obedierit huic nostræ jussioni, de contemptu inobedientiæ noverit se habiturum rationem ante tribunal Christi...
....

Data Kal. Septembris (1).

---

(1) Duchesne, *Collectio scriptorum Hist. Franc.*, t. IV, p. 169. — *Patrologie*, éd. de Migne, t. CXXXIX, col. 1601-1604.

XIV.

Jean XIX (1) à Etienne (2), évêque d'Auvergne. Il déclare qu'il ne connaissait pas son obstination dans le péché, quand il a absous Ponce (3), comte d'Auvergne, qu'en conséquence il annule sa sentence de pardon.

1024-1028 (4).

uod nescienter egi, frater carissime, non mea, sed tua est culpa. Scis enim quia quicumque de universa Dei Ecclesia, quæ est in toto orbe terrarum, ad me causa remedii recurrit, impossibile est mihi ejus curam negligere, dicente Domino ad beatum specialiter

---

(1) Quelques auteurs comprenant parmi les papes, Jean XVII, l'antipape Jean Philagate, qui usurpa le Saint-Siége contre Grégoire V, désignent Jean, sous le vocable de Jean XX. Nous le nommons Jean XIX, avec la plupart des historiens. Du reste, ce pape s'appelle, lui-même, Jean XIX, dans les diplômes que nous possédons. Il siégea près de neuf ans (1024-1033). Nous faisons observer, au sujet de Jean XIX, que les actes publics des pontificats même peu glorieux pour l'Eglise, sont marqués au coin d'une haute sagesse.

(2) Etienne IV.

(3) On voit par les Actes du IIe concile de Limoges, tenu en 1031, qu'il s'agit de Ponce, comte d'Auvergne. Il avait été excommunié par Etienne IV, pour avoir divorcé avec sa femme légitime, et en avoir épousé une autre. Le comte alla trouver le pape à Rome, et se fit obrepticement absoudre. Etienne IV écrivit à Jean XIX pour se plaindre. Dans la lettre que nous donnons, le pape répondit qu'il avait été induit en erreur par le comte. Au IIe concile de Limoges, les évêques trouvèrent que la conduite de Jean XIX était irréprochable. Ponce était fils de Guillaume V, comte d'Auvergne, et de Philippie, fille du comte de Gévaudan. Il est qualifié de comte d'Auvergne, non comme possesseur de ce comté, mais parce qu'il était d'usage de donner aux enfants les titres de leur père (*L'Art de vérifier les dates*, p. 715). Dans ce savant ouvrage, on a commis une grave méprise, en mettant à l'année 1052 le IIe concile de Limoges qui se tint en 1031.

(4) Il faut mettre à cette époque, la lettre de Jean XIX. Ce pape monta sur le Saint-Siége en 1024; d'autre part, Rencon, successeur d'Etienne IV, était sur le siége de Clermont, en 1028. On voit quelle erreur Dufraisse a commise (*L'Origine des Eglises de France*, p. 407) en faisant absoudre Ponce par Honorius II qui vivait en 1124.

Petrum : « Petre, pasce oves meas. » Quo ergo modo sedes apostolica poterit ejicere aliquem de medela nisi rationabili causa? Debueras certe mihi, antequam illa mortua (1) ovis Romam veniret, ejus causam tuis innotescere apicibus, et ego eam omnino abjicerem, tuamque firmando auctoritatem, eam anathematis ictu repercuterem. Profiteor quippe omnibus consacerdotibus meis, ubique terrarum adjutorem me et consolatorem potius esse quam contradictorem. Absit enim schisma a me, et a coepiscopis meis. Itaque illam pœnitentiam et absolutionem, quam tuo excommunicato ignoranter dederam, et ille fraudulenter accepit, irritam facio et cassam, ut de illa nihil aliud speret quam maledictionem, quoad satisfactum tu juste absolvas (2).

XV.

Jean XIX à Jourdain (3), évêque de Limoges, et aux autres évêques de la Gaule qui s'étaient adressés à Benoît VIII, son prédécesseur, au sujet de l'apostolat de saint Martial (4). Il répond qu'on peut nommer saint Martial, apôtre, par la raison qu'on a donné ce nom à

(1) *Forte* morbida.
(2) *Acta Conciliorum*, t. vi, Pars prima, Parisiis, ex typographia regia, col. 800. — *Gallia Christiana*, t. ii, col. 259. — Labbe, *Concilia*, t. ix, col. 908. — *Recueil des Historiens de France*, t. xi, p. 504 ex Labb. — Hardouin, *Conc.*, t. vi, p. 1, col. 890. — Savaron, *Origines de Clairmont*, p. 63-64 (*gallice*). — Gissey, *Dévotion à Notre-Dame du Puy*, p. 276 (*gallice*). — *Hist. de l'Eglise gallicane*, t. vii, p. 209 (*gallice*).
(3) Jourdain, évêque de Limoges, avait écrit à Benoît VIII, en son nom, au nom de Robert, roi de France, de Guillaume, duc d'Aquitaine, des archevêques de Bourges, Bordeaux, Tours et de leurs suffragants, pour le prier de terminer la question de l'apostolat de saint Martial, qui partageait les esprits. Le P. Longueval prétend à tort (*Hist. de l'Église gallicane*, t. vii, p. 197) que cette lettre fut adressée à Jean XIX. Ce pape répondit, après la mort de Benoît VIII qui n'avait pu le faire.
(4) Cette lettre intéresse notre Eglise : il y est question de l'apostolat de saint Martial qui précéda de quelques mois saint Austremoine dans la ville d'Auvergne. Elle fut lue au ive concile de Limoges (1029), au concile de Bourges (1031) auquel assistait Rencon, évêque d'Auvergne, et au iie concile de Limoges dont Rencon fit aussi partie.

d'autres qu'aux douze apôtres, et que quiconque était envoyé pour prêcher l'Evangile, pouvait à juste titre être appelé un apôtre envoyé, *Apostolus missus.*

1025 - 1029.

Ioannes episcopus, servus servorum Dei, Jordano episcopo, et ejus clero cunctisque episcopis Galliarum salutem christianam cum benedictione apostolica. Ad pastoralem quidem sollicitudinem pertinet, cum aliquid controversiæ in Ecclesia oritur, antequam vires recipiat, falcastro severæ linguæ exstirpare radicitus, et ea superserere tam divinis quam sanctissimis exemplis quæ messem Dei faciant et lætificent. Cur enim talia suscepimus propalabunt subjecta. Beatissimus quidem Martialis (1), sicut in gestis ejus reperimus, docente Christo in mundo et præcipiente, a Petro apostolorum principe baptizatus est, et tanto sancti Spiritus igne inflammatus ut ex eo derelictis parentibus soli ipsi Filio Dei servire eligeret, et hunc magistrum et Dominum, Petro apostolo confirmante, cujus sanguine cretus erat, desideraret : quod et factum est. Nam in ressuscitatione Lazari præsens aderat : in cœna interfuit, in lavatione pedum ministravit. Post passionem vero, quando putabant se Spiritum videre, palpare manus et latus Thomam vidit. Quando apostolis dictum est : « Euntes docete omnes gentes, baptizantes eos in nomine Patris, et Filii, et Spiritus sancti (Matth., xviii) etc., Accipite Spiritum sanctum ; quorum retinueritis peccata, remittuntur eis et quorum retinueritis retenta sunt (Joan., xx), » audivit. Ascen-

---

(1) Saint Martial, avant de se rendre dans la cité des Lémovikes, séjourna quelque temps dans la ville d'Auvergne. Il opéra de nombreuses conversions, et fit construire en l'honneur de sainte Marie un oratoire qui était au lieu où s'éleva Notre-Dame d'Entre-Saints. La réponse de Jean XIX ne laisse aucun doute sur l'époque où saint Martial vint dans les Gaules, puisque, d'après lui, il était un des disciples du Sauveur. Le concile de Bourges et les deux conciles de Limoges consacrèrent ce sentiment qu'on peut regarder comme ayant été unanime dans le cours du xie siècle et des siècles suivants. Martial fonda l'Eglise de Limoges et laissa dans l'Aquitaine un tel renom de sainteté que beaucoup de temples furent consacrés à son culte. En Auvergne, il existe un grand nombre d'églises sous le vocable du saint apôtre.

dentem in cœlum vidit, Spiritum sanctum in igneis linguis descendentem et vidit et accepit, omnibusque linguis est usus. Deinde principi apostolorum adhæsit, utpote carne propinquus et baptismate filius, a quo, præcipiente Christo, ad prædicandum provinciis Galliarum est destinatus, ubi infinitum populum a cultu idolorum removens, Christo sua doctrina dedicavit; quam piam sanctamque, tam gravitate et pietate morum, quam ressuscitatione mortuorum, recuratione claudorum, cœcorum illuminatione, et omnium mirabilium perpetratione confirmabat. Huic modo quidam vestrorum, ut audivimus, detrahere præsumunt, quasi nihil sit ei commune cum apostolis, sed confessoribus. Hi vero non loqui, sed insanire videntur, quia gravati fascibus peccatorum, in cœlis judicare contendunt. Petrum denique nostrum, cui claves cœlorum commissæ sunt, confessorem dicimus, quia Christum confessus est, dicens: « Tu es Christus, filius Dei vivi (Matth., xvi), » et apostolum dicimus, quia Christum confessus est dicens : « Tu es Christus, Filius Dei vivi (Matth., xvi), » et apostolum dicimus, quia ab ipso Domino ad prædicationem est missus; martyrem nominamus, quia prædicando Christum, martyrio vitam finivit; principem apostolorum credimus, quia apostolos constituit, sicut est Marcus baptismate Filius, et Mathias sorte electus, Lucas discipulus apostoli Pauli, et Barnabas et quamplures. An forte nolunt hos recipi inter apostolos, eo quod ab apostolis sint electi et missi, qui Martialem, eo quod non sit de duodeno numero, apostolica dignitate nolunt clarum videri? Non putant alios apostolos, nisi illos duodecim; et ubi est quod dicit apostolus Paulus Philippensibus ? « Necessarium autem existimavi Epaphroditum fratrem, cooperatorem et commilitonem meum, vestrum autem apostolum, et ministrum necessitatis meæ mittere ad vos (Philipp., ii). » Silam quoque et Judam ab apostolis apostolos nominatos invenimus. Anglorum enim Ecclesia usque hactenus beatissimum Gregorium, quem nos confessorem dicimus, proprium suum apostolum nominat. Romani pontifices, quia vice apostoli funguntur, apostolici nominantur. Cum igitur apostoli nomen non sit numeri, sed suffragii, quicumque revelante Deo ad prædicandum mittitur, et sua pia exhortatione et exemplo commissum sibi divinitus populum a potestate diaboli liberat, non incongrue apostolus dici potest, quia apostolus missus dicitur. Nos vero, in firma petra ædificati, hunc de quo loquimur Martialem, utrum inter confessores, an inter apostolos, Jesus Christus, Dei Filius, cui corporaliter adhæsit, et cujus gloriam vidit et benedictione est usus, annumeret; apostolum nominari posse definimus, et æque apostolica officia in divinis mysteriis exhiberi sibi censemus; nec de illius beatitudine dubitare quemquam posse confidimus, qui sibi respondente nomine sacris operibus apostolicam dignitatem subtrahere invidiose conatur. Ut autem reverentia et celebritas tanti apostoli in toto terrarum orbe excelsius recolatur, ædificatum et dedicatum est a nobis in ejus honorem (1) pulcherrimum altare in basilica sancti Petri apostoli Romæ ad meridianam templi partem, iii Idus Maii, ubi quotidie ipsius sancti memoria devotissime veneratur, et præcipue in die natalitii ejus, quod est pridie Kalendas Julias, quotannis dulcius recolitur (2).

XVI.

Léon IX (3) réduit à quatre-vingts le nombre des chanoines du chapitre de Saint-Julien de Brioude (4).

1049.

---

(1) Jean XIX, pour rendre le culte de saint Martial plus célèbre dans l'univers entier, lui fit ériger, dans l'église de Saint-Pierre, un autel d'une grande magnificence, et dont il fit la consécration, le 5 mai.

(2) Mansi, *Conc.*, xix, 417. — Cocquelines, *Bullarum, privilegiorum ac diplomatum Romanorum pontificum amplissima collectio...*, t. i, p. 340. — *Patrologie*, éd. Migne, t. cxli, col. 1149-1150.

(3) Saint Léon IX occupa le Siège apostolique de 1049 à 1054. Il unissait une religion éminente à une vaste érudition. Sur ses bulles, on trouve cette sentence... « Misericordia Domini plena est terra. »

(4) La ville de Brioude doit sa naissance et son éclat historique à son chapitre. Au commencement du iv⁰ siècle, c'était un bourg, appelé Brivas. Dès cette époque, le martyre de saint Julien, son tombeau, sa basilique, ses miracles, firent de ce lieu un pèlerinage, où affluèrent peuples, évêques et rois. L'église de Saint-Julien fut fondée sous Constance-Chlore, ou au moins sous Constantin-le-Grand. La célébrité du lieu et la richesse de son sanctuaire provoquèrent plus d'une fois les convoitises de la barbarie. Il fut ravagé par les

XVII.

Léon IX à Robert, abbé de la Chaise-Dieu. Il met ce nouveau monastère sous la protection du Saint-Siége.
1052.

eo episcopus, servus servorum Dei, ecclesiæ beatorum martyrum Vitalis et Agricolæ quæ dicitur Casa Dei et per eam abbati Roberto (1) ejusque successoribus illuc canonice intrantibus imperpetuum. Convenit apostolico moderamini omnibus in Christo pie vivere

---

Burgondes et les troupes de Thierry, roi de Metz. Plus tard, les Sarrasins dévastèrent la ville et mirent sa basilique en feu. Elle fut reconstruite par Béranger que Louis-le-Débonnaire avait mis à la tête du comté de Brioude. Le chapitre de Brioude, un des plus célèbres de l'Europe chrétienne, fut, à l'origine, un monastère : au viie siècle, il y avait un collège de clercs ou moines ayant à leur tête un abbé (Mabillon, *Annal. Bened.*, lib. xiii, n° 20). D'après une charte de Louis-le-Débonnaire (825), Béranger établit dans l'église de Saint-Julien trente-quatre chanoines, pour lesquels il obtint le droit de choisir leur abbé, et le privilège de n'être sous la domination de personne (Appendice n° viii). Pépin, roi d'Aquitaine, prit ce chapitre sous sa protection, et le déclara, à la prière de saint Stable, évêque d'Auvergne, indépendant de tout pouvoir royal, abbatial, épiscopal ou comtal (836) (Appendice n° ix). Pour protéger ce sanctuaire contre les Normands et autres barbares, Guillaume-le-Pieux y établit une milice de vingt-cinq chevaliers. La piété des chanoines, les libéralités des peuples rendirent ce chapitre florissant et considérable. Léon IX dut réduire à quatre-vingts le nombre de ses membres. La discipline y languissait dans le cours du xie siècle : nous voyons Léger, archevêque de Vienne, travailler à son rétablissement (1060) (Appendice n° x). Dès lors, le prévôt du chapitre fut choisi parmi les chanoines de Brioude ou de Vienne, et son élection confirmée par le chapitre de Vienne. Le chapitre de Saint-Julien avait, dès l'origine de sa constitution, trois dignités, l'abbé, le prévôt, le doyen; six personnats, le for-doyen, le chantre, le sénéchal, le trésorier, l'aumônier et le sacristain. Il y eut de bonne heure des écoles, où les sciences et les lettres furent enseignées à la jeunesse du comté de Brioude et des comtés voisins. Les chanoines restèrent, au nombre de quatre-vingts, jusqu'en 1424.

Il est fait mention de la bulle de Léon IX dans le *Gallia Christiana*, t. ii, col. 469; dans l'ouvrage : *Mémoire important sur la question de sçavoir si le chapitre de Brioude a le privilége d'exclure de son chapitre tout ecclésiastique duement pourvu qui ne peut prouver une noblesse de seize quartiers.* In-4°, p. 15. Paris, imprimerie de Knapen, mdcclxvii.

(1) Le monastère de la Chaise-Dieu, berceau de cette petite ville, fut fondé par Robert, fils de Géraud, comte d'Aurillac, et de Raingarde, fille du comte

vólentibus castra omnium adversantium ictus protectionis clypeos præbere, quatenus quisquis se jugo Christi subjugat, auxilio ac protectione summæ sedis et apostolicæ illud in tuitione etiam temporali recognoscat et sentiat, quod sanctæ Ecclesiæ sponsus verus et unus jugum suscipientibus suum leniendo denuntiat dicens: « Jugum meum suave est et onus meum leve. » Quapropter jam prædictæ Ecclesiæ auctoritate apostolica concedimus et impertimur privilegii gratiam quæ tueri queat ab om-

---

de Rodez. Robert naquit avec la passion de Dieu et de la solitude. Le chapitre de Brioude où il entra, et dont il devint le trésorier, ne suffisant pas à son âme ardente, il alla se cacher à Cluny. Il y serait resté, si les pauvres de Brioude n'étaient venus l'arracher à sa cellule. De retour dans son chapitre, Robert nourrit plus vif le désir d'une vie austère, et forma le dessein de fonder dans un repli obscur des montagnes de l'Auvergne une retraite pour la prière et la paix de l'âme. En 1040, il va à Rome communiquer sa pensée à Benoît IX qui la bénit. Il revint par le Mont-Cassin, où il étudia la règle de Saint-Benoît, et reparut pour échapper le plus vite au monde. Suivi de deux compagnons, Etienne et Delmas, il s'ensevelit dans une forêt inconnue, où se perdaient les limites de l'Auvergne et du Velay, et vécut quelque temps dans les ruines d'une chapelle consacrée aux saints Agricole et Vital. En 1047, il jeta le fondement de son monastère qu'il nomma Maison-de-Dieu « Casa Dei. » Encouragé par Rencon, évêque d'Auvergne et frère de Raingarde sa mère, il poursuivit son œuvre avec un zèle dont le ciel bénit les travaux. Le renom du nouveau monastère lui attira de nombreuses libéralités, et plus que cela, des âmes avides de prière et de silence. Robert voulut en faire une abbaye : sur les conseils de Rencon, il va trouver le roi de France, Henri Ier, et en obtient un diplôme de confirmation, daté de Vitry (Appendice n[o] xi). De son côté, Rencon était allé à Rome et avait obtenu de Léon IX une lettre de protection. Sous ces auspices, Robert élève une nouvelle église qu'il dédie aux saints Agricole et Vital. Rencon la consacra, et pour établir une union durable entre la nouvelle abbaye et l'église cathédrale, il arrêta que, tous les ans, six religieux et sept frères convers viendraient à Clermont, assister à la fête de l'Assomption. Robert déploya une activité féconde. Il rétablit plus de cinquante églises, et fonda un grand nombre de monastères ou prieurés dans la province et dans les provinces voisines. Dès lors, relevèrent de la Chaise-Dieu, les prieurés de Comps, Port-Dieu, Jaligny, Bulhon, Tuniac, Maringues, et beaucoup d'églises que nous verrons figurer dans la série des lettres pontificales. Les austérités usèrent le saint fondateur. Il expira, vers 1067, sur une natte, devant l'autel des saints Agricole et Vital, recommandant à ses moines la règle, l'obéissance et l'hospitalité. L'abbaye de la Chaise-Dieu devint une des plus florissantes du monde monastique. *Acta Sanctorum*, t. xii, p. 518 et suiv. — Mabillon, *Acta SS. Ord. Bened.*, sec. vi, p. 211. — D. Estiennot, *Hist. ms. de la Chaise-Dieu. Gallia Christ.*, t. ii, col. 327.

nium se injuste impetentium calumnia, ut quicquid inibi a Rencone (1) præsule collatum est, vel ab aliquibus Christi fidelibus jam collata vel conferenda erunt imperpetuum, sub tuitione apostolicæ sedis semper maneant inconvulsa, qualiter ibidem servientes secure et quiete commanentes tanto devotius Christi inhæreant discipulatui, quanto et a furiali mundi impetu, protecti hac apostolica pagina, fuerint alieni. Præcipientes igitur

---

(1) Rencon, fils du comte de Rodez, fut d'abord chanoine de Bourges. Selon les conjectures du *Gallia Christiana*, il aurait été nommé évêque de Clermont, vers 1028. En 1031, il assiste au II⁰ concile de Limoges. Il figure, en 1032, dans une donation de Géraud à l'église de Sainte-Marie ; en 1035, dans une charte d'Aymon, archevêque de Bourges, concernant l'église de Pompignac; en 1043, dans une charte de donation faite au monastère de Sauxillanges, par Guillaume, comte d'Auvergne, et Philippie, son épouse (*Cart. de Sauxillanges*, charte 571, f. 171); en 1044, dans le testament de Hugues de Salinis, archevêque de Besançon ; et en 1050, dans la donation de Comps par Raoul de Lugeac, à Robert, abbé de la Chaise-Dieu. En d'autres temps, il approuve la donation de Saint-Loup de Billom, faite par Maurice de Montboissier au monastère de Sauxillanges (*Cartul. de Sauxillanges*, ch. 478, f. 149), et celle d'une terre située à Monton, faite par Louis et Armand, dans le dessein de faire ériger une église (*Cart. de Sauxillanges*, ch. 578, f. 149). Rencon donna luimême à l'église Sainte-Marie ses biens de Champeix, Cournon, Chauriat et autres (*Archives départementales*, Cath. arm. VII, sac A, cote I). Il accepta pour elle des biens à Lussat et à Ternant. Sous son épiscopat, le comte Guillaume, Philippie, sa femme, et leurs enfants, Etienne, Guillaume, Robert, donnèrent à Sainte-Marie une partie de la ville de Clermont, à l'ouest; le même comte, son épouse, leurs enfants Ponce et Begon, lui permirent de battre monnaie (*Arch. départementales*, Cath. arm. VII, sac A, cote II). Nous avons vu quelle part prit Rencon à la fondation de la Chaise-Dieu. C'est lui qui donna à la fête de l'Assomption un éclat extraordinaire. Il mourut vers 1052. En 1618, comme on jetait les fondements de la chapelle des Capucins, on trouva son tombeau avec cette inscription :

> CONTINET HIC TUMULUS RENCONIS PROESULIS ARTUS
> PRÆFUIT ARVERNIS ANNIS FERE BIS DUODENIS.
> TEMPORE ET HENRICI REGIS SIBI SEMPER AMICI
> TRANSIIT OCTOBRIS TER QUINIS NEMPE CALENDIS.

Suivant un ancien cérémonial, le tombeau de Rencon aurait été dans l'église cathédrale. Pour résoudre cette difficulté, il faut admettre qu'on transféra ses dépouilles ou qu'on se les partagea (*Gallia Christ.*, t. II, col. 259-260. — Savaron, *Origines de Clairmont*, p. 64-65. — Dufraisse, *L'Origine des Eglises de France*, p. 487-488. — *Livre de la Canone*, f. 90, col. 2, Biblioth. du chapitre cathédral de Clermont.

vice sancti apostolorum principis, præcipimus cuivis, quamvis impares vices tamen gerimus, ut nullus imperator, rex, sive dux aut marchio, comes aut vice-comes, seu qualiscumque aliqua ecclesiastica potestate præditus, videlicet archiepiscopus vel episcopus, seu quilibet vicedominus audeat præfatam invadere ecclesiam vel ejus diripere bona, quæ nunc vel aliquo in tempore juste possidet vel est possessura. Quod sanctionis privilegium quisquis temerario ausu infregerit, anathematis vinculum, nisi resipuerit, imperpetuum sustineat; conservator vero in æternis gaudiis felicitatis lucra possideat.

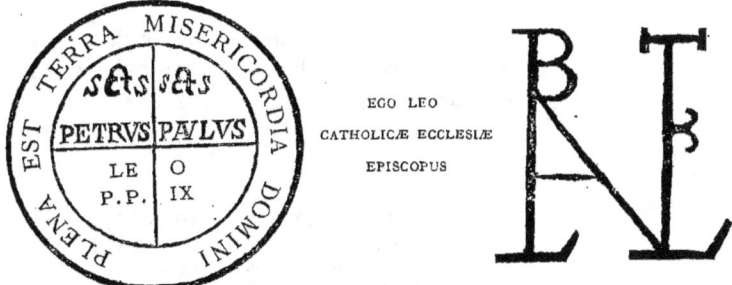

Datum Ginon. vi Nonas Maii per manus Friderici diaconi, S. R. E. bibliothecarii et cancellarii, vice domini Hermanni archicancellarii et Coloniensis archiepiscopi, anno Domini millesimo quinquagesimo secundo, Leonis noni papæ pontificatus quarto, indictione quinta (1).

(1) Ms. lat. de la Biblioth. nation., 12,745, *Antiquitates Benedictinæ in diœcesi Clarom.*, p. 541-543, Recueil de D. Estiennot, d'après le diplôme pontifical. — Ms. lat. 12,777, *Miscellanea monastica*, fol. 367. Histoire de la Chaise-Dieu, par D. Gardon, religieux de cette abbaye, 1643. — Ms. lat. 12,818, *Chronica monasterii Casæ Dei*, p. 26-27. — Baluze, *Opera B. Servati Lupi Ferrariensis*, p. 527. — *Patrologie*, éd. Migne, t. CXLIII, col. 686-687.

XVIII.

Victor II (1) à Hugues, abbé de Cluny. Il confirme ce monastère dans la possession de ses biens, dont plusieurs étaient compris dans le comté d'Auvergne (2).

1055.

XIX.

Etienne X (3) à Hugues, abbé de Cluny. Il lui assure la possession des biens de son abbaye, dont un grand nombre se trouvait en Auvergne (4).

1058.

---

(1) Victor II fut intronisé le 16 avril 1055, et mourut à Florence, le 28 juillet 1057. Il laissa un grand renom de droiture et de piété.

(2) Victor II énumère, comme relevant de Cluny, les églises arvernes, désignées plus haut dans la bulle de Grégoire V. Il en mentionne trois nouvelles : « Curtem... quam vocant in Frigido monte.... Monasterium etiam quod dicitur Volta in honore sanctæ crucis consecratum, sicut prædecessor tuus Odilo in prædio parentum suorum construxit cum omnibus suis pertinentiis... cellam etiam in honore sanctæ Mariæ constructam quæ vocatur ad Pontem... » Le monastère de Lavoûte fut fondé par Odilon et porta le nom de Sainte-Croix. Etienne IV, évêque de Clermont, en consacra l'église, en 1025. Elle devint le lieu de sépulture des barons de Mercœur. Le prieuré de Lavoûte fut habité par vingt-cinq moines : il avait sous sa dépendance cinq prieurés des diocèses de Clermont, du Puy et de Mende (Chabrol, *Coutumes d'Auvergne*, t. IV, p. 306. — *Gallia Christ.*, t. II, col. 258. — Domin. Branche, *Hist. des Ordres monastiques en Auvergne*, p. 341). L'église Sainte-Marie, ad Pontem, est Sainte-Martine de Pont-du-Château qui devint prieuré, et releva de l'abbaye de Laveine.

Bullar. Cluniac., p. 13. — *Patrologie*, éd. Migne, t. CXLIII, col. 804-806.

(3) Etienne X gouverna neuf mois et déploya une grande vigueur pour le rétablissement de la discipline.

(4) L'énumération des églises que Cluny possédait en Auvergne est la même que dans les bulles de Grégoire V et Victor II. Signalons ces deux variantes : Au lieu de « Curte Lipsiaco, » on lit : « Curte Lissiaco : » Au lieu de « cellam in honore sanctæ Mariæ, » on lit : « in honore sanctæ Martinæ. »

Bullar. Cluniac., 15. — *Patrologie*, éd. Migne, t. CXLIII, col. 879-884.

XX.

Nicolas II à Émile, abbé d'Aurillac. Il met ce monastère sous la protection immédiate du Saint-Siége : il défend à tout roi, évêque, seigneur, d'y rendre la justice, et d'exercer aucun droit sur les personnes qui en dépendent : il confirme les moines dans le droit d'élire leur abbé, et se réserve le pouvoir d'interdit et d'excommunication sur Aurillac et les lieux qui en dépendent.

16 Mai 1061.

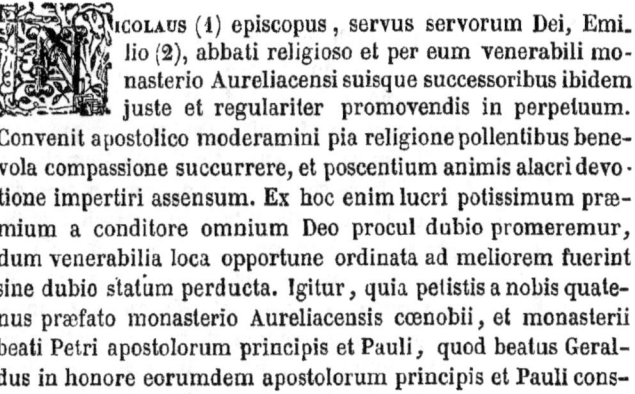

Nicolaus (1) episcopus, servus servorum Dei, Emilio (2), abbati religioso et per eum venerabili monasterio Aureliacensi suisque successoribus ibidem juste et regulariter promovendis in perpetuum. Convenit apostolico moderamini pia religione pollentibus benevola compassione succurrere, et poscentium animis alacri devotione impertiri assensum. Ex hoc enim lucri potissimum præmium a conditore omnium Deo procul dubio promeremur, dum venerabilia loca opportune ordinata ad meliorem fuerint sine dubio statum perducta. Igitur, quia petistis a nobis quatenus præfato monasterio Aureliacensis cœnobii, et monasterii beati Petri apostolorum principis et Pauli, quod beatus Geraldus in honore eorumdem apostolorum principis et Pauli cons-

---

(1) Nicolas II gouverna plus de deux ans (1058-1061). Il montra beaucoup de sagesse et de fermeté apostolique. Dans ses bulles, il mettait cette sentence : « Confirma hoc Deus, quod operatus es in nobis. »

(2) Emile doit figurer après Géraud IV. Le *Gallia Christiana* (t. II, col. 443) s'est trompé en le mettant après Pierre de Limagne qui vivait à la fin du XIe siècle. C'est, sans doute, pour se mettre à couvert des seigneurs d'Escorailles qui ravageaient les terres de son abbaye, qu'Emile recourut au pape. Il est peut-être le même qu'Amélius qui donna la petite celle de Cayrac à Hugues, abbé de Cluny (*Tabular. Moissiacense*). Il était à la fois rigide observateur de la règle et doux envers ses moines. On lui reprochait d'être prodigue. Il mourut à un âge avancé, vers 1070, et fut enseveli vers la chapelle du Saint-Sauveur, d'où ses dépouilles furent transférées devant la porte de la chapelle de Sainte-Madeleine.

truxit, sub venerabilis abbatis regularis institutione excolendum, et propriis rebus ditandum, ut privilegiis sanctæ Romanæ et apostolicæ sedis modis omnibus decoretur, ut sub jurisdictione sanctæ nostræ cui, Deo auctore, deservimus, ecclesiæ constitutum, nullius alterius Ecclesiæ juri et ditioni submittatur. Et ideo vestris piis desideriis faventes, hac nostra apostolica auctoritate decernimus id ipsum præfatum monasterium in honore beati Petri apostolorum principis atque doctoris gentium Pauli, amodo et usque in finem seculi sub patrocinio et jure sanctæ Romanæ et Apostolicæ matris Ecclesiæ cum omnibus quæ ad illud pertinent permanendum. Statuimus namque sub divini judicii obtestatione et beati Petri apostolorum principis nostræque humilitatis interdictione, ut nullus unquam regum, nullus episcoporum, nullusque hominum in quolibet ordine et ministerio constitutus, audeat moleste causis ejusdem monasterii incumbere, aut de rebus, possessionibus, vel de ustensilibus et ornamentis quæ ei pertinere videntur quoque modo auferre aut alienare præsumat; nec quamlibet malitiam jactare, aut molestiam ibidem sive pacis sive belli tempore inferre conetur; dum profecto eum semper, ut prædictum est, firma stabilitate sub patrocinio et jurisdictione sanctæ nostræ Romanæ matris Ecclesiæ permanendum decernimus. Post vero obitum abbatis, nemo ibidem abbatem constituat, nisi quem consensus et communis voluntas fratrum ex ipsa congregatione secundum regulam beati patris Benedicti elegerint, nullumque præmium sive donum pro consecratione ipsius abbatis episcopus ejusdem diœcesis accipere præsumat; et si eum gratis ordinare noluerit, vel a nostra Romana Ecclesia, vel a quolibet venerabili episcopo per nostram auctoritatem libere ordinetur. Similiter de clericis ejusdem sacri cœnobii, subdiaconos, diaconos, presbyteros episcopus habeat potestatem consecrandi quem abbas cum congregatione sua elegerit et rogaverit, omnium hominum contradictione remota, ita sane ut nobis, singulis quibusque annis, sine aliqua mora vel dilatione, pensionis nomine in sanctæ nostræ Romanæ Ecclesiæ solidos decem persolvatis, qui simul fiunt centum viginti denarii. Promulgantes nempe, hac auctoritate beatissimi Petri apostolorum principis, coram Deo et terribili ejus futuro examine, per hujus nostri apostolici privilegii constitutionem sancimus, ut universa quæ a vobis in rebus mobilibus et immobilibus oblata et concessa sunt, necnon et possessiones quæ a regibus et principibus seu quibuslibet Christi fidelibus collata sunt fuerintve, in perpetuum inconcussa stabilitate, ad jus et dominium in suis usibus perpetuis temporibus perseverent. Nec licentia sit, ut dictum est, ex omnibus eidem sancto monasterio pertinentibus, per se cuiquam magnæ parvæque personæ diripere ac auferre. Si quis vero contra voluntatem abbatis ejusdem loci injuste aliquid invaserit, aut calumniose diripuerit, hunc ex auctoritate beati Petri apostolorum principis excommunicamus. Qui vero res ejusdem monasterii utiliter augere decreverit, et eadem bene tractaverit, absolutus et liber permaneat. Statuimus etiam hoc, ut nullus episcoporum aliquo titulo habeat licentiam excommunicandi ipsum locum, aut cellas sibi subjectas, scilicet sanctæ Mariæ Soliaco (1), et sancti Petri Cariaco (2), et sanctæ Mariæ Variñio (3), et sancti Giraldi Asperis (4), necnon et Salientis (5), cum eorum pertinentiis, præter papam sanctæ Romanæ Ecclesiæ; ut profecto in Dei laude securum et tranquillum, juxta id quod subjectum juri et patrocinio sanctæ sedis apostolicæ fore decrevimus, bene dotatum et in melius dotandum permaneat. Si quis autem, quod non optamus, nefario ausu presumpserit, hæc quæ a nobis, ad honorificentiam beati Petri apostolorum principis atque apostoli Pauli, pro stabilitate ipsius sui nominis statuta sunt, transgredi, sciat se anathematis vinculo innodandum et a liminibus Ecclesiæ separandum. At vero qui pio intuitu custos et observator eorum extiterit, benedictionem et gratiam ab omnipotente Deo percipere mereatur.

Datum xvii Kal. Junii per manus Geraldi monachi fungentis officio bibliothecarii sanctæ Romanæ Ecclesiæ, anno ab Incarna-

---

(1) Sainte-Marie de Soulhac, située dans le diocèse de Cahors, devint un décanat.
(2) Saint-Pierre de Cayrac, au diocèse de Cahors, devint un décanat.
(3) Sainte-Marie de Varenne, au diocèse de Toulouse.
(4) Saint-Géraud d'Aspres, au diocèse de Valence, devint un prieuré.
(5) Saint-Géraud de Saillans, au diocèse de Die, devint un prieuré.

tione Domini millesimo LXI, anno III pontificatus domni Nicolai papæ II, indictione XIII (1).

XXI.

Alexandre II à Emile, abbé d'Aurillac. Il renouvelle les droits et priviléges conférés à cette abbaye par Nicolas II.

14 Mai 1068.

LEXANDER (2) episcopus, servus servorum Dei, Emilio abbati, religioso, et per eum venerabili monasterio Aureliacensi, suisque successoribus ibidem juste et regulariter promovendis in perpetuum. Convenit apostolico moderamini pia religione pollentibus benevola compassione succurrere, et poscentium animis alacri devotione impertiri assensum. Ex hoc enim lucri potissimum præmium a conditore omnium Deo procul dubio promeremur, dum venerabilia loca opportune ordinata ad meliorem fuerint sine dubio statum perducta. Igitur, quia petistis a nobis quatinus præfato Aureliacensi monasterio beati Petri apostolorum principis ac Pauli, quod beatus Geraldus in honorem eorumdem apostolorum principis construxit, sub venerabilis abbatis regulari institutione excolendum, et propriis rebus ditandum, ut privilegiis sanctæ Romanæ apostolicæ Sedis modis omnibus decoretur, ut sub jurisdictione sanctæ nostræ cui, Deo auctore,

---

(1) Biblioth. nation., Collection Moreau, *Chartes et Diplômes*, t. 27, p. 160 et suiv. — *Analecta juris pontificii*, quatre-vingt-septième livraison (juillet-août 1868), col. 593-594. — Tiré d'une copie de Jean-Charles Vacher, seigneur de Bourg-Lange, avocat au parlement, chargé des ordres du garde des sceaux. Il l'avait collationnée, le 7 novembre 1786, à l'original qui était dans les archives de l'abbaye d'Aurillac « en un parchemin de deux pieds de longueur sur dix-huit pouces et demi de largeur, auquel il ne demeure aucun vestige de sceau, mais seulement un petit trou au milieu du repli qui se trouve au bas dudit parchemin. »

(2) Alexandre II monta sur le Saint-Siège en 1061, et mourut le 21 avril 1073. Il fut remarquable par son érudition et son éloquence. Dans ses bulles, il employa ces sentences. « Magnus Deus noster et magna virtus ejus; » « Deus nostrum refugium et virtus; » « Exaltavit me Deus in virtute brachii sui. »

deservimus Ecclesiæ constitutum, nullius alterius ecclesiæ juri et ditioni submittatur; et ideo vestris piis desideriis faventes, hac nostra apostolica auctoritate decerminus idipsum præfatum monasterium in honore beati Petri apostolorum principis, atque doctoris gentium Pauli, amodo et usque in finen seculi sub patrocinio et jure sanctæ Romanæ et apostolicæ matris Ecclesiæ, cum omnibus quæ ad illud pertinent, permanendum. Statuimus namque, sub divini judicii obtestatione, et beati Petri apostolorum principis, nostræque humilitatis interdictione, ut nullus regum, nullus episcoporum, nullusque hominum, in quolibet ordine et ministerio constitutus, audeat moleste causis ejusdem monasterii incumbere, aut de rebus et possessionibus vel utensilibus et ornamentis quæ ei pertinere videntur, quoquo modo auferre aut abalienare præsumat. Nec quamlibet malitiam aut jactare molestiam ibidem sive pacis sive belli tempore inferre conetur, dum profecto eum semper, ut prædictum est, firma stabilitate sub patrocinio, jurisdictione sanctæ nostræ Romanæ matris Ecclesiæ, permanendum decernimus. Post vero obitum abbatis, nemo ibidem abbatem constituat, nisi quem consensus et communis voluntas fratrum ex ipsa congregatione, secundum regulam beati patris Benedicti, elegerint; nullumque præmium sive donum pro consecratione ipsius abbatis episcopus ejusdem diœcesis accipere præsumat, et si eum gratis ordinare noluerit, vel a nostra Romana Ecclesia vel a quolibet venerabili episcopo per nostram auctoritatem libere ordinetur. Similiter de clericis ejusdem sacri cenobii subdiaconos, diaconos, presbyteros, episcopus habeat potestatem consecrandi quem abbas cum congregatione sua elegerint et rogaverint, omnium hominum contradictione remota. Ita sane ut a vobis, singulis quibusque annis, sine aliqua mora vel dilatione, pensionis nomine in sanctæ nostræ Romanæ Ecclesiæ solidos decem persolvatis, qui simul fiunt centum viginti denarii. Promulgantes nempe et hoc auctoritate beatissimi Petri apostolorum principis, coram Deo et terribili ejus futuro examine, per hujus nostri apostolici privilegii constitutionem sancimus, ut universa quæ a vobis in rebus mobilibus et immobilibus oblata et concessa sunt, necnon et possessiones quæ a regibus et principibus seu quibuslibet Christi fidelibus collatæ sunt fuerintve in perpetuum, inconcussa stabilitate ad jus et dominium in suis perpetuis temporibus perseverent. Nec licentia sit, ut dictum est, ex omnibus eidem sancto monasterio pertinentibus, cuiquam magnæ parvæque personæ diripere ac auferre. Si quis vero contra voluntatem abbatis ejusdem loci injuste aliquid invaserit, aut calumniose diripuerit, hunc ex auctoritate beati Petri apostolorum principis excommunicamus. Qui vero res ejusdem monasterii utiliter augere decreverit et easdem bene tractaverit, absolutus et liber permaneat. Statuimus etiam hoc, ut nullus episcoporum aliquo modo habeat licentiam excommunicandi ipsum locum, aut cellas sibi subjectas, scilicet sanctæ Mariæ Soliaco et sancti Petri Cairiaco et sanctæ Mariæ Varinio et sancti Kirici Accumaco (1) et sancti Geraldi Asperis, et sancti Saturnini Anglarensis (2) necnon et Salientis cum eorum pertinentiis, præter papam sanctæ Romanæ Ecclesiæ, ut profecto in Dei laude securum et tranquillum juxta id quod subjectum juri et patrocinio sanctæ sedis apostolicæ fore decrevimus, bene dotatum et in melius dotatum permaneat. Si quis autem, quod non optamus, nefario ausu præsumpserit hæc quæ a nobis, ad honorificentiam beati Petri apostolorum principis, atque apostoli Pauli, pro stabilitate ipsius sui nominis statuta sunt, transgredi, sciat se anathematis vinculo innodandum, et a liminibus Ecclesiæ separandum. At vero qui pio intuitu custos et observator eorum exstiterit, benedictionem et gratiam ab omnipotenti Deo percipere mereatur.

Datum per manus Petri clerici fungentis vice Petri sanctæ Romanæ Ecclesiæ subdiaconi ac bibliothecarii, pridie Idus Maii, anno vero ab Incarnatione Domini millesimo sexagesimo octavo, VII anno Alexandri papæ secundi, indictione VI (3).

(1) Saint-Cirgues Accumaco, sans doute Saint-Cirgues, au diocèse de Cahors.
(2) Saint-Saturnin d'Anglars.
(3) Biblioth. nation., Collection Moreau, t. 29, p. 164. *Analecta juris pontificii*, quatre-vingt-septième livraison (juillet-août, 1868), col. 402-403.

XXII.

Alexandre II à Pierre, abbé de Mozat (1). Il confirme cette abbaye dans la possession de ses biens (2).

1061-1073.

XXIII.

Alexandre II confirme l'abbaye de la Chaise-Dieu dans ses biens et priviléges (3).

1061 - 1073.

---

(1) L'abbaye de Mozat (*Mauzacum*, *Mausiacum*, *Mauziacus*, *Musiacus*), située dans le faubourg de ce nom, aux environs de Riom, en un lieu agréable et fertile, était de l'ordre de Saint-Benoît. Elle fut fondée au viie siècle, par saint Calmin, duc d'Aquitaine, en l'honneur de saint Pierre et de saint Caprais, martyrs, et enrichi de reliques qu'il avait apportées de Rome (*Acta Sanctorum*, nov. ed., t. xxxvii, col. 760). Eutérius, Ier abbé (env. 680), obtint en sa faveur un diplôme de Théodoric et de Clovis son fils. Ce monastère souffrit des invasions sarrasines et de la guerre qui s'était allumée entre Pepin et Waifre, duc d'Aquitaine. La paix rétablie, Pepin le restaura, et lui donna, à la prière de Lanfrède Ier, abbé, et de ses moines, une charte confirmative des biens qu'il possédait aux pays des Arvernes, des Lémoviques, des Bituriges et des Burgondes (Appendice n° xii). La translation des reliques de saint Austremoine dans cette abbaye lui donna une splendeur nouvelle. Pepin, Adebert, évêque d'Auvergne, Roger, comte d'Aquitaine, y figuraient au milieu d'un grand concours de peuples, de nobles et de clercs (Mabillon, *Ann. Bened.*, t. ii, p. 203-204). En 864, Lanfrède II, abbé de Mozat, cède à Bernard, comte de Brioude, la petite celle de Saint-Priest, au comté de Brioude, et reçoit en échange l'église de Sainte-Marie de Viciaco, dans la viguerie de Randan (*Cart. de Brioude*, charte 176). Cette charte montre que c'est Lanfrède Ier, et non Lanfrède II, comme l'affirme le nouvel annaliste de Mozat (*Hist. de l'Abb. royale de Mozat*, par M. H. Gomot, p. 25), qui tenait l'abbatiat au temps de Pepin Ier. Après Lanfrède, viennent Mancion, frère d'Aimon, abbé de Saint-Martial de Limoges; Etienne Ier qui signe une charte d'Etienne, évêque de Clermont, concernant le monastère de Sauxillanges ; Pierre Ier, connu par la lettre d'Alexandre II.

(2) Bulle indiquée dans le *Gallia Christiana*, t. ii, col. 352.

(3) Il est fait mention de ce diplôme dans une bulle d'Honorius III que nous donnons plus loin.

XXIV.

Alexandre II approuve la fondation du chapitre d'Ennezat (1).

1061-1073 (2).

XXV.

Alexandre II ordonne par un bref que Robert (3), fondateur de la Chaise-Dieu, soit mis à l'album des saints, et que sa fête soit célébrée le vingt-quatre avril.

1070.

---

(1) Le chapitre d'Ennezat fut fondé par Guillaume, comte de Poitiers, sous le vocable des bienheureux martyrs Victor et Couronne. Il devait comprendre douze chanoines, un doyen et un aumônier. Arnaud fut le premier doyen; Raoul, le premier aumônier. A la fin du siècle dernier, il se composait de douze chanoines et d'un doyen, auquel on avait annexé l'office d'aumônier.

(2) Ce document nous est connu par les lettres de fondation du chapitre d'Ennezat (Appendice n° xiii).

(3) Robert mourut le 17 avril 1067, après avoir gouverné son monastère avec une admirable sagesse. Il fut enseveli le 24 avril, jour où on célèbre sa fête. Deux ans après sa mort, sa vie fut écrite par Géraud de Laveine. Celui-ci l'offrit, en 1069, à Alexandre II. Frappé des miracles opérés par l'intercession du saint abbé, le pape le mit au nombre des saints... « Densatis omnibus et serio examinatis, summus Pontifex, brevi apostolico, anno MLXX, dato sancivit ut Robertus, Casæ Dei abbas, albo sanctorum inscriberetur, diesque festus ejusdem ageretur die xxiv aprilis qua sepultus est. » (Biblioth. nation., *Antiquit. Bened. in diœc. Clarom.*, I. 9).

XXVI.

Grégoire VII à Hugues, abbé de Cluny. Il confirme les possessions de cette abbaye, dont un certain nombre était en Auvergne (1).

1075.

Gregorius episcopus, servus servorum Dei dilecto in Christo filio, Hugoni, abbati monasterii sanctorum Petri et Pauli constructi in loco qui dicitur Cluniacus............................

.... In comitatu arvernensi, Silviniacum monasterium ubi sancti Maiolus et Odilo requiescunt, cum ibidem pertinentibus; cellam quæ vocatur Firmitas; cellam quæ vocatur Scuriolas; ecclesiam sancti Sulpicii in villa quæ dicitur Langiacus; cellulam quæ vocatur ad Boscum; curtem quem vocant in Fridomonte; monasterium quod dicitur Rivis cum curte Lipsiaco et cum suis appenditiis; ecclesiam quæ vocatur ad Montes; monasterium Celsinianense cum cellis, ecclesiis, villis, terris et cum monasterio ubi requiescit sanctus Florus quod tradidit supradicto loco Eustorgius clericus cum omnibus sibi pertinentibus; mansiones in Brivatensi vico; monasterium quod dicitur Volta cum suis pertinentiis; Rocam fortem; cellam Reiliacum cum curte et omnibus ad eam pertinentibus; cellam sanctæ Mariæ quæ vocatur ad Pontem; omnes quoque ecclesias et terras, et quodcumque videtur Cluniacus possidere in jam dicto comitatu (2).................

XXVII.

Grégoire VII à Pierre, abbé d'Aurillac. Il défend qu'on

---

(1) L'énumération de ces églises est à peu près la même que dans les bulles de Victor II et Grégoire V. Au lieu de « Frigido monte, » on lit : « Fridmonte. » Une nouvelle église, « Rocam fortem » est désignée.

(2) *Bullar. Cluniacense*, 18. — *Patrologie*, éd. Migne, t. cxlvii, col. 661-663.

porte atteinte aux biens de ce monastère; il confirme les moines dans le droit d'élire leur abbé, et déclare que l'abbaye ne relève que du Saint-Siége.

31 Janvier 1077.

GREGORIUS (1) episcopus, servus servorum Dei, dilecto in Christo filio, Petro (2) abbati Aureliacensis monasterii, suisque successoribus ibidem regulariter promovendis in perpetuum. Supernæ miserationis respectu, ad hoc universalis Ecclesiæ curam suscepimus, et apostolici moderaminis sollicitudinem gerimus, ut justis precantium votis attenta benignitate faveamus, et libramine æquitatis omnibus in necessitate positis, quantum, Deo donante, possumus, subvenire debeamus, præcipue autem de venerabilium locorum stabilitate pro debito honore summæ et apostolicæ sedis, cujus membra sunt, quatenus ex divino adjutorio possibilitas datur nobis pensandum et laborandum esse perpendimus. Proinde, juxta petitionem tuam, præfato monasterio, cui tu præesse dignosceris, hujusmodi privilegia præsenti auctoritatis nostræ decreto indulgemus, concedimus atque firmamus. Statuentes nullum regum vel imperatorum, antistitum, abbatum, nullum quacumque dignitate præditum, vel quemquam alium audere de his quæ eidem venerabili loco a quibuslibet hominibus de proprio jure jam donata sunt, vel in futurum, Deo miserante, collata fuerint, sub cujuslibet causæ occasionisve specie, minuere vel auferre, et sive suis usibus applicare, vel aliis quasi piis de causis pro suæ avaritiæ excusatione concedere; sed cuncta quæ ibi oblata sunt, vel offerri contigerit, tam a te quam ab eis qui in tuo officio locoque successerint perenni tempore illibata, et sine inquietudine aliqua

---

(1) Saint Grégoire VII gouverna l'Eglise, de 1073 à 1086, avec une fermeté et une sagesse qui en ont fait un des plus grands papes. On a de lui neuf livres de lettres où respire la vigueur d'âme du pontife, vaillant défenseur de l'honneur de l'Eglise et du sacerdoce. Dans ses bulles on lit cette sentence : « Miserationes tuæ, Domine, super omnia opera tua. »

(2) Pierre de Limaigne succéda à Emile. Il ne maintint pas la discipline avec assez de vigueur, et compromit par sa prodigalité les intérêts du monastère.

volumus possideri, eorum quidem usibus pro quorum sustentatione gubernationeque concessa sunt modis omnibus profutura, et præterea, sicut supra diximus, quæcumque nunc habet aut in posterum, Deo annuente, habere contigerit in quibuslibet rebus mobilibus vel immobilibus. Item constituimus ut, obeunte abbate, non alius ibi, quacumque obreptionis astucia ordinetur, nisi quem fratres ejusdem cœnobii cum communi consensu secundum timorem Dei elegerint, et a Romano Pontifice consecrandum ordinandumque præviderint, maxime de eadem congregatione, si idoneus inventus fuerit. Quod si talis qui huic regimini congruat inter eos inveniri non possit, aliunde sibi patrem et magistrum expetant. Hoc quoque præsenti articulo subjungimus, ut ipsum monasterium et abbates ejus, vel monachi, ab omni sæcularis servitii infestatione securi, omnique gravamine mundanæ oppressionis remoti, in sanctæ religionis observatione seduli atque quieti, nulli alii nisi Romanæ et apostolicæ sedis, cujus juris est, aliqua teneantur occasione subjecti. Consecrationes etiam ecclesiarum et ordinationes monachorum, sive clericorum, sæpe fato cœnobio pertinentium, ab episcopis in quorum diœcesi sunt, accipiant, ita autem, si episcopi canonice ordinati fuerint et ordinationem gratis fecerint; sin autem aliquid horum obstiterit, abbas cum licentia et auctoritate Romani Pontificis ad qualemcumque catholicum episcopum ei placuerit causa consecrationis et ordinationis tam locorum quam personarum licenter pergat. Hæc igitur omnia quæ hujus præcepti decretique nostri pagina continet, tam tibi quam cunctis qui in eo quo es ordine locoque successerint, vel eis quorum interesse potuerit in perpetuum servanda decernimus. Si quis vero regum, sacerdotum, clericorum, judicum ac sæcularium personarum hanc constitutionis nostræ paginam agnoscens, contra eam temerario ausu venire temptaverit, potestatis honorisque sui dignitate careat, reumque se divino judicio de perpetrata iniquitate cognoscat, et nisi ea quæ ab illo sunt male ablata restituerit vel digna pœnitentia illicite acta defleverit, a sacratissimo corpore et sanguine Dei Domini redemptoris nostri Jesu Christi alienus fiat, atque in extremo examine districtæ ultioni subjaceat. Cunctis autem eidem loco justa servantibus sit pax Domini nostri Jesu Christi, quatenus et hic fructum bonæ actionis percipiant et apud districtum judicem præmia æternæ pacis inveniant.

Datum in Longobordia per manus Cononis cardinalis presbyteri sanctæ sedis Romanæ Ecclesiæ cancellarii officium supplentis, anno dominicæ Incarnationis MLXXVII, pontificatus vero domni Gregorii VII papæ quarto, pridie Kalendas Februarii, indictione xv (1).

XXVIII.

Grégoire VII à Seguin, abbé de la Chaise-Dieu. Il défend de porter atteinte à ce monastère et supprime les coutumes abusives que des clercs d'Auvergne y avaient introduites; il permet à l'abbé de faire appel au Saint-Siége, dans ses difficultés, et confère aux moines le droit d'élire leur abbé: il confirme la Chaise-Dieu dans la possession de l'abbaye de Saint-Michel de Galliac et de celle de Saint-Théotard, située dans le territoire cadurque.

1080.

REGORIUS episcopus, servus servorum Dei, dilecto in Christo filio, Seguino (2), abbati monasterii sancti Roberti Casæ Dei, suisque successoribus ibidem regulariter promovendis. Supernæ miserationis respectu, ad hoc universalis Ecclesiæ curam suscepimus, et

---

(1) Biblioth. nation., Collection Moreau, *Chartes et Diplômes*, t. 31, p. 189. — *Analecta juris pontificii*, 87e livraison (juillet-août 1868), col. 413. — Tiré d'une copie de Jean-Charles Vacher, collationnée le 12 novembre 1786, sur l'original qui était dans les archives de l'abbaye d'Aurillac.

(2) Seguin succéda à Durand, qui passa à l'évêché de Clermont, en 1077. Né à Escotay, dans le Lyonnais, il fut d'abord chanoine de l'église de Saint-Jean. Il entra au monastère de la Chaise-Dieu, et fut promu à l'abbatiat. A une rare instruction il joignait l'austérité des mœurs et la connaissance des affaires. Il résista aux seigneurs qui envahissaient les biens de la Chaise-Dieu, et déploya une grande activité pour étendre l'influence spirituelle et territoriale de ce monastère. Les abbés de Saint-Michel de Galliac et de Saint-Théodard lui firent cession de leurs abbayes, du consentement de Guillaume, évêque d'Alby, et d'Etienne, évêque de Cahors. Seguin se rendit à Rome, et obtint de

apostolici moderaminis sollicitudinem gerimus, ut justis precantium votis ac tota benignitate faveamus, et in libramine æquitatis omnibus in necessitate positis, quantum Domino donante possumus, subvenire debeamus. Proinde, juxta petitionem tuam, præfato monasterio juris romanæ Ecclesiæ, cui tu præesse dignosceris, hujusmodi privilegia, præsenti auctoritatis nostræ decreto, indulgemus et concedimus atque firmamus, statuentes nullum regum, vel imperatorum, aut antistitum audere de his quæ eidem venerabili loco a quibuslibet hominibus de proprio jure jam donata sunt, vel in futurum, Deo miserante, collata fuerint, sub cujuslibet causæ occasione, specie, minuere vel auferre, et sive suis usibus applicare, vel aliis quasi propriis de causis pro suæ avaritiæ excusatione concedere; sed cuncta

Grégoire VII la bulle qui le confirmait dans la possession de ces monastères. A son retour, il s'arrêta dans l'Aquitaine où ses mérites accompagnés de prodiges attirèrent sur lui l'attention publique. L'abbaye des Saints-Innocents de Brantôme lui fut alors soumise avec l'agrément de Guillaume de Montberon, évêque de Périgueux, et d'Hélye, comte de Périgord. En 1081, il souscrivit la donation de Saint-Eutrope de Saintes faites à Hugues, abbé de Cluny, par Guillaume, comte de Poitiers et duc d'Aquitaine. A la prière de Rainaud, archevêque de Reims, il rétablit la discipline dans le monastère de Saint-Nicaise. Pendant son séjour à Reims, il se lia avec Bruno, chanoine de cette ville, et lui inspira avec le dégoût du monde l'amour de la retraite. Bruno fonda plus tard la Chartreuse, et ainsi l'abbé de la Chaise-Dieu se trouva mêlé à cette grande œuvre qui donna libre essor à l'esprit contemplatif. Seguin étendit au delà des Pyrénées, la domination de la Chaise-Dieu. Il fonda, en Espagne, par les soins d'Adalelme, un de ses moines les plus recommandables, les prieurés de Castille, d'Osta et de Saint-Vincent de Caneto. Ces monastères restèrent unis à la Chaise-Dieu jusqu'en 1456, année ou Eugène IV les aggrégea à Saint-André de Valladolid. En 1087, Adhémar, évêque du Puy, lui donna l'église d'Usson. Pierre d'Ermengaud, évêque de Nîmes, lui fit cession de l'église de Saint-Beausile, située dans la ville. En 1092, il reçut de Gelduin et Ebbon l'église de Saint-Parthenay-le-Vieux.

Seguin résida plusieurs années à Saint-Nicaise de Reims où il établit la règle de la Chaise-Dieu. Lorsqu'il eut réformé ce monastère, il mit à sa tête Nicolas, disciple de saint Robert, et revint à la Chaise-Dieu. C'est au milieu des soins qu'il donnait à cette abbaye, qu'il fut atteint de la maladie qui l'emporta. Il mourut en 1094, et fut, dit-on, enseveli à Avignonnet, prieuré de l'archiprêtré de Mauriac. L'abbaye de la Chaise-Dieu prospéra sous l'abbatiat de Seguin et compta des moines illustres, parmi lesquels on distingue Audebert, qui devint abbé de Dôle et archevêque de Bourges, et plusieurs autres qui furent mis à la tête des grandes abbayes de l'institut casadien.

quæ ibi oblata sunt, vel offerri contigerit, tam a te quam ab eis qui in tuo officio locoque successerint, perenni tempore illibata et sine inquietudine volumus possideri, eorum quidem usibus pro quorum sustentatione gubernationeque concessa sunt modis omnibus profutura. Hoc quoque subjungendum esse censuimus, ut ipsum monasterium et abbates ejus vel monachi ab omni sæcularis servitutis sint infestatione securi, omnique gravamine mundanæ oppressionis remoti : et quia intelleximus Arvernenses clericos quasdam consuetudines in monasterio vestro sibi vindicare, videlicet præsentialiter se abbatis intermiscere electioni, et in quibusdam festivitatibus locum et societatem cum fratribus in dormitorio, necnon in choro, contra regularem disciplinam et quietem monasticum, exigere; admonemus et apostolica auctoritate interdicimus, ut deinceps ac in perpetuum ipsi ab hac omnino cessent inquietudine, et his ulterius exigendi nullam habeant licentiam vel facultatem, sed secundum illam securitatem et quietem, permittatur monasterium illud Domino servire, quam ante nostrisque temporibus hæc sancta apostolica sedes, cujus licet indigni curam gerimus, Cluniacensi monasterio aliisque regularibus monasteriis et privilegium suum concessit. Interdicimus etiam, ut nullus præsumat ecclesias, terras, possessiones ejusdem monasterii quas nunc juste habet, vel deinceps juste acquiret, injuste invadere et suis usibus applicare. Quod si tu, vel successores tui ab aliqua persona in judicio se gravari cognoverint, licenter apostolicam sedem appellent. Item constituimus ut, obeunte abbate, non alius ibi quacumque obreptionis astutia ordinetur, nisi quem fratres ejusdem cœnobii communi consensu, secundum honorem Dei et regulam sancti Benedicti elegerint, maxime de eadem congregatione, si idoneus inventus fuerit. Quod si talis qui huic regimini congruat inveniri non possit, aliunde sibi patrem et magistrum exspectent, ac ab Arvernensi episcopo consecrandum et ordinandum provideant, si tamen ipse episcopus gratiam apostolicæ sedis habuerit, et canonice facere voluerit ipsam ordinationem. Quod si aliquid horum obstiterit, liceat electo ejusdem monasterii, aut ad apostolicam sedem recurrere, aut a quocumque religioso episcopo consecrationem et ecclesiæ ordinationem atque cœtera quæ ad episcopum pertinent, suscipere.

Specialiter et nominatim confirmamus præfato monasterio vestro abbatiam Galliacensem, in honorem sancti Michaelis consecratam, et abbatiam sancti Theodardi sitam in territorio Cathurcensi, cum omnibus pertinentiis suis. Si quis vero imperatorum, regum, sacerdotum, clericorum, ducum, marchionum, comitum, vice comitum ac sæcularium personarum hanc nostræ confirmationis paginam agnoscens contra eam temerario ausu venire tentaverit, admonitus semel et iterum usque tertio, per convenientes inducias si non resipuerit, atque prædictæ ecclesiæ non satisfecerit, potestatis honorisque sui dignitate careat, reumque se divino judicio existere de perpetrata iniquitate cognoscat, et nisi ea quæ ab illo sunt male ablata restituerit, vel digna pœnitentia illicite acta defleverit, a sacratissimo corpore et sanguine Domini redemptoris nostri Jesu Christi alienus fiat, atque in extremo examine districtæ ultioni subjaceat. Cunctis autem eidem loco justa servantibus sit pax Domini nostri Jesu Christi, quatenus et hic fructum bonæ actionis percipiant, et apud districtum judicem præmia æternæ pacis inveniant.

Datum Laterani sexto Kalendas Aprilis per manus Petri sanctæ romanæ Ecclesiæ presbyteri cardinalis ac bibliothecarii et anno septimo pontificatus domini Gregorii septimi papæ, indictione tertia (1).

(1) Ms. lat. de la Biblioth. nation. 12,818, *Chronica Monasterii Casæ-Dei*, pp. 59-64, d'après l'original, Recueil de D. Estiennot. — Duchesne, t. IV, p. 214. — Cette bulle est indiquée dans le *Gallia Christiana*, t. II, col. 530.

XXIX.

Grégoire VII aux habitants des provinces de Bourges, de Narbonne et de Bordeaux. Il ordonne qu'on restitue à l'abbaye d'Aurillac les biens qui lui avaient été ravis: il enjoint à Béranger, vicomte de Carlat, de rendre à l'abbaye d'Aurillac hommage ainsi que les biens qu'il avait usurpés, hommage et fidélité à l'abbé; il exige la restitution du monastère de Maurs, des églises de Dolmayrac et de Montsalvy, et confirme la donation du monastère de Vieux faite à l'abbaye par les seigneurs de Vieux.

12 Avril 1080.

REGORIUS episcopus, servus servorum Dei, omnibus in Bituricensi, necnon Narbonensi seu Burdigalensi provinciis constitutis, exceptis his qui apostolica excommunicatione tenentur, salutem et apostolicam benedictionem. Clamor abbatis Aureliacensis cœnobii, quod proprii juris beati Petri concessione fundatoris scilicet beati Geraldi esse dignoscitur, auribus nostris insonuit, videlicet super quibusdam personis quæ injuste detinent beneficia prædicti monasterii a prædecessoribus suis sub fidelitate et dominio pro defensione ecclesiæ sibi et suis antecessoribus olim concessa. Præcipue conqueritur super Berengario (1), Carlatensi vicecomite, qui, propria cupiditate ductus, debitum servitium et fidelitatem abbati exhibere negat, nisi beneficium quod immerito detinet adhuc etiam de jure ecclesiæ augeatur. Proinde apostolica auctoritate præcipimus, quatenus omnis, qui beneficium præfatæ ecclesiæ ad hoc aliquando suscepisse cognoscitur, subjectionem et fidelitatem abbati persolvat, et servitium pro beneficio largiri non deneget, et ab exac-

---

(1) Béranger II, vicomte de Millau, arriva au vicomté de Carlat, par son mariage avec Adèle de Carlat. Il refusa d'abord foi et hommage à l'abbé d'Aurillac; il se soumit sur les ordres de Grégoire VII. (Anselme, t. II, p. 696).

tione illicitæ augmentationis desistat, aliter enim invasor et sacrilegus esse comprobatur. Nos vero detrimentum supradicti cœnobii agnoscentes, abbatem sub promissione fidei suæ in manu nostra obligavimus, ut nulli militum liceat illi ultra unum mansum de possessione ecclesiæ dare sub hac vel alia occasione, neque alicui alteri personæ, nisi communis utilitas fratrum regulariter degentium postulaverit, et apostolicæ æquitati renuntiare ausus fuerit. Monasterium autem Maurzicense (1) cum omnibus sibi adjacentiis, et ecclesias scilicet Dalmairaci et Montis Salvii (2), et cœteras, necnon terras et possessiones in quacumque suprascriptarum provinciarum ablatas, seu malis consuetudinibus oppressas, monasterio Aureliacensi scriptis sive testibus olim juste concessas, apostolica auctoritate præcipimus restitui, et sine inquietudine aliqua permitti. Monasterium quidem Viacense (3) in manu abbatis refutatum a principibus ipsius terræ consensu episcopi et clericorum sibi suisque successoribus concedimus et confirmamus, et fautoribus refutationis apostolicam benedictionem largimur, et eos qui ecclesias sive prædia præfati monasterii injuste detinent, absque ulla dilatione reddi jubemus. Qui ergo his mandatis

---

(1) L'abbaye de Maurs fut, dit-on, fondée par celle d'Aurillac. Elle en releva durant plusieurs siècles. Elle s'était affranchie, en 1255, puisque l'abbé put en céder la moitié à l'évêque de Clermont.

(2) L'église de Montsalvy, fondée par saint Gausbert, au milieu du xie siècle, sur les terres du château de Mandulphe, alleu de saint Géraud d'Aurillac, devint un monastère. Saint Gausbert en fut le premier prévôt: il mourut en 1031. Saint Bernard, né à Rodez vers 1040, lui succéda et mourut en 1110. La prévôté de Montsalvy avait beaucoup d'églises sous sa dépendance. Pons, évêque de Rodez, lui donna en 1087, les églises d'Aubin, de Vialaret, de Viviers, la moitié de l'église de Saint-Remi, les églises de Saint-Julien près Capdenac, de Combret, Saint-Saturnin, Meymac, la chapelle et l'église du château d'Estaing, l'église de Pons, près Montsalvy, l'église de Vignes, la chapelle de Sévérac, l'église de Saint-Partheim, les chapelles des châteaux de La Vinzelle et de Saint-Santin, les églises de Ginouliac, de Tesq, Valeilles, Bez, du Colombier, du Montel et de Roussy.

(3) Monastère de Vieux. L'église canoniale de Vieux fondée vers 987, par Pons, comte d'Albi, était sous le vocable des Saints Eugène, Amarand et Carissima. Elle dépendit d'abord de l'église Cathédrale, elle passa ensuite à l'abbaye d'Aurillac. Vieux est du canton de Castelnau de Montmiral, arrondissement de Gaillac, département du Tarn.

nostris spiritu superbiæ acquiescere noluerit, præcipueque Berengarius, si obedire contempserit, gratiam beati Petri amittet, et iram omnipotentis Dei incurret. Obtemperantibus autem gratiam Dei et apostolicam benedictionem, de misericordia divina confisi, largimur.

Data Romæ secundo Idus Aprilis, indictione tertia (1).

XXX.

Grégoire VII à Guillaume, archevêque d'Auch. Il lui ordonne de restituer à l'abbaye d'Aurillac l'église de Sainte-Marie de Dolmayrac, usurpée par Dodon, abbé de Saint-Michel de Pessan.

12 avril 1080.

REGORIUS episcopus, servus servorum Dei, Willelmo, Auxiensi archiepiscopo, salutem et apostolicam benedictionem. Miramur prudentiam tuam ita se apostolicæ sedi inobedientem exhibuisse, ut negotium quod tibi vicarii nostri commiserunt (2), ad exsequendum tu non curans parere, contempseris ad effectum perducere, siquidem injuncta tibi et ab eis cura justitiam faciendi Petro, abbati Aureliacensis cœnobii, juris hujus sanctæ Romanæ Ecclesiæ de Dodone, abbate Pezanense (3), qui ex longo tempore

---

(1) Bibliotheca Vaticana, S. Gregorii Registrum, lib. VIII, ep. 19. — Mansi, *Conc.*, t. xx, 505. — Cocquelines, *Bullar. Romanum*, t. II, p. 53. Ex edit. Cardin. Carafa. — *Patrol.*, éd. Migne, t. CXLVIII, col. 562-563. — Duchesne, t. IV, p. 214.

(2) Grégoire VII avait fait savoir par ses légats, le cardinal Etienne, et Géraud, coévêque d'Ostie, à l'archevêque d'Auch qu'il eût à faire rendre l'église de Dolmayrac à l'abbaye d'Aurillac. L'archevêque avait négligé d'accomplir ces ordres.

(3) L'abbaye de Saint-Michel de Pessan était située à une lieue de la ville d'Auch. Elle fut en litige avec l'abbaye d'Aurillac, au sujet de l'église de Dolmayrac. Comme les moines de Pessan la possédaient depuis soixante ans, et qu'ils l'avaient réparée, le légat du pape avait décidé au concile de Bordeaux (1079) qu'ils la garderaient, moyennant une rente de cinq sols qu'ils serviraient à l'abbaye d'Aurillac. Grégoire VII, comme on le voit, arrêta au contraire qu'ils eussent à la restituer à leurs propriétaires. Au XIIIe siècle, il y eut un accord entre l'église d'Auch et l'abbaye d'Aurillac. (Biblioth. nationale, *Fragmenta Hist. Aquitanicæ*, t. x).

invasam detinet ecclesiam juris itidem beati Petri, sed præfato monasterio Aureliacensi concessam, quæ nominatur sancta Maria Dalmairaci. Qua in re quantam beato Petro reverentiam habueris in hoc evidenter apparet, quod et invasor ecclesiam calumniose adhuc occupare non desinit, et prædictus abbas Aureliacensis apostolicas aures ob id interpellare compellitur, præsertim cum supra nominatus Pezanensis convictus, et a legatis nostris, Stephano cardinali et Gerardo Ostiensi coepiscopo, adjudicatus debere illam ecclesiam reddere, quia non fecerit, excommunicationem incurrerit. Quapropter dilectionem tuam monemus, et apostolica auctoritate præcipimus ut sæpedictum Pezanensem abbatem cogas Aureliacensi præfixam ecclesiam, unde lis est, restituere, et condignam satisfactionem ipsum sibi placabilem reddere. Quod si forte spiritu superbiæ induratus acquiescere noluerit, et monasterio illi quod invasum est, officium divinum, et invasori, nostra auctoritate omnis ecclesiæ interdicas introitum. Nam non inter religiosos monachos, sed nec inter laicos, debet annumerari qui sacrilegium perpetrare non timet.

Data Romæ secundo Idus Aprilis indictione tertia (1).

XXXJ.

Grégoire VII érige le monastère de Saint-Léger d'Ebreuil (2), en abbaye de l'ordre de Saint-Benoît.

(1080.)

---

(1) S. Gregorii VII Registrum, lib. vii, ep. xviii. — Mansi, *Conc.*, t. xx. — *Patrol.*, éd. Migne, t. cxlviii, col. 561-562.

(2) Le monastère d'Ebreuil, situé sur les bords de la Sioule, dans le département de l'Allier, fut fondé en 971, et dédié à sainte Marie, aux saints apôtres Pierre et Paul et à saint Léger, sous le vocable duquel il était plus connu. Le corps du bienheureux y fut porté par les moines de Saint-Maixent que la persécution avait chassés de leur pays. Les premiers abbés connus sont Amblard et Bernard I. Emmon acquiert un grand renom de sainteté (1016-1031). Guillaume, comte d'Aquitaine, lui donna, au pays des Saintons, une terre du nom d'Ebreuil, afin qu'il y établit un monastère qui dépendrait de son abbaye. Puis, viennent Raimond, Gerbert et Guillaume Ier. Sous Gerbert, Arnaud, neveu d'Arnaud, évêque de Périgueux, donne à Ebreuil le monastère de Saint-Léger de Cognac,

XXXII.

Grégoire VII à Hugues, archevêque de Lyon. Il l'engage à terminer le différend de l'abbé de la Chaise-Dieu avec un abbé contre lequel Hugues avait eu à sévir, parce qu'il ne s'était pas rendu au lieu désigné pour le règlement de ce démêlé. Il l'engage à user de miséricorde envers cet abbé, et le prie de faire parvenir à sa connaissance le résultat de ses démarches.

1081.

REGORIUS episcopus servus servorum Dei dilecto in Christo fratri Hugoni Lugdunensi archiepiscopo salutem et apostolicam benedictionem. Abbas præsentium lator retulit nobis officium sibi ecclesiæque suæ a fraternitate tua esse interdictum, propterea quod loco ad justitiam inter ipsum et abbatem de Casa Dei discernendam constituto admonitus non interfuit: ad quem sicut ipse dicit, venire non contempsit; sed propter discordiam quæ inter comites illius patriæ fuit, non ausus est. Proinde, quia nos illius causam nec pleniter scimus, nec absente altera parte judicare debemus, eam fraternitati tuæ committimus: ut statuto utrique parti congruo loco et termino, ad finem quem justitia dictaverit eorum causam perducas. Volumus tamen ut pro amore beati Petri, a quo sine misericordia nemo regredi debet, in quantum cum justitia poteris, istum misericorditer tractes, atque in mansuetudine tua is sentiat se non frustra tantum laborem ad apostolicam sedem sumpsisse. Interim etiam dignum videtur, et volumus, ut nisi hoc ad justitiam exsequen-

---

qui s'enrichit lui-même, en 1064, de l'église de Sainte-Magdeleine de Crouin. Guillaume Ier est abbé en 1072. En 1074, il figure dans une donation des églises de Veauce, faite à son abbaye par Arnon de Veauce, et, en 1083, dans une donation de l'église de Naves par Hugues, fils de Hugues Raimond. (*Gall. Christ.*, t. II, col. 569).

La bulle de Grégoire VII concernant Ebreuil est mentionnée dans Chabrol, *Coutumes d'Auvergne*, t. IV, art. Esbreule. — Tablettes hist. de l'Auvergne, t. Ier, *Notice historique sur la ville d'Ebreuil*, par J. B. Peigue, p. 465.

dam impediturum esse pro certo cognoveris, officium sibi suæque ecclesiæ reddas; quatenus in hoc quoque apostolicæ sedis auxilium petiisse non eum pœniteat. Præterea idem iste frater retulit nobis se causam, quam cum quibusdam monachis habebat, ad audientiam tuam detulisse : cujus rei examinationem, quoniam præfati monachi privilegium venerandæ memoriæ Alexandri prædecessoris nostri prætendebant, nolueris facere. Quapropter, quia prælibato antecessori nostro a malitia quorumdam, sicut ipse nosti, nonnunquam subreptum, est religioni tuæ præcipimus, ut nihilominus causam ipsam discutias : et si privilegium contra justitiam factum esse deprehenderis, eo cassato, quidquid æquitas postulaverit exsequi nostra auctoritate fultus non dubites.

Quidquid autem super his diffiniveris, nostræ intelligentiæ studeas indicare (1).

XXXIII.

Grégoire VII concède à l'abbaye d'Aurillac l'église de Saint-Pantaléon (2).

1073-1085.

XXXIV.

Grégoire VII aux chanoines du Puy. Il confirme la sentence d'excommunication portée contre Etienne, évêque de Clermont, qui avait usurpé l'Eglise du Puy. Il relève

---

(1) Hardouin, *Conc.*, ad ann. 1081.
(2) Cette bulle est indiquée dans une bulle de Pascal II. « Poliniacensem vero ecclesiam seu sancti Pantaleonis ecclesiam in Torenensi castro sitam, quarum alia a Gregorio septimo, alia ab Urbano secundo... loco vestro concessæ sunt. » L'église de Saint-Pantaléon se trouvait dans le château de Turenne. On voit par une bulle d'Innocent II, que Guillaume Ier, abbé d'Aurillac en 1141, eut des démêlés avec l'abbé d'Uzerche au sujet des églises de Saint-Pantaléon et Saint-Pierre de Turenne. (*Dictionn. statist. du Cantal*, t. 1, p. 153.)

les chanoines de leur serment, et leur enjoint de ne plus obéir à Etienne, et de se choisir un autre pasteur.

23 Mars 1077.

REGORIUS episcopus, servus servorum Dei, Aniciensibus canonicis. Notum est vobis qualiter Stephanus (1), Aniciensis Ecclesiæ invasor et simoniacus, despecto sacramento, quod nobis super corpus sancti Petri de liberatione ejusdem Ecclesiæ fecerat, eam occupare et tyrannica oppressione affligere non cessat. Unde scire vos volumus quia, sicut confrater noster Hugo, Diensis episcopus, cui vices nostras in Galliarum partibus agendas commisimus, illum excommunicavit, sic et nos excommunicavimus, et a gremio sanctæ Ecclesiæ separavimus.

---

(1) Etienne avait succédé à Rencon sur le siége de Clermont. Il était fils du vicomte Armand, dont les descendants devinrent seigneurs de Polignac. Les premières années de son administration furent paisibles. En 1056, il fait une ordination à Billom et confirme la donation d'une église à l'abbaye de Tournus (*Hist. Trenorch.*, p. 311). En 1066, il figure dans une donation de Béranger de Carlat à Gausbert, fondateur de Montsalvy (*Dictionn. statist. du Cantal*, t. IV, p. 375). Etienne V était aussi prévôt du Puy; il est fait mention de sa double qualité d'évêque et de prévôt, dans une donation de l'église de Saint-Etienne par Béraud Corriola au monastère de Sauxillanges (*Cartul. de Sauxillanges*, ch. 622), dans une donation au même monastère d'une rente annuelle par Robert II, comte d'Auvergne (*Id.*, ch. 572), et dans les lettres de fondation du chapitre d'Ennezat. En 1073, l'évêché du Puy étant devenu vacant, Etienne s'en empara par la violence. Pour se mettre à l'abri des censures, il alla à Rome et exposa à Grégoire VII qu'il avait pris le gouvernement de l'Eglise du Puy pour la délivrer d'un simoniaque, nommé Etienne. Le pape l'y maintint, à condition qu'il s'abstiendrait de l'office épiscopal, jusqu'à ce qu'il revînt à Rome. Etienne promit de quitter l'Eglise du Puy lorsqu'il en serait requis, et de contribuer à l'élection d'un évêque. Mais, quand il fut de retour au Puy, il ne tint aucun compte de ses engagements. Aussi fut-il excommunié par les légats du Saint-Siége, Aimé, évêque d'Oléron, et Hugues, évêque de Die. L'Eglise du Puy fut en proie à une violente agitation. Etienne employa la force pour s'y maintenir, et se livra à de tels excès qu'il en résulta la mort d'un chanoine. Grégoire VII, révolté d'une telle conduite, l'excommunia au IIIe concile de Rome. Il fit ensuite connaître aux chanoines du Puy de quelles censures il l'avait frappé; il défendit aux évêques de France de faire aucune offrande à Notre-Dame du Puy, tant qu'elle serait entre les mains de cet usurpateur.

Quapropter apostolica auctoritate præcipimus vobis ut, colla vestra de sub jugo ejus excutientes, ne illi adhærentes, diabolo cujus ipse membrum factus est, serviatis, sed ab illo sicut ab excommunicato oportet caveatis; et de excommunicatione quam incurristis, coram prædicto Diensi episcopo, satisfacientes, ipsius consilio pastorem vobis secundum Dominum eligatis. Quod si feceritis, ab omni sacramento et obligatione quam præfato simoniaco contra Dominum fecistis, ex parte sancti Petri vos absolvimus. Si vero etiam nunc nostræ salutari jussioni recalcitrare præsumpseritis, pari vos anathemate condemnatos sciatis.

Data Bibianelli', decimo Kalendas Aprilis, indictione decima quinta (1).

XXXV.

Grégoire VII à Hugues, évêque de Die et légat du Saint-Siége. Il lui fait plusieurs recommandations et l'engage à terminer les difficultés qui concernent les Eglises de Chartres, du Puy et d'Auvergne. Il lui ordonne d'inviter au synode qu'il convoquera, Hugues, abbé de Cluny, afin que l'affaire de l'Eglise d'Auvergne soit réglée avec le concours de ses lumières.

1077.

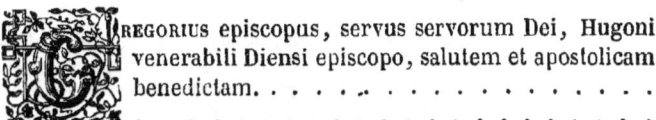

REGORIUS episcopus, servus servorum Dei, Hugoni venerabili Diensi episcopo, salutem et apostolicam benedictam. . . . .
. . . .
. . . . De cætero admonemus dilectionem tuam, ut reliquas causas et negotia, videlicet Catalaunensis episcopi, Carnotensis Ecclesiæ, Aniciensis, Arvernensis (2), necnon monasterii sancti

---

(1) S. Gregorii VII Operum pars 1, Registrum, lib. 1, ep. LXXX. — *Patrologie*, édit. Migne, t. CXLVIII, col. 552-553.

(2) La situation de l'Eglise d'Auvergne avait éveillé l'attention de Grégoire VII. Ce siége, depuis son abandon par Etienne V, était occupé par un

Dionysii, et alia quæ necessaria ecclesiasticæ religioni apparuerint pro commissa tibi vice nostra, quantum Deo auxiliante potueris, ita diligenter tractare et ad finem perducere studeas, quatenus in eis nostra deinceps possit sollicitudo et longa fatigatio sublevari. Volumus etiam ut fratrem nostrum Hugonem, venerabilem Cluniacensem abbatem, tecum synodo interesse ex nostra parte convitare rogando et multum instando procures, cum propter alia multa, tum maxime ut causa Arvernensis Ecclesiæ competenti et firma determinatione cum Dei et illius adjutorio finiatur. Confidimus enim in misericordia Dei, et conversatione vitæ ejus, quod nullius deprecatio, nullius favor aut gratia, nec aliqua prorsus personalis acceptio eum a tramite rectitudinis dimovere poterit. Si igitur divina clementia huic nostræ dispositioni effectum dederit, inter cætera quæ tua fraternitas agenda susceperit, hoc attentissime perpendat et exsequi studeat, ut congregatis omnibus, et in conventu residentibus, manifesta et personanti denuntiatione interdicat ut, pro conservanda deinceps in promovendis episcopis canonica et apostolica auctoritate, nullus metropolitanorum, aut quivis episcoporum, alicui, qui a laica persona donum episcopatus susceperit, ad consecrandum illum imponere manum audeat, nisi dignitatis suæ honore officioque carere et ipse velit. . . .

. . . .

Data juxta Padum, in loco qui dicitur Ficarolo, quarto Idus Maii, indictione decima quinta (1).

simoniaque, Guillaume, surnommé de Chamalières. Il est mentionné dans une charte par laquelle Giraud de la Tour et ses frères donnent au monastère de Sauxillanges ce qu'ils possèdent dans l'église de Cingles, l'alleu des églises de Saint-Pardoux, de Sainte-Marie de Chastreix, de Saint-Donat, de Saint-Pierre de Messeix et la chapelle de la Tour (*Cartulaire de Sauxillanges*, ch. 614). Hugues de Die fut chargé par Grégoire VII de rétablir l'ordre dans le diocèse de Clermont. A cet effet, il convoqua un certain nombre d'évêques au concile qu'il se proposait de tenir à Clermont le 26 août. Nous avons de lui une lettre à l'archevêque de Tours, où il le prie de s'y rendre avec ses comprovinciaux. Le concile déposa Etienne et Guillaume, et nomma Durand, abbé de la Chaise-Dieu, à l'évêché de Clermont. (Hugues de Flavigny, *Chronicon Virdunense*.)

(1) S. Gregorii VII Operum pars 1, Registrum, lib. iv, epist. xxii. — *Patrol.*, édit. Migne, t. cxlviii, col. 476-478.

XXXVI.

Grégoire VII porte une sentence d'excommunication contre ceux qui avaient enlevé à la bienheureuse Marie de l'église cathédrale et à son chapitre l'église de Cebazat, et plusieurs autres biens qui leur appartenaient (1).

1077-1085.

XXXVII.

Urbain II à Seguin, abbé de la Chaise-Dieu. Il l'engage à rendre aux disciples de Bruno le monastère de la Chartreuse et l'acte de cession que Bruno lui avait laissé.

1090.

RBANUS (2) episcopus, servus servorum Dei, carissimo filio Seguino, abbati Casæ-Dei et omni congregationi salutem et apostolicam benedictionem. Eos, qui ob Ecclesiæ Romanæ obedientiam laboribus fatigantur, Romanæ quoque Ecclesiæ ope dignum est relevari. Quia ergo nos ad sedis apostolicæ servitium Brunonem, carissimum filium, evocavimus, ipso ad nos perveniente, ut ejus cella detrimenti aliquid patiatur, pati non possumus, quoniam nec debemus. Vestram ergo dilectionem rogamus, et

---

(1) Cette sentence est mentionnée dans une charte des archives départementales du Puy-de-Dôme (Cath., arm. 18, sac A, cote XLII). Un des ravisseurs, Bertrand de Tournoel, touché de repentir, restitua l'église de Cebazat à l'évêque Durand. Sa mort étant arrivée peu après, Heldine, sa mère, Caliste de Murol et Guillaume de Benaciac, ses héritiers, maintinrent ce qu'il avait fait. Jean, recteur de l'église de Cebazat, s'engagea dès-lors à donner aux chanoines de Sainte-Marie la moitié des offrandes et droits obituaires de l'église, plus une rente annuelle de quinze sols. Ceux-ci en retour le nommèrent chanoine et lui servirent une prébende.

(2) Urbain II tint le Saint-Siége, de 1088 à 1099. Il ouvrit à Clermont l'ère des croisades, et remplit sa carrière d'utiles et glorieuses entreprises pour l'Eglise. Il avait pour sentence : « Benedictus Deus et Pater Domini nostri Jesu Christi. »

rogando præcipimus, ut eamdem cellam in libertate pristina remittatis, chyrographum quoque, quod vobis de eadem cella prædictus filius noster in fratrum dilapsione fecerat, pro nostra dilectione restituite, ut in libertate pristina valeat permanere (1). Nunc enim fratres, qui dilapsi fuerant, Deo inspirante, regressi sunt, nec aliter acquiescunt in eodem loco persistere. Sane postquam hæ vobis perlatæ sunt litteræ, intra triginta dies præfatum chyrographum pro nostræ jussionis reverentia restituere ne moremini (2).

XXXVIII.

Urbain II à ses chers fils de Souvigny. Sur la demande de deux de leurs frères qui étaient venus le trouver à Rome, il confirme leur monastère dans ses possessions.

1092.

DILECTIS filiis, in loco qui Silviniacum (3) dicitur, ad omnipotentis Dei servitium et monasticæ disciplinæ militiam congregatis, salutem et apostolicam benedictionem. Duo ad nos ex vestris fratribus venientes, apostolicæ sedis suppliciter expetivere suffragium, ut vide-

(1) Peu de temps après la fondation de la Chartreuse, Bruno céda son monastère à Seguin, abbé de la Chaise-Dieu, par un acte de 1086, passé devant Hugues, évêque de Grenoble, et ses chanoines (Mabillon, *Annales Bened.*, t. v, p. 268). Il se rendit à Rome où Urbain II utilisa ses lumières. Mais ses disciples, qui l'avaient suivi en Italie, voulurent retourner à la Chartreuse. Sur leurs prières, Bruno demanda à Urbain II une lettre qui enjoignit à Seguin de leur rendre ce monastère. Seguin le rendit, et promit de remettre l'acte de cession, dès qu'il l'aurait trouvé (Appendice, n° xi).

(2) *Annales Cartusiani*, lib. iv. — *Acta Sanctorum*, Octob. t. iii, Dec. t. vi.

(3) Souvigny, aujourd'hui chef-lieu de canton du département de l'Allier, est célèbre dans la France monastique. Dom Philippart signale comme premiers prieurs de ce monastère, Herman (830), Humbert, Bernard de Saint-Geran (880), Constantin, Aimon qui donna à Souvigny un calice d'argent et des livres. Lorsque ce monastère eut été cédé à Cluny, il eut les mêmes abbés, Odon, Aymar et Mayeul, dont le moine Syrus a raconté les miracles. Hugues Capet, qui vécut quelque temps à Souvigny, donna à cette église le droit de battre monnaie. Odilon, qui succéda à saint Mayeul, séjourna à Souvigny, et veilla de là sur la construction de l'église de la Ferté-sur-Allier. Hugues, abbé

licet loco vestro apostolicæ tuitionis privilegium mererentur. Nos, licet congregatio vestra et locus adhuc nobis incognitus sit, quia tamen magnis ad nos laboribus pervenerunt, pro solita apostolicæ sedis misericordia petitioni eorum et vestræ omnino deesse noluimus. Per præsentis igitur decreti paginam concedimus et confirmamus quidquid vobis et loco vestro, usque in hanc horam, juste et rationabiliter concessum est, et quidquid in futurum juste et legaliter concedetur. Quin etiam, ut, annuente Domino, monasticæ religionis vigor, qui illic jam triennio inolevit, et promoveatur et crescat, vicinos et longe positos adhortamur, ut locum ipsum ad salutem animarum suarum, bonorum suorum collationibus honorare, ditare et exaltare procurent....

Datum per manum Joannis diaconi cardinalis III Idus Aprilis, indictione xv. Anagniæ (1).

XXXIX.

Urbain II à Durand, évêque des Arvernes. Il le charge de faire restituer par les chanoines de Billom le monastère de Saint-Loup aux moines de Sauxillanges, et menace les chanoines des peines les plus sévères, s'ils refusent d'obéir.

1094.

RBANUS episcopus, servus servorum Dei, Duranno (2), carissimo fratri, Arvernorum episcopo, salutem et apostolicam benedictionem. Adversus fraternitatem tuam pro Biliomensibus canonicis, qui tuæ ditionis habentur, non exigua querela provenit. Hi nimirum

---

de Cluny, fit administrer ce prieuré par Guy de Mâcon. En 1100, il fut gouverné par Pierre, ainsi que le constate l'acte de fondation du prieuré de Genzat. Souvigny eut jusqu'à quarante moines. Il avait un grand nombre de maisons dans les diocèses de Clermont, Bourges et Nevers.

(1) Mabillon, *Annales Bened.*, t. v, p. 297. — *Patrologie*, édit. Migne t. CLI, col. 392.

(2) Durand avait été élevé au siège de Clermont, en 1077. Il garda l'abbatiat de la Chaise-Dieu deux ans encore après sa promotion. En 1081, il souscrivit une charte par laquelle Richard, son métropolitain, concédait à Marmoutier l'église de Saint-Martin-des-Champs, aux environs de Bourges.

beati Lupi cœnobium (1), quod sub Cluniacensis cœnobii jure multis jam ultra nostram memoriam temporibus est retentum, invasione horrenda et catholicis auribus non ferenda, contra omne jus et fas usurpantes, altare ipsius cœnobii diruerunt, reliquias in eo latentes diripuerunt, quodque dictu et auditu nefas est, ipsum quod super altare ad infirmorum usus repositum fuerat, corpus dominicum ipsis supercœlestibus virtutibus reverendum humo dispergere minime timuerunt, et cætera ornamenta omnemque monasterii supellectilem in usus proprios asportaverunt. Hæc quam gravia, quam horrenda, quam catholicis auribus importabilia videantur, fraternitatis tuæ non credimus latere prudentiam. Quomodo igitur inulta hæc pati sollicitudo tua poterit? Non minimum. Si tamen ita se rei veritas habeat, admiramur. Præsentibus ergo litteris officii tui debitum admonemus, ut prædictum locum, et ex eo direpta ustensilia universa, Celsinianensibus restitui facias. Quibus reinvestitis, si quam in loco illo justitiam se habuisse Biliomenses canonici confitentur, tempore congruo cum Celsinianensibus monachis nostro se conspectui repræsentent; si autem nostræ huic jussioni Biliomenses canonici obedire contempserint, divinum eis officium interdicito, quoadusque resipiscentes, Celsinianensi præposito et fratribus quæ diripuerunt, restituant. Quod si episcopalis auctoritate noverint interdictos, ut nec ipsi uspiam, nec alii in eorum ecclesia exhibere id præsumant, quoadusque hæc a nobis præcepta perficiant (2).

(1) Les chanoines de Billom ayant envahi l'église de Saint-Loup, Urbain II enjoignit à Durand d'agir contre les usurpateurs. Celui-ci étant mort sans avoir accompli les instructions du pape, l'affaire fut soumise à Guillaume de Baffie, son successeur. Guillaume porta un arrêt, en vertu duquel les chanoines devaient faire justice aux moines de Sauxillanges. Il était signé par Guillaume de Baffie, Anselme, doyen du chapitre cathédral, Robert, doyen du Port, Girbert, chapelain de l'évêque, Guillaume d'Emicon et autres clercs et laïques. L'église de Saint-Loup fut rendue à Hugues, prieur de Sauxillanges, par acte de délaissement fait en présence de Ponce, prévôt du chapitre de Billom, Guillaume Ponce, doyen, Pierre, archi-chantre, Pierre Grivo, Ponce Uybert, Pierre Eldin, Boniface Itier, doyen de Sauxillanges, Guillaume, moine, Pierre Archimbaud, Eustorge, Falsus et plusieurs autres chanoines de Billom. (*Cartulaire de Sauxillanges*, ch. 478).

(2) Mabillon, *Annales Bened.*, t. v, p. 536. — Ms. latin de la Biblioth. nationale, 12,765. *Fragmenta Historiæ Aquitanicæ*, t. III, p. 201-202. — Ba-

XL.

Urbain II à Hugues, abbé de Cluny. Il confirme cette abbaye dans la possession du monastère de Mozat et de plusieurs églises situées dans l'évêché d'Auvergne.

1095.

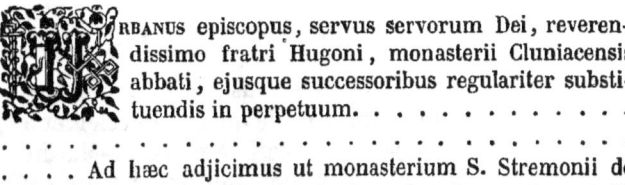rbanus episcopus, servus servorum Dei, reverendissimo fratri Hugoni, monasterii Cluniacensis abbati, ejusque successoribus regulariter substituendis in perpetuum............
. . . .
. . . . Ad hæc adjicimus ut monasterium S. Stremonii de Mauzaca (1).... nunquam tuæ tuorumque successorium ordinationi et regimini subtrahatur. Hoc ipsum de universis quæ inferius scripta sunt monasteriis ecclesiisve statuimus, videlicet.... In Arvernensi (episcopatu), ecclesia S. Amandi (2), S. Sepulcri de Lavenna (3), S. Mariæ de Castello (4), de Cana-

---

luze, *Miscellanea*, lib. vi, p. 379-380, ex codice ms. Lamberti, episcopi Atrebatensis. — *Cartulaire de Sauxillanges*, ch. 478.

(1) Durand, voyant que le relâchement s'était introduit à Mozat, donna cette abbaye à Cluny, par l'entremise de Robert, comte d'Auvergne (Appendice, n° xii). Philippe Ier, roi de France, confirma cette donation à la prière du comte Robert et de Guillaume, son fils (Appendice, n° xiii).

(2) Saint-Amant.

(3) L'église de Saint-Sépulcre de Lavesne devint un monastère de religieuses. Rodolphe, dans sa Vie de Pierre-le-Vénérable, prétend qu'il en fut le fondateur. D. Estiennot (*Antiquit. Bened. in diœc. Claromont.*, f. 665) pense qu'il fut fondé et doté par les seigneurs de Bulhon, Montgâcon et autres. Ils en furent au moins les bienfaiteurs. Au xiie siècle, Maurice de Montboissier, Raingarde de Montboissier, Pierre-le-Vénérable, les seigneurs de Cournon et de Chamalières lui donnèrent de nombreuses marques de leur munificence. Dans ses premiers âges, l'abbaye de Lavesne brilla entre nos monastères « par la grâce de la sainteté. » (D. Martène, *Scriptorum veterum amplissima collectio*).

(4) Sainte-Marie du Château, sans doute Sainte-Marie du Pont ou Sainte-Martine de Pont-du-Château.

riis, de Montaina (1), de Nigro-Stapulo (2), de Augerolis (3), de Arumna (4)....., etc. (5).

XLI.

Urbain II à Eustache de Guignes, abbé de Mozat. Il attribue à ce monastère le premier rang parmi ceux qui relevaient de Cluny (6).

Mars 1095 (7).

XLII.

Urbain II à tous les métropolitains. Il les engage à assister au concile qui doit se célébrer à Clermont, le jour de l'octave de la fête de Saint-Martin, et à convoquer en son nom, non-seulement leurs suffragants, évêques ou abbés, mais encore les autres dignitaires ecclésiastiques et les princes séculiers (8).

Août 1095.

XLIII.

Urbain II à Lambert, évêque d'Arras. Il l'engage à

---

(1) Châtel-de-Montagne. Ce prieuré portait cinq moines. Il fut uni à Lavesne, au milieu du xviie siècle.

(2) Noirétable. C'était un prieuré à quatre moines. En 1181, Hugues, prieur de Noirétable, assiste Pierre-le-Vénérable, à Clermont, dans un accord passé entre l'abbé de Cluny et Aimeric, évêque de Clermont. Au xviie siècle, ce prieuré fut uni à Lavesne. Il nommait aux cures de Saint-Victor sur Thiers, de Servières et autres.

(3) Saint-Georges-d'Augerolles. Cette église devint un prieuré.

(4) Le doyenné d'Aronne a relevé de Cluny jusqu'à la fin du xviiie siècle.

(5) *Bibliotheca Cluniacensis* — Cocquelines, *Bullar. romanum*, t. ii, p. 83. — *Patrologie*, édit. Migne, t. cli, col. 410-411.

(6) *Histoire de l'abbaye de Mozat*, par M. Gomot, p. 38.

(7) Urbain II donna cette bulle à Plaisance, où il se trouvait le 18 février 1095.

(8) D. Ruinart, *Vita Urbani*, cap. cxc. — Cette encyclique a péri, au témoignage de D. Ruinart. Elle est constatée par une lettre de Raynold, archevêque de Reims, à Lambert, évêque d'Arras.

assister au Concile de Clermont, qui doit se tenir au mois de novembre, le jour de l'octave de la fête de Saint-Martin, et à soutenir sa cause contre l'évêque de Cambrai.

15 Août 1095.

RBANUS episcopus, servus servorum Dei, dilecto fratri Lamberto, Atrebatensi episcopo, salutem et apostolicam benedictionem. Noverit dilectio tua nos in proximo novembri, in octavio videlicet Sancti-Martini, apud Clarummontem, annuente Domino, synodale concilium statuisse, ad quod tuam providentiam invitamus, ut, omni occasione seposita, statuto in tempore, prædicto in loco non omittas occurrere. Noveris præterea Cameracensem episcopum missis ad nos litteris ac nuntiis pro Atrebatensi ecclesia vehementer interpellasse, dicentem se et Ecclesiam suam romanis privilegiis esse munitam; unde oportet prudentiam tuam ad hujus negotii responsionem paratam cum tuis clericis convenire.

Data apud Anicium XVIII Kal. Augusti.

XLIV.

Urbain II à Florence, abbesse de Blesle. Sur ses prières, il met son abbaye sous la protection du Saint-Siége, moyennant une redevance de cinq sols. Il menace des jugements divins quiconque porterait atteinte à ses immunités.

18 Août 1095.

RBANUS episcopus, servus servorum Dei, dilectæ in Christo filiæ, Florentiæ (1), abbatissæ monasterii S. Petri de Blazilia, et eis quæ in ipsius loci regimine successerint regulariter in perpetuum. Ad hæc nos disponente Domino in apostolicæ sedis servitium promotos agnoscimus, ut ejus filiis auxilium implorantibus

---

(1) Florence avait été promue à l'abbatiat de Blesle en 1084, après Bompare qui vient après Emilde dans la série des abbesses connues. Ayant appris l'arrivée d'Urbain II en Auvergne, Florence lui écrivit pour implorer

efficaciter subvenire, et ei obedientes tueri ac protegere, prout Dominus dederit, debeamus. Unde oportet nos venerabilibus locis protectionis manum extendere, et servorum atque ancillarum Dei quieti attentius providere. Tuis igitur, dilecta filia in Christo Florentia, precibus annuentes, B. Petri de Blazilia monasterium in Arvernensi comitatu situm cui, Deo auctore, præsides, et Romanæ Ecclesiæ traditum, sub jure et protectione apostolica suscipimus, quemadmodum a prædecessoribus nostris constat esse susceptum. Per præsentem itaque paginam apostolica auctoritate statuimus, ut quæcumque idem cœnobium hodie juste possidet, vel in futurum juste et canonice possidebit, et poterit adipisci, in cellis, in ecclesiis, in villis et in cœteris rebus mobilibus sive immobilibus, tibi tuisque sororibus tam præsentibus quam futuris victuris, firma semper et illibata permaneant. Decernimus ergo ut nulli omnino hominum liceat idem cœnobium temere perturbare, aut ejus possessiones auferre, vel ablatas retinere, minuere, vel temerariis vexationibus fatigare; sed omnia integra conserventur earum, pro quarum sustentatione et gubernatione concessa sunt, usibus omnimodis profutura, salvo canonico sedis apostolicæ jure. Ad indicium autem hujus perceptæ a Romana Ecclesia libertatis, per singulos annos quinque monetæ vestræ solidos Lateranensi palatio persolvatis. Si quis

---

son appui contre les moines de la Chaise-Dieu. Elle exposa que le monastère de Blesle, fondé par Ermengarde, avait été placé sous la protection immédiate du Saint-Siége, et que, malgré ce haut patronage, les Casadiens s'étaient emparés des églises de Saint-Etienne, Saint-Léon, qui leur appartenaient, et avaient enlevé le corps de saint Léon, son plus riche trésor. Elle ajoutait que les moines étaient soutenus par Etienne de Mercœur et Durand, évêque de Clermont, qu'après la mort d'Etienne, un jugement porté par l'abbé et le prévôt de Clermont avait établi que l'église de Saint-Etienne était un alleu de Saint-Pierre de Blesle, et que, malgré cette décision, les moines persistaient à l'occuper militairement. Elle conjurait Urbain II de rendre la liberté à cette église « chérie de ses prédécesseurs. » (Appendice n° xiv). On voit que Durand était intervenu en faveur du droit. Le récent historien de l'abbaye de Blesle (*Annales de la Société d'agriculture, sciences*..... du Puy, t. xxix, p. 385 et suiv.) insinue le contraire, quand il dit que sa mort facilita la solution du litige. Le savant annaliste est plus dans le vrai quand il fait observer aux auteurs du *Dictionnaire statistique du Cantal* qu'ils ont confondu saint Etienne de Blesle avec saint Etienne de Massiac.

sane in crastinum archiepiscopus, imperator, aut rex, aut princeps, aut dux, aut comes, aut vicecomes, judex, aut quælibet ecclesiastica vel sæcularis persona, sciens hujus privilegii paginam, contra eam venire tentaverit, secundo tertiove commonitus, si non satisfactione congrua emendaverit, potestatis honorisque sui dignitate careat, reumque se divino judicio existere de perpetrata iniquitate cognoscat, atque a sacratissimo corpore et sanguine Dei ac Domini nostri Jesu Christi alienus fiat, et in extremo examine districtæ ultioni subjaceat. Cunctis autem eidem loco justa servantibus sit pax Domini nostri Jesu Christi, quatenus et hic fructum bonæ actionis percipiant et apud districtum judicem præmia æternæ pacis inveniant. Amen. Amen.

Datum apud monasterium Casæ Dei (1), per manum Joannis, S. R. E. diaconi cardinalis, xv Kalendas Septembris, indictione tertia, anno dominicæ Incarnationis MDCI, pontificatus autem domini papæ Urbain II, anno VIII (2).

(1) Urbain II donna ce diplôme à la Chaise-Dieu où il se rendit en venant du Puy. Le 18 août, il consacra l'église en l'honneur des saints Agricole et Vital, en présence de plusieurs cardinaux, archevêques et évêques, parmi lesquels on voyait Daibert, archevêque de Pise, Jean, évêque de Porto, Brunon, évêque de Signi, Hugues, archevêque de Lyon, Audebert, archevêque de Bourges, Amat, archevêque de Bordeaux, Durand, évêque de Clermont, Hugues, évêque de Grenoble, Giraud, évêque de Cahors (Gaufridus, prior Vosiensis, *Chronicon*). — Le P. Longueval s'est trompé en mettant cette consécration au 25 août, et Dominique Branche, en écrivant que l'église fut dédiée spécialement à saint Robert.

(2) Biblioth. nationale, ms. latin 12,750, *Antiquitates Bened. in diœcesi S. Flori*, f. 206-210. — *Gallia Christiana*, Instrumenta, t. II, col. 157. — Cocquelines, *Bullar. Romanum*, t. II, col. 108. — *Patrologie*, éd. Migne, t. CLI, col. 422-423.

XLV.

Urbain II à Ponce, abbé de la Chaise-Dieu. Il confirme cette abbaye dans la possession de ses monastères dont il fait l'énumération, et déclare que l'abbé ne doit faire acte de dépendance qu'envers le Saint-Siége, sauf les égards dus à l'évêque d'Auvergne (1).

1095 18 Août ? (2).

XLVI.

Urbain II à Ponce, abbé de la Chaise-Dieu. Il met cette abbaye sous la juridiction immédiate du Saint-Siége, et la confirme dans ses biens présents et futurs.

7 Septembre 1095.

RBANUS episcopus, servus servorum Dei, dilectis filiis, Pontio (3), abbati monasterii quod Casa Dei dicitur, et universæ congregationi salutem et apostolicam benedictionem. Quoniam omnipotentis Dei gratia vestrum cœnobium per nos ipsos visitari et in honore ac nomine sanctorum martyrum Vitalis et Agricolæ

---

(1) Ce diplôme est mentionné dans la bulle d'Urbain II, datée de Saint-Gilles, « Sicut in privilegii nostri serie continetur. » D. Ruinart l'analyse en ces termes : « In eo recensentur præcipua monasteria Casæ Dei tunc subjecta, » ac ejus possessiones confirmantur ; tum vetat Pontifex ne ejus loci abbas » cuiquam subjectionis professionem faciat, salva tamen debita episcopo » Arvernensi reverentia. » (*Vita Urbani*, c. cxcii.)

(2) Il est probable qu'Urbain II donna ce privilége, le jour de la consécration de l'église de la Chaise-Dieu, et par conséquent le 18 août. (*Vetus auctor Historiæ Casæ Dei.*)

(3) Ponce de Tournon, issu d'une illustre famille, embrassa la vie monastique à la Chaise-Dieu, sous l'abbé Durand. Il succéda à Seguin, en 1094. En 1095, il assista au concile de Plaisance. Il alla au devant d'Urbain II au Puy, et le reçut dans son monastère. Au mois de novembre, il figura au concile de Clermont. En 1096, il se rendit à Lyon avec quatre de ses moines, et reçut de l'archevêque l'église de Modon, en présence de Guillaume de Baffie, évêque d'Auvergne, et de Bernard, évêque de Mâcon. C'est là qu'il connut saint Anselme de Cantorbéry qui vint, au mois de juillet 1097, illustrer la Chaise-Dieu par son séjour et ses prodiges. A la même époque, Guy, arche-

ipsius cœnobii basilicam dedicari disposuit, dignum duximus, ut tam pro beati Roberti meritis, qui cœnobium sua quondam opera fundavit, et nunc suis meritis protegit, quam pro religionis vestræ reverentia, vobis vestrisque successoribus in regularis disciplinæ observatione mansuris, spiritualia sedis apostolicæ dona largiremur. Vos igitur in speciales Romanæ Ecclesiæ filios suscipientes, eo vos sedis apostolicæ patrocinio per decreti præsentis paginam communimus, et in legitimum sempiternum statuimus ut de cœtero nulli archiepiscopo vel episcopo liceat super vestrum cœnobium vel abbatem excommunicationis vel interdictionis manum extendere, sed in beati Petri et ejus vicariorum manu semper quieti ac liberi, per omnipotentis Dei gratiam, maneatis. Pœnitentibus vero qui pro suorum scelerum venia præfatæ quam nos, auctore Deo, dedicavimus, ecclesiæ limina expetierunt, eam intrare et illic Domino sua concedimus vota persolvere. A conjugiis etiam liberos ad monachatum admitti sine episcoporum contradictione concedimus. Præterea possessiones omnes, quas hodie juste possidere videbimini, sicut in privilegii nostri serie continetur, vobis vestrisque successoribus perpetuo habendos apostolica auctoritate firmamus : vos enim pro religionis vestræ prærogativa quietos omnino persistere et tanquam pupillam oculi nostri custodiri volumus. Hæc omnia, ut in perpetuum firma et inconcussa intemerata permaneant, Dei omnipotentis Patris et Filii et sancti Spiritus judicio et potestate sancimus.

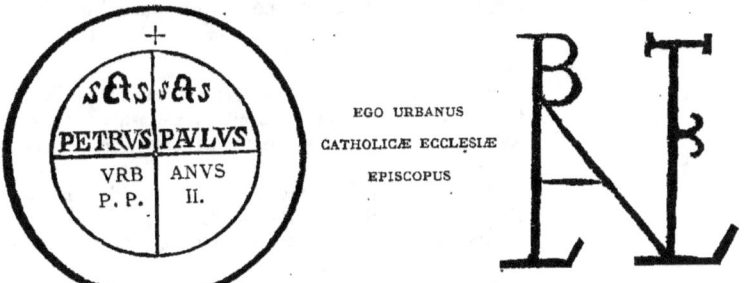

vêque de Vienne, céda à Ponce l'abbaye de Saint-André hors les murs. En 1102, Ponce fut nommé évêque du Puy et rattacha la Chaise-Dieu à son Eglise par une communion de prières et de secours.

Datum apud burgum sancti OEgidii (1) per manus Joannis S.R. E. diaconi cardinalis, octavo Idus Septembris, indictione tertia, anno dominicæ Incarnationis millesimo nonagesimo quinto, pontificatus autem domini Urbani II pp. anno VIII (2).

XLVII.

Urbain II aux moines de Souvigny. Il place leur monastère sous la protection du Saint-Siége, et défend de porter atteinte à leurs personnes et à leurs biens : donne pleine franchise à la ville et la garantit contre toute violence.

13 Novembre 1095.

RBANUS episcopus, servus servorum Dei, filiis in Domino carissimis Silviniacensis (3) cœnobii monachis salutem et apostolicam benedictionem. Quoniam supernæ benedictionis dignitate multimoda, actum est, ut nos ipsi monasterium vestrum et beati Majoli corpus intra ecclesiam ad locum alium transferre meruerimus, dignum duximus, cum Cluniacensis cœnobii, cui tanquam membra capiti singulariter inhæretis, dilectione præcipua, tum religionis vestræ reverentia, vos et locum vestrum specialius sedis apostolicæ protectione munire. Eapropter, præsente confratre nostro, venerabili Durantio (4), Arvernensi episcopo, constituimus ne, pro communi parochiæ excommunicatione

---

(1) Urbain II se rendit de la Chaise-Dieu à Saint-Gilles de Nîmes. Il y était le 7 septembre. Le 11, il bénit un monastère à Tarascon; le 12, il est à Avignon; le 19, à Trois-Châteaux. Le 17 octobre, il est à Mâcon, et le 18 à Cluny.

(2) Ms. latin de la Biblioth. nation., 12,748, *Antiquit. Bened. in diœc. Clarom.* f. 350-353. — Ms. lat. 12,818, *Chronica monasterii Casœ Dei*, f. 102-104, d'après l'original. — Mabillon, *Annales Bened.*, v. p. 337. — *Patrologie*, éd. Migne, t. CLI, col. 424.

(3) De Cluny, Urbain II vint à Souvigny. Il y resta huit jours, et transféra en un lieu plus convenable le corps de saint Mayeul.

(4) Durand vint rejoindre Urbain II à Souvigny, et obtint qu'il logerait chez lui pendant le concile de Clermont. C'est alors que furent aplanies les difficultés qu'il avait avec Cluny, au sujet de l'abbaye de Moissac.

vel interdictione, ullo unquam tempore, cœnobium vestrum interdictionis alicujus jacturam sentiat, nec ulli viventium facultas sit infra monasterium, seu villæ adjacentis ambitum, aut assultum facere, aut quemlibet hominum capere vel deprædari. Unde etiam egregium militem, Archimbauldum (1), sub manus propriæ stipulatione in manum nostram polliceri supra parentis proprii tumulum fecimus, ut universa quæ pater aut avi ejus loco vestro contulerunt, tam in rebus quam in immunitatibus et consuetudinibus, omni vitæ suæ tempore, debeat illibata servare.... etc.

Datum apud Monticulum per manum Joannis, sanctæ Romanæ Ecclesiæ diaconi cardinalis, Idibus Novembris, indictione tertia, anno dominicæ Incarnationis millesimo nonagesimo quinto, pontificatus autem domini papæ Urbani octavo (2).

XLVIII.

Urbain II aux Pères et à l'assemblée du Concile de Clermont (3). Il expose l'oppression dans laquelle gémis-

(1) Les moines de Souvigny s'étant plaints des maux qu'ils avaient soufferts de la part des Archambaud de Bourbon, Archambaud V jura sur le tombeau de son père, de renoncer aux injustes coutumes qu'il avait établies sur Souvigny. Archambaud oublia son serment et fut mandé au concile de Clermont. Par ordre d'Urbain II, l'archevêque de Bourges, les évêques de Clermont et du Puy se rendirent à Souvigny pour terminer le différend. Archambaud fit abandon à l'abbé de Cluny des droits qu'il avait usurpés. Il reçut comme fief, la moitié de la terre de Souvigny et laissa la justice pleine et entière au prieuré. Aymon, son fils, renouvela ses serments sur les Évangiles. (*Ex veteri instrumento Chartarii Silviniacensis*).

(2) *Bullar. Cluniacense*, 29. — *Biblioth. Cluniacensis*, 509. — *Patrologie*, éd. Migne, t. CLI, col. 430. — En 1245, Joël, archevêque de Reims, collationna cette bulle, à la demande des moines de Souvigny.

(3) Urbain II prononça certainement trois discours au Concile de Clermont. Ils ont été rapportés, l'un par Guillaume de Tyr, et les deux autres par Baudric, abbé de Bourgueuil, et Robert de Saint-Remy de Reims. Ces harangues tiennent aux relations de la Papauté avec notre province. Nous croyons devoir donner l'une d'elles, adressée à tous les chrétiens, dans la personne des auditeurs.

Urbain II était arrivé à Clermont le 14 novembre. Le Concile s'ouvrit le 18. Robert II tenait le comté d'Auvergne. Urbain II présida le Concile en persent les chrétiens d'Orient, la profanation des Saints-Lieux, et exhorte tous les chrétiens à marcher à la délivrance de Jérusalem.

1095.

Audivimus, fratres dilectissimi, et audistis, quod sine profundis singultibus tractare nequaquam possumus, quantis calamitatibus, quantis incommoditatibus, quam diris contritionibus, in Jerusalem et in Antiochia et in cœteris orientalis plagæ civitatibus, Christiani nostri, fratres nostri, membra Christi flagellantur, opprimuntur, injuriantur germani fratres nostri, contuber-

sonne. Outre les cardinaux, archevêques, évêques, abbés, théologiens, canonistes qui s'y rendirent de France et des pays étrangers, il y eut un concours extraordinaire de peuples, princes, comtes, seigneurs et gentilshommes. Jamais la ville de Clermont n'eut dans ses murs une affluence aussi considérable et des hôtes aussi illustres.

Les annalistes ne sont pas fixés sur le nombre des membres du Concile. Bertold prétend qu'il y avait deux cent cinquante archevêques ou évêques. Baudric pense qu'il s'y trouvait deux cents évêques et abbés. Orderic Vital (*Lib.* ix) soutient qu'il y avait treize archevêques, deux cent vingt-cinq évêques, et un grand nombre d'abbés et autres personnages. L'auteur des Actes de Lambert, évêque d'Arras, admet le même nombre d'archevêques et évêques; il ajoute qu'il y eut plus de quatre-vingt-dix abbés et beaucoup d'autres personnages, prêtres et laïques. Clarius, dans la *Chronique de Saint-Pierre-le-Vif*, avance qu'il y eut trois cents évêques et abbés. L'auteur du *Gesta Dei per Francos* déclare qu'il y eut trois cent dix évêques et abbés. Guibert de Nogent écrit qu'outre quatre cents crosses environ, on y voyait « la littérature de toute la France. » L'auteur des Actes des évêques de Tours et des abbés de Noirmoutier dit que le Concile fut célébré en présence de cinq cents Pères.

Il est difficile d'avoir toute la vérité sur cette question : les Actes du Concile de Clermont n'ont pas été l'objet d'une description complète. Il n'est pas étonnant que les écrivains ne s'accordent pas entièrement. Les Pères n'ayant jamais assisté tous ensemble aux mêmes sessions, le nombre a dû varier, selon qu'on faisait le dénombrement des membres présents à telle session ou à telle autre.

Selon nos conjectures, il y eut au Concile environ dix cardinaux, treize archevêques, deux cents évêques ou abbés, et près de deux cents théologiens et moines, amenés par les évêques et les abbés, ou chargés de représenter ceux qui n'avaient pu venir.

Nous faisons connaître les cardinaux, archevêques, évêques et abbés dont

nales vestri, conterini vestri : nam et ejusdem Christi, et ejusdem etiam Dei filii estis : et in ipsis suis domibus hæreditariis ab alienis dominis mancipantur, vel ex ipsis exploduntur, aut

les noms ont été sauvés de l'oubli dans les écrits qui parlent de ce grand événement :

Cardinaux et Prélats de la suite d'Urbain II

Daimbert, archevêque de Pise.
Ranger, archevêque de Reggio.
Jean, évêque de Porto.
Brunon, évêque de Segni.
Galtier, évêque d'Albano.
Richard, abbé de Saint-Victor de Marseille.
Jean de Gaete, chancelier du Pontife.
Grégoire de Pavie, diacre de l'Eglise romaine, qui devint pape sous le nom d'Innocent II.
Hugues de Verdun, diacre de l'Eglise romaine.
Teuzon.
Renchion.
Milon, moine de Saint-Albin.
Henri de Sicile envoyé en France par le pape pour les préparatifs du Concile.

Archevêques

Hugues, archevêque de Lyon, légat en France.
Amat, archevêque de Bordeaux, légat en France.
Bernard, archevêque de Tolède, légat en Espagne.
Raynald, archevêque de Reims.
Audebert, archevêque de Bourges.
Rodulfe, archevêque de Tours.
Richer, archevêque de Sens.
Dalmace, archevêque de Narbonne.
Guy, archevêque de Vienne, qui devint pape sous le nom de Calixte II.
Béranger, archevêque de Tarragonne.
Pierre, archevêque d'Aix.

Si on ajoute les archevêques de Pise et de Reggio, on voit qu'il y avait au Concile treize archevêques.

Évêques

Les évêques que nous connaissons étaient tous de France, excepté deux qui étaient évêques d'Espagne. Les évêques d'Allemagne et d'Italie ne se rendirent pas à Clermont, sans doute parce qu'ils avaient assisté au Concile de Plaisance.

FRANCE.
Province de Reims.

Lambert, évêque d'Arras.
Gérard, évêque de Térouanne.
Gervais, évêque d'Amiens.
Roger, évêque de Beauvais.
Létalde, évêque de Senlis.
Gaucher, évêque de Cambrai.

Province de Trèves.

Hugues, évêque de Soissons.
Hilgot, moine de Cluny, auparavant évêque de Soissons.
Poppon, évêque de Metz.
Pibon, évêque de Toul.
Le délégué de Richer, évêque de Verdun.

inter vos mendicant, aut quod gravius est, in ipsis suis patrimoniis venales exsulant et vapulant. Effunditur sanguis christianus, Christi sanguine redemptus, et caro christiana, Christi

Province de Lyon.

Aganon, évêque d'Autun.
Landric, évêque de Mâcon.

Province de Rouen.

Odon, évêque de Bayeux, oncle du roi d'Angleterre.
Gislebert, évêque d'Evreux.
Serlon, évêque de Séez.

Province de Tours ou IIIe Lyonnaise.

Hoel, évêque du Mans.
Gaufrède, évêque d'Angers.
Benoît, évêque de Nantes.
Roland, évêque de Dôle.

Province de Sens ou IVe Lyonnaise.

Le bienheureux Yves, évêque de Chartres.
Jean, évêque d'Orléans.

Il y avait les autres suffragants, comme l'indique la bulle d'Urbain II, pour la primatie de l'Eglise de Lyon.

Province de Vienne.

Saint Hugues, évêque de Grenoble.
Guntard, évêque de Valence.

Province d'Arles.

Désiré, évêque de Cavaillon : il mourut pendant le Concile.

Guillaume, évêque d'Orange, qui fut adjoint à Adhémar dans la conduite de l'expédition entreprise pour la délivrance des Saints-Lieux.

Province de Bourges.

Audebert, archevêque de Bourges.
Durand, évêque de Clermont, mort dans la nuit qui suivit l'ouverture du Concile.
Guillaume de Baffie, son successeur, nommé par Urbain II.
Humbald, évêque de Limoges.
Adhémar, évêque du Puy.

Province de Bordeaux.

Adhémar, évêque d'Angoulême.
Pierre, évêque de Poitiers.
Ramnulfe, évêque de Saintes.
Raynald, évêque de Périgueux.
Raymond, évêque de Rodez.

Province de Narbonne.

Godefroi, évêque de Maguelonne.
Bertrand, évêque de Nîmes.
Bertrand, évêque de Lodève.

ESPAGNE.

Dalmace, évêque de Compostelle.
Pierre, évêque de Pampelune.

Abbés

Richard, abbé de Saint-Victor de Marseille, cardinal.
Gervais, abbé de Saint-Riquier et évêque d'Amiens : on l'obligea, au Concile, à se démettre du titre d'abbé.
Guibert, abbé de Saint-Germain d'Auxerre.
Robert, abbé de Saint-Remi de Reims, premier historien de l'expédition de Jérusalem.
Lambert, abbé de Saint-Bertin.
Lanzon, abbé de Saint-Vincent de Metz.
Baudric, alors abbé de Bourgueuil, plus tard évêque de Dôle, his-

consanguinea, nefandis ineptiis et servitutibus nefariis mancipatur. Illis in urbibus ubique luctus, ubique miseriæ, ubique gemitus. Suspirio hæc dico : ecclesiæ in quibus olim divina

torien de la 1re Croisade.
Saint Hugues, abbé de Cluny.
Bernard, abbé de Marmoutiers.
Etienne, abbé d'un monastère du diocèse de Tours.
Geoffroi, abbé de Vendôme.
Jarenton, abbé de Saint-Bénigne de Dijon.
Guntard, abbé de Jumiéges, mort à la fin du Concile.
Natalis, abbé de Saint-Nicolas, près d'Angers.
Guillaume, abbé de Saint-Florent.
Gausmare, abbé de Saint-Pierre de l'Ile Germanique ou de La Celle, près de Troyes.
Raynald, abbé de Saint-Cyprien, près de Poitiers.
Gervais, abbé de Saint-Savin, près de Baréges, diocèse de Tarbes.
Pierre, abbé de Saint-Sauveur de Charroux, diocèse de Poitiers.

Pierre, abbé d'Aniane, diocèse de Maguelonne.
Adhémar, abbé de Saint-Martial de Limoges.
Gérard, abbé de Saint-Pierre d'Uzerche, diocèse de Limoges.
Ansculfe, abbé de Saint-Jean-d'Angély, diocèse de Saintes.
Pierre, abbé de Saint-Allyre de Clermont.
Pierre de Cizières, abbé d'Aurillac.
Ponce, abbé de la Chaise-Dieu.
N..., abbé de Saint-Symphorien de Thiers.
Bernard de Chanac, abbé de Saint-Amable de Riom et prévôt de Pébrac.
Alode, abbé de Saint-Vaast d'Arras.
Hameric, abbé de Saint-André d'Anchin, diocèse d'Arras.
Ermengarde, abbé de Cluse, province de Turin.

Autres membres du Concile

Etienne II, prieur de Saint-Flour.
N..., doyen de Saint-Pierre de Mauriac.
Boson, moine : il assista au Concile, au nom de saint Anselme, arche-

vêque de Cantorbéry; il fut ensuite abbé du Bec.
Les moines de Saint-Symphorien de Thiers.
Les moines de Port-Dieu.

Le nombre des comtes et seigneurs, qui assistèrent à la prédication de la Croisade, but principal du Concile, fut si considérable, qu'il serait impossible d'en donner une évaluation approximative. Les peuples étaient accourus de toutes parts. Aussi, à la fin de novembre, une multitude immense circulait dans l'enceinte de Clermont, et hors de ses remparts. « Les villes et les villages » des environs, écrivait un témoin oculaire, se trouvaient remplis de peuple, » et plusieurs furent contraints de dresser leurs tentes et leurs pavillons au » milieu des champs et des prairies, bien que la saison et le pays fussent » d'une extrême froidure. »

La mort de Durand, évêque de Clermont, troubla les premiers travaux du

celebrata sunt sacrificia, proh dolor! ecce animalibus eorum sunt stabula. Nequam homines sanctas occupaverunt civitates. Turcæ spurci et immundi nostris fratribus dominantur. Antio-

Concile. Pendant qu'il en faisait les préparatifs, il fut atteint d'une maladie mortelle. Il succomba dans la nuit du 18 au 19, après avoir reçu l'absolution d'Urbain II. Saint Hugues, évêque de Grenoble, Jarenton, abbé de Saint-Bénigne de Dijon, Ponce, abbé de la Chaise-Dieu, lui rendirent les derniers devoirs. Le pape présida ses funérailles, auxquelles assista un grand concours d'évêques et de peuples. Il fut enseveli dans l'église de Saint-Nicolas, qu'il avait lui-même consacrée. Baudric résuma sa vie et sa mort dans cette épitaphe :

> Nomine Durandus jacet hic præsul venerandus
> Quem commendavit vita benigna Deo.
> Exsequias celebres quæ forma fuere triumphi
> Dispensavit ei gratia summa Dei.
> Urbanus synodo generali papa vocato,
> Patres bis centum movit ad obsequium.
> Tertia, quæ decimam lucem præit ante decembrem,
> Vitæ præsentis lumen ademit ei.
> Arvernis sanctos cineres reverenter habeto,
> Atque patrocinio tutior esto suo.

Urbain II nomma Guillaume de Baffie successeur de Durand. Lorsque le Concile eut repris ses travaux, Urbain II excommunia de nouveau Philippe, roi de France, qui avait répudié la reine Berthe de Hollande, pour épouser Bertrade de Montfort. On arrêta un grand nombre de points disciplinaires dont voici les principaux :

La trêve de Dieu sera observée à l'égard de toutes sortes de personnes, les jeudi, vendredi, samedi et dimanche, et tous les jours, à l'égard des moines, des clercs et des femmes ; nul ne sera établi doyen, s'il n'est prêtre ; archidiacre, s'il n'est diacre ; évêque, s'il n'est dans les ordres inférieurs au diaconat : il est défendu d'acheter des prébendes : les autels donnés à des monastères ou à des chapitres, à condition que des vicaires y seraient mis pour les desservir, reviendront à l'évêque, à la mort de ces derniers : un clerc ne pourra posséder deux prébendes dans deux villes différentes, ni deux dignités dans la même église : il n'est pas permis aux rois et aux princes de donner l'investiture des dignités ecclésiastiques : il est défendu de communier séparément au corps et au sang de Jésus-Christ : à moins qu'il n'y ait nécessité : les croix érigées sur les chemins seront, comme l'église, un asile pour ceux qui s'y réfugient : les églises, possédées trente ans par les monastères, ne pourront plus leur être enlevées et seront libres de redevance : dans les églises paroissiales appartenant aux monastères, il y aura un chapelain nommé par l'évêque, sur la présentation des moines, pour avoir charge d'âmes.

Le Concile proscrivit comme simoniaque le rachat des autels qui consistait à donner à l'évêque une nouvelle somme d'argent à la mort de leurs titulaires. Urbain II régla également différentes affaires concernant le monastère d'Aniane, le chapitre d'Angoulême, les diocèses de Vienne, de Grenoble et celui de

chiæ beatus Petrus præsedit episcopus: ecce in ipsa ecclesia gentiles suas collocaverunt superstitiones, et religionem christianam, quam potissimum coluisse debuerant, ab aula Deo dedicata turpiter eliminarunt.

Prædia sanctorum stipendiis dedita, et nobilium patrimonia sustentandis pauperibus contradita, paganæ tyrannidi subji-

---

Cambrai; il confirma la primatie de l'église de Lyon, l'union des monastères de Conques et de Figeac, et régla le différend de Hugues de Cluny et d'Archimbaud de Bourbon au sujet de Souvigny; il rétablit les droits du prieuré de Saint-Flour sur l'église de Chaudesaigues. Beaucoup de monastères profitèrent de cette circonstance pour établir entre eux union de prières. Les abbés de Saint-Allyre, la Chaise-Dieu, Saint-Symphorien de Thiers, Saint-Florent, Saint-Nicolas d'Angers, Saint-Cyprien, Saint-Pavin, les moines de Port-Dieu, de Saint-Pierre de Mauriac établirent entre eux cette communauté de suffrages.

Mais l'affaire la plus importante du Concile était la délivrance de la Terre-Sainte qui gémissait sous l'oppression des Turcs. La papauté se préoccupait depuis longtemps de cette question. Silvestre II et Grégoire VII avaient formé le projet de travailler à la libération de Jérusalem. Urbain II le réalisa : il fut porté à l'accomplir par une lettre du patriarche de Jéruralem où étaient exposés tous les maux qu'enduraient les chrétiens et par le récit que lui en fit Pierre l'Ermite.

Lorsqu'on eût réglé les affaires ecclésiastiques, Urbain II se disposa à haranguer la foule immense qui remplissait la ville. Comme aucun édifice n'était assez vaste pour contenir tous les assistants, on choisit une voie publique large et spatieuse (Robert, *Chronique de Reims*). C'est là, du haut d'une estrade, au milieu de tous les prélats et abbés, que le pontife prit la parole.

Dans un discours pathétique, il engagea les chrétiens d'Occident à se croiser pour la délivrance des Lieux Saints. La peinture qu'il fit des maux souflerts par les fidèles de la Palestine fut si émouvante, l'exhortation qu'il adressa si entraînante, que l'assemblée, qui était immense, prit, aux cris de « Dieu le veut! » l'héroïque résolution de marcher à la conquête de Jérusalem. Pour intéresser la Mère de Dieu à cette entreprise, Urbain II ordonna que les clercs réciteraient le petit office de la Vierge.

La France et l'Europe se levèrent à la voix de la papauté, et, emportées dans un même élan de religieux patriotisme, elles coururent à la conquête de la Palestine. C'est une gloire pour la ville de Clermont d'avoir été le premier théâtre de ce mouvement général et de ces initiatives fécondes qui donnèrent à l'Occident une impulsion nouvelle dans les voies de la bravoure chrétienne et de la civilisation.

On pense que la place, où Urbain II prononça son discours, est la grande place qui s'étendait depuis l'église de Notre-Dame-du-Port jusqu'au quartier qui prit plus tard le nom de Jacobins. Le nom de Godefroy-de-Bouillon, donné à une des rues de ce quartier, est le seul souvenir qui reste de ce mémorable évènement.

ciuntur, eisque in proprios usus redactis domini crudeles abutuntur. Sacerdotium Dei humotenus conculcatum est, sanctuarium Dei per nefas ubique profanatum est : si qui adhuc ibi latitant Christiani, ubi audistis, exquiruntur tormentis. De sancta Jerusalem, fratres.... loqui dissimulavimus quod valde de ea loqui pertimescimus, quoniam ipsa civitas, in qua, prout omnes nostis, Jesus Christus pro nobis passus, peccatis nostris exigentibus, sub spurcitiam paganorum redacta, Deique servituti, ad ignominiam nostram dico, subducta est. Quod enim superest imperii nostri tantillum est, Christianorum qui ista promeruimus est dedecus. Cui servit nunc ecclesia beatæ Mariæ in qua ipsa pro corpore sepulta fuit in valle Josaphat? Sed quid templum Salomonis, imo Domini, prætermittimus, in quo simulacra sua barbaræ nationes contra jus et fas modo collocata venerantur? De sepulcro dominico ideo reminisci supersedemus, quoniam oculis vestris vidistis quantæ abominationi traditum sit.

Inde violenter abstrahunt quas ibi pro cultu illius multoties intulistis oblationes. Ibi nimirum multas et innumeras religionis nostræ ingerunt irrisiones. Et tamen in illo loco (non ignara loquor) requievit Deus : ibi pro nobis mortuus est. Neque equidem ibi Deus hoc annuatim prætermittit facere miraculum, cum, in diebus passionis suæ, exstinctis omnibus et in sepulcro et in ecclesia circumcirca luminibus, jubare divino lampades exstinctæ reaccenduntur. Cujus pectus silicinum factum tantum miraculum non emolliat? Credite mihi, bestialis homo et insulsi capitis est, cujus cor virtus divina tam præsens ad fidem non verberat, et cum gentiles cum Christianis ita videant communiter, nec emendantur. Perterrentur equidem hi, nec convertuntur ad fidem : nec mirum, quoniam mentis obcæcatio illis dominatur. Quantis affectionibus vos qui adestis, qui redistis, invaserunt, vos ipsi melius nostis, qui substantias vestras, qui sanguinem vestrum ibi Deo immolastis.

Hæc idcirco, fratres, diximus, ut vos ipsos sermonis nostri testes habeamus. Plures sunt et fratrum nostrorum miseriæ, et ecclesiarum Dei depopulationes, quæ sigillatim possemus referre; sed instant lacrymæ ac gemitus, et instant suspiria et singultus. Ploremus, fratres, eia ploremus, et cum Psalmista medullitus plorantes ingemiscamus, nos miseri, nos infelices, quorum tempore Dei prophetia ista completa est : « Deus, venerunt gentes in hæreditatem tuam, polluerunt templum tuum sanctum ; posuerunt Jerusalem in pomorum custodiam. Posuerunt morticina servorum tuorum escas volatilibus cœli, carnes sanctorum tuorum bestiis terræ. Effuderunt sanguinem ipsorum tanquam aquam in circuitu Jerusalem, et non erat qui sepeliret » (*Psal.* LXXVIII). Væ nobis, fratres, nos qui jam « facti sumus opprobrium vicinis nostris, subsannatio et illusio his qui in circuitu nostro sunt » (*Ibid.*). Condoleamus et compatiamur fratribus nostris, saltem in lacrymis. Nos abjectio plebis facti, et omnibus deteriores, immanissimam sanctissimæ terræ plangamus devastationem. Quam terram merito sanctam diximus, in qua non est etiam passus pedis quem non illustraverit et sanctificaverit vel corpus vel umbra Salvatoris, vel gloriosa præsentia sanctæ Dei Genitricis, vel amplectendus apostolorum commeatus, vel martyrum ebibendus sanguis effusus. Quam beati, o Stephane protomartyr, qui te laureaverunt lapides ! Quam felices, o tunc Baptista Joannes, qui tibi ad Salvatorem baptizandum servierunt Jordanici latices ! Filii Israel, ab Ægyptiis educti, qui Rubri maris transitu vos præfiguraverunt, terram illam armis suis, Jesu duce, sibi vindicaverunt; Jebusæos et alios convenas inde expulerunt, et instar Jerusalem cœlestis Jerusalem terrenam excoluerunt.

Quod dicimus, fratres, audite et intelligite. Vos accincti cingulo militiæ magno supercilio fratres vestros dilaniatis, atque inter vos dissecamini. Non est hæc militia Christi quæ destruit ovile Redemptoris. Sancta Ecclesia ad suorum opitulationem sibi reservavit militiam (ut veritatem fateamur) cujus præcones esse debemus. Non tenetis vere viam per quam eatis ad salutem et vitam. Vos pupillorum oppressores, vos viduarum prædatores, vos homicidæ, vos sacrilegi, vos alieni juris direptores, vos pro effundendo sanguine christiano exspectatis latrocinantum stipendia, et sicut vultures odorantur cadavera, sic longinquarum partium auspicamini et sectamini bella. Certe via ista pessima est, quoniam a Deo omnino remota est. Porro si vultis animabus vestris consuli, istiusmodi militiæ cingulum quantocius deponite, et ad defendendam orientalem Ecclesiam velocius concurrite. Hæc est enim de qua totius vestræ salutis emanaverunt gaudia, quæ distillavit in os vestrum divini lactis ubera, quæ nobis propinavit Evangeliorum sacrosancta dogmata. Hæc ideo, fratres, dicimus, ut et manus homicidas a fraterna nece contineatis, et pro fidei domesticis vos externis nationibus apponatis, et sub Jesu Christo, duce vestro, acies christiana, acies invictissima, melius quam ipsi veteres Israelitæ pro vestra Jerusalem decertetis, et Turcos, qui in ea sunt nefandiores quam Jebusæi, impugnetis et expugnetis.

Pulchrum sit vobis in illa civitate mori pro Christo, in qua pro vobis Christus mortuus est. Cæterum, si vos antea mori contigerit, id ipsum autumate mori in via, si tamen Christus in sua invenerit militia. Deus enim denarii retributor est prima et hora sexta. Horrendum est, fratres, horrendum est vos in Christianos rapacem manum extendere. In Sarracenos gladium vibrare singulare bonum est, quia et charitas est pro fratribus animas deponere. Ne vero de crastinis eventionibus solliciti sitis, sciatis quia timentibus Deum nihil deest, nec iis qui eum diligunt in veritate. Facultates etiam inimicorum nostrorum vestræ sunt, quoniam et illorum thesauros exspoliabitis, et vel victoriosi ad propria remeabitis, vel sanguine vestro purpurati perenne bravium adipiscemini. Tali imperatori militare debetis, cui panis deesse non potest, cui quæ rependat nulla desunt stipendia. Via brevis est, labor permodicus est, qui tamen immarcessibilem vobis rependat coronam. Jam nunc ergo auctoritate loquamur divina: « Accingere, homo unusquisque, gladio super femur tuum potentissime (*Psal.* XLIV). Accingimini, accingimini, inquam, et estote filii potentes, quoniam melius est nobis mori in bello quam videre mala gentis nostræ et sanctorum » (1 *Mach.* III). Non vos demulceant illecebrosa mulierum blandimenta rerumque vestrarum, quin eatis; nec vos deterreant perferendi labores, quatenus remaneatis.

Vos, fratres et coepiscopi, consacerdotes et cohæredes Christi, per Ecclesias vobis commissas idipsum annuntiate, et viam in Jerusalem toto ore universaliter prædicate. Confessi peccatorum suorum ignorantiam, securi de Christo celerem impetrent veniam. Vos autem qui ituri estis, habebitis nos pro vobis oratores, nos habeamus vos pro populo Dei pugnatores. Nostrum est orare, vestrum est contra Amalecitas pugnare. Nos extendemus cum Moyse manus indefessas orantes in cœlum; vos exerite et vibrate intrepidi præliatores in Amalec gladium. Amen (1).

XLIX.

Urbain II à Étienne, prieur de Saint-Flour (2). Il con-

---

(1) Baudric, *Gest. Fr.*, l. I, pp. 86-88. — Baronius, *Annales*, an. 1095, nos 43-49. — Labbe, *Conc.*, t. x, col. 514. — Ruinart, *Vita Urbani*, *App.* pp. 369-373.
L'abbé Robert (*Gesta Fr.*, lib. I, pp. 31-32) rapporte un discours d'Urbain II, et qui concerne particullièrement les Français. Guillaume de Tyr (Lib. I, n° 15) donne un troisième discours qui commence par ces mots: « Nostis, fratres dilectissimi.... » Urbain II le prononça après la lecture de la lettre du patriarche de Jérusalem. Il enjoint aux chrétiens de se croiser pour obtenir la rémission de leurs péchés, et promet que leurs personnes et leurs biens seront sous la protection du Saint-Siége. On trouve ce discours dans Baronius (*An.* 1095); dans Labbe (*Conc.*, t. x, col. 501), et dans Ruinart (*Vit. Urb. App.*, p. 873). Guillaume, moine de Malmesbury (*De Reg. angl.*, l. IV, c. 2, pp. 131-132); Guibert, abbé de Nogent (*Gest. Fr.*, l. II, c. 2); François Duchesne (*Hist. de tous les cardinaux français*, t. II, pp. 43-44); Foucher de Chartres, et Pierre Tudebode, autre historien de la Croisade, produisent d'autres discours qui auraient été tenus par Urbain II au Concile de Clermont. Mais leur style, en général, n'a aucun rapport avec le style d'Urbain II, qui était remarquable par la netteté, le naturel et la douceur.

(2) Depuis son établissement, le prieuré de Saint-Flour avait pris une réelle importance. Il s'était successivement accru des églises de Bozac, de Rouaire, de la chapelle de Castro, de l'église de Gourdièges, donnée par Ladiarde, épouse du comte Armand, et ses fils, Amblard et Astorg, et de l'église de Chaudesaigues qui avait été donnée, en 1053, par les sires d'Oradour. Le premier prieur, selon D. Estiennot, fut Astorg de Brezons. Après lui viennent Etienne 1er et Simon. Simon était prieur en 1020. Dieu-Donné d'Astorg, Etienne et Guillaume d'Oradour lui donnèrent l'église d'Oradour en échange des lieux de Pierrefitte, Pouzatel et autres, et moyennant 60 sols. Giraud, que les titres qualifient tantôt de prieur, tantôt de prévôt, fut confirmé par Amblard, Etienne et Astorg Comptor dans la possession de la moitié de l'église de Chaudesaigues et de Saint-Etienne d'Oradour. Etienne II assista au concile de Clermont. Il se plaignit de ce que Bernard, de concert avec ses fils, Arnald, Bernard, Etienne, Géraud, Guillaume et Pierre avaient enlevé aux moines de Saint-Flour l'église de Chaudesaigues. Le pape excommunia les usurpateurs.

Le prieuré de Saint-Flour se composait d'un prieur, d'un prieur de Montaigut, d'un doyen, d'un camérier, d'un chambrier, d'un sacristain, d'un aumônier, d'un infirmier, d'un prévôt et de quinze moines.

firme la donation de l'église de Saint-Martin de Chaudesaigues faite au monastère de Saint-Flour et prononce une sentence d'excommunication contre ceux qui l'avaient usurpée (1).

Novembre 1095.

L.

Urbain II accorde au monastère de Sauxillanges le privilége du grand Pardon pour ceux qui s'y rendraient à chaque anniversaire de la consécration de l'église (2).

3 Décembre 1095.

LI.

Urbain II accorde un diplôme en faveur des chanoines comtes de Brioude (3).

4 Décembre 1095.

LII.

Urbain II aux moines de Sauxillanges. Il les confirme

---

(1) D. Ruinart, *Vita Urbani*, c. ccxxxii. — *Dictionnaire statistique du Cantal*, t. iii, p. 165.

(2) Urbain II se rendit de Clermont à Sauxillanges. Le 3 décembre, il consacra l'église du monastère. Le Nécrologe de Sauxillanges en fait mention, ainsi que du privilége qu'il accorda : « iv Kalendas Augusti, officium pro domno Urbano papa II. Hic venerabilis et Deo dignus apostolicus, inter cætera laudabilia opera sua, etiam istud monasterium cum magna auctoritate et devotione iii Nonas Decembris dedicavit : in qua consecrationis die, per successiones temporum, omnibus peccata confitentibus et ad istius fidei festum convenientibus atque vota sua persolventibus, maximam et desiderabilem absolutionem fecit. » (*Nécrologe de Sauxillanges.* — D. Ruinart, *Vita Urbani*, cap. ccxxx.)

(3) De Sauxillanges, Urbain II vint à Brioude le 4 décembre ; il data de cette ville, outre le privilége que nous mentionnons, une bulle pour saint Hugues, abbé de Cluny. Darras (*Histoire de l'Eglise*, t. xxiii, p. 290) parle du diplôme concédé au chapitre de Brioude.

dans leurs possessions dont il fait l'énumération, et défend de leur porter atteinte : il déclare libre la sépulture du monastère, et arrête que personne ne pourra frapper ce lieu d'excommunication ou d'interdit : il menace de peines spirituelles ceux qui enfreindraient ses ordres, et promet la paix du Seigneur à ceux qui les observeront.

7 Décembre 1095.

RBANUS episcopus, servus servorum Dei, dilectis filiis Celsiniacensis cœnobii (1) salutem et apostolicam benedictionem. Ad hoc nos disponente Domino, in apostolicæ sedis servitium promotos agnoscimus, ut ejus filiis auxilium implorantibus efficaciter subvenire, et ei obedientes tueri ac protegere, prout Dòminus dederit, debeamus. Unde oportet et nos venerabilibus locis manum protectionis extendere, et servorum Dei quieti attentius providere. Igitur tam pro vestra speciali religione quam pro venerabilis fratris nostri Hugonis, Cluniacensis abbatis dilectione, ad cujus curam ex Cluniacensis cœnobii jure locus vester pertinet, filii in Christo carissimi, precibus annuentes, monasterium vestrum præsentis decreti auctoritate munimus. Statuimus enim, ut quæcumque hodie vestrum cœnobium

---

(1) Le monastère de Sauxillanges conserva son importance dans la dernière moitié du xı[e] siècle. Cette abbaye fut administrée par Hugues Ier de Mercœur (1060) et Hugues II de Semur (1062) : sous ce dernier, elle fut réduite en prieuré. Il est difficile d'établir, à cette époque, la vraie succession des prieurs. Dans beaucoup de chartes, on désigne le prieur et le prieur claustral, ce qui met de la confusion dans la série qu'on voudrait former. Le *Gallia Christiana* nomme comme prieurs, dans les quarante dernières années de ce siècle : Odilon II de Mercœur (1063); Aldebert (1065); Géraud Ier de Vergy (1068); Robert Ier de Vergy (1069); Odon II de Vergy (1071); Guy de Vergy (1075); Bernard Ier de Saint-Priest (1076); Eustache Ier et Etienne Ier. Eustache devint abbé de Mozat. Etienne (1096) était parent de Guillaume de Baffie, évêque de Clermont. Il figure dans les donations de Saint-Pardoux et de Viverols faites par cet évêque au monastère de Sauxillanges. Ce prieuré, le plus important que Cluny possédât en Auvergne, portait quarante moines. Il avait dès lors une école de grammaire et de théologie, où les grandes familles de la province envoyaient leurs enfants. Pierre-le-Vénérable y fit ses premières études au commencement du xıı[e] siècle, et non au milieu du xı[e], comme l'ont avancé par erreur les auteurs du *Gallia Christiana*.

juste possidet sive in futurum concessione pontificum, liberalitate principum vel oblatione fidelium juste atque canonice poterit adipisci, firma vobis vestrisque successoribus semper et illibata permaneant, in quibus hæc propriis nominibus duximus exprimenda : in ipso videlicet burgo qui monasterio adjacet; Sanctæ Mariæ (1) et Sancti Martini (2); in pago Ucionensi, ecclesiam Sancti Remigii de Carniaco (3), Sancti Jacobi de Varennis (4), Sancti Quintini (5), Sancti Stephani (6), Sancti Juliani de Paleariis (7), Sanctæ Mariæ de Masliaco (8), Sancti

(1) Notre-Dame de Sauxillanges, donnée par Acfred. L'église fut, dit-on, construite par Guillaume-le-Pieux. Cette paroisse est canton ecclésiastique.

(2) Saint-Martin de Sauxillanges. Eglise donnée par Acfred; ancienne annexe de Notre-Dame.

(3) Saint-Remi de Chargnat (Carniaco, Charinaco, Karinnacus, Cariaco). Eglise donnée par Acfred : ancienne obédience (*Cartulaire de Sauxillanges*, ch. 940). La charte 592 fait mention de Baccallar, moine de Chargnat. Les nombreuses chartes, qui parlent de cette localité, ne signalent rien d'important.

(4) Saint-Jacques de Varennes. Obédience au xiie siècle. Emenon la tenait sous Roland, prieur de Sauxillanges, vers 1114. Au siècle dernier, c'était une annexe de la cure de Saint-Germain-sur-Usson. Aujourd'hui, c'est Varennes-sur-Usson, du canton de Sauxillanges.

(5) Saint-Quentin, compris dans la donation d'Acfred, autrefois annexe de Notre-Dame de Sauxillanges, dans l'archiprêtré de ce nom, aujourd'hui paroisse du canton de Sauxillanges.

(6) Saint-Etienne-sur-Usson. Cette église fut donnée à Sauxillanges par les frères Eustorge, Jocerand, Guillaume et Hugues, sous le priorat de Hugues (*Cartulaire de Sauxillanges*, ch. 589). Pierre était doyen de cette obédience quand Eustache, prieur, y plaça Etienne de Nauzac (*Id.*, ch. 590). Etienne était chapelain d'Usson sous le prieur Bertrand que le *Gallia Christiana* n'a pas compris dans la série des prieurs (*Id.*, ch. 791). Il y avait, au siècle dernier, prieuré et cure. Aujourd'hui Saint-Etienne est paroisse du canton de Sauxillanges.

(7) Saint-Julien de *Paleariis*. Ancienne obédience. Bertrand, moine, l'a occupée (*Cartulaire de Sauxillanges*, ch. 906). On ne sait pas positivement quelle était cette localité. Les uns pensent que c'était un château près d'Usson; d'autres y voient Peslières, paroisse du canton ecclésiastique de Brassac.

(8) Notre-Dame de Mailhat (Maxliacus, Maislac) fut donnée à Sauxillanges, pour une moitié, par Philippie et ses fils, pour l'autre, par Pierre Béchet, sous le priorat de Robert (*Id.*, ch. 297). Sous le priorat d'Eustache, Amblard donne à ce monastère tout ce qu'il avait dans l'église de Mailhat (*Id.*, ch. 297 bis). Arbert de Bansac lui fait don d'un quart des dîmes de la paroisse de Mailhat et Robert d'un autre quart (*Id.*, ch. 299-300). Cette ancienne paroisse fait partie de celle de Lamontgie, qui est du canton ecclésiastique de Brassac.

Germani (1), Brennacum (2), Ecclesiam novam (3); in Luridensi pago (4); cœnobium Calcidi montis (5), Sanctæ Mariæ de Beverias (6), ecclesiam de Monterevallo (7), de Viverolo (8), de Bafia (9), de Grandirivo (10), de Zalmantanias (11), de

(1) Saint-Germain-sous-Usson; ancienne paroisse de l'archiprêtré de Sauxillanges, aujourd'hui Germain-Petit, commune de Varennes.

(2) Saint-Barthélemy de Brenat (Brennaco, Brenniaco, Brenniacum, Brennacum, Brennac). Ancien monastère. Il est fait mention d'un moine de Brenat, sous Humbert, prieur (1131) — (*Id.*, ch. 939). — Paroisse de l'archiprêtré de Sauxillanges, aujourd'hui dans ce canton.

(3) Eglise-Neuve-des-Liards. Pierre et plusieurs autres en étaient prêtres sous Bertrand, prieur (*Id.*, ch. 784). Paroisse de l'archiprêtré de Sauxillanges, aujourd'hui dans ce canton.

(4) Le territoire du Livradois était une viguerie; elle allait, du nord au sud, de Vertolaye à la Chaise-Dieu, et avait, à l'est, le diocèse de Lyon, à l'ouest, les archiprêtrés de Billom, de Sauxillanges et de Brioude.

(5) Chaumont (Calcidi montis, Calidi montis, Calcimontis). Monastère dès le xe siècle. Sous Lothaire (954-986), Bertrand et Foi, son épouse, donnent au monastère de Sauxillanges un bien qu'ils possédaient à Chaumont (*Id.*, ch. 434). Didier y était prieur, sous Roland, prieur de Sauxillanges. Il y avait comme moines Bertrand de Pasliers, Etienne de Saint-Eloy, Robert Guatayre et Mayeul (*Id.*, ch. 630). Reboin, prieur de Chaumont, signe une donation de Hugues de Montravel faite à Sauxillanges (*Id.*, ch. 965). Guillaume de Baffie, évêque de Clermont, donne à Chaumont le Mas de Borriana (*Id.*, ch. 607). Ce prieuré était de l'archiprêtré du Livradois. Aujourd'hui c'est une paroisse du canton d'Arlanc.

(6) Sainte-Marie de Beurrières. Vers 960, Raoul, prêtre, donne à l'abbaye de Savigny des mas qu'il y possédait (*Cartulaire de Savigny*, ch. 596). En vertu d'un accord passé sous le priorat de Roland, entre Armand de Montravel et ses frères, et Didier, prieur de Chaumont, l'église de Beurrières devait appartenir à ce prieuré. Cette paroisse, autrefois de l'archiprêtré du Livradois et aux Minimes de Chaumont, est du canton d'Arlanc.

(7) Montravel, hameau de la paroisse de Beurrières.

(8) Sainte-Madeleine de Viverols. L'évêque Guillaume de Baffie donna à Sauxillanges ce qu'il possédait à Viverols (Appendice n° ...). Etienne était obédiencier sous le priorat d'Hélie (1129) (*Cartulaire de Sauxillanges.*, ch. 900). Il y avait prieuré et cure. Cette paroisse, de l'ancien archiprêtré du Livradois, est canton ecclésiastique.

(9) Saint-Nicolas de Baffie, de l'archiprêtré du Livradois, relevait, au dernier siècle, des minimes de Chaumont. Baffie est du canton de Viverols.

(10) Saint-Blaise de Grandrif, autrefois de l'archiprêtré du Livradois et à la nomination du seigneur de La Roue, est du canton de Saint-Anthème.

(11) Sauvessanges ? Ne serait-ce pas le lieu désigné par *Zalmantanias ?* Cette paroisse est du canton de Viverols.

Ambert (1), de Marcac (2), de Teulerias (3), ecclesiam Sanctæ Mariæ de Monte (4), Sancti Ferreoli (5), Sancti Eligii (6): in Britavensi pago (7); ecclesiam Sanctæ Florinæ (8), Sancti Gervasii (9), ecclesiam de Abulnac, de Burnunculo, de Leuton (10), de Lendan (11), de Clais (12), de Vescou (13), de Ginnac; in pago Talendensi (14) ecclesiam Sancti Hilarii, Sancti Martialis (15),

(1) Saint-Jean d'Ambert, autrefois de l'archiprêtré du Livradois et à la nomination des Minimes de Chaumont, est paroisse du chef-lieu d'arrondissement de ce nom.

(2) Notre-Dame de Marsac, autrefois du même archiprêtré et ayant eu les mêmes nominateurs, est du canton d'Ambert.

(3) Saint-Sylvestre de Thiolières, jadis de l'archiprêtré du Livradois et au prieur de Sauxillanges, est du canton d'Ambert.

(4) Notre-Dame de Mons, du même archiprêtré et ancienne paroisse de l'archiprêtré de Sauxillanges, est un village et du canton d'Arlanc.

(5) Saint-Ferréol-des-Côtes, autrefois du même archiprêtré et au prieur de Sauxillanges, est du canton d'Ambert.

(6) Saint-Eloy, autrefois du même archiprêtré et au même nominateur, est du canton de Saint-Amant-Roche-Savine.

(7) Le comté de Brioude partait des vigueries d'Usson et Nonette, et s'étendait jusqu'au pays des Vellaves et des Gabales.

(8) Sainte-Florine. Cette église fut donnée par Guillaume de la Roche à Hugues, abbé de Cluny, et au monastère de Sauxillanges. En 1201, Sibille, fille de Robert, comte d'Auvergne, et religieuse de Fontevrault, y fonda un monastère qui fut concédé au couvent d'Esteil par Hugues d'Usson et Ricolphus. Le Dauphin, comte d'Auvergne, confirma cette donation en 1265 (Biblioth. nation., ms. lat., 559). Cette paroisse est dans le diocèse du Puy.

(9) Saint-Jean-Saint-Gervais, paroisse du canton de Brassac.

(10) Saint-Vincent de Léotoing, paroisse du canton de Blesle, diocèse du Puy.

(11) Lempdes, chef-lieu de canton ecclésiastique, diocèse du Puy.

(12) Saint-Martin de Clais ou Beaulieu. Les chanoines de Brioude et Uldaric, abbé de Saint-Germain, donnèrent l'église de Clais à Sauxillanges, avec le consentement de Robert, comte d'Auvergne, moyennant quarante sols (Ms. cod. Celsiniac). Cette paroisse, autrefois de l'archiprêtré de Sauxillanges, est aujourd'hui du canton de Saint-Germain-Lembron.

(13) Saint-Priest de Vézézoux, paroisse du canton d'Auzon, diocèse du Puy.

(14) Le comté de Tallende confiné, au nord, par le comté de Clermont, était séparé par l'Allier du comté de Turluron, et du comté de Brioude par la route d'Issoire à Saint-Flour.

(15) Saint-Martial des Martres-de-Veyre. Cette église, située en un lieu appelé *Annoilum*, fut donné par Louis et Alba, son épouse, au monastère de Sauxillanges, sous l'épiscopat d'Etienne V et l'abbatiat d'Odilon II de Mercœur (*Cartulaire de Sauxill.*, ch. 402). Elle fut l'objet de plusieurs conventions

ecclesiam de Chidrac (1), de monte Acuto (2), de Plauzac (3), de Ozac (4), de Soletis (5), capellam de Monte (6); in pago Tolornensi (7), ecclesiam Sancti Lupi (8), Sancti Juliani et Sanctæ Mariæ apud Cauriacum (9), ecclesiam de Matesc (10) cum ecclesiis ad ipsum locum pertinentibus; in pago Talvensi (11), ecclesiam sanctorum martyrum Cirici et Julittæ (12), Sancti

rappelées dans les chartes 403 et 404. Il y eut prieuré et cure jusqu'en 1789. Cette paroisse, autrefois de l'archiprêtré de Merdogne et au prieur de Sauxillanges, est du canton ecclésiastique de Monton.

(1) Saint-Martial de Chidrac, autrefois de l'archiprêtré d'Issoire, et au prieur de Sauxillanges, est du canton ecclésiastique de Neschers.

(2) Saint-Blaise de Montaigut-le-Blanc. *Id.*

(3) Saint-Pierre de Plauzat; de l'ancien archiprêtré de Merdogne. Il y avait prieuré et cure: les Carmes-Déchaussés de Clermont nommaient à la cure alternativement avec le prieur de Sauxillanges. Cette paroisse est du canton ecclésiastique de Monton.

(4) Ozat? Il peut être question d'Authezat, paroisse du canton ecclésiastique de Monton, ou d'Auzat-sous-Chalus, ancienne paroisse qui a disparu et à la place de laquelle s'est formée la paroisse de Chalus, du canton de Saint-Germain-Lembron.

(5) Il est sans doute question de la chapelle de Soulasse, aujourd'hui paroisse du canton ecclésiastique de Monton. Dans la charte 564 du *Cartulaire de Sauxillanges*, il est question de Pierre, « canonicus provisor ecclesiæ Solechiensis. »

(6) Monton. Chapelle de Monton, aujourd'hui chef-lieu de canton ecclésiastique.

(7) Le comté de Turluron comprenait les contrées qui étaient au sud-ouest de l'archiprêtré de Billom et de l'archiprêtré du Livradois.

(8) Saint-Loup de Billom fut donné à Sauxillanges, par Maurice de Montboissier, sous l'épiscopat de Rencon (*Cartulaire de Sauxillanges*, ch. 478). Cette paroisse, de l'ancien archiprêtré de Billom, est une des deux paroisses de Billom.

(9) Saint-Julien et Sainte-Marie de Chauriat. Ces églises furent données, avec Sainte-Marcelle, à Sauxillanges, par Etienne, évêque de Clermont, sa mère, ses frères, et les chanoines de l'église de Clermont (*Ms. Cod. Celsiniac.*). Chauriat, autrefois de l'archiprêtré de Billom, est du canton de Vertaizon.

(10) Il s'agit, selon toute vraisemblance, de Mezel, paroisse du canton de Vertaizon.

(11) Ce pays tirait son nom de la petite ville de Tauves, et comprenait la partie du territoire dont se formait l'archiprêtré de Rochefort.

(12) Saint-Cirgues et Sainte-Juliette de Tauves. Cette paroisse, de l'ancien archiprêtré de Rochefort, est chef-lieu de canton.

Pardulfi (1), Sancti Donati (2), Sancti Victoris (3), ecclesiam de Cingulis (4), cum universis possessionibus et appendiciis eorum. Præterea decernimus ut nulli omnino hominum liceat eamdem ecclesiam perturbare, aut ejus possessiones auferre, vel ablatas retinere, minuere, vel temerariis vexationibus fatigare; sed omnia integra conserventur eorum pro quorum sustentatione et gubernatione concessa sunt usibus omnimodis profutura; salva tamen in omnibus debita abbatum Cluniacensium reverentia. Nulli etiam facultas sit adjacentem monasterio burgum invadere, deprædari, vel noxias aliquas consuetudines exactionis imponere. Porro sepulturam ejusdem loci omnino liberam esse decernimus, ut eorum qui illic sepeliri deliberaverint devotioni et extremæ voluntati, nisi forte excommunicati sint, nullus obsistat. Et quia, largiente Domino, monasterii vestri ecclesia nostris manibus est consecrata, hoc quoque præsenti capitulo subjungimus, ut pro beati Petri et nostræ consecrationis reverentia, nullus deinceps audeat in idem monasterium excommunicationis aut interdictionis proferre sententiam, quatenus ab omni servitii singularis securi omnique gravamine mundanæ oppressionis remoti, in sanctæ religionis observatione seduli atque quieti omnipotenti Domino placere totius mentis et animæ virtutibus anheletis. Si qua sane ecclesiastica sæcularisve persona, hanc nostræ constitutionis paginam sciens, contra eam temere venire tentaverit, secundo tertiove commonita, si non satisfactione congrua emendaverit, potestatis honorisque sui dignitate careat, reamque se divino judicio existere de perpetrata iniquitate cognoscat, et a sacratissimo corpore et sanguine Dei et Domini Redemptoris nostri Jesu Christi aliena fiat, atque in extremo examine districtæ ultioni subjaceat. Cunctis autem eidem loco justa servantibus sit pax Domini nostri Jesu Christi, quatenus et hic fructum bonæ actionis percipiant, et apud dis-

---

(1) Saint-Pardoux-Latour. Il y avait prieuré et cure. C'est un chef-lieu de canton ecclésiastique.

(2) Saint-Donat, paroisse autrefois de l'archiprêtré de Rochefort, aujourd'hui du canton de Saint-Pardoux.

(3) Saint-Victor, du canton de Besse.

(4) Saint-Nazaire de Singles, autrefois dans l'archiprêtré de Rochefort, aujourd'hui dans le canton de Tauves.

trictum judicem præmia æternæ pacis inveniant. Amen, amen, amen.

Datum apud oppidum sancti Flori (1) per manum Joannis, sanctæ Romanæ Ecclesiæ diaconi cardinalis, indictione III, VII Idus Decembris, anno dominicæ Incarnationis MXCV, pontificatus autem domini Urbani II papæ VIII (2).

LIII.

Urbain II aux religieuses de Marcigny. Il confirme leur prieuré dans la possession de plusieurs églises dont quelques-unes étaient dans l'évêché d'Auvergne.

7 Décembre 1095.

RBANUS, servus servorum Dei, Marciniacensis cœnobii (3) sanctimonialibus salutem et apostolicam benedictionem..................................
....

...... Statuimus enim ut quæcumque hodie idem cœnobium juste posssidet sive .... poterit adipisci, vobis et iis qui post vos in loco eodem ac religione successerint, firma semper et illibata permaneant. In quibus hæc propriis nominibus duximus exprimenda..

(1) Urbain II vint à Saint-Flour, à la prière d'Etienne, prieur du monastère. C'est le 7 décembre qu'il accorda la bulle concernant Sauxillanges. Le même jour, il consacra l'église de Saint-Flour, nouvellement construite, et fit placer les reliques du saint évêque, derrière l'autel, en un lieu élevé. « Comitante sacro cardinalium collegio, basilicam e novo exstructam dedicavit » B. confessoris Flori, ejusque reliquiæ post altare in loco eminenti repositæ » sunt in capsula tribus seris clausa. » (*Ex veter. schedis*). Le pape prolongea son séjour dans cette ville, à cause de la maladie d'un de ses cardinaux, Jean de Porto, qu'il aimait beaucoup. Ce cardinal mourut et fut enseveli dans l'église de Saint-Flour, à droite, entre la première et la seconde colonne. (D. Ruinart, *Vita Urbani*, cap. CCXXII).

(2) Baluze, *Miscellanea*, II, 175. — Ms. lat. — *Cartulaire de Sauxillanges*, ch. 472, f. 146, v.

(3) Le monastère de Marcigny, au diocèse d'Autun, fut fondé, en 1089, par Hugues de Cluny et son frère Gaufroy. Ce prieuré relevait de Cluny: il portait 99 religieuses. C'est aujourd'hui un chef-lieu de canton dans l'arrondissement de Charolles.

....

.... In episcopatu Arvernensi, ecclesiam Sancti Petri de Lodda (1), Sancti Vincentii de Lodessa (2) cum decimis et cœmiteriis, Sancti Nicolai ad tres Fontes (3)......

Datum apud oppidum sancti Flori per manum Joannis, S. R. E. diaconi cardinalis, indict. III, anno dominicæ Incarnationis 1095, pontificatus autem domini Urbani II papæ VIII, VII Idus Decembris (4).

LIV.

Urbain II confirme le prieuré de Saint-Flour dans la possession de l'église de Saint-Martin de Chaudesaigues (5).

13 Décembre 1095.

....
....

Datum apud oppidum sancti Flori .... Idus Decembris, anno dominicæ Incarnationis MXCV, pontificatus autem domini Urbani II papæ VIII.

LV.

Urbain II érige en abbaye la prévôté de Pébrac.

1095 (6).

___

(1) Saint-Pierre de Lodde. Cette paroisse, située dans l'archiprêtré de Cusset, est aujourd'hui dans le canton du Donjon, diocèse de Moulins.

(2) Saint-Vincent de Ludesse, du canton ecclésiastique de Neschers.

(3) C'est probablement Saint-Nicolas de Bert, situé autrefois dans l'archiprêtré de Cusset et qui a dépendu de Marcigny jusqu'en 1789.

(4) *Biblioth. Cluniac.*, App., p. 36. — *Patrologie*, éd. Migne, t. CLI, col. 442.

(5) Mabillon (*Ann. Bened.*, t. VI, Appendix, n° 25) fait mention de cette bulle en ces termes : « Eisdem (monachis sancti Flori) firma concessione dona» vit, et donum illud sui privilegii auctoritate firmavit. » On pense que c'est ce diplôme tombé en vétusté que le prieur et les moines de Saint-Flour firent renouveler par Urbain IV. (Baluze, in notis ad vitas Pap. Avenion., p. 746).

(6) Le monastère de Sainte-Marie de Pébrac (Abbatia Piperacensis, Piperacum) était situé sur la rive droite de la Dèges, aux environs de Langeac. Pierre de Chavanon le fonda. Il était né, vers 1107, à Langeac, d'une famille

LVI.

Urbain II arrête par un jugement que l'abbé d'Aurillac confirmera l'acte de reconnaissance par lequel Gilbert,

noble du pays. Il embrassa le sacerdoce et fut élevé à la dignité d'archiprêtre de Langeac. Il dirigeait en même temps les religieuses du monastère des Chases. Le désir d'une vie plus parfaite l'ayant attiré vers la solitude, il se retira à Pébrac, releva l'église qui était en ruine, et secondé par Pierre et Guy d'Artos, il y fonda, vers 1060, un monastère qu'il mit sous la règle de Saint-Augustin (*Acta Sanctorum*, Septembris t. III, p. 469). Il en fut le premier prévôt. Robert II, comte d'Auvergne, céda à Pébrac ses droits sur le château de Gonillon. Audiger de Taillac, Guillaume de Pébrac, Etienne et Dalmace, ses frères, firent aussi des libéralités à ce monastère. En 1070, Pierre de Chavanon unit sa prévôté à la collégiale de Brioude. Il lui donna en alleu l'église de Pébrac, et obtint une prébende pour lui et ses successeurs. « Anno Domini
» millesimo LXX, Dominus Petrus, Piperacencis ecclesiæ præpositus, venit in
» capitulo Saint Juliani Brivatensis, in præsentia canonicorum, ibique supra-
» dictam ecclesiam Piperacensem... donavit in allodio Saint Juliano martyri,
» canonicisque suis... Canonici Sancti Juliani condonaverunt domno Petro,
» successoribus suis, qui in ecclesia Piperacensi prælati essent futuri, præ-
» bendam in perpetuum, ut ipsi essent canonici... » (*Ex veteri ms.*).

Le nouveau monastère prit, dès son origine, un accroissement important. Etienne IV, évêque de Clermont, lui donna l'église de Saint-Andréol de Polignac (*Gallia Christ.*, t. II, col. 458). Il reçut les églises de Saint-Vincent et de Sainte-Marie de Vieille-Brioude, d'Etienne, fils de Bernard; l'église de Saint-Bonnet de Medeyrolles, de Bertrand Bos, prêtre du Puy; l'église de Saint-Saturnin la Mothe, de Pierre, seigneur du château de Bouillon et de plusieurs autres seigneurs; les églises de Saint-Martin et de Saint-Georges d'Aurat, d'Etienne du Val; l'église de Saint-Sébastien de Lorcières (*Vallis Useræ*, *Valorseyre*), de Géraud de Corbeyre; l'église de Flageac, de Blismot, dame du lieu; l'église de Saint-Jean de Taillac, d'Auger, seigneur de Taillac; l'église de Saint-Pierre de Chazelles, d'Etienne-le-Chauve; les églises de Saint-Laurence et de Saint-Ponce, dans le Vivarais, de Géraud, évêque de Viviers; les églises de Saint-Gervais et de Saint-Martin d'Alpeuth, d'Etienne, évêque de Rodez. Les églises d'Auteyrac et de Saint-Maury furent données à Pébrac, vers cette époque. Durand, évêque de Clermont, qui avait Pierre de Chavanon en grande amitié, confirma ce monastère dans la possession de ces églises, et lui fit don de l'église de Saint-Amable de Riom. Saint-Pierre de Chavanon mourut le 8 septembre 1080, après avoir mené une vie qu'illustrèrent de nombreux miracles. Dalmace Ier de Challes, son disciple, fut prévôt jusqu'en 1092. Il reçut, en 1085, l'église de Boisserol, de Ponce, évêque de Rodez, et de Giraud, évêque de Viviers, la confirmation des églises de Saint-Laurent et de Saint-Ponce. Robert fut prévôt de Pébrac et abbé de Riom pendant deux ans. Bernard Ier vicomte, déclarait que le lieu où il voulait construire le château de Mandulphe était un alleu de Saint-Géraud, et que s'il le construisait, l'abbé d'Aurillac l'aurait en alleu, et que les chanoines de Montsalvy en auraient la paisible possession (1).

1095-1096.

LVII.

Urbain II à Pierre, abbé d'Aurillac. Il met sous la protection du Siége Apostolique les églises et cimetières d'Aurillac et tous les habitants de cette ville; il autorise les prêtres et les paroissiens de ce lieu à ne se rendre à d'autre synode qu'à celui du pape et de l'abbé d'Aurillac : il donne au monastère la faculté de prendre un évêque de son choix pour l'ordination, le saint-chrême, les saintes huiles, et la consécration des églises, autels et cimetières : il défend de causer aucun dommage à cette abbaye, d'exercer la moindre exaction sur ses églises et cimetières, et de jeter l'interdit et l'excommunication sur les celles qui lui appartiennent : il permet aux moines de placer

de Chanac prit la prévôté en 1194. C'est à sa prière qu'Urbain II érigea cette prévôté en abbaye. Il gouverna Pébrac pendant 55 ans. Sous son abbatiat, Ponce, vicomte, donna à Pébrac, l'église de Rillac, qui dépendait du prieuré de Saint-Andéol. Léger, évêque de Viviers, donna, en 1100, l'église de Chaniac.

D. Ruinart (*Vit. Urbani II*, cap. ccxxII) met en 1095 l'érection de la prévôté de Pébrac en abbaye. Le *Gallia Christiana* (t. II, col. 459) la place en 1097. Nous adoptons le sentiment de D. Ruinart. Il paraît plus probable que Bernard profita du séjour d'Urbain II à Saint-Flour, dont Pébrac est rapproché, pour demander cette faveur.

(1) Depuis longtemps un différend s'était élevé entre les moines d'Aurillac et les chanoines de Montsalvy. Les moines soutenaient que l'emplacement sur lequel s'élevait l'église de Montsalvy était un alleu de Saint-Géraud; les chanoines prétendaient le contraire. Les deux parties en appelèrent à Urbain II, sans doute pendant son séjour en Auvergne. Le pape porta devant eux le jugement que nous faisons connaître. Il en est fait mention dans une bulle de Pascal II que nous donnons plus bas.

eux-mêmes des prêtres à la tête de leurs églises, lesquels néanmoins recevront charge d'âmes de l'évêque diocésain : il confirme le monastère dans quelques possessions qu'il énumère, l'affranchit de tout service séculier, l'établit sous l'unique dépendance du Siége Romain et l'astreint, en retour de ces immunités, à une rente annuelle de dix sols.

19 Avril 1096.

N nomine Domini nostri Jesu Christi, amen. Anno Incarnationis ejusdem mill° ccc° quadragesimo nono, nona die mensis Marcii, indictione prima, pontificatus sanctissimi in Christo patris et domini nostri, domini Clementis digna Dei permissione papæ sexti anno septimo, noverint universi præsentes pariter et futuri quod ego Philippus Dancapela, clericus, notarius publicus villæ Aureliaci, sancti Flori diœcesis, vidi, tenui, inspexi et legi quasdam litteras vera bulla plumbea, in filo canubio, more Romanæ Curiæ, bullatas, non cancellatas, non viciatas, nec aliqua sui parte minime suspectas, ut prima facie apparebat, quarum litterarum tenor sequitur, ut est talis :

Urbanus, episcopus, servus servorum Dei, dilectis filiis, Petro (1), monasterii Aureliacensis religioso abbati, ejusque successoribus regulariter substituendis in perpetuum. Ad hoc nos, disponente Domino, in apostolicæ sedis servitium promotos agnoscimus, ut ejus filiis auxilium implorantibus efficaciter subvenire et eis obedientem tueri ac protegere, prout Deus dedit, debeamus; maxime tamen venerabilibus personis, atque locis quæ Sedi Apostolicæ semper specialius et devotius adhæserunt, quæque ampliori religione eminent, propensiori nos convenit caritatis studio imminere. Eapropter, fili in Christo

---

(1) Pierre II fut nommé tantôt de Cizières à cause du château de ce nom où il était né, tantôt de Souillac, parce qu'il en avait été doyen, avant d'être abbé d'Aurillac. Excellent administrateur, il répara le monastère et les bénéfices qui en relevaient. Il était renommé par sa prudence, l'intégrité de ses mœurs, sa douceur et par toutes les vertus qui font le saint moine. Il assista, comme nous l'avons vu, au concile de Clermont. A son retour, il reçut à Aurillac Urbain II qui consacra le monastère et l'église.

carissime, Petre, Aureliacense cœnobium quod videlicet ab ipso fundatore, beato Geraldo, sanctæ Romanæ Ecclesiæ oblatum et per manus nostras, auctore Deo, in honore et nomine apostolorum principis Petri atque doctoris gentium Pauli noviter consecratum est, in apostolicæ sedis gremio singularis dilectionis ac libertatis prærogativa *confoventes* (1) hujusmodi privilegii decreto muniendum decrevimus. Per præsentis igitur privilegii paginam apostolica auctoritate statuimus ut ecclesiæ omnes, cimiteria, monachi, clerici et laici universi infra cruces habitantes quæ, salvitatis causa, in utrisque partibus villæ Aureliaci *positæ sunt* (2), sub apostolicæ tamen sedis jure ac tuitione permaneant, neque ipsius loci presbyteri, aut etiam parochiani, ad cujuslibet, nisi Romani pontificis et Aureliacensis abbatis, cogantur ire sinodum vel conventum. Pro monachorum vero seu clericorum infra prædictos terminos habitantium ordinatione, pro crismatis confectione, pro sacri olei, ecclesiarum, altarium et cimiteriorum consecratione, Aureliacense monasterium quem maluerit antistitem convocet. Sane terminos immunitatis loci vestri qui a nobis constituti sunt, præsentis decreti nostri pagina confirmamus, ne videlicet ullus homo, cujuscumque conditionis ac potestatis, invasionem, pressuram aut rapinam facere sive homicidium perpetrare præsumat, infra ipsorum limites terminorum. Ecclesiæ autem omnes quæ ubilibet positæ sunt, seu capellæ vestræ, et cimiteria libera sint et omnis exactionis immunia, præter consuetam episcopi paratam et justitiam in presbyteros qui adversus sui ordinis dignitatem offenderint; nec cellarum vestrarum ubilibet positarum fratres pro qualibet interdictione vel excommunicatione divinorum officiorum suspensionem patiantur; sed tam monachi ipsi quam et famuli eorum, et qui se monasticæ possessioni devoverint, clausis ecclesiarum januis, non admissis diœcesanis, divinæ servitutis officia celebrent et sepulturæ debita peragant. Liceat quoque vobis, seu fratribus vestris, in ecclesiis vestris presbyteros eligere, ita tamen ut ab

---

(1) Le parchemin étant déchiré à cet endroit, ce mot a été suggéré par le contexte.
(2) Ces mots ont été mis pour suppléer à l'original qui manquait.

episcopis vel eorum vicariis animarum curam absque venalitate
suscipiant, quam si committere illis ex pravitate noluerint, tunc
presbyteri ex Apostolicæ Sedis benignitate officia celebrandi
licentiam consequantur. Decimas laborum vestrorum pro quibus tam vos quam alios monasticæ religionis viros inquietare
episcopi consueverunt, illorum videlicet qui vestro sumptu a
monasterii et cellarum vestrarum clientibus excoluntur, sine
omnium episcoporum et episcopalium ministrorum contradictione deinceps quiete habeatis. Sane Maurzense (1) monasterium in Arvernico, item Soliacense (2) monasterium in Cærcino, Dalmariacum (3) et Polinnacensem (4) ecclesiam in Aginno,
nostræ Romanæ Ecclesiæ annuatim censum reddentia, a fratribus vero sæpe fati monasterii apostolica benignitate quædam
diu ut Soliacum et Dalmariacum possessa, quædam autem ut
Maurzis et Polinnacum noviter acquisita, tibi tuisque successoribus, ut ea gubernetis, et debitum inde servitium Romanæ
Ecclesiæ persolvatis, jure perpetuo deinceps possidenda concedimus, et hæc nostra apostolica auctoritate confirmamus. Tibi
quoque ac tuis successoribus adimimus ne, ultra mansum vestrum, de possessione ecclesiæ, alicui militum, vel cuilibet alii
personæ, sub beneficii nomine dare possitis, nisi communis
utilitas fratrum regulariter degentium postulaverit. Præterea
quascumque possessiones et quæcumque idem monasterium
in præsentiarum juste et canonice possidet, aut in futurum,
concessione pontificum, liberalitate regum, largitione principum, oblatione fidelium seu aliis justis modis, præstante Domino, poterit adipisci, firma tibi tuisque successoribus et
illibata permaneant. In quibus hæc propriis duximus ex-

(1) L'histoire des premiers abbés de Maurs est obscure. Il existait certainement, en 1176, un abbé du nom de Rigald, *Rigaldus*. Il est cité comme témoin dans un traité passé cette année entre Pierre, abbé d'Aurillac, et le comte de Toulouse, au sujet du monastère de Cayrac. Le premier signalé par le *Gallia Christiana* est Pierre Ier qui figure dans une charte de 1255.
(2) Souillac, dont nous avons parlé, est aujourd'hui chef-lieu de canton dans le département du Lot.
(3) Dolmayrac, dont il a été question, est du canton de Sainte-Liorade, dans le département de Lot-et-Garonne.
(4) Poliniac est dans le canton de Montpezat, autrefois diocèse d'Agen, aujourd'hui diocèse de Montauban.

primenda vocabulis: Elnonense (1) monasterium, Cayriacum (2), Varinium (3), Asperim (4), Salientem (5), Espaniacum (6) cum omnibus eorum pertinentiis. Prohibemus autem ut infra parochias ad jus Aureliacensis monasterii pertinentes, absque Aureliacensis abbatis assensu, nullus ecclesiam vel capellam ædificare præsumat, salva in omnibus sedis apostolicæ auctoritate. Ad hæc adjicientes statuimus ut ipsum monasterium, abbates ejus, rectores locorum et monachi ab omni sæcularis servitii sint infestatione securi omnique gravamine mundanæ oppressionis remoti, in sanctæ religionis observatione quieti ac seduli permanentes, nullis unquam futuris temporibus cuilibet alii Ecclesiæ, nisi tantum Romanæ et Apostolicæ Sedi cujus juris sunt, aliqua teneantur conditione subjecti. Ad indicium autem hujus perceptæ à Romana Ecclesia libertatis decem Pictavensis monetæ solidos quotannis Lateranensi palatio persolvatis. Si qua igitur in futurum ecclesiastica sæcularisve persona, hujus nostræ constitutionis paginam sciens, contra eam temere venire tentaverit, secundo tertiove commonita, si non satisfactione congrua emendaverit, potestatis honorisque sui dignitate careat, reamque se divino judicio existere de perpetrata iniquitate cognoscat, et a sacratissimo corpore ac sanguine Dei et Domini Redemptoris nostri Jesu Christi aliena fiat, atque in extremo examine districtæ ultioni subjaceat. Cunctis autem eidem loco justa servantibus sit pax Domini nostri Jesu Christi, quatenus et hic fructum bonæ actionis percipiant et apud districtum judicem præmia æternæ pacis inveniant. Amen. Amen. Amen.

Datum Cremonæ per manum Johannis sanctæ Romanæ Ecclesiæ diaconi cardinalis XIII Kalendas Maii, indictione III,

---

(1) Ce monastère (Elnonense, Eunonense, Elnouencar) devint plus tard une abbaye de Cisterciennes. C'est aujourd'hui Noningues, à quinze kilomètres de Milhau.
(2) Escayrac, du canton de Montcuq, diocèse de Cahors.
(3) Varennes.
(4) Aspres, chef-lieu de canton, diocèse de Gap.
(5) Saillans, chef-lieu de canton de l'arrondissement de Die.
(6) Ispaniac, paroisse dans l'arrondissement de Florac, diocèse de Mende.

anno dominicæ Incarnationis m°xcvi°, pontificatus autem domini Urbani secundi papæ vIII.

Signum notarii Dancapela. « Et ego Philippus Dancapela, clericus villæ Aureliaci, sancti Flori diocesis auctoritate imperiali publicus notarius de D...., in hanc publicam formam redegi et collationem cum originali seu cum Poncio Brunem et Petro.... hoc instrumento per me subscripto signo meo consueto signavi per formam vidimus requisitus... (1).

LVIII.

Urbain II, voulant rétablir la discipline dans l'abbaye de Saint-Germain d'Auxerre, arrête que l'abbé sera tiré ou du monastère de Cluny ou de celui de la Chaise-Dieu, ou de celui de Marmoutier (2).

1096.

LIX.

Urbain II à Guillaume, évêque d'Auvergne. Il confirme l'Église d'Auvergne dans ses possessions. Il assigne le

---

(1) Nous donnons cette bulle d'après la copie collationnée par Jean-Charles Vacher de Bourg-l'Ange, « chargé des ordres de Monseigneur le Garde des Sceaux de France, pour la recherche et la collection des monuments de l'histoire et du droit public de la province d'Auvergne, l'original étant dans les archives de l'abbaye d'Aurillac, en un parchemin d'entour un pied de long sur autant de large, percé de plusieurs trous de vétusté, n'ayant d'ailleurs ni repli, ni queue, ni d'indice qu'aucun sceau y ait jamais été attaché. A Aurillac le 17 novembre 1786, J.-C. VACHER de Bourg-l'Ange. » (Biblioth. nation., Collection Moreau, *Chartes et Diplômes*, t. 38, fol. 84-85).

(2) Pendant qu'Urbain II se trouvait au Concile de Nîmes (1096), Humbald, évêque d'Auxerre, alla le trouver et dénonça Guibert, abbé de Saint-Germain d'Auxerre, auquel on imputait de graves délits. Urbain II ayant reconnu Guibert coupable des fautes dont on l'accusait, lui enleva sa dignité, et prit la décision dont il s'agit. Elle resta sans effet pendant quelques années. Enfin, Hugues de Cluny, cédant aux prières de Humbald, mit à la tête de l'abbaye de Saint-Germain Hugues de Montaigut, son neveu (Cf. Mabillon, *Annales Benedicti*, t. v, p. 508. — *Gallia Christiana*, t. xII, col. 566).

premier rang à son évêque, à la consécration de l'archevêque de Bourges : il défend d'usurper les biens de cette Église, et déclare que le clergé seul doit choisir son évêque, en dehors de toute influence laïque. Il menace de la justice divine quiconque porterait atteinte à ce décret et promet la paix à ceux qui respecteront les droits de l'Église d'Auvergne.

18 Avril 1097.

RBANUS episcopus, servus servorum Dei, dilecto fratri, Guillelmo(1), Arvernensi episcopo, ejusque successoribus canonice promovendis in perpetuum. Sicut injuste poscentium votis nullus est tribuendus effectus, sic legitima desiderantium non est differenda petitio. Tuis igitur, frater in Christo carissime, precibus

---

(1) Guillaume de Baffie était fils de Dalmace, seigneur de Baffie, et descendait par sa mère des comtes de La Tour d'Auvergne. Savaron pense qu'il était religieux de Sainte-Croix ; quelques-uns le disent archidiacre de Lyon et abbé de Saint-Irénée. Il ne fut pas sacré aussitôt après son élection : au concile de Tours, le 21 mars 1096, il signe : *Guillelmus, electus de Claromonte* ; mais il le fut peu de jours après, et sans doute au même concile, car, le 5 avril, il signe comme évêque un décret d'Urbain II soumettant l'abbé de Cormery au chapitre de Saint-Martin de Tours. Au mois de novembre, il fut témoin de la donation de l'église de Modon faite par Hugues, archevêque de Lyon, à la Chaise-Dieu. Il fut libéral envers les moines de Sauxillanges. A la demande du prieur Etienne, son parent, il fit don à ce monastère de l'église de Saint-Pardoux et de la chapelle de La Tour, en présence de Gibert, archiprêtre, de Maurice, prieur de Moissat, de Hugues, prieur de Bort. (*Cartulaire de Sauxillanges*, ch. 613). Il lui donna le lieu de Viverols et l'église qu'il y faisait construire, en présence de Maurice de Montboissier et de beaucoup de seigneurs d'Auvergne et de clercs. (*Gallia Christiana*, t. II, Instrumenta, p. 79). Il lui céda le mas de la Mure, sur l'emplacement duquel on construisit le château d'Usson, lors du départ de Guillaume de Poitiers pour Jérusalem. L'église cathédrale reçut de lui l'église de Saint-Martin-des-Olmes : en outre, il lui assura un revenu annuel de cent fromages, et fonda pour les chanoines un repas en commun, dans le réfectoire, pour le jour de la Pentecôte. De concert avec son chapitre, il céda au monastère de Saint-Pourçain l'église de Contigny et l'hôpital de Verneuil. Il reçut pour lui et ses successeurs la terre de Scorailles des deux frères Guy et Raoul qui en étaient seigneurs. Ils déclarèrent la tenir en fief et promirent de lui en rendre hommage. Ils réparèrent aussi entre ses mains les usurpations commises sur l'abbaye d'Aurillac et le prieuré de Mauriac. L'acte fut passé devant Anselme, doyen de l'Église de

annuentes (1), ad perpetuam sancte Arvernensis Ecclesie pacem ac stabilitatem presentis decreti auctoritate sancimus, ut universi parochie fines, sicut a tuis antecessoribus usque hodie possessi sunt, ita omnino integre tam tibi quam tuis successoribus in perpetuum conserventur. Omnem etiam vestre Ecclesie dignitatem per predecessorum nostrorum privilegia vel authentica scripta concessam nos quoque presentis privilegii auctoritate concedimus et firmamus, ut et in Bituricensis archiepiscopi consecratione, priorem locum obtineas, et in omnibus parochie Arvernensis congregationibus (2), salvis, si qua sunt, Sedis Apostolice privilegiis, citra cujuslibet refragationem, pontificali jure fungaris. Ipsam sane Ecclesiam cum universis appenditiis suis, clericos et clericorum res libertati perpetue manere decernimus, statuentes ut nulli omnino hominum liceat eamdem Ecclesiam temere perturbare, vel ejus possessiones auferre, minuere, vel temerariis vexationibus fatigare. Quecumque autem bona juste hodie possidet, sive in futurum juste atque canonice poterit adipisci, firma tibi tuisque successoribus et illibata permaneant. Interdicimus etiam ne, post tuum aut successorum tuorum obitum, quocumque tempore

---

Clermont, Pierre de Pontgibaud, les deux Guillaume d'Ernion, chanoines, Pierre de Salern, Armand de Mauriac, les deux frères Alduin, Ictier, Amblard, Comptour de Nonette, Maurice de Moissat et plusieurs autres personnes de haute et médiocre condition. (*Gallia Christiana*, t. II, col. 265. — *Inventaire des Chartes....* par M. Cohendy, pp. 71-72. — Archives départementales du Puy-de-Dôme, Cath. arm. 18, sac A, cote XLIII). Guillaume signe avec Hugues, prévôt, et Atton, abbé, l'acte de cession du mas de Ségur faite au chapitre cathédral par Bernard Coraula. (*Id.*, p. 74, Cath. arm. 18, sac A, cote XLVII). Il est fait mention de son épiscopat dans une donation de la chapelle de Coudes et autres biens au monastère de Sauxillanges. (*Cartulaire de Sauxillanges*, ch. 702). Guillaume de Baffie mourut le 13 janvier 1105. (Dufraisse, *L'Origine des Eglises de France....* p. 490).

(1) Guillaume de Baffie avait écrit à Urbain II pour demander les faveurs qui lui furent accordées.

(2) Les évêques d'Auvergne s'appuyèrent sur cette bulle pour maintenir leur droit de préséance sur les évêques de la province dans les conciles et les assemblées ecclésiastiques. En 1584, comme le siége de Clermont était vacant, Pierre de La Baume, évêque de Saint-Flour, précéda pour ce motif les évêques de la première Aquitaine dans le concile provincial de Bourges. (Dufraisse, *L'Origine des Eglises de France..... p. 490*).

fuerint, invadere aliquis aut distrahere audeat, sed omnia sub clericorum cura et diligenti provisione serventur, nec cuiquam omnino liceat in eamdem Ecclesiam personam quamlibet ingerere, sed libera clericis facultas sit, secundum Deum, concordi et canonica electione sibi antistitem providere, semota prorsus laicalis potestatis oppressione vel invasione. Te autem pro ampliori familiaritatis preterite caritate tanquam specialem Sedis Apostolice filium decernimus ejus semper gremio affectuosius confovendum. Si quis igitur in crastinum archiepiscopus aut episcopus, imperator, rex, princeps aut dux, comes, vicecomes, judex aut ecclesiastica quelibet secularisve persona, hanc nostre constitutionis paginam sciens, contra eam temere venire tentaverit, secundo tertiove commonita, si non satisfactione congrua emendaverit, potestatis honorisque sui dignitate careat, reamque se divino judicio existere de perpetrata iniquitate cognoscat, et a sacratissimo corpore ac sanguine Dei et Domini Redemptoris nostri Jesu Christi aliena fiat, atque in extremo examine districte ultioni subjaceat. Cunctis autem eidem Ecclesie justa servantibus sit pax Domini nostri Jesu Christi, quatinus et hic fructum bone actionis percipiant, et apud districtum judicem premia eterne pacis inveniant. Amen. Amen. Amen. Scriptum per manum Petri, scriniarii sacri palatii.

Datum Laterani per manum Joannis, sancte Romane Ecclesie diaconi cardinalis, xiiii Kalendas Maii, indictione v, anno dominice Incarnationis MDCVII⁰, pontificatus autem domini pape Urbani secundi x (1).

LX.

Pascal II aux moines de Souvigny. A l'exemple d'Urbain II, il place leur monastère sous la protection du Saint-Siége ; il le met à couvert de tout interdit et défend de porter la moindre atteinte à sa sécurité. Il confirme le pacte d'Archambaud, accorde à Souvigny le droit de sépulture et confirme ce monastère dans ses biens présents et futurs. Il donne aux moines pleine liberté de choisir les prêtres qu'ils voudront pour leurs églises, et ordonne qu'ils ne soient pas inquiétés pour les aumônes qu'ils recevraient.

1100.

ASCHALIS (2), episcopus, servus servorum Dei, filiis in Domino carissimis Silviniacensis (3) cœnobii monachis, salutem et apostolicam benedictionem. Ad hoc nos, disponente Domino, in Apostolicæ Sedis servitium promotos agnoscimus, ut ejus filiis auxilium

---

(1) Original aux Archives départementales du Puy-de-Dôme, cote IV, sac A, arm. 2 du fonds de la Cathédrale. Bulle en caractères monogrammés avec son sceau ; beau spécimen de calligraphie romane au XIe siècle. M. Cohendy, archiviste, l'a publiée dans les *Mémoires de l'Académie de Clermont* (t. XXVII, pp. 47-50). Il existe aux archives départementales une copie de cette bulle faite en 1488 par Jean Jozien, chanoine ; deux autres copies qui paraissent être, l'une, du XVe siècle, l'autre du XVIe, et deux expéditions dressées par ordre du chapitre, le 17 décembre 1828. L'une est de Mayeul Anthonelier, et l'autre de Guillaume Portal, tous deux clercs, notaires publics apostoliques du diocèse de Clermont et notaires jurés de la Cour de l'Officialité.

(2) Pascal II fut couronné le 14 août 1099. Il supporta avec une admirable résignation les épreuves qui traversèrent son pontificat (1099-1118). Il approuva l'ordre de Fontevrault qui compta plusieurs maisons en Auvergne. Ce pape vint à Clermont et y consacra, le 26 juin 1106, l'église de Saint-Allyre, en présence de Léger, archevêque de Bourges, et de Pierre Roux, successeur de Guillaume. La sentence de Pascal était : « Verbo Domini cœli firmati sunt. »

(3) Dans les premières années du XIIe siècle, Souvigny eut pour prévôts Pierre Ier et Ponce. Pierre Ier était prévôt en 1100, Hugues étant abbé de

implorantibus efficaciter subvenire, et ei obedientes tueri et protegere, prout Dominus dederit, debeamus. Idcirco vos et locum vestrum, tanquam Cluniacensis cœnobii membrum, sub Apostolicæ Sedis protectione perpetuo confovendum, juxta domini prædecessoris nostri Urbani secundi statuta suscipimus, sancientes ne, ullo unquam tempore, idem cœnobii vestri locus interdictionis alicujus jacturam sentiat, nec ulli viventium facultas sit infra monasterii, seu villæ adjacentis, terminos olim præfinitos assultum facere, aut quemlibet hominum capere vel deprædari. Illam etiam pactionem, quam in ejusdem prædecessoris nostri manu Archimbaldus miles, sicut in ejus privilegio continetur, pepigit, ratam perpetuo habere censemus, ut videlicet universa, quæ pater, avi ejus loco vestro contulerant, tam in rebus quam in immunitatibus et consuetudinibus, omni tempore illibata conservarentur. Ad hæc adjicientes decernimus ejusdem loci sepulturam liberam omnino persistere, ut eorum qui illic sepeliri deliberaverint, præter excommunicatos, extremæ nullus obviet voluntati. Præterea, per præsentis decreti paginam, apostolica auctoritate statuimus, ut quæcumque hodie vestrum cœnobium possidet, sive in crastinum, vel concessione pontificum, vel liberalitate principum, vel oblatione fidelium poterit adipisci, firma vobis vestrisque successoribus et illibata permaneant; in quibus hæc propriis duximus nominibus exprimenda : monasterium de Campovold (1), capellam de Curtilis (2), capellam de Louver (3), capellam de Villar (4), ecclesiam de Cantaneto (5), ecclesiam de

---

Cluny. Ponce lui succéda. On ignore s'il est le même que Ponce qui fut abbé de Cluny. En 1107, le monastère de Souvigny reçut la visite de Pierre Roux, évêque de Clermont. Il y consacra l'autel de saint Jean-Baptiste.

(1) Champvoux, ancien prieuré, aujourd'hui commune du canton de la Charité, département de la Nièvre.

(2) Courtille est aujourd'hui dans la commune de Châtillon, canton du Montet, arrondissement de Moulins, Allier.

(3) Longvé, ancienne possession de Souvigny, est dans le hameau de Bressolles, près de Moulins.

(4) Sans doute Villars, dans la commune de Villeneuve, près de Moulins.

(5) Chantenay, ancien prieuré, aujourd'hui commune du canton de Saint-Pierre-le-Moutier, dans l'arrondissement de Nevers.

Cyriliaco (1). Has itaque cœterasque ecclesias, quas Apostolicæ Sedis privilegio possidetis, taliter concedimus ut, salvo jure episcoporum, quod in paratis et synodis ibidem hactenus retinuisse noscuntur, quidquid deinceps in eis intus forisque, tam ex oblationibus quam ex sepulturis, vel etiam ex decimationibus tam majoribus quam minoribus retinere potueritis, ex integro possideatis, nullaque unquam persona vel ecclesiastica vel sæcularis de omnibus ad eas pertinentibus se super vos intromittere audeat. Liceat quoque vobis in ecclesiis vestris presbyteros eligere, ita tamen ut ab episcopis vel episcoporum vicariis animarum curam absque venalitate suscipiant, quam si dare illi, quod absit, ex pravitate noluerint, tunc presbyteri, ex Apostolicæ Sedis benignitate cantandi illic licentiam consequantur. Neque cuilibet facultas sit, pro vobis vivorum sive defunctorum eleemosinis ad salutem datis, vos inquietare, sed tam virorum quam mulierum, tam clericorum quam laicorum oblationes, quæ ad vos afferuntur, in usum servorum Dei pauperumque profutura recipere liceat. Decernimus ergo ut nulli omnino hominum liceat idem cœnobium temere perturbare, vel ejus possessiones auferre, vel ablatas retinere, minuere, vel temerariis vexationibus fatigare ; sed omnia integra conserventur eorum pro quorum sustentatione ac gubernatione concessa sunt, usibus omnimodis profutura, salva in omnibus abbatum Cluniacensium obedientia. Si qua sane in crastinum ecclesiastica sæcularisve persona, hujus privilegii nostri paginam sciens, contra eam temere venire tentaverit, secundo tertiove commonita, si non satisfactione congrua emendaverit, potestatis honorisque sui dignitate careat, reamque se divino judicio existere de perpetrata iniquitate cognoscat, et a sacratissimo corpore ac sanguine Dei et Domini nostri Jesu Christi aliena fiat, atque in extremo examine districtæ ultioni subjaceat. Cunctis autem supra fato loco justa solventibus sit pax Domini nostri Jesu Christi, quatenus et hic fructum bonæ actionis percipiant, et apud districtum judicem præmia æternæ pacis inveniant. Amen. Amen. Amen.

(1) Cérilly, ancienne paroisse du diocèse de Bourges, aujourd'hui chef-lieu de canton, dans le diocèse de Moulins.

† Ego Paschalis, sanctæ Ecclesiæ catholicæ episcopus, ss.
† Ego Odilo, Prænestinus episcopus, ss.
† Ego Joannes, Tusculanus episcopus, ss.
† Ego Teuzo, cardinalis Sanctorum Joannis et Pauli, ss.
† Ego Albericus, Dei gratia cardinalis tituli S. Petri ad vincula, ss.
† Ego Paganus, diaconus sanctæ Romanæ Ecclesiæ de diaconia S. Mariæ novæ, ss.

Datum Anagniæ, per manum Joannis sanctæ Romanæ Ecclesiæ diaconi cardinalis, xviii Kalendas Decembris, indictione viii, Incarnationis dominicæ anno mc, pontificatus autem domini Paschalis secundi ii (1).

LXI.

Pascal II à Pierre, abbé d'Aurillac. Il maintient ce monastère sous la tutelle du Saint-Siége; il le confirme dans ses possessions et défend de lui causer le moindre préjudice; il ordonne qu'après la mort de l'abbé, aucun autre ne sera mis à la tête de l'abbaye que celui qui aura été élu par les moines, et que le nouvel élu viendra à Rome recevoir la consécration des mains du pape. Il arrête que pour le saint chrême, les saintes huiles, les consécrations des autels, les ordinations des moines et des clercs qui appartiennent à leur monastère, ils recourront à l'évêque diocésain, ou, s'il y a obstacle, à un évêque catholique de leur choix. Il défend à tout évêque de jeter sur l'abbaye l'interdit ou l'excommunication. Il exempte les moines de tout service séculier, menace de

(1) *Bibliotheca Cluniacensis*, p. 31. — *Patrologie*, édit. Migne, t. clxiii, col. 50-51.

la justice divine les transgresseurs de ses dispositions, et assure la paix à ceux qui les observeront.

17 Mai 1103.

ASCHALIS episcopus, servus servorum Dei, dilecto filio Petro (1), Aureliacensi abbati, ejusque successoribus regulariter substituendis in perpetuum. Apostolicæ Sedis auctoritate debitoque compellimur pro universarum Ecclesiarum statu satagere, et earum maxime quæ eidem Sedi speciali adhærent, ac tanquam jure proprio subjectæ sunt, quieti, auxiliante Domino, providere. Proinde, juxta petitionem tuam, Aureliacense cœnobium cui, auctore Deo, præsides, sub speciali Sedis Apostolicæ tutela servantes, præsentis decreti auctoritate munimus, quod nimirum cœnobium beatus quondam Geraldus instituens Sedi Apostolicæ proprium in jus obtulisse cognoscitur. Statuimus enim ut quæcumque hodie idem cœnobium possidet, sive in futurum, concessione pontificum, liberalitate principum vel oblatione fidelium juste atque canonice poterit adipisci, firma tibi tuisque successoribus et illibata permaneant. Decernimus ergo ut nulli *omnino hominum* (2) liceat idem cœnobium temere perturbare, aut ejus possessiones auferre, vel ablatas retinere, minuere, vel temerariis vexationibus fatigare, *sed omnia* (3) integra conserventur, eorum pro quorum sustentatione et gubernatione concessa sunt, usibus omnimodis profutura. Obeunte te nunc ejus loci abbate vel tuorum quolibet successorum, nullus ibi qualibet subreptionis astutia seu violentia præponatur, nisi quem fratres communi consensu vel fratrum pars consilii sanioris, secundum Dei timorem et beati Benedicti regulam elegerint, electus a Romano pontifice consecretur. Crisma, oleum sanctum, consecrationes altarium (4) ..... ordinationes monachorum, qui ad sacros fuerint promovendi ordines, clerico-

---

(1) Pierre II de Cizières avait écrit à Pascal II pour obtenir une bulle de confirmation.
(2) Mots mis pour suppléer ce qui manquait à l'original.
(3) *Id.*
(4) Quelques mots manquaient à l'original.

rum etiam eidem monasterio pertinentium ab episcopis in quorum diœcesibus sunt, percipiant, siquidem canonice ordinati fuerint et Apostolicæ Sedis communionem gratiamque habuerint, et si ea gratis ac sine pravitate exhibere voluerint. Sin aliquod horum obstiterit, quemcumque catholicum episcopum abbati permittimus expetendum qui, Apostolicæ Sedis fultus auctoritate, quæ postulantur indulgeat. Ad hoc adjicientes decernimus, ut nulli episcoporum vel episcopalium ministrorum facultas sit in locum vestrum vel ejus monachos ultionis excommunicationem extendere, nec ullos ei subditos, præter Apostolicæ Sedis appellationem, interdictioni vel excommunicationi subjicere. Poliniacensem vero ecclesiam seu sancti Pantaleonis ecclesiam in Torenensi castro sitam, quarum alia a Gregorio septimo, alia ab Urbano secundo, reverendissimis Romanæ Ecclesiæ pontificibus, loco vestro concessæ sunt ; Mauriacensem (1) quoque abbatiam, sicut ab eodem domino nostro Urbano restituta est, vobis vestrisque successoribus in perpetuum confirmamus. Hoc quoque præsenti capitulo subjungimus, ut ipsum monasterium et monasterii ejusdem monachi ab omni sæcularis servitii sint infestatione securi, omnique gravamine mundanæ oppressionis remoti, quatenus in sancta religionis observatione seduli quietius permanentes, nulli alii nisi Romanæ et Apostolicæ Sedi cujus juris sunt, aliqua teneantur occasione subjecti. Si qua igitur ecclesiastica sæcularisve persona hanc nostræ constitutionis paginam sciens, contra eam venire tentaverit, secundo tertiove commonita, si non satisfactione congrua emendaverit, pietatis honorisque sui dignitate careat, reamque se divino judicio existere de perpetrata iniquitate cognoscat, et a sacratissimo corpore ac sanguine Dei ac Domini Redemptoris nostri Jesu Christi aliena fiat, atque in extremo examine districtæ ultioni subjaceat. Cunctis autem eidem loco justa servantibus sit pax Domini nostri Jesu Christi, quatenus et hic fructum bonæ actionis percipiant, et apud districtum judicem præmia æternæ pacis inveniant. Amen. Amen. Scriptum per manum Petri, notarii regionarii et scriniarii sacri palatii.

(1) Il est question de l'abbaye de Maurs et non de celle de Mauriac.

Ego Paschalis catholicæ Ecclesiæ p. p. ss.

Datum Laterani per manum Joannis sanctæ Romanæ Ecclesiæ diaconi cardinalis, XVI Kal. Januarii, indictione X, Incarnationis dominicæ anno MCII, pontificatus autem domini Paschalis secundi III (1).

LXII.

Pascal II à Arnaud, abbé de Saint-Pierre-le-Vif (2), Il confirme ce monastère dans toutes ses possessions, et

---

(1) La copie dont nous nous sommes servis a été collationnée, le 12 novembre 1786, par Jean-Charles Vacher de Bourg-l'Ange, d'après les ordres du garde des sceaux, sur l'original qui était dans les archives de l'abbaye d'Aurillac, « en un parchemin de quatorze pouces de longueur sur dix pouces et demy de largeur, percé de plusieurs trous de vétusté, n'ayant d'ailleurs aucun repli au bas ny d'indice qu'aucun sceau y ait jamais été attaché. » Biblioth. nation., Collection Moreau, *Chartes et Diplômes*, t. LI, fol. 92-94 (Cette copie était d'après l'original).

(2) Le monastère de Saint-Pierre-le-Vif fut fondé en l'honneur de saint Pierre en un lieu appelé *Vivus*, à l'est de la ville de Sens. Selon une ancienne tradition, il aurait été érigé par Théodechilde, fille de Clovis. Basole, comte d'Auvergne, lui donna des biens qu'il possédait à Mauriac, dans la Haute-Auvergne. Amalbert fut le premier abbé de ce monastère. Au VII° siècle, on voit Aghilène, Virathold; au VIII°, Ebbon, Chrodolin, Bertemaire; au IX°, Frodbert, Albert, Anastase, Didon, Aquila, célèbre philosophe, Franco, Aiglo; au X°, Sanson, Odon I°¹, Arigaud, Dachelme, Ermenalde, Gerbert, Haimon, et Hermuin qui mourut à Mauriac, en 1096, dans une visite qu'il faisait à ce monastère. Il eut pour successeur Arnaud. (*Gallia Christiana*, t. XII, col 132-138).

met en particulier sous sa dépendance la celle de Mauriac avec tous les biens qui lui appartiennent.

1104.

ASCHALIS episcopus, servus servorum Dei, dilecto in Christo filio Arnaldo (1), abbati Senonensis monasterii, quod in honore apostolorum Petri et Pauli situm est vico qui Vivus dicitur, ejusque successoribus regulariter promovendis in perpetuum. Piæ pos-

---

(1) Arnaud intervint activement dans les débats qui s'élevèrent au sujet de Mauriac. Ce monastère cherchait à s'affranchir de Saint-Pierre pour s'affilier à Cluny ou à la Chaise-Dieu. Gausbert, son doyen, semait la discorde. Arnaud se rendit à Rome avec des lettres de recommandation des archevêques de Sens et de Lyon, et de Hugues, abbé de Cluny. Il obtint de Pascal II la bulle que nous donnons. De retour en France, il la fit approuver au concile de Troyes, par le légat du Saint-Siége, Richard, évêque d'Albano. Fort de ces appuis, Arnaud déposa Gausbert et le remplaça par Pierre de Saint-Baudry, religieux de Saint-Pierre-le-Vif. Le nouveau doyen, loin de pacifier les esprits, attisa la révolte. Un chapelain de Mauriac étant allé à Sens porter ses plaintes, il poussa la vengeance jusqu'à lui faire crever les yeux. A cette nouvelle, Arnaud va trouver le légat à Cluny, et le conjure de faire rentrer dans le devoir le doyen et ses moines. Richard signifia à Pierre Roux, évêque de Clermont, qu'il eût à sévir contre les coupables. L'évêque de Clermont négligea ces ordres, et Arnaud fut contraint de venir à Mauriac. Il fit comparaitre le doyen devant Pierre, abbé d'Aurillac, devant l'abbé de Saint-Martin de Tulle et devant le prieur de la Chaise-Dieu. Le doyen se présenta avec un grand nombre de chevaliers, refusa de reconnaître la compétence des arbitres et en appela au jugement de Pierre Roux. L'abbé de Saint-Pierre, se retranchant dans les priviléges de son ordre, excommunia le doyen et ses adhérents, et leur défendit de rentrer dans le monastère. Ils y rentrèrent et se firent soutenir dans leur révolte par les seigneurs de Claviers, de Montclar, de Salers et de Scorailles. Sur ces entrefaites, Arnaud nomma un autre doyen, Robert de Capsane, qui était prieur d'Orcet. Pierre de Saint-Baudry et ses partisans ne gardent plus de mesure; ils assaillent le monastère et menacent de tuer l'abbé et le doyen. Ils cédèrent devant une vigoureuse résistance. Mais le monastère était profané; le sang avait coulé. L'église fut interdite. Arnaud fit prier l'évêque de Clermont de venir la réconcilier. Celui-ci, n'ayant pu se rendre à Mauriac, autorisa les moines à célébrer l'office divin dans l'oratoire de Saint-Benoît et dans la chapelle de Sainte-Marie. Un compromis fut tenté et n'aboutit pas. Arnaud vint à Clermont et, n'ayant pas rencontré l'évêque, il s'adressa à la comtesse d'Auvergne, qui administrait le comté, en l'absence de Guillaume VI, son fils. Celle-ci lui conseilla de se rendre à Evaux, en Combraille, où le légat tenait un synode avec les archevêques de Bourges, de Bordeaux,

tulatio voluntatis effectu debet prosequente compleri, quatenus et devotionis sinceritas laudabiliter enitescat et utilitas postulata vires indubitanter assumat. Quia igitur dilectio tua, ad Sedis Apostolicæ portum confugiens, ejus tuitionem, devotione debita requisivit, nos supplicationi tuæ clementer annuimus, et Beati Petri monasterium cui, Deo auctore, præsides, cum omnibus ad ipsum pertinentibus sub tutelam Apostolicæ Sedis excipimus, sicut venerabilis fratris nostri Daimberti (1), Senonensis episcopi, devotio postulavit; quod videlicet monasterium sanctæ memoriæ Theodechildis, Chlodovei regis filia, fundasse et rerum suarum muneribus ditasse cognoscitur (2). Per præsentis igitur privilegii paginam apostolica auctoritate statuimus ut quæcumque prædia, quascumque possessiones eadem sancta femina Theodechildis eidem monasterio contulit, et quæcumque ad ipsum aliorum fidelium legitimis videntur donationibus pertinere, quæcumque etiam in futurum conces-

---

et les évêques de Clermont et d'Angoulême. Arnaud y vint et exposa ses griefs. Le synode blâma Pierre Roux de sa désobéissance, et annula tout engagement pris au préjudice de l'église de Mauriac. L'évêque de Clermont promit de se rendre dans le haut pays et de faire justice à l'abbé de Saint-Pierre. Lassé de ses lenteurs, Arnaud va trouver le roi à Orléans, qui lui remet des lettres menaçantes pour Pierre Roux : il se rend à Langres auprès du légat et en obtient un nouveau bref. Il fait porter ces messages à l'évêque par un religieux de Mauriac nommé Rigaud. Il fallait agir. Pierre Roux vint à Mauriac et réconcilia l'église. Mais il n'accomplit que d'une manière incomplète les injonctions du légat. Rigaud voulut en informer l'abbé de Saint-Pierre-le-Vif. Il se mit en route, s'arrêta à Mozat, et raconta tout au légat qui s'y trouvait. Richard se plaignit de nouveau à l'évêque de sa négligence, et le contraignit de prononcer la sentence d'excommunication contre ceux de ses diocésains qui avaient jeté le trouble dans le monastère de Mauriac. Le légat, à son tour, fulmina l'anathème contre ceux qui refusaient obéissance à l'abbé et au doyen de Mauriac. Ce lamentable différend se termina au concile de Fleury-sur-Loire (Oct. 1110), où se trouvaient le légat, les archevêques de Sens, Reims, Tours et Bourges, avec les évêques et abbés de leurs provinces. Pierre Roux et l'abbé de Saint-Pierre-le-Vif s'y réconcilièrent. (Clarius, *Chronicon Sancti Petri Vivi.* — *Gallia Christiana*, t. II, col. 266-267). — Voir à l'Appendice les brefs de Richard.

(1) Daimbert, archevêque de Sens, succéda à Richer, en 1097, et siégea jusqu'en 1122. Il fut un zélé protecteur de Saint-Pierre-le-Vif.

(2) On voit que la tradition du monastère attribuait sa fondation à Théodechilde, fille de Clovis.

sione pontificum, liberalitate principum, vel oblatione fidelium juste atque canonice poterit adipisci, firma vobis vestrisque successoribus et illibata permaneant. Sane Mauriacensem cellam (1), in Arvernico pago constitutam, sub jure semper et ditione monasterii vestri permanere sancimus, cum rebus omnibus et possessionibus suis. Decernimus ergo, ut nulli omnino hominum liceat idem monasterium temere perturbare, aut ejus possessiones auferre, vel oblatas retinere, minuere, vel temerariis vexationibus fatigare, sed omnia integra conserventur eorum pro quorum sustentatione et gubernatione concessa sunt, usibus omnimodis profutura, salva in omnibus canonica reverentia Senonensis episcopi. Obeunte te, nunc ejus loci abbate, vel tuorum quomodolibet successorum, nullus ibi qualibet subreptionis astutia seu violentia præponatur, nisi quem fratres communi consensu, vel fratrum pars consilii sanioris, secundum Dei timorem et Beati Benedicti regulam, elegerint. Quidquid præterea immunitatis, quidquid libertatis seu donationis a Senonensis ecclesiæ episcopis, vel catholicis regibus idem monasterium hactenus obtinuisse cognoscitur, ratum firmumque manere sancimus. Si qua sane ecclesiastica sæcularisve persona, hanc nostræ constitutionis paginam sciens, contra eam temere venire tentaverit, secundo, tertiove commonita, si non satisfactione congrua emendaverit, potestatis honorisque sui dignitate careat, reamque se divino judicio existere de perpetrata iniquitate cognoscat, et a sacratissimo corpore ac sanguine Dei et Domini Redemptoris nostri Jesu Christi aliena fiat, atque in extremo examine districtæ ultioni subjaceat. Cunctis autem, eidem loco justa servantibus, sit pax Domini nostri Jesu Christi, quatenus et hic fructum bonæ actionis per-

---

(1) Jérémie, archevêque de Sens, rattacha la celle de Mauriac, vers 822, à l'abbaye de Saint-Pierre-le-Vif, à la demande de Frodbert, qui en était abbé. Il lui donna le nom de Noviacus; mais celui de Mauriac finit par rester. On y mit des moines tirés de Saint-Pierre, et qui devaient, sous la dépendance de cette abbaye, administrer les églises qu'elle possédait en Auvergne et dans le Limousin. Louis-le-Débonnaire donna, à la prière de Jérémie et de Frodbert, une charte de privilége pour Mauriac et les possessions de Saint-Pierre-le-Vif.

cipiant, et apud districtum judicem præmia æternæ pacis inveniant. Amen.

Scriptum per manum Rainerii, scriniarii regionarii et notarii sacri palatii.

Ego Paschalis, catholicæ Ecclesiæ episcopus, subscripsi.

 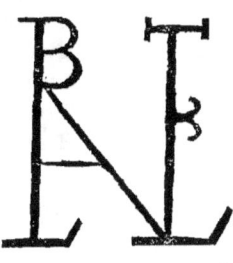

Data Laterani per manum Joannis, sanctæ Romanæ Ecclesiæ diaconi cardinalis, quarto Idus Novembris, indictione XII, Pontificatus autem domini Pascalis secundi v (1).

LXIII.

Pascal II à Pierre, abbé de Tournus. Il le confirme dans la possession d'un grand nombre d'églises dont plusieurs étaient situées dans l'évêché de Clermont.

24 avril 1105.

ASCHALIS episcopus, servus servorum Dei, dilecto in Christo Petro (2), Trenorchiensi abbati, ejusque successoribus regulariter promovendis in perpetuum. Justis votis assensum præbere, justisque petitionibus aures accommodare nos convenit, qui licet indigni justitiæ præcones, in excelsa Apostolorum Petri et Pauli spe-

(1) Bibliothèque d'Auxerre, *Chronicon Sancti Petri Vivi*, par Dom Cotteron, ms. in-f°, pp. 529-532. — Un fragment de cette bulle se trouve dans le ms. latin de la Bibliothèque nationale, 13,719, f. 117.

(2) L'abbaye de Saint-Philibert de Tournus, au diocèse de Châlons, fut donnée, au IX° siècle, par Charles-le-Chauve aux moines de St-Benoît, et

cula positi Domino disponente conspicimur. Idcirco petitionibus tuis clementius annuentes, Trenorciensi cœnobio cui, Deo auctore, præsides, præsidium apostolicæ protectionis impendimus, et loca illa quæ vel antecessorum tuorum, vel tuæ strenuitatis industria aut rationabiliter acquisivit, aut legitime recuperavit, vel antiquorum principum seu episcoporum liberalitate eidem cœnobio concessa sunt, præsentis decreti pagina vobis vestrisque successoribus confirmamus. In episcopatu videlicet Claromontensi, monasterium Sancti Porciani (1), cum ecclesiis de Besson (2), de Quintiniaco (3), de Polines, de Celsiaco (4), de Travallio (5), de Fellinia (6), de Monte aureo (7), de Sustris (8),

devint un des monastères les plus considérables de l'institut bénédictin. Parmi les abbés de ce siècle, nous signalons Geilon et Hervé. Ier. Au xe siècle, les abbés se succèdent sans une trop grande interruption. Hervé II (924-928) obtint du roi Raoul un privilége qui confirmait les possessions du monastère. Ainim siégea environ dix-huit ans. Sous lui, le monastère et la ville de Tournus furent incendiés par les Hongrois. A sa mort, Gilbert, comte de Châlons, voulut élever à l'abbatiat le moine Guy dont il avait reçu des présents. Les moines, mécontents de ce choix, se retirèrent à Mâcon et de là à Saint-Pourçain où ils nommèrent Hervé. Hervé III revint avec ses moines à Tournus et y vécut jusqu'en 960. Après lui, viennent Etienne Ier qui restaura le monastère (970-980), Odon (981-989). En 1006, sous l'abbatiat de Wagon, le monastère de Tournus fut dévoré par les flammes. Bernerius restaura l'église qui fut consacrée en 1019. Ardagne (1057-1058) s'élève à une haute sainteté. Guillaume Ier de Mercœur lui succède. Il était neveu de saint Odilon de Cluny et frère de Falcon de Jaligny, moine de Tournus, qui donna à cette abbaye plusieurs biens qu'il possédait dans le diocèse de Clermont. Après lui figurent Girard Ier et Pierre Ier qui écrivit la chronique du monastère. Il vivait en 1105, année où il reçut le privilége de Pascal II.

(1) A cette époque, le monastère de Saint-Pourçain était prieuré. Les premiers prieurs connus sont Guillaume (1080), Etienne (1100) et Francon de Rouzay, qui devint abbé de Tournus.

(2) Besson, autrefois prieuré et cure de l'archiprêtré de Souvigny, aujourd'hui paroisse du canton de Souvigny.

(3) Contigny, de l'ancien archiprêtré de Souvigny, est dans le canton du Montet.

(4) Cesset, paroisse du canton de Saint-Pourçain.

(5) Trevol, paroisse du canton de Moulins (Ouest).

(6) Saint-Martin de la Feline, autrefois de l'archiprêtré de Souvigny, aujourd'hui succursale du canton de Saint-Pourçain.

(7) Saint-Martin de Montord, *Id.*

(8) Saint-Martin de Souittes, dans l'ancien archiprêtré de Souvigny, aujourd'hui hameau de la commune de Saint-Pourçain.

de Charel (1), de Liriniaco (2), de Martiliaco (3), de Monfane (4), de Boiaco (5), de Barbariaco (6), de Vernet (7), de Villeria (8), de Lupiaco (9), de Pareda (10), de Briasis (11), de Varinnas (12), de Voroz (13), de Sancto Lupo (14) : ecclesias de Besiaco (15), de Nuiliaco (16), de Capelz (17), de Branciaco (18), de Floriaco (19) cum capella de Cava rocca (20); ecclesiam de Salviliis (21), de Libiaco (22); ecclesiam Sancti Nicolai (23) et

(1) Saint-Blaise de Chareil, dans le même archiprêtré, aujourd'hui Chareil-Cintrat, dans le canton de Chantelle.

(2) Notre Dame de Nériguet, dans le même archiprêtré, aujourd'hui hameau de la commune de Bayet, canton de Saint-Pourçain.

(3) Saint-Christophe de Martilly, dans le même archiprêtré, aujourd'hui hameau de la commune de Branssat, canton de Saint-Pourçain.

(4) Saint-Germain de Monfand, dans le même archiprêtré, aujourd'hui hameau de la commune de Louchy-Monfand.

(5) Saint-Marcel de Bayet, dans le même archiprêtré, aujourd'hui paroisse du canton de Saint-Pourçain.

(6) Saint-André de Barberier, dans le même archiprêtré, aujourd'hui paroisse du canton de Chantelle.

(7) Sans doute Le Vernet, commune du canton de Cusset, arrondissement de La Palisse.

(8) Vallière fut donné par Hildin, en 1106, au monastère de Saint-Pourçain.

(9) Saint-Pourçain de Louchy, dans l'ancien archiprêtré de Souvigny, aujourd'hui commune de Louchy-Monfand, canton de Saint-Pourçain.

(10) Paray-sous-Briaille, donné par Hildin, en 1106, au prieur de St-Pourçain.

(11) Briaille, aujourd'hui hameau de la commune de Paray.

(12) Saint-Jean de Varennes, dans l'ancien archiprêtré de Cusset, aujourd'hui chef-lieu de canton.

(13) Saint-Pierre de Vouroux, dans le même archiprêtré, aujourd'hui hameau de la commune de Varennes.

(14) Saint-Loup, dans le même archiprêtré, aujourd'hui commune du canton de Neuilly-le-Réal, arrondissement de Moulins.

(15) Saint-Martin de Bessay. Id.

(16) Saint-Julien de Neuilly-le-Réal, dans l'ancien archiprêtré de Cusset.

(17) Saint-Barthélemy de Chapeaux, dans le même archiprêtré, aujourd'hui commmune du canton de Neuilly-le-Réal.

(18) Saint-Georges de Branssat, dans l'ancien archiprêtré de Souvigny, aujourd'hui commune du canton de Saint-Pourçain.

(19) Probablement Fleuriel, dans le canton de Chantelle.

(20) Chaveroche, aujourd'hui commune du canton de Jaligny.

(21) Saint-Georges de Servilly, dans l'ancien archiprêtré de Cusset, aujourd'hui dans le canton et arrondissement de La Palisse.

(22) Lubié, autrefois chef-lieu de la paroisse de La Palisse, aujourd'hui hameau à un kilomètre de cette ville.

(23) Saint-Nicolas, église située dans un des faubourgs de Saint-Pourçain.

ecclesiam de Vernolio (1)..............................
....

Datum Laterani, per manum Joannis sanctæ Romanæ Ecclesiæ diaconi cardinalis, viii Kalendas Maii, indictione xiii, Incarnationis dominicæ anno 1105, Pontificatus quoque domni Paschalis II papæ sexto (2).

LXIV.

Pascal II à Aimeric, abbé de la Chaise-Dieu. Il renouvelle les priviléges accordés à ce monastère par Grégoire VII et Urbain II. Il le confirme dans la possession du monastère de Saint-André de Vienne, de l'église de Saint-Trivier, de la celle de Bessan et d'autres biens qui lui appartiennent ou pourront lui appartenir. Il décrète qu'à la mort de l'abbé, les moines seuls pourront élire son successeur. En retour des libertés qu'il donne à cette abbaye, le pape impose une redevance annuelle à servir au palais de Latran.

1106.

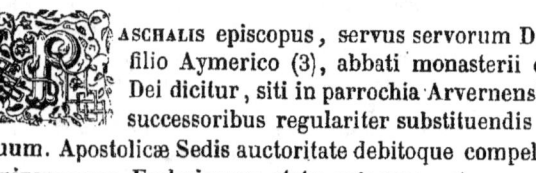

ASCHALIS episcopus, servus servorum Dei, dilecto filio Aymerico (3), abbati monasterii quod Casa Dei dicitur, siti in parrochia Arvernensi, ejusque successoribus regulariter substituendis in perpetuum. Apostolicæ Sedis auctoritate debitoque compellimur pro universarum Ecclesiarum statu satagere, et earum maxime que eidem Sedi specialiter adherent, ac tanquam jure proprio

---

(1) Saint-Pierre de Verneuil, dans l'ancien archiprêtré de Souvigny, aujourd'hui commune du canton de Souvigny.

(2) Juénin, *Nouvelle Histoire de l'abbaye royale de Saint-Philibert de la ville de Tournus*. Dijon, 1733, 4°. p. 147. — *Patrologie*, édit. Migne, t. CLXIII, col. 160 164.

(3) Aimeric, moine de Saint-Robert d'Andres, fut appelé, après Ponce de Tournon, à l'abbatiat de la Chaise-Dieu. (Hugues de Flavigny, *Chronicon Virdunense*). Dès les premières années de son administration, il transige avec Hugues, abbé de Cluny, au sujet de deux prieurés situés en Bourgogne. En 1106, il assiste, à Lyon, à la consécration de Saint-Martin d'Ainay, par Pascal II.

subjecte sunt, quieti, auxiliante Domino, providere. Eapropter, fili Aimerice, in Christo karissime, tuis tuorumque fratrum justis desideriis et petitionibus annuentes (1), cenobium Case Dei cui, Deo auctore, presidere dinosceris, secundum predecessorum nostrorum statuta, in Apostolicæ Sedis gremio specialiter confoventes, tam caput quam membra cetera presentis decreti auctoritate munimus. Omnia enim que eidem cenobio a predecessoribus nostris apostolice memorie Gregorio VII° et Urbano II° concessa sunt, nos quoque decreti presentis auctoritate concedimus. Confirmamus etiam vobis monasterium Sancti Andree Vienne situm (2), quod a confratre Guidone (3), Viennensi archiepiscopo, vobis constat esse concessum, ecclesiam quoque Sancti Treverii (4), quam venerabilis memorie Hugo, Lugdunensis archiepiscopus, consentiente communi capitulo, vestro cenobio contulit, et iterum cellam de Beciano (5), a confratre nostro Bernardo, episcopo Agatensi, concessam. Preterea, per presentis privilegii paginam aposto-

(1) Aimeric avait écrit à Pascal II.

(2) Le monastère de Saint-André de Vienne fut fondé, au milieu du vi° siècle, par le duc Ancemond et son épouse Ansleubane. Comme il s'était soustrait à la juridiction de l'Église de Vienne, saint Bernard, archevêque de cette ville, en demanda la restitution à Louis-le-Débonnaire. Ce prince rétablit l'abbaye de Saint-André sous la dépendance de l'Église de Vienne par un diplôme du 5 mars 831. (D. Bouquet, t. vi., p. 570).

(3) Guy succéda, sur le siége de Vienne, à Warmond, en 1086. Il joignait à une naissance illustre un esprit remarquable. Il était fils de Guillaume Tête-Hardie, comte de Bourgogne, et oncle d'Adélaïde, femme de Louis-le-Gros. Il alla à Rome se faire consacrer par Urbain II. Il céda le monastère de Saint-André à la Chaise-Dieu (Voir l'Appendice).

(4) L'église de Saint-Trivier, située dans l'archiprêtré de Dombes, fut donnée à la Chaise-Dieu par Hugues, archevêque de Lyon. Aujourd'hui Saint-Trivier est un chef-lieu de canton, dans l'arrondissement de Trévoux, diocèse de Belley.

(5) La celle de Beciano, et non Viviano, comme disent les auteurs du *Gallia Christiana*, était dans le diocèse d'Agde. Elle avait d'abord été donnée au monastère de Saint-Tiberi. Les moines de la Chaise-Dieu prétendirent que Gontaine, évêque d'Agde, leur en avait fait donation, et ils insistèrent auprès de Bernard III, qui gouvernait cette église depuis 1098, pour qu'il les réintégrât dans leur possession. Bernard céda à leurs réclamations et enleva la celle de Beciano à Saint-Tiberi pour la donner à la Chaise-Dieu. Plus tard, ayant appris que les raisons des Casadiens n'étaient pas aussi fondées qu'il l'avait cru, il restitua Beciano à Saint-Tiberi. Ce monastère fut longtemps un sujet de contestations entre Saint-Tiberi et la Chaise-Dieu. Beciano est aujourd'hui Bessan, paroisse du canton d'Agde, dans l'arrondissement de Béziers.

lica auctoritate statuimus, ut quecumque hodie cenobium vestrum juste possidet, sive in futurum concessione pontificum, liberalitate principum vel oblatione fidelium juste atque canonice poterit adipisci, firma tibi tuisque successoribus et illibata permaneant. Decernimus quoque ut nulli omnino hominum liceat idem cenobium temere perturbare, aut ei subditas possessiones auferre, vel ablatas retinere, vel minuere, aut temerariis vexationibus fatigare, sed omnia integra conserventur eorum pro quorum sustentatione vel gubernatione concessa sunt, usibus omnimodis profutura, salva Arvernensis ecclesie debita reverentia, omni tamen possessionis exactione seposita. Ad hæc adjicientes statuimus ut, si quis abbatum qui romana tibi auctoritate subjecti sunt, erga obedientiam tuam rebellis extiterit, liceat discretioni tuæ disciplina eum regulari cohercere, nec episcoporum quisquam tibi in parte hac adversetur. Obeunte te, nunc ejus loci abbate vel tuorum quolibet successorum, nullus ibi qualibet subreptionis astutia vel violentia preponatur, nisi quem fratres communi consensu vel fratrum pars sanioris consilii, secundum Deum et beati Benedicti regulam elegerint. Ad indicium autem percepte a Romana Ecclesia libertatis, bizantium unum quotannis Lateranensi palatio persolvetis. Si qua igitur in futurum ecclesiastica secularisve persona, hanc constitutionis nostræ panam sciens, contra eam temere venire temptaverit, potestatis honorisque sui dignitate careat, eamque de divino judicio ream existere de perpetrata iniquitate cognoscat, et a sacratissimo corpore ac sanguine Dei et Domini Redemptoris nostri Jesu Christi aliena fiat atque in extremo examine districte ultioni subjaceat. Cunctis autem eidem loco justa servantibus sit pax Domini nostri Jesu Christi, quatenus et hic fructum bone actionis percipiant, et apud districtum judicem premia eterne pacis inveniant.

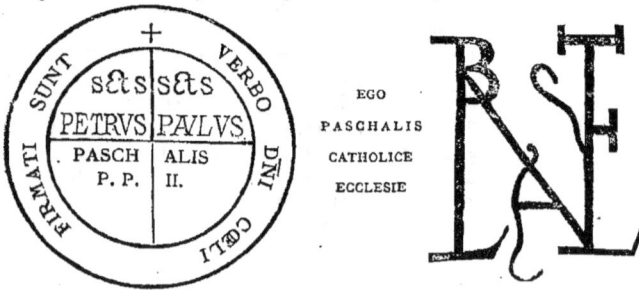

AVEC L'AUVERGNE CHRÉTIENNE. 121

Datum apud Cluniacum per manum Johannis sancte Romane Ecclesie diaconi cardinalis ac bibliothecarii, II Nonas Febroarii, indictione xv°, Incarnationis dominice anno m° c° vi°, pontificatus autem domni Paschalis secundi pape anno vi° (1).

LXV.

Pascal II à Hugues, abbé de Cluny. Il confirme cette abbaye dans la possession de beaucoup d'églises dont plusieurs étaient dans l'évêché d'Auvergne.

8 Février 1107.

aschalis episcopus, servus servorum Dei, reverendissimo fratri Hugoni (2), Cluniacensi abbati, salutem et apostolicam benedictionem. Religioni vestræ per omnipotentis Dei gratiam Sedis Apostolicæ benignitas gratulatur, quoniam plerisque in locis, lar-

(1) D'après l'original qui est aux Archives départementales du Puy, Fonds de la Chaise-Dieu, n° xv. Le sceau a disparu : il ne reste que le lac en fil de soie jaune et rouge (Ms. latin de la Bibliothèque nation., 12,818, *Chronica monasterii Casæ Dei*, pp. 129-134. — Mabillon (*Annales Bened.*, t. v, p. 499) a donné un fragment de cette bulle. — *Patrologie*, édit. Migne, t. CLXIII, col. 202).

(2) Hugues touchait à la fin de son long et glorieux abbatiat. Né à Semur, en 1024, d'une famille distinguée, il embrassa de bonne heure la vie religieuse à Cluny, et s'y fit remarquer par son mérite et sa piété. A la mort d'Odilon (1049), il fut élu abbé, et, par son admirable prudence, il éleva cette abbaye à un haut degré de splendeur. Il seconda Grégoire VII dans ses efforts pour l'indépendance de l'Eglise et la réforme du clergé, travailla dans plusieurs conciles à l'extirpation de la simonie, et donna à son monastère une grande extension. Sous lui, Cluny fonda et acquit beaucoup de maisons dans les provinces pyrénéennes, dans le Quercy, la Saintonge, le Poitou, l'Auvergne, la Champagne, le Nivernais, l'Auxerrois, le duché de France et la Flandre. Cet ordre se répandit aussi en Espagne, dans la Germanie, en Lombardie, en Angleterre. Hugues devint si renommé par ses vertus qu'il était, selon la pensée de Hildebert du Mans, son historien, « le plus grand parmi les grands. » Sa sainteté exerça sur l'esprit public un ascendant merveilleux, et attira à Cluny un grand nombre de personnages qui échangèrent une vie mondaine pour la vie du cloître. Dans ces jours, les plus beaux de Cluny, on vit sortir de son sein trois papes, Grégoire VII, Urbain II et Pascal II, et un grand nombre d'évêques qui allèrent porter, sur divers sièges de France, l'esprit et les vertus qui fai-

giente Domino, per vestræ sollicitudinis studium, ubi nulla fuerat instituta, ubi defecerat per Galliarum partes, est restituta Religio. Eapropter, sicut ab ipsis cœnobii vestri primordiis, ita largiente Domino usque in finem, vos tanquam carissimos filios Apostolicæ Sedis tuetur auctoritas. Omnia igitur ad vestrum cœnobium pertinentia, sicut a prædecessoribus nostris munita sunt, ita et nos auctoritate Apostolicæ Sedis munimus. In quibus ea propriis vocabulis exprimenda duximus, quæ temporibus nostris per Dei gratiam acquisita et vestri regiminis dispositioni subjecta noscuntur..... ....
....

In episcopatu Alvarnensi ; ecclesia Sancti Juliani de Saleto (1), ecclesia Sancti Martini de Mutiniaco (2), ecclesia Sancti Amandi (3) juxta fluvium Arteriam, quas tres ecclesias Durannus episcopus vobis indulsit, ecclesia Sanctæ Mariæ de Cogniaco (4), ecclesia Sancti Martini de Santiniaco (5), ecclesia Sanctæ Mariæ de Chiniaco (6), ecclesia de Luignaco (7), ecclesaient de cette abbaye un des miroirs du monde chrétien. L'institut clunisien donna aussi de nombreux écrivains. Raynald écrit la vie de saint Hugues ; les moines Etzelon et Gilon recueillent ses souvenirs et ses miracles ; Hugues de Beauvoisis retrace, dans un style imagé, une esquisse de cette vie admirable ; Nalgod remet en ordre la vie de saint Odon par Jean de Salerne et celle de saint Mayeul par Syrus ; Ives de Saint-Quentin met en lumière la vie de saint Pardulphe, abbé de Guéret ; le mystique Tezelin et le laborieux Udalric tracent avec beaucoup d'autres, dans le champ de la vie monastique, des sillons de sainteté et de lumière. Saint Hugues figure lui-même dans cette pléiade d'écrivains. Il a laissé des lettres, des statuts et des règlements, et plusieurs ouvrages ascétiques remplis de la plus douce onction (*Bibliotheca Cluniacensis*). Il mourut en 1109, à 85 ans.

(1) Saint-Julien de Sauzet, dans l'ancien archiprêtré de Limagne, est du canton et de l'arrondissement de Gannat.

(2) Saint-Martin de Monteignet, paroisse dans le canton de Gannat.

(3) Saint-Amant, ancienne église, aujourd'hui domaine situé dans la commune des Martres-d'Artières.

(4) Sainte-Marie de Cognat, autrefois dans l'archiprêtré de Limagne, aujourd'hui dans le canton d'Escurolles, arrondissement de Gannat.

(5) Saint-Ignat, de l'ancien archiprêtré de Limagne, dans le canton d'Ennezat.

(6) Sainte-Marie de Chignat, ancienne église, aujourd'hui maison de campagne entre Pont-du-Château et Vertaizon.

(7) Lignat, hameau de la commune de Lussat, canton de Pont-du-Château.

sia de Cromeda (1), ecclesia Amandini (2), quas sex ecclesias Willelmus (3) vobis concessit episcopus ; ecclesia Sancti Desiderii, ecclesia Sancti Martini, ecclesia Sancti Hilarii (4) juxta fluvium Morgiam, quas tres ecclesias Petrus (5), Arvernensis episcopus, vobis concessit..

....

Datum apud villam Sancti Hippolyti, per manus Johannis, Sanctæ Romanæ Ecclesiæ diaconi cardinalis ac bibliothecarii, vi Idus Februarii, Indictione xv, Incarnationis dominicæ anno MCVII, Pontificatus autem Domni Paschalis II anno VIII (6).

LXVI.

Pascal II expose, au sujet du différend des moines d'Aurillac et des chanoines de Montsalvy, qu'il avait

(1) Cormède, ancienne paroisse de l'archiprêtré de Clermont, aujourd'hui village de la commune des Martres-d'Artières, canton de Pont-du-Château.
(2) Saint-Amandin.
(3) Guillaume de Baffie, évêque de Clermont.
(4) Saint-Hilaire-la-Croix, paroisse du canton de Combronde. La Morge coule au sud, de l'ouest à l'est, et se dirige vers les communes de Montcel et de Combronde.
(5) Pierre Roux succéda à Guillaume de Baffie. Il était né en Auvergne et, selon quelques-uns, à Clermont. Nous avons vu comment il intervint dans les démêlés de Mauriac et de Saint-Pierre-le-Vif. Il écrivit à Pascal II pour le féliciter, au nom des peuples de la Gaule, du décret qu'il avait porté contre les incendiaires, et pour le consulter sur la conduite à tenir contre ceux qui avaient brûlé une église appartenant à la Chaise-Dieu (V. l'Appendice). Selon la chronique de Saint-Pierre-le-Vif, il combattit, à la tête des troupes qu'il avait rassemblées, des bandes d'aventuriers qui répandaient en Auvergne le pillage et l'incendie. Par son entremise, Heldin, seigneur de Jaligny, donna à Francon de Rouzay, prieur de Saint-Pourçain, et à ses moines, les églises de Paray-sous-Briaille et de Villars. Il est mentionné dans une donation faite au chapitre cathédral par Jean Aculéus et son épouse Ermengarde, à condition que les chanoines assisteraient à leurs funérailles et leur accorderaient chaque année un souvenir à leur messe et dans leurs prières. (Archives départementales, Cath. arm. 18, sac B, cote III). C'est sous son épiscopat que Pascal II vint à Clermont. Il mourut le 19 octobre 1111 et fut enseveli dans l'église Cathédrale.
(6) Cocquelines, *Bullarum, Privilegiorum.... amplissima Collectio*, t. II, p. 135-136.

renouvelé la décision d'Urbain II ; que les deux parties s'étaient présentées devant les juges chargés par lui de cette affaire, et que les chanoines s'étaient retirés du lieu du jugement ; que les moines d'Aurillac ayant de nouveau réclamé, il avait mandé devant lui les chanoines. Il déclare qu'après avoir examiné l'affaire avec Richard, évêque d'Albano, Léger, archevêque de Bourges, Gérard, évêque d'Angoulême, Pierre, évêque de Clermont, et les cardinaux Divizoni et Landulfe, il rend l'église de Montsalvy au monastère d'Aurillac.

14 Juillet 1107.

aschalis episcopus, servus servorum Dei. Inter Aureliacensis monasterii monachos et Montis Salvi canonicos querela diutius agitata est pro eorum canonica, quam in beati Geraldi alodio iidem monachi constructam reclamabant. Nos igitur, post diutinas quærimonias, utrosque ante nostram præsentiam evocantes, super eorum querela, ex communi fratrum deliberatione, hujusmodi judicium dedimus, ut videlicet, juxta sancti prædecessoris nostri Urbani papæ judicium, quod utræque partes audierunt, Aureliacensis abbas manu tertia confirmaret cartam sui monasterii, et illam pariter Gilberti, vicecomitis, recognitionem quam nobis abbas ipse significavit, quia videlicet vicecomes idem, cum vellet castrum Mandarufum construere, abbate ostendente, cognovit loca illa esse beati Petri et alodium sancti Geraldi, et ideo cum abbate pactum instituit, quod, si factum esset, lite sopita sui juris alodium beatus Geraldus reciperet, alioquin canonici locum de quo agebatur quiete obtinerent. Utrisque igitur, ante judices quibus hoc negotium commiseramus, convenientibus, cum abbas, prout judicatum fuerat, testes protulisset, testibus non reprobatis, de loco judicii iidem canonici discesserunt. Iterum Aureliacensibus monachis apud nos reclamantibus, eosdem canonicos ante præsentiam nostram revocavimus. Visum est igitur fratribus nostris episcopis qui nobiscum aderant, Ricardo Albano, Leodegario

Bituricensi (1), Gerardo (2) Engolismensi, Petro Claromontensi, et venerabilibus Romanæ Ecclesiæ presbyteris cardinalibus Divizoni (3) de titulo Sancti Martini, Landulfo de titulo Lucinæ, ut Aureliacensis abbas (4), qui actor erat, sacramento firmaret prædecessorem suum ad exequendum supra dictum judicium paratum cum testibus affuisse, et eosdem canonicos prius de loco judicii surrexisse ac discessisse. Qua sacramenti exhibitione peracta, nos fratrum nostrorum judicium confirmantes, locum ipsum de quo agebatur, Aureliacensi monasterio, omni prorsus lite sopita, restituimus et in perpetuum possidendum scripti præsentis auctoritate firmamus. Si quis vero adversus hanc definitionem agere præsumpserit, canonicæ districtionis animadversione mulctetur.

Datum apud Anicium (5), II Idus Julii, Indictione xv, Incarnationis dominicæ anno M°C°VII° (6).

LXVII.

Pascal II charge Richard, évêque d'Albano, Gérard, évêque d'Angoulême, Albert, évêque d'Avignon, Eustache, évêque de Valence, Galtier, évêque de Maguelonne,

---

(1) Léger, successeur d'Audebert, tenait le siége de Lyon dès 1096.

(2) Gérard II de Blaye avait succédé à Adémar, en 1101, sur le siége d'Angoulême. C'était un prélat très-érudit. Il fut légat en France sous les papes Pascal, Gélase, Calixte et Honorius. Les écrivains ont émis sur lui des jugements divers.

(3) Le cardinal Divizoni, ou Divitius, selon Udescalque, est le même que celui qui fut légat en Allemagne.

(4) L'abbé d'Aurillac était sans doute Pierre II qui mourut, en 1107, à Cahors. Il fut transporté à Aurillac et enseveli sous un arceau de l'église.

(5) Pascal II venait de traverser l'Auvergne. Il était à Souvigny le 23 mai, jour auquel il donna à Hugues, abbé de Cluny, une bulle qui lui adjugeait la celle de Saint-Denis de Nogent. Il passa à Clermont, à Sauxillanges, au Puy, à Valence, à Aiguebelle. Au mois de novembre il était à Parme, et peu de temps après, à Rome.

(6) Nous donnons cette bulle d'après une copie collationnée, le 10 novembre 1786, par Vacher de Bourg-l'Ange, à l'original qui était aux archives de l'abbaye d'Aurillac « en un parchemin d'un pied de longueur sur neuf pouces » de largeur, auquel il ne demeure plus de sceau, mais seulement un reste » de lac de soye rouge engagé dans l'un des deux petits trous situés vers le » milieu du repli qui se trouve au bas du dit parchemin. » (Ms. latin de la Bibliothèque nationale, Collection Moreau, *Chartes et Diplômes*, 42, fol. 177).

les prêtres cardinaux Risus, Landulfe, Divizoni, et les diacres cardinaux Jean, Hugues et Bérard, de régler le différend qui s'était élevé entre l'abbaye de la Chaise-Dieu et l'abbaye d'Aniane, au sujet du monastère de Sainte-Marie de Gourdaignes (1).

Juillet 1107.

LXVIII.

Pascal II confirme et met à exécution le jugement en vertu duquel les arbitres, qu'il avait nommés pour l'affaire de Sainte-Marie de Gourdaignes, déclaraient que ce monastère relevait de l'abbaye d'Aniane et non de l'abbaye de la Chaise-Dieu (2).

Juillet 1107.

(1) Le monastère de Gourdaignes, au diocèse d'Uzès, était fort ancien. En 815, Louis-le-Pieux le donna au monastère d'Aniane. Il est mentionné dans plusieurs diplômes aux années 815, 821, 857, 855. Au ixe siècle, il passa au pouvoir des archevêques d'Arles. En 1065, Raimond, comte de Rodez, le soumit à Hugues, abbé de Cluny, afin qu'il y établit la règle de Saint-Benoît. On pense que les moines de Cluny l'échangèrent avec les moines de la Chaise-Dieu, au concile de Clermont. Mais les moines d'Aniane ayant affirmé leurs droits sur ce monastère, il en résulta des contestations qui ne purent être réglées que par l'autorité du pape.

Gourdaignes fut d'abord une abbaye. Rostaing, moine d'Aniane, la dirigeait en 866; il en fut abbé même après avoir été élevé à l'archevêché d'Arles. Manassés, archevêque d'Arles, l'obtint, en 921, de Louis, fils de Boson. Itier, archevêque d'Arles, intervient dans un acte comme abbé de Gourdaignes. L'abbaye fut convertie en prieuré. C'était un prieuré sous Eugène III. Nous voyons ce pape charger les évêques de Nîmes et de Viviers d'apaiser un litige soulevé entre Bertrand, prieur de Gourdaignes, et Raimond, évêque d'Uzès. (*Gallia Christiana*, t. vi, col. 654-656).

Il est fait mention de ce diplôme de Pascal II dans une charte donnée par le *Gallia Christiana* et qu'on peut voir à l'Appendice.

(2) Les arbitres, nommés par Pascal II, se prononcèrent en faveur de l'abbaye d'Aniane. Le pape fit venir l'abbé de la Chaise-Dieu à Valence où il se trouvait, et mit l'abbé et les moines de la Chaise-Dieu en possession du monastère de Gourdaignes, tout en sauvegardant les droits que la Chaise-Dieu pourrait avoir (V. l'Appendice). Il résulte d'une lettre de Pascal II donnée à Latran, en 1113, qu'on verra plus tard, qu'il chargea encore, pendant son séjour en France, les évêques d'Avignon, de Valence et de Die, d'examiner le différend de la Chaise-Dieu et d'Aniane, au sujet de Gourdaignes.

LXIX.

Pascal II à Hugues, abbé de Cluny. Il met l'abbaye de Menat et le monastère de Saint-Vulmar sous la dépendance des abbés de Cluny. Il arrête que l'abbé de Cluny seul pourra mettre des abbés à la tête de ces deux monastères, et autorise les moines qui désireraient embrasser une vie plus parfaite à entrer à Cluny, sans que leurs prieurs puissent s'y opposer.

12 Août 1107.

ASCHALIS episcopus, servus servorum Dei, venerabili fratri Hugoni, Cluniacensi abbati, salutem et apostolicam benedictionem. Desiderium, quod ad religiosum propositum et animarum salutem pertinere monstratur, sine aliqua est, auctore Deo, dilatione complendum. Venerabilis siquidem frater noster Johannes, Morinorum episcopus, petente Eustachio, Bononiensi comite, sancti Wlmari abbatiam sollicitudini tuæ, carissime frater Hugo, corrigendam commisit. Et nos ergo, juxta ejus desiderium ac deliberationem, præsentis decreti assertione sancimus, ut idem beati Wlmari monasterium semper in tua tuorumque successorum ordinatione permaneat. Nec alius illic abbas substituatur, nisi qui in vestra fuerit deliberatione provisus. Idem etiam de Menatensi (1) monasterio constituimus, quod jamdiu in

---

(1) Le monastère de Menat, de l'ordre de Saint-Benoît, était situé dans la vallée de Vaver, entre la Sioule et la Bouble. Il remonte aux premiers âges de la monarchie française. Saint Bravi, saint Calais et saint Avit ont rendu ses origines célèbres par leurs vertus et leurs miracles. Au viiie siècle, saint Ménélée rétablit la discipline dans ce monastère. Il y mourut, et laissa un tel renom que l'abbaye et l'église furent placées sous son vocable. (Mabillon, *Annales Bened.*, ad an. 651, n° 17, et ad an. 720, n° 56). L'église fut consacrée par saint Bonnet, évêque de Clermont. On en célébrait la dédicace, le 15 juin de chaque année. On y conservait le corps de saint Ménélée. Savinien, successeur de Ménélée, mourut comme lui en odeur de sainteté. Le monastère gardait ses reliques et celles de saint Mion. Saint Benoît d'Aniane y remit en vigueur la règle de saint Benoît, et y établit douze moines, à la tête desquels il plaça Audoare, personnage vénérable, « summæ reverentiæ virum. » (Mabillon, *Annales Bened.*, t. ii, p. 556). Guillaume, abbé à la fin du xie siècle, signa une charte de Durand, évêque d'Auvergne, pour le monastère de Saint-Pourçain. (*Gallia Christiana*, t. ii, col. 366-367).

vestra ordinatione permansit. Præterea, quoniam omnipotens Deus et ante nostra tempora et in diebus nostris præcipuam religionis monasticæ disciplinam in vestro dignatus est monasterio conservare, hanc vobis prærogativam concedimus, ut quisquis ad vos alieni monasterii monachus pro vitæ melioratione transierit, licenter recipiatur, remotis prioris loci quærimoniis, ut, largiente Domino, salutis quam quærere videtur, apud vos patiatur effectum. Si quis vero temerario ausu his salutiferis constitutionibus obviam ire præsumpserit, apostolicæ indignationis ubique plectatur, et communionis ecclesiasticæ periculum patiatur.

Ego Paschalis, catholicæ Ecclesiæ episcopus, subscripsi.

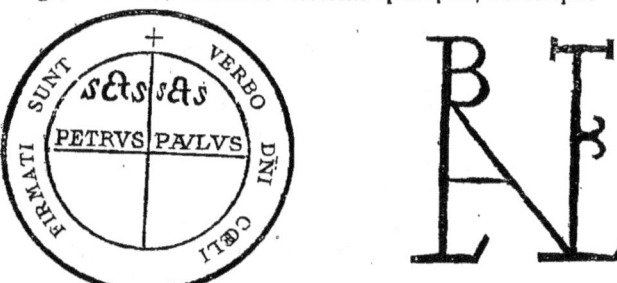

Datum apud Aquabellum, per manum Johannis sanctæ Romanæ Ecclesiæ diaconi cardinalis ac bibliothecarii, II nonas Augusti, Indictione xv, Incarnationis dominicæ anno MCVII, Pontificatus autem Domni Paschalis papæ secundi VIII (1).

LXX.

Pascal II à Aimeric, abbé de la Chaise-Dieu. Il lui confie l'administration de certains monastères éloignés. Il établit que les abbés de Saint-Marin de Pavie et de Frassinoro seront élus désormais par l'abbé de la Chaise-Dieu, et que les abbés de Brantôme, Gaillac et Saint-Théodart continueront d'être nommés par le même abbé. Il confirme cette abbaye dans la possession de l'église de

(1) Cocquelines, *Bullarium Romanum*, t. II, p. 158. — Martin Marrier, *Bibliotheca Cluniacensis*, col. 510.

Saint-Quirice, des prieurés de Saint-Baudile, Val-Trâ-
verse et autres monastères.

5 Décembre 1107.

aschalis episcopus, servus servorum Dei, dilecto
filio Aymerico (1), abbati Casæ Dei, ejusque suc-
cessoribus regulariter substituendis in perpetuum.
Ait gentium doctor apostolus Paulus : « Christi
bonus odor sumus in iis qui pereunt et in iis qui salvi fiunt. »
Hunc odorem Christi de vestro cœnobio sentientes, per Dei
gratiam plurimi in Domino salutem consequuntur, unde et nos
fidei vestræ congratulamur; fide enim statis et plures adhuc
per bonum odorem vestrum salvos fieri exoptamus. Idcirco,
tam tibi quam successoribus tuis, quorumdam monasteriorum
quæ à vobis longius absunt, ordinationem committimus. Statuimus enim ut, in beati Marini (2) monasterio quod infra
civitatem Papiensem situm est, in monasterio etiam Fraxinorensi (3), quod ab egregia comitissa Mathilda vel ejus parentibus ædificatum est, et beato Petro oblatum est, abbas semper
per vestram sollicitudinem ordinetur. Alias item abbatias, in
quibus abbates hactenus instituere consuevistis, ob idipsum

---

(1) Sous Aimeric, Pierre II, évêque de Poitiers, qui avait déjà donné (1091)
l'église de Saint-Félix de Sillards à la Chaise-Dieu, lui donna (1111) les
églises de Sainte-Marie, de Saint-Macut et de Sainte-Geneviève de Chasseneuil;
Gérard, légat du Saint-Siége, confirma (1111) Aimeric dans leur possession
contre Gofrède, abbé de Saint-Maixent. (*Gallia Christiana*, t. II, col. 1168).

(2) Le monastère de Saint-Marin de Pavie, de l'ordre de Saint-Benoît, fut
fondé, au VIIIe siècle, par Astolphe, roi des Lombards, à la prière de ses
filles, Euphrasie et Fébronie. L'empereur Othon II le donna, en 976, à Pili-
grin, évêque de Pavie. En 1010, l'empereur saint Henri lui fit des libéralités,
à la prière de Cunegonde, son épouse. (*Germania Sacra*, auctore P. Marco
Hausizio, Soc. Jesu, t. 1, p. 217).

(3) L'abbaye de Sainte-Marie et de Saint-Claude de Frassinoro, de l'ordre
de Saint-Benoît, fut fondée, en 1071, par la comtesse Mathilde qui lui donna
plusieurs biens situés sur le territoire de Modène (V. l'Appendice). Dans les
chapitres généraux, l'abbé de Frassinoro siégeait le cinquième, entre l'abbé de
Saint-Marin et celui de Saint-Quirice. Aujourd'hui Frassinoro est une petite
ville aux environs de Modène. (Cf. *Scriptores rerum Italicarum*, t. v,
col. 360. — *Dizionnario topographico storico degli stati Estensi* dal Girolamo
Tiraboschi, t. 1er, p. 506 et suiv. — *Abbatiarum Italiæ brevis Notitia*,
auctore Lubin, ordinis Eremitarum S. Augustini, assistente generali.

dispositioni vestræ in perpetuum confirmamus, videlicet Brantosmæ (1), Galliaci (2), Sancti Theodardi (3). Ex quibus videlicet abbatibus, si quis erga obedientiam vestram rebellis exstiterit, liceat discretioni vestræ disciplina eum regulari

(1) L'abbaye de Saint-Pierre et de Saint-Sicaire de Brantôme, de l'ordre de Saint-Benoît, au diocèse de Périgueux, était aussi connue sous le nom des Saints-Innocents. Elle fut fondée, en 769, par Charlemagne, d'après Mabillon : « Anno DCCLXIX, Carolus Magnus, iterum procedens ad Petrocorium, » constituit basilicam juxta fluvium Dronam, in honorem B. Petri, apostolo- » rum principis, in qua non multum post temporis unum de Innocentibus » collocavit, datum patri suo à papa romano : locus autem in quo hæc basilica » fundata est, Brantosma dicitur. » Ce monastère ayant été peu après détruit par les Normands, nous avons peu de renseignements sur ses premiers abbés. Saint Antime est un des plus anciens qu'on connaisse ; on gardait précieusement ses reliques. Martin vivait au temps de Bernard 1er, comte de Périgueux. On sait de lui qu'il fonda plusieurs monastères. Alduin avait été abbé avant de succéder à son frère Hildegaire sur le siége de Limoges, où on le voit de 990 à 1012. Grimoard, frère d'Islon, évêque de Saintes, fut abbé à la fin du xe siècle. Il succéda à Hugues Ier sur le siége d'Angoulême qu'il tint jusqu'en 1018. On trouve Bernard Ier, abbé, dans une charte de 1034. Amblard figure en 1060-1062, et Guillaume Ier en 1076 (*Cartulaire de Saint-Eparque*). A la fin du xie siècle (1080), le monastère de Brantôme observait à peine la règle de Saint-Benoît. D'après les conseils de Guillaume Ier, évêque de Périgueux, le comte Hélye le donna à la Chaise-Dieu, pour qu'on y établît la réforme. Nous donnons un fragment de la charte comtale : « Ego Helias, comes » Petrocoriensium, gehennalis pœnas abhorrescens, electis Dei me optans so- » ciari, monasterium S. Petri, apostolorum principis, Sancti Innocentis Sicharii, » quod nuncupatur Brantosma, quod modo mea ignavia minime regulariter degit, » sed abusione habitantium monachorum fere ad nihilum redactum est, sub » meo jure retinere timui, ac vitiis eorum favere ; ideoque consilio domini » Guillelmi de Monte-Berulpho Petagor., Sedis episcopi ac cleri ipsius..... » *Cætera desiderantur*. » (*Gallia Christiana*, t. II, col. 1460, 1490, 1491).

(2) L'abbaye de Saint-Michel de Gaillac, au diocèse d'Albi, fut fondée, vers 960, par Frotaire, évêque d'Albi, et Raimond, comte de Toulouse, et donnée à la Chaise-Dieu, dans la dernière moitié du xie siècle. Elle s'élevait sur les bords du Tarn. Frotaire en consacra l'église en 972, et dota l'abbaye (V. l'Appendice). Le premier abbé connu est Robert (972-987). Il faut arriver au xiie siècle pour retrouver la série des abbés. Gaillac devint dans la suite une collégiale qui se composait d'un abbé, d'un doyen, de douze chanoines, de quatre hebdomadiers, de dix prébendiers et de deux clercs (*Gallia Christiana*, t. I, col. 52). Saint-Michel de Gaillac forme aujourd'hui une paroisse dans la ville de ce nom, chef-lieu d'arrondissement du département du Tarn.

(3) L'abbaye de Saint-Théodart, connue à son origine sous le vocable de Saint-Martin, tirait son nom de saint Théodart, archevêque de Narbonne, dont elle possédait le tombeau. Elle était de l'ordre de Saint-Benoît, et faisait

exercere, nec episcoporum quisquam vobis in parte hac, seposito depositionis articulo, adversetur. Præter hæc, Sancti Quiriaci (1) ecclesiam in Lucanæ urbis suburbio sitam, sicut a bonæ memoriæ Anselmo, Lucano episcopo, tradita est, vestro in perpetuum monasterio possidendum, præsentis decreti auctoritate corroboramus. Prioratum quoque Sancti Baudilii (2) et prioratum de Valle-Transversa et cœtera omnia quæ vestrum cœnobium, largiente Domino, in hac prima indictione legitime possidet, vobis vestrisque successoribus quieta semper et integra permanere sancimus. Si quis autem, quod absit, huic nostræ constitutioni pertinaciter contraire tentaverit, honoris et officii sui periculum patiatur, nisi præsumptionem suam digna satisfactione correxerit. Amen. Amen. Amen.

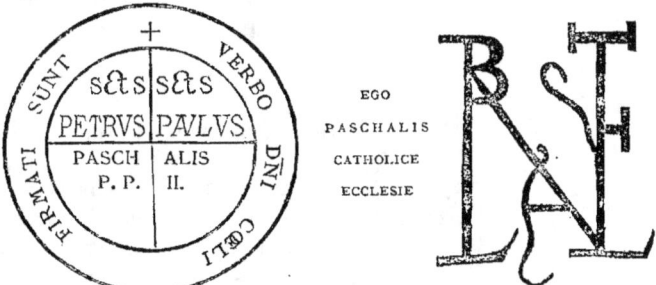

partie du diocèse de Cahors. Elle donna naissance à la ville de Montauban, et fut érigée en évêché, en 1317.

Les premiers abbés connus sont Willard (954), Hugues Ier, Basile (961), Hugues II (963), Théodgare, Gausbert, Géraud (997), Arnaud Ier (1005), et Arnaud II (1066). Cet abbé vivait encore en 1079, année où le monastère de Saint-Théodart fut soumis à la Chaise-Dieu. Albert Ier est abbé en 1096. Hugues III tenait l'abbatiat dans la première moitié du XIIe siècle (1121-1154).

(1) L'église de Saint-Quirice, située dans un des faubourgs de Lucques, fut cédée à la Chaise-Dieu par saint Anselme. Anselme, moine bénédictin, fut créé prêtre-cardinal par Alexandre II, et nommé évêque de Lucques en 1073. A une piété éminente il joignait une vaste érudition. On lui doit une Collection de Canons, des Commentaires sur les Psaumes et sur Jérémie, et d'autres ouvrages. (*Italia sacra*, auctore D. Ferdinando Ughelli, t. 1, col. 813-814).

(2) L'église de Saint-Baudile fut donnée, en 1084, à la Chaise-Dieu, par Pierre Ier, évêque de Nîmes, à la prière de Bernard, comte, et d'Ermengarde, vicomtesse. Elle fut convertie en un prieuré qui devint considérable. Atton le dota, en 1118, avant de partir pour l'Espagne, où il allait combattre

Datum Laterani, per manum Joannis Sanctæ Romanæ Ecclesiæ diaconi cardinalis ac bibliothecarii, Nonis Decembris, indictione I, Incarnationis dominicæ anno MCVII, Pontificatus Domini Paschalis papæ II anno nono (1).

LXXI.

Pascal II à Pons, abbé de Cluny. Il décrète que les abbayes et prieurés qui étaient sous la dépendance de Hugues, son prédécesseur, resteront sous sa juridiction. Parmi ces monastères, sont désignés l'abbaye de Mozat, les prieurés de Souvigny, Lavoûte, Saint-Flour, Sainte-Marie du Château et Ris.

16 Octobre 1109.

ASCHALIS episcopus, servus servorum Dei, dilecto filio Pontio, monasterii Cluniacensis abbati, ejusque successoribus regulariter substituendis in perpetuum. Et Religio Cluniacensis cœnobii cui, Deo auctore, præsides, et prædecessoris tui sanctæ memoriæ, Hugonis abbatis, dulcissima reverendaque dilectio cogunt nos, fili in Christo carissime, Ponti abbas (2), tuis petitionibus in-

---

les Maures. (Dom Vaissette, *Histoire du Languedoc*, t. II, p. 580). Saint-Baudile eut jusqu'à dix-huit moines. Au siècle dernier, c'était un prieuré commendataire à la collation de l'abbé de la Chaise-Dieu. Saint-Baudile n'existe plus. On voit aux portes de Nîmes l'emplacement où fut le monastère casadien.

(1) Ms. latin de la Bibliothèque nationale, *Chronica monasterii Casæ Dei*, pp. 155-159. — Ms. latin, 12,745, *Antiquitates Benedictinæ in diœcesi Claromontensi*, 553-556. La copie est d'après l'original.

(2) Pons de Melgueil succéda à saint Hugues au mois de mai 1109. Il avait pour parrain Pascal II. Il fut sacré abbé par Guy de Bourgogne, archevêque de Vienne. Il n'imita point la sagesse de son prédécesseur. Il eut des difficultés avec Pascal II, au sujet de l'abbaye de Saint-Bertin, mais il ne tarda pas à se réconcilier. Son imprudence lui suscita des désagréments, lors de l'élection de l'abbé de Saint-Martial de Limoges. Au concile œcuménique, tenu en 1116, il s'attira par sa vanité de nouveaux mécomptes.

dulgere. Eapropter, abbatias vel prioratus, qui sub prænotati abbatis Hugonis dispositione manserunt, sub tua quoque vel successorum tuorum dispositione permanere decernimus. Id est..
.........,..
..... abbatiam Mauziaci (1)..... Silviniacum..... Voltam (2). Sanctum Florum....... Sanctam Mariam de Castello...... Rivis..
....

Datum apud Castellium, per manum Johannis S. R. E. diaconi cardinalis ac bibliothecarii, xvii Kalendas Novembris, Indictione ii, Incarnationis Dominicæ anno mcix, Pontificatus autem Domini Paschalis secundi xi (3).

LXXII.

Pascal II à Pierre, abbé d'Aniane. Il confirme le jugement porté par les évêques d'Avignon, de Valence et de Die, en vertu duquel la celle de Sainte-Marie de Gourdaignes, dont la Chaise-Dieu revendiquait tou-

---

(1) Hugues de Semur, fils de Dalmace, seigneur de Montaigut, en Bourgogne, et neveu de saint Hugues de Cluny, gouvernait alors l'abbaye de Mozat. Il avait succédé à Eustache de Guignes. Il figure, dès 1102, à la tête du monastère.

(2) Le prieuré de Lavoûte, dont nous avons parlé, était dans l'archiprêtré de Langeac. Il releva de Cluny jusqu'à la fin du xviiie siècle. Il acquit, dans la suite des temps, une assez grande importance. « Le prieur, rapporte Cha» brol (t. iv, p. 506), est seigneur haut justicier. Sa justice comprend le vil» lage de la Voulte, le Pouget et le Bois, dans la paroisse de Saint-Cirgues, » partie du lieu paroissial de Blassac et du village de Chambon, même » paroisse, le surplus étant de la justice royale de Chillat, les villages de » Labout, Paulhat, le Feuil et Cunes, même paroisse, le lieu de Saint» Austremoine et les villages de la Chave, Exploi et le Bénéfice, paroisse » de Saint-Austremoine, le village de la Corte, paroisse d'Aubazat et » Peghairolles dans celle de Saint-Privat du Dragon. » Lavoûte est aujourd'hui Lavoûte-Chilhac, dans le canton ecclésiastique de Saint-Ilpise, diocèse du Puy.

(3) Cocquelines, *Bullarium Romanum*, t. ii, pp. 140-141.

jours la possession, était déclarée appartenir à l'abbaye d'Aniane.

12 Avril 1113.

ASCHALIS episcopus, servus servorum Dei, dilecto filio Petro, Anianensis monasterii (1) abbati, salutem et apostolicam benedictionem. Apostolicæ Sedis auctoritate debitoque compellimur, pro universarum ecclesiarum statu satagentes, earum quieti, auxiliante Domino, providere. Eapropter, opportunum duximus, dum in Galliarum partibus moraremur, controversiam illam quæ inter Casæ Dei monasterium et Anianense cœnobium, super cella de Gordianico agebatur, venerabilibus fratribus Arberto (2) Avenionensi, Eustachio Valentino (3), Hismioni Diensi (4), episcopis, discutiendam determinandamque com-

---

(1) L'abbaye d'Aniane, au diocèse de Montpellier, était de l'ordre de Saint-Benoît. Elle fut fondée, au viiie siècle, par Benoît, fils d'Aigulfe, comte de Maguelonne. Lorsqu'il eut servi dans les armées de Pepin et de Charlemagne, il embrassa la vie religieuse et établit dans une de ses terres le monastère d'Aniane. Son influence et ses réformes, secondées par sa haute sainteté, produisirent en France et en Allemagne de précieux résultats. Le monastère d'Aniane devint un des plus considérables de l'ordre monastique. Sénégilde en occupait l'abbatiat, au commencement du ixe siècle. Sous lui, Louis-le-Pieux confirma la donation faite à l'abbaye d'Aniane du monastère de Gourdaignes. Dans le même siècle, on voit comme abbés Georges (819), Tructesinde (822), Ermenald (858), Elie, Arnulfe (875), Gilmonde (890). Au xe siècle, l'abbatiat fut tenu par Rostaing Ier, qui devint archevêque d'Arles, par Manassès, aussi archevêque d'Arles, Bernard Ier, Leufrède, Rainald et Hugues Ier. Au xie siècle, on remarque Salvator, Ponce Ier et Emmenon. Pierre Ier de Sauve était abbé au commencement du xiie siècle : il fut mêlé aux différends qui s'élevèrent entre son abbaye et celle de la Chaise-Dieu, touchant la celle de Gourdaignes.

(2) Arbert succéda à Albert, sur le siège d'Avignon. On pense qu'il mourut en 1123. C'est à sa prière, ainsi qu'à celle de Léger, évêque de Viviers, que Galtier, évêque de Maguelonne, donna trois églises à Etienne de Mercœur, abbé de la Chaise-Dieu.

(3) Eustache était chanoine du Puy, avant d'être promu à l'évêché de Valence. Il succéda à Gontard vers l'année 1111, ainsi que le témoigne Odon de Gissey.

(4) Saint Hismion, d'abord chanoine de Lyon, fut nommé à l'évêché de Die, après Hugues Ier, au commencement du xiie siècle, et siégea près de vingt ans. Il était d'une naissance illustre, d'une grande érudition et d'une

mittere, qui nimirum, utriusque partis ratiocinationibus diligenter discussis et canonice examinatis, sicut ex eorum allegatione chirographoque comperimus, et perspectis pontificalibus ac regalibus instrumentis, et aliarum chartarum indiciis, justum esse senserunt, et scriptis subscriptionibusque sanxerunt, ut monasterium Anianense præfatam cellam de Gordianico ad Dei servitium regere ac perpetuo habere deberet : ut enim verbis ipsorum loquamur, inter primam justam acquisitionem, et ultimam justam revestitionem, quam per nos acceperant, nullam invenire justam ipsius possessionis interruptionem. Nos ergo supradictorum fratrum quos in hoc negotio nostri vicejudices dedimus, litterarum præsentium decreto judicium confirmamus, et supradictam cellam de Gordianico tibi, carissime Petre, abbas prædicti Anianensis monasterii, tuisque successoribus firmam et quietam in perpetuum manere sancimus; præcipientes et interdicentes, ne super hac ulterius querimonia Casæ Dei fratres Anianense cœnobium inquietare præsumant; sed ut quiete ac libere in perpetuum conservetur cum omnibus pertinentiis ac possessionibus suis, sicut à Ludovico imperatore, Caroli Magni Imperatoris filio, concessum ac traditum Anianensi cœnobio per instrumenti regalis memoriam declaratur. Si qua igitur in futurum ecclesiastica quælibet sæcularisve persona, hanc nostræ confirmationis paginam sciens, contra eam temere venire tentaverit, potestatis honorisque sui dignitate careat, reamque se divino judicio existere de perpetrata iniquitate cognoscat; et a sacratissimo corpore ac sanguine Dei et Domini Redemptoris nostri Jesu Christi aliena fiat, atque in extremo examine districtæ ultioni subjaceat, nisi secundo tertiove commonita præsumptionem suam congrua satisfactione correxerit. Cunctis autem eidem cœnobio justa servantibus sit pax Domini nostri Jesu Christi, quatenus et hoc fructum bonæ actionis percipiant et apud districtum judicem præmia æternæ pacis inveniant. Amen. Amen.

Ego Paschalis, catholicæ Ecclesiæ episcopus ss.

Datum Laterani, per manum Joannis sanctæ Romanæ Eccle-

---

vertu éminente. Il alla deux fois à Jérusalem, et en rapporta des reliques que les habitants de Die honoraient chaque année d'un culte solennel.

siæ diaconi cardinalis ac bibliothecarii, II Idus Aprilis, Indictione VI, Incarnationis dominicæ anno MCXIV (1), Pontificatus quoque Domini Paschalis papæ secundi XIV (2).

LXXIII.

Pascal II à Pierre, abbé d'Aniane. Il arrête de nouveau que le monastère de Gourdaignes dépend de l'abbaye d'Aniane et non de celle de la Chaise-Dieu (3).

28 Décembre 1114.

LXXIV.

Pascal II à Odon, abbé de Saint-Sixte de Plaisance (4). Il confirme le changement opéré dans le monastère de

---

(1) Il faut lire 1115, pour que l'année 14º du pontificat de Pascal II et l'indiction VIᵉ concordent avec notre ère.

(2) Cocquelines, *Bullarium Romanum*, t. II, col. 148-149.

(3) Les moines de la Chaise-Dieu firent encore valoir leurs prétendus droits sur la celle de Gourdaignes; ce qui amena Pascal II à intervenir pour la troisième fois. « Neque sic tamen conquieverunt Casadenses, quos iterum atque
» tertio de jure quod sibi vindicabant, cella Anianensibus asserta, depulit
» Paschalis altera bulla data Petro, V Kalendas Decembris, Pontificatus
» anno XVI, hic est 1114. » *Gallia Christiana*, t. VI, col. 858. — Mabillon, *Annales Benedictini*, t. V, p. 597.

(4) En 874, Ingelberge, épouse de l'empereur Louis II, fit élever à Plaisance un monastère en l'honneur des saints Sixte et Fabien, martyrs, pour les vierges qui voudraient se consacrer à Dieu. Après deux siècles d'existence, le relâchement s'introduisit dans ce monastère, sous l'abbesse Fébronie. La comtesse Mathilde résolut d'y établir la réforme. Du consentement de Pascal II, elle fit venir des moines de la Chaise-Dieu et de Mantoue (1112) et leur confia cette abbaye. Le premier abbé fut Odon, moine élevé à Mantoue. « Papa Pas-
» chalis religionis intuitu, sanctimoniales feminas, quarum fama non bona
» erat, de eodem monasterio emisit, et viros Casæ Dei, videlicet monachos
» ad reformandam religionem in eamdem ecclesiam introduxit. » (Cf. *Istoria ecclesiastica di Piacenza* di Petro Mario Campi, canonico Piacentino, p. 530.
— *Sito, Lodi et Prerogativi del Riverendo monasterio di San Sisto di Piacenza*, Giovanni Bazuchi, 1593).

Saint-Sixte de Plaisance, où les religieuses avaient été remplacées par des religieux venus de la Chaise-Dieu et de Mantoue.

30 Octobre 1115.

egimus in prophetis........................

....

Quamobrem sapientium ac religiosorum virorum consilio provisum est, agente præcipue illustris memoriæ Mathildis comitissa, ut in eodem monasterio viri pro feminis ponerentur; quatenus et religio illic eadem, id est, monastici ordinis servaretur, et monasterii possessiones, quæ jamdiu distractæ fuerant, per eorum restituerentur industriam. Hanc igitur mutationem in loci illius ordinatione, dispositione, nos, auctore Deo, per præsentis scripti paginam confirmamus...
Cætera desiderantur....
Datum Laterani (1)....

LXXV.

Pascal II à Téotard, abbé d'Ebreuil. Il confirme ce monastère dans la possession de plusieurs églises situées dans les diocèses d'Auvergne, Bourges, Saintes et Rodez. Il défend de porter atteinte à ses biens : il lui accorde le droit de sépulture, et arrête que l'abbé sera élu par les moines et consacré par l'évêque d'Auvergne. Il menace du jugement de Dieu ceux qui transgresseront ces dispositions, et promet la paix du Seigneur à ceux qui les observeront.

12 Avril 1115.

aschalis episcopus, servus servorum Dei, dilecto filio Teotardo (2), monasterii Ebroilensis abbati, ejusque successoribus regulariter substituendis in Christo. Piæ postulatio voluntatis effectum debet suum sortiri quatenus et devotionis sinceritas laudabiliter

---

(1) Campi, Parte i, p. 385.
(2) Après Guillaume 1er, l'abbaye d'Ebreuil fut gouvernée par Geoffroi

enitescat, et utilitas postulata vires indubitanter assumat. Quia igitur dilectio tua, ad Sedis Apostolicæ portum confugiens, ejus tuitionem devotione debita requisivit, nos supplicationi tuæ clementer annuimus, et beati Leodegarii monasterium, cui, Deo auctore, præsides, sub tutelam Apostolicæ Sedis excipimus. Per præsentis igitur privilegii paginam, vobis vestrisque successoribus confirmamus ad perpetuum, burgum cum ecclesia S. Gereonis et capellis suis; in Arvernensi pago, ecclesiam Sanctæ Crucis de Velcia (1) cum capella Sancti Mauricii de Vico (2), Sanctæ Mariæ de Caliniaco (3), Sanctæ Mariæ de Salas (4), Sancti Boniti de Cambra (5), Sanctæ Mariæ de Ecclesiola (6),

(1096-1102). Sous lui, Guillaume Paluet, homme d'armes, fit d'importantes donations au monastère de Saint-Léger de Cognac. Son différend avec Ansculfe, abbé de Saint-Jean-d'Angély, au sujet de l'église de Sainte-Marie de Charentenay (*Carentiniaco*), fut terminé par les soins de Ramnulfe, évêque de Saintes. Nous savons, par le Cartulaire de Saint-Léger de Cognac, qu'il réconcilia, à Ebreuil, Guillaume, comte de Poitiers, avec Pierre II de Soubise, évêque de Saintes. (*Gallia Christiana*, t. II, col. 1067.) Il vivait en 1110, puisque Pierre de Soubise figure, en cette année, sur le siége de Saintes. Téotard lui succéda et obtint de Pascal II le privilége qu'il avait demandé. Il était encore abbé en 1174; il fut enseveli dans l'église de Montfermy.

(1) Sainte-Croix de Veauce était prieuré et cure dans l'archiprêtré de Limagne. Le prieuré valait cent livres de rente et la cure quarante livres. Veauce est aujourd'hui une paroisse du canton d'Ebreuil. En 1080, Arnaud de Veauce donna à l'abbaye d'Ebreuil les églises qui relevaient de sa seigneurie de Veauce, des dîmes de Vicq et une forêt située à Chamboirat. La donation fut accomplie, après la mort d'Arnaud, par sa femme et ses enfants, en présence de Guillaume 1er et de ses moines. En retour, on devait inscrire le nom d'Arnaud dans le nécrologe de l'abbaye, célébrer deux services annuels, et faire des aumônes aux pauvres pour le repos de son âme. A la fin du xive siècle, Jean de Bessolles, sire de Veauce, fonda, à Veauce, un chapitre sous le vocable de Saint-Vénérand. En 1448, la dame de Veauce donna les dîmes de Monteignet et de Vicq aux religieux d'Ebreuil, pour avoir part à leurs prières.

(2) Saint-Maurice de Vicq, de l'ancien archiprêtré de Limagne, est dans le canton d'Ebreuil.

(3) Sainte-Marie de Chalignat est dans la paroisse de Saint-Bonnet-de-Rochefort, canton et arrondissement de Gannat.

(4) Sainte-Marie de Salles, de l'ancien archiprêtré de Souvigny, est dans la paroisse de Saint-Germain de Salles, canton de Chantelle.

(5) C'est sans doute Saint-Bonnet de Combrailles, de l'ancien archiprêtré d'Herment, aujourd'hui du canton de Pontaumur.

(6) Sainte-Marie de Lisseuil, de l'ancien archiprêtré de Limagne, est dans le canton de Menat.

Sancti Boniti de Cervant (1), Sancti Genesii de Buissirolas (2), Sancti Victoris de Pozols (3), Sancti Pardulphi (4), Sanctæ Mariæ de Marcillat (5), Sancti Petri de Campis (6), ecclesiam Sancti Pauli (7), Sancti Genesii de Ret (8), Sancti Aniani de Betgue (9), Sancti Quintini (10), Sancti Leodegarii de Laiac (11), Sancti Leodegarii de Monte Frumino (12), Sancti Petri de Chapde (13), Sancti Petri de Nerdugna (14), Sancti Pardulphi de Vilorzangas (15), Sancti Petri de Valle (16), Sancti Pardulphi de Carro (17), Sancti Præjecti (18), Sancti Juliani de Mu-

(1) Saint-Bonnet de Servant, autrefois de l'archiprêtré de Limagne, est une paroisse du canton de Menat, dans l'arrondissement de Riom.
(2) Saint-Genès de Busserolles.
(3) Saint-Victor de Pouzols, de l'ancien archiprêtré de Blot, est du canton de Menat.
(4) Saint-Pardoux, de l'ancien archiprêtré d'Herment, est du canton de Menat.
(5) Sainte-Marie de Marcillat, de l'ancien archiprêtré de Limagne, est du canton de Menat.
(6) Saint-Priest-des-Champs, de l'ancien archiprêtré d'Herment, est du canton de Saint-Gervais.
(7) Saint-Paul de Brout, aujourd'hui Brout-Vernet, canton d'Escurolles. Dans un mémoire de 1756, il est question de l'église de Saint-Paul de Brout comme étant depuis longtemps détruite.
(8) Saint-Genès du Retz, prieuré et cure de l'ancien archiprêtré de Limagne, est du canton d'Aigueperse. Le prieuré était uni au chambrier d'Ebreuil.
(9) Saint-Aignan de Bègues, de l'ancien archiprêtré de Limagne, est du canton et de l'arrondissement de Gannat.
(10) Saint-Quintin, de l'ancien archiprêtré de Limagne, était, au siècle dernier, à la nomination de la prieure de Sainte-Marie de Charenton, diocèse de Bourges. C'est aujourd'hui une paroisse du canton de Menat.
(11) Saint-Léger d'Ayat, paroisse du canton de Saint-Gervais.
(12) Saint-Léger de Montfermy, prieuré et cure de l'ancien archiprêtré de Blot, est du canton de Pontgibaud. Il y avait un prieuré, en 1265.
(13) Saint-Pierre de Chapdes-Beaufort, paroisse du canton de Pontgibaud.
(14) Saint-Pierre de Landogne, de l'ancien archiprêtré d'Herment, est une paroisse du canton de Pontaumur.
(15) Saint-Pardoux de Villossanges, de l'ancien archiprêtré d'Herment, est du canton de Pontaumur. Au siècle dernier, la cure était annexée à l'archiprêtré de Blot.
(16) Saint-Pierre du Val, de l'ancien archiprêtré d'Herment, est un hameau de la commune de Combrailles, canton de Pontaumur.
(17) Saint-Pardoux de Chars, de l'ancien archiprêtré d'Herment.
(18) Saint-Priest de Bramefant, de l'ancien archiprêtré de Limagne, est une paroisse du canton de Randan.

roile (1), Sancti Martini de Garriga (2), Sancti Bravii de Punciaco (3), Sancti Hilarii (4), Sancti Petri de Cella (5), Sancti Magnerii (6), Sanctæ Mariæ de Vergiaco (7), Sancti Galli (8) et Sancti Saturnini de Venta (9). In episcopatu Bituricensi (10); ecclesiam Sancti Marcelli de Scaceras (11), Sancti Hilarii de Dorminnac (12), Sancti Boniti de Balanava (13), Sancti Andreæ de Valiniaco (14), Sancti Portiani de Navas (15). In pago Rodonensi ; ecclesiam Sanctæ Mariæ de Logaugnac (16), Sanctæ Mariæ de Jevei-

(1) Saint-Julien de Moureuille, de l'ancien archiprêtré de Limagne, est une paroisse du canton de Montaigut.
(2) Saint-Martin de La Jarige, ancienne vicairie située aux extrémités de la paroisse d'Ebreuil, vers le bois de Grandval. Cette vicairie avait un rapport de 158 livres, 15 sols.
(3) Saint-Bravi de Pionsat, prieuré et cure de l'ancien archiprêtré de Menat, est chef-lieu de canton de l'arrondissement de Riom.
(4) Saint-Hilaire, prieuré et cure de l'ancien archiprêtré de Menat, est du canton de Pionsat.
(5) Saint-Pierre de la Celette, de l'ancien archiprêtré de Menat, est du canton de Pionsat.
(6) Saint-Maigner est du canton de Pionsat.
(7) Sainte-Marie de Vergheat, prieuré et cure de l'archiprêtré de Menat, est du canton de Pionsat. Le prieuré était à la cure d'Ebreuil et la cure au prieur de Vergheat.
(8) Saint-Gal, de l'ancien archiprêtré de Limagne, est du canton de Menat.
(9) Saint-Saturnin de Vensat est du canton d'Aigueperse.
(10) Le diocèse de Bourges comprenait autrefois une partie du Bourbonnais.
(11) Saint-Marcel d'Echassières, de l'ancien archiprêtré de Chantelle, est du canton d'Ebreuil, diocèse de Moulins.
(12) Saint-Hilaire de Durmignat est du canton de Montaigut, arrondissement de Riom.
(13) Saint-Bonnet de Bellenaves, de l'ancien archiprêtré de Chantelle, est du canton d'Ebreuil.
(14) Saint-André de Valignat, de l'ancien archiprêtré de Chantelle, est du même canton.
(15) Saint-Pourçain de Naves, de l'ancien archiprêtré de Chantelle, est du canton d'Ebreuil. En 1140, Pierre de La Châtre, archevêque de Bourges, donna ses biens de Naves à ses successeurs.
(16) Sainte-Marie de Lugaghac, au diocèse de Rodez. Sous l'abbatiat de Guillaume, un moine d'Ebreuil, nommé Hugues, se rendit, en compagnie d'un clerc, au monastère de Conques, situé dans le pays des Ruthènes. Ils arrivèrent en un lieu, nommé *Legagnac*, en temps de carême, et comme le prêtre et le seigneur du lieu, Gilbert Airald, étaient partis pour Rome et que

rac(1), Sancti Martini de Cromeras (2), Sanctæ Mariæ de Lelna (3), Sancti Martini (4), Sancti Mauricii de Marnac (5), et Sancti Agangi (6). In episcopatu Santonensi, ecclesiam Sancti Leodegarii (7) cum capellis, Sanctæ Mariæ, Sancti Martini de Cumiaco (8). Sancti Sulpicii (9), Sanctæ Mariæ Magdalenæ de Crong (10), S. Mariæ de Salas (11), ecclesiam de Botsac (12),

l'église était déserte, ils y célébrèrent les offices divins jusqu'à leur retour. Touchés de la piété du moine, le seigneur et son épouse donnèrent Lugaghac à l'abbaye d'Ebreuil. (Mabillon, *Annales Bened.*, t. v, p. 56.) En 1146, Pierre II, évêque de Rodez, concéda à cette abbaye les églises désignées dans cette bulle. (*Gallia Christiana*, t. I, col. 207.) Depuis, cette église a relevé d'Ebreuil. On lit dans un pouillé de 1510 : « Nota quod Luganhac non est
» ecclesia parochialis, sed est quedam capella seu conventus in parochia Sancti
» Martini de Cromerys et prioratus sumit nomen a dicta capella, nam prioratus
» de Luganhaco est prioratus regularis Sancti Benedicti conventualis in quo
» solebant esse certi monachi dicti ordinis, et ideo prioratus nexi et sumunt
» nomen a capella. Dicitur prioratus predictus dependere de monasterio Sancti
» Leudegarii de Brolio, ordinis Sancti Benedicti, Claromontensis diocesis. Et
» valet mille libras : nam habet quatuor ecclesias sub se, scilicet ecclesia
» Sancti Martini de Lenna, ecclesia Sancti Martini de Cromeriis, ecclesia de
» Memhaco et ecclesia de Severiaco-Ecclesia : que iste quatuor ecclesie sunt ibi
» annexe et quelibet habet suum rectorem. » En 1618, le prieuré de Lugaghac fut délaissé à la congrégation de Saint-Maur de Toulouse, moyennant une somme de 500 livres, payable, les deux tiers à l'abbaye d'Ebreuil, l'autre tiers aux religieux. Aujourd'hui, c'est un lieu inhabité.

(1) Sainte-Marie de Sévérac, paroisse du canton de Laissac, arrondissement de Milhau.

(2) Saint-Martin de Cormières, paroisse du canton du Pont-de-Salars, arrondissement de Rodez.

(3) Sainte-Marie de Lenne, chapelle vicariale de la commune de Saint-Martin de Lenne, du canton de Campagnac, arrondissement de Milhau.

(4) Saint-Martin de Lenne, paroisse du canton de Campagnac.

(5) Saint-Maurice de Marnhac, paroisse, commune et canton de Saint-Geniès, arrondissement d'Espalion. Une partie de la petite ville de Saint-Geniès était autrefois de la paroisse de Marnhac.

(6) *Saint-Agange*. C'est sans doute Saint-Aignant, de la commune de Ségur, canton de Vezins, arrondissement de Milhau.

(7) Saint-Léger de Cognac. Cognac est chef-lieu d'arrondissement du département de la Charente.

(8) Saint-Martin, commune du canton de Cognac.

(9) Saint-Sulpice, *Id.*

(10) Sainte-Marie-Madeleine de Crouin, *Id.*

(11) Sainte-Marie de Salles, paroisse de l'arrondissement de Cognac.

(12) C'est sans doute Louzac, paroisse du canton de Cognac.

S. Bibiani de Charnes (1), ecclesiam de Genten (2), ecclesiam de Gaverda (3), ecclesiam S. Leodegarii de Ariazo (4), S. Petri de Liriorta (5), et cætera quæ vel in præsenti, septima indictione, idem cœnobium legitime possidet, vel in futurum, concessione pontificum, liberalitate principum vel oblatione fidelium juste atque canonice poterit adipisci. Decernimus ergo ut nulli omnino hominum liceat idem monasterium temere perturbare, aut ejus possessiones auferre, vel ablatas retinere, minuere, vel temerariis vexationibus fatigare, sed omnia integra conserventur eorum pro quorum sustentatione et gubernatione concessa sunt, usibus omnimodis profutura, quatenus, auctore Domino, locus idem regularis semper ordinis custodia vigeat, et in sua semper liberalitate permaneat. Porro sepulturam ejusdem loci omnino liberam esse decernimus, ut eorum qui illic sepeliri deliberaverint, devotioni et extremæ voluntati, nisi forte excommunicati sint, nullus obsistat. Obeunte te, nunc ejus loci abbate, vel tuorum successorum, nullus ibi qualibet subreptionis astutia seu violentia præponatur, nisi quem fratres communi consensu, vel fratrum pars consilii sanioris, vel de suo, vel de alieno, si oportuerit, collegio, secundum Domini timorem et B. Benedicti regulam elegerint, ab Arvernensi episcopo consecrandum. Si qua igitur in futurum ecclesiastica quælibet sæcularisve persona, hanc nostræ constitutionis paginam sciens, contra eam temere venire tentaverit, secundo tertiove commonita, si non satisfactione congrua emendaverit, potestatis honorisque sui dignitate careat, reamque se divino judicio existere de perpetrata iniquitate cognoscat, et a sacratissimo corpore et sanguine Dei et Domini nostri Redemptoris Jesu Christi aliena fiat, atque in extremo examine districtæ ultioni subjaceat. Cunctis autem eidem loco justa servantibus sit pax Domini nostri Jesu Christi, quatenus et hic fructum bonæ actionis percipiant, et apud dis-

---

(1) Saint-Bibien de Cherves, paroisse du canton de Cognac.
(2) Genté, commune de l'arrondissement de Cognac.
(3) Javrezac? paroisse du canton de Cognac.
(4) Ars? paroisse du même canton.
(5) Le Breuil-la-Réorte, canton de Surgères, arrondissement de Rochefort.

trictum judicem præmia æternæ pacis inveniant. Amen. Amen. Amen.

Scriptum per manum Crisogoni, notarii Sacri Palatii.

Ego Paschalis, Catholicæ Ecclesiæ episcopus.

Datum Laterani, per manum Joannis sacræ Romanæ Ecclesiæ diaconi cardinalis ac bibliothecarii, 11 Nonas Aprilis, indictione septima, Incarnationis dominicæ anno millesimo centesimo decimo quinto, Pontificatus autem domini Paschalis II papæ anno ejusdem xv (1).

LXXVI.

Pascal II à l'abbé de la Chaise-Dieu. Il lui recommande de réintégrer l'abbé de Saint-André de Vienne auquel il avait enlevé l'abbatiat, sans que l'archevêque de Vienne eût porté un jugement.

1099-1118.

ASCHALIS episcopus, servus servorum Dei, filio abbati Casæ Dei salutem et apostolicam benedictionem. Ecclesiasticarum personarum causæ judicio magis sunt quam violentia pertractandæ. Idcirco, abbatem monasterii Sancti Andreæ fraternitas tua non debuit sine judicio episcopali a monasterii prælatione subtrahere et in claustri vestri custodiam deportare. Tuæ igitur dilectioni præcipimus ut abbatem monasterio suo quiete restituas, dehinc aut Viennensis episcopi aut nostro judicio ejus causa tractetur, ut finem debitum sortiatur (2).

(1) *Gallia Christiana*, t. II, Instrumenta Ecclesiæ Claromontensis, col. 121-122. — *Tablettes historiques de l'Auvergne*, t. VII, p. 282-284. — *Histoire de la ville, du château et de l'abbaye d'Ebreuil*, par l'abbé Boudant, p. 65-67. — Cette bulle était conservée avec son sceau dans les archives du monastère d'Ebreuil.

(2) Bibliothèque nationale, Collection Baluze, t. 75, p. 415.

LXXVII.

Pascal II à Guy, archevêque de Vienne. Il lui enjoint de déposer Pierre Umbert, que l'abbé de la Chaise-Dieu avait mis à la tête de Saint-André de Vienne, et de rétablir ce monastère dans sa primitive indépendance (1).

1099-1118.

LXXVIII.

Gélase II à Pons, abbé de Cluny. Il lui confie, à l'exemple de ses prédécesseurs, la direction d'un grand nombre d'abbayes, parmi lesquelles sont désignées les abbayes de Mozat, Thiers et Menat, situées en Auvergne.

1119.

ELASIUS (2), episcopus, servus servorum Dei, charissimo in Christo filio, Pontio, Cluniacensi abbati, ejusque successoribus regulariter substituendis in perpetuum.............. Sane et abbatias quas prædecessores nostri Apostolicæ Sedis pontifices, prædecessoribus tuis deliberatione provida per sua privilegia commiserunt, nos quoque strenuitati tuæ ac successoribus tuis in eadem

---

(1) L'abbé de Saint-André, Pierre Umbert, ne répondit pas aux espérances qu'on avait conçues de son administration. Loin de faire fleurir la religion dans son monastère, il la laissa dépérir. L'archevêque de Vienne et l'abbé de la Chaise-Dieu tentèrent plusieurs fois de remédier à cette situation. La pape intervint, en prononçant contre l'abbé un arrêt de déposition. Ce décret est mentionné dans une lettre de Calixte II à Pierre, archevêque de Vienne, que nous donnons plus bas.

(2) Gélase II fut nommé malgré lui, le 25 janvier 1118. Il gouverna l'Eglise un an et quelques jours. Il mourut à Cluny et y fut enseveli. Il était très-versé dans les lettres. Baronius dit que, si on excepte les martyrs, on ne trouvera personne qui, en si peu de temps, ait supporté de si grandes souffrances, et qui soit digne de plus grands éloges. Il avait pour sentence : « Deus (*alias* Dominus) in loco sancto suo. »

religionis observantia, et dilectione Sedis Apostolicæ permansuris, ordinandas committimus, ut per industriam vestram, religionis status in eis, auxiliante Domino, conservetur ....
....
... in pago Arvernensi, abbatiam Mauziacensem, Tiernensem et Menatensem.....

Datum Avenioni.... anno 1119, Pontificatus autem domini Gelasii II papæ anno 1 (1).

LXXIX.

Calixte II à l'abbé et aux moines d'Aniane. Il leur signifie de venir le trouver à la prochaine Octave de la Pentecôte, afin qu'il termine leur différend avec les moines de la Chaise-Dieu, au sujet du monastère de Gourdaignes.

15 Avril 1119.

ALIXTUS (2) episcopus, servus servorum Dei, dilectis filiis Anianensi abbati (3) et monachis, salutem et apostolicam benedictionem. Fratres Casæ Dei querelam suam super cellam de Gordanico adhuc repetere non desistunt. Quamobrem, fraternitati vestræ per præsentia scripta præcipimus ut, in proximis octavis Pentecostes, vos omnino ad causæ hujus actionem paratos nostro conspectui præsentetis, quatenus querelam tanto tem-

---

(1) Mansi, *Concilia*, t. XXI, p. 170. — *Patrologie*, édit. Migne, t. CLXIII, col. 509-510.

(2) Calixte II, archevêque de Vienne, fut élu à Cluny, où il avait été élevé, trois jours après la mort de Gélase. Pendant un épiscopat de trente-un ans, il fit preuve des plus grandes qualités. Sur le siége de Saint Pierre qu'il occupa cinq ans (1119-1124), il pacifia l'Eglise et l'empire, fit à Rome des établissements considérables, et rendit à la religion et à la science d'éminents services. Calixte II est venu à Clermont. Il avait pour sentence : « Firmamentum est Dominus timentibus eum. »

(3) Ponce II, élu abbé d'Aniane, en 1115, avait succédé à Pierre Ier de Sauve.

pore agitatam judiciali tandem sententia, præstante Domino, terminetis.

Data Anicii (1), xvii Kalendas Maii (2).

LXXX.

Calixte II à Etienne, abbé de la Chaise-Dieu. A l'exemple de ses prédécesseurs, Urbain II et Pascal II, il lui assure la protection du Saint-Siége. Il confirme cette abbaye dans la possession de ses biens, et notamment des monastères de Saint-Marin de Pavie, Frassinoro et Saint-Sixte de Plaisance.

28 Avril 1119.

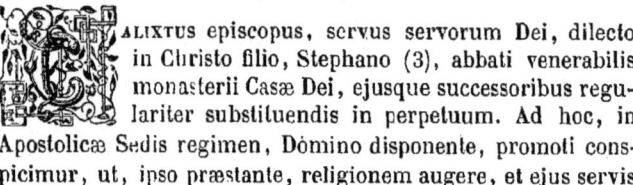

alixtus episcopus, servus servorum Dei, dilecto in Christo filio, Stephano (3), abbati venerabilis monasterii Casæ Dei, ejusque successoribus regulariter substituendis in perpetuum. Ad hoc, in Apostolicæ Sedis regimen, Domino disponente, promoti conspicimur, ut, ipso præstante, religionem augere, et ejus servis

---

(1) De Cluny, Calixte II s'était rendu à Lyon; de Lyon, il vint au Puy, où il resta quelques jours.

(2) Ms. latin 12,772, Collection de D. Estiennot, p. 24. — Ms. latin 13,816, Collection de D. Le Michel, f. 74. — *Etude sur les actes du pape Calixte II*, par Ulysse Robert, Appendice, i.

(3) Etienne de Mercœur, qu'on dit être parent de saint Odilon, succéda à Aimeric. Dans les annales de la Chaise-Dieu, il apparaît en 1114. Il étendit les possessions de son monastère dans les diocèses de Maguelonne, Uzès, Rodez, Agde, Mende, Valence et Poitiers. En 1114, il reçut de Raimond Ier, évêque d'Uzès, une charte de confirmation des églises de Saint-Laurent et de Saint-Vincent de *Malliacum* données par Hugues, prédécesseur de Raimond. En 1115, il transigea, à Périgueux, avec Guillaume d'Auberoche, évêque de cette ville, qui lui donna l'église de Chaslais, à condition que les moines de la Chaise-Dieu servîraient, chaque année, à la fête de Saint-Fronton, une livre d'encens au chapitre de Périgueux. En 1116, il reçut de Galtier, évêque de Maguelonne, les églises de Saint-Vincent de Junchères, de Saint-Pierre de Pousson et de Tauron. En 1117, il se rendit à Lyon et, du consentement de l'archevêque, de l'évêque de Viviers, du doyen du chapitre et de plusieurs chanoines, et des abbés d'Ainay et de l'Ile-Barbe, il permuta plusieurs églises

tuitionem debeamus impendere. Proinde, fili in Christo carissime, Stephane, tuis petitionibus annuentes, venerabile Casæ Dei monasterium cui, Deo auctore, præsides, ad exemplar prædecessorum nostrorum sanctæ memoriæ Urbani secundi et Paschalis secundi pontificum, protectione Sedis Apostolicæ specialiter confovemus, et tam caput quam membra cœtera præsentis decreti auctoritate munimus. In quibus nimirum membris hæc propriis duximus nominibus annotanda : abbatiam videlicet Sancti Marini Papiensis, abbatiam Fraxinorensem, abbatiam Sancti Sixti apud Placentiam (1). Ecclesias quoque, sive possessiones ex episcoporum vobis donatione concessas donamus atque confirmamus. Decernimus ergo ut nulli omnino hominum liceat idem cœnobium modis quibuslibet perturbare aut ei subditas possessiones auferre, vel ablatas retinere, minuere, vel contrariis vexationibus fatigare, sed omnia integra conserventur eorum, pro quorum sustentatione ac gubernatione concessa sunt, usibus omnimodis profutura. Hoc etiam capitulo præsenti subjungimus, ut, in communi interdicto, liceat fratribus vestris, qui per vestras abbatias, vel ecclesias commorantur, clausis januis, divina officia celebrare. Si qua igitur in futurum ecclesiastica secularisve persona, hanc nostræ constitutionis paginam sciens, contra eam quoquo modo venire tentaverit, secundo tertiove commonita, si non satisfactione congrua emendaverit, potestatis honorisque sui dignitate careat, reamque se divino judicio existere de perpetrata iniquitate cognoscat, et a sacratissimo corpore ac sanguine Dei et Domini Redemptoris nostri Jesu Christi aliena fiat, atque in extremo examine districtæ ultioni subjaceat. Cunctis autem eidem loco sua jura servantibus sit pax Domini nostri Jesu Christi, quatenus et hic fructum bonæ actionis percipiant, et

---

avec le chapitre de Lyon. La même année, Aimeric, évêque de Clermont, lui concéda l'église d'Auzon, avec l'assentiment d'Adhémar, doyen, et des autres chanoines de Sainte-Marie. A la même époque, il reçut Sainte-Livrade, en Agénois, des clercs de ce monastère, et le prieuré de Villers, de Raoul, comte de Vermandois. (*Gallia Christiana*, t. II, col. 558).

(1) Calixte II n'avait pas encore été sans doute circonvenu par Fébronie, abbesse de Saint-Sixte; c'est plus tard, comme nous le verrons, qu'il l'autorisa à rentrer dans son monastère.

apud districtum judicem præmia æternæ pacis inveniant. Amen. Amen. Amen.

Datum (1)... per manum Crysogoni, Sanctæ Romanæ Ecclesiæ diaconi cardinalis ac bibliothecarii, quarto Kalendas Maii, indictione duodecima, dominicæ Incarnations anno millesimo centesimo vigesimo, pontificatus autem domini Calixti papæ secundi anno primo (2).

LXXXI.

Calixte II à Francon, abbé de Tournus. Il confirme ce monastère dans la possession de ses églises, dont un grand nombre était dans l'évêché de Clermont.

10 Mai 1119.

ALIXTUS episcopus, servus servorum Dei, dilecto in Christo filio, Franconi (3), Trenorciensi abbati, ejusque successoribus regulariter promovendis in perpetuum. Justis votis assensum præbere, justisque petitionibus aures accommodare nos convenit, qui, licet

---

(1) Calixte II était entre le Puy et Brioude, probablement à Brioude. Le 1er mai, il expédia de cette ville deux bulles. Dans l'une, il charge Hugues, évêque de Grenoble, et Pierre, évêque de Die, d'apaiser le différend qui existait entre les moines de Saint-Chaffre et le prieur de l'église de Vizille. Dans l'autre, il engage le clergé et le peuple de Lucques à protéger le monastère de Saint-Frédien. C'est sans doute de Brioude que Calixte II vint à Clermont. Il y était entre le 1er mai et le 31. Louis-le-Gros envoya Conon, évêque de Préneste et légat du Saint-Siège, Pierre, évêque de Beauvais, et Thomas, abbé de Morigny, pour lui offrir en son nom des hommages (*Gallia Christiana*, t. XII, col. 178). Pendant son séjour à Clermont, les moines de la Chaise-Dieu vinrent le trouver pour faire valoir leurs droits sur le monastère de Gourdaignes. Nous savons par Mansi (*Concilia*, XXI, 228) qu'il expédia une bulle de cette ville. Il consacra alors l'église de Saint-Robert de Montferrand, construite par Guillaume VI, et située au midi de la ville, près du cimetière actuel.

(2) Bibliothèque nationale, ms. latin, 12,820, *Chronica monasterii Casæ Dei*, p. 159-162. — Au manuscrit manquent la date du lieu, la souscription, la roue et le monogramme.

(3) Francon de Rouzai succéda (1108) à Guillaume Ier, qui avait succédé à Pierre. Il avait été prieur de Saint-Pourçain. Aimon II, sire de Bourbon, jura

indigni, justitiæ præcones, in excelsa Apostolorum Petri et Pauli specula positi, Domino disponente, conspicimur. Idcirco, petitionibus suis clementius annuentes, Trenorciensi cœnobio, cui, Deo auctore, præsides, ad exemplar prædecessoris nostri sanctæ memoriæ Paschalis papæ, præsidium apostolicæ protectionis impendimus, et loca illa, quæ vel antecessorum tuorum, vel tuæ strenuitatis industria aut rationabiliter acquisivit, aut legitime recuperavit, vel antiquorum principum seu episcoporum liberalitate eidem cœnobio concessa sunt, præsenti decreti pagina vobis vestrisque successoribus confirmamus. In episcopatu videlicet Claromontensi; monasterium Sancti Porciani, cum ecclesiis de Besson, de Quintiniaco, de Polines, de Celsiaco, de Travallio, de Felinia, de Monte aureo, de Sustris, de Charel, de Liriniaco, de Martiliaco, de Montfane, de Baiaco, de Barbariaco, de Vernei, de Villena, de Lupiaco, de Paredo, de Brialis, de Verinnas, de Voros, de Sancto Lupo, ecclesias de Besiaco, de Nuiliaco, de Capela, de Branciaco, de Floriaco, cum capella de Cava rocca; ecclesiam de Salviliis, de Libiaco, ecclesiam Sancti Nicolai et ecclesiam de Vernolio (1)..........
....

Datum apud Celsinianiam (2), per manum Chrysogoni, S. R.

à Francon, entre les mains du roi Louis, que jamais il ne causerait de préjudice à la ville de Saint-Pourçain, ni à aucun de ses habitants : il s'engagea à donner au prieur treize de ses vassaux qui répondraient de lui jusqu'à concurrence de 500 sols chacun, et treize autres qui répondraient pour différentes sommes formant un total de 6,900 sols (*Etude sur les sires de Bourbon*, par A. Chazaud, p. 172-173.

(1) Ces églises sont les mêmes que celles dont nous avons parlé plus haut.

(2) Calixte II data cette bulle de Sauxillanges où il s'était rendu. Ce monastère avait eu, depuis Etienne Ier, un grand nombre de prieurs. Hugues III, de Semur, qui lui avait succédé, tenait le priorat en 1100. Après lui viennent Jean Ier de Vienne (1102), Jacques de Vienne (1104), Garin de Vienne (1108), Philippe Ier de Vienne (1109), Etienne II (1111), Arpin de Montfaucon (1112), Roland (1114), Oger d'Anglare (1115), Maurice de Montmorin (1116), Hugues IV de Clermont (1121), Blandin de Clermont (1121), Bernard II de Poitiers (1122), Etienne III de La Tour (1125), Hélie Ier de Saint-Hilaire (1129), Humbert de La Tour (1131).

De Sauxillanges, Calixte II se rendit sans doute à Aurillac où, dit-on, il séjourna huit jours, et, de là, à Mauriac. Il y donna, le 24 mai, une bulle de confirmation des possessions du monastère de Vaux-sur-Poligny. (*Abrégé de l'histoire du prieuré conventuel de Notre-Dame de Vaux-sur-Poligny*, par Dom Chassignet, p. 54.

E. diaconi cardinalis ac bibliothecarii, vi Idus Maii, indictione xii, dominicæ Incarnationis anno mcxx (1), pontificatus autem domini Calixti secundi papæ anno i (2).

LXXXII.

Calixte II aux chanoines de Saint-Julien de Brioude. Il met ce chapitre sous la protection du Saint-Siége, le confirme dans la possession de plusieurs abbayes et églises, et l'autorise à choisir l'évêque qui lui plaira pour le saint-chrême, les saintes huiles, la consécration des autels et l'ordination des clercs. Il décrète qu'après la mort de l'abbé ou du prévôt, ce chapitre aura seul le droit d'élire leur successeur. Il enjoint au chapitre de payer annuellement un sol d'or au palais de Latran.

1er Juin 1119.

ALIXTUS episcopus, servus servorum Dei, dilectis in Christo filiis Brivatensis Ecclesiæ Sancti Juliani canonicis (3), tam præsentibus quam futuris in perpetuum. Cum universis Ecclesiæ filiis, ex Apostolicæ Sedis auctoritate ac benevolentia, debitores existamus,

---

(1) D'après le calcul que nous suivons, il faut lire 1119 et non 1120.
(2) Cocquelines, *Bullarium Romanum*, t. ii, p. 162. — Mansi, *Concilia*, t. xx, p. 205. — *Patrologie*, édit. Migne, t. clxiii, col. 1096-1097.

(3) Le chapitre de Brioude était florissant, au commencement du xiie siècle. Nous faisons connaître ses abbés, prévôts, doyens, depuis ses origines jusqu'à cette époque.

ABBÉS.

Calmin. Il était abbé avant 612, suivant les annales de l'Eglise de Brioude.
Saint Césaire, évêque d'Auvergne. Il était abbé vers 624, suivant la chronique du chapitre.
Gallus, abbé vers 630.
Félix, abbé au viie siècle. (Cf. Flodoard, lib. ii, c. 6. — Mabillon, *Ann. Bened.*, lib. xiii, n° 20.
Genès. Suivant les annales du chapitre, il était abbé vers 660.
Gédéon. Il siégeait en 766, la douzième année de Waifre, duc d'Aquitaine.
Itier (778).

illis tamen locis atque personis quæ specialius ac familiarius Romanæ adherent Ecclesiæ, propensiori nos convenit caritatis

Saint Guillaume Ier (789). Il était abbé-chevalier de Brioude et duc d'Aquitaine.

Ferréol. *Le Cartulaire de Brioude* signale les faits suivants passés sous son abbatiat. La quatrième année de Louis-le-Débonnaire (818), il reçoit un mas d'Adrebert au territoire de Rilhac (*Cartulaire de Brioude*, ch. 252). La septième année du règne de Pepin, roi d'Aquitaine (821), Mauringe, prêtre, fait une donation à l'église de Saint-Julien (*Id.*, ch. 127). En 827, Ranulfe et Frodoalde, son épouse, font cession d'une vigne (*Id.*, ch. 191). En 830, Folchran cède une portion de ses biens (*Id.*, ch. 230. En 834, Ferréol fait lui-même une donation (*Id.*, ch. 87). En 825, il fit reconstruire l'église de Saint-Julien que les barbares avaient livrée aux flammes.

Stable, évêque de Clermont. En 836, Pepin, roi d'Aquitaine, confirma, à sa prière, les possessions de Saint-Julien.

Bernard Ier, comte d'Auvergne. Il figure, au *Cartulaire de Brioude*, la huitième année du règne du Pepin II, roi d'Aquitaine, la sixième année du règne de Charles-le-Chauve et la huitième année du règne de l'empereur Lothaire. Il donna aux chanoines de Brioude une croix en lames d'or et ornée de pierreries, sur les bras de laquelle on lisait : « In Christi nomine et in honore Sancti Juliani martyris hanc crucem Bernardus comes et Liutgardis conjux fieri jusserunt. »

Guillaume II. Il était de la maison des comtes d'Auvergne. Sous lui, Anastase, doyen, donna plusieurs terres aux chanoines de Brioude (859).

Bernard II, comte. En 863, il fit un échange avec Lanfrède, abbé de Mozat.

Warin, comte d'Auvergne. Il siégeait en 869, la seconde année du règne de Louis II, roi d'Aquitaine, fils de Charles-le-Chauve (V. *Cartulaire de Brioude*, ch. 56, 152, 257).

Frotaire, archevêque de Bourges. Il tint l'abbatiat sous les règnes de Louis III, de Charles-le-Gros et d'Eudes. Il figure aux chartes 13, 29, 34, 38, 151, 197, 200, 223, 225, 260, 265, 271, 289.

Frédéric, évêque. (*Nobiliaire d'Auvergne*, t. VII, p. 581).

Adalgaire, évêque de Rodez. Il posséda l'abbaye de 888 à 891. (*Cart. de Brioude*, ch. 184, 212, 278, 297).

Guillaume III (le Pieux), duc d'Aquitaine et comte de Poitiers. L'abbaye était de nouveau tombée entre des mains laïques. Guillaume la posséda, depuis 892 jusqu'à sa mort. (*Cart. de Brioude*, ch. 23, 45, 357). Ce comte, d'une foi éminente, fut enseveli dans l'église de Brioude, près de l'autel de Sainte-Croix. On grava cette épitaphe sur sa tombe :

> Willelmus pius jacet hic tumulatus,
> Cujus morte polus gaudet, terra lacrimatur,
> Gaudet Brivata tanto duce nobilitata,
> Fleut sibi sublata Pictavi ossa beata.

studio imminere. Eapropter, petitionibus vestris annuendum censuimus, ut beati Juliani Brivatensem ecclesiam protectione

Guillaume IV. Il succéda à Guillaume III, son oncle. Sous lui, Eldenorde donna à Saint-Julien ses biens de Solignat.

Alfred. Il siégeait en 923. Il donna l'église de Brassac au chapitre de Brioude.

Dalmace. Son abbatiat dura, dit-on, cinquante ans. Il figure dans un grand nombre de chartes (*Cartulaire de Brioude*, ch. 2, 36, 41, 46, 58, 63, 69, 75, 86, 107, 108, 113, 114, 133, 139, 140, 147, 170, 177, 185, 186, 189, 194, 196, 198, 211, 216, 217, 229, 254, 249, 250, 253, 258, 261, 266, 272, 275, 281, 290, 301, 503, 505, 520, 337). A la même époque, Cunabert et Robert sont désignés comme abbés de Brioude. On pense qu'outre l'abbatiat laïque, il y avait un abbatiat monastique, tenu par des religieux.

Arnulfe (998). Il est mentionné sous le règne de Robert. Il est vraisemblablement le même qu'Allafe, Arculfe ou Allufe dont il est ailleurs question.

Ebralde (*Ewrard, Airard, Evralde*). On trouve des abbés de ce nom, sous les rois Robert (996-1031) et Henri Ier (1031-1060) (*Cartul. de Brioude*, ch. 6, 11, 49, 300, 310, 319, 320, 322). Il s'agit sans doute du même abbé.

Etienne. Il fut présent à une donation faite à Saint-Julien de Brioude par les frères Ponce et Guillaume. Il signe un acte de cession en faveur de son chapitre (*Cartul. de Brioude*, ch. 178).

Raoul Ier (1063). Il signe la donation d'une maison située à Madriat faite par Ponce Avoiron à l'église de Brioude. Vers 1066, il donne avec Robert de Lugeac l'église de Saint-André-de-Comps à la Chaise-Dieu.

Ponce (1066). Il était abbé, quand Pierre, chanoine de Brioude, fut établi prévôt des Saints-Julien et Ferréol de Vienne par Léger, archevêque de Vienne (Mabillon, *Ann. Bened.*, t. v, ad an. 1067).

B... d'Alzon. Il figure, en 1100, dans un accord entre le chapitre de Brioude et Odilon de Mercœur, doyen.

Guillaume V. Il siégeait vers 1156.

L'abbaye, d'abord première dignité du chapitre, eut rang après la prévôté dans les xie, xiie et xiiie siècles.

PRÉVOTS.

Radbert (817). Il était prévôt sous l'abbé Ferréol.

Adalgise. Il figure sous les règnes de Charles-le-Chauve et de Louis II (*Cartul. de Brioude*, ch. 56, 76, 152, 168, 190, 199, 210, 282, 304).

Chatelain (874). La première année du règne de Louis-le-Bègue, il ratifie une donation d'Arloin au profit du chapitre de Brioude, et la seconde année du règne de Charles-le-Gros, la donation du lieu de Frugères faite au chapitre par Eldebard, prêtre. (*Cartul. de Brioude*, ch. 29, 152, 197, 200, 219, 223, 240, 260, 263, 268, 271, 239).

Futaire. Il consent avec Aldefred, doyen, à une donation faite par Frotaire, abbé de Brioude.

Heldefrède (*Aldefrède, Elfrède, Helfride*). Il passa du décanat à la pré-

Sedis Apostolicæ muniremus, per præsentisque privilegii paginam, apostolica auctoritate statuimus, ut quæcumque bona,

vôté vers 889, et l'occupa jusqu'à la douzième année du règne de Charles-le-Simple. Il approuva la donation du lieu de Paulhac faite par Robert au chapitre de Brioude, et une autre donation faite sous l'abbatiat d'Adalgaire (*Id.*, ch. 64, 215, 225).

Raoul Ier. Il fut témoin, la quatorzième année du règne de Charles-le-Simple, de la donation qu'Itier et Hersende, son épouse, firent d'une partie de leurs biens à Saint-Julien de Brioude (*Id.*, ch. 37).

Arlebaud (*Allebardus*). Il figure dans divers titres, les quinzième, vingt-unième, vingt-cinquième années du règne de Charles-le-Simple. (*Gall. Christ.* t. II, col. 480-481. — *Cartul. de Brioude*, ch. 30).

Cunabert. Il passa du décanat à la prévôté vers 927. Il intervient dans plusieurs actes, les cinquième, sixième et huitième années du règne de Raoul, les première, seconde, troisième et cinquième années de Louis d'Outre-Mer (*Id.*, ch. 2, 28, 58, 65, 74, 86, 185, 189, 249, 261, 273). Il fonda le monastère de Chanteuge. (Mabillon, *Ann. Bened.*, t. III, p. 607).

Joseph. Il était fils d'Odilon et d'Ildiarde, et cousin de Blidsinde, épouse de Bernard, comte d'Auvergne. Il tenait la prévôté, la quatrième année du règne de Louis d'Outre-Mer. (*Cartul. de Brioude*, ch. 114, 159, 170, 194, 226, 266, 281, 293).

Robert. Il était neveu d'Etienne, évêque d'Auvergne. Il fut prévôt pendant vingt-cinq ans. Il intervint dans la donation de Liziniac faite par son oncle au chapitre de Brioude (*Id.*, ch. 133, 147, 177, 185, 189, 196, 198, 211, 234, 250, 255, 258, 276, 290, 301, 303, 305, 320).

Géraud. Il occupait la prévôté, en l'an 1000. On le croit issu de la famille des Géraud d'Aurillac. Il signe la donation de l'église de Faveyrolles, faite au chapitre de Brioude par Ponce, comte de Gévaudan et du Forez (*Id.*, ch. 149, 225, 233, 331.).

Eustorge. Il fut prévôt vers la fin du règne de Robert (*Id.*, ch. 6, 31, 533).

Etienne de Mercœur. Il tint la prévôté sous le règne de Henri. Il assista avec Eralde, abbé, à la vente que fit Odalric, abbé de Saint Germain-Lembron, au chapitre de Brioude, d'une maison qu'il avait près de l'église de cette ville (*Id.*, ch. 135, 322).

Etienne, évêque d'Auvergne. Il est qualifié de prévôt (1066) dans le titre de promotion de Pierre, chanoine de Brioude, à la prévôté du chapitre des Saints-Ferréol et Julien de Vienne.

Guillaume Ier de Polignac. Il assiste, en 1100, à un accord fait entre le chapitre de Brioude et Odilon de Mercœur, doyen. (*Gall. Christ.*, t. II, col. 482).

Odilon de Mercœur. Il était neveu d'Odilon, évêque du Puy, et oncle de saint Hugues, abbé de Cluny. Il passa du décanat à la prévôté. En 1136, il fut témoin de l'accord entre le comte Robert et le chapitre de Brioude. Il fit écrire l'histoire de saint Odilon qu'on trouve dans le *Bibliotheca Cluniacensis*. Il était aussi chanoine de Clermont.

quascumque possessiones concessione pontificum, liberalitate principum, oblatione fidelium vel aliis justis modis eccle-

Hérale. D'après une charte de Pébrac, il tenait la prévôté au milieu du XIIe siècle.

DOYENS.

Anastase. Il était doyen, la vingtième année du règne de Pepin II, roi d'Aquitaine. (*Cartul. de Brioude*, ch. 282).

Heldefrède. La deuxième année du règne de Louis II, il ratifia une donation faite au chapitre de Brioude par Eldebald, prêtre. (*Id.*, ch. 240).

Géraud Ier. Il tenait le décanat, la première année du règne d'Eudes. (*Gall. Christ.*, t. II, col. 490. — *Cartul. de Brioude*, ch. 225).

Bernard Ier. Il était doyen, les troisième et quatrième années du règne d'Eudes. Il intervint dans beaucoup de donations. (*Cartul. de Brioude*, ch 7, 60, 98, 102, 149, 159, 181, 182, 183, 207, 215, 254, 277).

Nectaire. On le voit doyen, depuis la première année jusqu'à la vingt-troisième année du règne de Charles-le-Simple. Il obtint d'Adalard, évêque d'Auvergne, l'autorisation de construire une église qui fut consacrée par ce prélat en l'honneur des saints Julien et Privat, martyrs. (*Id.*, ch. 26, 37, 44, 45, 50, 51, 64, 85, 115, 121, 122, 145, 180, 188, 192, 193, 214, 228, 241, 264, 273, 275, 279, 294, 502, 517, 518, 324).

Cunabert Ier. Il signe la fondation du monastère de Sauxillanges (924). Il ratifie la donation de Brassac faite à Saint-Julien par Alfred, et intervient dans plusieurs actes concernant le chapitre. (*Id.*, ch. 30, 73, 155, 167, 233, 242, 313).

Hector (*Ictor*, *Hictor*). Il tenait le décanat sous les règnes de Raoul et Louis d'Outre-Mer. (*Id.*, ch. 28, 65, 75, 114, 273, 337).

Golfald (*Gobfald*, *Wulfald*). Il figure dans les sixième et septième années du règne de Louis IV d'Outre-Mer. Il reçut une donation d'Amblard, au nom du chapitre. (*Id.*, ch. 229).

Cunabert II. Il consentit à la donation que Gilberge fit au chapitre d'une terre qu'elle possédait au lieu de Vilars. Il était doyen, sous les règnes de Louis et de Lothaire. (*Id.*, ch. 61, 139).

Ermengaud. Il était doyen la septième année du règne de Lothaire.

Béringaud. On le voit doyen sous le règne de Lothaire (vers 961).

Armand, doyen sous Lothaire. (*Id.*, ch. 83, 133, 147, 196, 198, 211, 234, 276, 290).

Eustorge (*Ustorge*). Il obtint le décanat vers 971. Il assista à une double donation faite au chapitre de Saint-Julien, la sixième année du règne de Lothaire. (*Id.*, ch. 185, 258, 305).

Rutard. Il est désigné comme doyen sous le prévôt Eustorge.

Beraud (998). Il figure dans une donation du lieu de Luziac faite au chapitre de Brioude, la quinzième année du règne de Robert, et dans la donation de Faveyrolles au même chapitre par Ponce, comte de Gévaudan et du Forez, la vingtième année du règne de Robert. (*Id.*, ch. 92, 310, 323).

sia eadem in præsenti possidet, sive in futurum, præstante Deo, juste atque canonice poterit adipisci, firma vobis vestrisque successoribus illibata permaneant. In quibus hæc propriis duximus nominibus annotanda, videlicet : abbatiam Sancti Germani de Embron (1), abbatiam Sancti Marcellini de Cantogila (2), abbatiam Sanctæ Mariæ de Pe-

Eralde. Il est désigné dans un titre comme abbé et doyen. C'est sans doute le même qu'Ebralde.

Etienne Ier, évêque. Il souscrit une donation faite par Aurélie au chapitre de Brioude (*Id.*, ch. 522), et reçoit, au nom du même chapitre, l'église de Saint-Benoît, située en un lieu nommé *Muscarda*. (*Gall. Christ.*, t. II, col. 492).

Pierre Ier, évêque. Il signa, en 1066, l'acte par lequel Léger, archevêque de Vienne, donna au chapitre de Brioude les églises de Saint-Ferréol et celle de Saint-Symphorien. (*Cartul. de Brioude*, ch. 238).

Odilon Ier de Mercœur. Il tint le décanat à la fin du XIe siècle et au commencement du XIIe. Il passa à la prévôté après la mort de Guillaume Ier.

Etienne II. En 1136, l'accord fut par ses soins rétabli entre le chapitre de Brioude et le comte Robert. L'acte est signé par Pierre, archevêque de Lyon, légat du Saint-Siége ; Albéric, archevêque de Bourges ; Odilon, prévôt ; Etienne, doyen, et plusieurs autres.

Note. — Il est impossible de savoir quels moines vécurent pendant ces premiers siècles, dans le monastère et le chapitre de Brioude. Parmi les personnages plus célèbres qui ont laissé des traces de leur existence, nous trouvons, au Ve siècle, Illide, Tétrade, évêque de Bourges ; au VIe, saint Grégoire de Tours ; au IXe, Warin, Dalmace, Willelme, frère de saint Géraud d'Aurillac, et Stable ; au Xe, Acfred ; au XIe, saint Robert, saint Odilon, Aldebert de Pierre ; au XIIe, Guillaume de Roche.

(1) Saint-Germain-Lembron, autrefois Liziniac, avait, depuis plusieurs siècles, trois églises : Saint-Germain, fondée au Ve siècle par Victorius, Saint-Clément et Saint-Jean. Etienne II, évêque d'Auvergne, les donna, en 945, au chapitre de Brioude. Il fonda, en 962, dans l'église de Saint-Germain, un chapitre de douze chanoines, sous la conduite d'un abbé, qu'il soumit au chapitre de Brioude (V. l'Appendice). (Mabillon, *Ann. Bened*, t. IV, p. 852). Le premier abbé que nous connaissions est Robert, qui était aussi à la tête du monastère de Chanteuge. Un de ses successeurs fut Odalric (1010). Il vendit au chapitre de Brioude une maison qu'il possédait près de l'église. Bertrand était abbé en 1136. (*Gallia Christiana*, t. II, col. 497). Saint-Germain-Lembron est aujourd'hui chef-lieu de canton de l'arrondissement d'Issoire.

(2) Chanteuge était une viguerie lorsque Claude, seigneur du lieu, au IXe siècle, se proposa d'y fonder un chapitre. Surpris par la mort, il laissa ses biens à son neveu Cunabert, prévôt du chapitre de Brioude. Celui-ci forma le dessein d'y établir un monastère. Il fut secondé dans ses vues par Raimond,

brac (1), abbatiam Sancti Juliani Turonensis (2), ecclesiam de Ferreoli (3), ecclesiam de Brassac (4), ecclesiam de Valle (5) cum decima, ecclesiam de Solignac (6) cum decima, ecclesiam de Despalenco (7) cum decima, villam Tarraza (8), ecclesiam de Faveirollas (9) cum decima, ecclesiam de Lorlange (10) cum decima, ecclesiam de Bellomonte (11) cum decima, ecclesiam de Fontibus (12). Decernimus ergo ut nulli omnino hominum liceat eamdem ecclesiam temere perturbare, aut ei possessiones auferre, vel ablatas retinere, minuere, vel temerariis vexationibus fatigare,

comte de Toulouse, Dalmace, abbé de Brioude, et Arnaud, évêque du Puy. Il confia l'exécution de son entreprise à Arnaud, abbé d'Aurillac, qui y érigea une abbaye de l'ordre de Saint-Benoît, en l'honneur des saints Julien, Saturnin et Marcellin. (V. à l'Appendice l'acte de fondation). Louis IV d'Outre-Mer donna des lettres de confirmation, en 942, à la prière de Gotescalque, évêque du Puy, et d'Héric, évêque de Langres. Obiérius fut le premier abbé de Chanteuge. C'est entre ses mains, et sous le règne de Louis IV, que Bertrand, qui devint dans la suite moine de Chanteuge, fit donation d'une église qu'on croit être celle de Saint-Saturnin. On ne sait rien de Robert, son successeur, si ce n'est qu'il devint abbé d'Issoire sous le règne de Lothaire. Raimond, abbé de Chanteuge, donna, en 1157, cette abbaye à la Chaise-Dieu.

(1) L'abbaye de Pébrac était gouvernée, en 1120, par Pons de Montroux. Il fit écrire la vie de saint Pierre de Chavanon par Etienne, chanoine de Pébrac. En 1127, Aimeric, évêque d'Auvergne, donna à son monastère Sainte-Marie d'Anteyrac. Vers 1129, Humbert, évêque du Puy, lui céda le prieuré de Saint-Martin de Polignac, dont Bernard de Chadrac devint prieur. Pons mourut en 1159.

(2) Saint-Julien de Tours était une abbaye du diocèse de Tours. L'abbé de Saint-Julien ne pouvait, ainsi que les évêques du Puy et de Mende, et l'abbé de la Chaise-Dieu, paraître à Brioude qu'en y faisant une entrée solennelle. (Chabrol, t. IV, p. 152).

(3) Saint-Ferréol est une paroisse du canton et de l'arrondissement de Brioude, diocèse du Puy.

(4) Brassac, chef-lieu de canton ecclésiastique, diocèse de Clermont. (V. à l'Appendice l'acte de donation de Brassac au chapitre de Brioude).

(5) Laval, paroisse du canton de la Chaise-Dieu, diocèse du Puy.

(6) Solignat, paroisse du canton et arrondissement d'Issoire.

(7) Espalen, paroisse du canton de Blesle, arrondissement de Brioude.

(8) Talleyrat est de la paroisse de Saint-Just, canton et arrondissement de Brioude. Ce lieu relevait de la justice du doyen.

(9) Faveyrolles était une ancienne paroisse. Le chapitre de Brioude ne devait au roi prestation de foi-hommage, pour la baronnie de Faveyrolles, qu'à Brioude et dans le chapitre.

(10) Lorlange, paroisse du canton de Blesle, arrondissement de Brioude.

(11) Beaumont, paroisse du canton et arrondissement de Brioude.

(12) Fontanes, paroisse du même canton.

sed omnia integra observentur, eorum pro quorum sustentatione et gubernatione concessa sunt usibus omnimodis profutura. Porro ecclesiæ ac prædia, quæ per præpositorum vel per aliarum ecclesiasticarum personarum temeritatem, vel per laicorum violentiam distracta sunt, in usus ecclesiæ reducantur, et sine contradictione alicujus personæ illata in posterum observentur. Sane, ut vestra ecclesia sub tutela et jurisdictione Sanctæ nostræ Romanæ cui, Deo, auctore, deservimus, Ecclesiæ constituta, libera semper et quieta permaneat, omnem cujuslibet ecclesiæ sacerdotem juridictionem quamlibet habere, præter rectorem Sedis hujus Apostolicæ, prohibemus. Chrisma, oleum sanctum, consecrationes altarium vel ecclesiarum, ordines clericorum qui ad sacros ordines fuerint promovendi, a quo malueritis catholico suscipietis episcopo. Obeunte loci ejusdem abbate sive præposito, nullus ibi qualibet subreptionis astutia seu violentia præponatur, nisi quem fratres communi consensu, vel fratrum pars consilii sanioris, secundum Deum providerint eligendum. Ad indicium autem juris et proprietatis Romanæ Ecclesiæ et libertatis vestræ, aureum unum quotannis Lateranensi palatio persolveritis. Si qua ergo in futurum ecclesiastica sæcularisve persona, hanc nostræ constitutionis paginam sciens, contra eam venire temere tentaverit, secundo tertiove commonita, si non satisfactione congrua emendaverit, potestatis honorisque sui dignitate careat, reamque se divino judicio existere de perpetrata iniquitate cognoscat, et a sacratissimo corpore ac sanguine Dei et Domini Redemptoris nostri Jesu Christi aliena fiat, atque in extremo examine districtæ ultioni subjaceat. Cunctis autem eidem ecclesiæ jura servantibus sit pax Domini nostri Jesu Christi, quatenus et hic fructum bonæ actionis percipiant, et apud districtum judicem præmia æternæ pacis inveniant.

Ego Calixtus, Ecclesiæ Catholicæ episcopus.

Datum Brivatæ (1), per manum Chrysogoni, Sanctæ Romanæ Ecclesiæ diaconi cardinalis et bibliothecarii, Kal. Junii, indictione xii, dominicæ Incarnationis anno mcxx, Pontificatus autem domini Calixti II papæ anno primo (2).

(1) De Brioude, Calixte II se rendit à Saint-Flour, où il fut reçu par Anselme, prieur du monastère.
(2) *Gallia Christiana*, t. ii, Instrumenta Ecclesiæ Sancti Flori, col 152.

LXXXIII.

Calixte II à Gosbert, abbé d'Aurillac. A l'exemple d'Urbain II et de Pascal II, ses prédécesseurs, il confirme cette abbaye dans ses possessions présentes et futures. Il arrête qu'à la mort de l'abbé, nul ne pourra être élu que du consentement des moines; qu'aucun évêque n'aura droit de frapper d'excommunication le monastère et les moines; que pour la consécration des églises et l'ordination des clercs, l'abbaye aura recours à l'ordinaire, ou, à son défaut, à l'évêque de son choix; qu'en retour de ces immunités, elle paiera annuellement dix sols au palais de Latran.

2 Juin 1119.

Alixtus episcopus, servus servorum Dei, dilecto filio Gosberto (1), abbati, ejusque successoribus regulariter substituendis, in perpetuum. Officii nostri nos hortatur auctoritas pro ecclesiarum situ sollicitos esse et quæ recte statuta sunt stabilire. Eapropter, petitionibus tuis, fili in Christo carissime, Gosberte abbas, non immerito annuendum censuimus ut Aureliacense monasterium cui, Deo auctore, præsides, quod videlicet ab ipso fundatore beato Geraldo Sanctæ Romanæ Ecclesiæ oblatum est, ad exemplar prædecessorum nostrorum sanctæ memoriæ Urbani et Pascalis secundi, pontificum Apostolicæ Sedis, privilegio muniremus. Per præsentis igitur privilegii paginam, apostolica auctoritate statuimus, ut quæcumque prædia, sive possessiones, vel ipse beatus Geraldus, vel alii quilibet, ex suo jure præfato monasterio contulerunt, et quæcumque hodie possidet, sive in futurum, concessione pontificum, liberalitate principum, vel oblatione fidelium, juste atque canonice poterit adipisci, firma

---

(1) Gosbert occupait l'abbatiat en 1119. Nous savons en outre qu'en 1122, il fut maintenu par un bref de Gérard, légat du Saint-Siége, dans ses droits sur l'église de Poliniac que lui contestait Arnaud Ier, abbé de Sarlat. Il reçut cette église et celle de Sainte-Marie de Marcillac, d'Aldebert, évêque d'Agen.

tibi tuisque successoribus et illibata permaneant. In quibus hæc propriis duximus nominibus exprimenda: ecclesiam Sancti Marcellini de Ebreduno (1), Sanctæ Mariæ de Beurieras (2), Sancti Martini de Lecchas (3), Sancti Petri et Sancti Christophori de Augusta (4), abbatiam de Maurzio, abbatiam de Buxa (5), Poliniacensem quoque et Sancti Pantaleonis de Toronensi castro ecclesias, quarum una a Gregorio septimo, altera ab Urbano secundo, reverendissimis Romanæ Ecclesiæ pontificibus, loco vestro concessæ sunt, et ecclesiam Sancti Petri de Ripa (6), Dalmariacum et Montesalvium. Decernimus ergo ut nulli omnino hominum liceat idem cœnobium temere perturbare, aut ejus possessiones auferre, vel ablatas retinere, minuere, vel temerariis vexationibus fatigare, sed omnia integra conserventur, eorum, pro quorum sustentatione vel gubernatione concessa sunt, usibus omnimodis profutura. Obeunte te, nunc ejusdem loci abbate, vel tuorum quolibet sucessorum, nullus ibi qualibet subreptionis astucia seu violentia præponatur, nisi quem fratres communi consensu, vel fratrum pars consilii sanioris, secundum Dei timorem et beati Benedicti regulam, providerint eligendum. Electus autem à Romano Pontifice consecretur. Decernimus etiam ut nulli episcoporum vel episcopalium ministrorum facultas sit locum vestrum vel ejus monachos ultionem excommunicationis extendere, nec cellas ei subditas præter Apostolicæ Sedis appellationem interdictioni vel excommunicationi subjicere. Tibi quoque ac successoribus tuis facul-

---

(1) Saint-Marcellin d'Embrun. C'est aujourd'hui Châteauroux-Saint-Marcellin, canton d'Embrun, diocèse de Gap.

(2) Sainte-Marie de Bouvières, de l'ancien diocèse de Die. Bouvières est du canton de Bourdeaux, arrondissement de Die, diocèse de Valence.

(3) Saint-Martin de Lesches. Lesches est du canton de Luc-en-Diois, arrondissement de Die.

(4) Saint-Pierre et Saint-Christophe d'Aouste. Aouste est du canton de Crest, arrondissement de Die.

(5) C'est l'abbaye de Boixe, et non l'abbaye du Buis, comme nous l'avions pensé. L'abbaye de Boixe, de l'ordre de Saint-Benoît, fut fondée, au x° siècle, par Arnaud et Guillaume, comtes d'Angoulême, et placée sous le vocable de Saint-Amant, disciple de saint Cypar qui mourut au commencement du vii° siècle, dans l'ermitage de Boixe. Saint-Amant-de-Boixe est chef-lieu de canton de l'arrondissement d'Angoulême.

(6) Saint-Pierre de Rives, ancien prieuré du diocèse de Périgueux.

tatem adimimus ne ultra mansum unum de possessione ecclesiæ alicui militum vel cuilibet alii personæ sub beneficii nomine dare possitis, nisi communis fratrum utilitas regulariter degentium postulaverit. Consecrationes altarium seu basilicarum, ordinationes monachorum sive clericorum, qui ad sacros fuerint ordines promovendi, chrisma etiam et oleum sanctum ab episcopis, in quorum estis diœcesibus, accipietis, siquidem ipsi gratiam et communionem Apostolicæ Sedis habuerint; alias liceat vobis quemcumque malueritis catholicum adire antistitem qui, nostra fultus auctoritate, quæ postulantur indulgeat. Ad hæc adjicientes statuimus ut ipsum monasterium, abbates ejus, rectores locorum et monachi, ab omni sœcularis servitii sint infestatione securi, omnique gravamine mundanæ oppressionis remoti, in sanctæ religionis observatione quieti ac seduli permanentes, nulli alii nisi Romanæ et Apostolicæ Sedi cujus juris sunt, aliqua teneantur conditione subjecti. Ad indicium autem hujus perceptæ a Romana Ecclesia libertatis, decem Pictavensis monetæ solidos quotannis Lateranensi palatio persolvetis. Si qua igitur in futurum ecclesiastica sœcularisve persona, hanc nostræ constitutionis paginam sciens, contra eam temere venire tentaverit, secundo tertiove commonita, si non satisfactione congrua emendaverit, potestatis honorisque sui dignitate careat, reamque se divino judicio existere de perpetrata iniquitate cognoscat et a sacratissimo corpore ac sanguine Dei et Domini Redemptoris nostri Jesu Christi aliena fiat atque in extremo examine districtæ ultioni subjaceat. Cunctis autem eidem loco jura servantibus sit pax Domini nostri Jesu Christi, quatenus et hic fructum bonæ actionis percipiant et apud districtum judicem præmia æternæ pacis inveniant. Amen.

Ego Calixtus, Ecclesiæ Catholicæ episcopus, ss.

Datum apud Sanctum Florum (1), per manum Grisogoni, Sanctæ Romanæ Ecclesiæ diaconi cardinalis ac bibliothecarii, IIII Nonas Junii, indictione XII, dominicæ Incarnationis anno

---

(1) De Saint-Flour, Calixte II se rendit à Saint-Gilles, puis à Maguelonne et à Toulouse. Il parcourut ensuite Périgueux, Poitiers, Angers, Tours, Paris, Senlis, Reims, Beauvais, Sens, Auxerre, Cluny, Tournon, Mâcon, Vienne, Valence, et se rendit en Italie.

millesimo cxx, pontificatus autem domini Calixti secundi papæ anno primo (1).

LXXXIV.

Calixte II porte une sentence d'excommunication contre Arnaud d'Oradour et ses frères, les sires d'Oradour (2).

Juin 1119.

LXXXV.

Calixte II, après avoir examiné les raisons que les moines de la Chaise-Dieu faisaient valoir au sujet de leurs droits sur le monastère de Gourdaignes, leur ordonne de renoncer à ces prétentions (3).

Juin-Juillet 1119.

---

(1) Collection Moreau, *Chartes et Diplômes*, t. II, fol. 48. — *Vidimus* dans une bulle de Nicolas IV, du 27 septembre 1291. — Ulysse Robert, *Etude sur les actes du pape Calixte II*, App. v-vi.

(2) Anselme, prieur de Saint-Flour, se plaignit à Calixte II de ce qu'Arnaud d'Oradour s'était fait ordonner, contrairement aux canons, par l'évêque de Rodez, et de ce qu'il gouvernait indûment l'église de Chaudesaigues. Le pape l'excommunia, ainsi que ses frères qui le soutenaient. Cette sentence produisit le meilleur effet. Arnaud remit entre les mains d'Anselme ce qu'il avait usurpé. Le prieur, touché à la vue de son repentir, lui céda une partie de l'église de Chaudesaigues, à condition qu'il la tiendrait en fief. Il consentit néanmoins à la rendre libre de toutes charges, s'il allait en pèlerinage à Saint-Jacques, à Rome ou à Jérusalem. Arnaud partit pour Jérusalem et mourut en route. (*Dictionn. statistique du Cantal*, t. III, p. 165. — *Tablettes historiques de l'Auvergne*, t. IV, p. 12). Les auteurs du *Dictionnaire du Cantal* pensent qu'Anselme est le même qu'Adelelme, dont il est question dans la série des prieurs de Saint-Flour. Les auteurs du *Gallia Christiana* prétendent, au contraire, qu'Adelelme succéda à Anselme. Ils confondent Célestin II avec Calixte II, quand ils avancent que Célestin II vint à Saint-Flour sous le priorat d'Anselme.

(3) Cette ordonnance apostolique est mentionnée dans une bulle de Calixte II que nous donnons plus bas. « Nos, ut nulla eis adversus Apostolicam Sedem relinqueretur occasio, eorum (monachorum Casæ Dei) scripta et rationes perscrutati sumus, et nihil roboris, nihil in eis momenti reperientes, fratribus ipsis desistere ab hac deinceps inquietatione præcepimus. »

LXXXVI.

Calixte II arrête qu'on jugera à Montpellier le différend qui s'était élevé entre Aton, archevêque d'Arles, et les moines de la Chaise-Dieu d'une part, et les religieux d'Aniane d'autre part (1).

Juin - 15 Juillet (2) 1119.

LXXXVII.

Calixte II ordonne aux cardinaux Conon, Lambert, Boson, Dieu-Donné, Jean, Pierre, Grégoire, Chrysogone; aux archevêques Oldegaire, Bernard; aux évêques Raimond, Guy, Galtier et Golon; aux abbés Arduin et Ami, assemblés au Concile de Toulouse, de se réunir et de porter un jugement canonique sur l'affaire de Gourdaignes qui divisait l'archevêque d'Arles et l'abbaye de la Chaise-Dieu d'une part, et l'abbaye d'Aniane d'autre part (3).

Juin - 15 Juillet 1119.

(1) Il est fait mention de cet arrêt dans une bulle de Calixte II que nous donnons plus bas. Les deux parties se réunirent à Montpellier, et exposèrent leurs raisons devant les arbitres choisis par Calixte II. Les juges décidèrent que l'archevêque d'Arles serait de nouveau mis en possession de l'église de Gourdaignes, s'il prouvait que l'église d'Arles l'avait possédée antérieurement au jugement de Pascal II. On se réserva néanmoins d'examiner les droits de l'abbaye d'Aniane.

(2) Nous adoptons cette date, parce que c'est entre son séjour à Clermont et sa lettre du 15 juillet que Calixte II prit cette mesure.

(3) Il est question de cette ordonnance dans la lettre suivante de Calixte II. Le Concile de Toulouse termina le litige entre l'Eglise d'Arles et l'abbaye d'Aniane. L'archevêque d'Arles soutenait que la celle de Gourdaignes lui appartenait en vertu d'un titre de Louis, fils de Boson, roi de Vienne, et que les moines de la Chaise-Dieu la tenaient en vertu d'une redevance annuelle. Les religieux d'Aniane prétendaient qu'ils la tenaient de Louis-le-Débonnaire et de Charles-le-Chauve, et qu'on l'avait usurpée sur eux. Le Concile porta une sentence qui adjugeait la celle de Gourdaignes aux moines d'Aniane, à condition

LXXXVIII.

Calixte II expose que l'archevêque d'Arles et les moines de la Chaise-Dieu prétendaient à la possession de la celle de Notre-Dame de Gourdaignes ; que, pour vider ce différend, il avait nommé une commission de cardinaux, évêques, abbés, et que ceux-ci, après avoir examiné les titres, avaient porté une décision en faveur du monastère d'Aniane. Le pape adjuge la celle de Gourdaignes à ce monastère, et défend à l'archevêque d'Arles et aux moines de la Chaise-Dieu de le troubler dans cette possession.

15 Juillet 1119.

uper cella S. M. de Gordiano jamdiu apud Sedem Apostolicam facta quæstio invenitur. Siquidem Domini nostri sanctæ memoriæ Paschalis papæ temporibus, et vos vestro, et monachi Casæ Dei suo eam vindicare monasterio sepius tentaverunt. Post multas autem querimonias, cum prædictus Dominus allegationes vestras diligentius constituto tempore audivisset, veritate tandem sagaciter indagata, cellam ipsam monasterio vestro adjudicavit, et in quæstione illa monachis Casæ Dei perpetui silentii taciturnitatem indixit, sicut in deffinitionis ejus scripto plenius continetur. Cœterum fratres illi, etsi ea tunc toto ejusdem Domini tempore quievisse visi sunt, ante nos tamen apud Clarummontem eamdem querimoniam renovarunt, asserentes se in judicio prægravatos, eo quod ipsorum justitia non ad plenum fuit inquisita. Nos, ut nulla eis adversus Apostolicam Sedem clamoris relinqueretur occasio, eorum scripta et rationes perscrutati sumus, et nihil roboris, nihil in eis momenti reperientes, fratribus ipsis desistere ab hac deinceps inquietatione

---

que trois témoins établiraient qu'ils l'avaient possédée, pendant trente ans, sans interruption légitime, avant qu'elle fût occupée par les moines de la Chaise-Dieu, par les mains desquels elle avait passé à l'église d'Arles. Trois témoins le jurèrent sur les Evangiles, et le Concile prononça une sentence canonique en faveur d'Aniane.

præcepimus. Hoc frater noster Ato (1), Arelatensis archiepiscopus, audiens, et ipse clamare cœpit dicens Arelatensem Ecclesiam injuste suis possessionibus spoliatam, quoniam prædicta cella de Gordanicis cum rebus suis ad jus Arelatensis Ecclesiæ pertinebat, et per eam monachi Casæ Dei locum illum sub censu annuo detinuerant. Cumque id frequentius inculcaret, ne aliquam ei videremur inferre injuriam, diem agendæ causæ apud Montempessulanum statuimus, ubi pars utraque conveniens suas protulit rationes. Quibus sufficienter inspectis, ex fratrum nostrorum sententia judicatum est, archiepiscopum debere super eadem Ecclesia revestiri, si Arelatensem Ecclesiam locum illum ante Domini nostri judicium possedisse, idoneis testibus comprobaret. Judicio itaque adimpleto, mox ei restituta est possessio, salvo nimirum Anianensis monasterii jure, si quod esset. Tunc etiam terminus constitutus est, in quo de proprietatis jure apud Tolosam in utriusque partis præsentia tractaretur. In ipso ergo concilio quæstio mota est. Et quidem Anianenses monachi cellam illam per Lodoici imperatoris, Caroli Magni imperatoris filii, et filii ejus Caroli regis scripta et largitiones, Anianensi monasterio vindicabant. Archiepiscopus vero se Lodoici, filii Bosonis, regis Viennæ, chirographo tuebatur. Causa itaque aliquandiu coram omnibus ventilata, nos fratribus nostris Cononi Prænestino, et Lamberto Ostiensi, episcopis et cardinalibus, Bosoni Sanctæ Anastasiæ, Deus dedit Sancti Laurentii in Damaso, et Joanni Sancti Chrysogoni, presbyteris : et diaconibus, Petro Sanctorum Cosmæ et Damiani, Gregorio Sancti Angeli, et Chrysogono Sancti Nicolai de Carcere : et archiepiscopis Oldegario Tarraconensi, et Bernardo Auxiensi, et item episcopis Raimundo Barbastrensi, Guidoni Lascurrensi, Galtero Magalonensi, et Goloni Leonensi, et abbatibus Arduino Sancti Savini, et Amico Sancti Laurentii foras muros, præcepimus ut in partes secederent, et controversiam ipsam judicio canonico definirent. Egressi de concilio, fratres inter se diutius contulerunt. Novissime discussis utrinque rationibus, et chartarum monumentis

(1) Aton, successeur de Raimond Ier, était archevêque d'Arles dès 1115. Il vint au concile de Toulouse pour plaider, en présence de Calixte II, sa cause et celle de la Chaise-Dieu.

sæpius revolutis, hujusmodi sententiam in concilii audientia ediderunt : donationis scripta, quæ Arelatensi Ecclesiæ a prædicto rege Ludovico, Bosonis filio, post Ludovici imperatoris, Magni Caroli filii, et filii ejus Caroli, regis confirmationes, de cella de Gordanicis collata sunt, robur nullum obtinere; quo.l enim Deo semel oblatum fuerat ab aliis, ulterius aliis non potuit erogari. Hoc etiam ex abundanti additum est, ut Anianenses monachi trium idoneorum testium assertione probarent, Anianense monasterium cellam de Gordanicis per triginta annorum spatium sine interruptione legitima possedisse, antequam eam monachi Casæ Dei, per quos Arelatensis Ecclesia in possessionem intraverat, obtinerent; et sic locus idem in jure ac possessione Anianensis monasterii permaneret. Hanc profecto sententiam toti concilio placere, a fratribus nostris archiepiscopis, episcopis, abbatibus, acclamatum est. Confestim Anianenses in medium tres senes monachos protulerunt, qui tactis sacrosanctis Evangeliis firmaverunt Anianenses monachos cellam de Gordanicis per triginta annorum spatium sine interruptione legitima possedisse, antequam eam Casæ Dei monachi obtinerent. Prolatam igitur a fratribus supra nominatis de jam sæpe dicta cella sententiam, et totius assensu concilii approbatam, nos, auctore Deo, assertionis nostræ munimine confirmamus; et Anianensi monasterio, super ea in posterum inferri calumnias, auctoritate Sedis Apostolicæ penitus prohibemus. Quæcumque præterea Anianense monasterium per authentica prædecessorum nostrorum Joannis, Nicolai, Alexandri, Urbani, Paschalis, pontificum Romanorum, privilegia possidet, tibi tuisque successoribus in perpetuum confirmamus. Idem enim locus specialiter sub beati Petri jure ac protectione consistit. Prædictam cellam de Gordanicis Arelatensis archiepiscopus in manu nostra, per virgam, quam gestabat, in conspectu totius concilii refutavit. Nos vero eam tibi, fili in Christo carissime Ponti (1), et per te Anianensi monasterio, per eamdem virgam protinus restituentes, tam Arelatensi Ecclesiæ, quam et monasterio Casæ Dei, perpetuum super eadem cella silentium sub anathematis obligatione indiximus; et instrumenta cartha-

(1) L'abbé d'Aniane était Ponce. Il avait été élu en 1115 et avait succédé à ierre Ier de Sauve.

rum ab archiepiscopo et monachis Casæ Dei vobis reddi præcipimus, ne illorum occasione aliquis denuo querimoniæ scrupulus oriatur. Si qua igitur in futurum ecclesiastica sæcularisve persona, hanc nostræ constitutioni paginam sciens, contra eam temere venire tentaverit, secundo tertiove commonita, si non satisfactione congrua emendaverit, potestatis honorisque sui dignitate careat, reamque se divino judicio existere de perpetrata iniquitate cognoscat, et a sacratissimo corpore et sanguine Dei et Domini Redemptoris nostri Jesu Christi aliena fiat, atque in extremo examine districtæ ultioni subjaceat. Cunctis autem eidem loco sua servantibus sit pax Domini nostri Jesu Christi, quatenus et hic fructum bonæ actionis percipiant, et apud districtum judicem præmia æternæ pacis inveniant. Amen. Amen. Amen.

Ego Calixtus, Catholicæ Ecclesiæ episcopus.

Ego Cono (1), Prænestinus episcopus.

Oldegarius, Tarraconensis Ecclesiæ dispensator S. Raimundi Barbastrensis episcopi.

Ego archiepiscopus Bernardus Ausciensis, ss.

Ego Lambertus, Ostiensis episcopus.

Richardus (2), Narbonensis archiepiscopus.

Ego Petrus, cardinalis Sanctorum Cosmæ et Damiani.

Ego Boso, tituli Sanctæ Anastasiæ presbyter cardinalis.

Ego Fulco, Aquensis archiepiscopus, ss.

Ego Gualterius, Magalonensis episcopus.

Ego Joannes, presbyter cardinalis, tituli Sancti Chrysogoni, huic judicio interfui et subscripsi.

Ego Amicus, abbas Sancti Laurentii foris muros.

Ego Arduinus, abbas Sancti Savini.

Datum Tolosæ, per manum Chrysogoni S. R. E. cardinalis ac bibliothecarii, Idibus Julii, Indictione XII, dominicæ Incarnationis anno MCXIX, Pontificatus autem domini Calixti II papæ anno I (3).

---

(1) Conon était un prélat du plus haut mérite. A la mort de Gélase II, les cardinaux portèrent sur lui leurs suffrages. Il les conjura de faire un autre choix.

(2) Richard succéda, en 1106, sur le siége de Narbonne, à Bertrand de Montredon. Il mourut en 1121.

(3) Cocquelines, *Bullarium Romanum*, t. II, p. 164-165. — D'Achéry, *Spicileg.*, 1,655. — Bouquet, *Recueil*, t. xv, 229. — Collection Baluze, 4, p. 78. — Mansi, *Conc.*, XXI, 227. — *Patrologie*, édit. Migne, d'après Mansi. — Ms. latin, 16,996, *Epistolæ Romanorum pontificum*, f. 374.

LXXXIX.

Calixte II à Etienne, abbé de la Chaise-Dieu. Il expose qu'Aldebert, évêque d'Agen, a, sur sa prière, donné l'église de Sainte-Livrade à la Chaise-Dieu; il confirme cette concession et met ce monastère sous la dépendance de la Chaise-Dieu.

15 Juillet 1119.

ALIXTUS episcopus, servus servorum Dei, dilecto filio Stephano, abbati monasterii Casæ Dei, salutem et apostolicam benedictionem. In ecclesia beatæ Liberatæ (1), quæ in Agennensi parochia sita est, clerici quondam sæculari nimium conversatione vivebant. Nuper vero divina gratia aspirati, pro vitæ suæ correctione, et se et locum suum vestro monasterio contulerunt, quatenus ibi deinceps omnipotente Deo sub monastici ordinis regula serviantur. Verum, ne frater noster Hildebertus (2), Aginnensis episcopus, gravari super hoc videretur, eum præsentem rogavimus, ut præfatam ecclesiam ad honorem Dei et monasticæ religionis disciplinam deinceps inibi conservandam

---

(1) Les clercs de Sainte-Livrade ayant témoigné le désir de quitter la vie séculière qu'ils menaient et d'embrasser la règle de Saint-Benoît, Calixte II pria Aldebert, évêque d'Agen, de les réunir à la Chaise-Dieu. Aldebert fit cette donation qui fut approuvée par Guillaume VIII, duc d'Aquitaine (V. l'Appendice). Sainte-Livrade devint un prieuré. C'est aujourd'hui un chef-lieu de canton, dans l'arrondissement de Villeneuve, diocèse d'Agen.

(2) Aldebert (*Audebert, Hildebert*) succéda, en 1118, à Sanctius II, sur le siége d'Agen. On raconte qu'un moine de la Chaise-Dieu, d'un grand savoir et d'une foi éminente, s'étant plaint devant Aldebert des dommages que certains ravisseurs causaient à Sainte-Livrade et à d'autres églises que son monastère possédait dans le diocèse d'Agen, cet évêque tint contre la mémoire de saint Robert un discours peu édifiant. Il tomba sur-le-champ, comme s'il eût été renversé par une main invisible; plus tard, revenu à des sentiments meilleurs, il vint à la Chaise-Dieu, se prosterna devant le tombeau de saint Robert et lui rendit un hommage public (Mabillon, *Acta*, sec. 6, P. 2ᵃ, p. 216). Aldebert eut pour successeur Raimond Bernardi qu'on voit, dès 1130, sur le siége d'Agen.

cœnobio vestro concederet, aliter enim fratres tui eam suscipere recusabant. Ille vero, nostris precibus inclinatus, pro desiderio et pura, ut credimus, voluntate, eamdem beatæ Liberatæ ecclesiam, cum pertinentiis suis, beato Roberto vestrisque monachis præsentibus atque futuris per manus nostras plenaria donatione concessit, salvo episcopali jure quod in eadem ecclesia hactenus visus est habuisse. Nos igitur hanc prædicti episcopi concessionem, tanquam per nos factam Apostolicæ Sedis auctorite firmamus, et sæpe dictam beatæ Liberatæ ecclesiam, in tua tuorumque successorum tuitione ac dispositione per omnia perpetua stabilitate manere decernimus. Sane si quis huic nostro decreto, quod absit, contraire tentaverit, honoris et officii sui periculum patiatur, aut excommunicationis pœna plectatur, nisi præsumptionem suam digna satisfactione correxerit. Datum Tolosæ, Idibus Julii, Indictione XII, dominicæ Incarnationis anno MCXX, Pontificatus autem domini Calixti II papæ I (1).

XC.

Calixte II à Pons, abbé de Cluny. Il confirme ce monastère dans ses droits sur les abbayes qui en relevaient, et parmi lesquelles sont désignées les abbayes de Mozat, Thiers et Menat, situées en Auvergne.

22 Février 1120.

ALIXTUS episcopus, servus servorum Dei, carissimo in Christo filio, Pontio, Cluniacensi abbati, ejusque successoribus regulariter substituendis in perpetuum......................................
....
.... In abbatiis, quæ cum suis abbatibus ordinationi

---

(1) *Gallia Christiana*, t. II, Instrumenta Ecclesia Agionensis, col. 428. — Collection Baluze, t. 206, p. 258. — *Patrologie*, édit. Migne, t. CLXIII, col. 1110. — Ms. latin 12,678, *Monasticon Benedictinum*, 222-241 fol. — *Abrégé chronologique du prieuré de Sainte-Livrade*, par un religieux de la congrégation de Saint-Maur.

Cluniacensis monasterii datæ sunt, videlicet....... In Arvernica, Mauziacensis, Tiernensis, Menatensis.....

Datum Valentiæ (1).....

XCI.

Calixte II à Pierre, archevêque de Vienne. Il expose qu'étant autrefois archevêque de Vienne, il avait, sur les ordres de Pascal II, retiré aux moines de la Chaise-Dieu le monastère de Saint-André-le-Bas, et qu'il lui avait rendu son ancienne liberté. Il ordonne à l'archevêque de protéger Galtier, que les moines de Saint-André avaient élu pour abbé.

16 Avril 1122.

ALIXTUS episcopus, servus servorum Dei, venerabili Petro, Viennensi archiepiscopo, salutem et apostolicam benedictionem. Fraternitatis tuæ notitiam latere non credimus nos olim, dum Viennensi præsideremus ecclesiæ, monasterium beati Andree infra mœnia urbis situm, propter pravam conversationem monachorum, abbatis Casæ Dei regimini commisisse, ipsius quoque abbatis Casæ Dei consilio, quemdam Petrum Umberti pro augenda religione ac loci melioratione monasterii abbatem statuimus. Cœterum, Petrus ille, præter spem nostram, et religionem destruxit et bona Ecclesie fere ad nihilum usque redegit, unde a nobis et a Casæ Dei abbate frequenter admonitus, neque mores suos corrigere, neque a monasterii voluit devastatione cessare. Nos autem, quia et locum ipsum occasione hac destrui assidue videbamus et nulla in eo pro illa commissione religio augebatur, præcepto Domini prædecessoris nostri sanctæ memoriæ Parchalis papæ, prædictum Petrum sine recuperationis spe deposuimus et monasterium in pristinam reduximus libertatem, in qua illud in posterum volumus perma-

---

(1) Mansi, *Concilia*, XXI, 208. — Cocquelines, *Bullarium Romanum*, t. II, p. 167. — *Patrologie*, édit. Migne, t. CLXIII, col. 1165-1166.

nere (1). Postquam vero ad Apostolice Sedis ministerium per Dei gratiam assumpti sumus, prædicti monasterii Sancti Andreæ monachi, matricis ecclesie Sancti Mauricii canonicorum consilio, fratrem Galterium in abbatem sibi communiter elegerunt. Rogamus fraternitatem tuam atque præcipimus, ut eumdem abbatem, et fratres diligere studeas, et ita locum ipsum et bona ejus protectionis tuæ auxilio tuearis sicut ad Viennensem beati Mauricii Ecclesiam cognoscitur pertinere; porro neque Petro Umberti, neque monachis ei adhærentibus ullam ulterius adversus abbatem G. (alterium) et ei obedientes monachos audientiam præbeas; imo si recalcitrare voluerint, de eis pro commisso tibi officio justitiam facias. Mandamus etiam ut Bonam Filiam, sancti Andreæ priorissam, commoneas quatenus illud ædificium ecclesiæ quod contra mandatum nostrum, invitis et contradicentibus Sancti Andreæ fratribus, in parochia ecclesiæ Sancti Simphoriani de Septimo ad eorum monasterium pertinentis construxit, penitus destruat; alioquin nos auctoritate Apostolica interdicimus ne aut ecclesia eadem consecretur aut divina ibi officia deinceps celebrentur; et tibi, carissime frater, injungimus ut de priorissa illa tanquam mandati nostri contemptrice justitiam exequaris. Sane Ademarum, filium Umberti, et Aymonem Scotum convenias, ut mansum de Comennaico ecclesiæ Sancti Andreæ restituant; idem enim Umbertus ante concessionem nostram nobis pollicitus est mansum ipsum post ejus obitum, cum omni fructu et amelioratione sua, in jus et potestatem ecclesiæ rediturum; quod si rebelles exstiterint, tui eos officii auctoritate usque ad satisfactionem coerceas.

Datum Laterani, xvi Kalendas Maii (2).

(1) Calixte II avait écrit, le 14 février 1120, à Galtier, abbé de Saint-André, que, conformément à ses désirs, il prenait son monastère sous sa protection, et que désormais il ne relèverait d'aucune autre Eglise que de l'Eglise-mère de Saint-Maurice de Vienne. (Chevalier, *Cartulaire de Saint-André-le-Bas de Vienne*, n° 197, p. 142. — *Etude sur les actes de Calixte II*, par Ulysse Robert.

(2) Chevalier, *Cartulaire de l'abbaye de Saint-André-le-Bas de Vienne*, n° 198, p. 144. — Collection Baluze, 75, p. 418. — *Etude sur les actes de Calixte II*, par Ulysse Robert.

XCII.

Calixte II à Pierre, abbé de Sauxillanges. Il le félicite d'avoir été choisi par les religieux de Cluny pour le gouvernement de son abbaye, et l'engage à la faire fleurir par la sagesse de son administration.

21 Octobre 1122.

Calixtus episcopus, servus servorum Dei, dilecto in Christo filio Petro (1) Celsiniacensi abbati (2), salutem et apostolicam benedictionem. Filiorum nostrorum Cluniacensium fratrum relatione, didicimus te, communi voto, assensu et desiderio, in abbatis regi-

(1) Pierre-le-Vénérable naquit, en 1094, à Montboissier, de Maurice de Montboissier et de Raingarde, fille de Geoffroy de Semur, et nièce de saint Hugues. Il fut mis, comme oblat, au monastère de Sauxillanges, et s'y livra avec ardeur à l'étude. A dix-sept ans, il fit profession et fut envoyé au monastère de Vézelay, où il passa dix ans près de son frère, Pons de Montboissier. Il était déjà très-versé dans les sciences sacrées et profanes. En 1120, il fut appelé au prieuré de Domène, près de Grenoble, et vint de là à Cluny, pour prendre part à l'élection du successeur de Pons qui avait dû se retirer. Sa naissance, l'aff. bilité de ses mœurs, sa piété, son humilité et sa science attirèrent tous les regards. Il fut élu abbé et béni par Ansèric, archevêque de Besançon. Ce choix causa dans l'ordre clunisien une joie universelle. Pierre de Poitiers célébra ces transports dans des termes excessifs, mais qui laissent apercevoir la haute idée qu'on se faisait du mérite du nouvel abbé. « Heureux » Clunistes, s'écria-t-il, applaudissez et réjouissez-vous, un nouveau saint » Hugues vous est rendu. Il égale les poètes de l'antiquité par la pénétration de » son génie. Aucun de nos contemporains ne lui est comparable. En prose, il est » un nouveau Cicéron ; en vers, un second Virgile. Il discute comme Aristote » et comme Socrate. Augustin ne scrute pas avec un génie plus subtil les choses » cachées ; Jérôme aurait peine à lui apprendre quelque chose. Il ne le cède en » rien à Grégoire pour la douceur et la clarté de la parole, en rien à Ambroise » pour l'ampleur de l'éloquence. Musicien, astrologue, arithméticien, géomètre, » grammairien, rhéteur, dialecticien, aucune connaissance ne lui est étran» gère. » Pierre de Montboissier prit l'abbatiat de Cluny et y fit paraître tant de vertus qu'il mérita le nom de Pierre-le-Vénérable, sous lequel il est connu.

(2) L'abbé de Cluny était quelquefois appelé abbé de Sauxillanges, bien que ce monastère ne fût qu'un prieuré.

mine per Dei gratiam constitutum, unde nos omnipotenti Deo gratias agimus, et quod de te ab eisdem fratribus factum est, auctoritate Sedis Apostolicæ, confirmamus. Monemus igitur dilectionem tuam et hortamur in Domino ut et domum et commissam tibi congregationem sic studiose regere, sicque satagas per divinum auxilium gubernare, quatenus per sollicitudinis tuæ industriam Cluniacense monasterium, et in spiritualibus et temporalibus augeatur, atque ad animarum salutem in loco ipso religionis integritas nullis unquam occasionibus violetur. Nos enim et personam tuam et locum ipsum ea volumus affectione diligere, ullo cupimus honore atque juvamine confovere, quo a nostris prædecessoribus tuos novimus prædecessores dilectos pariter et adjutos. Data Laterani xii Kal. Novembris (1).

XCIII.

Calixte II ordonne que les religieuses de Beaumont (2) quitteront l'église où elles se réunissaient pour aller dans celle de Saint-Pierre (3).

1123.

---

(1) *Cartulaire de Sauxillanges*, ch. 925. — Mabillon, *Annales Bened.*, t. vi, p. 79. — D. Bouquet, *Recueil...*, t. xv, p. 246. — Collection Moreau, *Chartes et Diplômes*, 49, f. 198. — Ms. latin 12,766, p. 55.

(2) L'abbaye de Beaumont, de l'ordre de Saint-Benoît, était située dans le village de ce nom, aux environs de Clermont. On pense que ce monastère fut fondé par le comte saint Genès, d'après les conseils de saint Priest, évêque d'Auvergne, qui y établit la règle de Saint-Benoît, de Saint-Césaire et de Saint-Columban. Gundilène en fut la première abbesse. Ermengarde Ire était abbesse, sous Calixte II. Elle jura obéissance à Aimeric, évêque d'Auvergne, sur l'autel principal de l'église Cathédrale. (Savaron, *Origines de Clairmont*, p. 67.) Beaumont, de l'ancien archiprêtré de Clermont, est une paroisse du canton de la Cathédrale. L'église de Saint-Pierre, qui servait aux religieuses, est église paroissiale.

(3) Nous connaissons ce document par une lettre de Dom Pierre Laurent, religieux de Saint-Allyre, à D. Mabillon. Il avait vu un mémoire manuscrit où il en était fait mention. (Biblioth. nationale, Ms. latin, 12,691, *Monasticon Benedictinum*, fol. 501-502.

XCIV.

Calixte II à l'abbesse de Blesle. Il prend cette abbaye sous sa protection et la maintient dans les possessions et priviléges dont elle jouissait (1).

1119-1124.

XCV.

Calixte II autorise Fébronie et ses religieuses à rentrer dans le monastère de Saint-Sixte (2) occupé, depuis leur expulsion, par les moines de la Chaise-Dieu (3).

1119-1124.

XCVI.

Calixte II révoque son mandat en faveur de Fébronie, porte une sentence d'excommunication contre elle et ses religieuses, et rétablit Odon et les moines de la Chaise-Dieu dans le monastère de Saint-Sixte (4).

1119-1124 (5).

---

(1) Bulle indiquée dans celle d'Alexandre III à Philippie, que nous donnons plus loin.

(2) Pendant que Calixte II était en France, Fébronie, ancienne abbesse de Saint-Sixte, lui écrivit, et lui persuada, par de faux récits, qu'elle était innocente et que c'était réparer une injustice que de la réintégrer avec ses religieuses. Calixte II donna un bref qui l'autorisait à rentrer dans son abbaye. Secondée par de puissants auxiliaires, Fébronie rentra à Saint-Sixte, chassa Odon et ses moines, et y resta pendant quelques années, sans qu'il y eût le moindre changement dans sa conduite et dans celle de ses religieuses.

(3) Campi, *Istoria ecclesiastica di Piacenza*.

(4) Malgré ces injonctions, Fébronie et ses religieuses restèrent à Saint-Sixte. Ce ne fut qu'en 1129, comme nous le verrons, que l'ordre et la paix se rétablirent dans ce monastère.

(5) Campi, *Istoria ecclesiastica di Piacenza*.

XCVII.

Calixte II à Aimeric (1), évêque de Clermont. Il l'engage à terminer par une transaction (2) le différend qui existait entre lui et son clergé d'une part, et l'abbaye de Cluny d'autre part, au sujet d'un certain nombre d'églises (3).

1124.

(1) Selon un grand nombre d'auteurs, Etienne VI succéda à Pierre Roux sur le siége d'Auvergne. Nous n'admettons pas avec Savaron qu'il siégea au-delà de l'année 1114. Suivant la Charte 687 du *Cartulaire de Sauxillanges*, Aimeric était alors évêque. « Hoc autem donum.... factum est.... anno » Incarn. Dom. MCXIV, Indict. VII, Epacta XII, regnante Ludovico, impe- » rante Henrico, Paschali pontificante, Aimerico episcopo Arvernensi præ- » sidente...... » Une lettre de Raimond, évêque d'Uzès, atteste le même fait. Dufraisse est encore plus dans l'erreur quand il fait commencer, en 1124, l'épiscopat d'Aimeric. Avant cette époque, il intervient dans plusieurs actes. En 1117, il donna l'église de Saint-Laurent d'Auzon à Etienne, abbé de la Chaise-Dieu. En 1118, il apaisa les querelles que les moines de Saint-Chaffre avaient injustement soulevées contre les chanoines de Saint-Bonnet de Medeyrolles. En 1122, il est témoin, avec Eustorge, évêque de Limoges, dans la donation de Sainte-Livrade, faite à la Chaise-Dieu par Guillaume, duc d'Aquitaine. Les années suivantes, Aimeric fut mêlé à de graves débats. En 1123, Guillaume VI, comte d'Auvergne, s'empara contre l'évêque de l'église Cathédrale. Aimeric alla trouver Louis-le-Gros et le conjura de venir prendre sa défense. Le roi vint en Auvergne, à la tête d'une forte armée, avec Foulques, comte de Bretagne, Conan, comte de Nevers, et d'autres seigneurs. Il rasa plusieurs places et assiégea la ville de Pont-du-Château. Il força Guillaume de se soumettre et fit rentrer l'évêque dans ses droits. (Sugerius, *Vita Ludovici*).

(2) La transaction eut lieu devant Gérard, légat du Saint-Siége, par l'arbitrage des évêques de Viviers, Agen, Limoges, Périgueux, et des abbés de Saint-Martial, Saint-Eparque, Aurillac. En vertu de cette convention, les moines de Cluny restaient en possession de ce qu'ils avaient en Auvergne, à l'époque du concile de Clermont, et de ce qui leur avait été accordé depuis par l'évêque de Clermont, en dehors de la manse des chanoines; mais ils devaient rendre tout ce qui leur avait été cédé de la manse canoniale.

(3) Ce document est indiqué dans un titre qui est aux archives départementales (Cath. arm. 18, sac B, cote VIII). *Inventaire de toutes les Chartes antérieures au XIII° siècle qui se trouvent dans les différents fonds d'archives du dépôt de la préfecture du Puy-de-Dôme*, par Michel Cohendy, pp. 87-88.

XCVIII.

Calixte II fait donation (1) à la Chaise-Dieu des églises de Montferrand (2), qui lui avaient été cédées par Guillaume VI (3), comte d'Auvergne.

1124.

(1) Calixte II reçut les églises de Montferrand de Guillaume VI, et les donna à la Chaise-Dieu. Dans un document de 1166, Guillaume VII, comte d'Auvergne, le mentionne en ces termes : « Notum sit
» omnibus tam præsentibus quam futuris quod Guillelmus, Arverniæ comes,
» filius comitis Roberti, donum quod bonæ memoriæ Guillelmus comes, avus
» prædicti comitis Guillelmi domino papæ Calixto de ecclesiis de Montisfer-
» rando fecit et dominus Papa per voluntatem illius et preces Deo et beato
» Roberto et habitatoribus ejusdem ecclesiæ dedit, et post ipsum romani pon-
» tifices confirmaverunt vel addiderunt coram multis testibus in manu domini
» Casæ Dei abbatis confirmavit... Et ut hæc fortius et verius credantur et
» teneantur, sigilli sui impressione hanc cartam munivit. Hæc audierunt et
» viderunt et testes sunt futuri prior de Marmiliaco, Petrus, prior de Urci-
» valhi, Chatardus, prior de Mervicho, Petrus Armarius, Casæ Dei, Guil-
» lelmus de Albiaco, Chatardus de Corberia, miles, Mathæus, bajulus præ-
» fati comitis, Armandus de Monteferrando et multi alii. Factum est hoc anno
» Incarnatione Domini MCLXVI. » Il en est encore question dans un document qu'on rapporte à l'année 1169.

(2) Dès le XII° siècle, Montferrand possédait plusieurs églises, l'église de Neyrac, l'église de Notre-Dame et celle de Saint-Robert. L'église de Neyrac, dédiée au Saint-Sauveur, était située sur un coteau, au milieu de vignobles, du côté de Cebazat. Elle fut, pendant quelque temps, paroissiale. L'église de Notre-Dame, comprise dans l'intérieur de la ville, avait été fondée par les seigneurs de Montferrand. Il y eut d'abord une communauté de prêtres qui fit place à une collégiale. L'église de Saint-Robert, consacrée par Calixte II, forma paroisse et devint un monastère de l'ordre de Saint-Benoît. En 1136, Aimeric livra cette église à Etienne, abbé de la Chaise-Dieu, qui y plaça un prieur et six moines cloitriers. L'acte est signé par Aimeric, par P., prévôt, Calo, archidiacre, Ildin, doyen du Port, et plusieurs autres. (Justel, *Histoire généalogique de la Maison d'Auvergne*, p. 29. — *Gallia Christiana*, t. II, col. 268).

(3) Guillaume VI, qui fit don à Calixte II des églises de Montferrand, avait succédé à Robert II, son père, dans le comté d'Auvergne. Il fit partie de la Croisade. Il était encore en Palestine en 1103, et il n'est pas fait mention de son retour avant 1114. Il eut avec l'évêque de Clermont des démêlés dont nous allons parler.

XCIX.

Honorius II à Humbald, archevêque de Lyon et légat du Saint-Siége. Il lui annonce qu'il a excommunié Pons, abbé de Cluny, et ses partisans, parmi lesquels se trouve Eustorge, prieur de Souvigny.

24 Avril 1126.

onorius (1) episcopus, servus servorum Dei, venerabili Hu..... (2) Lugdunensi archiepiscopo, Apostolicæ Sedis legato, salutem et apostolicam benedictionem. Dolemus quoniam, sicut accepimus, religionem Cluniacensem Pontius temere perturbavit....
.... Obedientias, in quibus Pontius (3) suos priores intrusit, scilicet Silviniacum cum Eustorgio (4) priore et suis

---

(1) Honorius II gouverna l'Eglise cinq ans (28 décembre 1124 — 14 février 1130). Il était doué d'une grande âme. Il avait pour sentence : « Oculi Domini super justos. »

(2) Humbald succéda à Jocerand sur le siége de Lyon. Il l'occupait en 1119. En 1126, il fut nommé légat par Honorius II.

(3) Pierre-le-Vénérable était abbé de Cluny depuis quelques années (1122), quand éclata, dans l'ordre clunisien, le schisme dont parle Honorius. Pons de Melgueuil, ancien abbé, profita d'une visite abbatiale de Pierre-le-Vénérable en Aquitaine, pour reprendre le pouvoir. Secondé par des moines et des habitants de Cluny, il entra par force dans l'abbaye et se fit proclamer abbé. Il donna aussitôt les principaux prieurés à ses adhérents, et déclara la guerre aux obédiences qui refusaient de le reconnaitre. Il mit Eustorge à la tête du prieuré de Souvigny. Une véritable anarchie désola l'institut clunisien depuis le commencement du carême 1125 jusqu'au mois d'octobre de l'année suivante. A la nouvelle de ces troubles, Pierre-le-Vénérable partit pour Rome et implora l'intervention d'Honorius II. L'excommunication pontificale fut portée contre Pons et ses adhérents. L'interdit le plus rigoureux frappa l'abbaye de Cluny, le prieuré de Souvigny, les obédiences de Mazille, Péronne et Laizé. L'affaire prit une telle gravité qu'elle fut portée à Rome. Les parties y comparurent. Un jugement solennel déclara Pons schismatique et rendit Cluny à l'autorité de Pierre-le-Vénérable.

(4) Depuis Ponce, Souvigny fut gouverné par Girard. Sous lui, en 1124, Vulgrin, archevêque de Bourges, confirma ce prieuré dans la possession des églises de Chapes et Chirac, données par Léger, son prédécesseur. (*Gallia Christiana*, t. II, Instrumenta, col. II). Astère figure, comme prieur, dans

fautoribus.... ne divina officia ibi celebrentur, interdicimus. Denique omne christianitatis officium supradictis locis interdicimus, excepto baptismate puerorum et pœnitentia morientium, volentium ab hac nequitia converti.... (1).

C.

Honorius II aux archevêques et seigneurs de France. Il leur enjoint d'aider le cardinal Pierre, son légat, à renvoyer Pons et ses partisans des maisons de Cluny, dont plusieurs étaient en Auvergne, et à rétablir Pierre-le-Vénérable dans son autorité (2).

1126.

CI.

Honorius II porte une sentence d'excommunication contre Fébronie qui s'obstinait à occuper le monastère de Saint-Sixte donné aux moines de la Chaise-Dieu (3).

1124-1129.

---

un titre où intervient Archambaud VI, seigneur de Bourbon. C'est entre Girard et Astère qu'il faut placer l'intrusion d'Eustorge. Hélie, qui succéda à Astère, obtint d'Aimeric la confirmation des églises d'Auvergne qui dépendaient de Souvigny (1147).

(1) Mansi, *Conc.*, XXI, 337. *Patrologie*, édit. Migne, t. CLXVI, col. 1259-1260.

(2) *Histoire de l'Ordre de Cluny*, par J.-Henri Pignot, t. III, p. 72.

(3) *Istoria ecclesiastica di Piacenza*, Campi, part. I, p. 550. « Novissime vero D. papa Honorius, habito consilio fratrum suorum episcoporum et cardinalium, et eamdem Febroniam rebellem excommunicavit et præfatum abbatem de eadem S. Sixti ecclesia revestiri præcepit. » Les deux cardinaux Pierre et Jean de Crema vinrent à Plaisance, et, de concert avec Arduin, évêque de cette ville, ils parvinrent à chasser Fébronie et à rétablir Odon et ses moines (1129).

CII.

Honorius II à Aimeric, évêque de Clermont. Il lui ordonne de rendre à Erbert, abbé de Saint-Pierre de Sens, l'église de Vercias et d'autres églises qu'il avait ravies.

1124-1130.

onorius episcopus, servus servorum Dei, venerabili fratri A., Claromontensi episcopo, salutem et apostolicam benedictionem. Filius noster Erb..., (1) abbas Sancti Petri Senonensis, quod eum de ecclesia de Vercias contra justitiam spoliasti, et alias etiam ecclesias ad suum monasterium pertinentes abstulisti. Unde mandamus tibi ut ablata ei restituere non omittas (2).

CIII.

Honorius II confirme le monastère de Mauriac dans ses droits et possessions (3).

1124-1130.

---

(1) Il s'agit d'Erbert, comme on le voit par une lettre d'Honorius à l'évêque de Limoges. Erbert succéda, en 1124, à Arnaud, et tint l'abbatiat jusqu'en 1147.

(2) Bibliothèque nationale, Collection Baluze, t. 40, fol. 383.

(3) Ce document était conçu dans les mêmes termes que le privilége de Pascal II concernant le même monastère. (*Dictionnaire statistique du Cantal*, t. IV, p. 253).

A cette époque, on trouve comme doyens Pierre de Mirabel et Pierre Amblard. Sous Pierre de Mirabel, au temps du pape Calixte II et de Louis-le-Gros, Gui de Miramont confirma les donations faites par ses prédécesseurs au monastère de Mauriac et délaissa celles qui avaient été usurpées, notamment le mas de Faët, au sujet duquel des contestations s'étaient élevées entre les moines de Mauriac et les seigneurs de Miramont. Sous Pierre Amblard, Artmand de Mauriac abandonna au monastère la leide du sel qu'il avait usurpée, et renonça à ses prétentions sur les mas du village de Verliac, ainsi qu'aux mauvaises coutumes qu'il exerçait sur le monastère, et cela, en présence d'Altier de Marlat, d'Artmand des Vaïsses, de Pierre Guillaume, de Géraud Gausbert et de tous les bourgeois.

CIV.

Honorius II à Etienne de Mercœur, abbé de la Chaise-Dieu. Il confirme la sentence d'excommunication portée par Galtier, évêque de Maguelonne et légat du Saint-Siége, contre ceux qui violaient les décisions pontificales concernant la celle de Sainte-Marie de Gourdaignes (1).

1124-1130.

CV.

Innocent II (1) tient un concile à Clermont (2) et fait une Constitution qui renferme divers points de morale et

---

(1) Mabillon (*Ann. Bened.*, t. v, p. 597) parle du décret d'Honorius II en ces termes : « Verum nec sic repressa fuit Casæ Dei monachorum pervicacia, » quæ romanos pontifices Callistum et Honorium II fatigavit; adeo ut Galte-» rius, Magalonensis episcopus et Apostolicæ Sedis legatus, excommunica-» tionis sententiam in refractarios vibravit, quam Honorius ipse datis ad » Stephanum Casæ Dei abbatem litteris confirmavit. »

(1) Innocent II fut sacré le 22 février 1130, et siégea treize ans. Il joignait à l'érudition et à l'éloquence une grande fermeté de caractère. Il avait pour sentence : « Adjuva nos, Deus, salutaris noster. »

(1) Innocent II, ayant été contraint de quitter l'Italie où Roger, duc de Sicile, alors tout puissant, soutenait l'anti-pape Anaclet, vint en France. Il fut reçu à Cluny avec de grands honneurs : il y consacra la nouvelle église à l'honneur de Saint-Pierre. Après être resté onze jours à Cluny, Innocent II se rendit à Clermont. Il s'y trouvait au mois de novembre. Il fit dans cette ville une première promotion de cardinaux. Il y excommunia l'anti-pape Anaclet. Conrad, archevêque de Salzbourg, Héribert, évêque de Munster, et l'abbé de Gorze, au diocèse de Metz, vinrent le trouver de la part de l'empereur Lothaire et l'assurèrent de son obéissance. Comme son passage à Clermont y avait attiré beaucoup de prélats et d'abbés, Innocent II en profita pour célébrer un concile. Un grand nombre de cardinaux, archevêques, évêques, abbés, théologiens et personnages de mérite y assistèrent. On y voyait l'archevêque de Lyon, Vulgrin, archevêque de Bourges, Arnaud, archevêque de Narbonne, Bernard, archevêque d'Arles, le bienheureux Oldegaire, archevêque de Tar-

de discipline. Il flétrit la simonie et la tenue mondaine des clercs. Il ordonne que les biens des évêques resteront au pouvoir de l'Eglise et serviront à leurs successeurs, et que ceux qui dans l'ordre du sous-diaconat et au-dessus n'observeraient pas la continence, seront privés de leur bénéfice. Il défend aux moines et aux chanoines réguliers de soutenir, après leur profession, les causes civiles et d'exercer la médecine. Il ordonne aux laïcs, sous peine d'excommunication, de rendre aux évêques les églises qu'ils détiennent, et commande de ne nommer personne archidiacre, s'il n'est diacre; doyen ou prévôt, s'il n'est ordonné prêtre. Il recommande de respecter en tout temps la sécurité des prêtres, clercs, moines, pèlerins et marchands, et d'observer la trêve de Dieu, depuis le mercredi au coucher du soleil jusqu'au lundi au lever du soleil, depuis l'Avent jusqu'à l'octave de l'Épiphanie, et depuis la Quinquagésime jusqu'à l'octave de la Pentecôte. Il condamne les exercices abusifs du pugilat, excommunie ceux qui frappent les clercs et les moines, condamne ceux qui prétendent aux dignités ecclésiastiques par droit d'hérédité ou ceux qui les briguent; il défend les mariages entre parents; il excommunie les incendiaires et enjoint

---

ragonne, les archevêques d'Auch, d'Aix et de Tarentaise; Humbert, évêque du Puy, Eustorge, évêque de Limoges, et plusieurs autres évêques des provinces que nous venons de nommer; Pierre-le-vénérable, abbé de Cluny, Etienne, abbé de la Chaise-Dieu, l'abbé de Dôle et d'autres abbés qui relevaient du Saint-Siége. Le Concile prit les décisions renfermées dans la Constitution que nous donnons. (Petrus Venerabilis, *De Miraculis*, lib. II, c. XVI, — Baluze, *Miscellanea*, t. VII, p. 74). Innocent II traita, pendant son séjour à Clermont, plusieurs autres affaires concernant des Eglises particulières. Le 28 novembre, il écrivit à Grégoire, abbé de Saint-Michel de Cussan, au diocèse de Perpignan, pour confirmer ce monastère dans la possession de ses biens; le 29, il envoya une lettre aux évêques de la province de Narbonne; le 3 décembre, il écrivit à Guillaume, évêque de Langres, et, le 5, à Pierre, abbé de Montmajour, au diocèse d'Arles. C'est sans doute alors qu'Innocent II vint à la Chaise-Dieu, où il fut reçu avec pompe par l'abbé Etienne et par ses moines. L'évêque du Puy et Guillaume, évêque de Grenoble, s'y étaient rendus avec beaucoup d'autres personnages. (Dominique Branche, *Histoire des Ordres monastiques en Auvergne*, pp. 174-175).

de leur donner pour pénitence d'aller à Jérusalem ou en Espagne, et d'y rester une année entière.

Novembre 1130.

uoniam frigescente caritate superabundavit iniquitas et in novissimis diebus instant tempora periculosa (sunt enim homines seipsos amantes, cupidi, elati, superbi, blasphemi, parentibus inobedientes, ingrati, scelesti, sine affectione, sine pace, criminatores, incontinentes, immites, sine benignitate, proditores, protervi, tumidi, voluptatum amatores magis quam Dei), invocanda est ab universis cum devotione gratia Sancti Spiritus, ut mala pullulantia resecet, et in servis suis sua dona multiplicet, ac temporá quieta conservet. Ad extirpandas igitur vitiorum pravitates, praedecessorum statuta in medicum sunt producta, et novitatibus crescentium vitiorum nova medicamina sunt adhibita.

I. Statuimus ut, si quis simoniace ordinatus fuerit, ab officio omnino cadat quod illicite usurpavit. Vel si quis præbendas, aut honorem, vel promotionem aliquam ecclesiasticam, per pecuniam acquisivit, honore male acquisito careat, et nota infamiæ percellatur.

II. Præcipimus etiam quod tam episcopi quam clerici in statu mentis, in habitu corporis, Deo et hominibus placere studeant, et nec in superfluitate, scissura, aut colore vestium intuentium, quorum forma et exemplum esse debent, offendant aspectum, sed quod eorum deceat sanctitatem.

III. Illud autem quod in sacro Calcedonensi constitutum est Concilio irrefragabiliter conservari præcipimus; ut videlicet decedentium bona episcoporum a nullo omnino hominum diripiantur, sed ad opus successoris sui in libera œconomi et clericorum permaneant potestate. Cesset igitur de cœtero illa detestabilis et sæva rapacitas. Si quis autem hoc omnino attentare præsumpserit, excommunicationi subjaceat. Qui vero morientium presbyterorum vel clericorum bona rapuerint, simili sententiæ subjiciantur.

IV. Decrevimus ut ii qui a subdiaconatu et supra uxores duxerint, aut concubinas habuerint, officio atque ecclesiastico beneficio careant. Cum enim ipsi templum Dei, vasa Domini, sacrarium Spiritus Sancti debeant esse et dici, indignum est eos cubilibus et immunditiis deservire.

V. Prava autem consuetudo, prout accepimus, et detestabilis inolevit, quoniam monachi et regulares canonici post susceptum habitum et professionem factam, spreta bonorum magistrorum Benedicti et Augustini regu'a, leges temporales et medicinam gratia lucri temporalis addiscunt. Avaritiæ namque flammis accensi se patronos causarum faciunt. Et cum psalmodiæ et hymnis vacare deberent, gloriosæ vocis freti munimine allegationum suarum varietate justum et injustum, fasque nefasque confundunt. Attestantur vero imperiales consuetudines absurdum, imo et opprobrium esse clericis, si peritos se velint disceptationum esse forensium, hujusmodi temeratoribus graviter feriendis. Ipsi quoque, neglecta animarum cura, ordinis sui propositum nullatenus attendentes, pro detestanda pecunia sanitatem pollicentes, humanorum curatores se faciunt corporum. Cumque impudicus oculus impudici corporis sit nuntius, illa de quibus loqui etiam erubescit honestas, non debet religio pertractare. Ut ergo ordo monasticus et canonicus Deo placens in sancto proposito inviolabiliter conservetur, ne hoc ulterius præsumatur, auctoritate apostolica interdicimus. Episcopi autem, abbates et priores tantæ enormitati consentientes, et non corrigentes, propriis honoribus spolientur.

VI. Præcipimus etiam ut laici qui ecclesias tenent, aut episcopis restituant, aut excommunicationi subjaceant.

VII. Innovamus autem et præcipimus ut nullus in archidiaconum nisi diaconus, nullus in decanum vel præpositum nisi presbyter ordinetur. Archidiaconi vero, decani, vel præpositi qui infra ordines prænominatos existunt, si inobedientes ordinari contempserint, honore suscepto priventur.

VIII. Præcipimus etiam ut presbyteri, clerici, monachi, peregrini et mercatores omni tempore sint securi. Treguam autem ab occasu solis quarta feria usque ad ortum solis in secunda feria, et ab Adventu Domini usque ad Octavas Epiphaniæ, et a Quinquagesima usque ad Octavas Pentecostes, ab omnibus inviolabiliter observari decernimus. Si quis autem treguam frangere tentaverit, post tertiam commonitionem si non

satisfecerit, episcopus suus excommunicationis in eum sententiam quisque confirmet. Si quis autem hoc violare præsumpserit, ordinis sui periculo subjacebit. Et quoniam funiculus
triplex difficile rumpitur, præcipimus ut episcopi ad solum
Deum et salutem populi habentes respectum, omni tepiditate
seposita ad pacem firmiter tenendam mutuum sibi consilium
et auxilium præbeant, neque hoc alicujus amore aut odio
prætermittatur. Quod si quis in hoc Dei opere tepidus inventus
fuerit, damnum propriæ dignitatis incurrat.

IX. Detestabiles autem illas nundinas vel ferias in quibus
milites ex condicto convenire solent et ad ostentationem virium
suarum et audaciæ temerarie congrediuntur, unde mortis
hominum et animarum pericula sæpe proveniunt, omnimode
interdicimus. Quod si quis eorum ibidem mortuus fuerit,
quamvis ei poscenti pœnitentia et viaticum non negetur, ecclesiastica tamen careat sepultura.

X. Item placuit ut si quis, suadente diabolo, hujus sacrilegii
reatum incurrerit quod in clericos vel monachos minus inje-
cerit, anathemati subjaceat. Quod qui fecerit, excommunicetur.

XI. Indubitatum est quoniam honores ecclesiastici sanguinis
non sunt, sed meriti, et ecclesia Dei non hæreditario jure
aliquando, nec secundum carnem successorem expetit, sed ad
sui regimen et officiorum suorum dispensationes honestas,
sapientes et religiosas personas exposcit. Eapropter, auctoritate
prohibemus apostolica ne quis ecclesias, præbendas, præposi-
turas, capellanias, aut aliqua ecclesiastica officia hæreditario
jure valeat vindicare aut expostulare præsumat. Quod si quis
improbus et ambitionis reus attentare præsumpserit, debita
pœna mulctabitur, et postulatis carebit.

XII. Sane conjunctiones consanguineorum omnino fieri prohibemus. Hujusmodi namque incestum, qui jam fere stimulante
humani generis inimico in usum versus, sanctorum patrum
statuta et sacrosancta Dei detestatur Ecclesia. Leges etiam sæculi
de tali contubernio notos infames pronuntiant et ab hæreditate
repellunt.

XIII. Pessimam siquidem, depopulatricem et horrendam
incendiorum malitiam auctoritate Dei et beatorum apostolorum
Petri et Pauli omnino detestamur et interdicimus. Hæc enim

pestis, hæc hostilis vastitas omnes alias deprædationes exsuperat. Quæ quantum Dei populo sit damnosa, quantumque detrimentum animabus et corporibus inferat, nullus ignorat. Assurgendum est igitur et omnimodis laborandum ut tanta clades tantaque pernicies pro salute populi eradicetur et extirpetur. Si quis igitur post hujus nostræ prohibitionis promulgationem malo studio, sive pro odio, sive pro vindicta, ignes apposuerit vel apponi fecerit aut appositoribus consilium vel auxilium scienter tribuerit, excommunicetur. Et si in hoc mortuus fuerit incendiarius, christianorum careat sepultura, nec absolvatur nisi prius damno cui intulit secundum facultatem suam resarcito, juret se ulterius ignem non appositurum. Pœnitentia autem ei detur ut in Hierosolymis aut in Hispania in servitio Dei per integrum annum permaneat. Si quis autem archiepiscopus aut episcopus hoc relaxaverit, damnum restituat, et per unum annum ab officio episcopali abstineat. Sane regibus et principibus faciendæ justitiæ facultatem, consultis archiepiscopis et episcopis, non negamus (1).

CVI.

Innocent II à Etienne, abbé de la Chaise-Dieu. Il confirme cette abbaye dans ses droits sur les monastères de Saint-Baudile, Lansac, Beaucaire, Saint-Trivier et plusieurs autres.

31 Juillet 1132.

....

Data Cremonæ, per manum Aimerici, S. R. E. diaconi cardinalis et cancellarii, secundo Idus Julii, indictione x, anno

(1) Baluze, *Miscellanea*, t. VII, pp. 74 et suiv. Les Canons du Concile de Clermont sont à peu près les mêmes que ceux qui furent dressés au Concile de Reims, tenu au mois d'octobre 1131. Baluze donne ces Canons d'après les archives de l'Eglise de Barcelonne, dont Oldegaire avait été évêque, et d'où ils furent tirés par Pierre de Marca, archevêque de Paris. Bernard Guidon, Ptolémée de Lucques et Pierre Jacobi ont eu connaissance de la plupart de ces Canons.

Incarnationis dominicæ MCXXXII, pontificatus Innocentii papæ secundi anno tertio (1).

CVII.

Innocent II à Etienne, abbé, et aux moines de la Chaise-Dieu. Il confirme la donation de l'abbaye de Favernay faite à la Chaise-Dieu par Anséric, archevêque de Besançon.

13 Juin 1133.

 NNOCENTIUS episcopus, servus servorum Dei, dilectis filiis Stephano et fratribus Casæ Dei salutem et apostolicam benedictionem. Apostolicæ Sedis nos docet auctoritas ut pro Ecclesiis omnibus, præcipue pro his quæ ad jus et tutelam beati Petri specialiter pertinere noscuntur, attentam sollicitudinem gerere debeamus et earum quieti et utilitati affectione paterna providere curemus. Proinde, dilecti in Domino filii, vestris precibus inclinati, Faverniacense (2) monasterium a venerabili fratre nostro Anserico (3), Bisuntino archiepiscopo, vobis communi consilio et assensu canonicorum suorum concessum apostolica auctoritate firmamus et præsentis scripti pagina roboramus (4).

Data Pisis Idibus Junii (5).

(1) *Gallia Christiana*, t. II, col. 534.... Innocentius papa confirmavit antiqua Casæ Dei privilegia, necnon monasterium S. Baudilii, cellam de Lansaco, ecclesias de Bellicadro, S. Trevirii, etc.

(2) L'abbaye de Notre-Dame de Favernay, au diocèse de Besançon, fut fondée vers 747. Dès ses origines, c'était un monastère de religieuses. Elle devint dans la suite un monastère d'hommes de l'ordre de Saint-Benoît.

(3) Anséric donna, en 1132, l'abbaye de Favernay à la Chaise-Dieu (V. l'Appendice).

(4) Bibliothèque nationale, Collection Moreau, *Chartes et Diplômes*, t. 155, f. 113, v. — D. Maurice Roux, bénédictin, a relevé cette copie sur une copie manuscrite de 1519, prise sur l'original par Jean Chappes, de la Chaise-Dieu, notaire apostolique.

(5) Innocent II était à Pise en 1132 et 1133. Puisque la donation de Favernay eut lieu aux Calendes d'octobre 1132, et que la confirmation est des Ides de juin, la bulle doit être de 1133.

CVIII.

Innocent II à Odon, abbé de Saint-Sixte de Plaisance. Il confirme ce monastère dans ses biens et décrète que si, à la mort de l'abbé, les moines ne trouvent pas parmi eux un moine digne de l'abbatiat, ils devront le prendre parmi les moines de la Chaise-Dieu.

14 Juillet 1133 (1).

INNOCENTIUS episcopus, servus servorum Dei, Oddoni, abbati venerabilis monasterii S. Sixti, quod Placentiæ situm est, ejusque successoribus regulariter substituendis in perpetuum. Ad hoc universalis Ecclesiæ cura nobis a provisore omnium bonorum Deo commissa est, ut religiosas diligamus personas, et beneplacentem Deo religionem studeamus modis omnibus propagare.....

...... Obeunte vero te, nunc ejusdem loci abbate, vel tuorum quolibet successorum, nullus ibi qualibet subreptionis astutia seu violentia præponatur, nisi quem fratres communi consensu, vel fratrum pars consilii sanioris, de suo, si potuerit idoneus inveniri, collegio, secundum Dei timorem et B. Benedicti regulam, præviderint eligendum. Quod si persona in eodem monasterio ad abbatiæ administrationem talis non fuerit, de Casæ Dei cœnobio eligatur, quamdiu videlicet illic monastici ordinis disciplina, Domino præstante, viguerit; electus autem a Romano Pontifice benedicatur....

Ego Innocentius, Catholicæ Ecclesiæ episcopus.

Datum Cremonæ, per manum Aymerici, Sanctæ Romanæ Ecclesiæ diaconi cardinalis et cancellarii, II Id. Julii, indictione XI, Incarnationis dominicæ anno MCXXXIII, pontificatus vero Domini Innocentii papæ secundi anno quarto (2).

---

(1) Campi, dans son *Histoire ecclésiastique de Plaisance*, met cette bulle à l'année 1132.

(2) Cocquelines, *Bullarium Romanum*, t. II, p. 214-215.

CIX.

Innocent II charge Hugues, archevêque de Rouen et légat du Saint-Siége, d'examiner et de résoudre le différend qui existait entre l'abbaye de la Chaise-Dieu et celle de Saint-Tibéri, au sujet du monastère de Bessan (1).

1133-1134.

CX.

Innocent II à Guy, cardinal diacre et légat du Saint-Siége. Il lui ordonne de régler le différend de la Chaise-

---

(1) Il est fait mention de cette lettre dans celle que l'archevêque de Rouen écrivit à Innocent II pour l'instruire de ce qu'il avait fait. (Mabillon, *Appendix Annalium Benedictin.*, t. VI, p. 666). L'affaire de Saint-Tibéri et de la Chaise-Dieu préoccupait, depuis quelque temps, les prélats de la France méridionale. En 1129, Arnaud, archevêque de Narbonne, de concert avec Aldebert, évêque d'Agde, Jean, évêque de Nimes, Pierre, évêque de Lodève, et Raimond, évêque de Maguelonne, avait décrété, dans une assemblée tenue dans le diocèse d'Agde, que les moines de la Chaise-Dieu devaient rendre à l'abbaye de Saint-Tibéri l'église de Bessan. Ce dissident ne fut pas apaisé. L'affaire fut portée devant Innocent II qui en confia l'examen et la solution à l'archevêque de Rouen. Hugues convoqua, en 1134, à Montpellier, Bernard, archevêque d'Arles, Arnaud, archevêque de Narbonne, Raimond, évêque d'Agde, Guillaume II, évêque d'Orange, l'abbé de Saint-Gilles et plusieurs autres personnages. Il manda devant ce tribunal les parties intéressées. Etienne, abbé de la Chaise-Dieu, ne parut pas et n'envoya personne pour le représenter. Le synode se réunit, le 5 novembre. Adémar, abbé de Saint-Tibéri, montra la donation que Béranger, évêque d'Agde, avait faite à Déodat, abbé de Saint-Tibéri, et certifia avec quatre témoins que, depuis bien des années, son monastère possédait l'église de Bessan. Quatre autres témoins attestèrent que Bernard, évêque d'Agde, avait introduit à Bessan les moines de la Chaise-Dieu, mais que, sur la représentation qui lui avait été faite que Béranger, son prédécesseur, avait donné Bessan à Saint-Tibéri, il avait rendu cette église à ses premiers possesseurs. Après ces informations, Hugues décida que le monastère de Bessan devait appartenir à Saint-Tibéri. (V. à l'Appendice les lettres de Hugues à Adémar, abbé de Saint-Tibéri, et à Innocent II).

Dieu et de Saint-Tibéri concernant l'église de Bessan (1).
1135-1139.

CXI.

Innocent II à Etienne, abbé, et aux moines de la Chaise-Dieu. Il confirme ce monastère dans la possession de l'église de Saint-Fortunat qui lui avait été donnée par Guillaume, évêque de Saintes.

27 Juin 1136.

NNOCENTIUS episcopus, servus servorum Dei, dilecto filio Stephano, abbati, et fratribus monasterii Casæ Dei tam præsentibus quam futuris in perpetuum. Officii nostri auctoritate debitaque compellimur quæ ad pacem sunt Ecclesiæ constituere, et religiosorum locorum utilitati, auxiliante Deo, salubriter providere. Eapropter, dilecte in Domino fili, Stephane abbas, ecclesiam Beati Fortunati (2) quam venerabilis frater noster Willelmus (3), Santonensis episcopus, canonicorum suorum conces-

---

(1) Les difficultés entre la Chaise-Dieu et Saint-Tibéri, au sujet de l'église de Bessan, n'étaient pas aplanies. Innocent II remit à Guy, cardinal, le soin d'étudier cette question et de la résoudre. Guy réunit à Uzès, en 1159, une assemblée d'évêques et abbés. On y voyait Guillaume, archevêque d'Arles, Pierre, évêque de Nice, Raimond, évêque d'Agde, Guillaume, évêque de Nîmes, Jaucerand, évêque de Viviers, Evrard, évêque d'Uzès; Pierre, abbé de Saint-Gilles, et Jean, abbé de Saint-Allyre de Clermont. Il fut convenu que la Chaise-Dieu laisserait à Saint-Tibéri la possession de l'église de Bessan, qu'en retour elle aurait l'église de Saint-Martin de Valentine, dépendant de Saint-Tibéri, et qu'elle toucherait chaque année, à la fête de la Pentecôte, quinze sols sur les revenus de Bessan. (Mabillon, *Appendix Annalium Benedictinorum*, t. VI, p. 667). (V. à l'Appendice la lettre de Guy à Adémar, abbé de Saint-Tibéri).

(2) Guillaume, évêque de Saintes, donna l'église de Saint-Fortunat à la Chaise-Dieu, afin de terminer le différend qui avait longtemps existé entre les moines de Sainte-Gemme, dépendant de la Chaise-Dieu, et l'abbaye de Sablonceaux, au sujet de l'église de Saint-Romain-de-Benet. Saint-Fortunat est Saint-Fort-sur-Gironde, dans le canton de Saint-Genis de Saintonge, diocèse de La Rochelle.

(3) Guillaume monta sur le siège de Saintes, en 1127. Il embrassa le parti d'Innocent II, malgré Gérard, évêque d'Angoulême, et légat d'Aquitaine

sione, tibi et dictæ Casæ Dei cui, Deo auctore, præsides, dedisse cognoscitur, pro querela quæ diu exstiterat, inter monachos tuos ecclesiæ Sanctæ Gemmæ (1) et ecclesiam de Sabluncellis (2), super ecclesia Beati Romani de Benaïs (3) ab eodem fratre nostro Willelmo episcopo fratribus de Sabluncellis, assensu capituli sui, concessa, tibi tuisque successoribus confirmamus, et præsentis privilegii robore communimus; statuentes ut quemadmodum ab eodem fratre nostro Guillelmo episcopo super jam dicta B. Fortunati ecclesia rationabiliter noscitur institutum, perpetuis futuris temporibus irrefragabiliter observetur. Si qua igitur in futurum ecclesiastica, etc.

Adjuva nos, Deus, salutaris noster, sanctus Petrus, sanctus Paulus. Innocentius papa II.

Ego Innocentius, Catholicæ Ecclesiæ episcopus.

Ego Willelmus, Prænestinus episcopus.

Ego Gregorius, diaconus cardinalis SS. Sergii et Bacchi.

---

pour l'anti-pape Anaclet. Il occupait encore le siége de Saintes en 1159. Il eut pour successeur Bernard Ier, prieur de Sablonceaux.

(1) Guillaume VII, comte de Poitiers et duc de Guienne, donna l'église de Sainte-Gemme à la Chaise-Dieu et les terres environnantes. L'abbé Durand y envoya des moines (1074) et fonda un prieuré qui devint célèbre. Il compta douze cloîtriers et eut sous sa mouvance les prieurés de Counasse, d'Arsia, de Saint-Léonard, de Sainte-Marie-des-Vioux et de Saint-Thomas d'Oléron. Guillaume VII et son épouse Aldéarde ratifièrent la donation de Sainte-Gemme, dans l'église, en présence des moines et de plusieurs témoins, parmi lesquels étaient Foulques, comte d'Anjour, et Guillaume de Fredeland. (Jean Berly, *Histoire des comtes de Poitiers et des ducs de Guienne*, pp. 103, 104, 579). Garnier, frère d'Audebert, archevêque de Bourges, fut prieur de Sainte-Gemme, sous l'abbatiat de Durand. Bernard fut prieur sous l'abbatiat de Jordan de Montboissier. Il était versé dans les lettres et dans l'agiographie. (Mabillon, *Ann. Benedict.*, t. VI, p. 406). Sainte-Gemme est aujourd'hui une paroisse du canton de Saint-Porchaire, arrondissement de Saintes.

(2) L'abbaye de Sainte-Marie de Sablonceaux, de l'ordre de Saint-Augustin, fut fondée par Guillaume, duc d'Aquitaine. Elle était située non loin de la Sendre qui arrose un pays sablonneux et se jette près de là dans la mer. Ce monastère devint considérable. Gaufrède de Lauréol en fut, dit-on, premier abbé. Sablonceaux est aujourd'hui une paroisse du canton de Saujon, arrondissement de Saintes.

(3) Saint-Romain-de-Benet, paroisse du canton de Saujon, diocèse de la Rochelle.

Ego Matthæus (1), Albanensis episcopus.
Ego Oddo, diaconus cardinalis S. Georgii ad velum aureum.
Ego Guido (2), diaconus cardinalis SS. Cosmæ et Damiani.
Ego Boethus, diaconus cardinalis S. Viti.
Ego Gerardus (3), presbyter cardinalis tituli Sanctæ Crucis Jerusalem.
Ego Anselmus, presbyter cardinalis.
Ego Azo, presbyter cardinalis tituli S. Anastasiæ.
Data Pisis, per manum Aimerici S. R. E. diaconi cardinalis et cancellarii, v Idus Junii, indictione XIII, Incarnationis dominicæ anno 1136, pontificatus domini Innocentii papæ II anno 6 (4).

CXII.

Innocent II sanctionne les réclamations des chanoines de la Cathédrale d'Albi qui revendiquaient, comme leur appartenant, l'église de Saint-Eugène de Vioux, contrairement aux droits que l'abbaye d'Aurillac prétendait avoir sur elle (5).

1136.

CXIII.

Innocent II à Pierre, abbé de Tournus. Il confirme ce monastère dans la possession de l'église de Planciac, au diocèse de Lyon, et de l'église de Trésiliac, au

---

(1) Mathieu, évêque d'Albano, fut légat en France et en Allemagne, et soutint avec beaucoup de zèle la cause d'Innocent II et du Saint-Siège.

(2) Guy était de Citta Castella. Il fut élu pape sous le nom de Célestin II.

(3) Gérard, né à Bologne, était chanoine régulier. Il devint pape sous le nom de Lucius II.

(4) Bibliothèque nationale, Collection Baluze, t. 40, fol. 90.

(5) Ces démêlés, qui duraient depuis près d'un siècle, se terminèrent par un arrangement qui eut lieu, en 1204, entre Guillaume, évêque d'Albi, et Géraud de Cardaillac, abbé d'Aurillac. (*Saint Géraud d'Aurillac et son illustre abbaye*, par Mgr Bouange, proto-notaire apostolique, curé de Saint-Géraud d'Aurillac, t. II, p. 53.

diocèse de Clermont, qui lui avait été donnée par l'évêque Aimeric.

25 Mars 1140.

NNOCENTIUS episcopus, servus servorum Dei, dilecto filio Petro, Trenorciensi abbati, ejusque successoribus regulariter substituendis in perpetuum. Commissa nobis Apostolicæ Sedis auctoritas nos hortatur ut locis et personis, ejus auxilium devotione debita implorantibus, tuitionis præsidium impendere debeamus. Quia sicut injusta petentibus nullus est tribuendus effectus, ita legitima et justa poscentium non est differenda petitio, præsertim eorum vel qui religionem devote videntur amplecti, et sub ea gaudent Domino militare, vel qui cum honestæ vitæ et laudabili morum compositione gaudent omnipotenti Deo deservire. Eapropter, dilecte in Domino fili, tuis rationalibus postulationibus clementer annuimus, et concessiones a venerabilibus fratribus nostris, tam ecclesiæ de Planesiaco, ab Huberto, Bisantino archiepiscopo, quam ecclesiæ de Tresiliaco, ab Aymerico (1), Claromontensi episcopo, vestro monasterio rationabi-

---

(1) Aimeric resta longtemps sur le siège de Clermont. Cinq années s'écoulèrent depuis l'apaisement de ses démêlés avec Guillaume VI. Un nouveau conflit éclata. Louis-le-Gros revint en Auvergne, assiégea Montferrand qui se rendit, et força le comte de donner satisfaction à l'évêque. En 1129, Aimeric assista, à Reims, au sacre de Philippe, fils aîné de Louis-le-Gros. A son retour, il consacra l'église de Sainte-Marie-Madeleine et de Saint-Martin, que Bertrand et Blavie, chanoines d'Artonne, avaient fait construire et qu'ils avaient donnée à l'église de Saint-Martin d'Artonne. En 1131, il donna beaucoup d'églises à Cluny, afin de terminer le différend qu'il avait avec cette abbaye (V. l'Appendice). La donation fut faite, à Clermont, à Pierre-le-Vénérable, assisté de Humbert, prieur de Sauxillanges. En 1136, il céda l'église de Montferrand à la Chaise-Dieu et celle de Trésiliac à l'abbaye de Tournus. La même année, il établit la concorde entre les moines de Menat et de Bellaigue, en cédant à l'abbaye de Menat les églises de La Crouzille, de Saint-Eloy et autres, en dédommagement de la cession que l'abbaye avait faite de ses droits sur le lieu de Bellaigue. (*Inventaire des Chartes antérieures au* XIII*e siècle*, par Michel Cohendy, Cath. arm., 18 sac B, cote VI). A la même époque, il approuva l'accord fait entre Robert III, comte d'Auvergne, et le chapitre de Brioude, accord qui fut confirmé par Pierre Ier, archevêque de Lyon et légat du Saint-Siége. En 1137, il consentit à l'union du monastère de Chanteuge à la Chaise-Dieu. Il reçut du comte Robert l'église d'Herment que celui-ci avait fait construire. Il reçut le serment d'obéissance d'Ermengarde et de Cécile, abbesses

liter factam, tibi tuisque successoribus, et per vos eidem monasterio confirmamus; statuentes, ut quascumque possessiones, quæcumque bona, præfatæ ecclesiæ in præsentiarum juste et canonice possident, aut in futurum, concessione pontificum, largitione regum vel principum, oblatione fidelium, seu aliis justis modis, Deo propitio, poterit adipisci, firma vobis in perpetuum et illibata permaneant. Si qua igitur in futurum ecclesiastica sœcularisve persona, hanc nostræ constitutionis paginam sciens, contra eam temere venire tentaverit, secundo tertiove commonita, si non satisfactione congrua emendaverit, potestatis honorisque sui dignitate careat, reamque se divino judicio existere de perpetrata iniquitate cognoscat, et a sacratissimo corpore ac sanguine Dei et Domini Redemptoris nostri Jesu Christi aliena fiat, atque in extremo examine districtæ ultioni subjaceat. Cunctis autem eidem Ecclesiæ jura servantibus sit pax Domini nostri Jesu Christi, quatenus et hic fructum bonæ actionis percipiant, et apud districtum judicem præmia æternæ pacis inveniant. Amen. Amen. Amen.

Ego Innocentius, Catholicæ Ecclesiæ episcopus, ss.

Ego Gerardus, presbyter cardinalis tituli Sanctæ Crucis in Hierusalem, ss.

Ego Chrysogonus, presbyter cardinalis tituli Sanctæ Praxedis, ss.

Ego Rainerius, presbyter cardinalis tituli Sanctæ Priscæ, ss.

Ego Guido, presbyter tituli Sanctæ Ceciliæ, ss.

de Beaumont. Par ses conseils, les moines d'Obasine, près de Brives, embrassèrent une règle de vie plus sévère, ce qui les maintint davantage dans l'esprit de saint Etienne, dont ils étaient les disciples. On lui doit le formulaire de serment que les évêques de Clermont prêtaient à leur avénement. Richard, légat du Saint-Siége, lui écrivit pour l'engager à défendre le monastère de Sauxillanges et ses biens contre des pillards qui y commettaient de fréquentes rapines (V. l'Appendice). En 1145, Louis VII confirma le traité conclu entre Aimeric et le comte d'Auvergne, et en vertu duquel les revenus de la ville et de la seigneurie de Montferrand avaient été cédés à l'évêque et à l'église Cathédrale. En 1147, Aimeric unit plusieurs églises au monastère de Souvigny. Aimeric avait des rapports d'amitié avec Hildebert, évêque du Mans et qui devint archevêque de Tours. Il le consulta pour savoir s'il devait permettre de dire la messe à un prêtre qu'il avait mis en suspens pour sept ans, parce qu'il avait tué un voleur dans un cas de légitime défense. Hildebert répondit qu'il ne le pouvait pas et l'engagea à écrire au pape. (Savaron, *Origines de Clairmont*, notes de Durand, p. 189).

Ego Ubaldus, diaconus cardinalis Sanctæ Mariæ in via lata, ss.
Ego Ubaldus, diaconus cardinalis Sancti Adriani, ss.

Datum Laterani, per manum Aymerici, Sanctæ Romanæ Ecclesiæ diaconi cardinalis et cancellarii, VIII Kalendas Aprilis, indictione III, Incarnationis anno MCXLI, pontificatus vero domni Innocentii papæ II anno XII (1).

CXIV.

Innocent II à Guillaume Ier (2), abbé d'Aurillac. Il met cette abbaye sous la protection du Saint-Siége et la confirme dans ses droits sur un grand nombre de monastères et d'églises dont il fait l'énumération. Il arrête

---

(1) Legendum *undecimo* : computo enim Dionysiano annus 1141 correspondet superiori anno 1140 æræ vulgaris, prout indicat Indictio tertia, quæ nonnisi hoc anno numerabatur, et respondebat anno XI pontificatus Innocentii. Cocquelines, *Bullarium Romanum*, t. II, pp. 249-250. — Chifflet, *Histoire du monastère de Tournus*, p. 422.

(2) De Gosbert à Guillaume Ier, le monastère d'Aurillac eut pour abbés Pierre IV d'Auzon et Gaucelin d'Auzon. Le *Gallia Christiana* place, il est vrai, après Gosbert, Pierre de La Roque d'Aton. Après un mûr examen, nous avons constaté qu'il était son prédécesseur. Il était ainsi appelé du château de ce nom où il naquit d'une famille ancienne. Ce château, situé à Marmanhac, à quelque distance d'Aurillac, prit dans la suite le nom de Roquenatou. Pierre se fit chérir de ses moines par son esprit, ses mœurs et son affabilité. D'importantes restaurations faites au monastère signalèrent son abbatiat. Il remplaça les cloîtres qui étaient de bois par des cloîtres en pierre. Il fit construire des autels en marbre, et mit l'église dans un état de splendeur. Il fit faire deux bassins en serpentine qu'il plaça l'un devant le cloître, l'autre devant le monastère. Nous avons vu un de ces bassins sur la place, entre l'église de Saint-Géraud et l'ancienne église de Saint-Clément. (*Saint-Géraud d'Aurillac et son illustre abbaye*, par Mgr Bouange, protonotaire apostolique, t. II, pp. 19-20. — *Breve Chronicon Aureliacensis abbatiæ*). Pierre de La Roque d'Aton fut enseveli dans la chapelle de Sainte-Madeleine. Pierre IV, qui succéda à Gosbert, sortait de l'illustre famille d'Auzon, ainsi appelée de la petite ville de ce nom qui s'élève sur les bords de l'Allier. Il fit construire un autel et le clocher de la basilique. Gaucelin d'Auzon, qui lui succéda, était son neveu. Guillaume Ier était doyen de Souillac, quand il fut promu à l'abbatiat. Il embrassa le parti d'Innocent II contre l'anti-pape Anaclet.

que l'abbé sera consacré par le pape et maintient les autres immunités accordées par ses prédécesseurs.

22 Avril 1142.

NNOCENTIUS episcopus, servus servorum Dei, dilecto filio Guillelmo, abbati Aureliacensis monasterii, ejusque successoribus regulariter substituendis in perpetuum. Cum universalis Sanctæ Ecclesiæ filiis ex Apostolicæ Sedis auctoritate ac benevolentia debitores existamus, illis tamen locis atque personis quæ specialius Romanæ adhærent Ecclesiæ, propensiori nos convenit caritatis studio munire et sub sedis gremio confovere. Eapropter, dilecte in Domino fili, Guillelme abbas, petitiones tuas rationabiliter clementer admittimus (1) et Aureliacense cœnobium cui, Deo auctore, præesse dignosceris, quod videlicet beatus confessor Christi, Geraldus, in honore et nomine Apostolorum principis ædificasse et Romanæ Ecclesiæ obtulisse cognoscitur, præsentis scripti privilegio communimus, statuentes ut quascumque possessiones, quæcumque bona idem monasterium in posterum juste et canonice possidet, aut in futurum rationabilibus modis, Deo propitio, poterit adipisci, firma tibi tuisque successoribus et illibata permaneant, in quibus hæc propriis duximus exprimenda vocabulis : Cheriacum (2), Soliacum, Varinium, Asperium, Salientem (3), Espagniacum, abbatiam Maurzensem, abbatiam de Buxa, Pauliacum (4),

---

(1) Guillaume avait écrit à Innocent II pour le prier de prendre sous sa protection l'abbaye d'Aurillac et toutes ses possessions.

(2) Emile, abbé d'Aurillac, avait écrit à saint Hugues, abbé de Cluny, pour le prier de prendre sous sa juridiction la celle de Saint-Pierre de Cayrac, afin d'y établir la règle de Cluny. On voit, par la lettre d'Innocent II, qu'elle n'avait pas été acceptée, et qu'elle restait sous la dépendance du monastère d'Aurillac.

(3) Au xe siècle, une partie des terres de Saillans fut cédée à l'abbé d'Aurillac, qui édifia sur les ruines de l'ancienne ville de Darentiaca un monastère en l'honneur de saint Géraud. Autour s'éleva le bourg de Saillans qui prit une certaine importance. (*Saint-Géraud d'Aurillac et son illustre abbaye*, par Mgr Bouange, t. 1er, p. 334).

(4) Pauliac, ancien prieuré, est du canton de Bretenoux, arrondissement de Figeac, diocèse de Cahors.

locum Sancti Petri de Ripa, Polinnacensem ecclesiam, ecclesias Sancti Pantaleonis (1), Sancti Petri de Toronensi castro (2), ecclesiam de Valeyraco (3), ecclesiam de Calam (4), ecclesiam Sanctæ Mariæ de Glinico (5) cum capella de Serviera (6) quæ de parochiali ipsius jure esse dignoscitur, ecclesiam Sancti Nazarii de Buxinangis, capellam Sanctæ Mariæ de Buxinangis, ecclesiam Sancti Projecti, de Roumegoux (7), ecclesiam Sancti Marcellini de Ebreduno, ecclesiam Sancti Matthæi de Salerii (8), ecclesiam de Fonti-Gaffeico (9), ecclesiam Sancti Marcellini de valle de Veyriera (10), Dalmariciensem ecclesiam, Sancti Petri de Motha, ecclesias Sanctæ Mariæ, Sancti Andreæ (11) et Sancti Joannis de Brutana, ecclesiam Sancti Joannis de Castello Fano, ecclesiam Sancti Petri de Cavaniaco, ecclesiam Sanctæ Mariæ

---

(1) Saint-Pantaléon, autrefois du diocèse de Limoges, aujourd'hui dans le diocèse de Tulle.

(2) Saint-Pierre de Turenne, autrefois du diocèse de Limoges, aujourd'hui dans le diocèse de Tulle. Vers 1108, nous voyons Eustorge, évêque de Limoges, donner l'église des Saints-Apôtres de Turenne à Gausbert de Malafayda, abbé d'Uzerche. Il paraît que cette donation était nulle, ou que cette église, après avoir appartenu, pendant quelques années, au monastère d'Uzerche, avait passé à celui d'Aurillac. (*Gallia Christiana*, t. II. Ecclesia Sancti Flori, Ecclesia Lemovicensis. — *Saint-Géraud d'Aurillac et son illustre abbaye*, par Mgr Bouange, t. II, p. 24.)

(3) Valeyrac. Il existe une paroisse de ce nom dans les canton et arrondissement de Lesparre, diocèse de Bordeaux.

(4) Lacalm, village de la paroisse de Thégra, canton de Gramat, arrondissement de Gourdon, diocèse de Cahors.

(5) Glény, ancien prieuré du diocèse de Limoges, est un village de la commune de Servières, canton de Saint-Amans, diocèse de Tulle.

(6) La chapelle de Servières.

(7) Roumegoux, autrefois du diocèse de Clermont, aujourd'hui du diocèse de Saint-Flour, est du canton de Saint-Mamet, arrondissement d'Aurillac.

(8) Saint-Mathieu de Salers. Salers est chef-lieu de canton de l'arrondissement de Mauriac, diocèse de Saint-Flour. On lit dans un extrait du registre de cette ville : « Chief d'esglise et de paroisse est monseigneur saint Mathieu, évangéliste. »

(9) Fontgauffier, ancien monastère au diocèse de Périgueux, est dans la commune de Belvès, arrondissement de Sarlat.

(10) Saint-Marcellin de Veyrières, autrefois du diocèse de Clermont, aujourd'hui commune du canton de Saignes, arrondissement de Mauriac.

(11) Saint-André est aujourd'hui de la commune de Saint-Caprais-de-Lerm, arrondissement d'Agen.

de Bourieras, ecclesiam Sancti Martini de Laicas, ecclesiam Sancti Petri et Sancti Christophori de Augusta, cum earum omnibus pertinentiis. Obeunte vero te nunc abbate ejusdem loci, vel quorum quolibet successorum, nullus ibi qualibet subreptionis astutia seu violentia præponatur, nisi quem fratres communi consensu vel fratrum pars consilii sanioris, secundum Dei timorem et B. Benedicti regulam providerint eligendum. Electus autem à Romano pontifice consecretur. Chrisma, oleum sanctum, consecrationes altarium seu basilicarum, ordinationes monachorum qui ad sacros ordines fuerint promovendi, clericorum etiam eidem monasterio pertinentium, ab episcopis, in quorum diœcesibus sunt, perficiantur, siquidem canonice ordinati fuerint, et Apostolicæ Sedis communionem gratiamque habuerint, et si ea gratis et sine gravitate exhibere voluerint; alioquin liceat vobis catholicum quemcumque adire antistitem qui nimirum nostra fultus auctoritate quod postulatur indulgeat. Et ad hoc adjicientes statuimus ut ipsum monasterium, abbates ejus ac rectores locorum et monachi ab omni sæcularis servitii infestatione securi, omnique gravamine mundanæ oppressionis remoti, in sanctæ religionis observatione seduli atque quieti, nulli alii, nec episcopo, neque principi, nisi Romanæ et Apostolicæ Sedi cujus juris sunt, aliqua teneantur excommunicatione seu occasione subjecti; ad indicium autem perceptæ hujus a Romana curia libertatis, decem solidos Pictavensis monetæ veteris, nobis nostrisque successoribus annis singulis persolvetis. Si qua igitur in futurum ecclesiastica sæcularisve persona, hanc nostræ constitutionis paginam sciens, contra eam temere venire tentaverit, secundo tertiove commonita, si non satisfactione congrua emendaverit, potestatis honorisque sui dignitate careat, reamque se divino judicio de perpetrata iniquitate cognoscat, et a sacratissimo corpore et sanguine Dei et Domini Redemptoris nostri Jesu Christi aliena fiat, atque in extremo examine districtæ ultioni subjaceat. Cunctis autem eidem loco jura servientibus, sit pax Domini Jesu Christi, quatenus et fructum bonæ actionis percipiant et apud districtum judicem præmia æternæ pacis inveniant. Amen.

Signata sic erat prædicta littera apostolica :

Ego Innocentius, Catholicæ Ecclesiæ episcopus.

Ego Stephanus, Prænestensis episcopus.

Ego Guido, Sanctæ Romanæ Ecclesiæ indignus sacerdos.

Ego Guido, presbyter cardinalis tituli Sanctæ Ceciliæ.

Ego Gregorius, diaconus cardinalis Sanctorum Sergii et Bacchi.

Ego Odo, diaconus cardinalis Sanctorum Cosmæ et Damiani.

Ego Geraldus, diaconus cardinalis Sanctæ Mariæ in Dominica.

Datum per manum Geraldi, Sanctæ Romanæ Ecclesiæ presbyter cardinalis, bibliothecarii, sexto Kalendas Maii, indictione v, Incarnationis Domini anno MCXLII, pontificatus vero domini Innocentii papæ II anno XIII (1).

CXV.

Innocent II, sur les plaintes de l'abbé et des moines de la Chaise-Dieu (1), défend au chapitre de Brioude d'exiger d'eux la moindre redevance, au sujet du monas-

---

(1) Manuscrit de la bibliothèque d'Aurillac, provenant du baron d'Alzons, qui avait copié, le 12 février 1845, cette bulle sur un registre qui lui avait été communiqué par M. Rauilhac, d'Aurillac. — Innocent III, dans une bulle du 13 mai 1198, à Rammulphe, abbé d'Aurillac, parle d'une bulle par laquelle Innocent II met le monastère d'Aurillac sous la protection du prince des Apôtres : « Innocentii papæ, prædecessoris nostri, vestigiis inhærentes, præfatum Aureliacense monasterium.... sub Apostolorum principis protectione suscipimus, et præsentis scripti privilegio communimus.... »

(2) Comme le chapitre de Brioude exigeait toujours une redevance de la Chaise-Dieu, au sujet de Chanteuge, l'abbé et les moines de la Chaise-Dieu portèrent plainte à Innocent II. Ils avouaient qu'ils avaient payé quelques redevances au chapitre de Brioude, mais ils déclaraient qu'elles n'étaient pas dues et qu'elles avaient été imposées à la Chaise-Dieu sans le consentement du monastère. « Abbas et fratres de Casa Dei, licet confiterentur prædictas præstationes Cantajolenses Brivatensibus aliquas solvisse, tamen dicebant eas indebitas et sine consilio et consensu conventus Casæ Dei fuisse impositas et solutas, ita quod ad eorum querimoniam dominus Innocentius papa .... postmodum dominus Eugenius et dominus Alexander papa qui nunc præest, litteris suis præcipiendo inhibuerunt ne ab eis exigerentur. (V. à l'Appendice le bref du cardinal Hyacinthe).

tère de Chanteüge (1), qu'il met sous la dépendance de la Chaise-Dieu.
1130-1143.

CXVI.

Innocent II confirme l'abbaye de la Chaise-Dieu dans la possession du monastère de Saint-Robert de Montferrand (2).
1130-1143.

CXVII.

Innocent II confirme le monastère de Mauriac dans ses possessions (3).
1130-1143.

CXVIII.

Innocent II approuve la concession que Roger (4), roi de Sicile, fit à la Chaise-Dieu, des prieurés de Sainte-Marie-Neuve de Montpiloux, en Lombardie, de

(1) Raimond, abbé de Chanteuge, remit, en 1156, son abbaye à la Chaise-Dieu. Il déposa le bâton abbatial entre les mains d'Aimeric, évêque de Clermont, et déclara que Chanteuge relèverait, à titre de prieuré, du monastère de Saint-Robert. Cette soumission fut confirmée par Aimeric, et par Albéric, archevêque de Bourges et primat d'Aquitaine. *Gallia Christiana*, t. II, col. 457 (V. l'Appendice).

(2) Cette lettre est indiquée dans une bulle de Lucius II. (Bibliothèque nationale, *Monasticon Benedictinum*, fol. 42).

(3) Cette lettre est de la même teneur que celle de Pascal II touchant le monastère de Mauriac. (*Dictionnaire statistique du Cantal*, t. IV, p. 235).

(4) Roger II, né, en 1097, de Roger Ier et d'Adélaïde, fut d'abord comte de Sicile et duc de Calabre. Il eut plus tard le duché de Pouille et de Naples. En 1130, à Noël, il se fit couronner roi de Sicile. Il prit encore le titre de roi d'Italie. En 1139, il se réconcilia avec Innocent II. Il mourut en 1154, laissant la mémoire d'un grand prince.

Sainte-Marie-la-Vieille et d'autres églises et possessions qui en dépendaient (1).

1139-1143 (2).

CXIX.

Innocent II règle le différend qui existait entre Guillaume Ier, abbé d'Aurillac, et Bernard Ier d'Auberoche, abbé d'Uzerche (3), au sujet des églises de Saint-Pantaléon et de Saint-Pierre et Saint-Paul de Turenne. Il confirme l'abbaye d'Aurillac dans la possession de ces églises (4).

1143.

(1) Il est fait mention de cette lettre dans une bulle de Lucius III à Lantelme, abbé de la Chaise-Dieu, que nous donnons plus bas. On y lit : « .... Ecclesiam Sanctæ Mariæ Novæ Montispilosi cum ecclesia Sanctæ Mariæ Veteris et aliis ecclesiis, possessionibus et aliis pertinentiis suis, sicut ea vobis bonæ memoriæ Rogerius, rex Siciliæ, de piæ recordationis Innocentii pontificis, prædecessoris nostri, assensu in ordine prioratuum habenda concessit.... »

(2) Nous avons adopté cette date approximative. Innocent II n'approuva les libéralités que Roger fit à la Chaise-Dieu qu'après sa réconciliation avec ce prince.

(3) L'abbaye de Saint-Pierre d'Uzerche, au diocèse de Limoges, était de l'ordre de Saint-Benoît. Ses premiers abbés furent : Gausbert Ier, Adalbald (997), Richard (1003), Pierre Ier de Donzenac (1048), Constantin (1061), Girard Ier qui assista au concile de Clermont (1095), Gausbert II (1107), Pierre II (1110), Aldebert Grimaldi (1114-1139) et Bernard Ier d'Auberoche. Bernard Ier fut élu abbé en 1135. En 1144, il avait obtenu de Pierre de La Châtre, archevêque de Bourges, une sentence au sujet des églises de Saint-Pantaléon et des Saints-Apôtres de Turenne, qui fut portée en présence de Guillaume, abbé d'Aurillac et doyen de Souillac, de l'abbé de Saint-Satyre, du doyen de Saint-Austregisile, et d'Etienne, prieur de Salles (*Gallia Christiana*, t. II, col. 590). Uzerche est un canton de l'arrondissement et du diocèse de Tulle.

(4) *Gallia Christiana*, t. II, col. 444. — *Tablettes historiques de l'Auvergne*, t. II, p. 372. — *Dictionnaire statistique du Cantal*, t. Ier, p. 133. — *Saint-Géraud d'Aurillac et son illustre abbaye*, par Mgr Bouange, t. II, p. 24.

CXX.

Innocent II à Aimeric, évêque de Clermont. Il l'engage à se rendre en un lieu qu'il lui désigne pour le règlement d'une affaire litigieuse (1).

1143.

CXXI.

Célestin II à Pierre-le-Vénérable, abbé de Cluny, et à ses moines. Il leur annonce son élection et implore le secours de leurs prières. Il expose qu'Aimeric, évêque de Clermont, ne s'est pas rendu, conformément aux instructions d'Innocent II, au lieu qui lui avait été désigné pour la conclusion d'une affaire, mais il veut, pour le moment, qu'on use à son égard de longanimité.

6 Novembre 1143.

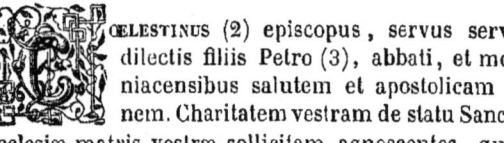

CŒLESTINUS (2) episcopus, servus servorum Dei, dilectis filiis Petro (3), abbati, et monachis Cluniacensibus salutem et apostolicam benedictionem. Charitatem vestram de statu Sanctæ Romanæ Ecclesiæ matris vestræ sollicitam agnoscentes, quæ circa nos

---

(1) Lettre mentionnée dans une lettre de Célestin II à Pierre-le-Vénérable, que nous donnons plus bas.

(2) Célestin II fut sacré le 27 septembre 1143. Il siégea cinq mois, treize jours. Il avait pour sentence : « Fiat pax in virtute tua et abundantia in turribus tuis. »

(3) Pierre-le-Vénérable était devenu un des personnages les plus influents de l'Eglise. Ses vertus et ses grandes qualités d'esprit lui assignèrent une place importante dans la direction intellectuelle et religieuse du xii° siècle. Sous Innocent II, il eut des relations avec la papauté, le roi de France, les évêques et les principaux monastères. Il étendit son influence en Angleterre, en Espagne et dans beaucoup de contrées de l'Europe qu'il visita pour rétablir ou conserver la discipline dans les monastères qui relevaient de Cluny. La lettre que Célestin II lui écrivit montre de quel crédit le fils des de Montboissier

acta sunt, vobis significare curavimus. Notum igitur facimus dilectioni vestræ quod, domino nostro bonæ memoriæ papa Innocentio, viii Kal. Octobris defuncto, et in Lateranensi ecclesia cum maxima cleri ac populi Romani frequentia tumulato, cardinales, presbyteri et diaconi, una cum fratribus nostris episcopis et subdiaconis, clero ac populo Romano acclamante, partim et expetente, tertia die in ipsa ecclesia unanimi voto et pari consensu, me indignum et prorsus tanti officii imparem, nescio quo Dei judicio, in Romanum pontificem concorditer elegerunt. Ego autem considerans infirmitatem meam ad Apostolicæ Sedis cultum nos posse pertingere, onus hoc malui declinare, ne in pastorali regimine imparis administrationis actione succumberem. Sed quia contraire non est Domini disponentis arbitrio, obedienter secutus sum quod misericors de me regentis manus voluerit operari....................................

Unde, fratres charissimi, per omnipotentem Dominum rogo, ut me sub hoc pastoralis curæ onere lassescentem orationum vestrarum intercessionibus adjuvetis, ut ejusdem omnipotentis Dei misericordiam totis nisibus et plenis desideriis imploretis, quatenus mihi inter undas pelagi laboranti majestatis suæ dexteram porrigat, et sic naviculæ suæ præesse concedat, ut ad æternæ quietis portum cum susceptæ navis onere, ipso ducente, perveniam.

Nos autem Cluniacense monasterium tanquam B. Petri proprium, more prædecessorum nostrorum diligere volumus et fovere, et suam ei justitiam conservare. Quod autem Claromontensis episcopus præterita B. Lucæ festivitate a prædecessore nostro bonæ memoriæ papa Innocentio evocatus non venit, nec canonicam excusationem prætendit, pro vestra dilectione ad præsens æquanimiter toleramus.

Datum Laterani, viii Idus Novembris (1).

---

jouissait dans le monde chrétien. Il félicita Célestin II de son avénement et lui communiqua les espérances qu'il concevait de son pontificat. Pierre-le-Vénérable se rendit alors en Italie. Lucius II l'accueillit avec honneur et implora ses prières pour son pontificat et pour l'Eglise.

(1) Mansi, *Conc.*, xxi, 592. — *Patrologie*, édit. Migne, t. clxxix, col. 766-767.

CXXII.

Lucius II (1) met sous la protection du Saint-Siége l'abbaye de la Chaise-Dieu (2) avec les églises et terres qui en dépendent. Il décrète qu'aucun prêtre, employé dans les monastères ou paroisses appartenant à la Chaise-Dieu, ne sera obligé à d'autres synodes qu'à ceux du pape ou de l'abbé, et que le pape seul ou son légat aura droit d'interdit sur l'abbaye et ses dépendances.

22 Mai 1144.

....
....

Data xi Kalendas Junii, indictione vii, dominicæ Incarnationis anno 1144, pontificatus Lucii papæ secundi prima (3).

CXXIII.

Lucius II à Etienne, abbé de la Chaise-Dieu. A l'exemple d'Innocent II, il confirme la donation du monastère de Montferrand à la Chaise-Dieu.

27 Mai 1144.

....
....

Data Laterani, per manum Baronii, Sanctæ Romanæ Ecclesiæ subdiaconi, vi Kalendas Junii, indictione vii, Incarnationis

---

(1) Lucius II fut couronné le 12 mars 1144. Son court pontificat fut troublé par la sédition qu'alluma dans Rome Arnaud de Brescia. Il mourut le 25 février 1145. Il avait pour sentence : « Ostende nobis, Domine, misericordiam tuam. »

(2) Dans cette lettre, Lucius appelle la Chaise-Dieu « religionis monasticæ modernis temporibus speculum et in Galliarum partibus documentum. » (*Gallia Christiana*, t. ii, col. 334.)

(3) Bibliothèque nationale, ms. latin, n° 5552, f. 186. — *Gallia Christiana*, ibid.

dominicæ anno MCXLIV, pontificatus vero domini Lucii papæ II anno primo (1).

CXXIV.

Lucius II à Etienne, abbé de la Chaise-Dieu (2). A l'exemple d'Innocent II, il confirme l'union de Chanteuge à la Chaise-Dieu, et approuve sa réduction d'abaye en prieuré (3).

1144.

CXXV.

Lucius II confirme les droits et priviléges du monastère de Mauriac (4).

1144.

CXXVI.

Lucius II aux moines de Frassinoro. Il leur accorde un privilége en vertu duquel ils pourront élire leur abbé, contrairement aux prétentions de l'abbaye de la Chaise-Dieu qui invoquait ce droit pour elle (5).

1144.

(1) La lettre de Lucius II fut souscrite par huit cardinaux. (Bibliothèque nationale, ms. latin, 12,664, *Monasticon Benedictinum*, fol. 42).
(2) Etienne, abbé de la Chaise-Dieu, craignant que le chapitre de Brioude n'élevât quelque difficulté au sujet de l'union de Chanteuge à son abbaye, écrivit à Lucius II pour qu'il confirmât cette union.
(3) Bibliothèque nationale, ms. latin, 12,664, *Monasticon Benedictinum*, fol. 42. — *Gallia Christiana*, t. II, col. 458. Les auteurs du *Gallia* mettent la lettre de Lucius II en 1143 ; mais ce pape ne fut élu qu'en 1144.
(4) Cette bulle est conçue dans le même sens que celle de Pascal II. *Dictionnaire statistique du Cantal*, t. IV, p. 235.
(5) Bulle mentionnée dans celle d'Eugène III que nous donnons plus bas. « Prædecessor noster felicis memoriæ, P. P. Lucius, eosdem Fraxinorenses monachos super hoc in causam evocaverat......... auctoritate cujusdam privilegii, quod a jam dicto prædecessore nostro P. P. Lucio obtinuerant, electionem ipsam confirmare nitebantur..... »

CXXVII.

Lucius II confirme l'érection du chapitre d'Auzon (1) dans l'église de Saint-Laurent (2).

1144.

CXXVIII.

Eugène III à Etienne, abbé de la Chaise-Dieu. Après avoir mûrement examiné la question, il déclare que le monastère de Frassinoro dépend de la Chaise-Dieu : il arrête que désormais l'abbé sera élu par l'abbé de la Chaise-Dieu, et annule les dispositions par lesquelles Lucius II avait autorisé les moines de Frassinoro à élire leur abbé.

30 Mai 1145.

UGENIUS (3) episcopus, servus servorum Dei, dilectis filiis Stephano, abbati Casæ Dei, ejusque fratribus salutem et apostolicam benedictionem. Quid de controversia, quæ inter vos et Fraxinorense monasterium agebatur, a nobis statutum sit litterarum memoriæ duximus commendandum. Cum Fraxinorenses monachi electum suum a nobis benedici instanter postularent, quidam de fratribus vestris, qui tunc temporis præsentes aderant, viva

---

(1) Aimeric, évêque de Clermont, donna, le 1er septembre 1117, l'église de Saint-Laurent d'Auzon à Etienne, abbé de la Chaise-Dieu, du consentement d'Adémar, doyen, et des autres chanoines du chapitre cathédral. Cette église devint quelque temps après un chapitre. Il se composait d'un curé chanoine et de douze chanoines. Le chapitre nommait à la cure et aux canonicats.

(2) Bibliothèque nationale, ms. latin, 12,750.

(3) Eugène III fut élu le 27 février 1145. Il était né à Pise. Il avait été moine de Clairvaux et disciple de saint Bernard. Il travailla avec une infatigable activité au progrès de la religion et à l'extirpation de l'erreur. Il aimait la science et l'honorait dans ceux qui la cultivaient. Il mourut dans la nuit du 7 au 8 juillet 1153. Il avait pour sentence : « Fac mecum, Domine, signum in bonum. »

voce contradixerunt, et electionem ipsam contra Romanæ Ecclesiæ privilegia factam asseruerunt. Nos autem, suscepta eorum querimonia, et cognoscentes etiam quod prædecessor noster felicis memoriæ, P. P. Lucius, eosdem Fraxinorenses monachos super hoc in causam evocaverat, ipsum electum benedicere distulimus, et utrique parti diem præfiximus. Tandem vero utraque parte nostro conspectui præsentata, Fraxinorenses monachi electum suum benedici instanter postularunt, asserentes Fraxinorense monasterium, abbatem sive monachos monasterio vel abbati Casæ Dei in nullo esse subjectos; prior autem vester cum duobus fratribus suis e contra respondentes, dixerunt quod Fraxinorense monasterium a prædecessore nostro beatæ recordationis, P. P. Pascali, monasterio Casæ Dei commissum sit, et ex tunc abbas in Fraxinorensi monasterio semper per abbatis Casæ Dei sollicitudinem ordinatur, et tam abbas quam monasterium monasterio et abbati Casæ Dei subjectum est, ad quod comprobandum diversa Romanorum pontificum scripta protulere, inter quæ cum multa certum privilegium jam dicti prædecessoris nostri Pascalis papæ attendimus, in quo verba continebantur : « In monasterio et Fraxinorensi, quod ab egregia comitissa Mathildi vel ejus parentibus ædificatum et beato Petro oblatum est, abbas semper per abbatis Casæ Dei sollicitudinem ordinetur. » Fraxinorenses vero monachi auctoritate cujusdam privilegii, quod a jam dicto prædecessore nostro, P. P. Lucio, obtinuerant, electionem ipsam confirmari nitebantur, in quo continebatur quod, obeunte Fraxinorensi abbate, fratres ejusdem loci regulariter eligendi sibi abbatem liberam haberent facultatem. Præfatus vero prior et alii fratres Casæ Dei respondebant privilegium illud subreptitium esse, cum in ipso contineret, ad exemplar prædecessorum nostrorum, et Fraxinorenses monachi nec ab ipso Paschali nec ab aliquo successore illius aliud habent privilegium, et ipse Fraxinorensis abbas, qui ipsum privilegium obtinuit, ab eodem Lucio in causam super hoc manifeste vocatus sit. Auditisque utriusque partis rationibus, et scriptis hinc inde diligenter inspectis, fratrum nostrorum communicato consilio, possessionem Fraxinorensis monasterii abbati Casæ Dei adjudicavimus, ipsamque, juxta præfati prædecessoris nostri Paschalis privilegium, libere et integre ei restituimus. Quamvis tamen, secundum justitiam et nostram sententiam, præfata Fraxinorensium monachorum electio omnino cassari debeat, nos tamen ex mansuetudine Sedis Apostolicæ dispensantes ne monasterium ipsum hac occasione detrimentum pateretur, electionem ipsam Sedis Apostolicæ auctoritate firmavimus, ipsumque in abbatem benediximus, decernentes et præcipientes ut, usque ad proximum festum beati Martini, idem Fraxinorensis abbas ad monasterium Casæ Dei accedat, et abbati obedientiam promittat, nec ista nostra dispensatio ullo unquam in tempore monasterio Casæ Dei aliquod præjudicium faciat, sed, juxta sæpe dicti prædecessoris nostri Pascalis institutionem, semper in Fraxinorensi monasterio per abbatis Casæ Dei sollicitudinem abbas ordinetur. Decernimus etiam ut capitulum illud quod in privilegio ejusdem Lucii de libertate electionis abbatis positum est, quoniam subreptitium fuit, et ob id ipsum in causam revocatum, huic nostræ restitutioni vel justitiæ monasterii Casæ Dei nullum unquam præjudicium faciat.

Datum Viterbii (1), III Kalendas Junii (2).

CXXIX.

Eugène III, sur la prière de saint Bernard, confirme la nomination d'Orilbert, prieur de la Chaise-Dieu, à l'évêché de Valence (3).

1145-1146.

(1) Eugène III se trouvait à Viterbe au mois de mai 1145. C'est assurément cette année qu'il écrivit à Etienne. Car l'abbé de la Chaise-Dieu mourut le 29 mars de l'année suivante.

(2) Bibliothèque nationale, ms. latin 12,745, *Antiquitates Bened. in diœc. Claromontensi*. Recueil de Dom Cl. Estiennot, p. 589-591. — Transcrit sur l'original.

(3) A la mort de Jean, évêque de Valence, le clergé et le peuple portèrent leurs suffrages sur Orilbert, prieur de la Chaise-Dieu. Saint Bernard écrivit à Eugène III pour le prier de confirmer cette élection. « Audivimus in ecclesia Valentina pari voto cleri et populi electum esse priorem Casæ Dei. Mirum si bonus non fuerit ad opus, ad quod assumitur. Scire vultis unde id sperem ? Boni hoc volunt, nec bonus potest non esse qui bonis placet Nec minus validum argumentum mihi videtur quod bonus sit, si malis e regione displiceat. Decet Sancti-

CXXX.

Eugène III à Etienne, abbé de la Chaise-Dieu. Il met cette abbaye sous la protection du Saint-Siége et la confirme dans la possession d'un grand nombre de prieurés et d'églises dont il fait l'énumération. Il la maintient pour toujours dans le privilége dont elle jouissait d'élire les abbés de certains monastères. Il menace de la justice divine les personnes ecclésiastiques ou séculières qui contreviendraient à ses dispositions.

1er Février 1146.

UGENIUS episcopus, servus servorum Dei, dilectis filiis Stephano (1), abbati monasterii Sancti Roberti de Casa Dei, ejusque fratribus tam præsentibus quam futuris, regularem vitam professis in perpetuum. Desiderium quod ad religionis propositum et animarum salutem pertinere cognoscitur, animo nos decet libenti concedere, et petentium desideriis congruum impertiri suffragium. Eapropter, dilecti in Domino filii, vestris justis postula-

tatem vestram votis assentire bonorum, ne, si ab isto forte resilire contingat, alium, quem nolletis, studio et consensu pravorum contingat recipere. » (*S. Bernardi Opera*, Ep., 249). — Orilbert passa près de neuf ans dans l'épiscopat et répondit aux espérances qu'il avait fait concevoir.

(1) L'abbatiat d'Etienne fut long et glorieux (1114-1146). Dans ses dernières années, il étendit encore le patrimoine de la Chaise-Dieu. En 1137, il reçut plusieurs églises de Jaucerand, évêque de Viviers. En 1139, Bernard, évêque de Parme, lui fit don de quinze églises de son diocèse. En 1142, Eustache de Montboissier donna à la Chaise-Dieu plusieurs biens compris dans le prieuré de Saint-Dier, en présence d'Aimeric, évêque de Clermont, et de Jordan de Montboissier, grand-prieur du monastère. Sous lui, l'église de Saint-Julien de Jaude passa à la Chaise-Dieu, dont elle a été un prieuré jusqu'au siècle dernier. La science et la vertu fleurirent sous son administration. Un de ses moines écrivit la vie de saint Robert (1130); un autre, Orilbert, fut promu à l'évêché de Valence. Il mourut le 29 mars 1146, et laissa la renommée d'un saint. Il fut enseveli à gauche de l'autel des Saintes-Vierges. Sa vie fut écrite, au rapport de Bernard, moine de la Chaise-Dieu et prieur de Sainte Gemme. Pierre Bérenger, moine de cette abbaye au xvie siècle, en avait eu connaissance. Il raconte qu'on lui attribuait des miracles. (Mabillon, *Ann. Benedict.*, t. vi, p. 406.

tionibus libenter annuimus, et præfatum monasterium, in quo divino mancipati estis obsequio, sub beati Petri et nostra protectione suscipimus, et præsentis scripti privilegio communimus; statuentes ut, quascumque possessiones, quæcumque impræsentiarum juste et canonice possidetis, aut in futurum, concessione pontificum, liberalitate regum, largitione principum, oblatione fidelium, seu aliis justis modis, præstante Domino, poteritis adipisci, firma vobis vestrisque successoribus et illibata permaneant, in quibus hæc propriis duximus exprimenda vocabulis : prioratus de Cornilione (1) et de Sancto Salvatore (2) cum ecclesiis, decimis et suis pertinentiis; prioratus Canteogeolensis (3) ecclesiæ et Montisferrandi (4) cum ecclesiis, decimis et pertinentiis eorum; prioratus Sanctæ Mariæ Montis-pilosi et de Bullione (5), cum ecclesiis, deci-

---

(1) Le prieuré de Saint-Robert de Cornillon fut fondé, vers 1135, par Guigues, dauphin du Viennois, et soumis à la Chaise-Dieu. Il était dans le diocèse de Grenoble et avait un revenu de 4000 livres (*Pouillé général de la province de Bourges*, 1648). C'est sans doute Cornillon, paroisse du canton de Rémusat, diocèse de Valence.

(2) Prieuré de Saint-Sauveur-en-Rue. Vers 1061, Artaud d'Argental, un des seigneurs du Forez, donna à la Chaise-Dieu la terre de Saint-Sauveur avec la forêt de Taillard. Il y fut établi un prieuré. Aimard d'Argental lui donna le fief de Malzel et la terre de Balnieu. Les Pagan, qui prirent la baronnie d'Argental, en furent les bienfaiteurs. Guigues de Pagan, avant de partir pour la troisième croisade (1190), lui donna les terres de Montgilier et d'Aignebelle. Saint-Sauveur a fait partie du Velay, d'où lui est venu le nom de Saint-Sauveur en Vellay, sous lequel il est désigné dans une ordonnance de Charles VIII, du mois de mars 1489. (*Les Foires de Saint-Sauveur*, par Élie Jaloustre, p. 8). Le *Pouillé général de la province de Bourges*, de 1648, met ce prieuré au diocèse de Vienne. Il servait à la Chaise-Dieu une redevance annuelle et avait un revenu de 4,000 livres. Il fut uni au collège des PP. Jésuites de Tournon. La paroisse de Saint-Sauveur touche à l'arrondissement d'Yssingeaux et fait partie du canton de Bourg-Argental, arrondissement de Saint-Etienne, diocèse de Lyon.

(3) Comme la possession du prieuré de Chanteuge était contestée par le chapitre de Brioude, l'abbé de la Chaise-Dieu avait soin de la faire confirmer par le pape. Selon le pouillé de 1648, ce prieuré avait un revenu de 200 livres.

(4) Le prieuré de Saint-Robert de Montferrand payait soixante sols à la Chaise-Dieu, six sols au sacristain et six sols à l'hôtelier. Selon le même pouillé, il avait un revenu de 600 livres.

(5) Prieuré de Bulhon. L'église de Bulhon appartint à la Chaise Dieu dès les origines de ce monastère. En 1052, Henri Ier confirma cette abbaye dans

mis et pertinentiis eorum ; prioratus Sanctæ Liberatæ (1), et de Bergiaco (2), et de Leuciaco (3), cum omnibus appenditiis suis ; prioratus de Andrea (4), de Sepeio (5), de Jali-

sa possession. Ce prieuré avait, outre le prieur, cinq cloîtriers. Il servait cent sols à l'abbaye et six sols au sacristain. Il figure, au xvii° siècle, avec un revenu de 1,500 livres. Bulhon, autrefois de l'archiprêtré de Billom, est du canton de Lezoux.

(1) Le prieuré de Sainte-Livrade avait, au xvii° siècle, un revenu de 5,000 livres.

(2) Prieuré de Barjac, dans l'ancien diocèse d'Uzès. Il avait, à la même époque, un revenu de 1,000 livres. C'est Barjac, chef-lieu de canton de l'arrondissement d'Alais, diocèse de Nîmes.

(3) Prieuré de Luzillat. Luzillat avait trois églises qui appartinrent de bonne heure à la Chaise-Dieu. Henri Ier confirma ce monastère dans sa possession. Ce prieuré avait un prieur et un cloîtrier. Il servait à la Chaise-Dieu une rente de sept septiers de froment et avait un revenu de 700 livres. Un manuscrit de la bibliothèque nationale mentionne comme prieurs : Jaubert de Vertaizon, Géraud Roux, Bertrand de Besse (xiii° siècle); Dalmas de Saint-Girons, Pons de Padognac, de Capra (xiv° siècle); Hugues de Veausse, Pierre Margerie, Pierre Meg, Pons de Langheac, Hugues, Louis de Villars (xv° siècle); Jean de Rochefort, prieur de Tauves, François de Saint-Nectaire, Antoine de Saint-Nectaire (xvi° siècle). Le prieur nommait aux cures de Saint-Etienne de Bart, des Saints Agricole et Vital de Bulhon, et des Saints Côme et Damien de Vinzelles. Luzillat, autrefois de l'archiprêtré de Limagne, est une paroisse du canton de Maringues.

(4) Le prieuré de Saint-Robert d'Andryes, dans l'ancien diocèse d'Auxerre, relevait de la Chaise-Dieu, dès le xi° siècle. Vers 1060, on y voit comme moine Audebert, qui fut plus tard abbé de Dôle et archevêque de Bourges. En 1092, Aimeric, prieur, devint abbé de la Chaise-Dieu et évêque de Clermont, comme nous l'avons vu. Jean, moine d'Andryes vers 1170, se signale par sa science et sa piété, est plus tard prieur de Cornillon et évêque de Grenoble. Lantelme, moine vers 1175, devient grand-prieur de la Chaise-Dieu et est appelé, en 1186, à l'évêché de Valence. Vers 1464, Jean Chaluz est en litige avec Pierre de Longueuil, évêque d'Auxerre, au sujet du droit de visite. Jean Baillet, prieur, est fait évêque d'Auxerre en 1477. Jean Hennequin, son neveu, figure comme prieur et seigneur d'Andryes, dans un acte de 1523. Vers 1561, Etienne Lemuet, licencié ès-lois, est prieur. En 1561, Sébastien, dit de La Motte, permute le prieuré avec un canonicat d'Auxerre. En 1664, Charles Berault figure au priorat. Antoine Lemoine est le dernier prieur. En 1735, ce prieuré fut uni à la Chartreuse de Basseville. Selon le pouillé de 1648, il avait un revenu de 500 livres. Andryes est du canton de Coulange-sur-Yonne, arrondissement d'Auxerre.

(5) Prieuré de Sepeaux, dans l'ancien diocèse d'Auxerre. Il avait un revenu de 500 livres. Sepeaux est une paroisse du canton de Saint-Julien-du-Sault, arrondissement de Joigny, diocèse de Sens.

niaco (1), et de Tecleda (2), cum omnibus appenditiis suis; prioratus de Saviniaco (3), de Bello monte (4), de Vecellis (5) et de Sancto Treverio (6) cum ecclesiis, decimis et pertinentiis suis; prioratus de Andancia (7) et de Veravilla (8) et de Veracio (9), cum ecclesiis Sancti Verani, cum pertinentiis earum; monasterium de Cruce cum ecclesiis de Flavino, de Aidoschia, de Longacanal (10), de Biso-

---

(1) Prieuré de Jaligny. Hector de Jaligny, à son retour de Jérusalem, fonda le monastère de Jaligny sous le vocable de Saint-Sépulcre, et le donna à la bienheureuse Marie d'Auvergne, sous l'épiscopat de Rencon. (V. l'Appendice). Ce prieuré passa à la Chaise-Dieu. Il avait douze cloîtriers et portait un revenu de 2,000 livres. Un pouillé de 1762 mentionne comme étant à la collation du prieur de Jaligny les cures suivantes : « Saint-George du Vernet, Saint-Alyre de Billy, Notre-Dame de Ciernat, Sainte-Anne de Montaigut-le-Blanc, Saint-Eloy de Montordre, Saint-Voyes près Jaligny, Saint-Maurice de Treteaux, Saint-Lambert de Chasannes, Saint-Vénérand, Saint-Hypolite de Jaligny, Saint-Sépulcre près Jaligny, avec Notre-Dame de Thionne, son annexe. » Jaligny, de l'ancien archiprêtré de Cusset, est chef-lieu de canton de l'arrondissement de La Palisse, diocèse de Moulins.

(2) Prieuré de Teilhède. C'était un membre dépendant de la Chaise-Dieu. Il y avait dans ce lieu une sacristie, du revenu de 500 livres, et une cure que conférait l'abbé de la Chaise-Dieu. Teilhède, de l'ancien archiprêtré de Blot, est du canton de Combronde.

(3) Prieuré de Saint-Julien de Savigneux. Il avait douze cloîtriers et servait à la Chaise-Dieu une rente de cent dix sols. Il avait un revenu de 1,800 livres. Il nommait aux prieurés de Chalin, Valfleurie, Boissat et Le Comtal. Savigneux, de l'ancien archiprêtré de Montbrison, est du canton de Montbrison, diocèse de Lyon.

(4) Prieuré de Beaumont, au diocèse de Valence. C'est une paroisse du canton de Tain, arrondissement de Valence.

(5) Prieuré de Vesseaux, au diocèse de Viviers. Il avait un revenu de 500 livres. Vesseaux est du canton d'Aubenas, arrondissement de Privas.

(6) Saint-Trivier, dont nous avons parlé, avait, au xviie siècle, un revenu de 500 livres.

(7) Le prieuré d'Andance, dans l'ancien diocèse de Vienne, releva de la Chaise-Dieu jusqu'à l'époque où il fut uni, avec celui de Saint-Sauveur, au collège de Tournon. Il avait un revenu de 500 livres. C'est une paroisse du canton de Serrières, arrondissement de Tournon, diocèse de Viviers.

(8) Prieuré de Verville, au diocèse de Vienne. Il avait un revenu de 700 livres.

(9) Prieuré de Verasey, diocèse de Vienne. Il avait un revenu de 500 livres.

(10) Longechenal. Il existe une localité de ce nom dans le canton du Grand-Temps, arrondissement de La Tour-du-Pin, département de l'Isère.

nas (1), de Sancto Desiderio (2), de Sancta Maria de Strata (3), de Leschas, de Sancto Hilario, de Sancto Urso, de Fratta cum parochia de Monte, sicut rivus dividit, cum capella de Bescosello (4), cum decimis et omnibus pertinentiis earum ; prioratus de Portu Dei (5), cum ecclesiis, decimis et omnibus pertinentiis suis. Cellam de Bellicadro (6) cum appenditiis suis, ecclesias de Fischio, de Monte Ayraldo, de Balgio (7) et de Sabran, eccle-

(1) *Le Pouillé général de la province ecclésiastique de Bourges*, de 1648, parle du prieuré-cure de Bessons, au diocèse de Clermont, comme relevant de la Chaise-Dieu.

(2) Le prieuré de Saint-Dier a toujours relevé de la Chaise-Dieu. Rencon donna cette église à Saint-Robert. En 1141, Eustache de Montboissier, avant son départ pour la croisade, donna à la Chaise-Dieu plusieurs biens situés en ce prieuré, en présence d'Aimeric, évêque de Clermont, et de Jordan de Montboissier, grand-prieur de l'abbaye. Saint-Dier est une paroisse du canton ecclésiastique de Tours, diocèse de Clermont.

(3) Notre-Dame d'Estrées ?

(4) Il est sans doute question de la chapelle de Boissonnelle, lieu situé dans la commune de Saint-Dier.

(5) Le prieuré de Port-Dieu remonte aux premiers temps de la Chaise-Dieu. Il servait à cette abbaye soixante sols et huit sols au sacristain. Outre le prieuré, il avait plusieurs dignités; la chambrerie, la sacristie, l'infirmerie et la pitancerie. Il acquit dans la suite une grande importance. Dans le diocèse de Clermont, le prieur nommait aux prieurés de Saint-Etienne de Chanonat, de Saint-Sauves, de Sainte-Madeleine de Briffons, de Saint-Germain de Larodde, de Sainte-Madeleine de Beaulieu et de Saint-Pierre de Bagnols; le chambrier nommait au prieuré de Saint-Frigion de Bourg-Lastic, et l'infirmier à celui de Sainte-Marie d'Avèze. En outre, le prieur nommait aux cures de Chanonat, de Bourg-Lastic, de Saint-Germain, Avèze, Beaulieu, Bagnols, et à celle de Larodde alternativement avec le seigneur du lieu. Dans le diocèse de Limoges, le prieur nommait aux prieurés de Roche, de la Touroutte, de Chastaing et aux cures de Bessac, Roche, Saomac, Verrière, Saint-Bonnet, Moustier, Saint-Etienne des Clos (*Pouillé général de la province de Bourges*). Port-Dieu est une paroisse du canton de Bort, arrondissement d'Ussel, diocèse de Tulle.

(6) Le prieuré de Saint-Nazaire de Beaucaire avait six moines et servait à la Chaise-Dieu une rente de cinquante sols : il avait un revenu de 400 livres. Raymond IV de Toulouse lui donna des biens. Il y avait à Beaucaire un doyenné relevant de la Chaise-Dieu : on le conférait à un chanoine du lieu. Beaucaire est chef-lieu de canton de l'arrondissement de Nimes.

(7) Le *Pouillé général de la province de Bourges* mentionne le prieuré de Bages, au diocèse de Clermont, comme relevant de la Chaise-Dieu.

siam quoque de Sancto Liberio cum appenditiis suis, abbatias etiam in quibus abbates instituere consuevistis, vobis in perpetuum confirmamus. Decernimus ergo ut nulli omnino hominum liceat præfatam ecclesiam temere perturbare, aut ejus bona vel possessiones auferre, vel ablatas retinere, minuere, seu quibuslibet vexationibus fatigare, sed omnia integra conserventur eorum pro quorum sustentatione vel gubernatione concessa sunt, usibus omnimodis profutura. Si qua igitur in futurum ecclesiastica sæcularisve persona, hujus nostræ constitutionis paginam sciens, contra eam venire temere tentaverit, secundo tertiove commonita, nisi reatum suum congrua satisfactione correxerit, potestatis honorisque sui dignitate careat, reamque se divino judicio existere de perpetrata iniquitate cognoscat, et a Sacratissimo Corpore et Sanguine Dei et Domini Redemptoris nostri Jesu Christi aliena fiat, atque in extremo examine districtæ ultioni subjaceat. Cunctis autem eidem loco jura servantibus sit pax Domini nostri Jesu Christi, quatenus et hic fructum bonæ actionis percipiant, et præmia æternæ pacis inveniant. Amen.

† Ego Conradus, Sabinensis episcopus, ss.

† Ego Albericus, Ostiensis episcopus, ss.

† Ego Imarus, Tusculanus episcopus, ss.

† Ego Odo, diaconus cardinalis S. Georgii ad velum aureum, ss.

† Ego Guido, diaconus cardinalis SS. Cosmæ et Damiani, ss.

† Ego Gregorius, presbyter cardinalis tit. S. Susannæ, ss.

† Ego Artaldus, diaconus cardinalis S. Eustachii juxta templum Agrippinæ.

† Ego Hyacinthus, diaconus cardinalis S. Mariæ in Cosmedin.

Datum Transtiberim, per manum Roberti S. R. E. presbyteri cardinalis et cancellarii, Kalendis Februarii, indictione IX, Incarnationis dominicæ anno 1146, pontificatus vero Domini Eugenii III papæ anno I (1).

---

(1) Mabillon, *Annales Bened.*; t. VI, p. 698. — *Patrologie*, édit. Migne, t. CLXXX, col. 1102-1103. — Biblioth. nation., ms. latin, 512, 777, *Miscellanea monastica*, fol. 402 (*gallice*).

CXXXI.

Eugène III à Pierre-le-Vénérable, abbé de Cluny. Il confirme cette abbaye dans ses droits et immunités. Il établit qu'elle ne relève que du Saint-Siége, et que, dans beaucoup d'abbayes qui en dépendent, les abbés ne peuvent être élus sans le consentement de l'abbé de Cluny. Parmi ces monastères, le pape désigne ceux de Mozat et de Thiers, en Auvergne.

15 Février 1146.

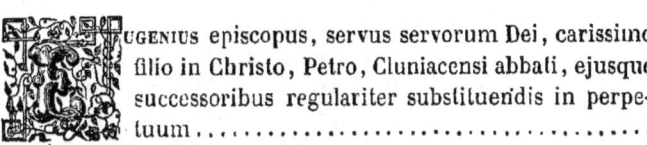
UGENIUS episcopus, servus servorum Dei, carissimo filio in Christo, Petro, Cluniacensi abbati, ejusque successoribus regulariter substituendis in perpetuum..................................
....
In abbatiis quæ cum suis abbatibus ordinationi Cluniacensis monasterii datæ sunt, videlicet..... In Arvernia, Mausiacensis, Tiercensis.... sine Cluniacensis abbatis consilio abbas nullatenus eligatur.............................
....
Datum Transtiberim per manum Roberti S. R. E. presbiteri cardinalis et cancellarii, xv Kalendas Martii, indictione ix, Incarnationis dominicæ MCXLVI, pontificatus autem Domini Eugenii papæ III anno I (1).

CXXXII.

Eugène III à Pierre, archevêque de Bourges. Il le confirme ainsi que ses successeurs dans sa primauté sur les provinces de Bourges et de Bordeaux. Il énumère les diocèses compris dans la province de Bourges, savoir : les diocèses de Clermont, de Limoges, Rodez, Albi,

(1) Cocquelines, *Bullarium Romanum*, t. II, pp. 1145-1146.

Cahors et Mende. Il autorise l'archevêque de Bourges à faire porter devant lui l'étendard de la Croix dans tous les diocèses sur lesquels s'étend sa primauté.

15 Mars 1146.

UGENIUS episcopus, servus servorum Dei, venerabili fratri P... (1) Bituricensi archiepiscopo, ejusque successoribus canonice substituendis in perpetuum. Officii nostri nos hortatur auctoritas pro Ecclesiarum statu paternam sollicitudinem quærere, et earum quieti ac paci, auxiliante Domino salubriter providere. Justum namque est, ut dignitatem Ecclesiæ vel personis Apostolicæ sedis liberalitate concessam nos quoque, auctore Deo, firmam et inviolabilem conservemus. Tuam ergo, frater in Christo carissime, Petre archiepiscope, devotionem circa nos et circa sanctam Romanam Ecclesiam, cujus filius specialis es, et in qua sacros ordines suscepisse dignosceris, attendentes, nobilem Bituricensem Ecclesiam, cui, Deo auctore, præsides, sub sancti Petri et nostra protectione suscipimus, et præsentis scripti privilegio communimus. Præsentis itaque privilegii pagina confirmamus, ut super duas provincias, videlicet Bituricensem et super Burdegalensem, primatum obtineas, sicut hactenus obtinuisse dignosceris. Diœceses vero illas, quæ intra eamdem provinciam Bituricensem sitæ sunt, in tua tuorumque successorum potestate ac subjectione persistere constituimus, videlicet Claromontensem, Lemovicensem, Rutensem, Albigensem, Cadurcensem et Mimatensem (2); et ipsarum civitatum episcopi

---

(1) Pierre de La Châtre avait succédé sur le siége de Bourges à Albéric. Il mourut, le 1er mai 1171, laissant une mémoire célèbre dans l'église de Bourges.

(2) L'archevêché de Bourges a eu une juridiction patriarcale ou primatiale sur les archevêchés de Bordeaux, Narbonne, Auch et Toulouse. Sa juridiction métropolitaine s'étendait, dès le IVe siècle, comme il est constaté par la Notice d'Honorius écrite entre 399 et 407, sur les évêchés de Clermont, Limoges, Rodez, Alby, Cahors. Mende et le Puy. Plus tard, elle s'étendit sur les évêchés de Saint-Flour, Vabres, Tulle et Castres, qui furent créés, en 1317, par Jean XXII. Au XVIIIe siècle, Albi fut détaché de Bourges et forma une métropole ayant sous sa juridiction Rodez, Castres, Cahors, Vabres et Mende.

ipsam Bituricensem Ecclesiam matrem et magistram recognoscant, atque tibi tuisque successoribus tanquam proprio metropolitano obedientiam ac reverentiam humiliter exhibeant. Porro tibi tuisque successoribus usum pallii confirmamus atque ad majorem reverentiam per supradictas provincias vexillum dominicæ Crucis ante vos deferri concedimus, sicut etiam antiqua prædecessorum vestrorum consuetudo obtinuit (1)........
....

CXXXIII.

Eugène III à Raimond de Montrond, archevêque d'Arles, et à Pierre, évêque de Viviers. Il les charge de faire une enquête sur le différend qui divisait Adalbert d'Uzès, évêque de Nîmes, et Jordan de Montboissier, abbé de la Chaise-Dieu, au sujet du prieuré casadien de Saint-Baudile. Il leur recommande de faire venir les parties intéressées devant eux, au temps et lieu convenables (2).

1148.

---

(1) Cocquelines, *Bullarium Romanum*, t. II, p. 332. — Mansi, *Concilia*, t. XXI, p. 668. — *Patrologie*, édit. Migne, t. CLXXX, p. col. 1119-1120.

(2) Adalbert, qui tenait le siége de Nîmes, avait succédé à Guillaume Ier. Il était fils de Raimond Decain, seigneur de Posquières et d'Uzès. Pendant les premières années de son épiscopat, il vécut en bonne intelligence avec les moines de Saint-Baudile, prieuré de la Chaise-Dieu. Mais dans la suite, il voulut étendre sur eux sa juridiction, ce qui suscita de graves difficultés. Jordan de Montboissier était abbé de la Chaise-Dieu. Il avait succédé à Etienne de Mercœur. Il appartenait à une famille puissante : il avait pour frères Pierre-le-Vénérable, devenu par son mérite et son crédit le confident de la papauté; Héracle, archevêque de Lyon; Pons, abbé de Vézelay, et Armand, abbé de Manglieu. Sa sollicitude s'étendit aussitôt sur les nombreux intérêts de son abbaye. Quand il apprit que l'évêque de Nîmes tentait de soustraire à la Chaise-Dieu le prieuré de Saint-Baudile, il lui écrivit et le conjura, dans les termes et les plus respectueux, de renoncer à son entreprise. Adalbert se plaignit amèrement, et alla jusqu'à diffamer Jordan auprès d'Eugène III. Il employa même la force pour soumettre Saint-Baudile. Il s'y rendit avec une troupe de gens armés, brisa les portes du monastère et contraignit les moines de lui jurer foi et obéissance. A cette nouvelle, l'abbé de la Chaise-Dieu se

CXXXIV.

Eugène III à Raimond II de Posquières, évêque d'Uzès, et à Pierre 1ᵉʳ Raimondi (1), évêque de Lodève. Il les charge d'examiner l'affaire qui concernait l'évêque de Nîmes et l'abbé de la Chaise-Dieu.

1148.

plaignit au pape et implora son intervention. Eugène III chargea Raimond et Pierre de régler cette affaire. Le choix des arbitres n'avait pas été heureux pour la Chaise-Dieu. Raimond était né dans le diocèse de Nîmes; il avait été chanoine de cette église. Promu plus tard à l'évêché d'Agde, il avait eu de nombreux démêlés avec la Chaise-Dieu, au sujet des possessions que ce monastère avait dans son diocèse. Pierre, évêque de Viviers, était parent de l'évêque de Nîmes et partageait ses dissentiments. Les deux arbitres écrivirent à Jordan qu'il eût à comparaître devant eux à Nîmes, et ils lui assignèrent pour époque celle où la présence de l'abbé de la Chaise-Dieu était le plus nécessaire dans son monastère pour la gestion de ses intérêts temporels. Jordan se conforma aux instructions des arbitres et vint à Nîmes. Il trouva les esprits prévenus en faveur de son adversaire. Aussi personne dans le pays ne voulut se charger de sa cause. Il se plaignit de la partialité qu'on montrait à son égard. Les juges ne terminèrent pas d'abord cette affaire, ils la renvoyèrent à une autre époque aussi peu favorable, et désignèrent Nîmes pour le lieu où devaient encore se trouver les parties intéressées. Jordan prévint Pierre-le-Vénérable. Celui-ci informa Eugène III de la conduite des arbitres qu'il avait désignés, et l'amena à choisir de nouveaux juges (V. l'Appendice). *Histoire de l'Ordre de Cluny* par J. H. Pignot, t. III, p. 551-552.

(1) Après avoir pris connaissance de la lettre de Pierre-le-Vénérable, Eugène III nomma d'autres arbitres pour examiner le différend qui partageait Adalbert et Jordan. Il choisit Raimond, évêque d'Uzès, et Pierre, évêque de Lodève. Raimond avait été moine de la Chaise-Dieu. Il conservait de ce monastère un pieux souvenir. Il déclare que la Chaise-Dieu avait établi en lui le fondement du savoir et de la religion. Pierre 1ᵉʳ Raimondi avait succédé à Déodat 1ᵉʳ sur le siége de Lodève, où on le voit figurer de 1120 à 1154. Les deux nouveaux juges examinèrent sérieusement l'affaire soumise à leur arbitrage. Ils entendirent les deux parties, et, après une mûre délibération, ils déclarèrent que le monastère de Saint-Baudile était exempt de la juridiction de l'évêque de Nîmes. Adalbert consentit à cette décision; il fit la paix avec l'abbé de la Chaise-Dieu, et, comme gage de la sincérité de ses dispositions, il lui fit don d'une église dédiée à Saint-Julien, qui était en ruine. Il écrivit même avec Pierre de Lodève à Eugène III pour le conjurer de ratifier l'accord qui venait d'être conclu. Jordan de Montboissier, qui partait pour Rome, porta ces deux lettres avec une lettre de Pierre-le-Vénérable, où celui-ci recommandait son frère dans les termes les plus affectueux (V. l'Appendice).

CXXXV.

Eugène III à Jordan de Montboissier, abbé de la Chaise-Dieu. A l'exemple de Calixte II, il confirme la donation de Sainte-Livrade faite à ce monastère, et défend sous des peines sévères de le soustraire à sa juridiction.

11 Mars 1149.

ugenius episcopus, servus servorum Dei, dilecto filio Jordano, abbati monasterii Casæ Dei, salutem et apostolicam benedictionem. Apostolicæ Sedis nos hortatur auctoritas omnium Ecclesiarum, sed præcipue illarum quæ ad jus et tutelam Beati Petri specialiter pertinere noscuntur, attentam sollicitudinem gerere, et earum quieti atque utilitati salubriter, auxiliante Domino, providere. Proinde, dilecte in Domino fili, Jordane abbas, tuis justis postulationibus clementer annuimus, et prædecessoris nostri felicis memoriæ Calixti II vestigiis inhærentes, concessionem seu donationem ecclesiæ B. Liberatæ cum pertinentiis suis ab Hildeberto, Aginnensi episcopo, Beati Roberti monasterio cui, Deo auctore, præesse dignosceris, per manus ejusdem prædecessoris nostri factam, et scripti sui patrocinio confirmatam tibi et per te antedicto monasterio Sedis Apostolicæ auctoritate firmamus, et eamdem ecclesiam in tua tuorumque successorum tuitione ac dispositione perpetua stabilitate permanere censemus, salvo nimirum diœcesani episcopi jure, quod hactenus in eadem ecclesia visus est habuisse. Si quis igitur locum ipsum a monasterii vestri regimine ac dispositione subtrahere, et nostræ huic provisioni temere contraire præsumpserit, tentaverit, honoris et officii sui periculum patiatur, aut excommunicationis ultione plectatur, nisi præsumptionem suam digna satisfactione correxerit.

† Ego Eugenius, Ecclesiæ Catholicæ episcopus.

Datum Laterani, iv Id. Martii, indictione xii, anno Incarnationis dominicæ MCXLIX (1).

CXXXVI.

Eugène III à Jordan de Montboissier, abbé de la Chaise-Dieu. Il approuve l'accord conclu entre lui et Adalbert, évêque de Nîmes, et le confirme dans la possession du prieuré de Saint-Baudile.

12 Mars 1149.

....

Data Laterani, iv Idus Martii, indictione xii, Incarnationis dominicæ anno MCXLIX, pontificatus domini Eugenii papæ tertii anno sexto (2).

CXXXVII.

Eugène III à Jordan de Montboissier, abbé de la Chaise-Dieu. Il confirme ce monastère dans la possession des abbayes de Saint-Sicaire de Brantôme, de Saint-Michel de Gaillac, de Saint-Théodart, de Frassinoro, Saint-Sixte de Plaisance, Saint-Marin de Pavie; des prieurés de Saint-Baudile, de Saint-Quirice de Lucques, de Saint-Trivier, de Val-Traverse, de Teilhède, Parthenay-le-Vieux, Port-Dieu, et d'autres prieurés et églises. Il défend, sous peine d'excommunication, de causer le

---

(1) Bibliothèque nationale, ms. latin, 12,743, *Antiquit. Bened. in diœcesi Claromont.* Recueil de Dom Estiennot, d'après l'original, p. 582-583. — Ms. latin, 12,777, *Miscellanea monastica*, fol. 415. — Mabillon, *Ann. Benedict.*, t. vi, p. 462.

(2) Bibliothèque nationale, ms. latin, 5,552, f. 184. — Mabillon, *Ann. Benedict*, t. vi, col. 464.

moindre dommage à la Chaise-Dieu et à ses possessions (1).

12 Mars 1149.

CXXXVIII.

Eugène III à Frauland, abbé de Saint-Marin de Pavie. Il confirme les dispositions en vertu desquelles Pascal II et Calixte II avaient mis ce monastère sous la dépendance de la Chaise-Dieu, et arrête que le rivage du Tésin donné par Astolphe, roi des Lombards, et les autres possessions de ce monastère seront inviolables, à la charge, par cette abbaye, de payer chaque année une redevance au pontife romain (2).

15 Mars 1149.

---

(1) Mabillon, *Annales Benedictini*, t. VI, p. 464. « Quo item anno et die (IV Idus Martii 1149) generali diplomate omnes Casæ Dei possessiones Jordani abbati confirmavit. »

« In hoc generali diplomate monasteriæ et cellæ quæ Casæ Dei juris erant, ita recensentur : abbatia S. Sicarii Brantosmiensis, S. Michaelis Galliacensis ; abbatia S. Theodardi ; abbatia Fraxinorensis ; item abbatiæ S. Sixti apud Placentiam et S. Marini Papiensis ; tum cellæ seu prioratus S. Baudilii Nemausensis, S. Quiriaci secus Lucum, S. Treverii, Vallis-Transversæ, Tecladi, Partheniaci Veteris, prioratus de Portu Dei, etc.... » — Bibliothèque nationale, ms. latin, 12,743, *Antiquitates Benedictinæ in diœcesi Claromontensi*, pp. 389-391. — Ms. latin, 12,777, *Miscellanea monastica*, *Histoire de la Chaise-Dieu*, par Dom Gardon, p. 412.

(2) Mabillon, *Annales Benedictini*, t. VI, p. 462. « Casæ Dei itidem subjectum erat monasterium S. Marini in civitate Papiensi ; ejusque ordinatio a Paschali II et Callisto II Casæ Dei abbati commissa fuerat. Id autem litteris suis ratum habet Eugenius, inscriptis Fraulando abbati monasterii S. Marini, quod in Papiensi civitate situm est ; statuitque ut ripaticum fluminis Ticini ab Astulfo Longobardorum rege eidem monasterio concessum, omnesque ejus possessiones eidem abbati ejusque successoribus firmæ et inviolatæ permaneant, eo pacto, ut ad indicium acceptæ ab Apostolica Sede tuitionis, marbotinum singulis annis Romano pontifici persolvant. »

CXXXIX.

Eugène III à Guillaume (1), abbé de Brantôme. Il le nomme à l'abbaye de Brantôme, à condition qu'il se rendra à la Chaise-Dieu, et qu'il y fera profession de moine. Il arrête que l'abbé de Brantôme sera toujours soumis à la Chaise-Dieu, et qu'il ne sera jamais élu qu'avec le consentement de l'abbé de la Chaise-Dieu et de ses moines (2).

1149.

CXL.

Eugène III à Pierre, prieur de Souvigny, et aux moines de ce monastère. A l'exemple d'Urbain II, il met ce prieuré sous la protection du Saint-Siége; il confirme les possessions qu'il avait dans l'archevêché de Bourges, dans les évêchés d'Auvergne, Autun, Nevers et Limoges; il arrête qu'en cas d'interdit général on pourra y célébrer l'office divin; il déclare la sépulture libre, et défend sous peines graves d'attenter à ses droits.

20 Février 1152.

(1) Guillaume II succéda à Aumar qui vivait sous Honorius II (1124).

(2) Nous connaissons cette lettre d'Eugène III par une charte de Gaufrède III, archevêque de Bordeaux. Il est dit dans cette charte que Guillaume II a été ordonné abbé par Eugène III, à condition qu'il irait faire profession à la Chaise-Dieu. Puis on lit : « Facta vero professione, cum bona voluntate et » assensu abbatis et capituli ejusdem ecclesiæ, ad regimen et administratio- » nem Brantolmensis abbatiæ rediret; hoc modo, ut de cætero subjectus esset » abbati et Ecclesiæ Casæ Dei : obeunte autem illo, nullus deinceps in abba- » tem nisi cum consilio et assensu abbatis Casæ Dei et de monachis professis » ejusdem Ecclesiæ eligeretur.... Statutum est etiam ut inconsulto abbate » Casæ Dei, neque prior, neque cæteri custodes ordinis ibi constituantur, et » ut disciplina monasticæ ordinationis in corrigendis excessibus, et in aliis » quæ ad regulam Beati Benedicti pertinent, secundum consuetudinem Casæ » Dei ibidem ex integro conservetur. An. ab Inc. dom. MCXLIX, ind. XII,

 UGENIUS episcopus, servus servorum Dei, dilectis filiis Petro (1), priori Silviniacensis monasterii, ejusque fratribus tam præsentibus quam futuris, regularem vitam professis in perpetuum. Justis religiosorum desideriis consentire ac rationabilibus eorum postulationibus clementer annuere Apostolicæ Sedis cui, largiente Domino, præsidemus, auctoritas et fraternæ caritatis unitas nos hortatur. Inde est utique, dilecte in Domino fili, quod justis petitionibus vestris benignum impertientes assensum, ad exemplar prædecessoris nostri felicis memoriæ papæ Urbani secundi, monasterium vestrum, in quo divino mancipati estis obsequio, sub beati Petri et nostra protectione suscipimus, et præsentis scripti privilegio communimus, statuentes ut quascumque possessiones, quæcumque bona idem monasterium in præsentiarum juste et canonice possidet, ac in futurum concessione pontificum, largitione regum vel principum, oblatione fidelium et aliis justis modis, Deo propitio, poterit adipisci, firma vobis vestrisque successoribus et illibata permaneant. In quibus hæc propriis duximus exprimenda vocabulis : in episcopatu Bituricensi; monasterium Sancti Mauricii (2), capellam de Burbonio (3), ecclesiam de Noyento (4), de Castillone (5), de

» epacta IX, 18 cal. Maii, Romano Pontifice Eugenio III, Ludovico rege
» Franc. et duce Aquitanorum, episcopatus vero nostri anno duodecimo.
» (*Gallia christiana*, t. II, col. 1491-1492). » Cet accord est sans doute le même que celui dont fait mention Dom Estiennot (*Fragmenta Historiæ Aquitanicæ*, t. v, fol. 148).

(1) Pierre II, de Pierre Bufflères, figure, après Brocard, dans la liste des prieurs de Souvigny. Brocard est mentionné dans un serment fait sur l'autel de Saint-Mayeul par Archembaud de Bourbon, par lequel celui-ci s'engagea à rendre 500 marcs d'argent, qui lui avaient été prêtés pour un voyage d'outre-mer. Pierre II écrivit à Eugène III pour obtenir la confirmation des possessions de Souvigny. Il eut pour doyen Pierre de Veauce.

(2) Le monastère de Saint-Maurice était à Autry-Issards, dans l'archiprêtré de Bourbon. Autry-Issards est du canton de Souvigny, arrondissement de Moulins.

(3) La chapelle de Bourbon. Bourbon-l'Archambault, de l'ancien archiprêtré de Bourbon, est chef-lieu de canton de l'arrondissement de Moulins.

(4) Noyant-d'Allier, du même archiprêtré, est du canton de Souvigny.

(5) Châtillon, du même archiprêtré, est du canton du Montet, arrondissement de Moulins.

Colondano (1), de Mariniaco (2), de Cressangis (3), de Curtiliis, de Bocherono (4), de Betiaco (5), de Archiranda (6), de Francisciis (7), ecclesiam de Lesnelia (8), de Madero (9), de Vannat (10), de Burginolio (11), de Avalone (12), de Cappis (13), de Silviniaco Comitali (14), de Sardirliaco (15), de Busserias (16), de Ferrerias (17), capellam de Nicio, ecclesias Sancti Placidi (18), Sancti Hilarii (19), Sancti Marcelli (20), ecclesiam de Chirac (21),

(1) Coulandon, du même archiprêtré, est une paroisse du canton et de l'arrondissement de Moulins Ouest. L'abbesse de Saint-Menoux a prétendu au patronage de cette église.
(2) Marigny, du même archiprêtré, est du canton de Souvigny.
(3) Cressanges, du même archiprêtré, est du canton du Montet.
(4) C'est sans doute Les Boucherons, domaine de la commune de Besson, canton de Souvigny.
(5) Beçay-le-Monial, de l'ancien archiprêtré de Bourbon, est dans la commune de Saint-Aubin, canton de Bourbon.
(6) Saint-Martin d'Ygrande, du même archiprêtré et du même canton.
(7) Saint-Etienne de Franchesse,   Id.   Id.
(8) Saint-Jacques de Limoise. Archembaud V de Bourbon obtint de Pierre de la Châtre, archevêque de Bourges, l'érection de la paroisse de Limoise qui venait d'être fondée sur le territoire de Franchesse. L'archevêque bénit l'église en présence d'Archembaud et d'un clergé nombreux. Elle releva dès lors de Souvigny. Limoise, de l'ancien archiprêtré de Bourbon, est du canton de Lurcy-Lévy, arrondissement de Moulins.
(9) Notre-Dame-de-Vieure (*Viodero*, *Vicuria*, *Veurac*), de l'ancien archiprêtré d'Hérisson, est du canton de Bourbon.
(10) Saint-Paul de Venas (*Vanat*, *Venato*), du même archiprêtré et du même canton.
(11) Saint-Pierre de Bizeneuil (*Bigenolio*, *Buginolio*), du même archiprêtré. Au XVIIe siècle, l'archevêque de Bourges en était patron.
(12) Saint-Blaise de Valon, du canton d'Hérisson.
(13) Notre-Dame-de-Chappes, de l'ancien archiprêtré d'Hérisson, est du canton de Montmarault, arrondissement de Montluçon.
(14) Souvigny-le-Comtal, du même archiprêtré. Au XVIIe siècle, l'archevêque de Bourges en avait le patronage.
(15) Cérilly (*Sardiriaco*, *Serilly*).
(16) Saint-Maurice de Buxière-la-Grue, de l'ancien archiprêtré de Bourbon, est du canton de Bourbon.
(17) Ferrières, de l'ancien archiprêtré de Cusset, est du canton de Mayet-de-Montagne, arrondissement de La Palisse.
(18) Saint-Plaisir, de l'ancien archiprêtré de Bourbon, est du canton de Bourbon.
(19) Saint-Hilaire,   Id.   Id.
(20) Saint-Marcel, de l'ancien archiprêtré de Chantelle, est du canton de Marcillat, arrondissement de Montluçon.
(21) Saint-Pierre de Chirat, du même archiprêtré, est du canton d'Ebreuil, arrondissement de Gannat. L'église, au XVIIe siècle, était au chambrier de Souvigny.

monasterium Columbariense (1), ecclesiam de Monive (2), capellam de Cella (3), ecclesiam de Doiequo (4), de Comentrico (5), de Verdero (6), de Feblineas (7), de Noro (8) : in episcopatu Arvernensi ; ecclesiam de Brenaco (9), Sancti Maziriani (10), Sancti Martini (11), capellas duas de Schola (12), de Sintraco (13), de Genziaco (14), de Plaidacco, de Ledaco, de Stoliaco, monasterium de Firmitate, ecclesiam de Altaripa (15), capellas de Vernolio (16), de Longa prata (17), de Trebermo (18), ecclesiam de Monasterio (19), de Quintiniaco (20), de Melaro (21), de Runge-

---

(1) Saint-Pierre de Colombier, du canton de Montmarault.
(2) Montvicq, Id.
(3) Saint-Patrocle de La Celle, canton de Marcillat.
(4) Saint-Pierre de Doyet, canton de Montmarault.
(5) Commentry, Id.
(6) Le Veurdre, canton de Lurcy-Lévy.
(7) Fablesne, ancienne chapelle près Pousy, de l'ancien archiprêtré de Bourbon, est dans le canton de Lurcy-Lévy.
(8) Saint-Germain de Neure, du même archiprêtré, est du canton de Lurcy-Lévy.
(9) Saint-Barthélemy de Bresnay, de l'ancien archiprêtré de Souvigny, est du canton de Souvigny.
(10) Saint-Mazeran de Brout, canton d'Escurolles, arrondissement de Gannat. Il y avait un prieuré et une cure.
(11) Saint-Martin de Monétay, de l'ancien archiprêtré de Souvigny, est du canton du Montet.
(12) Saint-Blaise-d'Ecole, commune de Brout-Vernet.
(13) Saint-Pierre de Cindré, de l'ancien archiprêtré de Cusset, est du canton de Jaligny, arrondissement de La Palisse.
(14) Saint-Martin de Janzat, du canton et de l'arrondissement de Gannat.
(15) Haute-Rive, de l'ancien archiprêtré de Cusset, est de la paroisse de La Ferté.
(16) Saint-Pierre de Verneuil, de l'ancien archiprêtré de Souvigny, est du canton de Saint-Pourçain.
(17) Saint-Pierre de Longpré, de l'ancien archiprêtré de Cusset.
(18) Saint-Pierre de Treban, de l'ancien archiprêtré de Bourbon, est du canton du Montet.
(19) Sans doute Monestier, paroisse du canton de Chantelle, arrondissement de Gannat.
(20) Saint-Martin de Contigny, de l'ancien archiprêtré de Souvigny, est du canton du Montet.
(21) Saint-Martin de Meillards. Meillards (*Melaro, Melars, Milliariis*), est du même archiprêtré et du même canton.

riis (1), de Graniculis (2), capellam desuper castellum de Monte-Acuto (3), ecclesiam Sancti Juliani de Vallibus (4), de Olonzaco (5), de Silviniaco de Teudonis (6), de Conis (7), de Marciaco (8), ecclesias duas de Bocciaco (9), de Suspiriis (10), de Briccolis (11), de Chimiliaco (12), capellam de Fagia (13), in castello de Nobrio (14), duas ecclesias, novam Ecclesiam (15) : in Eduensi episcopatu; capellam de Molinis (16), ecclesiam de Aversino (17) : in episcopatu Nivernensi; monasterium Campi Volti cum appenditiis suis, capellam de Firmitate (18), ecclesiam de Cantaneto (19), monasterium de Monte Podio (20), de Martio (21),

---

(1) Sainte-Madeleine de Rongères, de l'ancien archiprêtré de Cusset, est du canton de Varennes, arrondissement de La Palisse.
(2) Alias *Grandiis*, *Graminibes*.
(3) Saint-Julien de Montaigut-le-Blin, de l'ancien archiprêtré de Cusset, est du canton de Varennes.
(4) Saint-Gerand-de-Vaux, du même archiprêtré, est du canton de Neuilly-le-Réal, arrondissement de Moulins.
(5) Saint-Pierre de Lonzat, du même archiprêtré, est dans la commune de Marcenat-sur-Allier.
(6) Saint-Christophe de Souvigny-le-Thion, du même archiprêtré, est du canton de Neuilly-le-Réal.
(7) Saint-Silvain de Compes, du même archiprêtré, est dans la commune de Cressanges.
(8) Saint-Pierre de Marcy, du même archiprêtré.
(9) Alias *Moziaco*. C'est sans doute Mezangy, dans la commune de Pouzy-Mézangy.
(10) Notre-Dame de Soupaise, de l'ancien archiprêtré de Souvigny, est dans la commune de Chemilly.
(11) Saint-Sauveur de Bressolles, de l'ancien archiprêtré de Cusset, est dans le canton et arrondissement de Moulins.
(12) Saint-Denis de Chemilly, de l'ancien archiprêtré de Souvigny, est du canton de Souvigny.
(13) Notre-Dame de La Faye, de l'ancien archiprêtré de Cusset. C'est sans doute le hameau de La Faye, dans la commune de Ferrières.
(14) Saint-Laurent de Chatel-de-Neuvre, de l'ancien archiprêtré de Souvigny, est du canton du Montet.
(15) Neuvéglise, de l'ancien archiprêtré de Cusset.
(16) La Chapelle de Moulins.
(17) Saint-Michel d'Avermes, canton et arrondissement de Moulins-Ouest.
(18) La Ferté-Langeron, hameau de la commune de Chantenay.
(19) Saint-Martin de Chantenay. Il y avait prieuré et cure.
(20) Saint-Mayeul de Montempuy.
(21) Notre-Dame-de-Mars. Il y avait prieuré et cure.

de Genestinis (1), de Validomano, de Novavilla (2), de Adiaco (3), capellam Sancti Genesii (4) : in episcopatu Lemoviensi ; ecclesiam de Manciaco (5) cum omnibus eorum pertinentiis. Præterea ejus quoque prædecessoris nostri vestigiis inhærentes, statuimus ne pro communi interdicto parochiæ præfatum cænobium a divinis cesset officiis, sed clausis januis et exclusis excommunicatis et interdictis, suppressa voce divina vobis liceat celebrare officia, nec ulli omnino hominum facultas sit infra ipsius monasterii seu adjacentis villæ ambitum assultum facere, aut quemlibet hominem deprædari vel capere. Sepulturam etiam ipsius loci omnino liberam esse decernimus, ut eorum qui se illic sepeliri deliberaverint, devotioni et extremæ voluntati, nisi forte excommunicati vel interdicti sint, nullus obsistat, salva tamen justitia matricis Ecclesiæ. Decernimus ergo ut nulli omnino hominum liceat præfatum monasterium temere perturbare, aut ejus possessiones auferre, vel ablatas retinere, minuere, aut aliquibus vexationibus fatigare ; sed omnia integra conserventur eorum, pro quorum gubernatione ac sustentatione concessa sunt, usibus omnimodis profutura, salva Sedis Apostolicæ auctoritate, et Cluniacensium abbatum in omnibus obedientia atque diœcesanorum ipsorum in supradictis capellis canonica justitia. Si qua igitur in futurum ecclesiastica sæcularisve persona, hanc nostræ constitutionis paginam sciens, contra eam temere venire tentaverit, secundo tertiove commonita, si non satisfactione congrua emendaverit, potestatis honorisque sui dignitate careat, reamque se divino judicio existere de perpetrata iniquitate cognoscat, et a Sacratissimo Corpore ac Sanguine Dei et Domini Redemptoris nostri Jesu Christi aliena fiat, atque in extremo examine districtæ ultioni subjaceat. Cunctis autem eidem loco justa servantibus sit pax Domini Nostri Jesu Christi, quatenus et hic fructum bonæ actionis percipiant,

---

(1) Gennetines est du canton de Moulins-Est.
(2) Neuville, dans le département de la Nièvre.
(3) Azy-le-Vif, commune du canton de Saint-Pierre-le-Moutier, Nièvre.
(4) Chapelle de Saint-Genès.
(5) Prieuré du Corps de Jésus-Christ de Mainsat. Mainsat est dans le canton de Bellegarde, arrondissement d'Aubusson, département de la Creuse.

et apud districtum judicem præmia æternæ pacis inveniant. Amen.

Ego Eugenius, Catholicæ Ecclesiæ episcopus.
Ego G. presbyter card. tit. Calixti.
Ego Imarus, Tusculanus episcopus.
Ego Julius, presbyter card. Sancti Marcelli.
Ego Umbaldus, presbyter card. Sanctæ Crucis in Jerusalem.
Ego Bernardus, presbyter card. tit. Sancti Marci.
Ego Gerdredus, presbyter card. tit. Sancti Stephani in Cælio Monte.
Ego Otto, diaconus card. S. Georgii ad velum aureum.
Ego Nicolaus, Albanensis episcopus.
Ego Hugo, Ostiensis episcopus.
Ego Gregorius, diacon. card. Sancti Angeli.
Ego Guido, diacon. cardin. Sanctorum Sergii et Bacchi.
Ego Centius, diac. cardin. Sanctæ Mariæ in Agro.

Datum Signiæ, per manum Bosonis Sanctæ Romanæ Ecclesiæ scriptoris, undecimo Kalendas Maii, indictione decima quinta, Incarnationis dominicæ anno 1151, pontificatus vero nostri domini Eugenii III papæ anno septimo (1).

CXLI.

Eugène III à Géraud de Cher, évêque de Limoges, et à Pierre-le-Vénérable. Il les engage à mander l'évêque de Clermont en un lieu et jour désignés, et à lui enjoindre de rendre la liberté à un soldat que, depuis deux ans, il retenait captif. Il autorise l'abbé de Cluny à résoudre les difficultés qui existaient au sujet du château d'Auzon, dont la propriété était disputée à l'Eglise de Clermont par quelques seigneurs du Puy (2).

1143-1151.

---

(1) *Bullar. Cluniac.*, p. 62. — *Patrologie*, édit. Migne, t. CLXXX, col. 1515-1517.

(2) Cette lettre d'Eugène III est connue par la réponse que lui fit Pierre-le-Vénérable : « Scripsit ante annum reverentia vestra domno Lemovicensi

CXLII.

Eugène III à Pierre-le-Vénérable, abbé de Cluny. Il l'engage à confier à son frère Pons, abbé de Vezelay,

» episcopo, et mihi, ut in exemplari litterarum apostolicarum a quibusdam
» Brivatensibus clericis mihi oblato legi, quatenus Claromontem episcopum
» cum socio jam dicto, die locoque congruo evocatum convenirem, et ut
» militem quemdam, quem pene per biennium captum tenuerat, redderet,
» præciperem, et quæstionem, quæ de castello Alsone inter quosdam nobiles
» versabatur, vestra fultus auctoritate, terminarem. » L'évêque de Clermont, ayant été mis en possession de la lettre d'Eugène III, négligea de la remettre à Pierre-le-Vénérable. L'abbé de Cluny écrivit au pape qu'il n'avait eu connaissance de sa lettre que tardivement, et qu'il n'avait pu exécuter ses ordres. Il fait un triste tableau de la situation de notre diocèse (V. l'Appendice). Savaron (*Origines de Clairmont*, p. 93) pense que, dans cette lettre, il s'agit d'Etienne de Mercœur, successeur d'Aimeric. Le contexte porte à croire qu'il s'agit d'Aimeric. Pierre-le-Vénérable expose que l'évêque de Clermont laisse son diocèse dans un état déplorable depuis une vingtaine d'années. Il est difficile de concilier cette opinion avec les éloges que certains auteurs donnent à Aimeric. Sans doute, dans les dernières années de son administration, cet évêque ne put, à cause de son âge, remédier aux nombreux abus qui s'étaient glissés. Aimeric mourut, le 18 avril, on ne sait en quelle année. Dom Estiennot pense que ce fut en 1152, mais il existe des preuves qu'Etienne de Mercœur, qui lui succéda, siégeait en 1151. On vantait la dévotion d'Aimeric envers la sainte Vierge. Elle est rappelée dans ces vers où on parle de son trépas :

Ipso die Aymericus, præsul magni nominis,
Prudens, pius et pudicus cultor summæ Virginis
Expiravit. Salvet cum Christus salus hominis.

Pierre-le-Vénérable correspondit encore avec Eugène III, au sujet d'une question qui concerne notre province. Comme il se trouvait à Brioude, un clerc de cette ville, qui avait été faussement accusé, par les chanoines du chapitre, du vol d'un reliquaire d'or, se plaignit auprès de lui des injustes rigueurs dont il avait souffert. Il le conjura d'intervenir auprès du pape en sa faveur. L'abbé lui remit une lettre où il adjurait Eugène III de prendre sa défense. « Votre sagesse, disait-il, obtiendra le résultat qui convient si, au
» nom de votre autorité, vous ordonnez au prévôt, premier dignitaire de cette
» église; à l'abbé, à Odilon de Magon, à Jean de Cornon, aux autres com-
» plices d'un si grand sacrilége, d'une si grande idolâtrie, de commencer par
» restituer à ce clerc les biens qu'ils lui ont enlevés, et de se présenter devant
» vous pour se soumettre au jugement qui sera prononcé. » (Petrus Venerabilis, *Epist.*, lib. VI, ep. 28. — *Hist. de l'Ordre de Cluny*, par Pignot, t. III, pp. 558-560.

le prieuré de Souvigny, et à lui en laisser la direction, tant que durera son exil.

1152.

N maximis vexationibus et angustis posito dilecto filio, Pontio (1), Vizeliacensi abbati, carnali germano tuo, absque hortatu et commonitione nostra fraterna debes compati caritate, et ejus exulationem benignis solatiis, et opportunis debes consolationibus relevare. Quocirca, quoniam debitum caritatis officium exigit, ut fratres nostros tanquam nos ipsos in Domino diligamus, et eorum necessitatibus fraterno provideamus affectu, per præsentia tibi scripta mandamus, quatenus Silviniacense cœnobium, quousque ipsa exulatio ei duraverit, etiam pro Beati Petri et nostri reverentia sibi concedas (2).

CXLIII.

Eugène III à Armand, prieur de Sauxillanges. Il lui envoie une sentence d'excommunication contre Guillaume, comptour de Nonette, qui avait commis des

---

(1) Pons de Montboissier, abbé de Vezelay, était engagé dans de graves débats avec Guillaume II, comte de Nevers. Celui-ci fit entrer dans sa cause Hubert de Bagé, évêque d'Autun, et le duc de Bourgogne et fomenta dans Vezelay une insurrection, à la suite de laquelle les bourgeois formèrent, sous sa protection, une commune libre. L'abbé, voyant ses droits méconnus, se retira auprès de l'évêque de Nevers et, de là, au monastère du Montet. Après son départ, l'abbaye de Vezelay fut saccagée; les religieux furent insultés et chassés, et leurs biens livrés au pillage. Pons vint à Cluny et conjura les deux légats, Jean et Jordan, qui s'y trouvaient, de porter une sentence contre les usurpateurs. Il demanda en même temps qu'on lui confiât la direction du prieuré de Souvigny, pendant le temps qu'il resterait éloigné de Vezelay. Sur la prière d'Eugène III, Pierre-le-Vénérable donna à Pons le prieuré de Souvigny.

(2) Mansi, *Concilia*, XXI, 660. — *Patrologie*, édit. Migne, t. CLXXX, col. 1552-1553.

usurpations sur la terre de Saint-Etienne qui relevait du prieuré de Sauxillanges (1).

1145-1153.

CXLIV.

Eugène III déclare, à l'exemple d'Innocent II, que la Chaise-Dieu ne doit aucune redevance au chapitre de Brioude, au sujet du monastère de Chanteuge (2).

1145-1153.

CXLV.

Anastase IV (3) à Raimond Garimes (4), abbé de Pébrac. Il confirme ce monastère dans le maintien de ses priviléges et de son abbatiat (5).

1153.

(1) Depuis Humbert de la Tour, plusieurs prieurs avaient occupé le priorat de Sauxillanges. On avait vu Astier *de Soleschas* (1137), Odon III de Montboissier (1139), Pons de Montboissier (1141), et Eustache II de Montboissier (1142). Eustache II supplia Richard, légat du Saint-Siége, de protéger par ses armes spirituelles le monastère de Sauxillanges qui avait à souffrir des incursions des brigands et des voleurs. Richard donna un bref qu'on peut voir à l'Appendice. Armand succéda à Eustache et obtint d'Eugène III une sentence contre Guillaume de Nonette (V. l'Appendice).

(2) Il est fait mention de cette lettre dans le bref du cardinal Hyacinthe, dont nous avons parlé.

(3) Anastase IV fut élu le 9 juillet 1153, et mourut le 2 décembre 1154. Il était très-versé dans la jurisprudence. Il prit pour sentence : « Custodi me, Domine, ut pupillam oculi. »

(4) Raimond Garimes avait succédé à Gaucerand Delfau. Celui-ci était abbé, en 1142, ainsi que le constate une charte de Bernard de Langeac, et de Guillaume, son frère.

(5) *Gallia Christiana*, t. II, col. 460. — Lagrave, *Histoire de la ville de Langeac*, p. 57.

CXLVI.

Anastase IV à Beraud, abbé de Saint-Sixte de Plaisance, monastère dépendant de la Chaise-Dieu. Il l'autorise à porter la mitre aux principales fêtes de son monastère, à la procession et pendant la célébration solennelle des Saints Mystères.

23 Janvier 1154.

Anastasius episcopus, servus servorum Dei, dilecto filio Beraldo, abbati Sancti Sixti, salutem et apostolicam benedictionem. Et caritatis debito provocamur et Apostolicæ Sedis benignitate ac benevolentia incitamur, honorem fratribus exhibere et specialibus Sanctæ Romanæ Ecclesiæ filiis specialioris prærogativæ gratiam elargiri, ut hominibus spectabiliores appareant, et commissas sibi ecclesias, apostolicæ dilectionis familiaritate suffulti, tutius regant, atque ipsorum subditi majorem eis reverentiam et honorem exhibeant. Sic itaque, dilecte in Domino fili, Beralde abbas, de Beati Petri et nostræ dilectionis gratia te disponimus honorare. In præcipuis ergo Ecclesiæ tuæ festivitatibus tam in processione quam infra sacra missarum solemnia, ex Apostolicæ Sedis liberalitate, usum mitræ Ecclesiæ tuæ concedimus.

Datum Laterani, x Kal. Februarii (1).

CXLVII.

Anastase IV à Pierre-le-Vénérable, abbé de Cluny. Il révoque la donation qu'il avait faite de quelques prieurés à certains moines, et, entre autres, du prieuré de Souvigny à Pons, abbé de Vezelay.

1er Mai 1154.

---

(1) *Bullarium Casinense*, per D. Cornelium Margerinum, prædictæ Congregationis abbatem, t. II, pp. 174-175. — Campi, *Hist. di Piacenza*, t. II, p. 353.

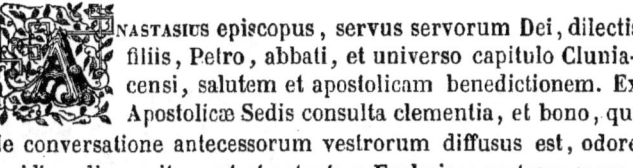NASTASIUS episcopus, servus servorum Dei, dilectis filiis, Petro, abbati, et universo capitulo Cluniacensi, salutem et apostolicam benedictionem. Ex Apostolicæ Sedis consulta clementia, et bono, qui de conversatione antecessorum vestrorum diffusus est, odore accidisse dignoscitur, ut et petentem Ecclesiam vestram sacrosancta Romana Ecclesia de facili exaudiret, et non petenti etiam bona data, sicut speciali filiæ, gratuito ministraret. Referentibus autem quibusdam religiosis viris, accepimus te, dilecte in Domino fili, abbas, unde plurimum admiramur, prioratus et quosdam reditus pertinentes ad mensam conventus in quasdam personas, partim commendatione, partim donatione, absque fratrum tuorum consilio et conventus contulisse, in dilectum videlicet filium nostrum P.... (1) Viseliacensem abbatem, prioratum Silviniaci, in abbatem Clusinum prioratum Cariloci, et in archidiaconum Lugdunensem prioratum de Vilereis...
....

Quoniam igitur nos tanto minus patimur ecclesiam vestram bonorum suorum diminutionem et dispendium sustinere, quanto ad exaltationem ejus antecessores vestros attentius conspicimus desudasse, per præsentia vobis scripta mandamus quatenus omnes illos... prioratus, quos non communi vestro consilio aut consensu concessos esse constiterit, ad usus et manus vestras quam citius revocetis, et in pristinum statum universa quæ illicite sunt concessa, reducatis..............
....

Datum Laterani, Kalendas Maii.

(1) J. H. Pignot (*Histoire de l'Ordre de Cluny*, t. III, p. 411) s'est trompé en soutenant que Pierre-le-Vénérable se montra peu disposé à accueillir la demande d'Eugène III en faveur de l'abbé de Vezelay. Pierre-le-Vénérable se rendit sans doute aux injonctions d'Anastase IV. A cette époque, il ouvrit des négociations avec le comte de Nevers et les bourgeois de Vezelay, dans le dessein de rétablir Pons dans son abbaye. Elles n'aboutirent pas. Ce n'est que plus tard, et par l'intervention de Louis VII, que l'abbaye de Vezelay rentra dans ses droits.

CXLVIII.

Adrien IV à Géraud, abbé de Saint-Léger d'Ebreuil. A l'exemple de Pascal II, il met cette abbaye sous la protection du Saint-Siége. Il la confirme dans ses droits sur les églises qu'elle possède dans les diocèses d'Auvergne, de Bourges et de Saintes. Il décrète que la sépulture y sera libre, et qu'à la mort de l'abbé, son successeur sera élu par les moines. Il défend, sous de graves peines, de porter atteinte aux biens et franchises de ce monastère.

1155.

DRIANUS (1) episcopus, servus servorum Dei, dilectis filiis, Geraldo (2), monasterii Sancti Leodegarii Hebrohelensi abbati, ejusque successoribus canonicis. In P. P. M. Religiosam vitam eligentibus apostolicum convenit adesse presidium, ne forte cujuslibet temeritatis incursus aut eos a proposito revocet, aut robur, quod absit, sacre religionis infringat. Eapropter, dilecte in Domino fili, Geralde, tuis justis postulationibus gratum impertientes assensum, et prefatum monasterium cui, Deo auctore, preesse dinosceris, ad instar predecessoris nostri felicis memorie Paschalis pape, sub beati Petri et nostra protectione suscipimus, et presentis scripti privilegio communimus, statuentes ut quascumque possessiones, quecumque bona idem monasterium impresentialiter juste et canonice possidet, aut in futurum, concessione pontificum, largitione regum vel principum, oblatione fidelium, seu aliis justis postulationibus poterit adi-

---

(1) Adrien IV gouverna l'Eglise près de cinq ans (1154-1159). Ce pape, le seul qu'ait donné l'Angleterre, illustra la papauté par sa vie admirable et son grand savoir. Il avait pour sentence : « Oculi mei semper ad Dominum. »

(2. Géraud succéda sans doute à Téotard. Le *Gallia Christiana* ne l'a pas compris dans la série des abbés d'Ebreuil. Il eut pour successeur Jean Ier qui, en 1166, transigea avec l'archevêque de Bourges, au sujet de l'église de Naves.

pisci, firma tibi tuisque successoribus et illibata permaneant. In quibus hec propriis duximus exprimenda vocabulis : ecclesiam Sancti Gereonis et cappellas suas cum burgo eidem monasterio adjacente : in Arvernensi pago ; ecclesiam Sancte Crucis de Velcia cum cappella Sancti Mauricii de Vico; Sancte Marie de Caliniaco, Sancte Marie de Salas et cappellam de Charod, ecclesiam Sancti Boniti de Cambra, Sancte Marie de Ecclesiola, Sancti Boniti de Cervant, cappellam de Nade, ecclesiam Sancti Genesii de Ret, Sancti Aniani de Betgue, Sancti Quintini, Sancti Leodegarii Dellaiac, Sancti Leodegarii de Monte Frumino, Sancti Genesii de Buisserolas, Sancti Victoris de Pozolis, Sancti Pardulfi, Sancte Marie de Marcillac, Sancti Petri de Campis, ecclesiam Sancti Pauli, Sancti Petri de Capde, cappellam de Espinathe, ecclesiam Sancti Petri de Nempdugna, Sancti Pardulfi de Vilorzangas, Sancti Petri de Valle, Sancti Pardulfi de Carro, Sancti Prejecti, Sancti Juliani de Moroile, Sancti Martini de Garriga, Sancti Boniti de Punciaco, Sancti Hylarii, Sancti Petri de Cella, Sancti Magnerii, Sancte Marie de Vergiaco, Sancti Galli, Sancti Saturnini de Venzac : in episcopatu Bituricensi; ecclesiam Sancti Marcelli de Scalceras, Sancti Hylarii de Donninnac, Sancti Boniti de Balanava, Sancti Andree de Valiniaco, Sancti Portiani de Navas : in pago Rodonensi ; ecclesiam Sancte Marie de Lognagnac, Sancte Marie de Severac, Sancti Martini de Cromeras, Sancte Marie Dellna, Sancti Martini, Sancti Mauricii de Marnac et Sancti Amancii : in episcopatu Santonensi ; ecclesiam Sancti Leodegarii cum cappellis Sancte Marie, Sancte Marie, Sancti Martini de Cunniaco, Sancti Sulpitii, Sancte Marie Magdalene de Crong, Sancti Mauricii de Salas, ecclesiam de Borac, Sancti Bibiani de Charnes, ecclesiam de Genten, ecclesiam de Gaverda, ecclesiam Sancti Leodegarii de Argazo, Sancti Petri Dellariorta. Statuimus autem ut in eodem monasterio regularis semper ordinis custodia vigeat, et in sua semper libertate permaneat. Porro, sepulturam ejusdem loci omnino liberam esse decernimus, ut eorum qui illic sepeliri deliberaverint, devotioni et extreme voluntati, nisi forte excommunicati vel interdicti sint, nullus obsistat, salva tamen justitia matricis Ecclesie. Obeunte vero te nunc ejusdem loci abbate, vel tuorum quolibet successorum, nullus ibi qualibet subreptionis astutia seu molestia preponatur, nisi quem fratres communi consensu, vel fratrum pars consilii sanioris, vel de suo, vel de alieno oportuerit collegio, secundum Dei timorem et beati Benedicti regulam, elegerint, ab Arvernensi episcopo consecrandum. Decernimus ergo ut nulli omnino hominum liceat supradictum monasterium temere perturbare, et integra conserventur eorum, pro quorum gubernatione et sustentatione concessa sunt, usibus omnimodis profutura, salva Sedis Apostolice auctoritate et dyocesani episcopi canonica justitia. Si qua igitur in futurum ecclesiastica secularisve persona, hanc nostre constitutionis paginam sciens, contra eam temere contraire temptaverit, secundo tertiove commonita, nisi presumptionem suam congrua satisfactione correxerit, potestatis honorisque sui dignitate careat, reamque se divino judicio existere de perpetrata iniquitate cognoscat, et a Sacratissimo Corpore ac Sanguine Dei et Domini Redemptoris nostri Jesu Christi aliena fiat, atque in extremo examine districte ultioni subjaceat. Cunctis autem eidem loco jura servantibus sit pax Domini Nostri Jesu Christi, quatenus et hic fructum bone actionis percipiant, et apud districtum judicem premia eterne pacis inveniant. Amen. Amen.

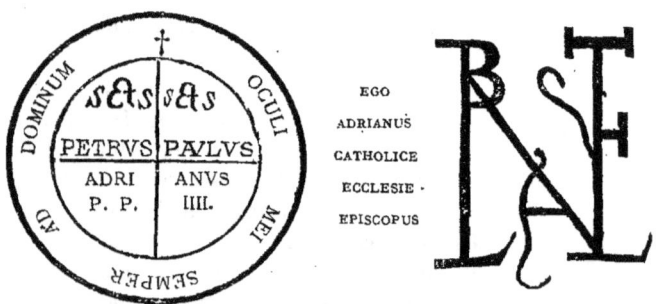

† Ego Guido, presbiter cardinalis tit. Sancti Grisogoni, ss.
† Ego Hubaldus, presbiter cardinalis tit. Sancte Praxedis, ss.
† Ego Manfredus, presbiter cardinalis tit. Sancte Savine, ss.
† Ego Aribius, presbiter cardinalis tit. Sancte Anastasie, ss.
† Ego Bernardus, presbiter cardinalis tit. Sancti Clementis, ss.

† Ego Octavianus, presbiter cardinalis tit. Sancte Cecilie, ss.

† Ego Astaldus, presbiter cardinalis tit. Sancte Prisce, ss.

† Ego Gerardus, presbiter cardinalis tit. Sancti Stephani in Celio monte, ss.

† Ego Henricus, presbiter cardinalis tit. Sanctorum Nerei et Achillei, ss.

† Ego Johannes, presbiter cardinalis tit. Sanctorum Silvestri et Martini, ss.

† Ego Gencius, Portuensis et Sancte Rufine episcopus, ss.

† Ego Otho, diaconus cardinalis Sancti Georgii ad velum aureum, ss.

† Ego Jacinthus, diaconus cardinalis Sancte Marie in Cosmydyn, ss.

† Ego Johannes, diaconus cardinalis Sanctorum Sergii et Bacchi, ss.

Datum Beneventi, per manum Rolandi, Sancte Romane Ecclesie presbiteri cardinalis et cancellarii, v Kalendas Januarii, indictione iiij, Incarnationis dominice anno mclv, pontificatus vero domini Adriani p. p. IIII anno ii (1).

CXLIX.

Adrien IV à Jordan, abbé de la Chaise-Dieu. Il confirme cette abbaye dans ses possessions qu'il énumère; il la met sous la protection du Saint-Siége, et défend qu'aucun moine n'en sorte, sans la permission de l'abbé, si ce n'est pour embrasser une règle plus étroite. Il permet aux moines de célébrer l'office divin, en temps d'interdit, et de recevoir le Saint-Chrême, les Saintes-Huiles, l'Ordination, de l'évêque diocésain ou de tout autre évêque qui leur plaira. Il défend qu'on les convoque au synode et qu'on construise aucune chapelle dans les confins de leurs paroisses, sans le consentement de l'évê-

(1) Original aux archives départementales du Puy-de-Dôme. Bulle bien conservée, légèrement perforée à sept endroits.

que diocésain. Il déclare que la sépulture est libre dans ce monastère, et qu'à la mort de l'abbé, son successeur sera élu par les religieux. Il enjoint de ne porter aucun préjudice à cette abbaye, et menace de peines spirituelles ceux qui contreviendraient à ses ordres.

1157.

DRIAN evesque, serviteur des serviteurs de Dieu, à notre cher fils Jordan et à nos vénérables frères les religieux de la Chaise-Dieu tant présents qu'à venir, qui vivront régulièrement, pour perpétuelle mémoire. La demande provenant d'une pieuse volonté doit être mise en effet que l'utilité requise prenne son accroissement infalible. C'est la raison pourquoy nous condescendons honorablement à vos justes requestes et suyvant les traces de nos pères et prédécesseurs d'heureuse mémoire ; Léon IX, Grégoire VII, Alexandre II, Urbain II, Pascal II, Calixte II, et Eugène III, pontifes romains, prenons souls nostre protection et du bienheureux apostre Saint-Pierre, le monastère de Saint-Robert de la Chaise-Dieu, ou toy, nostre bien aymé fils Jordan, estre abbé par la grâce de Dieu, et le munissons du privilége de ces présentes, ordonnant que toutes les possessions et biens quelconques que le monastère possède présantement, justement et canoniquement, et pourra posséder à l'avenir par l'octroy des papes, libéralité des roys ou des princes, ou par l'oblation des fidelles et autre façon que ce soit, avec l'ayde de Dieu, vous demeurent et à vos successeurs fermes et inviolables, entre lesquels nous avons bien voulu exprimer par leur nom celles qui s'ensuyvent : c'est à sçavoir, l'abbaye de Saint-Sicard de Brantosme, l'abbaye de Saint-Michel de Galliac, l'abbaye de Saint-Frodard de Montauban, l'abbaye de Saint-André de Vienne, l'abbaye de Fraxinorenssen, l'abbaye de Saint Xist qui est ès-Plézance, l'abbaye de Favernay et l'abbaye de Saint-Marin de Pavie ; le prieuré de Saint-Bauzille de Nismes....
(*Là, il est fait mention de plusieurs autres prieurés que je n'ai pas voulu mettre pour éviter prolixité*). D'avantage nous vous prenons souls la protection de sauvegarde du St-Siége par ces pré-

sentes, afin qu'auquun archevesque ou evesque noze rien entreprendre sur votre monastère, ny puisse uzer d'aucune excommunication ny interdit, et voulons qu'il vous soit loisible aussi de recevoir à conversion tous clercs ou séculiers libres et non empesches abandonnant le monde, et de les retenir sans contredit de l'evesque. Deffendons outre plus que personne des bons religieux, après avoir fait profession de votre monastère, ne puisse s'en aller d'iceluy sans la licence de son abbé, si ce n'est pour passer à une religion plus estroicte, et s'il s'en allait sans estre muny de vos lettres et patentes ordinaires, que personne ne soit si ozé de le retenir. Que s'il advienne que quelque terre soit généralement interdite, qu'il vous soit loisible à huit-clos de célébrer le divin office, chassant les excommuniés et interdits, et sans sonner les cloches et à voix basse, moyennant que vous n'ayez donné subiect à l'interdict, et pourrez recevoir le St-Cresme, le S. Huile et la Consécration des autels et esglises, et les ordres pour vos clercs qui debvront estre promus aux sacrés ordres, par votre evesque diocésain, moyennant qu'il soit catholique et joint de communion et de grâce avec le St-Siége de Rome, ou bien de tel autre evesque qu'il vous plaira. Deffendons de plus qu'auquun noze vous fere assigner au synode, sinon celuy qui sera pour cet effect délégué du St-Siége ; que personne encore nose construire ou édifier de nouveau aucune chapelle ou oratoire dedans les confins de vos paroisses, si aucune vous en avez, sans le consentement de votre evesque diocésain, sauf les priviléges des saincts pontifes romains. Nous adjoutons de plus et ordonnons que si aucun des abbés, qui par autorité de Rome relèvent de vous, viennent à estre désobéissants et rebelles, soyent punis régulièrement et selon votre discrétion et non de l'evesque. Voulons aussi que la sépulture soit libre audit monastère, et que personne ne puisse empescher la dévotion ou dernière volonté de ceux qui y voudront estre enssevelys, moyennant qu'ils ne soyent excommuniés ou interdicts ou usuriers publics : sauf toustefois les droicts des esglises d'ou les corps des trépassez seront prins. Entendons aussi que vous ayes puissance et toute liberté de notre auctorité. Toy venant à mourir qui es aujourd'hui abbé dudit lieu ou quelqu'un de tes successeurs, que personne ny soit faict abbé par quelque fraude, astuce, subreption et violence que ce soit, hormis celuy lequel aura esté eleu du commun consentement de tous les religieux ou de la plus grande et saine partie d'iceux selon Dieu et selon la règle de Saint-Benoist, du monastère ou d'un autre étranger. D'avantage ordonnons et commandons qu'il ne soit loisible à aucun des humains d'estre si téméraires que de troubler en façon que ce soit led. monastère ou luy oster ses possessions, ou les ayant ostées, les retenir ou diminuer ou les molester par quelque vexation téméraire ou attentat que ce soit, ains leur soyent entièrement conservées pour estre appliquées à tous les usages de ceux pour la sustentation et gouvernement desquels elles ont été données, sauf la révérence canonique du St-Siége et de levesque diocézain. Que si quelque personne ecclésiastique ou séculière que ce soit, après avoir eu connaissance de notre constitution, est si téméraire que d'y ozer contrevenir après avoir esté admonesté deux et trois fois, s'il ne corrige sa faute par deue satisfaction, qu'il soit privé de sa dignité, de son honneur et puissance, et qu'il connaisse qu'il est coulpable devant le divin Juge même d'avoir perpétré iniquité, et soit privé du sacré corps et sang de Dieu, nostre Seigneur et Rédempteur Jésus-Christ, et au dernier jour du jugement soit subiect à la très-estroicte et rigoureuse vengence. Au contraire, à ceux qui garderont les droicts dud. monastère, soit la paix de Notre-Seigneur Jésus-Christ pour recevoir en cette vie le fruit de son bon œuvre, et le salaire de la paix éternelle vers le Juge rigoureux. Amen. Amen. Amen.

Je Adrian, evesque de l'Esglise Catholique.

Il y a dix cardinaulx signés. Donné à Latran, de la main de Roland, prestre cardinal, chancelier de la Sainte Esglize Romaine, les Ides de Décembre, indiction VII, l'an de l'Incarnation de Notre-Seigneur mil cent cinquante-sept, l'an quatriesme du pontificat d'Adrian pape 4 (1).

---

(1) Bibliothèque nationale, ms. latin, 12,777. *Miscellanea monastica*, *Histoire de la Chaise-Dieu*, par Gardon, religieux de la même abbaye, 1643, p. 412.

CL.

Adrien IV à Jordan (1), abbé de la Chaise-Dieu. Il confirme un arrangement conclu entre lui et Raimond, abbé de Cruas (2), par les soins de Raimond, évêque de Viviers, et de Durance, abbé, au sujet des églises de Maillac (3).

13 Décembre 1157.

CLI.

Adrien IV à Gaufrède, prévôt de Saint-Pierre et de Saint-Paul d'Evaux, et à ses frères présents et futurs. Il confirme ce monastère dans la possession de ses biens

---

(1) Nous connaissons quelques autres actes de son abbatiat. En 1151, comme il visitait le prieuré de Saint-Dier, il reçut de son frère, Eustache de Montboissier, de nouvelles possessions pour ce prieuré, du consentement d'Aimeric. En 1156, il acquit les dîmes d'Azerat de Raoul de Lugheac. En 1157, il assista aux funérailles de son frère, Pierre-le-Vénérable, qui venait de mourir. Le 25 décembre, une sainte mort couronna cette vie aussi édifiante que mémorable. Henri, évêque de Winchester, lui rendit les honneurs de la sépulture, au milieu du deuil de ses moines. Pierre-le-Vénérable avait soixante-deux ans. Ce moine, un des hommes les plus remarquables de l'Auvergne et de l'Europe, avait rempli sa carrière de travaux, de vertus et d'écrits. Il fit fleurir dans son abbaye la piété et l'étude. Il contribua au mouvement religieux de son siècle par ses relations avec la papauté, et par l'intelligente direction de Cluny, il étendit aussi loin que son Ordre l'ascendant de son esprit et de son incomparable douceur. Ses écrits théologiques contre les Pétrobrusiens, les Juifs et les Mahométans révèlent la profondeur de son intelligence. Une grâce particulière respire dans ses sermons, ses poésies et sa correspondance. Jordan ne survécut par longtemps à son frère. Il mourut le 24 novembre 1158, et fut inhumé, à côté d'Etienne, devant l'autel des Saintes-Vierges. Il avait gouverné la Chaise-Dieu douze ans, sept mois, vingt-cinq jours.

(2) Le monastère de Cruas, de l'ordre de Saint-Benoît, au diocèse de Viviers, fut fondé par le comte Elpodore, sur la demande de Bonalde, abbé. Louis-le-Débonnaire le confirma, en 817, dans ses droits et privilèges. Cruas est dans le canton de Rochemaure, arrondissement de l'Ardèche.

(3) La bulle fut donnée, à Latran, aux Ides de décembre. *Gallia Christiana*, t. II, col. 555.

compris dans l'évêché de Limoges, dans l'archevêché de Bourges et dans l'évêché d'Auvergne. Il assure aux moines d'Evaux le droit de placer dans les églises paroissiales les chanoines tirés du sein de leur prévôté, pourvu toutefois qu'ils reçoivent charge d'âmes de l'ordinaire du diocèse. Il leur permet de célébrer l'office divin dans leur église, en temps d'interdit. Il menace de peines spirituelles ceux qui leur causeraient le moindre préjudice, et souhaite la paix du Seigneur à ceux qui respecteront leurs droits.

24 Mai 1158.

DRIANUS episcopus, servus servorum Dei, dilectis filiis Gaufrido, preposito ecclesie Sanctorum Petri et Pauli Evaunensis (1) ejusque fratribus tam presentibus quam futuris regularem vitam professis in perpetuam memoriam. Religiosam vitam eligentibus apostolicum convenit adesse presidium, ne forte cujuslibet temeritatis incursus aut eos a proposito revocet, aut robur, quod absit, sacre religionis infringat. Quocirca, dilecti in Domino filii, vestris justis postulationibus clementer annuimus et prefatam ecclesiam, in qua divino mancipati estis obsequio, sub beati Petri et nostra protectione suscipimus et presentis scripti privilegio communimus. In primis siquidem statuentes ut ordo canonicus, qui secundum Deum et beati Augustini regulam in eadem ecclesia institutus esse dinoscitur, perpetuis ibidem temporibus et inviolabiliter observetis. Preterea, quascumque possessiones, quecumque bona eadem ecclesia in presentiarum juste et canonice possidet, aut in futurum, concessione pontificum, largitione regum vel principum, oblatione fidelium seu aliis justis modis, prestante Domino, poterit adipisci, firma

(1) Evaux était capitale de la Combraille, pays d'Auvergne, sur les confins de la Marche et du Bourbonnais, qui avait cinq châtellenies, Evaux, Chambon, Lespaux, Auzance et Sermur. Son monastère remontait au delà du ix⁰ siècle. En 956, Vuitralde, son prévôt, reçut d'Airald, et de Rothilde, son épouse, le monastère de Chantelle. Evaux a toujours fait partie du diocèse de Limoges : c'est un chef-lieu de canton de l'arrondissement d'Aubusson, département de la Creuse.

vobis vestrisque successoribus et illibata permaneant. In quibus hec propriis duximus exprimenda vocabulis : cappellas de Rocca Bernardi, ecclesiam Sancti Martialis de castello Tulli (1), cum pertinentiis suis, ecclesiam Sancti Martini de Parciaco (2) cum pertinentiis suis, ecclesiam Sancti Martialis, ecclesiam Sancti Johannis de Cluniaco (3) cum pertinentiis suis, ecclesiam Sancti Sulpitii de Lata Petra (4), ecclesiam Sancti Martini et ecclesiam Sancti Juliani de Boziaco (5), ecclesiam Sancti Petri de Bosco (6) et cum pertinentiis suis, ecclesiam Sancti Desiderii de Alairaco (7) cum pertinentiis suis, ecclesiam Sancti Martialis de Domairano (8) cum pertinentiis suis, ecclesiam de Campesio (9), ecclesiam sancti Silvani (10), ecclesiam Sancti Lupi (11), ecclesiam Sancti Petri de Taurda (12), ecclesiam Sancte Marie de Buxeria (13), ecclesiam Sancti Georgii de Nigromonte (14), ecclesiam Sancti Vincentii de Pairiaco, ecclesiam Sancti Alundii de Luperciaco (15), ecclesiam Sancti Domi-

---

(1) Le *Pouillé de la province de Bourges*, de 1648, fait mention du prieuré de Tulle, dans l'archiprêtré de Combraille, comme relevant du prévôt d'Evaux.

(2) Saint-Martin de Parsiac, de l'ancien archiprêtré de Combraille, aujourd'hui Parsac, canton de Jarnages, arrondissement de Boussac, département de la Creuse.

(3) Saint-Jean de Clugnat, de l'ancien archiprêtré d'Auzance, est du canton de Chatelus, arrondissement de Boussac.

(4) Saint-Sulpice de Largepierre, dans l'ancien archiprêtré d'Auzance.

(5) Bossac-les-Eglises, de l'ancien archiprêtré de Combraille (*Pouillé de la province*, p. 39).

(6) Saint-Pierre des Bois, id. (*Ibid.*)

(7) Saint-Didier d'Alleyrat, de l'ancien archiprêtré de Combraille, est du canton et de l'arrondissement d'Aubusson.

(8) Saint-Martial de Dommaire, de l'ancien archiprêtré de Combraille (*Pouillé de la province*, p. 39).

(9) Cure de Compasie, du même archiprêtré (*Ibid.*).

(10) Saint-Silvain, du même archiprêtré, est du canton de Bellegarde, arrondissement d'Aubusson.

(11) Saint-Loup, du même archiprêtré, est du canton du Chambon, arrondissement de Boussac.

(12) Saint-Pierre de Tardes, du même archiprêtré et du même canton.

(13) Sainte-Marie de Bussière, du même archiprêtré.

(14) Saint-Georges-Nigremont, de l'ancien archiprêtré d'Aubusson, est du canton de Crocq, arrondissement d'Aubusson.

(15) Lupersac, de l'ancien archiprêtré de Combraille, est du canton de Bellegarde.

nici (1), ecclesiam Sancti Pardulfi de Buxeria (2), ecclesiam sancti Pardulfi de Serra (3), ecclesiam Sancti Pardulfi de Cadris (4), ecclesiam Sancti Pardulfi de Brisco, ecclesiam Sancti Martialis de Castelletto (5), ecclesiam Sancti Martialis de Erfolio (6), ecclesiam Sancti Martini de Rubra Terra (7), ecclesiam Sancti Johannis et Sancti Laurentii de Runiaco (8), cum pertinentiis suis, ecclesiam Sancti Juliani (9), ecclesiam Sancti Adoratoris de Castanea (10); in archiepiscopatu Bituricensi : ecclesiam Beate Marie Comitalis, ecclesiam Sancti Vincentii Cantellensis (11), ecclesiam Sancti Nicolai in eodem castro (12), ecclesiam Sancte Marie de Floriaco (13), ecclesiam Sancti Saturnini de Floreglis, ecclesiam Sancti Petri de Caburlaco (14), ecclesiam Sancti Martini de Donolia (15), ecclesiam Sancti Porciani de Monasterio (16), ecclesiam Sancti Marini de

---

(1) Saint-Dominique, de l'ancien archiprêtré de Combraille (*Pouillé de la province*, p. 41).

(2) Saint-Pardoux de Bussière.

(3) Saint-Pardoux de la Serre, canton de Chénérailles, arrondissement d'Aubusson.

(4) Saint-Pardoux-les-Cards, du même canton.

(5) Saint-Martial du Châtelet, canton du Chambon.

(6) Saint-Martial d'Arfeuille, de l'ancien archiprêtré de Combraille, du canton d'Evaux.

(7) Saint-Martin de Terre-Rouge, du même archiprêtré.

(8) Saint-Laurent de Rougnat, ancien prieuré de l'archiprêtré de Combraille, est du canton d'Auzance, arrondissement d'Aubusson.

(9) Saint-Julien, du canton d'Evaux.

(10) Saint-Adorateur de Chatin, du même canton.

(11) Saint-Vincent de Chantelle. Ce monastère fondé, à Chantelle, par Ayrald et Rothilde, son épouse, fut donné à Evaux, en vertu d'un acte que signèrent Géronce, archevêque de Bourges, l'évêque de Limoges, Odon, abbé de Cluny, Gui de Bourbon. Au xvie siècle, il y avait un prieur et huit religieux. Chantelle, de l'ancien archiprêtré de ce nom, est chef-lieu de canton de l'arrondissement de Gannat.

(12) Saint-Nicolas de Chantelle. Cette église était une chapelle desservie par un religieux de Saint-Vincent.

(13) Sainte-Marie de Fleuriel, de l'ancien archiprêtré de Chantelle, était prieuré et cure. Fleuriel est du canton de Chantelle.

(14) Saint-Pierre de Charboulat, localité située dans le pays de Chantelle, où, dit-on, fut le premier établissement des religieux de Chantelle.

(15) Saint-Martin de Deneuille, de l'ancien archiprêtré de Chantelle, est du canton de Chantelle.

(16) Saint-Pourçain de Monestier, du même archiprêtré, du même canton.

Targiaco (1), ecclesiam Sancti Ypoliti de Cantella vetere (2), capellam Sancti Urbani de Banaziaco (3), ecclesiam Sancti Petri de Casellis (4), ecclesiam Usselli (5), ecclesiam de Castane, ecclesiam de Bosco de Rantiaco, ecclesiam Sancti Aniani de Belna, ecclesiam Sancti Petri de Monte Lucido (6), ecclesiam Sancti Quintini de Blantiaco (7), ecclesiam Sancte Agathis, ecclesiam Sancti Georgii de Neris (8) cum pertinentiis suis, ecclesiam Sancti Marcialis de Druziaco cum pertinentiis suis, ecclesiam Sancti Martini de Targiaco, ecclesiam Sancte Marie de Domariaco (9), ecclesiam Sancti Martini de Mazeriaco (10) cum pertinentiis suis, ecclesiam Sancti Petri de Salto (11), ecclesiam Sancti Georgii Arconcensis (12), ecclesiam Sancti Austregisilii de Salziaco (13), ecclesiam Sancti Petri de Rivocioso, ecclesiam Sancti Martini de Briarolis, ecclesiam Sancti Marcelli de Quintianis (14), ecclesiam Sancti Mauricii de Telleto (15), ecclesiam Sancti Martini de Castelleto, capellam

---

(1) Saint-Martin de Tarjet, de l'ancien archiprêtré de Chantelle, est du canton de Chantelle.
(2) Saint-Hippolyte de Chantelle-la-Vieille, id.
(3) Saint-Urbain de Banassat, ancien prieuré de l'archiprêtré de Chantelle.
(4) Saint-Pierre de Chezelles, autrefois du même archiprêtré, est du canton de Chantelle.
(5) Ussel, id.
(6) Saint-Pierre de Montluçon, de l'ancien archiprêtré d'Huriel, est chef-lieu d'arrondissement.
(7) Saint-Quintin de Blanzat est de la commune de Chareil-Cintrat, canton de Chantelle.
(8) Saint-Georges de Néris, de l'ancien archiprêtré de Montluçon, est du canton et de l'arrondissement de Montluçon.
(9) Sainte-Marie de Domérat, de l'ancien archiprêtré d'Huriel, est du même canton et du même arrondissement.
(10) Saint-Martin de Mazérat, de l'ancien archiprêtré de Montluçon, est du canton de Marcillat, arrondissement de Montluçon.
(11) Saint-Pierre de Saulx, de l'ancien archiprêtré d'Huriel, est du canton et de l'arrondissement de Montluçon.
(12) Arcomps, du canton de Saulzais-le-Potier.
(13) Saint-Austregisile de Saulzais-le-Potier, de l'ancien archiprêtré de Dun-le-Roy, est chef-lieu de canton de l'arrondissement de Saint-Amand.
(14) Saint-Marcel de Quinssaines, de l'ancien archiprêtré d'Huriel, est du canton et de l'arrondissement de Montluçon.
(15) Saint-Maurice de Teillet, id.

Sancte de Interaquis (1): in Avernensi episcopatu (2); ecclesiam Sancti Pardulfi de Beurone cum appendiciis suis, ecclesiam Sancti Marcelli, ecclesiam Sancti Ferreoli, ecclesiam Sancti Martini de Castello. Prohibemus autem ne aliqua omnino persona imponendis vel removendis canonicis se objiciat, sed prepositus, qui pro tempore ibi ordinatus fuerit, ponendi vel removendi eos ubi fuerit potestatem, absque alicuius contradictione, liberam habeat facultatem. Liceat etiam vobis in parochialibus ecclesiis de canonicis ecclesie vestre sacerdotes eligere, et electos archiepiscopo aut episcopo representare quibus, si idonei inventi fuerint, archiepiscopus aut episcopus curam animarum committat, qui eidem archiepiscopo sive episcopo in spiritualibus vobis aut in temporalibus debeant respondere. Statuentes quoque ut liceat vobis clericum sive laicum liberum et absolutum in canonicum vel conversum, sine alicuius contradictione, suscipere. Sane, cum commune interdictinum terre fuerit, liceat vobis clausis januis, non pulsatis tintinnabulis, exclusis excommunicatis et interdictis, suppressa voce in ecclesia vestra divina officia celebrare. Decernimus ergo ut nulli omnino hominum liceat prefatam ecclesiam temere perturbare, aut ejus possessiones auferre, vel ablatas retinere, minuere, aut aliquibus vexationibus fatigare, sed omnia integra conserventur eorum, pro quorum gubernatione et sustentatione concessa sunt, usibus omnimodis profutura, salva in omnibus Apostolice Sedis auctoritate et diocesani episcopi canonica justitia. Si qua igitur in futurum ecclesiastica secularisve persona, hanc nostre constitutionis paginam sciens, contra eam temere venire templaverit, secundo tertiove commonita, si non satisfactione congrua emendaverit, potestatis honorisque sui dignitate careat, reamque se divino judicio existere de perpetrata iniquitate cognoscat, et a sacratissimo corpore ac sanguine Dei et Domini Redemptoris nostri Jeshu Christi aliena fiat, atque in

---

(1) Sans doute Châtillon Entre-les-Eaux, ou Sainte-Radegonde, de l'ancien archiprêtré d'Huriel (*Pouillé de la province*, p. 43).

(2) Il y avait, dans le diocèse de Clermont, plusieurs bénéfices relevant de la prévôté d'Évaux. Un pouillé du xviii° siècle énumère parmi eux Saint-Pardoux-le-Pauvre, Saint-Marcel et Saint-Ferréol.

extremo examine districte ultioni subjaceat. Cunctis autem eidem loco sua jura servantibus, sit pax Domini nostri Jeshu Christi, quatenus et hic fructum bone actionis percipiant et apud districtum judicem premia eterne pacis inveniant. Amen. Amen. Amen.

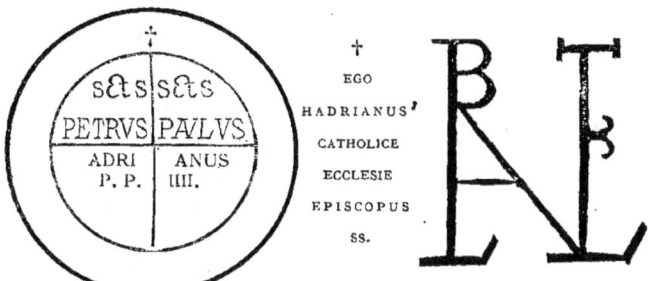

† Ego Ymarus, Tusculanensis episcopus, ss.

† Ego Georgius, Sabinensis episcopus, ss.

† Ego Julius, presbiter cardinalis tituli Sancti Marcelli, ss.

† Ego Octavianus, presbiter cardinalis tituli Sancte Cecilie, ss.

† Ego Gerardus, presbiter cardinalis tituli Sancti Stephani in Celio Monte, ss.

† Ego Johannes, presbiter cardinalis Sanctorum Johannis et Pauli tituli Pamachii, ss.

† Ego Johannes, presbiter cardinalis tituli Sanctorum Silvestri et Martini, ss.

† Ego Guido, presbiter cardinalis tituli Calisti, ss.

† Ego Johannes, presbiter cardinalis tituli Sancte Anastasie, ss.

† Ego Bona Dies, presbiter cardinalis tituli Sancti Crisogoni, ss.

† Ego Oddo, diaconus cardinalis Sancti Georgii ad velum aureum, ss.

† Ego Rodulfus, diaconus cardinalis Sancte Lucie in Septa Solis, ss.

† Ego Raimundus, diaconus cardinalis Sancte Marie in Via Lata, ss.

Datum Laterani, per manum Rolandi, Sancte Romane Ecclesie presbiteri cardinalis *et* cancellarii, viiii Kalendas Maii, indictione vii, Incarnationis dominice anno m°c°l°viii, pontificatus nostri domini Adriani P. P. IIII anno iiii (1).

CLII.

Adrien IV aux moines d'Aurillac et de Souillac. Il leur ordonne de venir le trouver, en un jour qu'il leur désigne, pour qu'ils aient à s'expliquer, en sa présence et preuves en main, sur les débats qui les divisaient (2).

1155-1158.

CLIII.

Adrien IV aux moines d'Aurillac. Il leur enjoint de laisser toute liberté aux moines de Souillac, jusqu'à ce qu'il se soit prononcé sur leur différend (3).

1155-1158.

CLIV.

Adrien IV à Pierre Brun, abbé d'Aurillac. Il rappelle que, conformément à ses instructions, les moines d'Au-

---

(1) Original aux Archives du département du Puy-de-Dôme, Sainte-Chapelle de Riom. Liasse iv, Cote Ire, Art. 2. La bulle est bien conservée. Le sceau manque.

(2) Les contentions soulevées entre les moines d'Aurillac et de Souillac n'étaient pas aplanies. Eblon, abbé d'Aurillac, et ses moines, ainsi que les moines de Souillac, étaient allés trouver Adrien IV pour l'intéresser à leurs droits respectifs. Les moines de Souillac prétendaient que leur monastère, immédiatement soumis à l'Église Romaine, ne relevait de personne. Les moines d'Aurillac soutenaient, au contraire, qu'ils avaient droit sur leur monastère. Adrien IV renvoya à une autre époque l'examen et la solution de leurs débats, ainsi qu'il est établi par sa lettre à Pierre Brun, abbé d'Aurillac, que nous donnons plus bas.

(3) Il est fait mention de cette lettre d'Adrien IV dans celle qu'il adressa à Pierre Brun.... « Aureliacensibus tam viva voce quam litteris injunximus, » ut interim nullum gravamen aut molestiam Soliacensibus fratribus irroga- » rent. »

rillac et ceux de Souillac se sont présentés devant lui au terme fixé. Après avoir constaté par les preuves qui lui ont été soumises, et notamment par la lettre d'Alexandre II, que les moines de Souillac relevaient depuis longtemps de l'abbaye d'Aurillac, il arrête qu'ils lui devront à l'avenir obéissance et soumission.

12 Février 1155-1159.

ADRIANUS episcopus, servus servorum Dei, dilectis filiis, Petro (1) et universis fratribus Aureliacensibus salutem et apostolicam benedictionem. Quæstiones, inter viros ecclesiasticos diutius agitatæ, quæ ad nostram audientiam perferuntur, necesse est ut terminatione congrua sopiantur, et eis finis debitus imponatur. Oportet autem ut ea quæ fuerint nostra auctoritate decisa litterarum fidei committantur, ne processu temporis dilabantur a memoria posterum, et in recidivæ contentionis scrupulum valeant iterum devenire. Dilecti siquidem filii nostri, Eblo, prior, ac fratres Aureliacensis monasterii, et quidam fratrum Soliacensis ecclesiæ, cum anno præterito nostro se conspectui præsentassent, ipsi Soliacenses in vocem cœperunt libertatis erumpere, asserentes Soliacensem ecclesiam ad jus et proprietatem Sacrosanctæ Romanæ Ecclesiæ specialiter pertinere, et ideo eam sicut et reliqua monasteria Romanæ Ecclesiæ pertinentia dicebant nulli debere alii respondere, unde et instrumentum fundatoris et Romanorum pontificum privilegia super his habere se proponebant, Aureliacenses vero Soliacensem ecclesiam ad jus monasterii sui spectare e contrario respondebant. Proinde nos volentes omnem de medio tollere materiam jurgiorum, certum diem et terminum præfiximus, in quo ad præsentiam nostram accederent, sufficienter parati ostendere

(1) Pierre Brun succéda à Arnaud, appelé aussi Eblon dans certains titres. Celui-ci suivit Pierre-le-Vénérable dans son voyage en Italie, en 1154. Il souscrivit, le 5 mai, une charte d'indulgence, par laquelle l'abbé de Cluny remettait pour douze ans, aux églises d'Italie relevant de son abbaye, la cire et autres redevances dues à Cluny. Il se rendit à Rome et y mourut la même année.

quod verbo tenus proponebant. Sane Aureliacensibus tam viva voce quam litteris injunximus ut interim nullum gravamen aut molestiam Soliacensibus fratribus irrogarent. Interim vero Soliacenses occasione ista omnem obedientiam et reverentiam Aureliacensibus fratribus subtraxerunt. Porro cum tam vos quam altera pars in constituto à nobis termino ad nostram præsentiam venissetis, nobis instrumenta quæ adversarii vestri promiserant requirentibus, ipsi, sicut proposuerunt, nulla instrumenta poterant ostendere libertatis, sed potius ex eorum confessione manifeste comperimus quod Soliacensis ecclesia ex antiquo possessionem Aureliacensi monasterio continue fecit obedientiam atque subjectionem exhibuit, et decanum inde suscepit. Regestum quoque antecessoris nostri sanctæ recordationis Alexandri inspeximus in quo Soliacensem ecclesiam inter cellas Aureliacensis monasterii invenimus numeratam. Ex iis igitur omnibus, de communi fratrum auxilio, plenam vobis ejusdem Soliacensis ecclesiæ restitutionem fecimus, ut videlicet omnem obedientiam et subjectionem, sicut et prius, sine aliqua contradictione, vobis de cœtero studeant exhibere. Ut autem hæc nostra definitio perpetuis temporibus inviolabiliter observetur, eam auctoritate apostolica confirmamus, et præsentis scripti patrocinio communimus. Nulli ergo hominum liceat hanc paginam nostræ confirmationis infringere, vel ei aliquatenus contraire. Si quis vero id attentare præsumpserit, indignationem omnipotentis Dei et Beatorum Petri et Pauli apostolorum se noverit incursurum.

Datum Laterani, ii Idus Februarii (1).

(1) Bibliothèque d'Aurillac; manuscrit provenant du baron d'Alzons. En 1285, le juge de l'évêque de Clermont, à la cour d'Arpajon, fit tirer une copie de l'original. « Hujus autem ordinationis nos judex Claromontensis episcopi
» in Montanis, viso et inspecto diligenter originali, sub bulla apostolica sub
» sigillo quo pro domino nostro Claromontensi episcopo utimur, in nostra
» curia Arpajonensis copiam fecimus de verbo ad verbum, salvo in omnibus
» jure alieno. Datum die Mercurii ante festum Beati Barnabæ apostoli anno
» MCCLXXX quinto. » Le 31 mars 1787, J. C. Vacher de Bourg-l'Ange collationna une autre copie à l'original qui était dans les archives de l'abbaye d'Aurillac « en un parchemin large d'entour neuf pouces sur entour dix pouces
» et demi de long. »

CLV.

Adrien IV à l'abbé de Mozat. Il confirme ce monastère dans la possession de ses biens et de ses droits (1).

1154-1159 (2.)

CLVI.

Adrien IV confirme la réunion de Chanteuges à l'abbaye de la Chaise-Dieu et son érection en prieuré (3).

1154-1159.

CLVII.

Alexandre III (4) à Lucie, abbesse du Buis (5). Il

(1) Dans la première moitié du XII° siècle, l'abbaye de Mozat fut gouvernée par Hugues de Semur, Eustache II de Montboissier et Pierre II de La Tour. Hugues de Semur était fils de Dalmace, seigneur de Montaigut en Bourgogne, et neveu de saint Hugues. Il vivait en 1102. Eustache II de Montboissier figure, dans les chartes de Souvigny, aux années 1130 et 1147. Il obtint de Guillaume VII, comte d'Auvergne, la réparation des torts qu'il avait causés à son abbaye. Une transaction eut lieu à Cluny en 1147 (V. l'Appendice).

(2) Il est fait mention de cette bulle dans celle d'Alexandre III que nous donnons plus bas.

(3) Bibliothèque nationale, *Monasticon Benedictinum*.

(4) Alexandre III fut élu le 7 septembre 1159. Il eut d'abord à lutter contre le cardinal Octavien qui fut anti-pape sous le nom de Victor IV, et que l'empereur Frédéric fit reconnaître au conciliabule de Pavie (1160). Il fournit un long et glorieux pontificat. Au témoignage de Voltaire, il fut, pendant la période du Moyen-Age, le pape qui mérita le plus du genre humain. Il mourut, le 30 août 1181. Dans ses bulles, il suivit le calcul florentin, d'après lequel l'année commençait le 25 mars. Il avait pour sentence : « Vias tuas, Domine, demonstra mihi. »

(5) La lettre d'Alexandre III est le plus ancien document que nous possédions sur ce monastère. L'abbaye de Saint-Jean-Baptiste du Buis, située à Aurillac, près du portail du Buis, dans la rue des Dames, était un couvent de religieuses de l'ordre de Saint-Benoît. Quelques auteurs prétendent que ce monastère avait été fondé par saint Géraud. Cette opinion est peu probable. Il n'est fait mention de cette fondation, ni dans la vie du saint abbé par Odon, ni dans son Office. Cette abbaye fut établie par un abbé d'Aurillac, peut-être par Émile qui, assurément, fut un de ses bienfaiteurs. Il existe une lacune de

met ce monastère sous la protection du Saint-Siége (1).

1161.

CLVIII.

Alexandre III à Ponce de Beaudinaire (2), abbé de la Chaise-Dieu. A l'exemple de ses prédécesseurs, Léon IX, Alexandre II, Pascal II, Calixte II, Eugène III et Adrien IV, il prend ce monastère sous sa protection et le confirme dans ses possessions, parmi lesquelles il énumère Saint-Marin de Pavie, Saint-Baudile de Nîmes et Saint-Quirice de Lucques.

9 Juin 1162.

ALEXANDER episcopus, servus servorum Dei, dilectis filiis, abbati monasterii Sancti Roberti de Casa Dei ejusque fratribus tam præsentibus quam futuris monasticam vitam professis in perpetuum. Cum omnibus Ecclesiæ catholicæ filiis debitores ex injuncto nobis à Deo apostolatus officio existamus, illis tamen locis atque personis propensiori nos convenit caritatis studio imminere,

---

quatre-vingts ans entre Lucie, abbesse en 1161, et Ida, abbesse en 1241. On pense que c'est au xiiie siècle que les religieuses furent transférées, à l'est, hors de la ville, sur la rive gauche de la Jordane, dans un couvent qui garda l'ancienne dénomination.

(1) *Gallia Christiana*, t. II, col. 456. — Piganiol de la Force. — *Dictionnaire statistique du Cantal*, t. Ier, p. 147.

(2) Ponce II de Beaudinaire, d'une famille noble du Velay, succéda à Jordan de Montboissier en 1158. En 1167, Pierre IV, évêque du Puy, lui donna à perpétuité, à la demande d'Adémar, évêque de Saintes, et de Raimond, évêque d'Uzès, un canonicat, au chapitre cathédral, pour lui et ses successeurs (V. l'Appendice). Il établit en outre qu'après le décès des moines-profès de la Chaise-Dieu, il sera célébré en leur honneur un office funèbre dans l'église de Notre-Dame du Puy. Dès lors, l'abbé de la Chaise-Dieu eut, comme l'abbé de Cluny, une alliance avec l'Église du Puy. Il devait être reçu solennellement par les chanoines, lors de la prise de possession de sa dignité: au chœur, il siégeait après le prévôt. Plus tard, des contestations s'élevèrent. Bertrand II de La Tour, évêque du Puy à la fin du xive siècle, les apaisa et maintint l'abbé de la Chaise-Dieu dans la possession de sa prébende. En 1167, Pierre IV fit d'autres libéralités. Il donna à Ponce II l'église de Saint-Paul-les-Mons et la chapelle de Saint-Étienne-de-Lardeyrol.

quas veræ religionis habitu, omnipotenti Deo militare cognoscimus, et ad Sedem Apostolicam noscuntur specialius pertinere. Eapropter, dilecti in Domino filii, vestris justis postulationibus clementer annuimus, et prædecessorum nostrorum felicis memoriæ Leonis noni, Alexandri secundi, Urbani secundi, Pascalis secundi, Calixti secundi, Eugenii tertii et Adriani quarti, Romanorum Pontificum, vestigiis inhærentes, Beati Roberti monasterium, in quo divino mancipati estis obsequio, sub Beati Petri et nostra protectione suscipimus, et præsentis scripti privilegio communimus, statuentes ut quascumque possessiones, quæcumque bona idem monasterium in præsentiarum juste et canonice possidet, aut in futurum concessione pontificum, largitione regum vel principum, oblatione fidelium, seu aliis justis modis, præstante Domino, poterit adipisci, firma vobis vestrisque successoribus et illibata permaneant. In quibus hæc propriis duximus exprimenda vocabulis; abbatiam Sancti Marini Papiensis, prioratum Sancti Baudilii Nemausensis et Sancti Quiriaci secus Lucam. Præterea, suscipientes vos in speciales Romanæ Ecclesiæ filios, et vos Apostolicæ Sedis patrocinio per decreti præsentis paginam communimus et legitimum sempiternum statuimus ut de cœtero nulli archiepiscopo vel episcopo liceat super vestrum cœnobium vel abbatem excommunicationis vel interdicti manum extendere, sed in Beati Petri et ejus successorum manu semper quieti et liberi per omnipotentis Dei gratiam maneatis. Si quis igitur in futurum, hanc nostræ constitutionis paginam sciens, contra eam temere venire tentaverit, secundo tertiove commonita, si non satisfactione congrua emendaverit, potestatis honorisque sui dignitate careat, reamque se divino judicio existere de perpetrata iniquitate cognoscat, et a sacratissimo corpore ac sanguine Dei, Domini Redemptoris nostri Jesu Christi, alienus fiat, atque in extremo examine districtæ ultioni subjaceat. Cunctis autem eidem loco sua jura servantibus sit pax Domini nostri Jesu Christi, quatenus et hic fructum bonæ actionis percipiant et apud districtum judicem præmia æternæ pacis inveniant.

† Ego Gregorius, Sabinensis episcopus.
† Ego Humbaldus, Ostiensis episcopus.

† Ego Bernardus, Portuensis episcopus.

† Ego Gualterius, Albanensis episcopus.

† Ego Umbaldus, presbyter cardinalis tituli Sanctæ Crucis in Jerusalem.

† Ego Henricus, presbyter cardinalis tituli Sanctorum Nerei et Achillei.

† Ego Albertus, presbyter cardinalis tituli Sancti Laurentii in Lucina.

† Ego Willelmus, presbyter cardinalis tituli Sancti Petri ad vincula.

† Ego Hyacinthus, diaconus cardinalis Sanctæ Mariæ in Cosmedin.

† Ego Ardicio, diaconus cardinalis Sancti Theodori.

† Ego Raymundus, diaconus cardinalis Sanctæ Mariæ in via lata.

† Ego Joannes, diaconus cardinalis Sanctæ Mariæ in Porticu.

Datum apud Montempessulanum, par manum Hermanni, Sanctæ Romanæ Ecclesiæ subdiaconi et notarii, quinto Idus Junii, indictione decima, Incarnationis dominicæ Alexandri papæ III anno tertio (1).

CLIX.

Alexandre III à Etienne de Mercœur, évêque de Clermont, et aux chanoines de l'église cathédrale. Il confirme l'accord conclu entre l'évêque et le chapitre cathédral d'une part, et Guillaume VII, comte d'Auvergne, d'autre part, au sujet des droits à prélever sur la ville de Montferrand.

19 Août 1162.

(1) Bibliothèque nationale, ms. latin, *Chronica monasterii Casæ Dei*, 12,818, f. 255-257.

LEXANDER episcopus, servus servorum Dei, venerabili fratri, Stephano (1), episcopo, et universis canonicis Claromontensibus (2) salutem et apostolicam benedictionem. Ea que, pro bono pacis, inter discordes et altercantes rationabili prudentia sunt statuta,

---

(1) Etienne VI de Mercœur, fils de Beraud, seigneur de Mercœur, était frère d'Odilon, prévôt du chapitre de Brioude, et oncle d'Odilon qui devint évêque du Puy. Il succéda à Aimeric, vers 1151. Cette année, il est fait mention de lui dans un acte passé à Chaumont, et par lequel Dalmace de Baffie s'engage à renoncer aux usurpations commises contre ce monastère. En 1157, il prend, au sujet de l'église de Saint-Martin, un arrêté où Pierre d'Ebrard, P. Joglars et plusieurs autres interviennent comme témoins. En 1162, sur l'ordre de Louis VII, il se rendit à Saint-Pourçain avec l'abbé de Tournus et Archembaud de Bourbon, afin de régler quelques débats qui partageaient les moines et les bourgeois de cette ville.

(2) Les origines du chapitre cathédral remontent au ix⁰ siècle. Ses principales dignités étaient la prévôté, l'abbaye et le doyenné.

PRÉVOTS.

Odon (905). Il souscrit, la xiii⁰ année du règne de Charles-le-Simple, une charte où Adalard, évêque d'Auvergne, donne au chapitre l'église de Saint-Victor.

Bernard. Il figure, sous Etienne II, dans une charte concernant Sauxillanges.

Eustorge (1010). Il intervient, sous Etienne IV, dans une donation faite à l'église cathédrale par Bertrand, Rotilde, sa mère, et son frère Guillaume.

Giraud Ier. La xxi⁰ année du règne de Robert (1017), il souscrit une donation d'Hélie à l'église de Sainte-Marie.

Itier. La xxv⁰ année du règne de Robert (1021), il signe après Etienne IV et avec plusieurs chanoines une donation de Raoul, abbé, à l'église de la Bienheureuse Marie.

Etienne Ier (1020-1055), sous l'abbatiat d'Etienne Ier et sous le décanat de Robert.

Amblard (1055). Il intervient dans une donation de l'évêque Rencon à l'église de la Bienheureuse Marie.

Etienne II (1057). Il signe, après Rencon, une donation faite par Aiquin aux chanoines de la Bienheureuse Marie et des Bienheureux martyrs Agricole et Vital, d'un champ de vingt septérées et d'une vigne de quarante œuvres (Archives départementales, Cath. arm. 18, sac A, cote xix). Vers 1050, il souscrit une donation de Guillaume, comte d'Auvergne, en faveur de l'Eglise cathédrale.

Hugues Ier (1065). Il est mentionné dans une charte d'Etienne V.

in sua debent stabilitate consistere et firmitatis robur in posterum obtinere. Eapropter, vestris justis postulationibus grato

Robert (1095). Il signe le diplôme de Philippe Ier confirmant la cession de l'abbaye de Mozat à celle de Cluny.

Hugues II (1095-1097).

N... Entre Hugues II et le suivant, on place un prévôt qui était en même temps archidiacre de Clermont. Il se fit moine à Marmoutier et se signala par sa sainteté.

Pierre Ier de Chamalières. En 1131, il signe un accord entre Aimeric et l'abbaye de Cluny : il figure dans des chartes de Cluny, Souvigny et Chanteuge jusqu'aux années 1147, 1149. Il fonda l'église de Saint-André de Clermont. Le nécrologe de cette abbaye portait : « XVI Febr., Commemoratio Petri, præpositi Claromontensis ecclesiæ ; fundatoris hujus ecclesiæ. » (*Gallia Christiana*, t. II, col. 504-505.) Il fut témoin d'une donation faite par Robert de Soulasses à la Bienheureuse Marie (Archives départ., Cath. arm. 18, sac B, cote v.

Etienne III, sous Etienne VI.

ABBÉS.

Bernard (924). *Cartulaire de Brioude*, ch. 16.

Raoul. En 1021, il donna quelques biens aux chanoines de la Bienheureuse Marie (Archives départ., Cath. arm. 18, sac A, cote xiv).

Arbert xxie et xxve années du règne de Robert.

Etienne Ier (1033, 1040, 1041, 1054). Sous le règne de Henri Ier, il signe avec Rencon, le comte Guillaume et son fils Etienne, la donation de l'église de Saint-Julien de Bombiaco faite à l'église de la Bienheureuse Marie. (Archives départ., Cath. arm. 18, sac A, cote xvii).

Hugues Ier (1090).

Atton. Avec Durand, évêque, il signe une donation faite au chapitre par Asselme d'Olbi, au sujet d'une chapelle à construire en l'honneur de saint Nicolas, à l'extrémité du réfectoire, et avec Guillaume, son successeur, la cession de la maison de Ségur par Bernard Coraula aux chanoines de Sainte-Marie d'Auvergne. (*Inventaire de toutes les chartes antérieures au* xiiie *siècle*, par M. Cohendy, pp. 73, 74.)

B.... (1131).

DOYENS.

Salomon (924). *Cartulaire de Brioude*, ch. 16.

Robert. Sous Rencon, il souscrit une charte de Guillaume, comte d'Auvergne, et de Philippie, son épouse.

Fulcon. Il assista, en 1095, avec Robert, comte d'Auvergne, saint Hugues, abbé de Cluny, Raimond, évêque de Lectoure, à la consécration de l'église de Saint-Timothée et de Sainte-Croix de Bredon, qui fut faite par l'archevêque de Toulouse.

Hugues Ier. Il signe la donation d'Asselme d'Olbi, dont nous avons parlé.

occurrentes assessu, concordiam que inter vos et nobilem virum
W...., comitem Arvernorum (1), facta est, auctoritate apostolica confirmamus. Que utique, sicut ex scripto infra composito et sigillato cognovimus ita facta est, sicut in subsequentibus continetur. Provida dispensatione predecessores nostri scripture commendaverunt quod posterorum memorie relinquere voluerint. Horum nos sequentes exempla, tam presentibus quam futuris notum fieri volumus qualiter gravis et diuturna discordia que inter Claromontem, Arvernie civitatem, et Montemferrandum extiterat, ad firme pacis stabilitatem sit redacta. Willelmus, Arvernorum comes, regis Francorum consanguineus, Stephano, Arvernorum episcopo et Claromontensi

G.... Il est désigné dans l'acte d'élection de Robert d'Auvergne.

Anselme Ier. Il signe la donation des deux églises de Vieille-Brioude, de l'église de Saint-Saturnin et d'autres églises faite par Durand au monastère de Pébrac.

Anselme II. Il figure dans l'acte de sentence de Guillaume de Baffie contre les chanoines de Billom (*Cartulaire de Sauxillanges*, ch. 478), et dans une lettre du même évêque concernant le monastère de Saint-Pourçain.

Adémar. Il intervient dans la donation de l'église de Saint-Martin des Olmes faite au chapitre par Guillaume de Baffie, dans une charte de Pébrac et dans une charte du monastère d'Artonne, en 1118.

Pierre Ier (1157). Il est désigné dans une charte, avec Aimeric, évêque.

Gui Ier. Alexandre III en fait mention dans sa lettre à Cécile, abbesse de Beaumont (1165). Gui écrivit à Louis VII : il lui recommande son neveu, qui l'avait remplacé et le prie de le présenter au pape (*Rerum Gallicarum et Francicarum scriptores*, t. XVI, pp. 112-113).

N.... Ce doyen, neveu de Gui, avait été nommé par Etienne VI et le chapitre.

(1) Guillaume VII, dit le Jeune et le Grand, succéda, vers 1145, à Robert III, son père, dans le comté d'Auvergne. Vers cette époque, il transigea avec Aimeric, évêque de Clermont, au sujet de Montferrand. Le comte reconnut que l'évêque et le chapitre cathédral avaient un droit sur les revenus de cette ville, et déclara que, s'il mourait sans héritiers, elle reviendrait à l'évêque; il donna en ce lieu deux maisons, l'une pour l'évêque, l'autre pour les chanoines; de plus il convint qu'aux foires et marchés de Montferrand, les habitants de Clermont auraient les mêmes avantages que ceux de Montferrand. Guillaume VII accompagna Louis VII en Palestine, et revint en 1449, année où il fonda, dans un des faubourgs de Clermont, à l'ouest, le monastère de Saint-André-des-Prémontrés. Guillaume VII ne jouit pas longtemps en paix de ses Etats. Guillaume, son oncle, frère de Robert III, connu sous le nom de Guillaume VIII le Vieux, envahit la plus grande partie de son comté, et ne lui en laissa qu'une faible portion qui constitua le Dauphiné d'Auvergne. Cette usurpation aurait

Ecclesie volens satisfacere, et querelam quam Claromontensis Ecclesia erga Montemferrandum habebat, sedare, pro redemptione sue anime et patrum suorum dedit predicto episcopo et Claromontensis Ecclesie capitulo tantumdem censuale frumenti, quantum in domibus Montisferrandi possidebat, seu ipse aut sui possessuri erant. Similiter Montisferrandi burgenses, et omnes ville habitatores Claromontem venientes hoc frumentum censuale sepe dicto episcopo et Claromontensi capitulo dederunt, et in perpetuum se reddituros, sacrosanctis tactis evangeliis, juraverunt (1). Hec autem donatio in presentia Claromontensis episcopi, sub frequentia clericorum et civium facta fuit; et ut in perpetuum ratam, omni remota controversia, habeant, antedictus comes conjuncto sibi Archimbaldo (2) forti

commencé vers 1155, et il y aurait eu alors entre les deux comtes un premier partage que le temps et des arrangements ultérieurs rendirent définitif. Le Dauphiné d'Auvergne resta aux descendants de Guillaume VII, jusqu'au jour où il passa à la couronne. Il eut pour chef-lieu Vodable, sa seigneurie la plus importante, et comprit, outre les faubourgs de Clermont, Issoire, Ludesse, Tourzel, Meilhau, Saint-Ilpise, Combronde, Jaligny et autres terres qui furent appelées Terres dauphines. Montferrand en fit partie. L'accord entre le comte et l'évêque, au sujet de cette ville, n'existait plus en 1162. De nouvelles difficultés s'étaient élevées, et il fallut faire une nouvelle convention pour les aplanir. Guillaume VII, en vertu d'une transaction, concéda à l'évêque et au chapitre tous les cens qu'il avait sur les maisons actuelles de Montferrand et les cens exigibles sur celles qu'on construirait. Il s'engagea de plus à porter secours à l'Église et à la ville de Clermont. Cette convention fut signée par beaucoup de gentilshommes, par les bourgeois et habitants de Montferrand, et reçut la confirmation d'Alexandre III.

(1) Les bourgeois et les habitants de Montferrand vinrent à Clermont, donnèrent en froment à l'évêque et au chapitre les cens dont il était convenu, et jurèrent sur les Saints Évangiles qu'ils les donneraient à perpétuité.

(2) Archembaud succéda, en 1119, à Aimon, dans la seigneurie de Bourbon. Il épousa Agnès de Savoie, nièce de Calixte II et sœur d'Alix, reine de France. Sous Albéric, archevêque de Bourges (1136-1139), il approuva la fondation de la Léproserie de Sainte-Madeleine, près de Souvigny. En 1145, il établit au Breuil, près d'Agonge, une ville franche dont l'église fut donnée à l'abbaye de Saint-Menoux. En 1147, avant son départ pour la Croisade, il donna une terre à la Léproserie de Sainte-Madeleine. En 1151, il obtint de Pierre de La Châtre, archevêque de Bourges, que Limoise, au pays de Franchesse, serait érigé en paroisse. En 1159, il fit un accord avec le monastère de Souvigny (*Etude sur la chronologie des sires de Bourbon*, par M. A. Chazaud; pp. 176-184). En 1162, il vint à Clermont, lors du passage d'Ale-

Ymbert, Boschet, G. Besso, J. Oleir, Jescorrel, D. Champainac, S. Salva, B. Garnaut, G. Malveir, Vidal, Mar, P. Chabrol, S. Gastasal, Ma. P. Sudor, P. Cordoaneir, P. Bru, Ma, G. Ugo, Ra, D. Clop, P. Ros, J. Umelt, P. Chabut, La, G. Delhaise, G. Lolier, A. Levapeir, G. S. Dolpi, P. Faure, G. Toro, S. Girall, Ugodrac, Afrat, Arnall, G. de Menat, Costaris, R. Bosc, Arbre, S. Teseir, P. Mosco, P. de Peirolas, Ospinel, Versapor, Lomarn, Locarn, P. Galteir, P. Robis, Bo, P. de Fust. Juraverunt etiam hoc donum tenendum multi alii quorum nomina domino Borbonii et Eraclio (1) vice comite de Polemniaco cum magna procerum catherva, sanctis coram positis evangeliis et beate Marie capitulo hanc donationem tenendam omnes juraverunt, et non solum in his domibus que nunc extant, verum etiam in his que construende sunt predictum censuale concesserunt, et in his et in aliis negotiis auxilium et defensionem Ecclesie ac beate Marie et Civitatis sub sacramento promiserunt. Muniverunt etiam hanc donationem totiens dictus Arvernorum comes et Archimbaldus, Borbonii dominus, suorum impressione sigillorum, his infra scriptis presentibus et videntibus. De equestri ordine juraverunt G. de Mirabel, W. de Sancto Martio, P. de Usel, W. de Pontegibaldo, A. de Monte Acuto, B. de Neschers. De Burgensibus vero Montisferrandi et ejusdem ville habitatoribus, P. Bertrandi, An. de Murato, W. Lemovicarum, P. Regaldi, W. Andreas, Jo. Andreas, Jo. Vitalis, W. de Lasocha, P. Rufus, Elias Bertrandi, W. Bertrandi, El. Bertrandi, J. Mercator, J. de Menato, Ar. P. Delemotias, Graveir, S. Cort, W. Celeir, W. Turpi, Odd. Brachet, G. Dalb, P. Mazoeir, S. Testa, W. Rebol, S. Gary, P. Pelliceir, P. Peschador, V. Delnas, P. Guary, S. Dalbeira, S. Popet, R. Brachet, D. de Burnac, G. de Nasac, P. de Nasac, S. de Lavarsa, L. Faramont, S. Tort, L. Pelliceir, D. Dalbeira, B. de Latreila, P. de Lusclada, J. Mirmont, W. Rudal, Peitani, P. de Chantella, R. Fadat, P. Oseudeir, G. Baldimet, Jarcelini, V. Lapellicier; P. longum est enumerare (2). Ut igitur eadem concordia futuris

xandre III dans cette ville, et signa l'arrangement qui se fit entre le comte d'Auvergne et l'évêque de Clermont.

(1) Héracle, vicomte de Polignac.
(2) Quelques-uns de ces noms subsistent à Montferrand.

temporibus inviolabiliter observetur (1), eam auctoritate Sedis Apostolicæ duximus roborandam et presentis scripti patrocinio communimus, statuentes ut nulli omnino hominum liceat hanc paginam nostre constitutionis infringere, vel ei aliquatenus contraire. Si quis autem hoc attemptare presumpserit, indignationem omnipotentis Dei et beatorum Petri et Pauli apostolorum se noverit incursurum. Datum apud Clarummontem (2), xiv Kalendas Septembris.

(1) La paix entre Guillaume et l'Eglise de Clermont ne fut pas de longue durée. Le comte ne tarda pas à susciter de nouvelles difficultés.

(2) Alexandre III donna cette bulle à Clermont en 1162, et non en 1165, comme le soutiennent Savaron (*Origines de Clairmont*, p. 62), Justel (*Histoire généalogique de la Maison d'Auvergne*, Preuves du livre II et de l'Histoire de la maison d'Auvergne, p. 51), Baluze (*Histoire généalogique de la Maison d'Auvergne*, t. II, p. 65), Chabrol (*Coutumes d'Auvergne*, t. IV, p. 361), l'*Ancienne Auvergne et le Velay*. Il est certain que cette lettre est du 19 août. Or Alexandre III ne s'est trouvé à Clermont, au mois d'août, qu'en 1162. En 1165, il y séjourna aux mois de mai et de juin : au mois d'août, il était à Montpellier. Tandis que Frédéric soutenait l'anti-pape, Alexandre III trouvait dans les rois de France et d'Angleterre des princes disposés à soutenir les droits du Saint-Siége. Aussi, comme l'empereur et ses partisans lui dressaient, en Italie, de continuelles embûches, il vint en France avec un certain nombre de cardinaux et évêques. Il prit terre à Maguelonne et vint à Montpellier où il tint un concile. A la nouvelle qu'Alexandre était dans le Languedoc, Louis VII lui envoya deux personnes investies de sa confiance; Thibaud, abbé de Saint-Germain-des-Prés, et Cadurc, clerc de sa chapelle. L'entrevue entre le pape et les envoyés du roi n'aurait pas été ce qu'on devait en attendre; au retour de Cadurc, qui avait été obligé de laisser à Clermont Thibaud gravement malade, le roi manifesta quelque mécontentement contre Alexandre III. Sur ces entrefaites, Henri, comte de Champagne, qui penchait pour l'empereur et l'anti-pape, forma le dessein d'amener une entrevue entre Frédéric et Louis VII, à laquelle assisteraient Alexandre III et l'anti-pape, et où on examinerait la canonicité de leur élection. La petite ville de Saint-Jean de Laune fut désignée pour le lieu de la conférence. De Montpellier, Alexandre III se dirigea par Alais, Mende et Le Puy du côté de Clermont, où il espérait rencontrer Louis VII. Dans une lettre écrite de Brioude, il engage Henri, archevêque de Reims, à se rendre dans cette ville où Louis VII, dit-il, devait se trouver, afin qu'il pût traiter l'affaire de l'église de Châlons. Il arriva, le 15 août, dans la capitale de l'Auvergne. Pendant son séjour, il confirma les priviléges du monastère de Poblet, et écrivit à Thomas Becket, archevêque de Cantorbéry, pour qu'il fît rentrer les clercs de divers chapitres dans l'obéissance qu'ils devaient à l'archidiacre de Glocester. Ce qui signala surtout son passage dans cette ville, fut la tenue d'un concile auquel assistèrent les cardinaux et évêques de sa suite, et où il excommunia l'empereur Frédéric et l'anti-pape

CLX.

Alexandre III au prieur (1) et au couvent de Saint-Pourçain. Sur les plaintes des bourgeois de cette ville, il leur retire le droit de sépulture dont ils jouissaient (2).

1162.

Victor. Nous ne voyons pas que Louis VII soit venu à Clermont, mais il se rendit à Souvigny, où le pape le joignit. De Clermont, Alexandre III alla à Saint-Pourçain avec sa cour et enjoignit aux moines certaines mesures qu'il crut opportunes, sur l'exposé que lui en firent les bourgeois de Saint-Pourçain. A Souvigny, il eut avec Louis VII une entrevue de deux jours. Le roi espérait amener le pape à la conférence qui avait été projetée. Mais Alexandre III fit entendre que, pour l'honneur du Saint-Siége, il ne devait pas s'exposer à subir un jugement, et qu'il ne pouvait se rendre à la conférence. Il se retira à l'abbaye de Bourg-Déols. De là il se rendit à Paris. — L'original de la bulle est aux Archives départementales du Puy-de-Dôme. Le sceau est conservé. On en voit un fragment : *Rerum Gallicarum et Francicarum scriptores*, t. xv, p. 784; — *Patrologie*, édit. Migne, t. cc, col. 167-168.

(1) Le prieur de Saint-Pourçain, désigné par la lettre R... dans la lettre de ce prieur à Louis VII, par laquelle nous connaissons cet arrêté, n'est pas désigné dans le *Gallia Christiana*. Il faut le placer entre Jean 1er Bruni (1150), et Odelon, prieur en 1171.

(2) Le prieur et les moines de Saint-Pourçain gémissaient de ce que le pape leur eût retiré le droit de sépulture, à la prière des bourgeois. Le prieur écrivit à Louis VII et le conjura de faire rapporter cette mesure d'autant plus préjudiciable que le monastère était dans une grande détresse (V. l'Appendice). Louis VII, informé des difficultés qui existaient entre les moines et les bourgeois de Saint-Pourçain, voulut réconcilier les deux parties et obvier en même temps à la situation précaire du prieuré. Il confia ce soin à Pierre de La Châtre (1162). L'archevêque de Bourges se rendit compte par lui-même de l'état du monastère, et constata qu'à la suite d'une administration peu régulière, les moines avaient contracté des dettes. Il arrêta que les bourgeois prêteraient aux moines une somme de 500 livres sans intérêt, afin qu'ils pussent payer la somme qu'ils devaient avec intérêt, que les moines rendraient 150 livres, mais que les bourgeois toucheraient certains revenus de l'église jusqu'au recouvrement de la somme prêtée. Pierre de La Châtre pria Louis VII de confirmer cette transaction et de la faire confirmer par l'évêque de Clermont et par l'abbé de Tournus. Il conseillait au roi d'envoyer l'abbé de Tournus à Saint-Pourçain, afin qu'il rétablît la discipline dans ce monastère, et y fît des changements devenus nécessaires (V. l'Appendice).

CLXI.

Alexandre III à Louis VII, roi de France. Il le conjure d'arrêter les pillages que les comtes d'Auvergne et le vicomte de Polignac commettaient sur les terres de Brioude.

20 Mars 1163.

LEXANDER episcopus, servus servorum Dei, charissimo filio Ludovico, illustri Francorum regi, salutem et apostolicam benedictionem. Ad tuæ sublimitatis notitiam accepimus pervenisse quomodo comites Alverniæ (1) ac vice-comes de Polenniaco (2) villam Brivatensem, quæ tua esse dignoscitur, irreverenter aggressi ipsam Brivatensem Ecclesiam (3), quæ ad jus Beati Petri ac nostrum specialiter pertinet, ac tutelam depopulari non cessant; et domum decani nequiter obsidentes, eam machinis, quoad possunt, expugnant (4). Unde nos tantam audaciam relin-

---

(1) Guillaume VII le Jeune et Guillaume VIII le Vieux. Ces deux comtes, d'abord divisés, s'étaient unis pour piller la province et surtout le territoire de Brioude.

(2) Ponce, vicomte de Polignac.

(3) Le chapitre de Brioude avait pour abbé Bernard III, pour prévôt Guillaume II de Guillaumanches, et pour doyen Odilon II de Mercœur. Bernard avait succédé à Guillaume IV. Il figure (1161) avec son initiale dans la charte de donation de la Léproserie du pont de la Bajasse, construite par Odilon de Chambon, chanoine de Brioude. Guillaume II vient après Héracle. Il en est fait mention, en 1161, dans la donation de la Léproserie, que nous venons de signaler, et, en 1175, dans la sentence rendue par le cardinal Hyacinthe, au sujet du différend de la Chaise-Dieu et du chapitre de Brioude, concernant le monastère de Chanteuges. Odilon II de Mercœur vient après Etienne II. Il devint évêque du Puy (*Gallia Christiana*, t. II, col. 707).

(4) Des dissentiments avaient éclaté au sein du chapitre de Brioude. Le doyen, fort de ses droits sur les comtés de Brioude, de Beaumont, de Saint-Germain-Lembron et sur la baronnie de Faveyrolles, avait fait de son doyenné une forteresse, pour dominer le chapitre et la ville. L'abbé et le prévôt, opposés à ses projets, avaient entraîné dans leur parti des membres du chapitre, les comtes d'Auvergne et le vicomte de Polignac. Le doyen avait pour lui l'évêque de Clermont, son parent, le chapitre cathédral, les barons de Mercœur, Archembaud de Bourbon, Pierre d'Ebrard, abbé de Saint Germain-

quere non volentes aliquatenus incorrectam, juxta officii nostri
debitum, tam eos quam præpositum et abbatem Brivatensem,

Lembron, et son frère Bertrand d'Ebrard, de Paulhac. Les deux parties
s'accusaient. L'abbé et le prévôt reprochaient au doyen de retenir la couronne
d'or donnée à Saint-Julien par Charles-le-Chauve, de s'être emparé de quelques biens de l'abbaye, d'avoir converti le doyenné en une forteresse et d'avoir
aidé Bertrand d'Ebrard à élever aux portes de Brioude un château fort, d'où
il rançonnait le pays. Le doyen et Pierre d'Ebrard se plaignaient des violences
commises par l'abbé et ses partisans. Les comtes d'Auvergne et le vicomte de
Polignac dévastaient les églises, pillaient les voyageurs et opprimaient le pays.
Les plaintes arrivèrent de toutes parts à Louis VII. Alexandre III, alors à
Paris, lui écrivit pour le prier de châtier les oppresseurs. Le doyen et Pierre
d'Ebrard allèrent le trouver avec une lettre de recommandation de Pierre de
La Châtre, archevêque de Bourges. Louis VII les accueillit avec faveur: il
chargea le cardinal Alexis, et Aldebert, évêque de Mende, de régler ce différend. Les parties comparurent devant les arbitres; mais, au cours de la
négociation, le doyen déclara qu'il en référait au pape ou au roi. Le chapitre
et les bourgeois de Brioude se plaignirent au roi de ce que le doyen, au mépris
de la foi jurée, refusait de se soumettre à la décision arbitrale, et de ce qu'il
leur causait des dommages encore plus graves. En outre, le prévôt et le chapitre lui exposèrent qu'il avait appelé à son secours Hugues, comte de Rodez,
Guillaume VIII et son fils Robert, et qu'il menaçait de détruire la ville. De
leur côté, l'abbé, le prévôt et leurs partisans rasaient la maison du doyen,
bien qu'elle fût à la garde de Cadurc, secrétaire du roi. Un cri d'indignation
éclate. Le chapitre de Clermont réclame auprès du monarque la répression
d'un tel attentat. Odilon de Mercœur et Pierre d'Ebrard vont le supplier de ne
pas laisser ce crime impuni. Archembaud de Bourbon lui recommande leur
cause; il ajoute que Guillaume VIII est opposé à la couronne, qu'il a dévasté
l'Église de Clermont et l'abbaye de Mozat, et qu'il exige en Auvergne des
péages jusqu'alors inconnus. Le chapitre de Clermont écrit à son tour que
Guillaume VIII ne cesse d'inquiéter l'Église de Clermont, que l'évêque ayant
différé d'occuper le palais du comte que le roi avait mis à sa disposition,
l'épouse de Guillaume, Anne de Nevers, s'en était emparée, qu'elle y avait
introduit ses partisans et des soldats, que ces hommes invoquaient le patronage
de Henri II, roi d'Angleterre, et qu'ils menaçaient de ruiner l'église et la cité.
L'arrivée du roi était nécessaire, en lui seul on fondait quelque espérance.
Louis VII, touché de ces prières, rassembla une armée et vint en Auvergne (1163). Il attaqua les comtes et les défit. Il rétablit l'ordre à Brioude et
chargea Pierre d'Ebrard de veiller sur les intérêts de la couronne. Afin d'assurer la paix, il emmena les comtes d'Auvergne et les retint prisonniers. Le
roi d'Angleterre exposa qu'il avait droit de suzeraineté sur les comtes, comme
duc d'Aquitaine, et il se plaignit de ce qu'il les détenait. Il l'engagea à
rendre ses captifs, et envoya auprès de lui des messagers pour négocier cette
affaire. Le roi de France chargea Hugues, évêque de Soissons, Barthélemy,
évêque de Beauvais, Mathieu, comte de Beaumont, Théobald de Gisors et

qui eos induxerunt, per nostras satagimus litteras ab hujus iniquitatis ausu damnabili revocare : in proposito et voluntate habentes, ut, nisi secundum nostra monita resipuerint, quantum ad officium nostrum pertinet, tam in eos, quam in terras eorum graviter vindicemus. Unde magnificentiam tuam rogamus, monemus et exhortamur in Domino, quatenus tu ipse ad id corrigendum utiliter accingaris, et, nisi resipuerint, ad vindicandum in eos studeas omnimodis et labores.

Datum Parisiis, XIII Kal. Aprilis (1).

CLXII.

Alexandre III prononce une sentence d'excommunication contre les comtes d'Auvergne, à cause des violences auxquelles ils se livraient dans l'Église de Brioude et dans cette province (2).

Mars-Juin 1163.

CLXIII.

Alexandre III à Louis VII. Il expose au roi qu'il a absous, à Tours, le comte d'Auvergne après que celui-ci

---

plusieurs autres, de traiter avec les commissaires du roi. Conformément à ses instructions, ils proposèrent aux commissaires de Henri II, Rotroc, évêque d'Evreux, Rainald, de Saint-Valéry, Guillaume, fils d'Haimon, Richard, de Homet, et autres Normands, de mander aux comtes d'Auvergne de venir en un jour et lieu convenables pour qu'on traitât de leur reddition. Après des pourparlers, il fut convenu qu'on se réunirait à Pontoise, le premier mercredi après l'octave de Saint-André. L'entrevue eut lieu. Les comtes d'Auvergne donnèrent des ôtages et furent rendus à la liberté, mais à condition qu'ils ne pilleraient plus les églises, les pauvres et les voyageurs (1164-1165). Henri II remercia Louis VII de la bienveillance qu'il avait montrée dans cette affaire. Les comtes restèrent quelque temps en Normandie (V. à l'Appendice les lettres qui servent de fondement à ce récit).

(1) Mansi, *Concilia*, XXI, 1,000. — *Rerum Gallicarum et Francicarum Scriptores*, t. XV, p. 795. — *Patrologie*, édit. Migne, t. CC, col. 206-207.

(2) Il est fait mention de cette sentence d'excommunication dans la lettre suivante.

a eu juré sur les Saints Évangiles qu'il rendrait son épouse à Beraud de Mercœur, et qu'il réparerait les torts commis envers l'Église de Brioude. Il justifie le comte, afin de justifier ce pardon qui avait déplu au monarque, et déclare qu'il est dans l'intention de ne rien faire qui puisse déplaire à un si grand roi.

10 Juin 1163.

LEXANDER episcopus, servus servorum Dei, carissimo in Christo filio Ludovico, illustri Francorum regi, salutem et apostolicam benedictionem. Dum adhuc Parisiis præsentes essemus, firmiter nos sublimitati tuæ proposuisse recolimus, quod nihil unquam vellemus scienter efficere quod contra honorem deberet regiæ celsitudinis provenire. Unde licet nuper comitem Arverniæ (1),

(1) Louis VII s'était plaint de ce qu'Alexandre III avait traité Guillaume VIII avec trop d'indulgence. De retour en Auvergne, le comte d'Auvergne et son fils Robert reprirent le cours de leurs pillages. Malgré leur serment, ils percevaient un double péage. Le chapitre de Clermont les dénonça au roi. Il accusait Guillaume et Robert de commettre de nouvelles injustices, de n'avoir rendu à l'Église ni l'argent, ni les terres qu'ils avaient enlevés, et de laisser subsister la fortification qu'ils avaient construite dans la ville pour menacer le chapitre et l'Église. Les chanoines conjuraient le roi d'étendre jusqu'à eux la main de sa justice et de délivrer l'Église de Clermont, que lui et son père avaient souvent arrachée à la tyrannie des comtes. L'anarchie et le pillage désolaient le pays. Les deux comtes se faisaient la guerre. Guillaume VII s'appuyait sur Henri II dont il se proclamait le vassal, et Guillaume VIII sur Louis VII dont il implorait la protection contre son adversaire. Le roi fut contraint de revenir en Auvergne pour réprimer les vicomtes de Polignac et Guillaume VII qui pillaient les monastères et surtout les terres de la Chaise-Dieu. Pendant qu'il assiégeait Nonette, le vicomte de Polignac et son fils se constituèrent prisonniers et consentirent aux conditions qu'on leur imposerait (1169). La paix se rétablit, et c'est sans doute à cette époque qu'eut lieu le partage définitif du comté d'Auvergne et du Dauphiné. Guillaume VII signala ses dernières années par des actes de piété et de justice. Il confirma la donation des églises de Montferrand faite à la Chaise-Dieu par Calixte II. De plus, il arrêta qu'à l'exception de l'abbé et des moines de ce monastère, nul, ni hospitalier ni autre, ne pourrait construire à Montferrand des églises ou des oratoires. De concert avec son fils, il donna à la Chaise-Dieu le cinquième de l'église de Sainte-Marie d'Orcival, le quart de la sacristie et de la chapellenie, et imposa au prieur d'Orcival l'obligation de

in nostra præsentia positum, absolverimus, eam tamen super hoc cautelam habuimus, ut bene crederemus nos nostro et tuo pariter honori consulere, et etiam Brivatensi Ecclesiæ utiliter providere. Non enim prius meruit à nobis absolvi, quam tactis sacrosanctis Evangeliis corporale præstiterit sacramentum, quod tam super restituenda filia viro suo, quam etiam super corrigenda injuria Ecclesiæ Brivatensi illata, nostrum deberet suscipere firmiter et servare mandatum. Unde continuo sibi, sub illius sacramenti districtione, mandavimus, ut filiam suam viro, cui eam abstulerat, redderet, et universa bona Brivatensis Ecclesiæ quæ vel ad eum, vel ad homines ejus devoverant, resignaret. Accedit ad hæc quod præfatus comes non per se prædictam Brivatensem Ecclesiam aggressum fuisse, sed in subsidium nepotis sui servisse dicebat, quem nos nec adhuc absolvimus, nec etiam deinceps, antequam plenarie satisfaciat, eum vel ejus complices absolvemus. In ea enim, sicut diximus, voluntate, in eo sumus proposito solidati, ut super his, quæ gravia tibi cognoscimus, te inconsulto, nullatenus procedamus. Quod si aliquando inscienter contra id aliquid faceremus, non pigebit nos congrua in melius discretione reducere quæ tanto principi noverimus displicere (1).

Datum Turonis, iv Idus Junii (2).

CLXIV.

Alexandre III à Louis VII. Il lui propose, pour ramener la concorde entre le doyen de Brioude d'une

---

se rendre chaque année processionnellement avec ses moines à la Chaise-Dieu, le jour anniversaire de la mort de Robert III, son père, afin d'y prier pour le repos de son âme et de celle de ses parents. Guillaume VII fut enseveli dans l'église de Saint-André avec Jeanne de Calabre, son épouse. Il laissa, outre Guillaume, son fils, qui commença la branche des dauphins, Ansolde, qui, devenue veuve d'Héracle de Polignac, épousa Beraud de Mercœur. (Baluze, *Histoire de la Maison d'Auvergne*; — *L'Art de vérifier les dates*, p. 718.

(1) Le cardinal Hyacinthe écrivit aussi à Louis VII pour justifier la conduite du pape (V. l'Appendice).

(2) Mansi, *Concilia*, xxi, 1014. — *Rerum Gallicarum et Francicarum Scriptores*. — *Patrologie*, édit. Migne, t. cc, col. 259.

part, l'abbé et le prévôt d'autre part, de prendre, au sujet de la maison du doyen, certaines mesures qu'il détermine (1).

1163-1164.

CLXV.

Alexandre III à Louis VII. Il lui annonce que le prévôt, l'abbé et le doyen de Brioude ont comparu devant lui, mais qu'il n'a pu rétablir la paix parmi eux, à la suite du changement qui s'est opéré dans l'esprit du roi, au sujet des mesures à prendre pour la maison du doyen. Il l'engage à adopter le projet dont ils étaient convenus, afin de ne pas exposer le trésor de l'église à une dilapidation, et l'église à une ruine complète.

23 Octobre 1163-1164.

LEXANDER episcopus, servus servorum Dei, carissimo in Christo filio Ludovico, illustri Francorum regi, salutem et apostolicam benedictionem. Dilecti filii nostri, præpositus, decanus et abbas, et aliæ quædam personæ Brivatensis Ecclesiæ ad nos accedentes, in nostra sunt præsentia constituti. Sed nos cum velimus inter vos pacem et concordiam reformare, videtur nobis et quasi certitudinem obtinemus, quod nulla ratione id possumus efficere, nisi ita de domo decani et de aliis disponatur, sicut nos tuæ celsitudini proposuimus, et tu ipse, prout bene recolimus, concessisti. Verum, quoniam R., serviens tuus, nobis proposuit quod tuum super hoc consilium immutaveris, et nos neque in hoc neque in aliis tuam volumus serenitatem offendere, regiam excellentiam rogamus attentius atque consulimus ut a primo consilio quod tibi super hoc proposuimus, et quod tibi ipsi placuit, non recedat; alioquin et thesaurus ecclesiæ dilapidabitur et consumetur, et ecclesia ipsa fere in

---

(1) Cette lettre est indiquée dans la lettre suivante.

nibilum redigetur (1), et tandem nos et te sera pœnitentia pœnitebit. Quidquid igitur super hoc tuæ serenitati placuerit, nobis per latorem præsentium litteris tuis incontinenti rescribas. Datum Senonis x Kalendas Novembris (2).

CLXVI.

Alexandre III à Pierre de La Châtre, archevêque de Bourges, et à ses suffragants. Il leur recommande non

---

(1) Pierre d'Ebrard travailla avec zèle au rétablissement de la paix. Mais les faveurs dont le roi l'avait comblé, son ardeur à soutenir les intérêts du monarque, tout accrut la haine de ses ennemis. Il fut persécuté et mis en prison. L'anarchie troubla de nouveau l'Église de Brioude. Pierre d'Ebrard, ayant obtenu une ombre de liberté moyennant des otages et une somme d'argent, écrivit à Louis VII pour l'engager à rétablir la paix.

« O mon bon roi, je veux que la clémence de Votre Majesté sache que,
» depuis que je vous ai vu, j'ai travaillé de toute manière et de tout mon pou-
» voir à procurer la gloire, l'honneur et l'accroissement de votre couronne.
» Mon zèle a même été cause que, depuis votre arrivée en Auvergne, j'ai
» encouru la haine de presque tous les barons auvergnats. Comme je vous
» l'avais prédit, quand vous nous quittâmes à Brioude, ils m'ont causé, à
» moi et aux miens, tous les dommages possibles. Je veux surtout apprendre
» à Votre Majesté que, victime des discordes qui ont éclaté dans l'église de
» Brioude, j'ai été pris, couvert de blessures presque mortelles, jeté en
» prison et chargé de chaînes. Je ne puis en aucune façon m'évader, à moins
» que l'Église de Brioude ne recouvre entièrement la paix. Je n'ai obtenu
» pour un temps ma liberté qu'en promettant une forte somme d'argent, en
» donnant des otages et des cautions, parmi lesquels est mon neveu, qui a
» été jeté dans la même prison. De plus, j'ai juré que je retournerais en
» prison, si votre piété ne venait à mon secours, et ne rendait la paix à
» l'Église de Brioude. Je demande spécialement cette grâce au roi, notre sei-
» gneur; je soupire après elle de tous mes vœux. C'est par ce même moyen
» que j'espère et attends ma délivrance. Je serais déjà venu vers vous, mais
» les souffrances que m'ont causées les chaînes dont le poids m'accablait, et
» les liens dont j'étais garrotté, m'empêchent de me rendre, selon mes désirs,
» auprès de la personne de mon roi. Je peux à peine me lever de mon lit ou
» me mettre à cheval. Je vous prie, du reste, de vouloir, dans votre piété et
» votre clémence, accorder un bienveillant accueil aux porteurs de la pré-
» sente lettre, et réserver un regard de miséricorde pour moi qui me trouve
» au milieu de tant et de si grandes adversités. » La paix se rétablit vers 1168. On fit droit aux réclamations du doyen de Brioude et de Saint-Germain-Lembron; mais les tours et les forteresses du doyenné ne se relevèrent pas.

(2) *Rerum Gallicarum et Francicarum Scriptores*, t. xv, p. 809.

seulement d'honorer le monastère de la Chaise-Dieu, mais encore de le protéger contre toute violence (1).

1162.

CLXVII.

Alexandre III à Ponce de Beaudinaire (2), abbé de la Chaise-Dieu. Il permet aux moines de cette abbaye de donner la sépulture dans leur église à ceux qui désireraient y être ensevelis, à moins qu'ils ne soient excommuniés ou interdits nommés (3).

1162.

CLXVIII.

Alexandre III à Pierre de La Tour, abbé de Mozat. Sur sa demande, il met cette abbaye sous la protection du Saint-Siége et la confirme dans la possession d'un grand nombre d'églises qu'il énumère. Il défend de lui

---

(1) « Alexander III Petro de La Châtre, archiepiscopo Bituricensi, et suffraganiis mandat per rescriptum apostolicum ut ipsum Casæ Dei monasterium non solum honorent, sed etiam a malignorum injuriis protegant pariter et defendant, inhibentes parochianis sub anathematis minitatione, ne illis qui religiosis dicti monasterii quævis necessaria portaverint, molestiam inferant aut gravamen. » (Bibliothèque nationale, ms. latin, *Chronica monasterii Casæ Dei*, 12,818, f. 259).

(2) Ponce de Beaudinaire fut en rapport avec Louis VII. Il le pria d'intervenir auprès de Raimond, comte de Toulouse, afin qu'il obligeât Delmas de Freschet, son vassal, à donner la liberté à un de ses moines, le prieur de Cépey, qu'il avait enlevé. Dans sa lettre, il appelle le roi, frère des moines de la Chaise-Dieu, ce qui montre que ce prince était en communion spirituelle avec ce monastère (V. l'Appendice). Ponce de Beaudinaire partit pour Jérusalem, afin de visiter les Lieux-Saints. Il mourut en voyage et fut enseveli dans la vallée de Josaphat. Plusieurs auteurs pensent qu'il a été honoré du titre de saint.

(3) « Alio diplomate, Alexander III innuit ut corpora eorum qui in ecclesia Casæ Dei sepeliri elegerint, nisi sint excommunicati aut nominati interdicti, ecclesiasticæ tradantur sepulturæ. » (Bibliothèque nationale, ms. latin, *Chronica monasterii Casæ Dei*, 12,818, f. 260).

imposer de nouvelles coutumes, lui accorde le droit de sépulture et autorise ses moines à élire leur abbé.

15 Juin 1165.

LEXANDER episcopus, servus servorum Dei, dilecto filio Petro (1), abbati monasterii Mauziacensis, cunctisque fratribus tam præsentibus quam futuris, regularem vitam professis I. N.... Effectum justa postulantibus indulgere, et vigor æquitatis et ordo exigit rationis, præsertim quando potentium voluntatem et pietas adjuvat et veritas non relinquit. Eapropter, dilecti in Domino filii, vestris justis postulationibus clementer annuimus, et præfatum monasterium, in quo divino mancipati estis obsequio, ad exemplar prædecessoris nostri sanctæ recordationis Adriani papæ, sub Beati Petri et nostra protectione suscipimus, et præsentis scripti privilegio communimus, statuentes ut quascumque possessiones, quæcumque bona idem monasterium impræsentiarum juste et canonice possidet, aut in futurum concessione pontificum, largitione regum vel principum, oblatione fidelium, seu aliis justis modis, præstante Domino, poterit adipisci, firma vobis vestrisque successoribus et illibata permaneant. In quibus hæc propriis duximus exprimenda vocabulis : ecclesiam de Gatteria, ecclesiam de Sancto Hilario (2) cum capella, ecclesiam de Giaco (3), ecclesiam de Ma-

---

(1) Pierre II de La Tour vient après Eustache II de Montboissier. On voit, par une lettre de Jean, prieur de Mozat, qu'Aimon avait été élu avant lui, mais qu'il refusa l'abbatiat. (*Gallia Christiana*, t. II, Instrumenta Ecclesiæ Claromontensis, col. 115.) En 1163, cette abbaye eut à souffrir des ravages causés par Guillaume VII, comte d'Auvergne. En 1169, Louis VII lui donna une charte de confirmation (V. l'Appendice).

(2) Saint-Hilaire-la-Croix, canton de Combronde, arrondissement de Riom. On rapporte l'établissement du prieuré de Saint-Hilaire à l'année 1118, époque où les fondateurs se proposaient de faire le voyage d'Outre-mer (Chabrol, *Coutumes d'Auvergne*, t. IV, p. 527). En 1193, Gilbert, évêque de Clermont, de concert avec le chapitre cathédral, donna à ce prieuré l'hôpital et la chapelle de Montpensier, à condition qu'on y établirait des chanoines réguliers.

(3) Giat, canton de Pontaumur. Ce prieuré dépendit de Mozat jusqu'en 1545, époque où il fut uni par Paul III au prieuré des religieuses de Marsat. En 1167, Guillaume, comte d'Auvergne, et son fils, lui firent donation de l'église du château de Fernoël (V. l'Appendice).

rencalmis, ecclesiam de Bortis, ecclesiam de Oene cum parochia de Faravel, ecclesiam de Rubiaco (1) cum appenditiis suis, ecclesiam videlicet de Castello (2) et capellam Pontis Gibaldi (3), ecclesiam de Sancto Urso (4), ecclesiam de Montibus (5) cum capella de Castro, ecclesiam Sancti Hippolyti (6), ecclesiam de Wulvico (7) cum capella Sanctæ Mariæ, ecclesiam de Martiaco (8), ecclesiam de Monestrolo (9), ecclesiam de Ceresio (10), ecclesiam de Sana Cultura (11), ecclesiam de Cella, ecclesiam

(1) Royat, de l'ancien archiprêtré de Clermont, canton et arrondissement de Clermont. Avant le prieuré, il y avait un monastère de religieuses dont on attribue la fondation à saint Priest. Il existait encore au xe siècle. Il en est fait mention au Livre des Monastères et Églises de Clermont (Savaron, *Origines de Clairmont*, p. 565).

(2) Saint-Pierre-le-Chastel, de l'ancien archiprêtré de Clermont, est du canton de Pontgibaud. Il y avait prieuré et cure.

(3) Pontgibaud, de l'ancien archiprêtré de Clermont, est chef-lieu de canton. Au siècle dernier, c'était une annexe de Saint-Pierre-le-Chastel. Au xviie siècle, il y fut établi un prieuré de religieuses de l'ordre de Saint-Benoît.

(4) Saint-Ours, canton de Pontgibaud. Il y avait prieuré et cure.

(5) Saint-Georges de Mons, de l'ancien archiprêtré de Blot, est du canton de Manzat. Il y avait un prieuré, une cure et une chapelle dans le château.

(6) Saint-Hippolyte. C'est sans doute Saint-Hippolyte près de Mozat, du canton et de l'arrondissement de Riom.

(7) Volvic, de l'ancien archiprêtré de Clermont, est du canton et de l'arrondissement de Riom. Il y avait un monastère fondé par saint Avit II en l'honneur de saint Priest et de ses compagnons, qui furent martyrisés en ce lieu par les agents du patrice Hector. Avit mit à la tête de ce monastère Godon, parent de saint Priest, et y transféra d'Issoire les reliques de saint Austremoine. Eoalde le gouvernait, sous l'épiscopat de Procule. Cet évêque l'envoya avec Adelphe, abbé de Manglieu, et Modérat, abbé de Sainte-Thècle, auprès de Fulcoalde, archevêque de Lyon, pour réclamer le corps de saint Bonnet qui avait été enseveli dans l'église de Saint-Pierre de Celle. Le monastère de Volvic fut transformé en un prieuré. Il y avait en outre trois cures. Les cures de Saint-Priest et de Notre-Dame relevaient de Mozat.

(8) Marsat, de l'ancien archiprêtré de Clermont, est du canton et de l'arrondissement de Riom. Il y avait un monastère de religieuses fondé, dit-on, par sainte Namadie, épouse de saint Calmin. Ce monastère devint un prieuré.

(9) Ménétrol, du même archiprêtré et du même canton. Etienne, évêque de Clermont, donna l'église, en 976, au chapitre cathédral. Elle passa à l'abbaye de Mozat, qui y envoya un certain nombre de religieux et en fit un monastère. Ce fut dans la suite un prieuré.

(10) Cerest.

(11) Saint-Coust, ancien prieuré, uni à la manse conventuelle de Mozat, était situé dans la paroisse de Châtelguyon, canton de Riom.

de Alluchiis (1), ecclesiam Sancti Andreæ de Pathas (2), ecclesiam Sancti Boniti de Calmis (3), ecclesiam de Rocca forti (4) cum capella de Castro, ecclesiam Sancti Boniti Montis Pancherii (5) cum capellis de Castro, ecclesiam Sancti Remigii (6), ecclesiam de Salec, ecclesiam de Crusæ (7), ecclesiam de Laurigiis (8), ecclesiam de Cos, ecclesiam Sancti Desiderii, ecclesiam de Dreituraias (9) cum ecclesia Sancti Præjecti (10) et capella de Palicia (11), capellam de Botiaco, ecclesiam Sancti Ambrosii (12), ecclesiam Montis Petrosi (13), ecclesiam Sancti Dionysii, ecclesiam de Sancto Leontio (14), prope monasterium vestrum : ecclesiam Sancti Laurentii (15), ecclesiam Sancti Pauli (16), ecclesiam Sancti Calmutii (17), et ecclesiam Sancti Martini (18) cum pertinentiis earum ; Primiliacum, Taurinia-

---

(1) Saint-Martin des Alloches, aujourd'hui les Martres-d'Artières. Cette paroisse, de l'ancien archiprêtré de Clermont, est du canton de Pont-du-Château.
(2) Saint-André, de l'ancien archiprêtré de Limagne.
(3) Saint-Bonnet des Champs, aujourd'hui Saint-Bonnet près Riom, du canton et de l'arrondissement de Riom.
(4) Rochefort, de l'ancien archiprêtré de ce nom, aujourd'hui chef-lieu de canton civil, compris dans le canton ecclésiastique d'Orcival. En 1169, Louis VII confirme l'abbaye de Mozat dans la possession de cette église. Il y avait une chapelle dans le château.
(5) Saint-Bonnet de Montpensier, du canton d'Aigueperse. Montpensier avait un prieuré, une cure, un hôpital sous le vocable de Saint-James, et une maladrerie sous celui de Saint-Lazare.
(6) Saint-Remi, de l'ancien archiprêtré de Limagne.
(7) Saint-Frontal de Creuzier-le-Neuf, de l'ancien archiprêtré de Cusset, est du canton de Cusset, arrondissement de La Palisse.
(8) Saint-Austremoine de Loriges est du canton de Saint-Pourçain et de l'arrondissement de Gannat.
(9) Saint-Nicolas de Droiturier, de l'ancien archiprêtré de Cusset, est du canton et de l'arrondissement de La Palisse.
(10) Saint-Priest, près de La Palisse.
(11) La chapelle de La Palisse.
(12) Le Puy-Saint-Ambroise.
(13) Montpeyroux, de l'ancien archiprêtré de Cusset.
(14) Saint-Léonce, près de l'abbaye de Mozat.
(15) Saint-Laurent de Mabiliac, près de la cour de l'abbaye.
(16) Saint-Paul de Mozat, près de l'abbaye. Il y avait un prieuré dont le *Gallia Christiana* fait mention à l'année 1401.
(17) Saint-Calmin ou Saint-Carméry. Cette église était près de l'abbaye.
(18) Saint-Martin, id.

cum, Mabiliacum, Salziniam, Plumberiam, Arnauziacum et Mirabellum cum valle adjacenti, terras de feudis domini de Cresto et domini de Rochafort in Lubartes; quidquid habetis in feudis domini de Camaleria et domini de Ponte, terras de feudis domini de Caslucio et domini de Turnelio, domini de Tuirriaco, domini de Monte-Gasconis, domini de Enaziaco, et domini de Cabaziaco; terras quas habetis in feudis domini de Montepancerio et domini de Scola, et domini de castello Sancti Germani (1). Statuimus etiam ut nulli fas sit novas et indebitas consuetudines vel exactiones eidem monasterio vel ecclesiis ejus imponere. Sepulturam quoque ipsius loci liberam esse concedimus, ut eorum devotioni et extremæ voluntati qui se illic sepeliri deliberaverint, nisi forte excommunicati vel interdicti sint, nullus obsistat, salva tamen justitia matricis Ecclesiæ. Obeunte vero te ejusdem loci abbate, vel tuorum quolibet successorum, nullus ibi qualibet subreptionis astutia seu violentia præponatur, nisi quem fratres communi consensu vel fratrum pars sanioris consilii, secundum Deum et Beati Benedicti regulam providerint eligendum. Decernimus ergo ut nulli omnino hominum liceat præfatum monasterium temere perturbare aut ejus possessiones auferre, vel ablatas retinere, minuere, seu ab abbatiæ dignitate destituere, sive quibuslibet vexationibus fatigare, sed omnia integra conserventur eorum pro quorum gubernatione et sustentatione concessa sunt, usibus omnimodis profutura, salva Sedis Apostolicæ auctoritate, et diœcesani episcopi canonica justitia. Si qua igitur in futurum ecclesiastica sæcularisve persona, hanc nostræ constitutionis paginam sciens, contra eam temere venire tentaverit, secundo tertiove commonita, nisi reatum suum congrua satisfactione correxerit, potestatis honorisque sui dignitate careat, reamque se divino judicio existere de perpetrata iniquitate cognoscat, et a sacratissimo Corpore et Sanguine Dei et Domini Redemp-

---

(1) L'abbaye recevait l'hommage de plusieurs seigneurs, à raison de terres situées dans leurs châtellenies, et qui lui appartenaient. De ce nombre étaient les seigneurs du Crest, de Rochefort, de Chamalières, du Pont, de Chalus, de Tournoël, de Thuret, Montgâcon, Ennezat, Cebazat, Montpensier, Ecole, Saint-Germain-des-Fossés.

toris nostri Jesu Christi aliena fiat, atque in extremo examine districtæ ultioni subjaceat. Cunctis autem eidem loco sua jura servantibus, sit pax Domini nostri Jesu Christi, quatenus et hic fructum bonæ actionis percipiant, et apud districtum judicem præmia æternæ pacis inveniant. Amen.

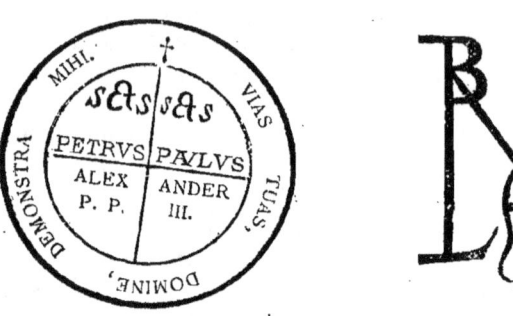

Ego Alexander, Catholicæ Ecclesiæ episcopus.

† Ego Hubaldus, Ostiensis episcopus.

† Ego Bernardus, Portuensis et Sanctæ Rufinæ episcopus.

† Ego Walterius, Albanensis episcopus.

† Ego Beraldus, presbyter card. tit. Sanctæ Crucis in Jerusalem.

† Ego Joannes, presbyter card. tit. Sanctæ Anastasiæ.

† Ego Guillelmus, presbyter card. tit. Sancti Petri ad vincula.

† Ego Jacinthus, diaconus card. Sanctæ Mariæ in Cosmydin.

† Ego Otto, diaconus card. Sancti Nicolai in carcere Tulliano.

† Ego Boso, diaconus card. Sanctorum Cosmæ et Damiani.

† Ego Cinthyus, diaconus card. Sancti Adriani.

† Ego Petrus, diaconus card. Sancti Eustachii prope templum Agrippæ.

† Ego Manfredus, diaconus card. Sancti Georgii ad velum aureum.

Datum apud Clarummontem (1), per manum Hermanni,

---

(1) Alexandre III vint pour la seconde fois à Clermont, et y séjourna près d'un mois. Il y était le 25 mai, jour où il écrivit de cette ville à Henri, arche-

Sanctæ Romanæ Ecclesiæ subdiaconi et notarii, xvii Kal. Julii, indictione xiii, Incarnationis dominicæ anno 1165, pontificatus vero domini Alexandri papæ iii anno sexto (1).

CLXIX.

Alexandre III à Arnaud, abbé de Saint-Allyre (2). Conformément à ses désirs, il prend ce monastère sous sa protection, et le confirme dans la possession d'un certain nombre d'églises dont il fait le dénombrement. Il accorde aux moines le droit de sépulture et celui d'élire leur abbé. Il défend de causer le moindre préjudice à leur abbaye, menace de peines spirituelles ceux qui commettraient quelque injustice à son égard, et promet les récompenses de l'éternelle paix à ceux qui respecteront ses droits.

15 Juin 1165.

vêque de Reims. Le 26, il écrivit à Fulcher, abbé de Saint-Pierre de Chartres. Les 4 et 7 juin, il écrivit de nouveau à l'archevêque de Reims. Par une lettre datée du 5, il prie Louis VII d'empêcher les vexations que le comte de Nevers et sa mère exerçaient sur le monastère de Vezelay. Il recommande la même affaire à Hugues, archevêque de Sens, aux évêques d'Autun, de Langres, d'Auxerre et de Nevers. Le 8, il écrit à Gilbert, évêque de Londres, au sujet de l'église de Cantorbéry. Vers la même époque, il écrit au roi d'Angleterre de ne pas violer les immunités ecclésiastiques, et à Thomas Becket, pour le consoler et lui notifier la nullité de la sentence portée contre lui par les évêques et barons d'Angleterre. Le 15 juin, il donne une bulle pour Mozat et une autre pour Saint-Allyre. Le 25, il écrivit à Louis VII. Le 30 juin, il était au Puy. Parmi les personnages de la suite du pape, on remarquait Hubert Crivelli, qui devint pape sous le nom d'Urbain III. Vers ce temps, Thomas Becket vint à Clermont où sa mémoire s'est perpétuée. Il choisit cette ville pour son séjour, parce qu'elle relevait de l'évêque, suzerain du roi de France, tandis que Montferrand avait pour seigneur le comte de Montferrand, qui était vassal du roi d'Angleterre (Duchesne, t. iv, p. 745).

(1) *Gallia Christiana*, t. ii, Instrumenta Ecclesiæ Claromontensis, p. 111. — Cocquelines, *Bullarium Romanum*, t. ii, p. 388-389. — Bibliothèque nationale, ms. latin, 12,624, fol. 101-102.

(2) Cette abbaye était située au midi de la ville de Clermont, près de la Tiretaine, dans un faubourg qui s'appela d'abord Faubourg des Chrétiens (Greg. Turon., *Histor*. lib. i, c. 43), et qui plus tard prit le nom de Saint-

LEXANDER episcopus, servus servorum Dei, Arnaldo, abbati monasterii Sancti Illidii, ejusque fratribus, regularem vitam professis I. N. P. P. M. Quoties illud à nobis petitur quod religioni et honestati convenire dinoscitur, animo nos decet libenti

Allyre. Saint Austremoine bâtit en ce lieu une église qui fut dédiée à Notre-Dame d'Entre-Saints, et que saint Allyre, un de ses successeurs, consacra à saint Clément, pape et martyr. Dans la suite, elle prit le nom de Saint-Allyre qu'elle a toujours conservé. Au commencement du xe siècle, l'église et le monastère furent détruits par les Normands. Arnaud, évêque de Clermont, et Raimond, comte de cette ville, les relevèrent de leurs ruines. Pascal II fit la consécration de la nouvelle église. Un vieux poète a laissé de cette abbaye la description suivante :

> Illidiana domus fortissima turribus est arx,
> Albaque diverso perlucent marmore claustra.
> Hic divo sacrum venerando insigne sacellum,
> Sanctaque sculpturæ præstantis cerne sepulcra,
> Quæ tot sacrarunt pretioso sanguine testes.
> Hunc modicus lambit veniens de montibus amnis;
> Juxta et fons falsus pontem lapidescit in altum.

Le premier abbé connu est Bernard. Sur ses instances, Arnaud, évêque de Clermont, restaura le monastère de Saint-Allyre, et y plaça des religieux de Cluny qu'il avait obtenus de saint Odon. Lothaire confirma cette abbaye dans les biens qui lui furent accordés. On pense que saint Odon serait resté quelque temps à Saint-Allyre et même qu'il en aurait occupé l'abbatiat. Mancidius figure après Bernard. Sous lui, Begon, évêque de Clermont, découvrit les reliques de saint Clément. Mancion est mentionné dans une charte du prêtre Giraud, qui desservait, dit-on, l'église de Saint-Pierre de *Timarius* (*Gallia Christiana*, t. II, col. 524). Pierre 1er de Pontgibaud, abbé à la fin du xie siècle, eut beaucoup à souffrir du comte de Clermont et d'autres ennemis; mais, au concile de Clermont (1095), il réfuta victorieusement les accusations portées contre lui. Sous lui, l'abbaye fit une association de prières avec les monastères de Saint-Flour, de Saint-Nicolas d'Angers, de Saint-Cyprien, Poitiers, Souvigny, la Chaise-Dieu, Mauriac, Port-Dieu, Thiers et Mozat. C'est aussi, à l'époque de son abbatiat, que Pascal II consacra l'église de Saint-Allyre. Ostende est mentionné dans l'ancien nécrologe de Saint-Allyre; son anniversaire se faisait le xiie des Calendes d'octobre. On voyait son tombeau dans l'ancien chapitre, vers la porte de la Grolette (*Gallia Christiana*, t. II, col. 524). Les annales de l'abbaye mentionnent ensuite Drugbert, Maurice et Jean. Sous Maurice, Bergon, dont la fille avait épousé Etienne, son frère, fit, conjointement avec ses fils, de larges libéralités au monastère de Saint-Allyre (1115). Jean 1er souscrivit la charte d'union de Chanteuge à la Chaise-

concedere, et petentium desideriis congruum suffragium impertiri. Eapropter, dilecti in Domino filii, vestris justis postulationibus clementer annuimus, et prefatum monasterium in quo divino mancipati estis obsequio, sub Beati Petri et nostra protectione suscipimus, et presentis scripti privilegio communimus. Imprimis siquidem statuentes ut monasticus ordo, qui secundum Deum et Beati Benedicti regulam in eodem monasterio institutus esse dinoscitur, perpetuis ibidem temporibus inviolabiliter observetur. Preterea, quascumque possessiones, quecumque bona idem monasterium in presenti juste et canonice possidet, aut in futurum concessione pontificum, largitione regum vel principum, oblatione fidelium seu aliis justis modis, propitiante Domino, poterit adipisci, firma vobis vestrisque successoribus et illibata permaneant. In quibus hec propriis duximus exprimenda vocabulis : ecclesiam de Tuziaco (1) cum suis pertinentiis, quidquid habetis in villa de Grisolo; ecclesiam de Vicherio (2) cum capellis ejusdem castelli et ceteris suis pertinentiis; ecclesiam de Chasannolas (3), ecclesiam de Belvezer (4), ecclesiam S. Petri de Chalmelz (5), ecclesiam Sancti Felicis (6), ecclesiam Sancti Illidii de Valencha (7), ecclesiam de Neyraco (8), ecclesiam de Blanzac (9),

---

Dieu (1157) et l'accord conclu par les soins de Gui, diacre et légat du Saint-Siége, entre Etienne, abbé de la Chaise-Dieu, et Adémar, abbé de Saint-Thibéry (1159). Arnaud, auquel écrivit Alexandre III, vient après Jean 1er.

(1) Saint-Limin de Thuret, canton d'Aigueperse. Il y avait prieuré et cure.

(2) Sainte-Croix de Vichy et ses annexes. Vichy, de l'ancien archiprêtré de Cusset, est du canton de Cusset.

(3) Saint-Bonnet de Chassignoles ou Villeneuve-les-Cerfs, de l'ancien archiprêtré de Limagne, est du canton de Randan.

(4) Beauvezet, commune de Saint-Silvestre, canton de Randan.

(5) Saint-Pierre de Charmeil, de l'ancien archiprêtré de Limagne, est du canton d'Escurolles, arrondissement de Gannat.

(6) Saint-Félix de Valenche, de l'ancien archiprêtré de Cusset.

(7) Saint-Allyre de Valenche, id.

(8) Notre-Dame de Neyrat, située aux environs de Montferrand. C'était un prieuré à la fin du xiiie siècle (Bibliothèque nationale, ms. latin, 12,676, fol. 48). L'église a appartenu à l'abbaye de Saint-Allyre jusqu'en 1789.

(9) Saint-Pardoux de Blanzat. Blanzat, de l'ancien archiprêtré de Clermont, est du canton et de l'arrondissement de Clermont.

ecclesiam Sancti Boniti (1), ecclesiam de Nebezac (2), ecclesiam de Agella (3), ecclesiam de Schevina (4), ecclesiam de Basvilla (5) cum pertinentiis earumdem, ecclesiam Sancti Petri Vituli (6), ecclesiam Sancti Cassii (7) cum pertinentiis suis ; ex dono Fulconis de Jaliniaco terras et redditus de Ponte Latgerio, usque ad Bellummontem, et domum de villa Sancti Elidii (8). Sepulturam quoque ipsius loci liberam esse concedimus, ut eorum devotioni et extreme voluntati qui se illic sepeliri deliberaverint, nisi forte excommunicati vel interdicti sint, nullus obsistat, salva tamen justitia parochialium ecclesiarum, a quibus mortuorum corpora assumantur. Obeunte vero te, nunc ejusdem loci abbate, vel tuorum quolibet successorum, nullus ibi qualibet subreptionis astutia seu violentia preponatur, nisi quem fratres communi consensu, vel fratrum pars sanioris consilii, secundum Deum et Beati Benedicti regulam providerint eligendum. Decernimus ergo ut nulli omnino hominum

---

(1) Saint-Bonnet de Clermont. Ce prieuré, connu aussi sous le nom de Saint-Ferréol, relevait, au siècle dernier, du Petit-Séminaire.

(2) Saint-Cirgues de Nébouzat, de l'ancien archiprêtré de Rochefort, est du canton de Rochefort, arrondissement de Clermont.

(3) Saint-Georges de Gelles, de l'ancien archiprêtré d'Herment, est du canton de Rochefort.

(4) Saint-Jean de Savennes, de l'ancien archiprêtré de Rochefort, est du canton de Bourg-Lastic, arrondissement de Clermont.

(5) Saint-Allyre de Basville, de l'ancien archiprêtré d'Herment.

(6) Saint-Pierre-le-Vieux.

(7) Saint-Cassi, au faubourg de Saint-Allyre. C'était une cure. Au XIII° siècle, Guy de La Tour donne la collation au prêtre présenté par l'abbé de Saint-Allyre pour la cure de Saint-Cassi.

Curés : Astorg de Bosco, Gérard de Brigode (XIII° siècle); Pierre Evêque, Jean Durand, Jean Poëli. Celui-ci transige, en 1576, avec Géralde Pomeyrolle, abbesse de Sainte-Claire (XXIV° siècle); Louis de Montfumé (XV° siècle); Simon Machebœuf, Jean Limosin, Guillaume Girelle, Antoine Gonon (XVI° siècle); Jean Plaignet, François Rigaud, de Mascon de La Martre, Loghnam (XVII° siècle); Vigier, Louis-Antoine Raboisson, Thomas Lemasson (1789) (XVIII° siècle).

(8) A ces possessions, il faut joindre les biens suivants donnés, en 980, par Géraud, prêtre : « Vinea una quæ est in villa quæ vocatur ad *Noals*, campus ad *Sedoc*, arziolinum unum ad fontem *Salvamane*, trilia ad medium planctum in cultura de villa *Pomerias*, vineam unam quæ vocatur ad illos *Plaus*. » (*Gallia Christiana*, t. II, Instrum. Eccl. Clarom., t. II, col. 103-104).

liceat prefatum monasterium temere perturbare, aut ejus possessiones auferre, vel ablatas retinere, minuere, seu quibuslibet vexationibus fatigare, sed omnia integra conseryentur eorum pro quorum gubernatione et sustentatione concessa sunt, usibus omnimodis profutura, salva Sedis Apostolice auctoritate et dyocesani episcopi canonica justitia. Si qua igitur in futurum ecclesiastica secularisve persona, hanc nostre constitutionis paginam sciens, contra eam temere venire temptaverit, secundo tertiove commonita, nisi reatum suum congrua satisfactione correxerit, potestatis honorisque sui dignitate careat, reamque se divino judicio existere de perpetrata iniquitate cognoscat, et a sacratissimo Corpore ac Sanguine Dei et Domini Redemptoris nostri Jesu Christi aliena fiat, atque in extremo examine districte ultioni subjaceat. Cunctis autem eidem loco sua jura servantibus, sit pax Domini nostri Jesu Christi, quatenus et hic fructum bone actionis percipiant, et apud districtum judicem premia eterne pacis inveniant. Amen. Amen. Amen.

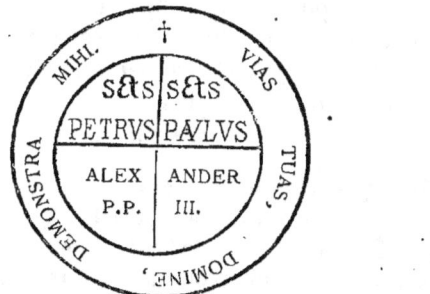 

Ego Alexander, Catholice Ecclesie episcopus.

† Ego Hubaldus, tit. Sancte Crucis in Jerusalem presbiter card., ss.

† Ego Johannes, presbiter card. tit. Sancte Anastasie, ss.

† Ego Guillelmus, presbiter card. tit. Sancti Petri ad vincula, ss.

† Ego Hubaldus, Hostiensis episcopus, ss.

† Ego Bernardus, Portuensis et Sancte Rufine episcopus, ss.

† Ego Gualterius, Albanensis episcopus, ss.

† Ego Jacintus, diac. card. Sancte Marie in Cosmydyn, ss.

† Ego Otto, diac. card. Sancti Nicolai in carcere Tulliano, ss.

† Ego Boso, diac. card. Sanctorum Cosme et Damiani, ss.

† Ego Cinthyus, diac. card. Sancti Adriani, ss.

† Ego Petrus, diac. card. Sancti Eustachii juxta templum Agrippe, ss.

† Ego Manfredus, diac. card. Sancti Georgii ad velum aureum, ss.

Datum apud Clarummontem, per manum Hermanni, Sancte Romane Ecclesie subdiaconi et notarii, xvii Kal. Julii, indictione xiii, Incarnationis Dominice anno mclxv, pontificatus vero domini Alexandri p. p. iii anno sexto (1).

CLXX.

Alexandre III à Cécile, abbesse, et à ses filles dans le Christ du monastère de Beaumont. Sur leur demande, il les met sous la protection du Saint-Siége et les confirme dans leurs possessions dont il fait l'énumération. Il défend, sous peines graves, de causer la moindre injustice à cette abbaye, et promet une paix éternelle à ceux qui respecteront ses droits.

Fin de Juin 1165.

LEXANDER episcopus, servus servorum Dei, dilectis in Christo filiabus Cecilie (2), abbatisse monasterii Sancti Petri de Bellomonte, ejusque sororibus tam presentibus quam futuris regulariter substituendis I. N. P. P. M. Religiosam vitam eligentibus apostolicum convenit adesse presidium, ne alicujus temeritatis incursus aut

---

(1) Original aux Archives départementales du Puy-de-Dôme. Bulle bien conservée; il manque le sceau. (Bibliothèque nationale, ms. latin, *Antiquit. Bened. in diœcesi Claromontensi*, fol. 451-454; — Cocquelines, *Bullarium Romanum*, t. ii, p. 587-588; — *Gallia Christiana*, t. ii, Instrumenta Ecclesiæ Claromontensis, col. 102-104.)

(2) Cécile figure après Ermengarde 1re. Elle prêta serment d'obéissance entre les mains d'Aimeric, d'où on voit qu'elle était abbesse avant 1151, époque où mourut Aimeric.

casu proposito revocet, aut robur, quod absit, sacre religionis infringat. Eapropter, dilecte in Domino filie, vestris justis postulationibus clementer annuimus (1), et prefatum monasterium, in quo divino estis mancipate obsequio, sub Beati Petri et nostra protectione suscipimus, et presentis scripti privilegio communimus. Statuentes ut quascumque possessiones, quecumque bona idem monasterium impresentiarum juste et canonice possidet, aut in futurum concessione pontificum, largitione regum vel principum, oblatione fidelium seu aliis justis rationibus, imperante Domino, poterit adipisci, firma vobis et his que post vos successerint et illibata permaneant. In quibus hec propriis duximus exprimenda vocabulis : ecclesiam de Leos (2) cum appenditiis suis, ecclesiam de Laschapes (3) cum suis pertinentiis; ecclesiam de Juirach cum suis appenditiis, aliam ecclesiam de Laschapes cum suis pertinentiis, ecclesiam de Droit (4) cum appenditiis suis et decimis quas ibi habetis, ecclesiam de Pontabret cum appenditiis suis, villam de Ydachia cum suis pertinentiis, mansum a Sancto Marcillo, mansum de Sauzinas, mansum de Valelas, mansum de Clarlendo, terram de Cornoscho, campum de Lassautas, villam Derno cum appenditiis suis, villam Taurs, Aldigariam, Osoch, Lapausam, triginta solidorum redditus ad Fontfreydam et Caceils, mansum de Faët et de Laboaria, terram de Chalmeta, mansum de Beillec, ecclesiam de Laydinas cum decima quam ibi habetis, sextarium de feudo Alala de Moulis et de Rochavilla, redditus viginti qumque solidorum terre de Sandra, ecclesiam de Marviol. Compositionem, que inter vos et Guidonem, decanum Claromontensem, super quibusdam domibus positis in civitate Claromontensi, in presentia dilec-

---

(1) Les religieuses de Beaumont avaient profité du séjour d'Alexandre III à Clermont, pour demander d'être mises sous la protection du Saint-Siége.

(2) Léon-les-Monges, de l'ancien archiprêtré d'Herment.

(3) Saint-Nicolas de Laschamps, de l'ancien archiprêtré de Merdogne, est du canton de Clermont. Il y avait deux églises. Le droit de patronage avait été donné par les comtes d'Auvergne.

(4) Saint-Symphorien de Dreuil, de l'ancien archiprêtré de Billom. Cette paroisse était située dans la paroisse actuelle de La Roche-Noire, canton de Vic-le-Comte, arrondissement de Clermont.

torum filiorum nostrorum Hubaldi, titulati Sancte Crucis presbyteri, et Cinthyi Sancti Adriani diaconi, cardinalium (1), de assensu utriusque partis rationabiliter facta est, sicut in autentico scripto eorumdem cardinalium exinde facta noscitur continere, vobis auctoritate apostolica confirmamus. Decernimus ergo ut nulli omnino hominum liceat prefatum monasterium temere perturbare, aut ejus possessiones auferre, vel ablatas retinere, minuere, seu quibuslibet vexationibus fatigare, sed omnia integra conserventur eorum pro quorum gubernatione et sustentatione concessa sunt, usibus omnimodis profutura, salva Sedis Apostolice auctoritate et dyocesani episcopi canonica justitia. Si qua igitur in futurum ecclesiastica secularisve persona, hanc nostre constitutionis paginam sciens, contra eam temere venire temptaverit, secundo tertiove commonita, nisi reatum suum congrua satisfactione correxerit, potestatis honorisque sui dignitate careat, reamque se divino judicio existere de perpetrata iniquitate cognoscat, et a sacratissimo Corpore ac Sanguine Dei et Domini Redemptoris nostri Jesu Christi aliena fiat, atque in extremo examine districte ultioni subjaceat. Cunctis autem eidem loco sua jura servantibus, sit pax Domini nostri Jesu Christi, quatenus et hic fructum bone actionis percipiant, et apud districtum judicem premia eterne pacis inveniant. Amen. Amen. Amen.

(1) L'abbesse de Beaumont fit un accord avec Gui, doyen de l'église Cathédrale, au sujet de maisons situées à Clermont, en présence des cardinaux Hubald et Cynthius.

Ego Alexander, Catholice Ecclesie episcopus.

† Ego Hubaldus, presbiter card. tituli Sancte Crucis in Jerusalem, ss.

† Ego Johannes, presbiter card. tituli Sancte Anastasie, ss.

† Ego Guillelmus, presbiter card. tituli Sancti Petri ad vincula, ss.

† Ego Hubaldus, Hostiensis episcopus, ss.

† Ego Bernardus, Portuensis et Sancte Rufine episcopus, ss.

† Ego Gualterius, Albanensis episcopus, ss.

† Ego Jacintus, diaconus card. Sancte Marie in Cosmidyn, ss.

† Ego Oddo, diaconus card. Sancti Nicholai in carcere Tulliano, ss.

† Ego Boso, diaconus card. Sanctorum Cosme et Damiani, ss.

† Ego Cinthyus, diaconus card. Sancti Adriani, ss.

† Ego Petrus, diaconus card. Sancti Eustachii juxta templum Agrippe, ss.

† Ego Manfredus, diaconus card. Sancti Georgii ad velum aureum, ss.

Datum apud monasterium Case Dei (1), per manum Hermanni, Sancte Romane Ecclesie subdiaconi et notarii, XII Kal. Julii, indictione XIII, Incarnationis dominice anno MCLXV, pontificatus vero domini Alexandri p. p. III anno sexto (2).

---

(1) Alexandre III se rendit de Clermont à la Chaise-Dieu; de là au Puy, à Alais, Montpellier, Maguelonne, et de là en Italie.

(2) Original aux Archives départementales du Puy-de-Dôme. Bulle bien conservée, légèrement perforée en cinq endroits. Le sceau manque. Aux Archives, il y a deux copies, l'une du 12 février 1697, portant la signature de deux notaires royaux et celle d'Angélique d'Espinay de Lignery, abbesse de Beaumont; l'autre sans date, mais vraisemblablement de la même époque. (Abbaye de Beaumont, cot. 14, *Priviléges*; — Bibliothèque nationale, ms. latin, 12,745, *Antiquitates Bened. in diœcesi Claromontensi.*)

CLXXI.

Alexandre III aux évêques de Rodez et de Cahors. Il leur recommande de terminer le différend qui s'était élevé au sujet de l'église de Saint-Eugène de Vieux et d'autres églises, entre l'évêque et les chanoines d'Albi, d'une part, et les moines d'Aurillac, d'autre part.

1er Août 1165.

LEXANDER episcopus, servus servorum Dei, venerabilibus fratribus Ruthenensi (1) et Cadurcensi (2) episcopis, salutem et apostolicam benedictionem. Causam, quæ inter venerabilem fratrem nostrum episcopum et canonicos Albienses (3) et monachos Aureliacenses, super ecclesia Viancii et super quibusdam aliis ecclesiis, necnon super aliis quibusdam querelis quas adversus se habent agitari dignoscitur, discretioni vestræ, de qua plene confidimus, audiendam committimus, et, remoto appellationis obstaculo, fine congruo terminandam. Quocirca, fraternitati vestræ per apostolica scripta mandamus, quatenus, cum exinde fueritis requisiti, utramque partem ante vestram præsentiam convocetis, et rationibus hinc inde auditis plenius et cognitis, eamdem causam, mediante justitia, sine appellationis remedio decidatis. Datum apud Montempessulanum, Kal. Augusti (4).

(1) L'évêque de Rodez était Hugues, frère du comte de Rodez. Il avait succédé à Pierre II. Il passa près de soixante ans dans l'épiscopat.
(2) L'évêque de Cahors, Géraud IV, avait succédé à Raimond 1er. Il occupait encore le siége de Cahors, en 1199.
(3) Les origines connues du chapitre d'Albi remontent au xe siècle. La prévôté était la dignité principale. On voit Guillaume prévôt en 1160, et Guillaume de Pierre, en 1175-1177 (*Gallia Christiana*, t. i, col. 43).
(4) Baluze, *Miscellanea*, iii, 20; — *Rerum Gallicarum et Francicarum Scriptores*, t. xv, p. 841; — *Patrologie*, édit. Migne, t. cc, col. 589-590.

CLXXII.

Alexandre III aux moines d'Aurillac. Il leur mande qu'il vient d'écrire aux évêques de Rodez et de Cahors, pour les engager à régler le différend qui s'était élevé entre l'abbaye d'Aurillac, d'une part, l'évêque et les chanoines d'Albi, d'autre part, au sujet de Saint-Eugène de Vieux et de quelques autres églises. Il leur recommande de se rendre auprès de ces évêques, lorsqu'ils les feront appeler, et de se conformer à la décision qu'ils auront prise.

1er Août 1165.

ALEXANDER episcopus, servus servorum Dei, filiis monachis Aureliacensis cœnobii (1), salutem et apostolicam benedictionem. Causam, quæ inter vos et fratrem nostrum episcopum et canonicos Albienses, super ecclesia Viancii (2) et super aliis quibusdam querelis quas adversus vos habent, agitari dignoscitur, venera-

---

(1) Pierre Brun, abbé d'Aurillac, avait été élu après Arnaud. En 1169, il se rendit auprès de Louis VII, quand il assiégeait Nonette, et obtint le renouvellement des lettres de sauvegarde accordées par Charles-le-Simple. Dans ce diplôme, le roi rappelle que Pierre était venu le trouver à Nonette, pendant qu'il en faisait le siége, qu'il lui présenta un privilége de Charles, et qu'il l'avait confirmé. En outre, il défendit de ne rien faire dans son royaume qui pût nuire au monastère d'Aurillac, et permit à l'abbé d'améliorer ses biens et de les posséder paisiblement. (Bibliothèque nationale, ms. latin, 12,661, *Monasticon Benedictinum*, f. 383). En 1176, Pierre Brun fit, à Escayrac, un accord avec le comte de Toulouse, en présence des abbés de Maurs et de Figeac, à condition que le comte protégerait cette localité et son alleu monastique, qu'il ne s'y permettrait aucune nouvelle exaction et qu'il ne pourrait les aliéner de son domaine. (*Saint Géraud d'Aurillac...*, par Mgr Bouange, t. II, p. 26.)

(2) La possession du monastère de Vieux fut l'objet de longues et sérieuses difficultés entre l'Église d'Albi et l'abbaye d'Aurillac. On peut en voir le récit dans Baluze, (*Miscellanea*, t. VI, p. 431 et suiv.; *Notitia de ecclesia S. Eugenii de Viancio, scripta ab anonymo Albiensis ecclesiæ canonico*). Cette Notice a été écrite au milieu du XIIe siècle.

bilibus, fratribus nostris, Ruthenensi et Cadurcensi episcopis, commisimus audiendam, et, appellatione remota, fine congruo terminandam. Quocirca, per apostolica scripta vobis mandamus quatenus, cum ab eis propter hoc fueritis evocati, eorum præsentiam adeatis, et quidquid inter vos exinde judicaverint, sine appellatione suscipiatis firmiter et servetis. Datum apud Montempessulanum, Kal. Augusti (1).

CLXXIII.

Alexandre III à Ponce de Beaudinaire, abbé de la Chaise-Dieu. Il confirme l'accord conclu entre l'abbaye de la Chaise-Dieu et celle de Mozat, au sujet d'un différend qui s'était élevé, touchant certaines possessions situées au lieu de Casellis (2).

9 Août 1165.

....

Datum apud Montempessullanum, quinto Idus Augusti (3).

CLXXIV.

Alexandre III à l'abbé et au monastère de Saint-Allyre. Il confirme la donation faite à cette abbaye par Fulcon de Jaligny, et déclare que ceux qui contreviendraient à ses dispositions encourront l'indignation de Dieu.

7 Mars ou 7 Mai 1166-1167.

---

(1) Baluze, *Miscellanea*, t. iv, p. 466. — *Patrologie*, édit. Migne, t. cc, col. 390.
(2) Ponce de Beaudinaire avait usé de beaucoup d'habileté et de modération dans la conduite de cette affaire.
(3) Bibliothèque nationale, ms. latin, *Chronica monasterii Casæ Dei*, 12,818, f. 259.

LEXANDER episcopus, servus servorum Dei, dilectis filiis abbati et conventui Sancti Illidii Claromontensis, salutem et apostolicam benedictionem. Justis petentium desideriis dignum est nos facilem prebere consensum et vota que a rationis tramite non discordant, effectu prosequente complere. Eapropter, dilecti in Domino filii, vestris justis postulationibus grato concurrentes assensu, ea que Fulco de Galinec in eleemosinam domui vestre legavit (1), sicut rationabiliter et quiete habetis, vobis et eidem domui auctoritate Apostolica confirmamus et presentis scripti patrocinio communimus, statuentes ut nulli omnino hominum liceat hanc paginam nostre confirmationis infringere vel ei ausu temerario contraire. Si quis autem hoc attemptare presumpserit, indignationem omnipotentis Dei et Beatorum Petri et Pauli apostolorum ejus se noverit incursurum. Datum Laterani, Nonas Ma... (2).

CLXXV.

Alexandre III à l'évêque de Clermont (3). L'évêque lui ayant demandé par lettre si un de ses diocésains, qui avait incendié des églises, mais qui avait été absous à la mort par son chapelain, pouvait être enseveli dans un cimetière; il répond qu'il doit le faire ensevelir, et contraindre ses héritiers à réparer, selon leur fortune, les dommages qu'il a causés.

1162 1169.

---

(1) Cette donation est mentionnée dans la lettre d'Alexandre III à Arnaud, abbé de Saint-Allyre.

(2) Original aux Archives départementales du Puy-de-Dôme. Petite bulle conservée avec le sceau. Nous pensons qu'elle est de 1166 ou 1167. L'abbé de Saint-Allyre avait dû prier Alexandre III de ratifier la donation de Fulcon, lors de son séjour à Clermont : de plus, ce pape expédia de Latran, à cette époque, un grand nombre de rescrits.

(3) Etienne VI mourut le 26 janvier 1169. L'année précédente, il avait ratifié la donation de plusieurs églises faite par Guillaume VII à l'église de Saint-Amable de Riom. Il confirma la formule de serment dressée par Aimeric.

LEXANDER III Claromontano episcopo. Litteris tuis quas J..., lator præsentium, exhibuerat, continebatur quod, cum pater ejus multis fuisset criminibus irretitus, qui per appositionem ignis, ecclesiarum incendium, diabolo suggerente commiserat, tandem in ultima ægritudine constitutus, se confessus est peccatorem, et accepta pœnitentia de commissis, per manum capellani sui fuit a sententia anathematis absolutus; sed moriens, ecclesiasticam sepulturam nequivit habere. Quapropter, si ita res se habet, fraternitati tuæ mandamus quatenus corpus ejusdem patris J... supradicti, appellatione cessante, facias in cœmeterio sepeliri, et hæredes ejus moneas et compellas, ut his quibus ille per incendium vel alio modo damna contra justitiam irrogavit, juxta suas facultates condigne satisfaciant, ut sic a peccato valeat liberari (1).

CLXXVI.

Alexandre III à l'archevêque de Bourges et à ses suffragants, parmi lesquels était l'évêque de Clermont. Il leur fait savoir qu'il a envoyé l'archevêque de Rouen et l'évêque de Nevers à Henri II, roi d'Angleterre, afin de l'amener à conclure la paix avec Thomas Becket, archevêque de Cantorbéry.

Février? 1170.

LEXANDER papa, Bituricensi archiepiscopo et suffraganeis ejus et dilectis filiis aliarum ecclesiarum Bituricensis Ecclesiæ constitutis. Noverit industria vestra quod nos, venerabiles fratres nostros, Rothomagensem archiepiscopum et Nivernensem episcopum, ad illustrem Anglorum regem pro pace et reconciliatione venerabilis fratris nostri Thomæ, Cantuariensis archie-

---

(1) Mansi, *Concilia*, t. xxii, p. 390. — *Gallia Christiana*, t. ii, col. 271. — Savaron, *Origines de Clairmont*, p. 68.

piscopi (1), destinavimus, iis dantes in mandatis et firmiter præcipientes quod, nisi idem rex ad pacem et concordiam, secundum quod nobis per litteras et nuntios suos promisit, suos inclinari potuerit, aut arte aliqua sive ingenio per se vel per suos effecerit quominus ad eum juxta præceptum nostrum accedere, et ipsi ea quæ sibi super his sunt a nobis injuncta cum omni libertate et securitate proponere possint, totam terram ejus quæ in regno Francorum consistit, omni contradictione et appellatione remota, subjiciant interdicto et in ea omnia divina, præter baptisma parvulorum et pœnitentias morientium, prohibeant officia celebrari. Inde si quidem est quod universitati vestræ per apostolica scripta præcipiendo mandamus et in virtute obedientiæ, sub pœna ordinis et officii, vobis injungimus, quatenus sententiam quam prænominati archiepiscopus et episcopus, vel alter eorum, in præfati regis terram juxta præceptum nostrum tulerint, nullius timore, gratia vel prohibitione, obstante omni excusatione et appellatione sublata, per vestras parochias firmiter observetis et ab omnibus faciatis, quantum in vobis est, irrefragabiliter observari (2).

CLXXVII.

Alexandre III à Philippie, abbesse de Blesle. A l'exemple de Sergius et de Calixte, il met cette abbaye sous la protection du Saint-Siége. Il arrête que la règle

(1) Les démarches qui furent tentées amenèrent la paix, mais elle ne fut pas durable. A peine Thomas Becket fut-il de retour en Angleterre que les courtisans de Henri II l'excitèrent contre l'archevêque. Dans un accès de colère, ce prince s'écria qu'il était bien malheureux, puisque personne n'osait le délivrer d'un tel prêtre. Quatre de ses courtisans formèrent aussitôt le complot d'assassiner l'archevêque. Il fut massacré dans sa cathédrale, le 29 décembre 1170. L'Eglise l'honore comme un des plus courageux martyrs de la liberté ecclésiastique. Sa mémoire devint chère à la France et à l'Auvergne. Robert, évêque de Clermont, et la noblesse de ce pays firent reproduire, en 1226, les principales circonstances de sa vie et de son martyre sur les vitraux de l'église des Cordeliers de Montferrand.

(2) *Epistolæ S. Thomæ*, édit. Giles, II. — *Patrologie*, édit. Migne, t. cc, col. 646.

de Saint-Benoît y sera toujours observée; il la confirme dans ses possessions présentes et futures, et particulièrement dans la possession de l'église de Saint-Saturnin. Il menace des peines spirituelles ceux qui porteraient atteinte aux droits de ce monastère et promet l'éternelle paix à ceux qui les respecteront.

18 Mars 1170.

LEXANDER episcopus, servus servorum Dei dilectis filiis in Christo filiabus Philippiæ (1), abbatissæ Blesiensis monasterii ejusque sororibus tam præsentibus quam futuris regularem vitam professis in perpetuum salutem et apostolicam benedictionem, justis postulationibus prudentium virginum et facilius et benignius tenemur annuere. Eapropter, dilectæ in Domino filiæ, vestris justis postulationibus inclinati, et officio susceptæ administrationis inducti, monasterium vestrum, quod sicut ex privilegio prædecessorum nostrorum piæ recordationis Sergii et Calixti, Romanorum pontificum, et ex scripto fundatoris ipsius monasterii manifeste comparet, beati Petri et nostri juris existit, in quo divino estis mancipatæ obsequio, ad exemplar omnium prædecessorum nostrorum, sub beati Petri et nostra protectione suscipimus et præsentis scripti privilegio communimus: imprimis statuentes ut ordo monasticus, qui secundum Deum et beati Benedicti regulam in eodem loco noscitur institutus, perpetuis ibidem temporibus inviolabiliter observetur. Præterea quascumque possessiones, quæcumque bona idem monasterium in præsentiarum juste et canonice possidet, aut in futurum, concessione pontificum, largitione regum vel principum, oblatione fidelium seu aliis justis modis, præstante Domino, poterit adipisci, firma vobis vestrisque successoribus et illibata permaneant. In quibus hæc propriis duximus exprimenda vocabulis: villam ubi monas-

(1) Philippie figure après Adélaïde dans l'abbatiat blésilien. Elle avait écrit à Alexandre III pour le prier de prendre son monastère sous sa protection. On voit, par la lettre que le Chapitre de Brioude écrivit à Louis VII, que cette abbaye avait eu à souffrir des ravages qu'y avaient faits les sires de Mercœur.

terium ipsum situm est cum omnibus pertinentiis suis ; ecclesiam Sancti Saturnini (1) cum omnibus pertinentiis suis, novalium vestrorum decimam... Decernimus ergo ut nulli omnino hominum liceat præfatum monasterium temere perturbare, aut ejus possessiones auférre, vel ablatas retinere, minuere, seu quibuslibet vexationibus fatigare, sed illibata omnia et integra conserventur eorum pro quorum gubernatione et sustentatione concessa sunt, usibus omnimodis profutura. Si qua igitur in futurum ecclesiastica sœcularisve persona, hanc nostræ constitutionis paginam sciens, contra eam temere venire tentaverit, secundo tertiove commonita, nisi præsumptionem suam digna satisfactione correxerit, potestatis honorisque sui dignitate careat, reamque se divino judicio existere de perpetrata iniquitate cognoscat, et a sacratissimo corpore ac sanguine Domini Redemptoris nostri aliena fiat atque in extremo examine divinæ ultioni subjaceat. Cunctis autem eidem loco sua jura servantis sit pax Domini nostri Jesu Christi, quatenus et hic fructum boni operis percipiant, et apud districtum judicem præmia æternæ pacis inveniant. Amen. Amen. Amen.

† Ego Alexander, Ecclesiæ catholicæ episcopus.
† Ego Humbaldus, Hostiensis episcopus.
† Ego Hyacinthus, sanctæ Mariæ in Cosmedin diaconus cardinalis.

(1) Saint-Saturnin de Leyvaux faisait partie de la dotation primitive de l'abbaye de Blesle. L'abbesse a toujours été décimatrice de cette paroisse. Elle nommait à la cure. Leyvaux est du canton de Massiac, arrondissement de Saint-Flour.

Datum apud Tusculum per manum Gratiani S. R. E. subdiaconi et notarii, xv Kalend. Martii anno Incarnat. Dominicæ MCLXX, pontificatus vero Domini Alexandri pp. III, anno xi (1.

CLXXVIII.

Alexandre III à Odon (2), abbé de Saint-Pierre-le-Vif. Il confirme cette abbaye dans ses possessions, parmi lesquelles il désigne la celle de Mauriac, située dans le pays d'Auvergne.

23 Janvier 1169-1170.

....

Mauriacensem cellam in Arvernico pago constitutam sub jure semper et ditione monasterii sancti Petri manere sancimus cum rebus omnibus et possessionibus ad ipsum pertinentibus, et, sicut juste et pacifice possidetis, monasterio vestro confirmamus..
.... Dat x Cal. Februarii, anno xi (3).

CLXXIX.

Alexandre III à l'évêque de Clermont et à l'archidiacre de Bourges. Il leur expose qu'il a appris par l'abbé de Cluny qu'Archembaud de Bourbon, qui est mort, et Agnès, son épouse, qui lui survit, avaient emprunté au trésor de l'église de Souvigny, la somme de 500 marcs, et qu'ils avaient fait le serment de la rendre. Il ajoute

---

(1) Bibliothèque nationale, ms. latin, 12,750, *Antiquitates Benedictinæ in diœcesi Sancti Flori*, Recueil de dom Estiennot, f. 210-214.

(2) A Herbert succéda Gérard. Il reçut, en 1147, une lettre d'Eugène III qui le félicitait de ce qu'il avait pris la règle de Cluny. En 1163, Alexandre III, pendant son séjour à Sens, fut reçu à Saint-Pierre-le-Vif, et y célébra plusieurs fois solennellement les saints mystères. Il quitta la charge d'abbé en 1167, année où il fut remplacé par Odon II, auquel succéda Gauthier de Naude qu'on voit abbé de 1182 à 1202.

(3) Bibliothèque nationale, ms. latin, 12,691, *Monasticon Benedictinum*, xxxiv, f. 157.

que, sur cette somme, on a rendu 200 marcs et qu'il en reste 300 à payer. Il leur recommande expressément de contraindre Agnès et ceux qui ont été cautions à rendre cette somme, et de frapper d'interdit leurs terres, s'ils ne se conforment pas à cette prescription dans le cours de deux mois, à dater de la réception de sa lettre.

19 Février 1173.

LEXANDER episcopus, servus servorum Dei, venerabili fratri, Claromontensi episcopo, et dilecto filio O .., archidiacono Bituricensi, salutem et apostolicam benedictionem. Ex transmissa relatione dilecti filii nostri, abbatis Cluniacensis ad aures nostras pervenit, quod Archembaldus de Borbono (1), qui jam decessit, et Agnes quondam uxor ejus, quæ superstes est, de thesauro Silviniacensis ecclesiæ quingentos marcos argenti, pro necessitatibus suis, jamdudum mutuo receperant, quas se reddituros juraverunt et fidejussores de jam dicta summa solvenda, recepto ab ipsis sacramento, constituerunt; solutis vero ducentis marcis, trecentæ adhuc non solutæ in debito remanserunt, quas prædicta ecclesia nondum potuit rehabere. Quia igitur indignum est, ut eadem ecclesia inde damnum sustineat, unde fructum dignæ retributionis meruit reportare, fraternitati vestræ per apostolica scripta præcipiendo mandamus quatenus, si ita est, prædictos Agnetem et illos qui pro reddenda prætextata pecunia fidejusserunt, diligenter moneas et, appellatione remota, districte compellas, ut eam

---

(1) Archembaud V est resté seigneur de Bourbon depuis 1119 jusqu'à l'époque de sa mort, arrivée vers 1171. En 1131, il pria Pierre de La Châtre, archevêque de Bourges, d'ériger en paroisse la ville neuve de Limoise, fondée en un lieu dépendant de la paroisse de Franchesse. La nouvelle église fut mise sous le patronage du prieur de Souvigny. Il approuva (1136-1139) la fondation de la léproserie de Sainte-Madeleine près Souvigny. Avant de partir pour la croisade (1147), il lui donna trois éminées de terre au mas de Fonsbeton. Il eut, en 1140, de sa femme, la comtesse Agnès de Savoie, nièce de Calixte II et sœur d'Alix, reine de France, un fils nommé Archembaud. Vers 1145, il fonda au Breuil, près d'Agonges, une ville franche dont l'église fut donnée à l'abbaye de Saint-Menoux.

prænominatæ ecclesiæ, infra duos menses, post harum susceptionem, restituant, aut exinde, cum eadem ecclesia amicabiliter pacificeque conveniant. Quod si facere forte noluerint, vos terras ipsorum, sublato appellationis remedio, interdicto subjiciatis; post modum, si necesse fuerit, in eos ecclesiasticæ animadversionis sententiam proferatis, et eam usque ad dignam satisfactionem faciatis inviolabiliter observari. Datum Signiæ, xi Kal. Martii, pontificatus anno iv (1).

CLXXX.

Alexandre III à Pierre (2), archevêque de Tarentaise, à Ponce (3), évêque de Clermont et au prieur de la Chartreuse. Il les charge d'enjoindre à Henri II, roi d'Angleterre, de rendre la liberté aux filles de Louis VII, et de le frapper d'interdit et d'excommunication, s'il ne se conformait pas à ses injonctions, quarante jours après qu'elles lui auraient été signifiées (4).

1173.

(1) *Étude sur la chronologie des sires de Bourbon* (xe, xiiie siècles), par M. A. Chazaud, archiviste du département de l'Allier. Moulins, mdccclxv. Pièces justificatives, pp. xiv-xv.

(2) Pierre de Tarentaise, ainsi nommé du lieu dont il était archevêque, naquit aux environs de Vienne. A l'âge de vingt-deux ans, il embrassa la réforme de Cîteaux, à Bonnevaux. Il fut chargé de la fondation d'Estami dans les Alpes Pennines. Il se distingua par une telle sainteté et acquit un tel renom qu'il fut nommé archevêque de Tarentaise, diocèse où s'étaient glissés de graves abus et où il établit une sage réforme. Il acquit un grand ascendant; aussi le pape, les rois de France et d'Angleterre, recoururent plus d'une fois à ses conseils.

(3) Ponce succéda à Etienne VI à la fin de 1170. Il avait d'abord embrassé la réforme de Cîteaux. De l'abbaye de Grandselve, il passa à celle de Clairvaux. Il en était abbé, lorsque l'empereur Frédéric le chargea d'opérer une réconciliation entre lui et le pape. Sur le siège de Clermont, il fut employé dans plusieurs négociations importantes. Il fut député auprès d'Alexandre III avec Hugues, abbé de Bonneval, et des officiers impériaux, pour traiter une grave affaire. En 1173, de concert avec Robert, élu évêque de Vienne, et l'évêque de Viviers, il établit entre l'Eglise du Puy et le vicomte de Polignac un accord qui fut confirmé par Louis VII.

(4) En 1172, Eléonore d'Aquitaine, épouse de Henri II, et ses fils, conspirèrent contre lui et lui déclarèrent la guerre. Le roi, dans sa colère, fit

CLXXXI.

Alexandre III à Gualtier, prieur de Saint-André, de l'ordre des Prémontrés, et à ses moines. Il prend ce monastère sous sa protection, et établit que la règle de Saint-Augustin et de l'Institut des Prémontrés y sera perpétuellement observée. Il le confirme dans la possession de ses biens, dont il fait une énumération. Il défend de commettre ni rapine, ni violence à l'égard des biens et des personnes qui en dépendent. Il permet aux moines de célébrer l'office divin en temps d'interdit. Il leur accorde le droit de sépulture, et les autorise à recevoir les clercs et les laïcs libres qui fuient le siècle; il leur défend de sortir du cloître après leur profession, sans l'autorisation de l'abbé. Il ordonne que nul ne devra exiger des dîmes du produit des champs qu'ils ont mis en culture et de leurs animaux. Il accorde aux moines la faculté d'élire leur abbé, menace des peines spirituelles

---

enfermer Eléonore dans une prison où elle resta plusieurs années. Il retint aussi en captivité la jeune Marguerite, fille de Louis VII, mariée à son fils, Henri au Court-Mantel, et la princesse Alix, aussi fille de Louis VII, qu'il avait fait venir en Angleterre pour l'unir à Richard, son second fils. Les négociations n'aboutirent pas. La paix ne se rétablit que plus tard dans la famille des Plantagenet. De leur côté, Louis VII et Henri II vivaient dans une alternative continuelle de conflits et de réconciliations. A l'ombre d'une paix éphémère, Henri II vint en Auvergne, au commencement de 1173, avec son fils Henri qu'il venait d'associer à son pouvoir. Il tint sa cour à Montferrand et y reçut Humbert, comte de Maurienne et sa fille Aalis qui fut fiancée à Jean, le plus jeune de ses fils. Il y vint aussi Alphonse, roi d'Aragon et Raymond de Saint-Gilles, comte de Toulouse, qui le rendirent arbitre de leurs démêlés (*Rerum Gallicarum et Francicarum scriptores*, t. XIII, p. 148). Henri II prétendait à la suzeraineté sur l'Auvergne, parce que, selon lui, elle relevait encore du duché d'Aquitaine. Louis VII soutenait, au contraire, que l'Auvergne relevait directement de la couronne de France. — La lettre d'Alexandre III est indiquée dans les ouvrages suivants: Guillelmus Nubrigensis, *de Rebus Anglicis notæ*, lib. 2, c. 7; — Savaron, *Origines de Clairmont*, Notes... p. 190.

ceux qui violeraient sa constitution en faveur de ce monastère, et promet les récompenses éternelles à ceux qui l'observeront.

15 Mai 1174.

 LEXANDER episcopus, servus servorum Dei, dilectis filiis, Gualterio (1), priori ecclesie sancti Andree (2), Premonstratensis ordinis (3), ejusque fratribus tam presentibus quam futuris canonice substituendis IN. P. P. M. Quotiens illud a nobis petitur quod religioni et honestati convenire dinoscitur, animo nos decet libenti concedere, et petentium desideriis congruum suffragium impertiri. Eapropter, dilecti in Domino filii, vestris justis postulationibus clementer annuimus, et prefatam ecclesiam, in qua divino mancipati estis obsequio, sub beati Petri et nostra protectione suscipimus, et presentis scripti suffragio communimus: imprimis siquidem statuentes ut ordo canonicus qui, secundum Deum et beati Augustini regulam atque institutionem Premonstratensium fratrum, in eodem loco institutus esse dinoscitur, perpetuis ibidem temporibus inviolabiliter observetur. Preterea quascumque possessiones, quecumque bona

---

(1) Gualtier est le premier abbé connu du monastère de Saint-André. Il est désigné sous le nom de prieur. Ses successeurs portèrent celui d'abbé. Roger vient après lui en 1181, année où il figure dans une charte de l'abbaye de Mozat.

(2) L'abbaye de Saint-André était située à l'ouest, dans un des faubourgs de Clermont, où elle fut établie vers le milieu du xii° siècle. Depuis les origines du christianisme dans cette ville, il existait en ce lieu une église sous le vocable de Saint-André, dont saint Tigride fut recteur sous l'épiscopat de saint Allyre. On pense que Guillaume VII fonda ce monastère: du moins, il lui fit des libéralités si importantes qu'il a passé pour en être le fondateur. Il existe de lui, à l'année 1149, une charte de fondation de cette abbaye. Plusieurs diplomatistes, parmi lesquels est Baluze, en contestent l'authenticité; on reconnaît néanmoins que le fond est exact (V. l'Appendice). Nous avons vu que Guillaume VII et son épouse furent ensevelis dans cette église. Les dauphins d'Auvergne la choisirent pour le lieu de leur sépulture. Cette abbaye avait la justice haute, moyenne et basse sur ses biens..

(3) L'ordre des Prémontrés fut fondé par saint Norbert, archevêque de Magdebourg, dans la première moitié du xii° siècle. On y suivait la règle de Saint-Augustin.

eadem ecclesia in presentiarum juste et canonice possidet, aut in futurum, concessione pontificum largitione regum vel principum, oblatione fidelium seu aliis justis modis, prestante Domino, poterit adipisci, firma vobis vestrisque successoribus et illibata permaneant. In quibus hec propriis duximus exprimenda vocabulis: locum ipsum (1) in quo prefata ecclesia sita est cum omnibus pertinentiis suis; campum Auree vallis, Allesac, medietatem decime et dominii de Sancto Vincentio (2), Bisantum et grangias Montisleonis (3); terram de Tarnac; terram de Assonat apud Plaudiacum; clausam Vallerie apud sanctum Germanum; molendinum Sancti Andree (4); cartas matrimonii (5) de Claromonte, de Chamaleria, de Bellomonte, de Monteferrando, de Gerzac, de Sancto Avito, de Pompignac, de Sancto Vincentio, de Romagnac, de Alberia, de Seirac, de Sancto-Maximino, de Gergoia, de Noenen, de Orsines, de Sancto Leodegario. Paci quoque ac tranquillitati vestre paterna

---

(1) Le territoire de Saint-André s'étendait à l'ouest entre Clermont et Chamalières.

(2) Saint-Vincent, près de Blanzat. L'abbé de Saint-André en avait la justice.

(3) Montéléon, lieu situé près de Cisternes-la-Forest, canton de Pontgibaud. Amblard de Chalus, seigneur de Cisternes, donna à l'abbaye de Saint-André les droits qu'il y possédait. Il s'y établit un prieuré qui dépendait de Saint-André.

(4) Le moulin de Saint-André.

(5) La charte matrimoniale était un droit de redevance que payaient les nouveaux mariés. L'abbaye de Saint-André avait les chartes matrimoniales de Clermont, Chamalières, Beaumont, Montferrand, Gerzat, Pompignat, Saint-Vincent, Romagnat, Aubière, Ceyrat, Saint-Maximin, Gergovie, Orcines et Saint-Léger. Ces chartes lui furent données par Guillaume VII.

L'abbaye de Saint-André avait à sa nomination les prieurés du Pont-du-Breuil, de Merdogne, de Montéléon; les cures de Saulzet-le-Froid, de Merdogne, Villars, Jussat, Sainte-Catherine. Les prieurés de Merdogne et du Pont-du-Breuil datent du xiiie siècle. La cure de Saulzet-le-Froid passa à Saint-André au xive siècle, et celle de Jussat lui fut unie au xvie. Ce monastère possédait le domaine de Fontentige, près de Sarlièves, le domaine de Gergovie, un domaine à Sayat, le domaine de Villeneuve, près d'Orcines, le lac de Sarliève; des biens au Cendre, à Chamalières, au Cheix, commune d'Orcines; la partie occidentale du Puy-de-Dôme, le bois de Pradel, la montagne de Védrine, dans la paroisse de Saulzet. Il avait aussi des dîmes à Saint-Beauzire, Saulzet-le-Froid, Monton, Manson, Saint-Pierre-Roche, au Vernet, à Saint-Bonnet, Villars et Merdogne.

diligentia providere volentes, auctoritate Apostolica prohibemus ut infra clausulam locorum seu grangiarum vestrarum nullus violentiam facere, rapinam seu furtum committere, aut ignem apponere, vel homines capere seu interficere audeat. Preterea, cum commune interdictum terre fuerit, liceat vobis, clausis januis, exclusis excommunicatis et interdictis, non pulsatis campanis, suppressa voce, divina officia celebrare. Sepulturam quoque ipsius loci liberam esse concedimus, ut eorum devotioni et extreme voluntati qui se illic sepeliri deliberaverint, nisi forte excommunicati vel interdicti sint, nullus obsistat, salva tamen justitia matricis ecclesie. Ad hec liceat vobis clericos vel laicos liberos et absolutos e seculo fugientes ad conversionem vestram recipere, et eos absque ulla contradictione in vestra ecclesia retinere. Prohibemus insuper, ut nulli fratrum vestrorum, post factam in eodem loco professionem, sine licentia abbatis sui, fas sit de claustro discedere, discedentem vero absque communium litterarum cautione, nullus audeat retinere. Sane novalium vestrorum que propriis manibus aut sumptibus colitis, sive de nutrimentis vestrorum animalium nullus a vobis presumat decimas exigere. Obeunte vero te nunc ejusdem loci priore, vel tuorum quolibet successorum, nullus ibi quilibet subreptionis astutia seu violentia preponatur, nisi quem fratres communi consensu, vel pars consilii sanioris, secundum Dei timorem et beati Augustini regulam providerint eligendum. Decernimus ergo ut nulli omnino hominum liceat prefatam ecclesiam temere perturbare, aut ejus possessiones auferre, vel ablatas retinere, minuere, seu quibuslibet vexationibus fatigare, sed illibata omnia et integra conserventur eorum pro quorum gubernatione et sustentatione concessa sunt, usibus omnimodis profutura, salva sedis Apostolice auctoritate et diocesani episcopi canonica justitia. Si qua igitur in futurum ecclesiastica secularisve persona, hanc nostre constitutionis paginam sciens, contra eam temere venire temptaverit, secundo tertiove commonita, nisi presumptionem suam digna satisfactione correxerit, potestatis honorisque sui dignitate careat, reamque se divino judicio existere de perpetrata iniquitate cognoscat, et a sacratissimo Corpore ac Sanguine Dei et Domini redemptoris nostri Jesu Christi aliena fiat, atque in extremo examine districte ultioni subjaceat. Cunctis autem eidem loco sua jura servantibus sit pax Domini Jesu Christi, quatinus et hic fructum bone actionis percipiant, et apud districtum judicem premia eterne pacis inveniant. Amen. Amen. Amen.

Ego Alexander, Catholice Ecclesie episcopus.

† Ego Johannes, presbiter card. Sanctorum Johannis et Pauli, ss.

† Ego Johannes, presbiter card. tituli Sancte Anastasie, ss.

† Ego Albertus, presbit. card. tituli sancti Laurentii in Lucina, ss.

† Ego Guillelmus, presbiter card. tituli Sancti Petri ad vincula, ss.

† Ego Hubaldus, Hostiensis episcopus, ss.

† Ego Bernardus, Portuensis et Sancte Rufine episcopus, ss.

† Ego Walterius Albanensis, episcopus, ss.

† Ego Ardicio, diaconus card. sancti Theodori, ss.

† Ego Cincthyus, diaconus card. Sancti Adriani, ss.

† Ego Hugo, diaconus card. Sancti Eustachii juxta templum Agrippe, ss.

† Ego Vitellus, diaconus card. Sanctorum Sergii et Bacchi, ss.

Datum Anagnie per manum Gratiani, Sancte Romane Ecclesie subdiaconi et notarii, Idibus Maii, indictione xii, Incarnationis dominice anno MCLXXIII, pontificatus vero domini Alexandri pape III, anno xv (1).

CLXXXII.

Alexandre III à l'abbé et aux moines de Saint-Allyre. Il confirme la donation de l'église de Gerzat faite à cette abbaye par Ponce, évêque de Clermont, et menace de l'indignation de Dieu et de ses apôtres, Pierre et Paul, ceux qui violeraient cette confirmation.

21 Juillet 1174.

ALEXANDER episcopus, servus servorum Dei, dilectis filiis, abbati (2) et fratribus Sancti Illidii salutem et apostolicam benedictionem. Justis petentium desideriis dignum est nos facilem prebere consensum, et vota que a rationis tramite non discordant effectu sunt prosequente complenda. Eapropter, dilecti in Domino filii, vestris justis postulationibus grato concurrentes assensu (3), ecclesiam de Girsac (4) cum pertinentiis suis, sicut eam ex donatione venerabilis fratris nostri P., Claromontensis episcopi, rationabiliter possidetis, vobis et monasterio vestro auctoritate Apostolica confirmamus et presentis scripti patrocinio communimus : statuentes ut nulli omnino hominum liceat hanc paginam nostre confirmationis infringere, vel ei aliquatenus contraire. Si quis autem hoc attemptare presumpserit, indignatio-

___

(1) Original aux archives départementales du Puy-de-Dôme. Bulle avec son sceau, caractères bien conservés.

(2) Arnaud était encore abbé. C'est à lui que Ponce fit donation de l'église de Gerzat. Il eut pour successeur Ponce, auquel l'évêque de Clermont donna l'église du Valbeleix. Il fit l'acquisition de dimes à Thuret. Le Nécrologe de Saint-Allyre en fait mention en ces termes : « xi Cal. Febr., depositio dompni Pontii abbatis, qui emit quamdam decimam apud Turiaceum. » *Gallia Christiana*, t. II, col. 325.)

(3) Arnaud avait écrit à Alexandre III.

(4) Saint-Bonnet de Gerzat, de l'ancien archiprêtré de Clermont, est du canton et arrondissement de Clermont.

nem omnipotentis Dei et beatorum Petri et Pauli apostolorum ejus se noverit incursurum. Datum Venetiis in Rivo alto, xii Kal. Augusti (1).

CLXXXIII.

Alexandre III à Ponce, évêque de Clermont. Il le charge avec Mathieu (2), évêque de Troyes, de régler le différend survenu entre Josse (3), archevêque de Tours et Barthélemy Vindechi, archevêque, d'une part, et les abbés de Saint-Martin de Tours et de Cormery, d'autre part (4).

1174.

CLXXXIV.

Alexandre III à l'abbé (5) et aux moines de Pébrac. A l'exemple d'Anastase IV, il confirme ce monastère dans la possession de la dignité abbatiale (6).

1174.

---

(1) Original aux Archives départementales du Puy-de-Dôme. Saint-Allyre, Layette 1re, Liasse 1re. Bulle avec le sceau.

(2) Mathieu avait succédé à Henri. Il tint le siège de Troyes, de 1169 à 1180.

(3) Josse avait succédé à Engelbaud. Il eut plusieurs démêlés avec Henri II, roi d'Angleterre, et le chapitre de Saint-Martin de Tours. Il mourut en 1175.

(4) Après avoir mûrement examiné la question, Ponce arrêta que l'abbé de Cormery, quand il serait sur le point de recevoir la bénédiction, ferait profession dans l'église de Saint-Maurice, et promettrait à l'archevêque obéissance en ces termes : « Moi qui suis prêt d'être béni abbé de Cormery, promets et jure, la main sur l'autel, à vous et à vos successeurs, obéissance, sujétion et révérence... (Savaron, *Origines de Clairmont*, p. 68 ; d'après une charte des Archives de Saint-Martin de Tours).

(5) Guillaume Ier Aimon vient après Raimond Garimes, dans la série des abbés de Pébrac. En 1179, Ponce, évêque de Clermont, lui donna l'église de Saint-Ilpize, paroisse qui est dans le canton de Lavoûte-Chilhac, arrondissement de Brioude.

(6) *Gallia Christiana*, t. II, col. 460.

CLXXXV.

Alexandre III à Robert, archevêque de Vienne, et à Ponce, évêque de Clermont. Il expose qu'après plusieurs persécutions suscitées par Guigues, comte du Forez, contre l'Eglise de Lyon, il y avait eu une transaction, en vertu de laquelle aucune acquisition ne devait être faite sans qu'on donnât en aumône quelque chose à l'Eglise, et par laquelle le comte s'était engagé à ne pas inquiéter les prêtres ou les autres possesseurs des églises qui lui avaient été concédées. Il ajoute que le comte, malgré le serment qu'il avait fait de l'observer, avait violé cette transaction. Il enjoint à Robert et à Ponce de veiller à ce qu'il accomplisse les conventions qui ont été prises; sinon, de frapper sa terre d'interdit, et, s'il persévère, de lancer contre lui l'interdit et l'excommunication.

5 Juin 1175.

Lexander episcopus, servus servorum Dei, venerabilibus fratribus, archiepiscopo Viennensi (1), Apostolicæ Sedis legato, et Claromontensi episcopo (2), salutem et apostolicam benedictionem. Memores sumus, nec vos estis, sicut arbitramur, obliti quod, cum olim Ecclesia Lugdunensis per nobilem virum, comitem Forensem (3), multas persecutiones, gravamina et rerum dispendia pertulisset, tandem inter eamdem Ecclesiam et comitem quædam facta est permutatio et juramenti religione firmata, a quo nunc idem comes dolose resilire contendit. Sane hujusmodi, sicut nunc et alia voce nobis innotuit, inter eos compositio intercessit quod neutra pars inter terminos in transactione comprehensos quidquam aliquo genere acquisitionis acciperet, nisi forte Ecclesiæ aliquid ibi in eleemosynam confer-

(1) Robert.
(2) Ponce.
(3) Guigues.

retur. Convenit etiam idem comes, quod in ecclesiis quæ sibi concessæ fuerant, cœteris aliis jam dictæ Ecclesiæ reservatis, quidquam molestiæ vel injuriæ presbyteris, vel aliis, easdem ecclesias possidentibus non inferret. Nunc vero idem comes, contra eamdem transactionem et religionem sui juramenti veniens, presbyteros et alios possessores ecclesiarum ipsarum gravibus et enormibus exactionibus fatigare præsumit, et easdem ecclesias cum omni dote sua sibi usurpare contendit. Licet autem transactio ipsa sit minus honesta, eam tamen pro bono pacis auctoritate Apostolica confirmavimus, verentes admodum ne, si eam revocare vellemus, præscriptæ Ecclesiæ graviora incommoda et etiam personarum pericula provenirent. Et nunc præfatus comes, ut jam dictas ecclesias posset invadere et suæ subjicere potestati, a nobis transactionem ipsam fuisse confirmatam proponit. Quoniam igitur famæ et saluti ejusdem comitis amplius expediret ea quæ in ipsa transactione minus honesta retinet derelinquere, quod ad alia manus extendere violentas, nos sustinere nolentes ut impune in ipso religionem sui violet sacramenti, aut præscriptam Ecclesiam indebita vexatione fatiget, fraternitati vestræ per Apostolica scripta præcipiendo mandamus, quatenus præfatum comitem monere curetis et diligenter inducere ut ipsam transactionem, sicut eam juramento firmavit, omni contradictione et appellatione cessante, firmam et illibatam observet; et si quid contra eamdem transactionem noscatur occupasse, vel a presbyteris, aut ab aliis extorsisse, id quantocius restituere non postponat. Si vero monitis vestris noluerit conquiescere, in tota terra ejus, sublato appellationis remedio, auctoritate nostra, omnia divina, præter baptisma parvulorum et pœnitentias morientium, prohibeatis officia celebrari. Et si nec sic resipuerit, personam ejus vinculo anathematis astringatis, et tam interdicti quam excommunicationis sententiam faciatis usque ad dignam satisfactionem inviolabiliter observari. Datum Ferentini, v junii (1).

---

(1) *Rerum Gallicarum et Francicarum Scriptores*, t. xv, pp. 950-951. — *Patrologie*, édit. Migne, t. cc, col. 1024-1025.

CLXXXVI.

Alexandre III aux chanoines de Brioude (1). Il leur enjoint de n'exiger aucune redevance de l'abbaye de la Chaise-Dieu, au sujet du monastère de Chanteuge.

1162-1175.

CLXXXVII.

Alexandre III à la prieure et aux religieuses de Comps. Sur leurs prières, il prend ce monastère sous sa protection et le confirme dans la possession de ses biens. Il leur accorde le droit de sépulture et celui de célébrer l'office divin, en temps d'interdit général. Il défend, sous peines spirituelles, de causer le moindre préjudice à ce monastère et assure de la paix du Seigneur ceux qui observeront sa constitution.

19 Octobre 1177.

LEXANDER episcopus, servus servorum Dei, dilectis in Christo filiabus, priorissæ de Comps (2), ejusque sororibus tam præsentibus quam futuris annuimus, et præfatum monasterium, in quo divino mancipati estis obsequio, sub Beati Petri et nostra protectione suscipimus, et præsentis scripti privilegio communimus, in pri-

---

(1) Les démêlés entre le chapitre de Brioude et l'abbaye de la Chaise-Dieu, au sujet de Chanteuge, duraient toujours. Le cardinal Hyacinthe, légat du Saint-Siége, les termina par un bref de 1175, où il parle de la lettre d'Alexandre III (V. l'Appendice).

(2) Saint Robert établit les religieuses qui vivaient à la Chaise-Dieu, à Comps, village situé dans les terres de Brioude, sur les bords de la Senoire. La donation de ce lieu, faite par Raoul de Lugeac et ses deux fils, avait été approuvée par Rencon, Henri Ier et Raoul, abbé de Brioude. L'abbaye de Comps, qui prit plus tard le nom de Lavaudieu, a toujours suivi la règle de Saint-Benoît. Gausbert de Brolio donna à ce monastère son épouse et sa fille Ermengarde. Robert, comte de Clermont, lui céda les alleux de Paulhaguet, Sanssac et autres. Guillaume VII, comte d'Auvergne, fit donation de la terre de Tauves, à condition qu'on y construirait un monastère qui relèverait de

mis siquidem statuentes, ut ordo monasticus, qui secundum Deum et Beati Benedicti regulam, in eodem loco instituendus esse dignoscitur, perpetuis ibidem temporibus inviolabiliter observetur. Præterea quascumque possessiones, quæcumque bona idem monasterium in præsentiarum juste et canonice possidet, aut in futurum, concessione pontificum, largitione regum vel principum, oblatione fidelium seu aliis justis modis, præstante Domino, poterit adipisci, firma vobis et his quæ post vos successerint, et illibata permaneant: in quibus hæc propriis duximus exprimenda vocabulis : locum ipsum (1), in quo præfatum monasterium situm est cum domibus, cæmeterio et omnibus pertinentiis suis, ecclesiam de Peuliago (2), ecclesiam de Sansaco (3), ecclesiam de Loziaco (4), ecclesiam de Antremons (5), ecclesiam de Coiaco (6) cum omnibus pertinentiis earum, quæ omnes sunt in Claromontensi episcopatu : in Lombardia; ecclesiam de La Rocca (7), quidquid habetis in villa

celui de Comps (*Gallia Christiana*, t. II, Instrumenta Ecclesiæ Claromont., col. 107). La plus ancienne prieure de Comps qui nous soit connue est Pétronille de Murat. Elle vivait en 1148. Après elle on signale les prieures suivantes: Agnès (1198-1205), sous laquelle la Dauphine d'Auvergne donna au monastère dix livres, une chasuble, un calice et trois nappes de lin pour l'autel (Baluze, *Hist. généal. de la Maison d'Auvergne*, t. II, p. 257); Marguerite de Roche-Savine (1209); Raimonde (1225); Béatrix (1250); Marguerite II de Roche-Savine (1256-1277-1281) qui reçut du Dauphin Robert six deniers de rente perpétuelle pour le luminaire de Comps, et qui composa avec Beraud de Mercœur, au sujet de démêlés concernant le lieu de Chavaignat.

(1) Le lieu de Comps garda ce nom jusqu'en 1487, année où Charles VIII le changea, à la prière des religieuses de l'abbaye, en celui de Lavaudieu. Lavaudieu, de l'ancien archiprêtré de Brioude, est du canton et de l'arrondissement de Brioude.

(2) Paulhaguet, chef-lieu de canton de l'arrondissement de Brioude.

(3) Prieuré de Sansaco de Filles, de l'abbaye de Comps, de l'ancien archiprêtre de Brioude (*Pouillé de la Province*, de 1648, Bénéfices du diocèse de Saint-Flour, p. 11).

(4) Lugeac, canton de Lavaudieu.

(5) Entremont, de l'ancien archiprêtré de Brioude, du canton de Brioude.

(6) Cougeat, du même archiprêtré, est de la commune de La Mothe, canton et arrondissement de Brioude.

(7) Notre-Dame de La Rocca, située en Lombardie, dans le Montferrat, fut fondée par Guillaume, marquis de Montferrat, et la comtesse Adélaïde, sa sœur.

de Cumps cum molendinis et aliis pertinentiis suis; terram de Granato, terram de Buzeto et quas habetis in dominio de Laziaco. Sepulturam quoque ipsius loci liberam esse decernimus, ut eorum devotioni et extremæ voluntati qui se illic sepeliri deliberaverint, nisi forte excommunicati vel interdicti sint, nullus obsistat, salva tamen justitia illarum ecclesiarum a quibus mortuorum corpora assumuntur. Cum autem generale interdictum terræ fuerit, liceat vobis, clausis januis, exclusis excommunicatis et interdictis, non pulsatis campanis, suppressa voce, divina officia celebrare. Decernimus ergo ut nulli omnino hominum liceat præfatum monasterium temere perturbare, aut ejus possessiones auferre, vel ablatas retinere, minuere seu quibuslibet vexationibus fatigare, sed illibata omnia et integra conserventur eorum pro quorum gubernatione et sustentatione concessa sunt, usibus omnimodis profutura, salva Sedis Apostolicæ auctoritate et diœcesani episcopi canonica justitia. Si qua igitur in futurum ecclesiastica sæcularisve persona, hanc nostræ constitutionis paginam sciens, contra eam temere venire tentaverit, secundo tertiove commonita, nisi præsumptionem suam digna satisfactione correxerit, potestatis honorisque sui dignitate careat, reamque se divino judicio existere de perpetrata iniquitate cognoscat, et a sacratissimo Corpore ac Sanguine Dei et Domini Redemptoris nostri Jesu Christi aliena fiat, atque in extremo examine divinæ ultioni subjaceat. Cunctis autem eidem loco sua jura servantibus, sit pax Domini nostri Jesu Christi, quatenus et hic fructum bonæ actionis percipiant, et apud districtum judicem præmia æternæ pacis inveniant. Amen. Amen. Amen.

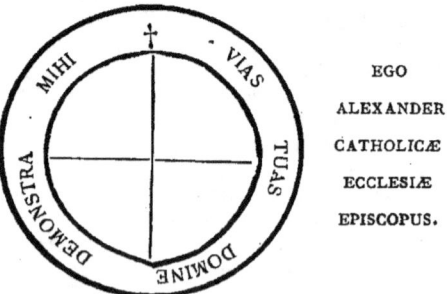

EGO ALEXANDER CATHOLICÆ ECCLESIÆ EPISCOPUS.

† Ego Hubaldus, Ostiensis episcopus.

† Ego Jacinthus, Sanctæ Mariæ in Cosmedin diaconus cardinalis.

† Ego Cynthius, diaconus cardinalis Sancti Adriani.

† Ego Hugo, diaconus cardinalis Sancti Eustachii juxta templum Agrippæ.

† Ego Laborans, diaconus cardinalis Sanctæ Mariæ in Porticu.

† Ego Odo, diaconus cardinalis Sancti Georgii ad velum aureum.

† Ego Johannes, Sanctorum Joannis et Pauli presbyter cardinalis tituli.

† Ego Albertus, presbyter cardinalis tituli Sancti Laurentii in Lucina.

† Ego Guillelmus, presbyter cardinalis tituli Sancti Petri ad Vincula.

† Ego Boso, presbyter cardinalis Sanctæ Pudentianæ tituli Pastoris.

† Ego Theodinus, presbyter cardinalis Sancti Vitalis tituli Vestinæ.

† Ego Manfredus, presbyter cardinalis tituli Sanctæ Ceciliæ.

† Ego Petrus, presbyter cardinalis tituli Sanctæ Susannæ.

Datum Anagniæ, per manum Gratiani, Sanctæ Romanæ Ecclesiæ subdiaconi et notarii, xiii Kalendas Octobris, Indictione ix, Incarnationis dominicæ anno mclxxvii, pontificatus vero Domini Alexandri pp. III, anno xviii (1).

CLXXXVIII.

Alexandre III à Bertrand Isarn, abbé de la Chaise-Dieu. Il met ce monastère et ses possessions sous la protection du Saint-Siége. Il permet de célébrer l'office divin en temps d'interdit, pourvu qu'on ferme les portes et que ce soit à basse voix. Il défend de troubler le mo-

(1) Bibliothèque nationale, ms. latin, 12,750, *Antiquitates Benedictinæ in diœcesi Sancti Flori*, 199-204. — Id., ms. latin, 12,818, *Chronica monasterii Casæ Dei*, f. 272-276.

nastère dans ses possessions, et d'enfreindre les constitutions portées en sa faveur.

19 Octobre 1177.

....

Donné à Anagnie, le 14 des Calendes d'Octobre, Indiction 9, l'an de l'Incarnation de Notre-Seigneur 1177, l'an 18 du pontificat de notre Saint-Père le pape Alexandre III (1).

CLXXXIX.

Alexandre III à Bertrand Isarn, abbé de la Chaise-Dieu et à ses frères. Sur sa demande, et à l'exemple de Calixte II, d'Eugène III, d'Adrien IV, il met ce monastère sous la protection du Saint-Siége, et le confirme dans la possession de ses biens dont il fait une longue énumération. Il prescrit les dispositions suivantes. Aucun archevêque ni évêque ne pourra frapper l'abbé et l'abbaye d'excommunication ou d'interdit; on pourra recevoir à la Chaise-Dieu ceux qui, vraiment pénitents, viendraient y recevoir le pardon de leurs crimes et ceux qui, étant libres, viendraient du siècle y chercher un asile. Les moines ne sortiront pas du cloître, la profession une fois faite, et nul ne pourra recevoir ceux qui en sortiraient, à moins qu'ils ne soient munis de lettres communes. Ceux qui restent dans les églises dépendant de la Chaise-Dieu pourront célébrer l'office divin, en temps d'interdit général. Personne, à moins que ce ne soit un légat du Saint-Siége, ne convoquera l'abbé à un synode ou à une assemblée. Si un des abbés soumis à ce monastère se rend coupable de désobéissance ou de rébellion, on pourra lui infliger des peines disciplinaires, sans qu'aucun évêque puisse s'y opposer. Nul ne pourra se soulever contre l'abbé ou les prieurs qu'il aura établis, ni

(1) Bibliothèque nationale, ms. latin, 12,777, *Miscellanea monastica*, f. 425, v.

blâmer son administration. Les moines sont autorisés à prendre des prêtres de leur choix pour leurs églises paroissiales, sauf à les présenter à l'évêque qui leur donnera charge d'âmes, s'il les trouve capables. Défense de construire dans leur paroisse une église ou un oratoire sans leur consentement et sans celui de l'évêque diocésain. Pour le saint-chrême, les saintes-huiles, les consécrations des autels ou des basiliques, les ordinations des clercs ou des moines, ils s'adresseront à l'évêque diocésain, à moins qu'il ne veuille user d'exactions à leur égard, et, dans ce cas, ils choisiront l'évêque qui leur plaira. A la mort de l'abbé, les moines pourront élire son successeur. La sépulture sera libre, mais on respectera les droits des églises auxquelles appartenaient les défunts. Il est défendu de causer le moindre tort à cette abbaye. En témoignage de sa liberté, la Chaise-Dieu paiera une redevance annuelle au Saint-Siége. Le pape menace de peines spirituelles ceux qui violeraient ces dispositions, et promet la paix de Notre-Seigneur à ceux qui les observeront.

2 Janvier 1178.

LEXANDER episcopus, servus servorum Dei, dilectis filiis Bertrando (1), abbati monasterii Casæ Dei, ejusque fratribus tam præsentibus quam futuris regularem vitam professis in perpetuum. Susceptæ administrationis officium monet nos propensius et hor-

---

(1) A la mort de Ponce de Beaudinaire, Guillaume Ier de Torrent, grand-prieur du monastère, fut élu abbé (1169). Il reçut de Mathieu et d'Agnès, sa femme, les biens qu'ils possédaient à Orcival, à condition qu'il recevrait leur fils, moine de la Chaise-Dieu. Sous lui, la terre de Tauves fut donnée au monastère de Comps. En ces temps, l'abbaye de la Chaise-Dieu se reposait des vexations qu'elle avait eu à endurer des vicomtes de Polignac. La paix avait été faite, grâce à l'intervention des évêques du Puy et de Cahors, qu'avait provoquée Louis VII. C'est alors que Jean, prieur de Saint-Robert de Cornillon, fut nommé évêque de Grenoble. Bertrand Isarn succéda à Guillaume Ier. Il avait été prieur de Saint-Marin de Pavie, et il exerçait l'office d'hôtelier quand il fut promu à l'abbatiat. Sous lui, Robert, moine de la Chaise-Dieu, devint archevêque de Vienne (1178).

tatur universæ Ecclesiæ filios paterna caritate diligere, præcipue autem illos qui arctius divinis sunt obsequiis mancipati et ad sacrosanctam Romanam Ecclesiam noscuntur specialius pertinere. Eapropter, dilecti in Christo filii, vestris justis postulationibus clementer annuimus, et, ad exemplar prædecessorum nostrorum felicis memoriæ, Calixti II, Eugenii III et Adriani IV, Romanorum pontificum, domum beati Roberti, in qua divino mancipati estis obsequio, sub beati Petri et nostra protectione suscipimus, et præsentis scripti privilegio communimus, statuentes ut quascumque possessiones, quæcumque bona idem monasterium in præsentiarum juste et canonice possidet, aut in futurum, concessione pontificum, largitione regum vel principum, oblatione fidelium seu aliis justis modis, præstante Domino, poterit adipisci, firma vobis vestrisque successoribus et illibata permaneant. In quibus hæc propriis duximus exprimenda vocabulis : abbatiam videlicet Sancti Sicarii Brantholmensis, abbatiam Sancti Michaelis Galliacensis, abbatiam Sancti Theodardi, abbatiam Fraxinorensem, abbatiam Sancti Marini Papiensis ; prioratus quoque Sancti Baudilii Nemausensis, Sancti Quiriaci secus Lucam cum ecclesiis Sancti Juliani Montispilani (1), Sancti Bartholomæi de Grumino cum omnibus decimis suis et pertinentiis, Sancti Treverii, Vallis Transversæ, Tecladi (2), Partheniaci veteris (3) cum ecclesia Sancti Sepulcri quæ est in parochia sua constructa, ecclesiam de Alone ad idem Partheniacum pertinentem; ecclesias de Malliaco, de Sancto Macuto, de Modonio et de Veiorno; ecclesias de Bellicadro; prioratum de Portu-Dei, cum ecclesiis de Laginaco (4), de Castang (5), de

---

(1) Saint-Julien de Montpiloux, en Lombardie. Ce monastère portait douze cloîtriers.

(2) Les prieurés de Saint-Trivier, Val-Traverse et Téclade, dont il est parlé, étaient dans l'ancien diocèse de Lausanne, compris dans la métropole de Besançon.

(3) Parthenay-le-Vieux, au diocèse de Poitiers.

(4) Leignac, de l'ancien archiprêtré de Charroux, diocèse de Limoges.

(5) Chastan (le), de l'ancien archiprêtré d'Aubusson, au diocèse de Limoges, est du canton et arrondissement de Tulle.

Pigairol, de Canoniaco (1), de Burgo (2), de Murol, de Villac, de Bannols (3) cum omnibus decimis et pertinentiis suis; prioratum Sanctæ Gemmæ cum ecclesiis de Dariera, de Sancto Fortunato, de Rios, de Hero, de Podio Asteri cum omnibus decimis et pertinentiis suis; prioratum de Vesellis cum ecclesiis Sancti Stephani de Conchis, Sanctæ Mariæ de Fraxineto, Sancti Nazarii, Sancti Juliani de Gas cum omnibus decimis et pertinentiis suis; prioratus de Gairvo, de Fischalco, de Marsiaco, de Taisiaco, de Sancto Laurentio (4), de Bordoneria (5) cum omnibus decimis et pertinentiis suis; ecclesias de Mimiaco (6) et de Varenera (7) et de Fontetrobade (8) cum omnibus decimis et pertinentiis suis; ecclesiam de Bruzone cum omnibus pertinentiis suis, ecclesiam Sancti Nectarii (9) cum decimis et pertinentiis suis, ecclesiam de Castello novo, ecclesiam de Sarlaco (10), ecclesiam de Boissum cum omnibus decimis et pertinentiis suis, ecclesiam de Grandisono (11), ecclesiam Beatæ Mariæ de Orcivale (12) cum omnibus decimis et pertinentiis suis. Alias quoque abbatias vel ecclesias, ab episcopis vobis pia largitione concessas, quas quilibet se ex dono laicorum prius tenuisse proponunt, vobis tanquam ex justiori titulo

---

(1) Chanonat, de l'ancien archiprêtré de Merdogne, est du canton et arrondissement de Clermont.

(2) Bourg-Lastic, de l'ancien archiprêtré de Rochefort, est un chef-lieu de canton de l'arrondissement de Clermont.

(3) Bagnols, de l'ancien archiprêtré de Rochefort, est du canton ecclésiastique de Saint-Pardoux-Latour, arrondissement d'Issoire.

(4) Saint-Laurent, dans l'ancien diocèse de Saintes.

(5) Prieuré de l'ancien diocèse de Saintes.

(6) Eglise comprise autrefois dans le diocèse de Saintes.

(7) Id.

(8) Id.

(9) Saint-Nectaire, de l'ancien archiprêtré de Merdogne, est du canton ecclésiastique de Neschers, arrondissement d'Issoire. Le prieuré a toujours relevé de la Chaise-Dieu. La cure était à la collection du prieur.

(10) Le prieuré de Saint-Blaise de Sarlhat était sur la paroisse de Dallet, village du canton de Pont-du-Château. La cure de Saint-Saturnin de Dallet était à la collation du prieur de Sarlhat.

(11) L'église de Grandson était dans l'ancien diocèse de Lausanne.

(12) Orcival, de l'ancien archiprêtré de Rochefort, est chef-lieu de canton ecclésiastique dans l'arrondissement de Clermont.

manere sancimus, nisi eas canonica, id est, tricenali possessione vel episcopali dono aut idoneis testibus vel legalibus scriptis constiterit habuisse. Præterea, suscipientes vos in Ecclesiæ Romanæ filios, specialiter ea vos libertate per præsentem paginam communimus et decreto sancimus perpetuo valituro, ut nulli archiepisco vel episcopo deinceps liceat cœnobium vestrum, abbatem vel conventum ejusdem cœnobii excommunicationi subjicere, vel interdicti sententia prægravare, sed in Beati Petri et successorum ejus manu quieti semper ac liberi per omnipotentis Dei gratiam consistatis, digne vero pœnitentibus qui pro suorum scelerum venia præscriptum monasterium duxerint visitandum, ipsum intrare et illic Domino sua vota persolvere indulgemus. Liceat quoque vobis personas liberas et absolutas a sæculo fugientes ad conversionem recipere, et eas sine aliqua contradictione retinere. Prohibemus insuper ut nullus fratrum vestrorum, post factam in eodem loco professionem, de claustro vestro qualibet levitate discedat, discedentem vero sine communium litterarum cautione, nullus suscipere audeat vel tenere. Cum autem generale interdictum terræ fuerit, liceat fratribus vestris qui per vestras ecclesiis commorantur, clausis januis, non pulsatis tintinnabulis, nisi in majori monasterio, celebrare divina, ita tamen quod excommunicati vel interdicti nullatenus admittantur. Decernimus etiam ut nulli, nisi a Sede Apostolica delegato, abbatem vestrum, qui pro tempore fuerit, liceat ad Synodum vel conventum vocare. Statuimus quoque ut, si quis abbatum qui de constitutione Apostolica præscripto monasterio subjacent, vobis inobediens exstiterit vel rebellis, liceat vobis eum disciplina regulari compescere, nec quisquam episcoporum in ea re vobis adversari præsumat. Nulli præterea fratrum liceat contra ipsum abbatem vel priores ab eo rationabiliter constitutos insurgere, et mandatis ac disciplinis ipsius quæ ad animarum salutem pertineant contraire. Præterea bonis ordinationibus et administrationibus ipsius detrectare in aliquo vel ipsi inobediens vel rebellis existere nullus attentet. Statuimus insuper ut in parochialibus ecclesiis vestris vacantibus liceat vobis sacerdotes eligere et episcopo præsentare quibus, si idonei inventi fuerint, episcopus animarum curam committet, ut de plebis quidam cura episcopo, vobis autem de temporalibus debeant respondere. In vestra autem parochia novum oratorium, vel ecclesiam absque assensu episcopi diœcesani et vestro construere nemo præsumat. Chrisma vero, oleum sanctum, consecrationes altarium seu basilicarum, ordinationes clericorum seu monachorum, qui ad sacros ordines fuerint promovendi a diæcesano suscipiatis episcopo, si quidem catholicus fuerit, et gratiam Apostolicæ Sedis habuerit, et ea vobis gratis et absque pravitate vel exactione aliqua voluerit exhibere; alioquin liceat vobis quemcumque malueritis adire antistitem qui, nostra fultus auctoritate, quod postulatur indulgeat. Obeunte quoque te, nunc ejusdem loci abbate vel tuorum quolibet successorum, nullus ibi qualibet subreptionis astutia seu violentia præponatur, nisi quem fratres communi consensu vel fratrum pars sanioris consilii, secundum Dei timorem et Beati Benedicti regulam, providerint eligendum. Sepulturam etiam ipsius loci liberam decernimus, ut eorum devotioni vel extremæ voluntati, qui illic sepeliri deliberaverint, nisi forte excommunicati vel interdicti sint, nullus obsistat, salva tamen justitia illarum ecclesiarum a quibus mortuorum corpora assumuntur. Decernimus ergo ut nulli omnino hominum liceat præfatum monasterium perturbare aut ejus possessiones auferre, vel ablatas retinere, minuere aut aliquibus vexationibus fatigare, sed omnia integra conserventur eorum pro quorum gubernatione et sustentatione concessa sunt, usibus omnimodis profutura, salva Sedis Apostolicæ auctoritate et in præscriptis capellis diœcesanorum episcoporum canonica justitia. Ad indicium autem præceptæ hujus a Sede Apostolica libertatis, byzantium unum annis singulis nobis nostrisque successoribus persolvatis. Si quis igitur in futurum, ecclesiastica sœcularisve persona, hanc nostræ constitutionis paginam sciens, contra eam temere venire tentaverit, secundo tertiove commonita, nisi reatum suum digna satisfactione correxerit, potestatis honorisque sui dignitate careat, reamque se a divino judicio existere de perpetrata iniquitate cognoscat, et a sacratissimo Corpore ac Sanguine Dei et Domini Redemptoris nostri Jesu Christi aliena fiat, atque in extremo examine divinæ ultioni subjaceat. Cunctis autem eidem loco sua jura servantibus, sit pax Domini nostri Jesu Christi, quatenus et hic fructum bonæ actionis percipiant, et apud districtum judicem præmia æternæ pacis inveniant. Amen. Amen. Amen.

 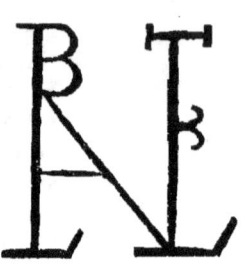

Ego Alexander, Catholicæ Ecclesiæ episcopus.

† Ego Humbaldus, Ostiensis episcopus.

† Ego Gregorius, Sabinensis episcopus.

† Ego Joannes, presbyter cardinalis tituli Sanctæ Anastasiæ.

† Ego Joannes, presbyter cardinalis tituli Sanctorum Joannis et Pauli.

† Ego Joannes, presbyter cardinalis tituli Sanctæ Mariæ.

† Ego Petrus, presbyter cardinalis tituli Sanctæ Suzannæ.

† Ego Petrus, presbyter cardinalis tituli Sancti Chrysogoni.

† Ego Vivianus, presbyter cardinalis tituli Sancti Stephani in Cœlio Monte.

† Ego Concius, presbyter cardinalis tituli Sanctæ Ceciliæ.

† Ego ....., presbyter cardinalis tituli Sancti Clementis.

† Ego Simon, presbyter cardinalis tituli Sanctæ Crucis in Jerusalem.

† Ego Matthæus, presbyter cardinalis tituli Sancti Marcelli.

† Ego Hyacinthus, diaconus cardinalis Sanctæ Mariæ in Cosmedin.

† Ego Ardicio, diaconus cardinalis Sancti Theodori.

† Ego Joannes, diaconus cardinalis Sancti Angeli.

† Ego Matthæus, diaconus cardinalis Sanctæ Mariæ Novæ.

† Ego Bernardus, diaconus cardinalis Sancti Nicolai in carcere Tulliano.

Datum Tusculani, per manum Alberti, Sanctæ Romanæ

Ecclesiæ presbyteri cardinalis et cancellarii, quarto Nonas Januarii, Indictione undecima, Incarnationis dominicæ anno millesimo centesimo septuagesimo octavo, pontificatus vero domini Alexandri papæ III anno decimo nono (1).

CXC.

Alexandre III aux religieux de Saint-Sixte de Plaisance. Il se plaint de ce qu'ils ne rendent pas à l'abbaye de la Chaise-Dieu l'obéissance et le respect qu'ils doivent, selon les décrets de l'Eglise romaine.

2 Janvier 1178.

LEXANDER episcopus, servus servorum Dei, dilectis filiis, monachis Sancti Sixti de Placentia, salutem et apostolicam benedictionem. Conquestionem dilectorum filiorum nostrorum, abbatis et fratrum Casæ Dei, recepimus, quod eis obedientiam et reverentiam, quam, juxta decretum Ecclesiæ Romanæ, debetis, contemnitis exhibere. Quia igitur, quantum sit inobedientiæ vitium, delictum primi parentis ostendit, nec vos id convenit ignorare, qui, juxta ordinis vestri statuta, obedientiæ virtutem omnimodo imitari debetis, discretioni vestræ per apostolica scripta mandamus atque præcipimus, quatenus prædicto abbati et fratribus debitam obedientiam et reverentiam impendatis, et eorum monitis, de mandatis debeatis omni cum devotione parere; alioquin pœnitentiam, quam prædicti loci abbas in vos rationabiliter tulerit, ratam habentes, eam faciemus usque ad dignam satisfactionem inviolabiliter observari (2).

Datum Tusculani, quarto Nonas Januarii (3).

---

(1) Bibliothèque nationale, ms. latin, 12,848, *Chronica monasterii Casæ Dei*, f. 278-287.

(2) L'abbé de Saint-Sixte promit obéissance à l'abbé de la Chaise-Dieu par un acte, où, parmi les signataires, on remarque Arbert de Celleriis, Jean de Mende, Armand Valette, Pierre Vernet, Jean Riom, Gaucerand, Pierre de Dora, Guichard Aimon, Hugues de Morle, Etienne Roca, Franc Candorat, Pierre Tournemire, Bernard de Montferrand, Durand de la Vayssière.

(3) Biblioth. nationale, ms. latin, 12,818, *Chronica monasterii Casæ Dei*, f. 288-289.

CXCI.

Alexandre III à Guarin, archevêque de Bourges, à ses suffragants parmi lesquels était Ponce, évêque de Clermont, et aux abbés établis dans les diocèses de la métropole de Bourges. Il les invite à se rendre au Concile qui doit se célébrer à Rome, le premier dimanche de Carême.

21 Septembre 1178.

Quoniam in agro Domini, qui est Ecclesia, tanquam spinæ et tribuli, nascuntur quotidie et pullulant germina vitiorum, tum videlicet quia proni sunt sensus hominis ad malum ab adolescentia sua, tum quia inimicus homo de malitia sua zizania superseminare non cessat, et germen bonum nititur suffocare, necesse est diligentiam adesse cultorum, et nunc evellere et amputare jam nata, nunc etiam nascituris nocivis germinibus proficiendi aditum obserare, subsequenter autem et inserere fructiferum germen, et seminare semen bonum, quod trigesimum, sexagesimum et centesimum, fecundante Deo, possit afferre. Nam et hoc verba illa dominica sonare videntur, quibus Jeremiam prophetam, et in eo evangelicum sacerdotem instruxit, dicens: « Dei verba mea in ore tuo. Ecce constitui te super gentes, et regna, ut evellas, et destruas, et disperdas, et dissipes, et ædifices, et plantes. » Id autem, licet universis Ecclesiarum rectoribus incumbat, multo tamen fortius imminet Romanæ urbis antistiti, qui a Domino Jesu Christo, ut caput esset Ecclesiæ, in beato Petro accepit, et de pascendis Dominicis ovibus et fratribus confirmandis expressum et speciale noscitur habuisse mandatum. Inde siquidem est quod nos, licet insufficientibus meritis, ad providentiam Apostolicæ Sedis et ministerium universalis Ecclesiæ a Deo, ut ipsi placuit, disponente vocati, quia in Ecclesia Dei correctione videmus quamplurima indigere, tam ad emendanda quæ digna emendatione videntur, quam ad promulganda quæ saluti fidelium visa fuerint expedire, de diversis partibus personas ecclesiasticas decrevimus evocandas, quarum præsentia et consilio quæ fuerint salubria, statuantur; et quod bonum, secundum consuetudinem antiquorum patrum, provideatur et firmetur a multis. Quod si particulariter fieret, non facile posset plenum robur habere. Quocirca per Apostolica vobis scripta mandamus qualiter huic nostræ dispositioni plenis desideriis cooperari curetis, et, prima Dominica advenientis Quadragesimæ (1), ad urbem Romam, ducente Domino, veniatis, et, cooperante Spiritus sancti gratia, tum in corrigendis enormitatibus, tum in statuendis quæ Deo grata fuerint, communi studio quod fuerit agendum agatur, et in uno humero sublevemus arcam Domini, atque uno ore honorificemus Deum et Patrem Domini nostri Jesu Christi (2).

Datum Tusculi, xi Kal. Octobris (3).

CXCII.

Alexandre III à Bertrand Isarn (4), abbé de la Chaise-Dieu. Il confirme les priviléges accordés à cette abbaye par ses prédécesseurs. Il défend, sous peine d'interdit ou d'excommunication, de lui causer le moindre préjudice dans ses personnes et biens, meubles ou immeubles, et de diminuer en aucune façon ses priviléges.

2 Janvier 1179.

. . . .
. . . .

Ceste Bulle fut expédiée à Tusculan, le 4 des Nones de Janvier,

(1) Le premier dimanche de Carême devait être le 18 février 1179.
(2) Il s'agit du concile de Latran qui fut le xi⁰ Concile général. Il y eut plus de trois cents évêques. On ne voit pas que Ponce, évêque de Clermont, et des abbés de notre province y aient assisté.
(3) *Rerum Gallicarum et Francicarum Scriptores*, t. xv, p. 963-964. — Mansi, *Conc.*, xvii, 211. — *Patrologie*, édition Migne, t. cc, col. 1185.
(4) Bertrand Isarn mourut, selon la tradition, le 24 septembre 1179, et fut enseveli près de Guillaume de Torrent, entre le maître-autel et la chapelle de la Sainte Vierge.

Indiction xi°, l'an de Nostre Seigneur 1179, l'an vingtiesme du pontificat de nostre Saint-Père le pape Alexandre III (1).

CXCIII.

Alexandre III à l'archevêque de Bourges et aux évêques de Clermont et du Puy. Il leur recommande de faire observer la sentence portée en faveur de l'abbaye de Tournus.

23 Avril 1166-1179.

LEXANDER episcopus, servus servorum Dei, venerabilibus fratribus, Bituricensi archiepiscopo, Claromontensi et Aniciensi (2) episcopis, salutem et Apostolicam benedictionem. Nulla vel modica ecclesiasticæ severitati reverentia præstaretur, si excommunicati ab uno, ab aliis ad ecclesiastica sacramenta sine satisfactione congrua deberent admitti, essetque facilitas veniæ incentivum sæpius delinquendi. Unde, quoniam non sunt vincula ecclesiastica contemnenda, cum nonnunquam majorem quis ex contemptu reatum incurrat, quam ex priore commisso antea meruisset, fraternitati vestræ per Apostolica scripta mandamus, quatenus sententiam, de auctoritate nostra, pro monasterio Trenorciensi, vel pro membris ipsius, a delegatis judicibus rationabiliter promulgatam, servetis, et usque ad dignam satisfactionem faciatis ab omnibus inviolabiliter servari. Datum Laterani, ix Kal. Maii (3).

CXCIV.

Alexandre III à Girard, abbé de Tournus. Il confirme

---

(1) Biblioth. nationale, ms. latin, *Miscellanea monastica*, 12,777, f. 425, v.
(2) L'évêque du Puy était Pierre IV, qu'on dit avoir siégé de 1159 à 1189.
(3) Juénin, *Histoire de Tournus*, p. 178. — *Patrologie*, édit. Migne, t. cc, col. 1197.

cette abbaye dans ses possessions dont plusieurs, qu'il énumère, étaient dans le diocèse de Clermont.

8 Avril 1179.

LEXANDER episcopus, servus servorum Dei, dilectis filiis, Girardo, Trenorchiensis monasterii abbati, ejusque fratribus tam præsentibus quam futuris, regularem vitam professis in perpetuum. Commissæ nobis Sedis Apostolicæ auctoritas nos hortatur, ut divinis locis ejusque personis auxilium nostrum devotione aliqua implorantibus, tuitionis præsidium impendere debeamus. Quia, sicut injusta petentibus nullus est tribuendus effectus, ita legitima et justa poscentium non est differenda petitio, præsertim eorum vel qui religionem devote videntur amplecti, et sub ea gaudent Domino militare, vel qui cum honesta vita et laudabili morum compositione student omnipotenti Domino deservire. Proinde, dilecti in Domino filii, vestris justis postulationibus clementer annuimus et prædecessorum nostrorum felicis recordationis, Urbani, Calixti, Innocentii, Lucii et Eugenii, Romanorum pontificum, vestigiis inhærentes, Trenorchiense monasterium, in quo divino mancipati estis obsequio, sub beati Petri et nostra protectione suscipimus, et præsentis scripti privilegio communimus, statuentes ut quascumque possessiones, quæcumque bona idem monasterium in præsentiarum juste et canonice possidet, aut in futurum, concessione pontificum, largitione regum vel principum, oblatione fidelium, seu aliis justis modis, præstante Domino, poterit adipisci, firma vobis vestrisque successoribus et illibata permaneant. In quibus hæc propriis duximus exprimenda vocabulis. In episcopatu videlicet Claromontensi; monasterium Sancti Portiani cum ecclesiis de Besson, de Quintiniaco, de Salines, de Celsiaco, de Tavallio, de Fellinia, de Monteaureo, de Sustris, de Charel, de Liniaco, de Martiliaco, de Montfane, de Boiaco, de Barbariaco, de Vernei, de Villena, de Lupiaco, de Paredo, de Briallis, de Varinnis, de Voro, de Lupo; ecclesias de Begiaco, de Nuilliaco, de Copelx, de Branciaco, de Tresalliaco, de Floriaco cum capella de Cavarocha; ecclesiam de Salviliis, de Lebiaco; ecclesiam Sancti Nicolai, ecclesiam

de Vernolis. In Cabilonensi..................................
....

Datum Laterani per manum Alberti, Sanctæ Romanæ Ecclesiæ presbyteri cardinalis et cancellarii, vi Idus Aprilis, Indictione xii, Incarnationis dominicæ anno 1179, pontificatus vero Domini Alexandri papæ III, anno xx (1).

CXCV.

Alexandre III aux évêques de Cahors (2) et d'Angoulême (3). Il les charge d'examiner le différend survenu, au sujet de l'église de Montalzat (4), entre l'abbé d'Aurillac (5) et les abbés de Figeac et de Sarlat.

1179.

CXCVI.

Alexandre III à Ponce, évêque de Clermont. Conformément aux désirs qu'il lui avait exprimés dans une lettre, il met sous la protection du Saint-Siége l'Eglise de Clermont et tous ses biens présents et futurs. Il

---

(1) Juénin, *Nouvelle histoire de Tournus*, 174. — *Patrologie*, édit. Migne, 2, cc, col. 1225-1228.
(2) Géraud Hector.
(3) Pierre Ier de Laumont avait succédé à Hugues II, en 1159. On met sa mort en 1182.
(4) Le différend fut terminé en faveur de l'abbaye d'Aurillac.
(5) Pierre Brun, abbé d'Aurillac, eut de grands démèlés avec les bourgeois d'Aurillac. Comme ils s'étaient soulevés contre lui, il implora le secours de Raimond V, comte de Toulouse. En retour de sa protection, il lui céda Tornac, au diocèse de Nimes, un four à Puycelsi, dans l'Albigeois, et les cens de cette châtellenie. Cette convention eut lieu, en 1180, à Capdenac, devant Hugues, évêque de Rodez, Guiraud, abbé de Conques et Guillaume de Nant (*Gallia Christ.*, t. II, col. 444). Le comte de Toulouse donna plus tard ces possessions au monastère de la Garde-de-Dieu, diocèse de Cahors. Pierre Brun mourut en 1185, et fut enterré à la porte de Saint-Clément (*Saint-Géraud d'Aurillac...* par Mgr G. Bouange, t. II, p. 27). Dans cet ouvrage, il est fait mention de la lettre du pape aux évêques de Cahors et d'Angoulême (t. II, p. 26).

défend, sous peine d'anathème, à tout abbé, prieur, clerc ou laïque, de nuire en aucune manière à la dignité et à la liberté de cette Eglise, et déclare nulle toute mesure contraire à ses dispositions. Il confirme cette Eglise dans la possession des églises de Condat, de Gelles et de quelques châteaux. Il menace de l'indignation de Dieu et de ses apôtres, Pierre et Paul, ceux qui violeraient sa constitution.

11 Février 1171-1181.

LEXANDER episcopis, servus servorum Dei, venerabili fratri, P. (1), Claromontensi episcopo, salutem et Apostolicam benedictionem. Licet universis fratribus et coepiscopis nostris apostolicum debeamus suffragium impertiri, eis tamen majori sollicitudine tenemur adesse qui religione ac honestate preminent, et nobis vinculo sunt ferventioris devotionis astricti. Inde est quod nos, religionem et honestatem tuam propensius attendentes, et quam ferventem circa nos et Romanam Ecclesiam devotionem habeas, nichilominus cogitantes, justis petitionibus tuis prompto animo volumus, sicut debemus, annuere, et paci et quieti tue pastorali sollicitudine providere. Eapropter, venerabilis in Christo frater episcope, moti precibus et postulationibus tuis, Claromontensem Ecclesiam cui, auctore Deo, presides, sub beati Petri et nostra protectione suscipimus et presentis scripti patrocinio communimus; statuentes ut quascumque possessiones, quecumque bona ecclesia in presentiarum juste et canonice possidet, aut in futurum, concessione pontificum, largitione regum vel principum, oblatione fidelium seu aliis justis modis, Deo propitio, poterit adipisci, firma tibi tuisque successoribus et illibata permaneant. Statuimus insuper et Apostolica auctoritate sancimus, ut prescripta Ecclesia dignitates et libertates quas temporibus predecessorum tuorum habuit, tempore tuo et in perpetuum habeat inconcusse. Illud etiam interdicimus et sub interminatione anathematis

(1) Ponce.

arctius prohibemus, ne quis abbas, prior vel alius quilibet clericus, vel laicus tui episcopatus quicquam dignitatis aut libertatis prenotate Ecclesie temeraria presumptione minuere audeat, vel sibi illicite usurpare, aut ab eadem Ecclesia alienare presumat. Quod si aliquis contra prohibitionem nostram in hac parte venire temptaverit, quod ipse contra hoc fecerit, irritum esse decernimus, et firmitatis robore omnino carere censemus. Insuper autem ecclesiam de Condato (1) cum villa et ceteris pertinentiis suis, ecclesiam de Gellam (2), castrum de monte Claro (3), castrum de Fanx... castrum de Avoloure (4), quemadmodum ea juste et pacifice possides, predicte ecclesie auctoritate Apostolica confirmamus. Nulli ergo omnino hominum liceat hanc paginam nostre protectionis, constitutionis et confirmationis infringere, vel ei aliquatenus contraire. Si quis autem hoc attemptare presumpserit, indignationem omnipotentis Dei et beatorum Petri et Pauli, apostolorum ejus, se noverit incursurum. Datum Tusculani (5), III Idus Februarii (6).

(1) L'église de Condat était, au siècle dernier, à la nomination des Carmes-Déchaussés de Clermont. Elle fut comprise parmi les églises que les évêques et le chapitre cathédral cédèrent à l'abbaye de Chantoin. Condat est du canton de Saint-Germain-l'Herm, arrondissement d'Ambert.

(2) Gelles, du canton ecclésiastique d'Orcival. Les seigneurs de Neufond, hameau situé dans la commune de Gelles, rendaient hommage au chapitre cathédral pour les droits qu'ils percevaient dans ce village et son territoire. (*L'Origine des Eglises de France* par Dufraisse, p. 423).

(3) Montclar. Les ducs de Ventadour rendaient hommage au chapitre cathédral pour Chalus, Champiniasel, Mauriat, Miremont, Montclar, Bosclar. *Id.*, p. 422.

(4) Vollore, canton de Courpière, arrondissement de Thiers. Cette terre, située près du Forez, appartenait anciennement à la maison de Thiers. Les comtes du Forez rendaient hommage à l'évêque et au chapitre cathédral pour Vollore et Labarge. *Id.*, ibid. Il y avait dans la paroisse de Vollore un prieuré, sous le vocable de Saint-Maurice, à la nomination du prieur de Sauvial.

(5) Nous ne connaissons pas la date de l'année où fut envoyée cette bulle. Comme elle est datée de Tusculanum, et que nous trouvons Alexandre III dans cette ville en 1171 et en 1181, nous pensons qu'il faudrait assigner une de ces époques à ce document pontifical. *Patrologie*, édit. Migne, t. cc, col. 776-777.

(6) Original aux Archives départementales du Puy-de-Dôme. Bulle avec son sceau : elle est légèrement détériorée.

CXCVII.

Alexandre III aux évêques de Cahors et de Die. Il leur expose que les chanoines de Brioude, ainsi qu'ils l'en avaient informé, avaient depuis longtemps sous leur juridiction le monastère de Chanteuge, que, dans la suite des temps, à la vue de l'affaiblissement de l'esprit religieux qui s'y était produit, ils l'avaient cédé au monastère de la Chaise-Dieu, à condition que l'abbaye serait convertie en prieuré, que la Chaise-Dieu y tiendrait vingt moines, et qu'à la fête de Saint-Julien, ils traiteraient tout le clergé de Brioude dans le réfectoire capitulaire. Les conditions portaient aussi qu'à la fête de Saint-Marcellin, les chanoines et clercs de Brioude se rendraient avec les ornements de leur église à Chanteuge, où ils devaient être reçus et honorés comme des maîtres. Les moines de Chanteuge alléguaient contre ces prétentions un privilége émané du pape. Mais les chanoines de Brioude n'y ajoutaient aucune foi et demandaient qu'on leur fît justice. Après avoir fait connaître cette situation aux évêques de Cahors et de Die, le pape les exhorte à mander devant eux les chanoines de Brioude et les moines de la Chaise-Dieu, à examiner cette cause et à porter sur elle un jugement équitable.

24 Février 1171-1181.

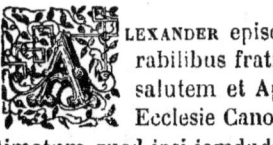LEXANDER episcopus, servus servorum Dei, venerabilibus fratribus Caturcensi et Dieusi episcopis, salutem et Apostolicam benedictionem. Ex parte Ecclesie Canonicorum Brivatensium nobis est intimatum quod ipsi jamdudum monasterium in loco de Cantogols edificarunt et, abbatem instituentes, diutinis temporibus illud in sua jurisdictione et proprietate possederunt, ita quidem quod abbates instituebant, destituebant, cause et controversie ibi orientes per capitulum Brivatense diffiniebantur. Procedente

vero tempore, cum, in ipso monasterio, religionis ordo diminui et insolentia et tepiditate quadam debilitari cepisset, ut ipsius loci religio reformaretur et perpetuis temporibus observaretur, iidem canonici Brivatenses, de communi consensu et consilio Ecclesie sue, predictum monasterium de Cantogols abbati et monasterio Case Dei concesserunt ordinandum, tali quidem tenore quod abbatia in prioratum converteretur, et Casa Dei in ipso prioratu viginti monachos assidue teneret, et in festo Sancti Juliani universum clerum Brivatensem in refectorio Brivatensi cum servitoribus eorum singulis annis decenter et honeste procurarent. In festo quoque Sancti Marcellini, canonici et clerici Brivatenses, cum ipsis placeret, ad monasterium de Cantogols cum ornamentis ecclesie accedere, et a priore ac monachis ejusdem loci honorifice recipi et decenter procurari debebant. Canonicos etiam Brivatenses, quandocumque illuc viverent, sicut dominos, honorare et procurare tenebantur. Sed monachi ipsi, hoc minime adimplere volentes, asserunt se contra hujusmodi institutiones nostri auctoritate privilegii munitos. Quod canonici minime credentes, qui ad jurisdictionem beati Petri et nostram, nullo mediante, spectare noscuntur, sibi exinde justitiam postulant exhiberi. Nos igitur, de vestra discretione et honestatis prudentia plurimum confidentes, causam ipsam justitie vestre committimus audiendam et fine debito terminandam. Ideoque fraternitati vestre per Apostolica scripta mandamus, quatenus, tam canonicis quam abbate ac monachis Case Dei in vestra presentia constitutis, causam diligenter audiatis et eam, appellatione remota, mediante justitia, decidatis. Datum Tusculani (1), vi Kal. Martii (2).

(1) Nous ne connaissons pas l'année où parut cette lettre. Mais de ce qu'elle est datée de Tusculanum, on peut inférer qu'elle fut envoyée en 1171 ou en 1181, époques où Alexandre III se trouvait, au mois de mars, à Tusculanum. Comme d'autre part le bref du cardinal Hyacinthe, donné en 1175, parle des arrangements qui auraient été pris, au sujet de Chanteuge, en vertu d'un mandat pontifical, nous regardons comme plus probable que cette lettre est de 1171.

(2) Original dû à la communication de M Paul Leblanc, de Brioude. Bulle bien conservée. Le sceau manque.

CXCVIII.

Alexandre III donne un rescrit en faveur du clergé et du peuple de Montpiloux qui demandaient qu'on érigeât en évêché l'abbaye de Montpiloux qui relevait de la Chaise-Dieu (1).

1171-1181.

CXCIX.

Lucius III (2) à Ponce, évêque de Clermont. Il l'engage à employer les censures ecclésiastiques contre la famille de Annelt, afin de la contraindre à ne pas enlever l'église d'Auzon au monastère de la Chaise-Dieu.

17 Mars 1184.

Lucius episcopus servus servorum Dei, venerabili fratri, Claromontensi episcopo (3), salutem et Apostolicam benedictionem. Ex insinuatione dilecti filii nostri, abbatis Casæ Dei, nobis innotuit quod, cum de assensu capituli tui ecclesiam de Alzone cum omnibus pertinentiis suis ejus monasterio memorato contuleris, familia

---

(1) Ce rescrit est indiqué dans une bulle de Célestin III, que nous donnons plus bas.

(2) Lucius III fut élu, le 1er septembre 1181, et couronné, le 6, à Velletri, où il séjourna quelque temps, à cause de la persécution suscitée contre lui par le peuple de Rome. Il vint à Rome, en 1183. Comme les Romains continuaient de le persécuter, il se retira à Vérone, vers le mois de juillet 1184. Il tint dans cette ville un concile, où il publia une Constitution sur le concours des deux puissances pour l'extirpation de l'hérésie. Lucius III suivait le calcul florentin et avait pour sentence : « Deus salutaris, adjuva nos. »

(3) C'est le dernier diplôme pontifical dans lequel nous voyons Ponce figurer. Il eut un épiscopat remarquable. Nous en signalons les événements plus connus. Il fut le premier évêque qui confirma les priviléges de la ville de Billom. En 1173, il se rendit à Souvigny et rétablit la paix entre le monastère

de Annelt (1) ecclesiam ipsam hæreditaria successione detinere non metuit. *Mandamus* ut eam præfato monasterio pacifice

et les bourgeois. En 1175, il consacra l'église de l'abbaye de Montpeyroux. La même année, il ratifia une transaction passée entre Adémar, abbé de Bonneval et le prieur de Saint-Flour. Vers 1176, il écrivit à Maurice de Sully, évêque de Paris, et à Etienne, abbé de Saint-Euverte d'Orléans, pour les consulter sur la validité d'un baptême. L'évêque de Paris se prononça contre la validité; l'abbé de Saint-Euverte émit une opinion contraire. Ponce consulta le pape qui porta un jugement conforme à la décision de Maurice de Sully (*Histoire de l'Eglise gallicane*, t. ix, pp. 429-431). Vers la même époque, Ponce intervint dans un différend entre le roi de France et le roi d'Angleterre. Ces monarques, divisés au sujet de la possession de l'Auvergne et de quelques terres du Berry, convinrent de soumettre l'affaire à une assemblée d'évêques et barons, au nombre de douze, dont chacun choisirait la moitié. Le roi de France désigna les évêques de Clermont, de Nevers et de Troyes, et parmi les barons, Thibaud, comte de Blois, Robert, comte de Dreux et Pierre de Courtenay. Les arbitres, choisis par le roi d'Angleterre, soutinrent que l'Auvergne avait toujours fait partie du duché d'Aquitaine, à l'exception de l'évêché de Clermont, compris dans le domaine du roi de France. Louis VII protesta et revendiqua comme lui appartenant, l'Auvergne, le Berry et autres terres. On ne voit pas que ces difficultés aient été aplanies à la suite de cette conférence. En 1179, Ponce céda à Guillaume Aimon, abbé de Pébrac, l'église de Saint-Ilpize, et, en 1180, l'église de Mentières, à Foulques, prieur de Saint-Flour. En 1182, il fonda le chapitre de Saint-Martin-de-Cournon. En 1183, il écrivit à l'abbé de la Chaise-Dieu pour lui déclarer qu'il confirmait la cession faite par lui de l'église d'Auzon à la Chaise-Dieu. En 1186, il donna à l'abbé de Saint-Allyre la chapelle de Notre-Dame d'Anglard et l'église de Saint-Pierre de Valbeleix. Il est fait mention de Ponce dans les Cartulaires de Souvigny, de Saint-Allyre, de Saint-Martin-de-Tours et de Bonneval. Selon les uns, Ponce mourut, le 2 avril 1189. Les auteurs du *Gallia Christiana* soutiennent qu'il mourut le 3 mai 1187. Ils s'appuient sur l'épitaphe suivante qu'ils croient être celle de Ponce, et qui fut découverte par Dom Boyer, dans l'église de Chamalières.

> Clarus et insignis divinæ præco salutis
> Pontius hoc modico sanctus requiescit in antro,
> Qui Domino famulans, vitam virtutibus ornans
> Curas Ecclesiæ fidei gestabat amore.
> Vestibat nudos simul et pascebat egenos;
> Et sic a primo vitam deduxerat ævo.
> Hic cuinto nonos dormivit pace sacerdos,
> Cum crux ex Helena bene creditur esse reperta.
> Et prima feria scandens, ut credimus, astra,
> Tempore Paschali meruit Christo sociari.

(1) Selon les conjectures de Dom Estiennot, il s'agit de la famille de Nonette, famille autrefois florissante et qui n'était pas très-éloignée d'Auzon.

dimittendam, sine appellationis obstaculo, ecclesiastica censura compellas (1).

Datum Anagniæ, xvi Kalendas Aprilis (2).

CC.

Lucius III à Lantelme, abbé de la Chaise-Dieu. Il arrête que l'abbé et le monastère de la Chaise-Dieu ne paieront aucune dîme, au sujet des terres et des animaux des prieurés qui en dépendent.

31 Mars 1184.

....

Dat. Verulis, die 2 Calendas Aprilis 1184 (3).

CCI.

Lucius III à Alix (4), abbesse de Blesle. Il confirme cette abbaye dans la possession de plusieurs églises dont il fait l'énumération.

4 Avril 1184.

....

Dat... ii Nonas Aprilis, Indictione iii, pontificatus (Lucii pp. tertii) anno iv (5).

---

(1) Biblioth. nationale, ms. latin, 12,750. *Antiquitates Benedictinæ in diœcesi Sancti Flori*, f. 165.

(2) Nous pensons que c'est en 1184. Le 20 mars de cette année, Lucius III se trouvait à Ananie. Mittarelli, *Annales Camaldul.*, t. iv, 111.

(3) Bibliothèque nationale, ms. latin, 12,818, *Chronicon monasterii Casæ Dei*, f. 507. L'auteur du *Chronicon* prétend que cette lettre émane d'Alexandre III. « Alexander III concedit Lantelmo, abbati Casæ Dei simul et conventui, ut de terris et animalibus prioratuum a cœnobio Casæ Dei dependentium, decimas nullo modo solvant. » Evidemment, il est question de Lucius III et non d'Alexandre III, puisqu'en 1184, Lucius III siègeait depuis quelques années.

(4) Alix (Haalays) avait succédé à Philippie.

(5) *Gallia Christiana*, t. ii, col. 450. « Haalays ad quam Lucius III misit bullam datam ii Nonas Aprilis, Ind. iii, sui pontificatus an. iv, hoc est

CCII.

Lucius III aux moines de la Chaise-Dieu. Il expose que, le jour de la Cène, comme il allait célébrer l'office, et qu'un grand nombre d'abbés était en mître, il s'aperçut que Lantelme, abbé de la Chaise-Dieu, n'en avait point. Il ajoute qu'aussitôt il lui conféra ce privilége, et que, malgré ses humbles instances, il lui enjoignit de la porter aux principales fêtes, honneur qu'il veut aussi voir se perpétuer dans la personne de ses successeurs.

8 Avril 1184.

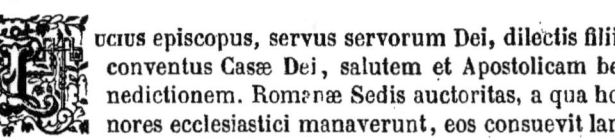ucius episcopus, servus servorum Dei, dilectis filiis conventus Casæ Dei, salutem et Apostolicam benedictionem. Romanæ Sedis auctoritas, a qua honores ecclesiastici manaverunt, eos consuevit largitione sui muneris honorare, qui, cum sint præditi honestate, beato Petro et successoribus ejus sincera devotione noscuntur astricti. Quod nos utique diligentius attendentes, cum in Cœna Domini missarum deberemus solemnia celebrare, et plures nobis astarent, mitras in suis capitibus deferentes, inspecto quod dilectus filius noster, Lantelmus (1), abbas vester, mitram in suo capite non haberet, nullius super hoc nobis petitione porrecta, nec alicujus inducti suggestione, tunc pro ipsius honestate abbatis et devotionis ejus constantia, tum quia monasterium vestrum ad dispositionem et jurisdictionem beati Petri et nostram nullo pertinet mediante, mitram ei contulimus, sicut moris est, in capite deferendam. Licet autem ipse

---

Christi 1184, in qua recensentur plurimæ ecclesiæ huic monasterio subjectæ. » Dom Boyer avait trouvé cette bulle dans les Archives du chapitre cathédral.

(1) Lantelme succéda à Bertrand Isarn, en 1179. Il avait été moine à Andryes : il était alors grand-prieur de la Chaise-Dieu. En 1181, il alla visiter les monastères d'Italie qui relevaient de son abbaye. Il se rendit à Vérone, auprès de Lucius III. Le Jeudi-Saint, il se préparait à assister à l'office pontifical. Le pape s'apercevant qu'il était seul sans mître, au milieu des autres prélats, lui donna aussitôt le pouvoir de la porter.

postmodum apud nos multum instaret ut eum redderemus a portanda mitra liberum et solutum, nos tamen ei injunximus, in virtute obedientiæ, in præcipuis festivitatibus, ut mitra, sicut ab aliis personis fieri solet, utatur, et vobis etiam ut ei prosequi suggeratis quod injunximus harum significatione mandamus, tam ipsi, sicut diximus, usum mitræ quam ejus successoribus de consueta Sedis Apostolicæ benignitate indulgemus. Statuimus ergo ut nulli omnino hominum liceat hanc paginam nostræ constitutionis infringere, vel ei ausu temerario contraire. Si quis autem hoc attemptare præsumpserit, indignationem omnipotentis Dei et beatorum Petri et Pauli, apostolorum ejus, se noverit incursurum. Datum Verulis, vi Idus Aprilis (1).

CCIII.

Lucius III à Lantelme, abbé de la Chaise-Dieu. Il ordonne que nul ne soit promu à l'abbatiat des abbayes relevant de la Chaise-Dieu, à moins qu'il ne soit moine-profès de ce monastère, et qu'il n'ait des lettres testimoniales de l'abbé, que, dans le cas contraire, la bénédiction soit refusée à celui qui oserait prendre le gouvernement de ces abbayes.

12 Avril 1184.

. . . .

Dat. Verulis, die ii Idus Aprilis 1184 (2).

CCIV.

Lucius III à Lantelme, abbé de la Chaise-Dieu et à ses frères. A l'exemple de ses prédécesseurs, Léon IX,

(1) Bibliothèque nationale, ms. latin, 12,766, *Fragmenta historiæ Aquitaniæ*, t. iv, pp. 203-205. — *Miscellanea monastica*, 12,777, f. 431 r. et v. — Mabillon, *Acta SS. Ordinis S. Benedicti*, sæc. vi, p. 185. — *Patrologie*, édit. Migne, t. cci, col. 1245.

(2) Bibliothèque nationale, ms. latin, 12,818, *Chronicon monasterii Casæ Dei*, f. 308. « Tantum octo diebus elapsis, Alexander III prohibet ne quis

Alexandre II, Urbain II, Calixte II, Eugène III, Adrien IV et Alexandre III, il met ce monastère sous la protection du Saint-Siége, et le confirme dans la possession de ses abbayes, prieurés et églises dont il fait le dénombrement. Il défend à tout archevêque ou évêque de lancer sur ce monastère et ses personnes un arrêt d'excommunication, d'interdit ou de suspense; il permet d'y entrer pour obtenir le pardon de ses fautes, et autorise l'abbé à recevoir dans l'état monastique ceux qui étant libres viennent du siècle : il arrête qu'en temps d'interdit commun, on pourra célébrer l'office divin dans les églises relevant de la Chaise-Dieu. Il ordonne que nul, à moins qu'il ne soit délégué du Saint-Siége, ne pourra convoquer l'abbé au synode ou à une assemblée ; qu'aucun oratoire ne pourra être construit dans les paroisses casadiennes, sans le consentement des moines et de l'évêque diocésain; que, dans les abbayes casadiennes, les abbés seront pourvus de l'abbatiat par l'abbé de la Chaise-Dieu, et qu'ils resteront, ainsi que les moines, sous sa dépendance, sous peine de mesures disciplinaires, dans le cas où ils chercheraient à s'y soustraire; que l'évêque diocésain seul, ou à son défaut, l'évêque choisi par les moines, fera le Saint-Chrême, les saintes huiles, la consécration des autels ou des églises, l'ordination des clercs ou des moines. Il donne à l'abbaye droit de sépulture, et faculté de prendre pour ses églises des prêtres de son choix, sauf à les présenter à l'évêque qui leur donnera charge d'âmes. Il décrète qu'aucun moine ne pourra s'élever contre l'abbé ni contre les prieurs qu'il aura régulièrement établis; qu'à la mort de l'abbé, son successeur sera choisi parmi les moines et tiré de leur sein, qu'enfin, en témoignage de sa dépendance immédiate vis-à-vis du

eligatur in abbatem, nisi monasterii Casæ Dei expresse professus ejus abbatis Casæ Dei litteras testimoniales habuerit. » Il y a une erreur dans le *Chronicon*: il s'agit de Lucius III et non d'Alexandre III. Le *Miscellanea monastica* (12,777, f. 426, v.) attribue cette lettre à Lucius III.

Saint-Siége, l'abbaye lui paiera une rente annuelle. Il défend, sous les peines spirituelles ordinaires, de causer le moindre préjudice à la Chaise-Dieu, et promet la paix du Seigneur à ceux qui respecteront ses droits.

27 Mars 1184.

ucius episcopus, servus servorum Dei, dilectis filiis, Lantelmo, abbati monasterii Casæ Dei ejusque fratribus tam præsentibus quam futuris regulariter substituendis in P. P. M. Cum omnibus catholicæ Ecclesiæ filiis, ex injuncto nobis a Deo Apostolatus officio debitores existamus, illis tamen locis atque personis propensiori nos convenit caritatis studio imminere quos in veræ religionis habitu omnipotenti Deo cognoscimus militare, et ad fidem apostolicam noscuntur specialius pertinere. Dignum namque et honestati conveniens esse cognoscitur ut, qui ad Ecclesiarum regimen, disponente Deo, sumus assumpti, eas et a pravorum hominum nequitia tueamur, et beati Petri atque sacrosanctæ Romanæ Ecclesiæ patrocinio muniamus. Eapropter, dilecti in Domino filii, vestris justis postulationibus clementer annuimus, et prædecessorum nostrorum felicis memoriæ, Leonis noni, Alexandri, Urbani, Paschalis, Calixti, Eugenii, Adriani et Alexandri, Romanorum pontificum, vestigiis inhærentes, monasterium beati Roberti, in quo divino mancipati estis obsequio, sub beati Petri et nostra protectione suscipimus, et præsentis scripti privilegio communimus, statuentes ut quascumque possessiones, quæcumque bona idem monasterium in præsentiarum juste et canonice possidet, aut in futurum, concessione pontificum, largitione regum vel principum, oblatione fidelium seu aliis modis, præstante Domino, poterit adipisci, firma vobis vestrisque successoribus et illibata permaneant. In quibus hæc propriis duximus exprimenda vocabulis : locum ipsum in quo præfatum monasterium situm est cum omnibus pertinentiis suis ; abbatiam Sancti Sicarii Brantolmensis, abbatiam Sancti Michaelis Galliacensis, abbatiam Sancti Theodardi, abbatiam Fraxinorensem, abbatiam Sancti Xisti apud Placentiam, abbatiam Sancti Marini Paviensis, abbatiam Favarniensem; prioratum Baudilii Nemausensis, cum ecclesiis omnibus, decimis et pertinentiis suis, prioratum Sancti Quirici secus Lucam cum omnibus decimis, ecclesiis et pertinentiis suis, prioratum Sancti Treverii cum omnibus ecclesiis, decimis et pertinentiis suis, prioratum Vallis Transversæ cum omnibus ecclesiis, decimis et pertinentiis suis, prioratum de Monte Boulon (1) cum omnibus ecclesiis, decimis et pertinentiis suis, prioratum de Calma (2) cum omnibus ecclesiis, decimis et pertinentiis suis; ecclesiam de Bellicadro (3) cum omnibus decimis et pertinentiis suis, ecclesiam de Pezenatio (4) cum omnibus et pertinentiis suis; prioratum de Boissetto cum omnibus ecclesiis decimis et pertinentiis suis, prioratum Sancti Pauli cum omnibus ecclesiis, decimis et pertinentiis suis, prioratum Sancti Salvatoris cum omnibus ecclesiis et pertinentiis suis; monasterium de Duneri (5) cum ecclesia Sancti Victoris et cum omnibus decimis et pertinentiis suis; ecclesiam de Sancto Ultiano cum omnibus decimis et pertinentiis suis; monasterium de Roccapola (6) cum parochia Sancti Agrippini, cum aliis ecclesiis, decimis et pertinentiis suis; prioratum de Cantoiolo cum omnibus ecclesiis, decimis et pertinentiis suis; ecclesiam Sanctæ Mariæ Novæ Montispilosi cum ecclesia Sanctæ Mariæ Veteris et aliis ecclesiis, possessionibus et aliis pertinentiis suis, sicut ea vobis bonæ memoriæ Rogerius, rex Siciliæ, de piæ recordationis Innocentii pontificis, prædecessoris nostri, assensu, in ordine prioratuum habenda concessit; monasterium de

---

(1) Il faut lire Montebrisone, comme dans la lettre d'Honorius III à Arnaud, abbé de la Chaise-Dieu, que nous donnons plus bas. Montbrison est un chef-lieu d'arrondissement.

(2) Prieuré de Saint-Jean de La Chaulme, uni au couvent de la Chaise-Dieu. La Chaulme est du canton de Saint-Anthème, arrondissement d'Ambert.

(3) Prieuré de Beaucaire, de l'ancien diocèse d'Arles. Il avait un revenu de 400 livres. *Pouillé de la Province...* p. 50.

(4) Prieuré de Pezénas, de l'ancien diocèse d'Agde. Il avait un revenu de 400 livres. Pezénas est un chef-lieu de canton de l'arrondissement de Béziers, département de l'Hérault.

(5) Monastère de Dunières. Dunières est du canton de Montfaucon, arrondissement d'Issingeaux.

(6) Le prieuré de Rochepaule, diocèse de Valence, avait un revenu de 800 livres. *Pouillé de la Province...* p. 49.

AVEC L'AUVERGNE CHRÉTIENNE.   331

Marmillac (1) cum omnibus decimis et pertinentiis suis; ecclesiam de M... (2) et ecclesiam de Lendi (3) cum omnibus decimis et pertinentiis suis; monasterium sanctimonialium de Sancto Genesio (4) cum omnibus decimis et pertinentiis suis, monasterium de Genesta (5) cum omnibus decimis et pertinentiis suis, monasterium sanctimonialium de Comps cum omnibus ecclesiis, decimis et pertinentiis suis, monasterium sanctimonialium de Rocca in Monte Ferrato cum capellis, decimis et pertinentiis; capellam de Azeraco (6) cum decimis et pertinentiis suis, ecclesiam de Chassagnola (7) cum omnibus decimis et pertinentiis suis, ecclesiam de Champagnac (8) cum omnibus decimis et pertinentiis suis; monasterium de Nonnette (9) cum ecclesiis, decimis et pertinentiis suis; ecclesiam

(1) Le monastère de Marmillat était situé près de Lempdes. Le prieur de Marmillat est désigné, en 1066, dans une charte de Guillaume VII, comte d'Auvergne. Pierre de Lempdes céda des biens à ce prieuré, en 1192, et Géraud du Pont-de-Vaire, en 1294. Aujourd'hui, Marmillat est un domaine situé dans la commune de Lempdes.

(2) Dans la lettre d'Honorius III à Armand, on lit : « ecclesiam de Treissac. »

(3) *Alias* Lempde. Lempdes, de l'ancien archiprêtré de Clermont, est du canton de Pont-du-Château, arrondissement de Clermont.

(4) Le monastère de Saint-Genès-les-Monges était un monastère de femmes, de l'ordre de Saint-Benoît. Il relevait immédiatement du prieuré de Port-Dieu et médiatement de la Chaise-Dieu. La prieure et les religieuses avaient la justice du lieu. Il y avait une cure à la nomination de la prieure. Aujourd'hui, c'est un hameau de la commune de Saint-Hilaire-les-Monges, canton de Pontaumur.

(5) Saint-Julien-la-Geneste était un monastère de religieuses, de l'ordre de Saint-Benoît. Le monastère de Saint-Genès-les-Monges avait sur lui une juridiction immédiate, et la Chaise-Dieu une juridiction médiate par le Port-Dieu qui relevait de cette abbaye. La cure était à la nomination de la prieure de Saint-Genès-les-Monges. Saint-Julien-la-Geneste est du canton de Saint-Gervais, arrondissement de Riom.

(6) Azérat. Il y avait un prieuré dépendant de la Chaise-Dieu et auquel appartenait la justice du lieu, ainsi que celle de Regoux. Azérat, de l'ancien archiprêtré de Brioude, est du canton d'Auzon, arrondissement de Brioude.

(7) Chassignolles, de l'ancien archiprêtré de Brioude, est du canton d'Auzon. Cette terre a successivement appartenu aux maisons de Polignac, de Chalancon-Polignac et de Montmorin.

(8) Champagnac-le-Vieux, de l'ancien archiprêtré de Brioude, est du canton d'Auzon.

(9) Nonette. On croit que ce monastère fut fondé par les seigneurs ou comp-

de Gresin (1) cum capella de Broco (2) cum omnibus decimis et pertinentiis suis, capellam de Vertezon (3) cum omnibus obventionibus suis; ecclesias Montisferrandi cum ea integritate qua a bonæ memoriæ Aymerico, quondam Claromontensi episcopo, vobis concessæ sunt, et cum omnibus decimis et pertinentiis suis; prioratum de Portu Dei cum ecclesia de Putrigna (4) et cum ecclesia de Veyreires et cum omnibus ecclesiis, decimis et pertinentiis suis, prioratum de Vedriniis (5) cum ecclesia de Vignac (6) et aliis ecclesiis, decimis et pertinentiis suis, prioratum de Galliniaco (7) cum omnibus ecclesiis, decimis et pertinentiis suis, prioratum de Andria cum omnibus ecclesiis, decimis et pertinentiis suis, prioratum Sanctæ Gemmæ cum omnibus ecclesiis, decimis et pertinentiis suis; alias quoque ecclesias et abbatias sive possessiones ex episcoporum vobis donatione concessas, quas quilibet ex laicorum dono prius tenuisse proponunt, vobis potius tanquam ex justiori acquisitione manere sancimus, nisi eas canonica id est treceneria prescriptione possedisse vel episcopali dono habuisse, aut idoneis testibus aut scriptis fuerit rationabilibus comprobatum. Præterea suscipientes vos in speciales Ecclesiæ Romanæ filios, et vos Apostolicæ Sedis patrocinio per decreti præsentis paginam communimus, et in legitimum sempiternum statuimus, ut de cœtero

---

tours de Nonette. Cette terre était, dès 1319, le siége d'une prévôté royale. Nonette, de l'ancien archiprêtré de Sauxillanges, est du canton de Saint-Germain-Lembron, arrondissement d'Issoire.

(1) Gresin, de l'ancien archiprêtré de Sauxillanges, formait paroisse et avait une cure à la nomination de la Chaise-Dieu. C'est aujourd'hui un domaine de la commune du Broc.

(2) Broc (Le). Il y fut fondé un chapitre sous le vocable de Notre-Dame. La cure était à la nomination de la Chaise-Dieu. Cette paroisse est du canton et de l'arrondissement d'Issoire.

(3) Vertaizon, de l'ancien archiprêtré de Billom. Il y avait un chapitre qui se composait d'un prévôt, d'un chantre et de dix chanoines. La cure était à la nomination du chapitre. Aujourd'hui, c'est un chef-lieu de canton de l'arrondissement de Clermont.

(4) Dans la bulle d'Honorius III, on lit : Partiniaco.

(5) Le prieuré de Védrines, diocèse de Tulle, avait cinq cloîtriers.

(6) *Alias* Vergna : Vergnat, diocèse de Tulle.

(7) *Alias* Juliniaco.

nulli archiepiscopo vel episcopo liceat super vestrum cœnobium vel abbates, aut ejusdem cœnobii fratres excommunicationis, interdicti vel suspensionis manum extendere : quod si factum fuerit, vos ea sententia non teneri decrevimus, sed in beati Petri et ejus vicariorum manu semper quieti ac liberi per omnipotentis Dei gratiam maneatis. Digne vero petentibus qui pro scelerum suorum venia præfati monasterii limina expetierint, ipsum intrare et illic Domino sua concedimus vota persolvere. Liceat quoque vobis quoslibet e sæculo fugientes, liberos et absolutos sine episcoporum contradictione ad monachatum admittere. Hæc quoque capitulo prædicto subjungimus ut, in communi interdicto, liceat fratribus vestris qui per vestras ecclesias commorantur, clausis januis, non pulsatis tintinnabulis, nisi in majori monasterio, divina officia celebrare, ita tamen ut nec excommunicatos, nec interdictos admittant. Statuimus insuper ut nulli omnino liceat, nisi his qui a Sede Apostolica fuerint delegati, abbatem vestrum ad synodum vel ad conventum vocare, nec cuiquam fas sit in parochiis vestris novum oratorium absque vestro et diœcesani episcopi assensu construere. Ad hæc adjicientes statuimus ut in abbatiis, quæ Apostolica vobis auctoritate concessæ sunt, abbates semper per sollicitudines vestras ordinentur, et eis decedentibus, vel in manu vestra resignantibus substituendi alios, sicut hactenus consuevistis, liberam licentiam habeatis, et tam abbates quam monachi in obedientia vestra semper permaneant, nec a vestra ullo tempore subjectione recedant. Quod si erga obedientiam vestram rebelles exstiterint, liceat discretioni vestræ disciplina eos regulari coercere, nec episcoporum quisquam in hac parte adversetur. Si unquam vero alienationes in damnum ecclesiarum, donationes etiam, sive ordinationes tam abbates quam priores vestri fecerint, quamdiu rebelles et inobedientes vobis exstiterint, nullam firmitatem vel robur obtineant. Chrisma vero, Oleum Sanctum, altarium consecrationes seu basilicarum, ordinationes clericorum seu monachorum, qui ad sacros ordines fuerint promovendi, a diœcesano suscipietis episcopo, si quidem catholicus fuerit et gratiam Apostolicæ Sedis habuerit, et ea gratis et absque pravitate aliqua vobis voluerit exhibere. Alioquin liceat vobis quemcumque malueritis adire antistitem qui, nostra fultus authoritate, quod postulatur indulgeat. Quoque sepulturam ipsius loci liberam esse decernimus, ut eorum devotioni et extremæ voluntati qui se illic sepeliri deliberaverint, nisi forte excommunicati vel interdicti sint, nullus obsistat, salva tamen justitia matricis Ecclesiæ. Præterea liceat vobis in ecclesiis vestris sacerdotes eligere, et electos diocœsano episcopo præsentare, quibus, si idonei fuerint, episcopus curam animarum committet, ut ei de spiritualibus, vobis autem de temporalibus debeant respondere. Nulli præterea fratrum liceat contra ipsum abbatem vel contra priores ab eo rationabiliter constitutos insurgere, et mandatis et disciplinis illius quæ ad animarum salutem pertinent, contraire, justis quoque ordinationibus et animadversionibus ipsius in aliquo detrectare, vel ipsi inobediens et rebellis existere nullus eorum præsumat. Obeunte vero te nunc ejusdem loci abbate, vel tuorum quolibet successorum, nullus ibi aliqua subreptionis astutia seu violentia præponatur, nisi quem fratres communi consensu, vel fratrum pars consilii sanioris, secundum Deum et beati Benedicti regulam, de vestro collegio duxerint eligendum. Ad indicium autem quod idem monasterium specialiter beati Petri juris existat, bizantum unum nobis nostrisque successoribus annis singulis persolvetis. Decernimus ergo ut nulli omnino hominum liceat præfatum monasterium temere perturbare, aut ejus possessiones auferre, vel ablatas retinere, minuere, seu quibuslibet vexationibus fatigare, sed omnia integra conserventur eorum pro quorum gubernatione vel sustentatione concessa sunt, usibus omnimodis profutura, salva Sedis Apostolicæ auctoritate et in prædictis capellis diocœsanorum episcoporum canonica justitia. Si qua igitur in futurum ecclesiastica sæcularisve persona, hanc nostræ constitutionis paginam sciens, contra eam temere venire tentaverit, secundo tertiove commonita, nisi reatum suum congrua satisfactione correxerit, potestatis honorisque sui careat dignitate, reamque se divino judicio existere de perpetrata iniquitate cognoscat, et a sacratissimo Corpore ac Sanguine Dei et Domini Redemptoris nostri aliena fiat atque in extremo examine divinæ ultioni subjaceat. Cunctis autem eidem loco sua jura servantibus sit pax Domini nostri Jesu Christi, quatenus et hic fructum bonæ actionis *percipiant* et apud districtum judicem præmia æternæ pacis inveniant. Amen. Amen.

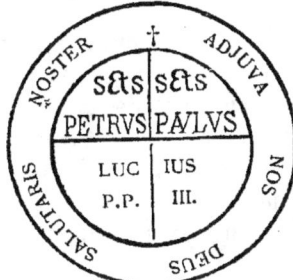 

Ego Lucius, Catholicæ Ecclesiæ episcopus.

☨ Ego Joannes, presbyter card. tit. Sancti Marci, ss.

☨ Ego Petrus, presbyter card. tit. Sanctæ Susannæ, ss.

☨ Ego Vivianus, tit. Sancti Sulpicii in Cælio Monte presbyter card., ss.

☨ Ego Laborans, presbyter card. Sanctæ Mariæ trans Tiberim tit. Calixti, ss.

☨ Ego Paulus, presbyter card. tit. Basilicæ duodecim Apostolorum, ss.

☨ Ego Theodinus, Portuensis et Sanctæ Rufinæ sedis episcopus, ss.

☨ Ego Paulus, Prænestinus episcopus, ss.

☨ Ego Jacyntus, diac. card. Sanctæ Mariæ in Columna, ss.

☨ Ego Gratianus, Sanctorum Cosmæ et Damiani diac. card., ss.

☨ Ego Bobo, diaconus cardinalis Sancti Angeli, ss.

☨ Ego Lufordus (1), diaconus cardinalis Sanctæ Mariæ in via Lata, ss.

☨ Ego Albinus, diaconus cardinalis Sanctæ Mariæ Novæ, ss.

Datum Verulis (2), per manum Alberti, Sanctæ Romanæ Ecclesiæ presbyteri cardinalis et cancellarii, sexto Calendas Aprilis, Indictione secunda, Incarnationis dominicæ anno millesimo centesimo LXXXIIIJ, pontificatus vero Lucii pp. tertii anno III (3).

---

(1) Il faut lire Soffredus. Soffrède figure dans les annales de la Diplomatique, depuis le 5 février 1183 jusqu'au 11 novembre 1185.

(2) *Alias* Veronæ.

(3) Copie aux Archives départementales du Puy-de-Dôme. Fonds, Bénédic-

CCV.

Lucius III à Aimeric, prieur, et au chapitre de Souvigny. Conformément à leur demande, il arrête qu'ils ne seront tenus, au sujet des granges ou autres lieux qui leur appartiennent, de produire des procurations insolites à aucun archevêque, ni évêque, ni autre personne ecclésiastique; qu'en outre, ils ne pourront être contraints, eux et les prieurs établis dans leurs posses-

tines de Saint-Genès-les-Monges, Cote 1re. En 1250, le cardinal Hugues vidima cette bulle.

« Nos vero frater Hugo, divina miseratione tituli Sanctæ Sabinæ presbyter cardinalis, præsens privilegium propriis subjicientes oculis diligenter legimus et vidimus non viciatum, non abolitum, non cancellatum, n c in stillo, nec in carta, nec in bulla suspicionem habens, et plena facta collatione, de verbo ad verbum prædictum invenimus habere tenorem, in cujus rei testimonium præsenti paginæ sigillum nostrum duximus apponendum. Datum Lugduni, XVI Calend. martii, anno Domini millesimo ducentesimo quinquagesimo. »

La copie, dont nous nous sommes servi, a été tirée, en 1648, du Bullaire de la Chaise-Dieu, par Marcland, notaire royal, sur la demande du prieur et des religieux de Port-Dieu.

« Extrait et collation des présentes a été faict par moi, notaire royal, soubsigné, ce requérant les sieurs prieur et religieux du Port-Dieu, estant dans un grand livre couvert de bazane nommé et intitulé: le Bullaire de l'abbaye de la Chaize-Dieu, à moy représenté par Dom Armand Roux, substitut du procureur général de ladite abbaye de la Chaise-Dieu, iceluy extrait pour servir que de raison et à l'instant par luy rettiré, ce cinquiesme jour de septembre mil six cent quarante huit. » Signé Roux et Marcland, notère royal.

En 1668, une autre copie, qu'on voit aux Archives (Fonds, Bénédictines de Saint-Genès-les-Monges, Cote 1re, 6 pp. in-8º), fut faite, sur les instances d'Ysabeau de Lestrange, prieure de Saint-Julien-la-Geneste.

« Extrait et collation a esté faict par moy notaire royal soubsigné, sur aultre extraict faict de la bulle de Lucius pape, ce requérant frère François de Preyssat, relligieux au monastère du Port-Dieu, faisant pour Révérande Mère, dame Yzabeau de Lestrange, prieure de Saint-Juilhien-la-Geneste à moy représentée par Dom Pierre André Colomby, prieur claustral audict Port-Dieu et par luy à l'instant retirée: ledict extraict faict pour servir à ladicte dame ainsy que de raison. Ce dixneufviesme jour du mois d'aoust, l'an mil six cenz soixante-huict. Lesdictz sieurs Colomby et Preyssat ont signé. »

F. COLOMBY, prieur claustral;
DE PREYSSAT.

sions, de payer un nombre de procurations plus grand que celui qui a été fixé au Concile de Latran ; que personne ne pourra construire une église ou une chapelle dans leurs paroisses, sans leur consentement, et que nul ne devra porter contre eux et leurs moines une sentence d'interdit et d'excommunication. Il menace de l'indignation de Dieu ceux qui contreviendraient à ces dispositions.

13 Juin 1184.

ucius episcopus, servus servorum Dei, dilectis filiis Aimerico (1), priori et capitulo Silviniacensis Ecclesiæ, salutem et apostolicam benedictionem. Quoties ab Apostolica Sede requiritur quod juri et honestati conveniat, petentium desideriis nos decet clementer annuere et effectum congruum indulgere. Eapropter, dilecti in Deo filii, petitionibus vestris grato concurrentes assensu, auctoritate vobis præsentium indulgemus ut in grangiis

---

(1) Après Pierre II, le prieuré de Souvigny fut gouverné par Constantin qui vivait sous Etienne VI. Il donna l'église de Lezal, moyennant redevance, à Pierre I er, abbé de Neuffontaines. Le prieuré fut donné par Pierre-le-Vénérable à Pons, abbé de Vezelay ; mais le pape Anastase ayant révoqué cette disposition, il passa aux mains de Pierre III de Veausse, le même sans doute qui, en 1154, souscrivit un acte en faveur des églises clunisiennes d'Italie (Baluze, *Miscellanea*, t. vi, p. 500). En 1156, il reçut l'église de Bussière de Pierre de La Châtre, archevêque de Bourges. Comme un incendie avait consumé les titres du monastère, il pria Ponce, évêque de Clermont, de s'enquérir des droits, priviléges et possessions du monastère et de les confirmer, ce qu'il fit en 1173. La même année, l'évêque de Clermont vint à Souvigny, se chargea de relever le monastère depuis longtemps dans la détresse et rétablit l'accord entre le monastère et les bourgeois. « Anno ab Incarnatione Domini MCLXXIII, Pontius, Arvernorum episcopus, compatiens desolationi et destructioni Silviniacensis monasterii, solo intuitu Domini, pro bono pacis et stabilitate, ex mandato etiam et consensu Stephani, Cluniacensis abbatis, totiusque capituli et postmodum in præsentia Domini Ludovici, Francorum regis, ab ipso abbate confirmato, onus et laborem relevandi monasterium quod ab antiquo magnis debitis fuerat pergravatum suscepit, propter quod Sylviniacum veniens, monachos et Burgenses de consuetudinibus monasterii et villæ discussione inter se composuit. » (Biblioth. nationale, ms. latin, 12,697, *Monasticon Benedictinum*, f. 128, v.). Aimeric succéda à Pierre III. En 1183, il fit l'acquisition d'un étang et d'un moulin qui touchaient au monastère.

vel in aliis locis vestris a quibus vobis victualia ministrantur, nulli archiepiscopo vel episcopo aut aliæ ecclesiasticæ personæ teneamini procurationes insolitas exhibere. Adjicimus etiam ut vos, vel priores in locis vestris constituti, procurationes alicui, pro majori numero quam fuerit in Lateranensi concilio constitutum, solvere non cogamini. Prohibemus insuper ut, infra parochias ecclesiarum vestrarum, nemini liceat, salvis privilegiis romanorum pontificum, sine assensu vestro ecclesiam vel capellam construere, aut in vos vel monachos vestros excommunicationis sive interdicti sententiam promulgare. Decernimus ergo ut nulli omnino hominum fas sit hanc paginam nostræ constitutionis infringere, vel ei ausu temerario contraire. Si quis autem hoc attentare præsumpserit, indignationem omnipotentis Dei et beatorum Petri et Pauli, apostolorum ejus, se noverit incursurum.

Datum Castri, Idibus Junii (1).

CCVI.

Lucius III à Ponce, abbé de Saint-Allyre et aux frères de ce monastère. Sur leur demande, il confirme cette abbaye dans ses possessions dont il fait le dénombrement. Il leur accorde le droit de sépulture et celui de choisir leur abbé. Il défend de causer le moindre tort au monastère, menace de peines spirituelles ceux qui enfreindraient ses dispositions et promet l'éternelle paix à ceux qui les observeront.

11 Décembre 1184.

ucius episcopus, servus servorum Dei dilectis filiis Pontio (2), abbati monasterii Sancti Illidii, ejusque fratribus tam presentibus quam futuris IN. P. P. M. Religiosam vitam eligentibus apostolicum

---

(1) Archives départementales de l'Allier, *Thesaurus Silviniacensis*. Il existe deux copies, l'une au n° 48, p. 353; l'autre au n° 86, p. 526. — *Histoire du prieuré de Souvigny*, p. 342. — De Bréquigny, *Table chronologique*, t. IV, p. 43. — *Patrologie*, édit. Migne, t. cci, col. 1262.

(2) Ponce succéda à Arnaud Ier. Il reçut de Ponce, évêque de Clermont,

convenit adesse presidium, ne forte cujuslibet temeritatis incursus aut eos a proposito revocet, aut robur, quod absit, sacre religionis infringat. Eapropter, dilecti in Domino filii, vestris justis postulationibus clementer annuimus, et prefatum monasterium Sancti Illidii, in quo divino estis obsequio mancipati, sub beati Petri et nostra protectione suscipimus, et presentis scripti privilegio communimus : inprimis siquidem statuentes ut ordo monasticus qui, secundum Deum et beati Benedicti regulam, in eodem monasterio institutus esse dinoscitur, perpetuis ibidem temporibus inviolabiliter observetur. Preterea quascumque possessiones, quecumque bona eadem ecclesia inpresentiarum juste et canonice possidet, aut in futurum, concessione pontificum, largitione regum vel principum, oblatione fidelium seu aliis justis modis, prestante Domino, poterit adipisci, firma vobis vestrisque successoribus et illibata permaneant. In quibus hec propriis duximus exprimenda vocabulis : locum ipsum in quo memoratum monasterium situm est cum omnibus adjacentiis que ad ipsum pertinent; ecclesiam de Turiaco cum pertinentiis suis, quidquid habetis in villa de Grisolo; ecclesiam de Vicherio cum capellis ejusdem castelli et ceteris suis pertinentiis ecclesiam de Chasnolas, ecclesiam de Belvezer, ecclesiam Sancti Petri de Chalmez, ecclesiam Sancti Felicis, ecclesiam Sancti Illidii de Valencha, ecclesiam de Neirano, ecclesiam de Blancaz, ecclesiam Sancti Boniti, ecclesiam de Neboaz, ecclesiam de Agella, ecclesiam de Schevena, ecclesiam de Basvila, ecclesiam Sancti Petri vetuli, ecclesiam Sancti Cassii cum omnibus que ad prefatas ecclesias pertinent; ex dono Falconis de Jaliniaco terras, redditus a ponte Latgerio usque ad Bellummontem et dominium de villa Sancti Illidii. Sepulturam quoque ipsius loci liberam esse concedimus, ut eorum devotioni et extreme voluntati qui se illic sepeliri deliberaverint, nisi forte excommunicati vel interdicti sint, nullus obsistat, salva tamen justitia illarum ecclesiarum a quibus mortuorum corpora assumuntur. Obeunte vero te nunc ejusdem loci abbate, vel tuorum quolibet succes-

---

l'église du Valbeleix, et acquit des dimes à Thuret. Il mourut en 1184 et fut enseveli devant la porte du chapitre.

sorum, nullus ibi qualibet subreptionis astutia seu violentia preponatur, nisi quem fratres communi consensu vel fratrum major pars consilii sanioris, secundum Dei timorem et beati Benedicti regulam, providerint eligendum. Decernimus ergo ut nulli omnino hominum liceat prefatam ecclesiam temere perturbare, vel ejus possessiones auferre, vel ablatas retinere, minuere, seu quibuslibet vexationibus fatigare, sed omnia integra et illibata serventur eorum pro quorum gubernatione ac sustentatione concessa fuerunt, usibus omnimodis profutura, salva Sedis Apostolice auctoritate, et diocesani episcopi canonica justitia. Si qua igitur in futurum ecclesiastica secularisve persona, hanc nostre constitutionis paginam sciens, contra eam temere venire temptaverit, secundo tertiove commonita, nisi presumptionem suam congrua satisfactione correxerit, potestatis honorisque sui dignitate careat, reamque se divino judicio existere de perpetrata iniquitate cognoscat, et a sacratissimo Corpore ac Sanguine Dei et Domini Redemptoris nostri Jesu Christi aliena fiat, atque in extremo examine divine ultioni subjaceat. Cunctis autem eidem loco sua jura servantibus sit pax Domini nostri Jesu Christi, quatinus et hic fructum bone actionis percipiant, et apud districtum judicem premia eterne pacis inveniant. Amen. Amen. Amen.

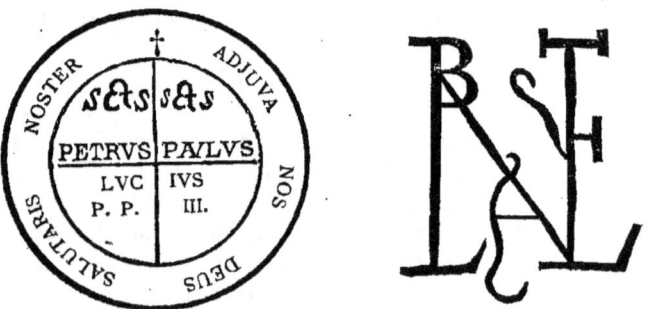

Ego Lucius, Catholice Ecclesie episcopus.

† Ego Johannes, presbiter cardinalis tit. Sancti Marci, ss.

† Ego Laborans, presbiter card. Sancte Marie trans Tiberim tit. Calixti, ss.

† Ego Willelmus, Remorum archiepiscopus tit. Sancte Sabine card., ss.

† Ego Pandulfus, presbiter card. tit. XII Basilice apostolorum, ss.

† Ego Theodinus, Portuensis et Sancte Rufine sedis episcopus, ss.

† Ego Henricus, Albanensis episcopus, ss.

† Ego Theobaldus, Ostiensis et Velletrensis episcopus, ss.

† Ego Arditio, diac. card. Sancti Theodori, ss.

† Ego Gratianus, Sanctorum Cosme et Damiani diac. card., ss.

† Ego Sofredus, Sancte Marie in via Lata diac. card., ss.

† Ego Albinus, Sancte Marie Nove diac. card., ss.

Datum Verone per manum Hugonis, Sancte Romane Ecclesie notarii, III Idus Decembris, Indictione tertia, Incarnationis dominice anno MCLXXXIIIJ, pontificatus vero domini Lucii pape III anno tertio (1).

CCVII.

Lucius III à l'évêque de Nevers (2). Il lui donne le pouvoir de confirmer Aimeric, prieur de Souvigny, dans le droit (3) de présenter à la chapelle de Bourbon (4).

1181-1184.

CCVIII.

Lucius III à Philippe-Auguste, roi de France (5). Il le prie d'accepter la proposition que Florence, abbesse de Cusset, faisait à ce monarque de céder la moitié de la

---

(1) Original aux Archives départementales du Puy-de-Dôme. Fonds, Abbaye de Saint-Allyre, Cote 248. Bulle bien conservée. Le sceau a disparu.

(2) L'évêque de Nevers porta le jugement de confirmation en 1184.

(3) Ce droit était contesté aux moines de Souvigny par l'archiprêtre de Bourbon.

(4) *Gallia Christiana*, t. II, col. 579.

(5) Philippe-Auguste se rendit au désir du pape. Comme il se trouvait à Mozat, en 1184, il donna des lettres par lesquelles il prenait l'abbaye de Cusset sous sa protection. *Ordonnance des Roys de France de la troisième race*, 4º vol., p. 285-206. (V. l'Appendice).

justice de Cusset, et des terres de l'abbaye, et la moitié de presque tous ses revenus, à condition qu'il prendrait cette abbaye (1) sous sa protection.

1181-1184.

(1) L'abbaye de Cusset (*Cussiacum*, *Cuciacum*), monastère de religieuses de l'ordre de Saint-Benoît, fut fondée, au IXe siècle, par Emmène, évêque de Nevers. Sur sa prière, Charles-le-Gros confirma cette fondation par des lettres de 886. Il arrêta que les religieuses dépendraient de l'évêque de Nevers, que personne ne devrait changer la destination de ce monastère, et que l'évêque de Nevers ne pourrait, à la mort de l'abbesse, en prendre une autre ailleurs, sans le consentement des religieuses auxquelles appartenait son élection. Il porta plusieurs autres décrets, et entre autres celui par lequel il enjoignait aux religieuses de payer, chaque année, le jour de Saint-Martin, une livre d'argent à l'évêque de Nevers. (V. l'Appendice). Le monastère de Cusset, placé d'abord sous le vocable de Saint-Sauveur, prit le nom de Notre-Dame. Au Xe siècle, son église fut consacrée par Fulcran, évêque de Lodève (Mabillon, *Ann. Bened.*, t. IV, p. 44). En 1184, Philippe-Auguste mit ce monastère sous sa protection et reçut en retour la moitié de la justice de Cusset et des terres de l'abbaye, et la moitié de presque tous ses revenus. Cusset dut à son abbaye son développement et son importance. Cette ville, ancien archiprêtré du diocèse de Clermont, est chef-lieu de canton, arrondissement de La Palisse.

ABBESSES.

Agnès Ire. Archembaud de Saint-Julien lui donna une église, sous l'épiscopat d'Aimeric.

Florence. Elle écrivit à Philippe-Auguste pour le prier de protéger les terres de l'abbaye contre certains seigneurs qui les dévastaient.

Elisabeth Ire. Nous ne connaissons cette abbesse et les suivantes, jusqu'au milieu du XIIIe siècle, que par un nécrologe, écrit sous le règne de saint Louis, où on indique le mois et le jour où elles moururent. Le trépas d'Elisabeth est fixé au XIIe des Calendes de mars.

Pétronille de Thuret. Elle mourut le VIIIe des Calendes de mars.

Emaut de Meschines. Elle mourut le Ve des Calendes de mai.

Béatrix de Vichy. Elle mourut le VIe des Calendes de mai.

Alasie Ire. Elle mourut le VIIe des Ides d'août.

Ebrarde. Elle mourut le IVe des Nones de septembre. Sa mère légua au monastère pour son anniversaire et celui de son époux, un pré situé à Cognat.

Guillerme du Château. Elle mourut le IIIe des Nones d'octobre.

Emine. Elle mourut le VIIe des Ides de novembre.

Alasie II. Elle mourut le Xe des Calendes de décembre.

Lucie de Vichy. Elle mourut le IVe des Nones de septembre.

CCIX.

Lucius III à Beraud, prieur du monastère de Saint-Hilaire de Cardonet (1). Il le confirme dans la possession de l'église de Saint-Hilaire (2).

1184.

CCX.

Lucius III à la prieure de Saint-Genès-les-Monges. Il met ce monastère sous la protection du Saint-Siége et le confirme dans la possession de ses biens, parmi lesquels il énumère Saint-Julien-la-Geneste (3), Lieu-

---

Alasie III de La Palisse. Elle mourut le jour des Calendes de janvier, ou, selon une autre version, le xviie des Calendes du même mois.

Alix de Brolie. Elle fit construire le cloître et le réfectoire du monastère et y fit d'importantes réparations. Elle mourut, en 1240, le xe des Calendes de janvier. (*Gallia Christiana*, t. II, col. 385.)

(1) Cardonet (*Cardonetum*), dont nous avons parlé, est le nom que portait Saint-Hilaire, et par altération Saint-Allyre, maison de campagne, située sur les bords de la Mone, au-dessous de Monton. Selon Estiennot, Aimoin, seigneur du Crest, donna ce lieu aux moines de Sauxillanges qui y établirent un monastère. Il est au moins constant qu'il fut un des bienfaiteurs de Saint-Hilaire. Atton, abbé, frère d'Aimoin, y établit de mauvaises coutumes qui furent abolies, en 1111, par Elie, son neveu. A la fin du xe siècle, ce monastère reçut des biens d'Otbert et de son épouse Hildegarde, et d'Arbert, fils de Hugues et d'Emma. Saint-Hilaire a longtemps formé paroisse. Monton, qui en relevait, n'avait qu'une chapelle, dont les origines remontent au xie siècle. Saint-Allyre est de la commune de Veyre-Monton, arrondissement de Clermont.

(2) Biblioth. nation., ms. latin 12,745. *Antiquitates Benedictinæ in diœcesi Claromontensi*, f. 269.

(3) Saint-Julien-la-Geneste, dont nous avons parlé, était une fondation de Saint-Genès-les-Monges. Aux xve, xvie, xviie et xviiie siècles, on voit des prieures appartenant aux familles de Ligonnes, de Sarrazin, de Neuville, de La Roche-Aymon, de Lestrange et de Magnac.

Dieu (1), Tanerat (2), les églises du Puy-Saint-Gulmier (3) et de Saint-Etienne-des-Champs (4).

1184(5).

CCXI.

Lucius III à l'abbé de Saint-Pierre-le-Vif. Il confirme ce monastère dans ses possessions, parmi lesquelles il comprend la celle de Mauriac (6).

1181-1185.

CCXII.

Lucius III à l'abbé de Saint-Gilbert de Neuffontaines (7). Il met cette abbaye sous la protection du

---

(1) Lieu-Dieu, ancien prieuré de religieuses, sous le vocable de Sainte-Madeleine. Au xve siècle, on y voit deux prieures de la famille de Taillac, et au xvie, une prieure nommée de Jonat. Lieu-Dieu est une simple habitation de la commune d'Authezat, canton de Veyre-Monton.

(2) Saint-Blaise de Tanerat, autrefois *Talverat*, prieuré de religieuses, est une habitation située près du Breuil, canton de Saint-Germain-Lembron.

(3) Le Puy-Saint-Gulmier, canton de Pontaumur, arrondissement de Riom. La cure était à la nomination de la prieure de Saint-Genès-les-Monges.

(4) Saint-Etienne-des-Champs, canton de Pontaumur. La cure passa du prieuré de Saint-Genès-les-Monges au chapitre d'Herment.

(5) Cette bulle est mentionnée dans un *Mémoire signifié pour la prieure et les religieuses du prieuré royal de Saint-Genès-les-Monges*. Riom, 1754. D'après ce Mémoire, l'original, qui existait aux Archives de Saint-Genès-les-Monges, disparut dans l'incendie de ce monastère. — Chabrol, *Coutumes d'Auvergne*, t. IV, p. 815.

(6) Bibliothèque nationale, ms. latin, 12,691, *Monasticon Benedictinum*, fol. 157.

(7) L'abbaye de Saint-Gilbert de Neuffontaines, de l'ordre des Prémontrés, située dans l'ancien archiprêtré de Limagne, à une lieue de Saint-Pourçain, eut saint Gilbert pour fondateur. Gilbert, issu d'une famille noble d'Auvergne, suivit Louis VII à la Croisade. A son retour, il conçut un vif dégoût du monde, et forma le projet de mener dans la solitude une vie plus parfaite. De concert avec Pétronille, son épouse, il vendit ses biens et les employa au soulagement des pauvres et à la construction de deux monastères prémontrés, l'un pour les femmes, l'autre pour les hommes. Le monastère de femmes fut construit à Ecole, à deux lieues de Neuffontaines. Sainte Pétronille y vécut avec Poncie, sa fille, et en fut la première abbesse. Elle y mourut pleine de

Saint-Siége et la confirme dans ses possessions (1).

1181-1185.

CCXIII.

Lucius III à Lantelme, abbé de la Chaise-Dieu. Il prend sous sa protection le monastère de Sainte-Livrade qu'il déclare avoir été donné à la Chaise-Dieu par les papes Calixte et Eugène, par Hildebert et Raimond, évêques d'Agen, et par Guillaume, duc d'Aquitaine.

1181-1185.

ucius..... Lantelmo (2), abbati Casæ Dei... monasterium S. Liberatæ virginis..... quod Casæ Dei a prædecessoribus nostris... Callixto et Eugenio..... et bonæ memoriæ Hildeberto et Rai-

mérites et fut remplacée par sa fille que de hautes vertus élevèrent à la sainteté. Gilbert établit le monastère d'hommes à Neuffontaines, en un lieu qui avait été donné par Hugues de Châtillon, seigneur d'Ecole. Il en fut le premier abbé, et y mourut, vers 1152, laissant la renommée d'un saint et d'un thaumaturge. Il fut enseveli dans le cloître. Plusieurs miracles s'opérèrent sur sa tombe. Ses reliques furent ensuite placées dans l'église, du côté de l'Evangile, et plus tard, au-dessus du maitre-autel, dans une chàsse dorée, d'un merveilleux travail. Son culte s'établit à Notre-Dame du Port. (*Acta Sanctorum* t. xxi, p. 749-754). Gofrède, un des disciples de saint Gilbert, lui succéda. En 1159, Pierre Ier, abbé, fit la translation du corps du saint fondateur. C'est le même que celui auquel Constantin, prieur de Souvigny, céda l'église de Lezat. Jean était abbé, en 1188.

(1) Cette bulle est indiquée dans celle de Clément III que nous donnons plus bas.

(2) Nous voyons qu'en 1183, Raimond, archevêque d'Arles, confirma la Chaise-Dieu dans la possession des églises qui étaient dans le château de Beaucaire. (*Gallia Christ.*, t. Ier, col. 563). En 1184, l'empereur Frédéric prit sous sa protection les biens que possédait la Chaise-Dieu dans les Etats romains. « Fredericus, Romanorum imperator, bona cuncta, immunitates, ecclesias et res omnes monasterii Casæ Dei in romano imperio acquisitas vel acquirendas in protectionem defensionis suscipit et imperiali auctoritate confirmat diplomate dato Veronæ, anno mclxxxiv, indict. iii, iiie Nonas Novembris. » (Biblioth. nation., ms. latin. 12,745. *Antiquit. Benedict. in diœc.*

mundo Aginni episcopis, et Guillelmo, duce Aquitaniæ, concessum est, sub nostra protectione suscipimus (1)..........

....

CCXIV.

Lucius III confirme la concession qui fut faite par Innocent II à l'abbaye de la Chaise-Dieu des églises de Montpiloux et d'autres possessions (2).

1181-1185.

CCXV.

Lucius III au doyen et aux chanoines de Cournon. Sur leur demande, il met sous la protection du Saint-Siége leurs personnes et leur collégiale. Il arrête que leur institution sera permanente et ne subira aucun changement. Il les confirme dans la chapellenie de leur église et des droits que leur a conférés Ponce, évêque de Clermont, leur fondateur. Il défend de porter atteinte à cette constitution et menace de la colère divine ceux qui la violeraient.

7 Octobre 1185.

ucius episcopus, servus servorum Dei, dilectis filiis decano et canonicis de Cornon (3) salutem et apostolicam benedictionem. Sacrosancta Romana Ecclesia devotos et humiles filios, ex assuetæ pietatis officio, diligere propensius consuevit, et, ne pravorum

---

Claromontensi, f. 30). La même année, Odon, évêque de Valence, donna à Lantelme la chapelle de la bienheureuse Marie du château de Crussol par un acte que signa Guillaume II, abbé de Montmajour. Id. *Ibid. L'abbaye de Montmajour*, par F. de Marin de Cárranrais, p. 50.

(1) *Gallia Christiana*, t. II, col. 908.

(2) Cette disposition est indiquée dans une lettre de Célestin III que nous donnons plus bas.

(3) Dès le vi^e siècle, Cournon avait un monastère (*monasterium Cromonense*, Greg. Turon., *Vitæ Patrum*, c. vi). Saint Gal y professa la vie religieuse, avant de monter sur le siège d'Auvergne. Ce monastère fut dévasté

hominum molestiis agitentur, tanquam pia mater, suæ protectionis munimine contueri. Eapropter, dilecti in Domino filii, vestris justis postulationibus grato concurrentes assensu, et devotionem vestram, quam erga beatum Petrum, ut vos ipsos habere noscimus, propensius attendentes, vos et ecclesiam vestram, in qua venerabilis episcopus Claromontensis vos instituit, sub beati Petri et nostra protectione suscipimus, et præsentis scripti patrocinio communimus, statuentes ut institutio ipsa futuris ibi temporibus inconcussa permaneat et per successores suos nullam in deterius mutationem incurrat. Capellaniam (1) vero præfatæ ecclesiæ et jus quod jam dictus episcopus in sententiis et judiciis obtinendum canonice nobis concessit, et ordinationem quam statuit, ne quis in canonicos vel res eorum, occasione districtus (2) quem episcopus in villa de Corno habebat, nisi pro homicidio vel perditione, manus mittat, sicut vero a vobis pacifice possidetur, devotioni vestræ auctoritate apostolica confirmamus. Nulli ergo omnino hominum liceat hanc paginam nostræ constitutionis et protectionis infringere, vel ei ausu temerario contraire. Si quis autem hoc attentare præsumpserit, indignationem omnipotentis Dei et beatorum Petri et Pauli, apostolorum ejus, se noverit incursurum. Datum Veronæ (3), Nonis Octobris (4).

---

par les Normands, au ixe siècle. Vers 976, il est désigné sous le nom d'abbaye, dans un acte de l'évêque Etienne. (Baluze, *Hist. généalog. de la maison d'Auvergne*, p. 58.) Ponce y établit un chapitre qui fut mis sous le vocable de Saint-Martin. Il se composait d'un doyen, d'un chantre, et de huit chanoines. Il était seul collateur du doyenné et de la chantrerie, et nommait aux canonicats, alternativement avec l'évêque de Clermont. Cournon, de l'ancien archiprêtré de Clermont, est du canton de Pont-du-Château, arrondissement de Clermont.

(1) Il s'agit de la chapellenie de Saint-Martin qui devint une cure dont le chapitre de Cournon avait la présentation. L'autre cure, dite de Saint-Hilaire, était à la disposition de l'évêque.

(2) L'évêque de Clermont avait à Cournon un district judiciaire soumis au droit écrit En 1694, Bochard de Saron, évêque, vendit sa portion de justice à M. Saunier, président de la Cour des Aides de Paris.

(3) Selon des conjectures assez fondées, cette lettre est de 1185.

(4) Bibliothèque nationale, ms. latin, *Fragmenta Historiæ Aquitanicæ*, t. IV, fol. 334-336.

CCXVI.

Urbain III à Hugues, abbé de Cluny. Il confirme cette abbaye dans la possession de ses monastères, parmi lesquels sont compris ceux de Mozat, Thiers et Menat, situés dans le diocèse de Clermont.

2 Avril 1186.

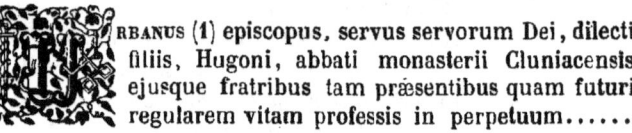RBANUS (1) episcopus, servus servorum Dei, dilectis filiis, Hugoni, abbati monasterii Cluniacensis, ejusque fratribus tam præsentibus quam futuris regularem vitam professis in perpetuum.......
In abbatiis quæ cum suis abbatibus ordinationi Cluniacensis monasterii datæ sunt : videlicet..... In Arvernia; Mauziacensis (2), Thiernensis, Menatensis (3)........................
....

Datum Veronæ, per manum Alberti, Sanctæ Romanæ Ecclesiæ presbyteri cardinalis et cancellarii, iv Nonas Aprilis, Indictione iv, Incarnationis dominicæ anno 1186, pontificatus vero domini Urbani papæ tertii anno primo (4).

---

(1) Urbain III fut consacré le 1er décembre 1185. Il s'occupa activement des affaires de la Terre-Sainte. Il mourut de chagrin (19 octobre 1187), en apprenant la prise de Jérusalem par Saladin. Il avait pour sentence : « Ad te, Domine, levavi animam meam. »

(2) Pierre II de La Tour eut pour successeur, dans l'abbatiat de Mozat, Pierre III de Marsac. On le trouve dans les annales de cette abbaye, depuis 1168 jusqu'en 1181. Après lui vint Guillaume Ier de Bromont. Il traita avec Ildin d'Amanzac, qui avait témoigné le désir d'être enseveli dans l'église de Mozat. Il eut quelques démêlés avec l'abbé d'Issoire. En 1195, il transigea avec Drogon, abbé de Saint-Amable de Riom. La charte fut signée par trente-quatre moines de Mozat. Il tenait encore l'abbatiat, en 1197. (*Gallia Christ.*, t. ii, col. 385).

(3) Après Guillaume, abbé de Menat, dont nous avons parlé, on voit Ayrald qui, en 1156, fit un accord avec l'abbaye de Bellaigue, d'après le conseil de Durand, doyen de Menat, de Pierre, prieur, et des autres religieux de ce monastère. Durand, qui tint l'abbatiat, à la fin du xiie siècle, promit obéissance à Gilbert, évêque de Clermont. (*Gallia Christ.*, t. ii, col. 367.)

(4) *Bullarium Cluniacense*, p. 85. — *Patrologie*, édit. Migne, t. ccii, col. 1379-1385.

CCXVII.

Clément III à Hugues, abbé de Cluny. A l'exemple d'un grand nombre de ses prédécesseurs, il confirme Cluny dans la possession de ses biens et de ses monastères, parmi lesquels il désigne les abbayes de Mozat, de Thiers et de Menat situées en Auvergne.

25 Février 1188.

LEMENS (1) episcopus, servus servorum Dei, dilectis filiis Hugoni, abbati Cluniacensi, ejusque fratribus tam præsentibus quam futuris regularem vitam professis in perpetuum..................
....

In abbatiis... videlicet... In Arvernia; Mauziacensis, Thiernensis, Menatensis.... ....
....

Datum Laterani, per manum Moysi, Lateranensis canonici, vices agentis cancellarii, v Kal. Martii, Indict. VI, Incarnationis dominicæ anno 1187, pontificatus vero domni Clementis papæ III anno I (2).

CCXVIII.

Clément III à Arnaud, abbé de Saint-Allyre et aux moines de ce monastère. Conformément à leur demande, il établit que la règle de Saint-Benoît sera perpétuellement observée parmi eux. Il les confirme dans la possession de leurs biens présents et futurs, et de plusieurs églises dont il fait l'énumération. Il les autorise à recevoir les clercs et laïques qui viennent du siècle, et leur

---

(1) Clément III succéda, le 19 décembre 1187, au savant Grégoire VIII qui ne fit que passer sur le trône pontifical. Il montra un grand zèle pour le recouvrement de la Terre-Sainte. Il mourut, le 27 mars 1191. Il avait pour sentence: « Doce me, Domine, facere voluntatem tuam. »

(2) *Bibliotheca Cluniacensis*, p. 1453. — *Patrologie*, édit Migne, t. CCIV, col. 1307-1310.

défend de sortir de leur monastère, après leur profession, sans la permission de l'abbé. Il leur permet, en temps d'interdit général, de célébrer l'office divin, et défend à qui que ce soit, de construire une chapelle ou oratoire dans l'étendue de leur paroisse, sans leur consentement et celui de l'évêque diocésain. Il sanctionne les immunités antiques dont ils jouissent. Il les autorise pour le Saint-Chrême, les Saintes-Huiles, la consécration des autels et des basiliques, l'ordination des moines, à prendre l'évêque diocésain, ou à son défaut, un évêque de leur choix. Il ratifie les sentences que l'abbé portera contre ses sujets, en cas de rébellion. Il leur accorde le droit de sépulture et la faculté d'élire leur abbé. Il menace de peines spirituelles ceux qui violeront ces prescriptions, et promet la paix du Seigneur à ceux qui les observeront.

24 Avril 1188.

CLEMENS episcopus, servus servorum Dei dilectis filiis Arnaldo (1), abbati monasterii Sancti Illidii, ejusque fratribus tam presentibus quam futuris regularem vitam professis IN P. P. M. Quotiens a nobis petitur quod religioni et honestati convenire dinoscitur, animo nos decet libenti concedere, et petentium desideriis congruum suffragium impertiri. Eapropter, dilecti in Domino filii, vestris postulationibus clementer annuimus, et prefatum monasterium, in quo divino mancipati estis obsequio, sub beati Petri et nostra

---

(1) Arnaud II. Il avait été moine de la Chaise-Dieu : il devint abbé d'Issoire, et succéda, en 1184, à Pons, dans l'abbatiat de Saint-Allyre. En 1192, Pierre de Chamalières lui concéda plusieurs biens, situés à Thuret. En 1195, il reçut de l'église de Clermont l'église de Saint-Genès-Champanelle. En 1196, Robert, évêque de Clermont, lui donna des lettres pour la juridiction du monastère. En 1197, il assista cet évêque à Mozat, lorsqu'il releva les reliques de saint Austremoine. En 1208, il fut autorisé par Dauphin, comte d'Auvergne, à posséder ce que son monastère avait acquis ou pourrait acquérir dans ses fiefs ou de ses feudataires. La même année, il reçut hommage d'Eldin Espaclair, et de son fils, pour les dîmes de Saint-Avit, au territoire de Neyrat. Il mourut en 1209, et fut enseveli près de la porte du chapitre. (*Gallia Christiana*, t. II, col. 325).

protectione suscipimus, et presentis scripti privilegio communimus : inprimis siquidem statuentes ut ordo monasticus qui, secundum Deum et beati Benedicti regulam, in eodem monasterio institutus esse dinoscitur, perpetuis ibidem temporibus inviolabiliter observetur. Preterea, quascumque possessiones, quecumque bona idem monasterium inpresentiarum juste et canonice possidet, aut in futurum, concessione pontificum, largitione regum vel principum, oblatione fidelium seu aliis justis modis, prestante Domino, poterit adipisci, firma vobis vestrisque successoribus et illibata permaneant. In quibus hec propriis duximus exprimenda vocabulis : locum ipsum in quo prefatum monasterium situm est ab omni indebita vexatione seu exactione immunem cum omnibus pertinentiis suis; ecclesiam de Turiaco cum pertinentiis suis; quidquid habetis in villa de Grisolo; ecclesiam de Vicherio cum capellis ejusdem castelli et ceteris ad eam pertinentibus, ecclesiam de Chassanolas, ecclesiam de Belvezer, ecclesiam Sancti Petri de Chalmez, ecclesiam sancti Felicis, ecclesiam sancti Illidii de Valencha, ecclesiam de Neiraco, ecclesiam de Blanzac, ecclesiam Sancti Boniti, ecclesiam de Nebozac, ecclesiam de Agella, capellam de Banson (1), ecclesiam de Schevena, ecclesiam de Basvila, ecclesiam de Gersiaco eum earum pertinentiis, ecclesiam de Valbelles (2), capellam de Anglars (3), capellam Sancti Marci, ecclesiam Sancti Petri vituli, ecclesiam Sancti Cassii cum pertinentiis suis, ex dono Falconis de Jaliniaco, terras et redditus a Ponte Latgerio usque ad Bellummontem et dominium et jesdam de villa Sancti Illidii. Sane novalium vestrorum que propriis manibus aut sumptibus colitis, seu de vestrorum animalium nutrimentis, nullus omnino a vobis decimas seu primitias extorquere presumat. Liceat quoque vobis clericos et laicos a seculo fugientes, liberos et absolutos ad conversionem recipere, et eos sine contradictione aliqua retinere. Prohibemus insuper ut nulli fratrum vestrorum, post factam in eodem loco professionem, nisi arctioris religionis optentu, sine abbatis sui licentia,

---

(1) Banson, village de la commune de Gelles, canton de Rochefort.
(2) Valbeleix, canton de Besse, arrondissement d'Issoire.
(3) Anglard, hameau de la commune de Sainte-Anastaise, canton de Besse.

fas sit ab eodem loco discedere, discedentem vero absque communium litterarum cautione nullus audeat retinere. Cum autem generale interdictum terre fuerit, liceat vobis, clausis januis, exclusis excommunicatis et interdictis, non pulsatis campanis, suppressa voce, divina officia celebrare. Auctoritate quoque apostolica prohibemus ne, infra terminos parrochie vestre, sine assensu diocesani episcopi et vestro, capellam seu oratorium aliquis de novo edificare presumat, salvis privilegiis romanorum pontificum. Preterea libertates et immunitates antiquas et venerabiles consuetudines monasterio vestro collatas et hactenus observatas ratas habemus, et eas perpetuis temporibus illibatas permanere sancimus. Crisma vero, oleum sanctum, consecrationes altarium seu basilicarum, ordinationes clericorum qui ad sacros ordines fuerint promovendi, a diocesano suscipietis episcopo, si quidem catholicus fuerit, et gratiam Apostolice Sedis habuerit, et ea vobis gratis et absque pravitate aliqua voluerit exhibere : alioquin liceat vobis quemcumque malueritis catholicum adire antistitem qui, nostra fultus auctoritate, quod postulatur indulgeat. Sententias quoque quas, tu fili, abbas, in subditos tuos, propter rebellionem ipsorum canonice duxeris promulgandas, decernimus, ratas habemus, et precipimus inviolabiliter observari. Sepulturam quoque ipsius loci liberam esse decernimus, ut eorum devotioni et extreme voluntati qui se illic sepeliri deliberaverint, nisi fuerint excommunicati vel interdicti, nullus obsistat, salva tamen justitia ecclesiarum illarum a quibus mortuorum corpora assumuntur. Obeunte vero te nunc ejusdem loci abbate, vel tuorum quolibet successorum, nullus ibi qualibet subreptionis astutia seu violentia preponatur, nisi quem fratres communi consensu, vel fratrum pars consilii sanioris, secundum Dei timorem et beati Benedicti regulam, providerint eligendum. Decernimus ergo ut nulli omnino hominum fas sit prefatum monasterium temere perturbare, vel ejus possessiones auferre, aut ablatas retinere, minuere, seu quibuslibet vexationibus fatigare; sed omnia illibata et integra conserventur eorum pro quorum gubernatione ac sustentatione concessa sunt, usibus omnimodis profutura, salva tamen in omnibus Sedis Apostolice auctoritate et diocesani episcopi canonica justitia. Si qua igitur in futurum ecclesiastica secularis ve persona, hanc nostre constitutionis paginam sciens, contra eam temere venire presumpserit, secundo tertiove commonita, nisi reatum suum congrua satisfactione correxerit, potestatis honorisque sui careat dignitate, reamque se divino judicio existere de perpetrata iniquitate cognoscat, et a sacratissimo Corpore ac Sanguine Dei et Domini Redemptoris nostri Jhesu Christi aliena fiat, atque in extremo examine districte ultioni subjaceat. Cunctis autem eidem loco sua jura servantibus sit pax Domini nostri Jhesu Christi, quatinus et hic fructum bone actionis percipiant, et apud districtum judicem premia eterne pacis inveniant. Amen. Amen. Amen.

Ego Clemens, Catholice Ecclesie episcopus, ss.

† Ego Johannes, presbiter card. tit. s. Marci, ss.

† Ego Laborans, presbiter card. Sancte Marie trans Tiberim tit. Calixti, ss.

† Ego Pardulfus, presbiter card. Basilice XII Apostolorum, ss.

† Ego Albinus, tit. Sancte Crucis in Jerusalem presbiter card., ss.

† Ego Melior, presbiter card. Sanctorum Johannis et Pauli tit. Pamachii, ss.

† Ego Petrus, Sancte Cecilie presbiter card., ss.

† Ego Radulfus, tit. Sancte Praxedis presbiter card., ss.

† Ego Petrus, tit. Sancti Clementis presbiter card., ss.

† Ego Bobo, tit. Sancte Anastasie presbiter card., ss.

† Ego Alexander, tit. Sancte Susanne presbiter card., ss.

† Ego Petrus, tit. Sancti Laurentii in Damaso presbiter card., ss.

† Ego Theobaldus, Hostiensis et Velletrensis episcopus, ss.

† Ego Jacintus, diaconus card. Sancte Marie in Cosmydin, ss.

† Ego Gratianus, Sanctorum Cosme et Damiani diac. card., ss.

† Ego Octavianus, Sanctorum Sergii et Bacchi diac. card., ss.

† Ego Soffredus, Sancte Marie in via lata diac. card., ss.

† Ego Gregorius, Sancte Marie in Porticu diac. card., ss.

† Ego Johannes Felix, Sancti Eustachii juxta templum Agrippe diac. card., ss.

† Ego Johannes, Sancti Theodori diac. card., ss.

† Ego Bernardus, Sancte Marie nove diac. card., ss.

† Ego Gregorius, Sancte Marie in Aquiro diac. card., ss.

Datum Laterani, per manum Moysi, Sancte Romane Ecclesie subdiaconi, vicem agentis cancellarii, VIII Kal. Maii, Indictione sexta, Incarnationis dominice anno MCLXXXVIII, pontificatus vero domini Clementis P. P. III anno primo (1).

CCXIX.

Clément III à Durand, abbé de Saint-André et à ses religieux. Sur sa demande et à l'exemple d'Alexandre III, il prend ce monastère sous sa protection et arrête qu'on y observera toujours la règle de Saint-Augustin. Il le confirme dans la possession de ses biens dont il énumère un certain nombre. Il défend de prélever la dîme sur les biens propres qu'ils travaillent et sur les animaux qu'ils nourrissent. Il leur permet de recevoir les clercs et laïques qui abandonnent le siècle, et leur enjoint de ne point quitter leur monastère après la profession, sans l'autorisation de l'abbé. Il leur permet, en temps d'interdit général, de célébrer l'office divin. Il déclare nulles les donations ou aliénations de leurs biens monastiques

---

(1) Archives départementales du Puy-de-Dôme. Bulle originale sans sceau, Saint-Allyre, Cote 249. — Id., Copie de 1517, Saint-Allyre, Layette BB, 1re Cote, 1884. — Bibliothèque nationale, ms. latin 12,678, *Monasticon Benedictinum*, fol. 27.

faites sans concert préalable avec le chapitre ou la saine majorité de ses membres. Il défend aux chanoines et profès de l'abbaye d'emprunter au delà du prix déterminé et leur permet de citer en témoignage leurs frères, dans les causes qu'ils auraient à soutenir. Il les autorise à construire des oratoires dans leurs granges, et leur enjoint de ne rien demander pour le saint-chrême, les saintes huiles, la consécration des églises, l'ordination des clercs, l'installation de l'abbé et autres fonctions ecclésiastiques. Il les exempte de l'obligation des dîmes, leur accorde le droit de sépulture, défend de commettre envers eux la moindre injustice, et leur donne la faculté d'élire leur abbé. Il menace des peines ordinaires ceux qui causeraient préjudice à cette abbaye, et promet la paix éternelle à ceux qui respecteront ses droits.

3 Juin 1188.

LEMENS episcopus, servus servorum Dei, dilectis filiis Durando (1), abbati ecclesie sancti Andree ejusque fratribus regularem vitam professis IN P. P. M. Quotiens a nobis petitur quod religioni et honestati convenire dinoscitur, animo nos decet libenti concedere et petentium desideriis congruum suffragium impertiri.

(1) Durand succéda à Roger dans l'abbatiat de Saint-André. En 1185, il fit un accord avec Arnaud, abbé de Saint-Allyre. En 1197, il assista à la translation du corps de saint Austremoine dans l'abbaye de Mozat. Mais il paraît que déjà il avait abdiqué; dès cette époque, et jusqu'en 1214, il est désigné, dans plusieurs titres, comme ancien abbé. En 1196, Jean I*er* tient l'abbatiat, comme on le voit par le Cartulaire de Saint-Allyre. Thomas, abbé, figure en 1200, avec Armand, abbé de Saint-Allyre, dans une charte de Barthélemy, prêtre de Gelles, qui, à son départ pour Jérusalem, donna à Saint-Allyre ses droits sur l'église de Gelles. Il signe encore une charte de donation faite en faveur de la même abbaye. Le *Gallia Christiana* lui donne pour successeur J., dont l'abbatiat est constaté en 1204 et en 1208 par le Cartulaire illidien, et à ce dernier un autre Thomas, mentionné en 1214. Toutefois, ses auteurs conjecturent que le Cartulaire a dû confondre J. et T., et que Thomas seul aurait tenu l'abbaye, dans les années 1200-1214. (*Gallia Christiana*, t. II, col. 411).

Eapropter, dilecti in Domino filii, vestris justis postulationibus clementer annuimus, et prefatam ecclesiam, in qua divino mancipati estis obsequio, ad exemplar felicis memorie Alexandri pape, predecessoris nostri, sub beati Petri et nostra protectione suscipimus et presentis scripti privilegio communimus: inprimis siquidem statuentes ut ordo canonicus, qui, secundum Deum et beati Augustini regulam atque institutionem Premonstratensium fratrum, in eodem loco institutus esse dinoscitur, perpetuis ibidem temporibus inviolabiliter observetur. Preterea quascumque possessiones, quecumque bona eadem ecclesia inpresentiarum juste et canonice possidet, aut in futurum, concessione pontificum, largitione regum vel principum, oblatione fidelium seu aliis justis modis, prestante Domino, poterit adipisci, firma vobis vestrisque successoribus et illibata permaneant. In quibus hec propriis duximus exprimenda vocabulis; locum ipsum in quo prefata ecclesia sita est cum omnibus pertinentiis suis; campum auree vallis, Altesoc, medietatem decime et dominii de Sancto Vincentio, Bizantum et grangiam Montis Leonis, terram de Tarnac, terram de Assonat apud Plaudiacum, clausum Vallerii apud Sanctum Germanum; molendinum Sancti Andree; cartas matrimonii de Claromonte, de Chamaleria, de Bello Monte, de Monteferrando, de Gerzac, de Sancto Avito de Pompignac, de Sancto Vincentio, de Romagnac, de Albeira, de Seirac, de Sancto Maximino, de Gergoia, de Noenein, de Orsines, de Sancto Leodegario; grangiam de Sarleva (1) cum pertinentiis suis, grangiam de Ga... cum pertinentiis suis, grangiam de Villanova (2), grangiam de Vedrina (3), grangiam de Bizanto (4), pratum de Bradesol, pratum Rorgue, mansum de Alnac (5), terram de Monte Rotundo (6),

---

(1) La grange de Sarlièves fut donnée à l'abbaye de Saint-André, par Guillaume VII. Sarlièves est dans la commune de Cournon.

(2) Villeneuve, près d'Orcines. Cette grange avait été donnée par Guillaume VII.

(3) Védrine, près de Saulzet-le-Froid.

(4) Nous pensons qu'il s'agit de Bezance, maison de campagne, située près de Romagnat.

(5) Aulnat, canton de Clermont.

(6) Montredon. Cette terre est dans la commune d'Aydat, canton de Saint-Amant-Tallende. Il y avait une église paroissiale.

terram de Canonac (1), terram de Tallende (2), terram de Rocche (3) et de Mardogna (4), censum de Demensac (5), terram de Chauriac, ecclesiam de Usac (6) cum pertinentiis suis, sextam partem reddituum ecclesie de Vernet (7), Muratet, Velachaze, Veiretras cum pertinentiis suis. Sane laborum vestrorum quos propriis aut aliorum sumptibus colitis, seu de vestrorum animalium nutrimentis, nullus a vobis decimas extorquere presumat. Liceat quoque vobis clericos et laicos a seculo fugientes, liberos et absolutos ad conversionem recipere, et eos absque contradictione aliqua retinere. Prohibemus insuper ut nulli fratrum vestrorum, post factam in eodem loco professionem, sine abbatis sui licentia, fas sit de eodem loco discedere, discedentem vero absque litterarum communium cautione, nullus audeat retinere. Cum autem generale interdictum terre fuerit, liceat vobis, clausis januis, exclusis excommunicatis et interdictis, summissa voce, non pulsatis campanis, divina officia celebrare. Inhibemus autem ne ecclesias aut terras, seu aliquod beneficium ecclesie vestre collatum liceat alicui personaliter dari, sive aliquo modo alienari, sine licentia generalis capituli, vel majoris et sanioris partis ejusdem. Si que vero donationes et alienationes, aliter quam dictum est, facte fuerint, eas irritas esse censemus. Ad hec autem adicimus ne aliqui canonici, seu conversi, sub professione domus vestre astricti, sine consensu abbatis et majoris partis capituli vestri, pro aliquo fidejubeant,

---

(1) Chanonat.
(2) Tallende, commune du canton de Saint-Amant-Tallende.
(3) La Roche-Blanche, commune du canton de Veyre-Monton. Il y avait une chapelle qui fut donnée, au commencement du xiie siècle, à l'abbaye de Saint-André.
(4) Merdogne, ancien archiprêtré. L'église fut donnée, au commencement du xiie siècle, à Saint-André. Merdogne, aujourd'hui Gergovie, est dans le canton de Veyre-Monton.
(5) Donnezat, village de la Roche-Blanche.
(6) Jussat, village de la commune de Chanonat. L'abbaye de Saint-André a eu jusqu'au siècle dernier la justice et la seigneurie de Jussat qui lui avaient été données par Guillaume VII.
(7) Le Vernet, canton de Saint-Amant-Tallende. L'archiprêtré de Merdogne était annexé à la cure dont l'évêque avait la collation.

vel ab aliquo mutuo pecuniam accipiant, ultra pretium capituli vestri providentia constitutum, nisi propter manifestam domus vestre utilitatem : quod si facere presumpserint, non teneatur conventus pro his aliquatenus respondere. Preterea licitum sit vobis in causis vestris fratres vestros idoneos ad testificandum adducere, atque ipsorum testimonio, sicut justum fuerit, et propulsare injuriam, et justitiam vindicare. Ob evitandas vero secularium frequentationes, liberum sit vobis, salvo jure diocesani episcopi et ecclesie parochialis, oratoria in grangiis vestris construere, et in ipsis, cum necesse fuerit, vobis et familie vestre divina officia celebrare. Pro chrismate vero, oleo sancto, consecrationibus ecclesiarum, ordinationibus clericorum qui ad sacros ordines fuerint promovendi, sive abbate deducendo ad sedem, vel quibuslibet aliis ecclesiasticis sacramentis, nullus a vobis aut sub optentu consuetudinis, aut quolibet alio modo quicquam audeat postulare. Quia vero decime ministris ecclesie tam veteri quam nova lege noscuntur indulte per laicos, vos decimarum exactione gravari sub interminatione anathematis prohibemus. Sepulturam quoque ipsius loci liberam esse decernimus, ut eorum devotioni et extreme voluntati qui se illic sepeliri deliberaverint, nisi forte excommunicati vel interdicti, nullus obsistat, salva tamen justitia ecclesiarum illarum a quibus mortuorum corpora assumuntur. Paci quoque et tranquillitati vestre paterna sollicitudine providere volentes, auctoritate apostolica prohibemus ut, infra clausuras locorum seu grangiarum vestrarum, nullus rapinam sive furtum committere, ignem apponere, hominem capere vel interficere, seu aliquam violentiam audeat exercere. Obeunte vero te nunc ejusdem loci abbate, vel tuorum quolibet successorum, nullus ibi qualibet subreptionis astutia seu violentia preponatur, nisi quem fratres communi consensu, vel major pars consilii sanioris, secundum Dei timorem et beati Augustini regulam, providerint eligendum. Decernimus ergo ut nulli omnium hominum liceat prefatam ecclesiam temere perturbare, aut ejus possessiones auferre, vel ablatas retinere, minuere, seu quibuslibet vexationibus fatigare, sed omnia illibata et integra conserventur eorum pro quorum gubernatione ac sustentatione concessa sunt, usibus omnimodis profutura, salva Sedis Apostolice auctoritate et diocesani episcopi canonica justicia. Si qua igitur in futurum ecclesiastica secularisve persona, hanc nostre constitutionis paginam sciens, contra eam temere venire presumpserit, secundo tertiove commonita, nisi reatum suum digna satisfactione correxerit, potestatis honorisque sui careat dignitate, reamque se divino judicio existere de perpetrata iniquitate cognoscat, et a sacratissimo Corpore ac Sanguine Dei ac Domini Redemptoris nostri Jhesu Christi aliena fiat, aut in extremo examine districte ultioni subjaceat. Cunctis autem eidem loco sua jura servantibus sit pax Domini Nostri Jhesu Christi, quatinus et hic fructum bone actionis percipiant, et apud districtum judicem premia eterne pacis inveniant. Amen. Amen. Amen.

Ego Clemens, Catholice Ecclesie episcopus.

† Ego Johannes, presbit. card. tit. Sancti Marci, ss.

† Ego Laborans, presbiter card. Sancte Marie trans Tiberim tit. Calixti, ss.

† Ego Melior, presbiter card. Sanctorum Johannis et Pauli tit. Pamachii, ss.

† Ego Petrus, presbiter card. tit. Sancte Cecilie, ss.

† Ego Radulfus, tit. ecclesie Sancte Praxedis presbiter cardinalis, ss.

† Ego Petrus, Sancti Clementis presbiter card., ss.

† Ego Theobaldus, Hostiensis et Velletrensis episcopus, ss.

† Ego Jacobus, diaconus card. Sancte Marie in Cosmidyn, ss.

† Ego Gratianus, Sanctorum Cosme et Damiani diaconus card., ss.

† Ego Octavianus, Sanctorum Sergii et Bachi diaconus card., ss.

† Ego Boso, Sancti Georgii ad Velum aureum presbiter card., ss.

† Ego Johannes, Sancti Theodori diaconus card., ss.

† Ego Bernardus, Sancte Marie Nove diaconus card., ss.

Datum Laterani, per manum Moysi, Sancte Romane Ecclesie subdiaconi, vicem agentis cancellarii, III Nonas Junii, Indictione sexta, Incarnationis dominice anno MCLXXXVIII, pontificatus vero Domini Clementis pp. tertii anno primo (1).

CCXX.

Clément III à Jean, abbé de Saint-Gilbert de Neuffontaines et à ses religieux. Sur leur demande, il met ce monastère sous la protection du Saint-Siége et déclare que la Règle de Saint-Augustin y sera toujours suivie. Il le confirme dans la possession de ses biens dont il fait l'énumération. Les prescriptions qu'il établit sont les mêmes que celles qui se trouvent dans la lettre de Clément III à l'abbé de Saint-André.

3 Juin 1188.

Clemens episcopus, servus servorum Dei, dilectis filiis Joanni (2), abbati ecclesiæ B. Gilberti de Novemfontibus ejusque fratribus tam præsentibus quam futuris regularem vitam professis. Religiosorum votis, quæ rationi et honestati conveniunt, nos decet libenter annuere, et eadem cum effectu prosequente complere, ut Ecclesiæ Romanæ ferventiori devotione adhæ-

---

(1) Original aux Archives départementales du Puy-de-Dôme. Abbaye de Saint-André. Bulle bien conservée. Le sceau s'y trouve.

(2) Jean est surtout connu par la lettre de Clément III. Après lui, on voit Etienne. B. est abbé, en 1213. Il l'était sans doute, en 1217, quand Mathilde donna, pour son anniversaire, du consentement de son fils, Archembaud de Bourbon, cinquante sols au monastère de Neuffontaines et trente sols à celui d'Ecolette.

reant, cum se viderint in suis justis postulationibus diligentius et efficacius exauditos. Eapropter, dilecti in Domino filii, rationabili petitioni vestræ clementer annuimus, et præfatam ecclesiam, in qua divino mancipati estis obsequio, ad exemplar felicis recordationis Lucii papæ, prædecessoris nostri, sub beati Petri et nostra protectione suscipimus, et præsentis scripti privilegio communimus : inprimis siquidem statuentes ut, ordo canonicus qui, secundum Deum et beati Augustini regulam et institutionem Præmonstratensium fratrum, in eodem loco institutus esse dignoscitur, perpetuis ibidem temporibus inviolabiliter observetur. Præterea, quascumque possessiones, quæcumque bona eadem ecclesia impræsentiarum juste et canonice possidet, aut in futurum concessione pontificum, largitione regum vel principum, oblatione fidelium seu aliis justis modis, præstante Domino, poterit adipisci, firma vobis vestrisque successoribus et illibata permaneant. In quibus hæc propriis duximus exprimenda vocabulis : locum ipsum in quo ecclesia ipsa sita est cum omnibus pertinentiis suis; terram de Insula; nemus et terram de Monte Cesant, et terram a Robe usque Andalo, quam Hugo de Castellione eidem ecclesiæ dedit; feuda etiam totius dominii Scholæ, quæ justo modo acquirere poteritis, sicut prædictus Hugo et filii ejus vobis legitime concesserunt; nemus et terram de Born, nemus Bruvene; decimam de Aubin; grangiam de Bostat, grangiam et nemus de Agilaret cum pertinentiis suis, grangiam de Scholula cum pertinentiis suis, grangiam Edurnarii cum pertinentiis suis, grangiam de Vareilloliis, grangiam de Rozeria, grangiam de Montecanino et de Colors; ecclesiam Sancti Joannis de Monteladerio (1); capellam sororum de Schola (2); molendinum de Vente et prata; ecclesiam de Lezach; decimam de terra de Eschances; molendinum de Buifferia; annuos census quos habetis in Castellania Montispancerii (3); terram de Mazeriis; decimam quam habetis in vineis castri Scholæ; decimam Sancti

---

(1) Saint-Jean-de-Malandier, paroisse de Besson, canton de Souvigny.
(2) Le monastère d'Ecole.
(3) L'abbaye de Neuffontaines percevait des cens annuels dans la châtellenie de Montpensier.

Remigii. Sane laborum vestrorum quos propriis manibus aut sumptibus colitis, seu de nutrimentis vestrorum animalium, nullus a vobis decimas extorquere præsumat. Liceat quoque vobis clericos et laicos a sæculo fugientes, liberos et absolutos, ad conversionem recipere, et eos sine contradictione aliqua retinere. Prohibemus insuper ut nulli fratrum vestrorum, post factam in eodem loco professionem, sine abbatis sui licentia, fas sit de eodem loco discedere, discedentem vero sine litterarum communium cautione nullus audeat retinere. Cum autem generale interdictum terræ fuerit, liceat vobis, januis clausis, exclusis excommunicatis et interdictis, submissa voce, divina officia celebrare. Inhibemus etiam ne ecclesias aut terras seu aliquod beneficium ecclesiæ vestræ collatum liceat alicui personaliter dari, sive aliquo modo alienari, sine licentia totius capituli, vel majoris et sanioris partis ejusdem. Si quæ vero donationes vel alienationes, aliter quam dictum est, factæ fuerint, eas irritas esse censemus. Ad hæc autem adjicimus ne aliqui canonici, sive conversi, sub professione domus vestræ astricti, sine consensu abbatis et majoris partis capituli vestri, pro aliquo fidejubeant, vel ab aliquo mutuo pecuniam accipiant, ultra pretium capituli vestri providentia constitutum, nisi propter manifestam domus vestræ utilitatem. Quod si facere præsumpserint, non teneatur conventus pro his aliquatenus respondere. Præterea, licitum sit vobis in causis vestris fratres vestros idoneos ad testificandum deducere, atque ipsorum testimonio, sicut justum fuerit, et propulsare injuriam et justitiam vindicare. Ob evitandas vero sæcularium frequentationes, liberum sit vobis, salvo jure diœcesani episcopi et ecclesiæ parochialis, oratoria in grangiis vestris construere, et in ipsis, cum necesse fuerit, vobis tantum et familiæ vestræ divina officia celebrare. Pro chrismate vero, oleo sancto, consecrationibus ecclesiarum, ordinationibus clericorum qui ad sacros ordines fuerint promovendi, sive abbate deducendo ad sedem, vel quibuslibet aliis sacramentis, nullus a vobis aut sub obtentu consuetudinis aut quolibet alio modo quidquam audeat postulare. Quia vero decimæ ministris Ecclesiæ, tam veteri quam nova lege noscuntur indultæ per laicos, vos decimarum exactione vexari sub interminatione anathematis prohibemus. Sepulturam quoque ipsius loci liberam esse decernimus, ut eorum devotioni et extremæ voluntati qui se illic sepeliri deliberaverint, nisi forte excommunicati vel interdicti sint, nullus obsistat, salva tamen justitia ecclesiarum illarum a quibus mortuorum corpora assumuntur. Paci quoque et tranquillitati vestræ paterna sollicitudine providere volentes, auctoritate apostolica prohibemus ut, infra clausulas locorum seu grangiarum vestrarum, nullus rapinam sive furtum committere, ignem apponere, hominem capere vel interficere, seu aliquam violentiam audeat exercere. Obeunte vero te nunc ejusdem loci abbate, vel tuorum quolibet successorum, nullus ibi, qualibet subreptionis astutia vel violentia præponatur, nisi quem fratres communi consensu vel major pars consilii sanioris, secundum Deum et beati Augustini regulam, providerint eligendum. Decernimus ergo ut nulli omnino hominum liceat præfatam ecclesiam perturbare, aut ejus possessiones auferre, vel ablatas retinere, minuere aut quibuslibet vexationibus fatigare, sed omnia illibata et integra conserventur eorum pro quorum gubernatione et sustentatione concessa sunt, usibus omnimodis profutura, salva Sedis Apostolicæ auctoritate et diœcesani episcopi canonica justitia. Si qua igitur in futurum ecclesiastica vel sæcularis persona... (*ut supra*).

Ego Clemens, Catholicæ Ecclesiæ episcopus.

† Ego Theobaldus, Ostiensis et Velletrensis episcopus.

† Ego Joannes, presbiter card. tit. Sancti Marci.

† Ego Laborans, presbiter card. Sanctæ Mariæ trans Tiberim tit. Calixti.

† Ego Melior, presbiter card. Sanctorum Joannis et Pauli, tit. Pammachii.

† Ego Petrus, presbiter card. tit. Sanctæ Ceciliæ.

† Ego Radulfus, tit. Sanctæ Praxedis presbiter card.

† Ego Petrus, tit. Sancti Clementis presbiter card.

† Ego Jacobus, diaconus card. Sanctæ Mariæ.

† Ego Gratianus, Sanctorum Cosmæ et Damiani diaconus card.

† Ego Octavianus, Sanctorum Georgii et Bacchi diaconus card.

† Ego Boso, Sancti Georgii diaconus card.

† Ego Joannes, Sancti Theodori diaconus card.

Datum Laterani, per manum Sanctæ Romanæ Ecclesiæ subdiaconi, vicem agentis cancellarii, III Nonas Junii, Indictione sexta, Incarnationis dominicæ anno MCLXXXVIII, pontificatus vero domini Clementis papæ III anno primo (1).

CCXXI.

Clément III à Jean, cardinal prêtre du titre de Saint-Marc et légat du Saint-Siége. Il lui enjoint de se rendre à Grammont (2), d'y convoquer les évêques voisins et autres personnages religieux, et de leur annoncer qu'en vertu de l'autorité apostolique, il a fait inscrire au catalogue des saints, Etienne (3)

---

(1) Labbe, *Nova Bibliotheca*, 11,752. — *Patrologie*, édition Migne, t. CCIV, col. 1355-1357.

(2) Le monastère de Grammont était dans la Marche. Il possédait, en Auvergne, les prieurés de Thiers, de Chavaroux et de Chavanon, près de Combronde.

(3) Etienne, fils d'Etienne, vicomte de Thiers, naquit à Thiers, en Auvergne, vers l'an 1024. Dès l'âge le plus tendre, il manifesta un goût prononcé pour la vertu. Son père favorisa ces dispositions. Comme il avait entendu parler des miracles qui s'opéraient à Bari, sur le tombeau de saint Nicolas, il y conduisit son fils. Pendant ce pèlerinage, le jeune Etienne tomba malade à Bénévent. Son père le laissa entre les mains de Milon, archevêque de cette ville et originaire d'Auvergne. Etienne y resta quelque temps. Animé d'un vif amour pour la solitude, il alla visiter, en Calabre, des ermites qui menaient une vie austère et conçut un instant la pensée de se fixer parmi eux. A son retour en France, il apprit la mort de ses parents. Il revint en Italie et fit à Rome un séjour de quatre ans, pendant lequel il étudia la règle des ordres religieux. Son attrait l'ayant porté vers la règle suivie par les ermites de la Calabre, il résolut de l'introduire en France. Il regagna l'Auvergne, se dépouilla de ses biens, céda la vicomté de Thiers à Guillaume, son frère, quitta son pays natal, et alla, dans le Limousin, s'ensevelir, au fond des bois de Muret, dans une cabane où il pratiqua le plus rigoureux ascétisme. La réputation de sa sainteté attira près de lui des âmes avides de perfection, et, avec leur concours, il fonda, sur le plan d'une règle particulière, un ordre qui fut approuvé, en 1076, par Grégoire VII. Il mourut en 1124, et devint illustre par ses prodiges. Il existe de lui une Règle, distribuée en soixante-

de Thiers, fondateur de l'ordre de Grammont (1).

Avant le 21 Mars 1189.

CCXXII.

Clément III à Géraud, prieur de Grammont et aux frères de ce monastère. Il rappelle que le pape Urbain, son prédécesseur, ayant envoyé des légats dans la Marche pour traiter des affaires ecclésiastiques, il les avait chargés de s'informer de la vérité des prodiges attribués à Etienne de Thiers. Il ajoute que, sur le témoignage de Henri, roi d'Angleterre, de Guillaume, archevêque de Reims, cardinal prêtre de Sainte-Sabine, de Barthélemy, archevêque de Tours, d'Hélie, archevêque de Bourges, de Saibrand, évêque de Limoges, de Bohard et Octavien, cardinaux diacres et de plusieurs autres évêques, il avait reconnu la vérité des prodiges qui avaient signalé la mémoire d'Etienne de Thiers, et qu'il avait envoyé Jean, prêtre cardinal, à Grammont pour leur annoncer qu'il avait mis au catalogue des saints le fondateur de leur ordre.

21 Mars 1189.

quinze chapitres et des Maximes où la solidité des pensées et la nouveauté de la forme révèlent un esprit original et fécond.

Pierre Ier prit, à la mort d'Etienne, le gouvernement du nouvel ordre installé à Muret. Mais, comme les Augustins d'Ambazac prétendaient que cette terre était dans leurs dépendances, il transporta son monastère avec les reliques de son fondateur sur le plateau de Grammont, où bientôt s'éleva une église qui fut construite par Henri Ier, roi d'Angleterre. Pierre II de Saint-Christophe succéda à Pierre, et signala son administration par son humilité et sa douceur. Il mourut en 1141. Après lui, Etienne de Liciac gouverna ce monastère avec un grand renom de vertu et de savoir. Il fit écrire la vie de saint Etienne. Il mourut en 1161. Pierre III de Boschiac, qui lui succéda, fut un fidèle imitateur de ses vertus. En 1165, il fit consacrer l'église de Notre-Dame de Grammont. En 1167, il abdiqua le priorat, et fut remplacé par Guillaume Ier dont la vie se consuma dans les jeûnes, les veilles et les prières.

(1) Cet écrit est mentionné dans la lettre suivante.

CLEMENS episcopus, servus servorum Dei, dilectis filiis, Geraldo priori (1) et fratribus Grandimontis salutem et apostolicam benedictionem. Ideo sacrosanctam Romanam Ecclesiam Redemptor noster caput omnium esse voluit et magistram, ut ad ejus dispositionem et nutum, divina gratia præsente, quæ ubicumque a fidelibus gerenda sunt ordinentur, et errata in melius corrigantur, et ad ejus consilium in ambiguis recurratur. Quod ipsa statuerit nemini, quantumcumque de suis meritis glorietur, liceat immutare, ne, si forte promiscua daretur universis licentia, quæcumque sibi secundum voluntatem propriam occurrerent, perpetrandi confusa libertas, cum secundum personarum diversitatem vota dissentiant, in aliorum aliquando scandalum, sine justi discretione libraminis, commendanda supprimeret, et minus digna laudibus immeritis celebraret. Inde siquidem fuit quod bonæ memoriæ prædecessor noster, Urbanus (2), audita fama religionis et vitæ commendabilis puritate, qua sanctæ recordationis Stephanus, Grandimontensis ordinis fundator, emicuit, quantis etiam miraculorum testimoniis omnipotens Deus ipsius voluit mundo merita declarare, legatis, quos ad partes illas direxit pro quibusdam negotiis Ecclesiæ tractandis, plenam circa hæc investigationem committere voluit, ut et ipsorum cœterorumque virorum, quibus sine dubitatione fides esset adhibenda, testimonio ad id agendum consulto procederent, quod et fidelium commodis et ipsius sancti viri honori, qui hactenus velut in sterquilinio gemma latuerat, congruere videretur. Nos etiam et, testimonio

(1) Après la mort de Guillaume Ier, Géraud fut élu, en 1188, par un chapitre général de l'ordre, auquel assistaient près de cinq cents religieux. Sur les conseils d'Hélie, archevêque de Bordeaux, de Saibrand, évêque de Limoges, de Bertrand, évêque d'Agen, et de beaucoup d'autres, princes, archevêques, évêques et abbés, il envoya deux de ses disciples, Robert et Guillaume, auprès du Saint-Siége, avec mission de demander la canonisation du bienheureux Etienne. Ils furent accueillis par Clément III qui, après avoir pris connaissance des lettres et des attestations dont ils étaient porteurs, se hâta de répondre à leurs désirs. (*S. Stephani Grandimontensis Vita*, Patrologie, édit. Migne, t. cciv, col. 1044-1045.)

(2) Urbain III.

carissimi filii nostri Henrici, illustris Anglorum regis, necnon venerabilium fratrum nostrorum, Guillelmi Remensis, Sanctæ Sabinæ presbyteri cardinalis, Bartholomæi Turonensis et Heliæ Burdegalensis archiepiscoporum et Saibrandi, Lemovicensis episcopi, et dilectorum Bohardi, tunc S. Angeli, et Octaviani SS. Sergii et Bacchi diaconorum cardinalium, qui in partibus illis functi sunt legationis officio, et aliorum multorum episcoporum, plenius instructi de vita, meritis et conversatione, qua supradictus vir sanctus asseritur floruisse, et quod multimodis miraculorum indiciis divina voluit pietas eum illustrare, hujus executionem negotii dilecti filii nostri Joannis S. Marci presbyteri cardinalis, Apostolicæ Sedis legati, duximus arbitrio committendam, per apostolica illi scripta mandantes, ut ad locum vestrum accedens, et convocatis adjacentium illarum partium episcopis, cœterisque viris religiosis, ipsum inter sanctos, auctoritate qua fungimur, nos denuntiet ascripsisse; deinceps in sanctorum catalogo numerandum, et, per ipsius merita Redemptoris, suffragia decrevisse cum reliquorum sanctorum interventionibus postulanda.

Datum Laterani, xii Kalendis Aprilis, pontificatus nostri anno secundo (1).

CCXXIII.

Clément III à Guillaume, prévôt de l'Eglise de Clermont et à ses frères, présents et futurs. Sur leur demande, il met leur Eglise sous sa protection et la confirme dans la possession de ses biens qu'il énumère. Il défend, sous peine d'anathème, de prélever sur eux aucune dîme, de changer sans motif leurs anciennes coutumes et d'aliéner leurs possessions, à moins que l'évêque, de concert avec le chapitre, n'en dispose autrement. Il les autorise à choisir pour les églises paroissiales, qui relèvent d'eux, des prêtres capables qu'ils présenteront à l'évêque pour qu'il leur donne charge d'âmes. Il leur permet de célé-

---

(1) *Acta Sanctorum Februarii*, t. iii, 204. — *Bullarium Romanum*, Taurinum, t. iii, pp. 62-65. — *Patrologie*, édit. Migne, t. cciv, col. 1126.

brer l'office divin, en temps d'interdit général. Il leur accorde le droit de sépulture, ratifie les libertés et immunités dont ils jouissent, et défend toute exaction qui leur serait préjudiciable. Nul ne pourra, dans l'étendue de leur paroisse, construire, sans leur consentement, une chapelle ou un oratoire; nul ne devra porter contre eux une sentence d'excommunication, ni frapper leurs églises d'interdit. Lors de la vacance du siége, celui-là seul sera nommé évêque, qui aura été élu, selon les règles canoniques, par la saine majorité du chapitre. Il est défendu de causer le moindre préjudice à l'Eglise de Clermont. Les peines ordinaires sont prononcées contre ceux qui violeraient cette constitution, et les récompenses de l'éternelle paix sont assurées à ceux qui l'observeront.

30 Mai 1190.

LEMENS episcopus, servus servorum Dei dilectis filiis Wlmo (1), preposito Claromontensis Ecclesie ejusque fratribus tam presentibus quam futuris canonice instituendis, IN P. P. M. Cum nobis, quanquam immeritis, omnium ecclesiarum cura sit et sollicitudo commissa, officii nostri debito cogimur pro universarum ecclesiarum statu satagere, et ut esse possint a malignantium

---

(1) Guillaume Ier, prévôt du chapitre, était fils de Guillaume VIII, comte d'Auvergne, et oncle de Robert, évêque de Clermont. En 1195, il signa l'acte de cession de l'hôpital de Montpensier au prieur de Saint-Hilaire-la-Croix. En 1195, il est mentionné dans l'hommage rendu par Ponce de Chapteuil. En 1197, il assista à la visite du corps de saint Austremoine à l'abbaye de Mozat. Il vivait encore en 1207 (*Gallia Christiana*, t. II, col. 505).

A cette époque, on voit pour abbés: Guillaume (1183), dont il est fait mention dans une charte de la Chaise-Dieu; Bertrand de Murol (1203), mentionné dans le Cartulaire de Saint-Allyre; Guillaume d'Aubusson (1207), qui figure dans une charte de Robert, évêque de Clermont (*Gallia Christ.*, id., ibid.).

Les doyens connus sont G. et Guillaume Ier. G. est celui qui signa la donation de l'hôpital de Montpensier. En 1195, il est témoin dans la charte par laquelle Dauphin, comte d'Auvergne, donne en gage à l'évêque de

impugnatione quiete, eas nos convenit apostolico patrocinio confovere. Eapropter, dilecti in Domino filii, vestris justis postulationibus annuentes, prefatam Claromontensem Ecclesiam, in qua divinis estis obsequiis deputati, sub beati Petri et nostra protectione suscipimus et presentis scripti privilegio communimus; in primis siquidem statuentes ut quascumque possessiones, quecumque bona eadem Ecclesia in presentiarum canonice possidet, aut in futurum, concessione pontificum, largitione regum vel principum oblatione, seu aliis justis modis, prestante Domino, poterit adipisci, firma vobis vestrisque successoribus et illibata permaneant. In quibus hec propriis duximus exprimenda vocabulis : ecclesiam Sancte Marie de Oltazat (1) cum pertinentiis suis, ecclesiam Sanctorum Agricole et Vitalis de Sollessas (2) cum pertinentiis suis, ecclesiam Sancti Ypoliti de Talende (3) cum pertinentiis suis, ecclesiam Sancte Marie de Salmannas cum pertinentiis suis, ecclesiam Sancti Baudelii (4) cum pertinentiis suis, ecclesiam

---

Clermont le château de Chamalières. Guillaume Ier, archidiacre de Clermont, eut avec Pierre Parent, chanoine de Saint-Genès, au sujet du décanat, des démêlés dans lesquels intervint Innocent III.

C'est à la fin du XIIe siècle, et sans doute sous l'épiscopat de Ponce, qu'eut lieu dans le chapitre cathédral un événement qu'il importe de signaler. Jusqu'alors ce chapitre menait la vie régulière, qui fut la vie primitive de tous les chapitres. Plusieurs des chanoines formèrent le projet de se séculariser et entraînèrent dans leur sentiment un assez grand nombre de leurs collègues, pour que ce dessein pût être mis à exécution. Quelques-uns, parmi lesquels on remarquait Aldefred, pénitencier, refusèrent de renoncer à la vie régulière. Ils obtinrent qu'on leur donnerait le monastère de Chantoin. Les religieuses que saint Genès y avait établies se retirèrent à Chazal, dans les environs de Pont-du-Château, et y fondèrent un prieuré qui subsistait encore au XVIIIe siècle. Les chanoines réguliers de Chantoin firent acte d'association avec les chanoines réguliers de Pébrac. On vit longtemps fleurir dans leur monastère la règle qu'ils avaient embrassée.

(1) Notre-Dame d'Authezat (*Alias Otazac*, *Alteziacum*), de l'ancien archiprêtré de Merdogne, est du canton de Veyre-Monton.

(2) Saints Agricole et Vital de Soulasse ? (*Al. Solceas*). Soulasse est un village de la commune et du canton de Veyre-Monton.

(3) Saint-Hippolyte de Tallende. Cette église fut donnée, en 959, par Etienne, évêque de Clermont, au chapitre cathédral. Tallende était de l'ancien archiprêtré de Merdogne.

(4) Saint-Beauzire. Etienne, évêque de Clermont, donna cette église, en 959, au chapitre cathédral. Ce chapitre en était collateur, avant 1789. Saint-Beauzire, de l'ancien archiprêtré de Clermont, est du canton d'Ennezat.

Sanctorum Agricole et Vitalis de Putas Vineas (1) cum pertinentiis suis, ecclesiam Sancte Crucis de Pompinac (2) cum pertinentiis suis, ecclesiam Sancti Marcialis de Noenenco (3) cum pertinentiis suis, ecclesiam Sancti Juliani ad Orcinas (4) cum pertinentiis suis, ecclesiam Sancti Martini de Tors (5), ecclesiam Sancte Marie de Ermeneo (6) cum pertinentiis suis, ecclesiam Sancti Martini de Salmanac (7) cum pertinentiis suis, ecclesiam Sancti Juliani de Gandaliac (8) cum pertinentiis suis, ecclesiam Sanctorum Innocentium de Buxeria (9) cum decimis et omnibus pertinentiis suis, ecclesiam de Efflaco (10) cum omnibus pertinentiis suis, ecclesiam de Venciaco (11) cum pertinentiis suis, ecclesiam de Estrociaco (12) cum pertinentiis suis, ecclesiam de Brugiaco (13) cum pertinentiis

---

(1) Saints-Agricole et Vital de Donna-Vignat, de l'ancien archiprêtré de Clermont. Donna-Vignat est un domaine situé dans la commune de Gerzat.

(2) Sainte-Croix de Pompignat, de l'ancien archiprêtré de Clermont. Etienne, évêque de Clermont, donna cette église, en 959, au chapitre cathédral. Pompignat est un village de la commune de Châteaugay, canton et arrondissement de Riom.

(3) Saint-Martial de Nohanent, de l'ancien archiprêtré de Clermont. Au siècle dernier, la cure avait pour collateur le chantre du chapitre cathédral. Nohanent est du canton et arrondissement de Clermont.

(4) Saint-Julien d'Orcines, de l'ancien archiprêtré de Clermont. Dans le *Liber de Ecclesiis et monasteriis Claromontii*, il en est fait mention er ces termes : In ecclesia sancti Juliani, altare sancti Juliani. (Savaron, *Origines de Clairmont*, p. 564.). Orcines est du canton et arrondissement de Clermont.

(5) Saint-Martin de Tours, de l'ancien archiprêtré de Rochefort, est du canton de Rochefort, arrondissement de Clermont.

(6) Sainte-Marie d'Herment, de l'ancien archiprêtré d'Herment. Cette église fut donnée, en 1145, par Robert III, comte d'Auvergne, au chapitre cathédral. Herment est un chef-lieu de canton de l'arrondissement de Clermont.

(7) Saint-Martin de Sauvagnat, de l'ancien archiprêtré d'Herment. Cette église fut donnée au chapitre cathédral, sous Etienne V, évêque de Clermont, par Ermengarde de Rochedagoux. Sauvagnat est du canton d'Herment.

(8) Saint-Julien de Gandaillat, de l'ancien archiprêtré de Clermont. Gandaillat est un domaine situé aux environs de Clermont.

(9) Saints-Innocents de Bussières.

(10) Effiat, de l'ancien archiprêtré de Limagne, est du canton de Randan.

(11) Vensat, de l'ancien archiprêtré de Limagne, est du canton d'Aigueperse.

(12) Etroussat, de l'ancien archiprêtré de Souvigny, est du canton de Chantelle.

(13) Brugeac, de l'ancien archiprêtré de Limagne.

suis, ecclesiam de Crusiaco (1) cum pertinentiis suis, ecclesiam Sancto Remigie et alias ecclesias, terras, redditus et alia jura ad Ecclesiam Claromontensem pertinencia et possessiones de Corno (2). Quia vero decime ministris Ecclesie tam veteri quam nova lege noscuntur indultæ per laicos, vos decimarum exactione vexari sub anathematis interminatione districtius inhibemus. Antiquas etiam et rationabiles consuetudines a predecessoribus nostris et a nobis hactenus observatas aliqua levitate mutari, seu etiam possessiones Ecclesie alienari, nisi de episcopi vestri providencia fiat cum consensu capituli vel majoris et sanioris partis, auctoritate apostolica prohibemus. In parochialibus siquidem ecclesiis quas habetis, liceat vobis idoneos eligere sacerdotes et diocesano episcopo presentare quibus episcopus curam animarum comitat, ita quidem quod ei de spiritualibus, vobis vero de temporalibus debeant respondere. Cum autem generale interdictum terre fuerit, liceat vobis, clausis januis, non pulsatis campanis, exclusis excommunicatis et interdictis, suppressa voce, divina officia celebrare. Sepulturam preterea ipsius loci liberam esse decernimus ut eorum devocioni et extreme voluntati qui se illic sepeliri deliberaverint, nisi forte excommunicati vel interdicti sint, nullus obsistat, salva tamen justicia illarum ecclesiarum a quibus mortuorum corpora assumuntur. Preterea libertates et immunitates Ecclesie vestre collatas, sicut hactenus sunt servate, ratas habentes, eas perpetuis temporibus illibatas permanere sancimus. Novas etiam et indebitas exactiones ab archiepiscopis, episcopis, decanis, archidiaconis et aliis ecclesiasticis secularibusve personis omnino fieri prohibemus. Statuimus insuper ut, infra fines parrochie vestre, nullus sine assensu episcopi vestri et vestro capellam seu oratorium construere de novo audeat, salvis privilegiis Romanorum pontificum. Auctoritate quoque apostolica duximus prohibendum ut ullus in vos excommunicacionis aut suspensionis, vel ecclesiarum interdicti sentencias sine manifesta et rationabili causa audeat

---

(1) Saint-Martin de Creuzier-le-Vieux, de l'ancien archiprêtré de Cusset, est du canton de Cusset.
(2) L'Église de Clermont avait des possessions à Cournon.

promulgare. Cum autem Ecclesiam vestram episcopo proprio vacare continget, nullus ibi qualibet subrepcionis astucia seu violencia preponatur, nisi quem major et sanior pars capituli Claromontensis, secundum Deum et canonica instituta, providerit eligendum. Decernimus ergo ut nulli omnino hominum liceat prefatam Ecclesiam temere perturbare, vel ejus possessiones auferre, minuere, seu quibuslibet vexationibus fatigare, sed omnia integra conserventur eorum pro quorum gubernacione ac sustentacione concessa sunt, usibus omnimodis profutura, salva Sedis Apostolice auctoritate et episcopi Claromontensis canonica justicia. Si qua igitur in futurum ecclesiastica secularisve persona, hanc nostre constitucionis paginam sciens, contra eam temere venire temptaverit, secundo tertiove cono^{ca} (1), nisi reatum suum condigna satisfactione correxerit, potestatis honorisque sui dignitate careat, reamque se divino judicio existere de perpetrata iniquitate cognoscat et a sacratissimo Corpore ac Sanguine Dei ac Domini Redemptoris nostri Jhesu Christi aliena fiat acque in extremo examine districte ulcioni subjaceat.

Cunctis autem eidem loco sua jura servantibus sit pax Domini nostri Jhesu Christi, quatinus et hic fructum bone actionis percipiant et apud districtum judicem premia eterne pacis inveniant. Amen, amen, amen.

    Ego Clemens, catholice Ecclesie episcopus.
† Ego Albanus, Albanensis episcopus.
† Ego Hemanus, Hostiensis et Velletrensis episcopus.
† Ego Pandulfus, presbyter card. Basilice XII Apostolorum.
† Ego Petrus, presbyter card. tit. Sancte Cecilie.
† Ego Petrus, tit. Sancti Laurentii in Damaso presbyter card.
† Ego Petrus, presbyter card. Sancti Petri ad Vincula tit.
† Ego Jordanus, Sancte Pudentiane tit. pastoris presbyter card.
† Ego Johannes, tit. Sancti Clementis card. Toscanus episcopus.
† Ego Johannes Felix, tit. Sancte Suzanne presbyter card.

(1) *Commonita.*

† Ego Jacobus, diaconus card. Sancte Marie in Cosmidin.

† Ego Gracianus, Sanctorum Cosme et Damiani diaconus card.

† Ego Soffredus, Sancte Marie in Via Lata diaconus card.

† Ego Gregorius, diaconus card. Sancte Marie in Porticu.

† Ego Johannes, diaconus card. Sancti Theodori.

† Ego Bernardus, Sancte Marie Nove diaconus card.

† Ego Gregorius, Sancte Marie in Aquin diaconus card.

Datum Laterani, per manum Moysi, Sancte Romane Ecclesie subdiaconi, vicem agentis cancellarii, III Kal. Junii, Indictione VIII, Incarnationis Dominice anno M° C° XC°, pontificatus vero Domini Clementis, pape tertii anno tertio (1).

CCXXIV.

Clément III à Gilbert, évêque de Clermont. Sur sa demande, il le relève d'un serment qu'il avait prêté, avant sa consécration, et en vertu duquel il reconnaissait au chapitre cathédral un droit préjudiciable à la dignité épiscopale.

1190-1191.

UM te (2) audiremus, ante consecrationem tuam, juramenta adeo in damnum episcopalis juris et dignitatis canonicis dare monitum præstitisti, quod ex eo robur episcopale videatur nimium enervari (3); tu super hoc, sicut providus et discretus, nos

(1) Original aux Archives départementales du Puy-de-Dôme. (Armoire B, sac O, Cote 1re.) Bulle bien conservée.

(2) Gilbert succéda à Ponce, vers 1190. Cette année, il figure comme évêque dans plusieurs actes publics. Il signa la charte par laquelle Aimon de Rochefort accordait au monastère de Saint-Allyre ses droits sur l'église de Saint-Georges de Gelles. En 1193, de concert avec les prévôt, doyen et chanoines du chapitre cathédral, il céda à perpétuité au prieur et aux moines de Saint-Hilaire-la-Croix l'hôpital et la chapelle de Montpensier (*Gallia Christ.*, t. II, col. 272-273).

(3) On voit par la formule de ce serment qu'un chanoine pouvait, une fois l'an, lever l'interdit des églises qui avaient été interdites par l'évêque et y faire officier. (Savaron, *Origines de Clairmont*, p. 68).

consulere voluisti, et huic incommoditati remedium apostolicum suppliciter implorasti. Nos itaque et auctoritate, pro nostri officii debito, providere volentes, tuæ sollicitudini respondemus, quod illicita juramenta in damnum episcopatus Claromontano capitulo a te præstita nullum tibi debent impedimentum afferre, et ut super hoc contra detrahentium objectiones tutus et præmonitus existas, nostras absolutionis litteras tibi in testimonium duximus indulgendas (1).

CCXXV.

Célestin III (2) à l'abbé de Saint-Sixte de Plaisance, monastère dépendant de la Chaise-Dieu. Il lui accorde l'usage de l'anneau pour les jours de fête, et le droit de le porter dans la célébration solennelle des saints mystères.

18 Mars 1192.

ŒLESTINUS episcopus, servus servorum Dei, dilecto filio, abbati Sancti Sixti de Placentia, salutem et apostolicam benedictionem. Cum a nobis petitur quod justum et honestum est, tam vigor æquitatis quam ordo exigit rationis ut id per sollicitudinem officii nostri ad debitum perducatur effectum. Eapropter, dilecte in Domino fili, tuis justis postulationibus inclinati, usum annuli festivis diebus habendi, de benignitate Sedis Apostolicæ, tibi duximus indulgendum, ita quod ad honorem Dei et tuæ ecclesiæ, ipso valeas in missarum solemnitatibus uti et ipsum tum sine aliqua contradictione gestare. Nulli ergo omnino hominum liceat hanc paginam nostræ concessionis infringere, vel ei ausu temerario contraire. Si quis autem hoc attentare præsumpserit, indignationem omnipotentis Dei et beatorum Petri et Pauli, apostolorum ejus, se noverit incursurum.

(1) Mansi, *Concilia*, t. XXII, p. 549. — *Patrologie*, édit. Migne, t. CCIV, col. 1496.
(2) Célestin III fut élu, le 30 mars 1191, et consacré, le 14 avril, jour de Pâques. Il couronna empereur Henri VI, roi de Germanie, et se prononça contre le divorce de Philippe Auguste avec Ingelberge. Il mourut le 8 janvier 1198. Célestin III commençait ordinairement l'année à Pâques. Il avait pour sentence : « Perfice gressus meos in semitis meis. »

Dat. Laterani, xv Kal. Aprilis, pontificatus nostri anno primo.

CCXXVI.

Célestin III au prévôt et au monastère d'Ulcia. Sur leur demande, il les confirme dans la possession de la chapelle de Sainte-Croix, située à Chamalières. Il menace de la colère divine ceux qui contreviendraient à ses dispositions.

7 Mai 1192.

CŒLESTINUS episcopus, servus servorum Dei, dilectis filiis, præposito (1) et conventui Ulciensi (2) salutem et apostolicam benedictionem. Justis petentium desideriis dignum est nos facilem præbere consensum, et vota, quæ a rationis tramite non discordant, effectu prosequente complere. Eapropter, dilecti in Domino filii, vestris justis postulationibus grato concurrentes assensu, capellam Sanctæ Crucis (3), in Alvernia sitam, in territorio Camaleriæ (4), sicut eam juste ac sine controversia possidetis, vobis et per patrocinium communimus. Nulli ergo omnino hominum liceat hanc paginam nostræ confirmationis infringere, vel ei ausu temerario contraire. Si quis autem hoc attentare præsumpserit, indignationem omnipotentis Dei et beatorum Petri et Pauli, apostolorum ejus, se noverit incursurum. Datum Laterani, nono Maii, pontificatus nostri anno secundo (5).

(1) Pierre II.

(2) Le monastère d'Ulcia, de l'ordre de Saint-Augustin, était dans le diocèse de Verceil, en Sardaigne.

(3) Saint Genès, comte d'Auvergne, fonda à Chamalières cinq églises, l'une dédiée au Sauveur, l'autre à la Mère de Dieu, la troisième à saint Pierre, la quatrième à sainte Cécile et la cinquième à la sainte Croix (*Historia s. Genesii, comitis*, c. 4). Au x⁰ siècle, le *Liber de sanctis Ecclesiis et Monasteriis Claromontii* fait mention de ces églises, excepté de celle de Saint-Sauveur (Savaron, *Origines de Clairmont*, pp. 361-362). L'église de Sainte-Croix est désignée en ces termes: In ecclesia S. Crucis, altare S. Crucis, altare S. Orientis, altare S. Julianæ, altare S. Andreæ. Id. *ibid*, p. 362.

(4) Chamalières, de l'ancien archiprêtré de Clermont, est du canton et arrondissement de Clermont.

(5) Bibliothèque nationale, *Ulciensis Ecclesiæ Chartarium*, p. 23.

CCXXVII.

Célestin III à l'abbé et aux moines de la bienheureuse Marie du Val-Luisant. Selon leur demande, il prend ce monastère sous sa protection, et ordonne que la règle de Cîteaux y sera perpétuellement observée. Il le confirme dans la possession de ses biens présents et futurs. Il défend d'exiger d'eux aucune dîme, au sujet de leurs biens propres qu'ils travaillent et des animaux qu'ils nourrissent. Il leur permet de recevoir les clercs et laïques libres qui renoncent au siècle, et ordonne qu'aucun moine, après sa profession, ne pourra sortir du monastère sans l'autorisation de l'abbé. Il arrête que, dans l'enceinte de leur monastère, personne ne pourra se livrer à la rapine et au meurtre. Il les confirme dans le maintien des libertés accordées à leur Ordre par les pontifes romains, défend sous les peines spirituelles ordinaires de leur causer le moindre préjudice, et promet les récompenses éternelles à ceux qui observeront ses dispositions.

15 Mai 1192.

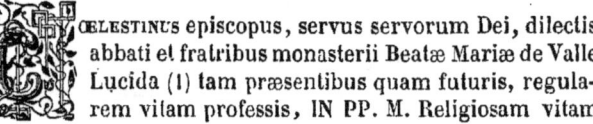

CŒLESTINUS episcopus, servus servorum Dei, dilectis abbati et fratribus monasterii Beatæ Mariæ de Valle Lucida (1) tam præsentibus quam futuris, regularem vitam professis, IN PP. M. Religiosam vitam

---

(1) L'abbaye de Notre-Dame de Val-Luisant ou du Boucheix, située dans la paroisse d'Yronde, près de Vic-le-Comte, était de l'ordre de Cîteaux. Ses origines remontent au xii° siècle. Robert IV, comte d'Auvergne, en fut le fondateur. Il y fut enseveli avec Mahaut de Bourgogne, son épouse. Elle comptait parmi ses principaux bienfaiteurs Bernard IV de la Tour et Godefroy de Boulogne. Gilles ouvre la série des abbés. En 1204, il figure dans une charte de l'abbaye de Saint-Allyre; en 1206, il signe avec Jaucerand, abbé de Montpeyroux, une donation faite par Dauphin, comte d'Auvergne, à l'abbaye de Mégemont; en 1209, il est témoin dans le testament du comte d'Auvergne. B. abbé du Boucheix, signe une donation faite, en 1122, au monastère de Pébrac, par Pierre de Vieille-Brioude, un de ses moines. Sous lui (1221), l'abbaye fut restaurée, grâce aux libéralités de Guy, comte de Clermont. (*Gallia Christ.* t. II, col. 404).

eligentibus apostolicum convenit adesse præsidium, ne forte cujuslibet temeritatis incursus a proposito revocet, aut robur, quod absit, sacræ religionis infringat. Eapropter, dilecti in Christo filii, vestris justis postulationibus clementer annuimus, et præfatum monasterium beatæ Mariæ de Valle Lucida, in quo divino mancipati estis obsequio, sub beati Petri et nostra protectione suscipimus, et præsentis scripti privilegio communimus, imprimis siquidem statuentes ut ordo monasticus, qui, secundum Deum et beati Benedicti regulam atque institutionem Cisterciensis ordinis, in eodem monasterio institutus esse dignoscitur, perpetuis ibidem temporibus inviolabiliter observetur. Præterea quascumque possessiones, quæcumque bona idem monasterium impræsentiarum juste et canonice possidet, aut in futurum, concessione pontificum, largitione regum vel principum, oblatione fidelium seu aliis justis modis, præstante Domino, poterit adipisci, firma vobis vestrisque successoribus et illibata permaneant. In quibus hæc propriis duximus exprimenda vocabulis: locum ipsum in quo præfatum monasterium situm est cum omnibus pertinentiis suis; terras, agros, vineas, molendina, prata, nemus et pascua, et silvam sibi assignatam, et grangias Boschet (1), cortilia, planum, fontem et alia quæ nunc habent. Sane laborum vestrorum, quos propriis manibus aut sumptibus colitis, tam de terris cultis quam incultis, sive de hortis et virgultis et piscationibus vestris, vel de nutrimentis animalium vestrorum, nullus a vobis decimas exigere vel extorquere præsumat, liceatque vobis clericos vel laicos, liberos et absolutos et a sæculo fugientes ad conversionem recipere, et eos absque contradictione aliqua retinere. Prohibemus insuper ut nulli fratrum vestrorum, post factam in vestro monasterio professionem, fas sit, absque abbatis sui licentia, de eodem loco discedere, discedentem vero absque nostrarum litterarum cautione nullus audeat retinere. Quod si forte retinere præsumpserit, licitum sit vobis in ipsos monachos, sive conversos, sententiam ferre. Paci quoque et tranquillitati vestræ paterna in posterum sollicitudine providere volentes, auctoritate apostolica prohibemus ut, infra clausuras locorum seu grangiarum, nul-

(1) Le Boucheix est une maison de la commune d'Yronde.

lus rapinam seu furtum facere, ignem apponere, sanguinem fundere, hominem tenere, capere vel interficere, seu aliquam violentiam audeat exercere. Præterea omnes libertates et immunitates a prædecessoribus nostris Romanis pontificibus ordini vestro concessas, necnon libertates, exemptiones sæcularium et actionum a regibus et principibus vel aliis fidelibus rationabiliter vobis indultas auctoritate apostolica confirmamus, et præsentis scripti privilegio communimus. Decernimus ergo ut nulli omnino hominum liceat præfatum monasterium temere perturbare, aut ejus possessiones auferre, vel ablatas retinere, minuere, seu quibuslibet vexationibus fatigare, sed omnia integra conserventur eorum, pro quorum gubernatione ac sustentatione concessa sunt, usibus omnimodis profutura, salva Sedis Apostolicæ auctoritate. Si qua igitur in futurum ecclesiastica sæcularisve persona, hanc nostræ constitutionis paginam sciens, contra eam temere venire tentaverit, secundo tertiove commonita, nisi reatum suum congrua satisfactione correxerit, potestatis honorisque sui careat dignitate, eamque se divino judicio existere de perpetrata iniquitate cognoscat, et a sacratissimo Corpore et Sanguine Dei Domini Redemptoris nostri Jesu Christi aliena fiat, atque in extremo examine districtæ ultioni subjaceat. Cunctis autem ejdem loco sua jura servantibus sit pax Domini nostri Jesu Christi, quatenus et hic fructum bonæ actionis percipiant et apud districtum judicem præmia æterna inveniant. Amen.

Ego Cœlestinus, Ecclesiæ Catholicæ episcopus.
† Ego Albanus, Albanensis episcopus.
† Ego Joannes, Prænestinus episcopus.
† Ego Pandulphus, presbiter card. ecclesiæ XII Apostolorum.
† Ego Melior, Sanctorum Joannis et Pauli presbiter card. tit. Pammachii.
† Ego Joannes, tit. Sancti Clementis card.
† Ego Romanus, tit. Sanctæ Anastasiæ presbiter card.
† Ego Joannes, tit. Sancti Stephani in Cœlio Monte presbit. card.
† Ego Gratianus, Sanctorum Cosmæ et Damiani diaconus card.

† Ego Bernardus, Sanctæ Mariæ Novæ diac. card.

† Ego Gregorius, tit. Sancti Georgii ad Velum aureum diac. card.

† Ego Nicolaus, Sanctæ Mariæ in Cosmydin diac. card.

† Ego Lotharius, Sanctorum Sergii et Bacchi diac. card.

Datum Romæ, apud Sanctum Petrum per manum Ægidii, Sancti Nicolai in carcere tulliano diaconi cardinalis, Idus Maii, Indictione x, Incarnationis dominicæ anno millesimo nonagesimo secundo, pontificatus vero Domini Cœlestini papæ III anno secundo (1).

CCXXVIII.

Célestin III écrit pour empêcher, en vertu de son autorité apostolique, les dommages que des hommes pervers causaient au monastère de la Chaise-Dieu, à ses prieurés et à d'autres possessions (2).

1191-1192.

CCXXIX.

Célestin III écrit de nouveau, afin de faire cesser les pillages de ceux qui s'étaient emparés de différentes terres de la Chaise-Dieu (3).

1191-1192.

CCXXX.

Célestin III à Henri de Sully, archevêque de Bourges, et à l'évêque de Clermont. Il expose qu'ayant appris les

---

(1) Bibliothèque de Clermont, Auv., ms. 50-51. — *Gallia Christiana*, t. II, Instrumenta Ecclesiæ Claromontensis, col. 1124-1125. — *Patrologie*, édit. Migne, t. ccvi, col. 954. Fragment.

(2) Cette lettre est indiquée dans celle que Célestin III écrivit à l'archevêque de Bourges et à l'évêque de Clermont. « Cum sæpius scripta nostra miserimus, ut per auctoritatem Apostolicæ Sedis retunderetur fortius contumacia pervasorum... »

(3) *Id.*, ibid.

dommages causés à la Chaise-Dieu par des hommes pervers, il avait écrit plusieurs fois sans pouvoir y mettre un terme. Il ajoute que Dauphin, comte d'Auvergne, a ravagé plusieurs prieurés de cette abbaye et notamment les prieurés de Teilhède, de Saint-Germain-l'Herm, de Bulhon et de Montferrand. Il leur ordonne d'enjoindre au Dauphin de réparer les torts qu'il a commis, et en particulier de rendre à l'église de Montferrand la liberté que lui avaient donnée ses pères et ses prédécesseurs. Il arrête que, si le comte, ainsi que les bourgeois et les clercs de Montferrand, qui lui ont été signalés comme complices par les moines de la Chaise-Dieu, refusent de se soumettre aux avertissements qui leur seront donnés, ils auront à les frapper d'anathême et à jeter l'interdit sur la terre du comte, châtiments qui devront durer, jusqu'à ce que les coupables aient donné pleine satisfaction.

13 Novembre 1193.

CŒLESTINUS episcopus, servus servorum Dei, venerabilibus fratribus H... (1), Bituricensi archiepiscopo et Claromontensi episcopo, salutem et Apostolicam benedictionem. Cum, auditis gravaminibus monasterio Casæ Dei, et prioratibus cœterisque domibus ejus a quamplurimis perversis hominibus nequiter nimium ac violenter illatis, sæpius scripta nostra miserimus, ut per auctoritatem Apostolicæ Sedis retunderetur fortius contumacia pervasorum. Quia tamen quidam ex eis nondum a sua malignitate cesserunt, oportet nos per manus ipsorum, qui sunt in partem pontificalis sollicitudinis advocati, horum nequitiis, auxiliante Domino, efficacius et communius obvia-

---

(1) Henri de Sully succéda, vers 1180, à Pierre qui avait succédé à Guarin. Il obtint des bulles pour la conformation de la primatie de Bourges de Lucius III, d'Urbain III, de Clément III et de Célestin III. Au mois de juin 1199, il vint à Clermont pour rétablir la paix entre Robert, évêque et Guy II, son frère. La même année, il donna le pouvoir de recueillir des aumônes pour la reconstruction de l'église de Chantoin. Il mourut en 1200 et eut pour successeur saint Guillaume de Donjeon.

re. Sicut autem ad vestram potest notitiam pervenisse, comes Delphinus (1), cum suis hominibus et quibusdam etiam aliis suæ iniquitatis fautoribus, plurimos prioratus ad jam dictum monasterium pertinentes crudeliter devastavit. Ecclesiam enim prioratus de Teclada (2) temerario ausu infringens, universa quæ in ipsa vel in domo ejus invenit cum hujusmodi suis complicibus asportare præsumpsit. Priorem insuper illius domus et homines ejus ad redemptionem compellens, ad æstimationem centum marcarum eidem domui dispendium irrogavit. Præterea prioratui Sancti Germani (3) damnum xxx marcarum et magis inflixit, prioratui de Bullione xx marcarum et ultra, et quamplures alios in animæ suæ periculum cepit, et per suas molestias et gravamina usque fere ad ultimam exinanitionem oppressit, per quæ utique damnum trecentarum marcarum et amplius prædictæ Casæ Dei monasterio proponitur intulisse. Ad hæc insuper prioratum Montisferrandi (4) assidue opprimere et vexare non desinit, annonam et victum, boves et

---

(1) Dauphin, fils de Guillaume-le-Jeune, lui succéda, vers 1170, dans la partie de l'Auvergne qui lui était échue, et dont Montferrand resta la capitale. On pense que le nom de Dauphin lui fut donné par Marchise, femme de Robert III, en souvenir du comte Guigues; il resta à ses descendants comme un nom de maison. Dauphin et ses successeurs s'appelaient aussi comtes de Clermont, parce qu'ils y possédaient certains droits (*L'Art de vérifier les dates*, p. 719). Les dommages causés par ce comte à la Chaise-Dieu furent si graves qu'Etienne de Brezons, alors abbé, recourut à Célestin III pour qu'il arrêtât le cours de ses dévastations.

(2) Teilhède, ancien prieuré de la Chaise-Dieu, est dans le canton de Combronde.

(3) Saint-Germain-l'Herm, autrefois Tuniac, dut ce nom à saint Germain, qui fut martyrisé en ce lieu. Le prieuré a toujours appartenu à la Chaise-Dieu. Saint-Germain-l'Herm est chef-lieu de canton, dans l'arrondissement d'Ambert.

(4) Le prieur de Montferrand eut beaucoup à souffrir dans ses moines et ses biens des ravages du comte d'Auvergne. Il contraignit le prieur à se rançonner deux ou trois fois par an. Violant le serment de son père, les défenses des pontifes romains, les immunités de ce monastère, les règlements de l'évêque de Clermont, du chapitre et de ses ancêtres, il permit d'élever des oratoires en ce lieu et protégea ces usurpations. Le prieuré de Montferrand, communément connu sous le nom du Moutier ou de Saint-Robert, acquit beaucoup d'importance. Le prieur était curé primitif.

pannos monachorum, ac libros ipsius ecclesiæ auferens, terras, vineas cum fructibus suis occupans, et suis præsumens usibus in propriæ salutis dispendium applicare. Quin etiam priorem illius loci bis aut ter se redimere in anno compellit, et molestatores ipsius sua potestate tuetur, et contra tenorem jurisjurandi a patre suo exhibiti et constitutiones ac inhibitiones Romanorum pontificum, et libertates ipsius loci, et, contra statuta Claromontensis antistitis et ipsius capituli et parentum etiam suorum, oratoria ædificare permittit, et ædificantibus licentiam tribuit, et auxilium et favorem impendit. Quia igitur eo gravaminibus sæpe dicti monasterii diligentius adesse tenemur, quo in ipso gratior Creatori impenditur famulatus, fraternitati vestræ per apostolica scripta mandamus et districte præcipimus, quatenus memoratum comitem sollicitis curetis monitis exhortationibusque inducere ut ablata præfato monasterio vel prioribus seu domibus suis aut eorum hominibus sine difficultate restituat, de damnis illatis et injuriis satisfaciat competenter et ab ipsius monasterii et prioratus Montisferrandi et aliorum omnium penitus de cœtero molestatione desistat et firmam exhibeat cautionem quod in ulterius nullum gravamen seu molestiam irrogabit, et ecclesiam Montisferrandi in libertate ac pace manere permittet, in qua parentes ac prædecessores ipsius comitis eam existere perpetuo statuere, et quam ipsi ecclesiæ suis authenticis scriptis Romani pontifices confirmarunt. Quod si commonitioni vestræ acquiescere detrectaverint, ipsum comitem et burgenses et clericos Montisferrandi quos prædicti fratres Casæ Dei nobis nominaverunt, harum pro magna parte perversitatum actores cum cœteris illius fautoribus, nullius contradictione vel appellatione obstante, vinculo anathematis innodetis et terram ipsius comitis interdicto subdatis et vestram sententiam tamdiu faciatis observari, et exstinctis candelis et pulsatis campanis, nuntiare ab omnibus observandam, donec quæ prædiximus congrue fuerint adimpleta. Datum Laterani, Idibus Novembris, pontificatus nostri anno III (1).

(1) Bibliothèque nationale, ms. latin, 12,766, *Fragmenta Historiæ Aquitanicæ*, pp. 206-211.

CCXXXI.

Célestin III porte un arrêté en vertu duquel les moines de la Chaise-Dieu, d'une part, le clergé et le peuple de Montpiloux, d'autre part, devront se présenter devant lui, afin d'exposer leurs raisons touchant le différend qui les divise, au sujet de l'érection du prieuré de Montpiloux en évêché (1).

1191-1193.

CCXXXII.

Célestin III à Pierre, évêque de Porto, à Jean, cardinal prêtre du titre de Saint-Etienne, à Soffrède, cardinal prêtre du titre de Sainte-Praxède, et à Jean, cardinal prêtre du titre de Sainte-Prisque. Il les charge d'examiner l'affaire au sujet de laquelle l'abbaye de la Chaise-Dieu était en différend avec le clergé et le peuple de Montpiloux, et leur recommande de lui communiquer le résultat de leurs délibérations (2).

1191-1193.

CCXXXIII.

Célestin III à Etienne de Brezons, abbé de la Chaise-Dieu, et aux moines de cette abbaye. Il rappelle que le Siége Apostolique répand la vraie doctrine avec d'autant

---

(1) Cet arrêté est connu par la lettre suivante de Célestin III à Etienne de Brezons, où on lit : « Quia pro hoc monasterii Casæ Dei justitia videbatur, utrique parti certum statuimus terminum quo sufficienter instructa nostro se deberet conspectui præsentare. » Les parties intéressées se conformèrent à la décision de Célestin III. Armand, prieur de la Chaise-Dieu, se rendit à Rome pour défendre les intérêts de son abbaye : le clergé et le peuple de Montpiloux déléguèrent aussi quelques clercs et quelques laïques.

(2) V. la lettre de Célestin III à Etienne de Brezons. Les cardinaux entendirent les raisons alléguées par les deux parties, et firent à Célestin III un rapport fidèle de ce qui s'était passé.

plus d'abondance, qu'il la puise à sa véritable source qui est le Christ. Il ajoute que l'Eglise Romaine, dirigée par les exemples du Seigneur qui a si souvent recommandé la paix, a coutume de rétablir la concorde dans les esprits, et de réprimer ceux qui n'observent pas ses décisions équitables, en portant des sentences marquées du signe de l'autorité apostolique. Il expose que le clergé et le peuple de Montpiloux ont fait des instances auprès de lui et de ses prédécesseurs pour obtenir l'érection du prieuré de cette ville en évêché; que, comme la Chaise-Dieu était intéressée à cette affaire, il avait indiqué un jour où les deux parties auraient à se présenter devant lui. Les deux parties vinrent en effet à Rome. Le pape, n'ayant pu, à raison de ses occupations, examiner leur affaire, en confia le soin à quelques-uns de ses cardinaux. Il déclare que, sur leur rapport, il a décidé que l'église de Sainte-Marie-Neuve de Montpiloux serait toujours un prieuré dépendant de la Chaise-Dieu, et que le prieur devrait, une ou deux fois l'an, faire venir à Montpiloux un évêque de son choix, pour qu'il y remplît son ministère pontifical. Il défend de porter atteinte à sa constitution et menace de la colère divine ceux qui la violeraient.

13 Décembre 1193.

 ŒLESTINUS episcopus, servus servorum Dei, dilectis filiis Stephano (1), abbati et fratribus sancti Roberti Casæ Dei tam præsentibus quam futuris, regularem vitam professis, in perpetuum. Apostolici

---

(1) Lantelme, dont nous avons parlé, gouverna la Chaise-Dieu jusqu'en 1186. On pense qu'il fut alors promu à l'évêché de Valence. Il eut pour successeur Dalmace de Cusse, qu'on voit figurer, en 1186, dans une charte de Raimond, évêque d'Uzès. En 1186, il fit tirer une copie du privilége accordé à la Chaise-Dieu par l'empereur Frédéric. Quelques-uns croient qu'il mourut en 1192. Il existe, néanmoins, une charte de Richard, roi d'Angleterre, de l'année 1190, qui est souscrite par Etienne, son successeur. Dalmace fut enseveli devant l'autel des Saintes-Vierges. Etienne II de Brezons, qui le remplaça, était d'une famille noble d'Auvergne. Nous le connaissons surtout par les lettres qu'il reçut de Célestin III. Il mourut en 1194 et fut enseveli près de l'autel des Saints-Confesseurs.

culminis eminentia, quo firmius communi fidei fundamento, quod est Christus, inhæret, et doctrinæ ab eo fluenta copiosius accipit, eo certius ipsius actionis et prædicationis exemplis edocta, vivendi normam in seipsa prius patenter ostendens, documenta Christianæ professionis ulterius transfundit in subditos et absque ullo erroris nubilo perfectius de iis quoslibet instruit quæ ab ipsius fontis origine sumit, specialius his documentis incumbens, quæ præsertim ipse Christus Dominus, tempore suæ dispensationis, edocuit et ostendit præ cæteris amplectenda. Cum enim idem Dominus et magister doctores Ecclesiæ informaret, dilectionis unionem et pacis in doctrina sua sæpius replicavit, qui etiam se pacem eis relinquere et donare asseruit, ut ad eam captandam quoque auditores inducere propensius laborarent, quam utique formam Romana consuevit Ecclesia semper habere, ut in quibusdam discordiis pacem afferat partibus, et ad hoc eas, prout poterit, inducat, ut se ad concordiam revocent et in pacis unione consistant. Quod si ejus verbis annuere detrectaverint, ei cui justitiam favere conspexerit, sub justi libra judicii quod requirit impendit, ejus per justæ disciplinæ censuram severius nequitiam reprimens qui contra fratrem suum inique contendere demonstratur, et, ne sua valeat ei deliberatione provida promulgata sententia in aliquo vacillare, a quo cæterorum sententiæ robur acquirunt, authentici scripti munimen et apostolicum patrocinium ad perpetuam ejus firmitatem apponit. Ut autem inferius explicamus, implicite superius et generaliter proposuimus, præsenti volumus scripto notari quod, cum clerus et populus Montispilosi et antecessores nostros et nos etiam postmodum sollicitarent frequentius, postulantes instantius ut pontificalis officii dignitatem, quam habuerunt antiquitus, eis restituere deberemus, quia pro hoc monasterii Casæ Dei justitia videbatur, utrique parti certum statuimus terminum quo sufficienter instructa nostro se deberet conspectui præsentare; cumque pars cleri et populi Montispilosi ad Apostolicam Sedem quosdam e suis clericis et laicis destinasset, et pro parte monasterii vestri dilectus filius noster, Armandus, prior ipsius, ad nos procurator sufficiens accessisset, ad causam ipsam agendam a vobis de communi consilio institutus, quia nos, sicut Romano pontifici sæpe contingit, aliis plurimis eramus negotiis occupati, et eamdem causam ob hoc non poteramus, prout deceret, per nos ipsos discutere, eam venerabili fratri nostro Portuensi episcopo et dilectis filiis Joanni Sancti Stephani in Cœlio Monte, Soffredo Sanctæ Praxedis et Joanni Sanctæ Priscæ, presbyteris cardinalibus, commisimus audiendam, qui, partibus in sua præsentia constitutis, rationes et allegationes et constitutiones felicis memoriæ Calixti (1) papæ qui, ut in prædicto loco idem esset abbas et episcopus, constituit, et originale rescriptum bonæ recordationis Alexandri papæ, prædecessorum nostrorum, et cœtera quæ partes ipsæ voluere proponere, diligentius audientes, nobis et fratribus in communi universa earum dicta et assertiones fideliter ostenderunt. Nos vero, ex relatione ipsorum sufficienter instructi, de communi fratrum nostrorum consilio, pro monasterio vestro sententiam promulgavimus, adversæ parti super repetitione dignitatis pontificalis officii perpetuum silentium imponentes et concessionem quæ, tempore felicis memoriæ Innocentii papæ, prædecessoris nostri, vestro monasterio super ecclesiis Montispilosi et aliis articulis facta fuit, et piæ recordationis Lucii papæ, antecessoris nostri, privilegio confirmata, ratam habentes et firmam, volumus ut ecclesia Sanctæ Mariæ Novæ Montispilosi in perpetuum prioratum cum omnibus ecclesiis illius loci intus et extra positis, utroque jure spirituali scilicet et temporali sit monasterio Casæ Dei subjecta, et de ipsa ecclesia et aliis jam dictis ecclesiis, prout voluerit, secundum Deum, disponat : statuentes ut prior qui, pro tempore per monasterium Casæ Dei ibi fuerit constitutus, bis aut semel in anno, episcopum quem voluerit, dum sit catholicus, et gratiam Apostolicæ Sedis obtineat, ad locum ipsum invitet et pontificalia sacramenta clero et populo illius loci, sicut in aliis mundi partibus fieri novimus, quo ipsum ministrare procuret. Ne igitur eadem sententia, per quorumcumque perversorum nequitiam aliquo valeat tempore immutari, seu præsumptione infringi, eam, sicut a nobis promulgata dignoscitur, præsentis scripti patrocinio communimus, statuentes ut nulli omnino hominum

(1) Calixte II avait établi que l'abbaye de Montpiloux serait érigée en évêché.

liceat hanc paginam nostræ diffinitionis et constitutionis infringere, vel ei ausu temerario contraire. Si quis autem hoc attentare præsumpserit, indignationem omnipotentis Dei et beati Petri et Pauli, ejus *apostolorum* (1), se noverit incursurum.

† Ego Octavianus, Ostiensis episcopus.

† Ego Joannes, Prænestinus episcopus.

† Ego Pandulphus, basilicarum XII Apostolorum presbyter cardinalis.

† Ego Petrus, tit. Sanctæ Ceciliæ presbyter cardinalis.

† Ego Joannes Felix, tit. Sanctæ Susannæ presbyter cardinalis.

† Ego Romanus, tit. Sanctæ Anastasiæ presbyter cardinalis.

† Ego Hugo, presbyter cardinalis Sancti Martini tit. Equitii.

† Ego Joannes, tit. Sancti Stephani in Cœlio monte presbyter cardinalis.

† Ego Concius, tit. Sancti Laurentii in Lucina presbyter cardinalis.

† Ego Soffredus, tit. Sanctæ Praxedis presbyter cardinalis.

† Ego Bernardus, tit. Sancti Petri ad Vincula, tit. Eudoxiæ presbyter cardinalis.

† Ego Gregorius, Sancti Georgii ad Velum Aureum diaconus cardinalis.

† Ego Lotharius, Sanctorum Georgii et Bacchi diaconus cardinalis.

† Ego Nicolaus, Sanctæ Mariæ in Cosmydin diaconus cardinalis.

† Ego Bobo, Sancti Theodori diaconus cardinalis.

† Ego Petrus, Sanctæ Mariæ in Via Lata diaconus cardinalis.

† Ego Concius, Sanctæ Luciæ in Orthea diaconus cardinalis.

Datum Laterani, per manum OEgidii, Sancti Nicolai in carcere Tulliano diaconi cardinalis, Idibus Decembris, Indictione undecima, Incarnationis dominicæ anno millesimo centesimo nonagesimo tertio, pontificatus vero domini Cœlestini papæ tertii anno tertio.

(1) Ce mot manque au manuscrit.

CCXXXIV.

Célestin III à l'abbé (1) de Saint-Martin de l'Ile-Barbe et à Pons de Rochebaron (2), chanoine de Lyon. Il expose que l'abbé de la Chaise-Dieu, sans avoir le consentement de son monastère, excepté celui de cinq de ses religieux, avait vendu à Jean et à Vanneniac son frère et à leurs héritiers certaines terres et vignes situées dans le territoire de Moingt (3), à condition que les acquéreurs paieraient, chaque année, une rente de cent sols, monnaie du Puy. Comme le contrat lésait les intérêts de la Chaise-Dieu, le pape engage l'abbé de l'Ile-Barbe et Pons de Rochebaron à faire venir devant eux les parties intéressées et à faire rescinder le contrat. Il ordonne de frapper des censures ecclésiastiques celui qui s'y opposerait (4).

13 Décembre 1193.

....

Donné à Latran, les Ides de Décembre, le 3ᵉ du pontificat du pape Célestin III (5).

CCXXXV.

Célestin III à Bernard de Roffiac (6), abbé de Pébrac.

---

(1) Guifrède.
(2) Pons de Rochebaron devint évêque de Mâcon, en 1144.
(3) Moingt, de l'ancien archiprêtré de Montbrison, est du canton de Montbrison.
(4) L'abbé de la Chaise-Dieu, voyant que les terres et les vignes valaient plus que le prix auquel il les avait cédées, résilia le contrat, afin de ne pas léser les droits de son monastère.
(5) Biblioth. nation., ms. lat. *Miscellanea monastica*, 12,777, f. 439, v. — *Chronicon monasterii Casœ Dei*, f. 320-321.
(6) Bernard II de Roffiac vient après Guillaume Iᵉʳ Aymon. Il fut remplacé par Guillaume II Garimes. En 1199, Robert, évêque de Clermont, lui céda l'abbaye de Chantoin. Il tint l'abbatiat huit ans et mourut en 1202. (*Gallia Christiana*, t. II, col. 460).

Il confirme ce monastère dans le maintien de son abbatiat (1).

1193.

CCXXXVI.

Célestin III au prévôt et aux chanoines de Montsalvy. Il confirme cette prévôté (2) dans la possession des églises qui lui ont été données par Pons, évêque de Rodez, et d'autres églises. Il autorise le prévôt à envoyer deux ou trois de ses chanoines dans ces églises et à désigner celui auquel l'évêque diocésain devra donner charge d'âmes (3).

1193.

CCXXXVII.

Célestin III à Gilbert, évêque de Clermont. Il l'autorise à faire cesser, au sein du chapitre cathédral, un grave abus, consistant en ce qu'un chanoine, pouvait, sans le consentement de l'évêque et du chapitre, mettre l'église en interdit et suspendre l'office divin. Il lui recommande de n'avoir aucun égard à une pareille interdiction (4).

1194.

CCXXXVIII.

Célestin III porte une sentence d'excommunication contre des clercs et des bourgeois de Montferrand, qui, contrairement à la défense de construire en ce lieu aucun

---

(1) *Gallia Christiana*, t. II, col. 460.
(2) En 1181, la prévôté de Montsalvy fit une donation à l'abbaye de Bonneval, diocèse de Rodez.
(3) *Dictionnaire statistique du Cantal*, t. IV, p. 574.
(4) *Collectio 2 Decretalium*, lib. III, tit. 9, c. 2. — Savaron, *Origines de Clairmont*, p. 69. — Augustini Tarracon. opp., IV, 387. — *Patrologie*, édit. Migne, t. CCVI, col. 1064.

oratoire ou chapelle, sans l'autorisation de l'abbé de la Chaise-Dieu, avaient fait bâtir la chapelle de Saint-Jean (1).

1194.

CCXXXIX.

Célestin III porte une sentence pour le prieur de Saint-Jean-Baptiste de Montferrand contre les Hospitaliers de Monferrand (2) et les prêtres de la communauté de cette ville, qui avaient été chargés de publier la sentence d'excommunication portée contre ceux qui avaient fait construire la chapelle de Saint-Jean (3).

1194.

CCXL.

Célestin III à Hélie (4), archevêque de Bordeaux. Il le charge de régler le différend qui s'était élevé entre Gilbert (5), évêque de Clermont, et Arnaud, abbé de Saint-Allyre (6).

1191-1195.

---

(1) Archives départementales du Puy-de-Dôme. Inventaire des Grand et Petit Séminaires.

(2) Les chevaliers de Saint-Jean de Jérusalem ou Hospitaliers s'établirent, vers 1190, en un lieu situé sur une éminence, au sud de Montferrand.

(3) Archives départementales du Puy-de-Dôme. Inventaire des Grand et Petit Séminaires.

(4) Hélie Ier de Malmort succéda à Guillaume Ier et occupa le siége de Bordeaux près de dix-huit ans (1188-1206).

(5) Gilbert mourut le 25 août 1195.

(6) Arnaud II vivait encore, en 1196. Cette année, Gilbert, évêque de Clermont, fit un accord avec lui, au sujet de leurs justices, et confirma la donation de l'église de Saint-Genès-Champanelle faite à l'abbaye de Saint-Allyre. (Savaron, *Origines de Clairmont*, p. 69). Arnaud fut enseveli près de la porte du chapitre. (*Gallia Christ.*, t. II, col. 325).

CCXLI.

Célestin III à l'abbé de Saint-Allyre (1). Il ratifie la donation de l'église de Villeneuve (2) et d'autres églises faite à cette abbaye.

1196 (3).

CCXLII.

Célestin III confirme l'abbaye de Saint-Amable de Riom (4) dans la possession de l'hôpital de Riom, qui

---

(1) Dom Estiennot fait mention de ce diplôme (Biblioth. nationale, ms. latin, 12,745, *Antiquitates beuedictinæ in diœc. Clarom.*, f. 104).

(2) Il s'agit de Villeneuve-les-Cerfs, appelé *Chassignoles* dans plusieurs titres. Cette donation, faite, dit-on, par Agnès de Montpensier, fut aussi ratifiée par Henry de Sully, archevêque de Bourges. Biblioth. nation., *Antiquit. Benedict. in diœcesi Clarom.*, f. 104. — Id., ms. latin, 12,696, *Monasticon Benedictinum*, f. 28.

(3) Nous pensons qu'il faut adopter cette date. D. Estiennot insinue que ce diplôme fut donné sous l'abbatiat de Hugues d'Anglard. Hugues ne dut prendre le bâton abbatial qu'en 1196, et d'autre part, Célestin III ne vivait plus au-delà de cette année. Hugues fut abbé pendant six ans. Il était neveu de Hugues d'Anglard, abbé de la Chaise-Dieu.

(4) Les origines de l'abbaye de Saint-Amable de Riom remontent au xi° siècle. En 1077, Durand, évêque de Clermont, donna l'église de Saint-Amable à Pierre de Chavanon, fondateur de Pébrac. Celui-ci y établit des chanoines réguliers, et fut le premier abbé de ce monastère. Dalmace de Chalez fut abbé, de 1081 à 1092. Robert le gouverna pendant deux ans et eut pour successeur Bernard de Chanac, qui assista au Concile de Clermont et mourut en 1118. En 1145, Guillaume Ier reçut d'Aimeric, évêque de Clermont, les églises de Saint-Hippolyte, de Bonneval, d'Yssac-la-Tourette, de Vitrac, de Villaret, de *Cereis* et de *Saint-Domp*. Eustache était abbé sous l'épiscopat d'Etienne VI. Cet évêque confirme la possession des églises données par Aimeric, dans un acte de 1168, où on voit la signature de Pierre, abbé de Saint-Germain-Lembron. En 1181, Ponce, évêque, lui donna la chapelle de la Léproserie de Riom. Drogon succéda à Eustache. En 1182, il fut présent à l'acte par lequel l'abbé de Saint-Michel de La Cluse mit le lieu et l'église de Sauviat sous la dépendance de Robert IV, comte d'Auvergne. En 1194, il est désigné dans une bulle de Célestin III. En 1195, il conclut un arrangement avec Guillaume

avait été donné à Drogon, abbé de Saint-Amable, par Gui (1), comte de Clermont (2).

1196.

de Bromont, abbé de Mozat. En 1196, Gui, comte de Clermont, fit à l'abbaye de Saint-Amable donation de l'hôpital de Riom. « Cum Riomensi monasterium plurimum diligam, hospitale pauperum, quod est Riomi, et ordinationem ipsius tam interius quam exterius Riomensi monasterio dono et concedo in perpetuum ordinandum et possidendum, nec per alios, nisi per eos quos abbas et canonici ibidem instituerint et præfecerint debeat ordinari.... et ipse comes dedit osculum abbati se firmiter hæc conservaturum et defensurum. » Robert, évêque de Clermont, confirma cette donation la même année que Célestin III. (*Gallia Christ.*, t. II, col. 388-389).

(1) Guillaume le Vieux fut remplacé, dans le comté d'Auvergne, vers 1182, par son fils aîné, qui prit le nom de Robert IV. Il mourut vers 1194, et laissa de Mahaud, son épouse, Guillaume et Gui, qui lui succédèrent, Robert, qui fut évêque de Clermont, Robert qui figure comme seigneur d'Olliergues, dans un hommage de 1208, et une fille qui épousa Robert II, seigneur de La Tour-du-Pin. Guillaume IX, fils aîné de Guillaume le Vieux, tint peu de temps le comté d'Auvergne. Gui II, son frère, l'occupait dès 1195.

(2) *Gallia Christ.* t. II, col. 589.

SUPPLÉMENT.

I.

Formose (1), se rendant aux prières de Géraud (2), comte d'Aurillac, lui donne des lettres apostoliques (3), en vertu desquelles il approuve la fondation de l'abbaye d'Aurillac. Il la met sous la protection du Saint-Siége et défend de porter atteinte à ses possessions présentes et futures (4).

894.

II.

Agapet II à Aimard, abbé de Cluny. Il confirme cette

---

(1) Formose, successeur d'Etienne V, fut intronisé en 891 et mourut en 896. Une tradition, religieusement conservée dans les Annales de Brioude, rapporte que ce pape, à son retour de Compostelle, s'arrêta à Brioude (893), pour vénérer les reliques de saint Julien, qu'il y officia au milieu d'un immense concours de fidèles, et qu'il fit exposer publiquement les reliques de la basilique (*Breviarium Brivatense in festo SS. Reliquiarum quod celebratur Dom. II post Pascha.* — *Vie et Miracles de saint Julien*, par M. l'abbé***, pp. 71-72).

(2) Géraud se rendit à Rome en 894. Lorsque Formose eut approuvé son dessein de fonder un monastère, il fit un acte ou testament par lequel il donnait à ce monastère la plus grande partie de ses biens et de ses revenus.

(3) Nous n'avons pas la bulle de Formose; elle avait sans doute la même teneur que celle de ce pape, donnée, en 895, pour le monastère de Gigny, qui venait d'être fondé par Bernon (Baluze, *Miscellanea*, t. II, p. 159. — *Patrologie*, édit. Migne, t. cxxix, col. 845-846).

(4) *Saint-Géraud d'Aurillac et son illustre abbaye*, par Mgr Bouange, t. I, pp. 125-126. — *Id.*, pp. 192-193. — *Id.*, p. 465.

abbaye dans ses immunités et ses possessions, parmi lesquelles il désigne l'alleu de Sauxillanges qui avait été donné par Acfred, comte d'Auvergne.

949.

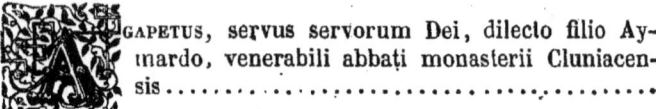

AGAPETUS, servus servorum Dei, dilecto filio Aymardo, venerabili abbati monasterii Cluniacensis..................................

....

Confirmamus etiam nostra apostolica auctoritate abbatiam Carilocensis cœnobii, quæ eidem collata est monasterio, abbatias Sancti Joannis atque beati Martini suburbio Matiscensi sitas, nihilominus in perpetuum constare decernimus ad prædictum locum, ut nullus episcopus vel comes vel aliqua persona inibi temerario ausu quidquam ordinare præsumat, sine jussione rectoris jam dicti loci. Similiter censemus de Celsanicas alodo Acfredi comitis, quem filius noster Stephanus, justa lance causam examinans, pro omnium remedio Christianorum prælibato delegavit loco..................................

....

Scriptum per manus Leonis notarii regis et scriniarii Sanctæ Romanæ Ecclesiæ, in mense Mart. per Indictionem VII (1).

III.

Alexandre II au chapitre de Brioude. Il expose qu'il a appris qu'on commettait dans cette ville des usures excessives, et que les clercs eux-mêmes s'en rendaient coupables. Il enjoint au chapitre de faire punir les auteurs de ces délits (2).

1061-1073.

(1) Mansi, *Concilia*, XVIII, p. 408. — *Patrologie*, édit. Migne, t. CXXXIII, col. 900-901.

(2) Chabrol, *Coutumes d'Auvergne*, t. IV, p. 124.

IV.

Urbain II à Guillaume, évêque d'Auvergne. Il le charge de régler le différend élevé entre l'abbaye de Moissac (1) et l'abbaye de Conques (2), au sujet de l'église de *Déavolojul*, dont la possession était contestée (3).

1095-1099.

V.

Pascal II à Pierre Roux, évêque d'Auvergne. Il le charge par Lettres apostoliques de mettre en vigueur la mesure que Guillaume, son prédécesseur, avait prise au sujet de l'église de *Déavolojul*, dont l'abbaye de Moissac et celle de Conques se disputaient encore la possession (4).

1106-1107.

---

(1) Moissac est chef-lieu d'arrondissement du département de Tarn-et-Garonne.

(2) Conques est chef-lieu de canton de l'arrondissement de Rodez, département de l'Aveyron.

(3) Ce diplôme est indiqué dans une lettre de Pierre Roux, évêque d'Auvergne, dont l'original est aux Archives de l'évêché de Saint-Flour. Nous en devons la communication à M. Lamouroux, vicaire-général de Saint-Flour. On lit dans ce document: « Igitur, post decisionem quam de querela que » super ecclesia Deavolojul inter Moysiacenses et Conchenses monachos diu- » tius agitabatur, ex precepto *pie* recordationis Urbani pape... venerabilis » predecessor noster, Guillelmus, Arvernorum episcopus, auctoritate sino- » dalis conventus a se factam.... reliquerat, convocatis utrisque partibus, » Conchensis abbas nec affuit, nec nuntium destinavit. » Guillaume convoqua les parties intéressées. L'abbé de Conques ne se rendit point à son appel. Il confirma le monastère de Moissac dans la possession de l'église de *Déavolojul*.

(4) Nous avons connaissance de ce mandat apostolique par la lettre de Pierre Roux. On y lit: « Paschalis pape Litteras accepimus ut quod, aucto- » ritate Sedis Apostolice bone memorie sanctissimus predecessor noster effe- » cerat, nos restaurare satageremus, ita videlicet ut ex occasione privilegio-

VI.

Adrien IV aux archevêques de Vienne et de Lyon. Il leur expose que Pierre le Vénérable s'est plaint de ce qu'Eustache de Montboissier, son frère, inquiétait et pillait le monastère de Sauxillanges, à l'occasion d'une somme de trois cents marcs d'argent qu'il réclamait. Il leur ordonne d'enjoindre à Eustache de Montboissier de mettre un terme à ses dévastations. Il ajoute que, s'il a quelque droit au sujet de l'église de Cluny ou de ses obédiences, ils aient à faire venir devant eux les parties intéressées et à porter le jugement que conseillera la justice.

18 Septembre 1154-1158.

ADRIANUS episcopus servus servorum Dei, venerabilibus fratribus S. Viennensi et C. Lugdunensi archiepiscopis salutem et apostolicam benedictionem. Dilectus filius noster Petrus, abbas Cluniacensis, Celsiniacense cœnobium, quod ad jus pertinet Cluniacensis Ecclesiæ, a fratre suo Eustachio, occasione trecentarum marcarum argenti, quas ab eo requirit, graviter conqueritur infestari, cum ipse tamen se paratum asserat exstitisse, quod justum est illi, mediante judicio, exhibere. Homines siquidem supradictæ Ecclesiæ capit, bona eorum diripit, et quibus modis potest incessanter affligit. Unde nos, quoniam perturbatio-

---

» rum Romane Ecclesie quibus utraque pars causam suam tueri conabatur, » nulli prejudicium generari permitteremus. » Pierre Roux écrivit aux moines de Moissac et de Conques de se rendre à Clermont, où Pascal II devait venir, afin qu'ils terminassent leur différend en sa présence. Les moines de Moissac seuls se rendirent à l'invitation de l'évêque. Pierre Roux les confirma dans la possession de l'église de *Déavolojul* et des biens qui lui appartenaient. L'acte eut lieu, le 12 juillet 1107, à Brioude, lors du séjour de Pascal II dans cette ville, en présence de Pierre, camérier du pape, de Walgier, prieur de Lavoûte, d'Etienne, prieur de Saint-Flour, de Matfrède, prieur de Bredon, de Géraud, moine de Moissac, de Géraud, archiprêtre de Saint-Flour, d'Etienne, prêtre de Bredon, et de plusieurs autres.

nibus Cluniacensis Ecclesiæ, tam per nos quam per fratres et coepiscopos nostros exacta volumus diligentia contraire, per præsentia vobis scripta mandamus, quatenus præfatum Eustachium, ut ab infestatione prænominati cœnobii et hominum ipsius abstineat et inique ablata restituat, districtius moneatis. Si verò monitionibus vestris obedire contempserit, excommunicationis eum vinculo innodetis, et donec resipiscat, sicut excommunicatum faciatis attentius evitari. Sane, si adversum Cluniacensem Ecclesiam vel obedientias ejus quicquam juris habuerit, vos in unum convenientes partes ante vestram præsentiam evocetis, et, rationibus hinc inde diligenter auditis et plenarie cognitis, quod justum inde fuerit, judicetis, et prosecutióne faciatis operis adimpleri.

Datum Narniæ xiv Kalendas Septembris, Pontificatus nostri anno (*l'année du pontificat manque*) (1).

(1) *Bullarium Sacri Ordinis Cluniacensis*, p. 68.

APPENDICE.

I.

Charles le Chauve aux grands et autres sujets de son royaume. Il leur fait savoir que Geilon, abbé de Saint-Philibert de Héro, l'a conjuré de le secourir dans la persécution qu'il souffrait avec ses moines, de la part des païens. Il déclare que, touché à la vue de ses maux, il lui a donné l'abbaye de Saint-Pourçain, afin qu'il y vaquât avec ses moines à l'office divin, tant que durerait la persécution des Normands. Il fait cette libéralité, à condition que ces moines prieront Dieu pour lui, pour son épouse et son fils, pour le salut du royaume et le bonheur de son peuple.

29 Novembre 871.

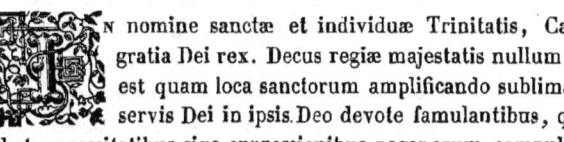

N nomine sanctæ et individuæ Trinitatis, Carolus, gratia Dei rex. Decus regiæ majestatis nullum majus est quam loca sanctorum amplificando sublimare, et servis Dei in ipsis Deo devote famulantibus, quibuslibet necessitatibus sive oppressionibus paganorum compulsis, ob æternæ beatitudinis remunerationem clementer succurrere, et pro amore supernæ retributionis misericorditer subvenire. Quapropter, divinæ admonitionis igne succensi et salutifero fomite inspirati, ad præsentis vitæ instantiam felicius percurrendam, et ad perpetuæ felicitatis gaudia facilius obtinenda, hoc fore certissime non dubitantes, omnibus optimatibus ac cœteris fidelibus regni nostri, præsentibus scilicet atque futuris, litteris regiæ auctoritatis nostræ innotescimus, ob id quia serenitatem altitudinis nostræ venerabilis et carissimus nobis Geilo, abbas, ab infestatione paganorum per plurimas necessitates fratrum Sanctæ Mariæ et Sancti Filiberti Herensis (1) monasterii humiliter deprecans, ut eorum necessitatibus succurreremus, patefecit. Nimium dolore perculsi et instinctu cœlestis gratiæ moniti, verum etiam ejusdem venerabilis abbatis famulatu placati, eidem monasterio Herensi, ipsisque fratribus Sanctæ Mariæ et Beati Filiberti, per testamentum regiæ auctoritatis nostræ, abbatiam Sancti Portiani, in pago Arvernensi, cum omnibus ad se pertinentibus sive ad id jure respicientibus tam in eodem pago quam et in aliis, sicut ad nostrum habere visi sumus, perpetim habendam tradimus et condonamus, ac demum ad dominationem illorum solemni more transferimus, ut, quamdiu persecutio Normandorum invaluerit, eamdem abbatiam Sancti Porciani jam dicti Fratres, nec huc illucque vacillanter discurrant, ad locum refugii congratulanter aptum. Et licet incerti simus, cum illis, Domino annuente, pax et tranquillitas in dicto monasterio Herensi, nullo imminente turbine Normandorum, data fuerit, prænominatam abbatiam Sancti Porciani sicut alias res proprias suprà descripti monasterii Herensis, quo indigentiam non modicam aliquantulum evadere et divinum officium liberius explere possint, absque cujuspiam contradictione sive repetitione, æternaliter *possideant* (2).

Quare hoc magnitudinis et celsitudinis nostræ præceptum fieri, et illis dari jussimus, per quod decernentes sancimus, atque præcipientes delegamus, ut jam dicti fratres sæpius nominatam abbatiam Sancti Porciani, secundum quod eis visum fuerit, jure proprio et more ecclesiastico sicut alias suas res proprias perpetualiter ad suos usus, suorumque utilitates ordinantes disponant, et disponendo et ordinent, eo videlicet modo ac tenore, ut pro nobis et pro conjuge ac prole nostra, simul etiàm pro statu regni ac populi à Deo nobis commissi salute clementiam Dei devotissime exorent.

Ut autem nostræ auctoritatis largitio pleniorem in Domino obtineat firmitatis vigorem, manu nostra propria subter eam scribendo corroborantes, annuli nostri impressione assignari jussimus.

(1) Héro, île située dans la mer, diocèse de Poitiers. Elle s'appelle aujourd'hui Noirmoutier.
(2) Le contexte indique qu'il faut *possideant*, ou un terme équivalent.

Signum Caroli, gloriosissimi regis.

Adalgarius notarius ad vicem Gausleni recognovit.

Data III Kal. Novembris, indictione IV, anno XXXII, regnante Carolo gloriosissimo rege. Actum.... in Dei nomine feliciter. Amen (1).

II.

Guillaume le Pieux, comte d'Auvergne, déclare que, selon une religieuse coutume, il donne aux moines de Saint-Launomar, qu'il avait reçus et établis dans ses domaines de Moissat, la terre et l'église de Peschadoires avec leurs dépendances. Il entend qu'aucun de ses héritiers ne s'oppose à cette donation.

Mai 912.

Rebrescentibus quotidie malis, quæ obveniunt pro iniquitatibus nostris, et appropinquante uniuscujusque nostrum tempore hujus vitæ, providendum est nobis, qualiter et peccatorum veniam, et æternam vitam adipisci mereamur, quod decentissime per gratiam Dei obtinere poterimus, si de præteritis malis nostris veram pœnitentiam per fructus boni operis, et de futuris cautelam habere studuerimus. Hæc ego Willelmus, gratia Dei comes, cogitans, secundum instituta legum et consuetudinem religiosorum hominum, pro remedio animæ meæ, patrisque mei et matris, senioris quoque quondam mei Odonis, sed et Ludovici imperatoris, et sororis ejus dilectæ conjugis meæ Ingelbergæ, atque aliorum parentum meorum, dono, et a die præsenti contrado de rebus meis legali jure acquisitis sancto Christi confessori Launomaro et monachis, quos ante unum annum pro Dei amore susceperam, et prædio Magenciaco collocaveram ; hoc est villam quæ Piscatoria nominatur cum ecclesia et casa indominicata, cum servis et ancillis, silvis, pratis, aquis, aquarumve decursibus, terris cultis et incultis, et quidquid hodierna die ad eamdem villam pertinere, et mei esse juris, cognoscitur, de mea potestate in dominationem Gauberti (2) abbatis, quem

(1) D. Luc d'Achery, *Spicilegium*, t. III, p. 350.
(2) Gaubert fut le premier abbé du monastère de Moissat.

ego ipsis in commune petentibus eidem loco præfeci, et monachorum tam præsentium quam successorum, Deo gubernante, ipsorum propria voluntate transfundo, ut, sine mea aut alicujus hominis contradictione, easdem res perpetualiter habeant, obtineant atque possideant. Sunt autem ipsæ res in territorio Arvernensi, in vicaria Doradensi (1), in loco superius nuncupato, quas palam legali jure condigno pretio acquisivi, partim à Volusiana (2), nobili matrona, partim ab aliis nobilibus viris, sicut multis adhuc viventibus habetur notissimum. Quod si aliquis hæredum vel prohæredum meorum, aut opposita persona hanc donationem et traditionem meam interrumpere præsumpserit, aut aliquam calumniam ingerere conatus fuerit ; quod repetit, vindicare non valeat, sed per hoc iram Dei incurrat et insuper sociante fisco 4 libras auri, cui litem intulerit, exsolvere cogatur. Ut autem hæc donatio et traditio verius credatur et firmius habeatur, manu propria et manibus præsentium fidelium virorum eam corroborari decrevimus. Actum anno Incarnationis dominicæ DCCCCXII, Indict. I, mense Maio. Willelmus princeps huic testamento a me facto et relecto subscribi ita signato jussit. S. Ingelbergæ comitissæ. S. Hucberti vicecomitis. S. Emenonis vicecomitis. S. Bernardi, S. Ocberti. S. Ugonis (3)

III.

Guillaume le Pieux, prince et marquis, expose qu'en vue de son âme, de celles de Bernard, son père, et d'Ermengarde, sa mère, il donne, de concert avec Ingelberge, son épouse, à l'église de Sauxillanges qu'il a fait construire en l'honneur de la Trinité, de la Vierge Marie et de saint Jean, divers biens situés, au comté de Brioude, dans la vicairie d'Usson, et l'église de Saint-Julien de Gignat, comprise dans le comté de Tallende.

Novembre 912.

---

(1) Vicairie de Dore.
(2) Il y avait en Auvergne, une famille Volusien, dès le ve siècle.
(3) *Acta SS. Ord. S. Benedicti*, pars II, p. 254.

ACROSANCTÆ Ecclesiæ sanctæ et individuæ Trinitatis sanctæque et intemeratæ Virginis Mariæ, sanctique Joannis Evangelistæ, ego princeps et marchio (1), Willelmus, pertractans casum fragilitatis humanæ, ut quando de hac luce migravero, et ante tribunal æterni arbitris præsentatus fuero, animæ meæ veniam merear adipisci, cedo, una cum consensu dilectæ conjugis meæ, Ingelbergæ, aliquid de rebus propriis meis, pro remedio animæ meæ et animæ patris mei Bernardi, et matris meæ Ermengardis, et senioris mei Odonis, et pro absolutione animarum fratrum meorum et sororis meæ Adalendis et filiorum ejus, cessumque in perpetuum esse volo, et de meo jure in ipsius ac rectorum ejus dominationem trado, transfero atque transfundo ecclesiæ, quam ego de meis sumptibus in meo proprio fundo, quod Celsinanicas dicitur, mente devota in honore individuæ Trinitatis, castissimæque Mariæ Virginis, dilectique discipuli Christi Joannis ædificare studui, quatenus per sanctæ Trinitatis fidem et per intercessionem sanctorum, quorum in eadem basilica continentur reliquiæ, tueri merear ab omnium inimicorum incursu, post discursum vero hujus labilis vitæ, pars iniqua me nihil valeat nocere, sed in cœlesti beatitudine perenni gaudio merear exultare: sunt autem ipsæ res sitæ in patria Arvernica, in comitatu Brivatensi, in vicaria Ucionensei, in villa Carisiacco, unus videlicet mansus cum appendariis duabus, cum curte et horto, exitibus et regressibus, campis, pratis, pascuis, aquis aquarumque decursibus, quantum ad ipsum mansum aspicit vel aspicere videtur, totum et ad integrum cedo ipsi sanctæ Ecclesiæ. Servum etiam meum, nomine Eldeboldum, cum uxore sua et infantibus suis cum manso superius dicto cedo. Ecclesiam quoque in honore sancti Juliani, quæ est in comitatu Talamitensi, in villa Gignaco, cum omnibus ad eam pertinentibus, quam de Witardo acquisivi, et mansum unum in villa Crisilionis, quem similiter de Witardo acquisivi, eidem ecclesiæ in perpetuum dono. Si quis autem hæredum vel successorum nostrorum aut aliqua emissa persona, quod minime futurum credimus, contra hanc spontaneam donationem nostram in aliquo contraire

---

(1) Guillaume possédait, outre le comté d'Auvergne et le duché d'Aquitaine, le marquisat de Gothie.

vel calumniare tentaverit, iram Dei omnipotentis incurrat, habeatque accusatores omnes sanctos cum his quibus violentiam fecerit, habeat quoque judices apostolos, et exactorem diabolum cum ipso in perpetuo inferni cruciandus incendio. Ut autem hæc nostra donatio stabilis et inconvulsa permaneat, manu propria subter firmavimus et viris illustribus corroborandum tradidimus. Actum in villa Celsiniacas publice. S. Willelmi, gratia Dei comitis, qui hanc donationem fieri et firmari propria voluntate rogavit. Signum Ingelbergæ. S. Willelmi. S. Acfredi. S. Bosoni. S. Ermaldi episcopi. S. Hidelberti episcopi. S. Altonis abbatis. S. Sigualdi abbatis. S. Abboni abbatis. S. Elisei monachi. S. Ehardi abbatis. S. Abboni abbatis. S. Elisei monachi. S. Ehardi, præpositi. S. Eldigerii. S. Erleboldi præpositi. S. Cuneberti. S. Raimberti. S. Rotgerii comitis. S. Ugberti vicecomitis. S. Bernardi. S. Tetberti. S. Ramberti. S. Bernardi. S. Gozfredi. S. item Goztfredi. S. Letoldi. S. Gerboldi. Riculfus archipresbyter scripsit et subscripsit. Data in mense Novembris, in die Mercoris, anno XVIII, domno Carolo rege Francorum sive Aquitaniorum (1).

IV.

Acfred, duc d'Aquitaine, fait savoir que, cédant à un sentiment de piété et de reconnaissance, il établit dans sa terre de Sauxillanges douze moines qui devront nuit et jour adresser à Dieu de continuelles prières. Il leur assure la possession d'un grand nombre de biens situés, aux comtés de Brioude et de Tallende, dans les vicairies d'Usson et d'Ambron. Il exprime l'intention formelle qu'aucun de ses héritiers ne porte atteinte à ses dispositions, et que les plus graves châtiments atteignent ceux qui les violeraient.

11 Octobre 928.

(1) Baluze, *Histoire généalogique de la Maison d'Auvergne*, t. II, pp. 12-13.

N nomine sanctæ et individuæ Trinitatis, Acfredus (1), divina tribuente misericordia, Aquitanorum dux. Notum sit omnibus sanctæ Dei Ecclesiæ curam administrantibus præsentibus videlicet et futuris necnon et cunctis terræ inclitis, quia ego Acfredus, servus servorum Dei humillimus, considerans casum fragilitatis humanæ, ut pius et misericors Dominus de immanitate facinorum meorum aliquid relaxare dignetur, tam pro me ipso quam pro genitore meo Acfredo et genitrice mea Adalinda, et avunculis meis Guillelmo et Guarino et fratribus meis Bernardo et Guillelmo et pro cunctis propinquis et fidelibus meis et amicis, reddo Creatori meo, regi regum et domino dominantium, de ipsa terra quam idem sua larga clementia parentibus meis et mihi indignissimo largiri dignatus est, quamdam particulam ut nomini suo ædificetur, in honore suo teneatur, obunbratione majestatis ejus gubernetur; quatenus nec comes, nec episcopus, nec abbas, seu ullus ex progenie nostra, aut aliquis mortalium eidem terræ dominetur; neque alicui sanctorum ipsa terra subjecta sit, neque spiritibus angelicis, sed ipsi soli Domino qui in Trinitate perfecta vivit et regnat, et ministri Ecclesiæ ibidem deputati nullum mundiburdum sanctorum aut hominum vel rectorum expectent; neque ulla judiciaria potestas illis vim inferre aut distringere presumat, aut aliquid ab eis inhonestum aut injustum exigat, sed omnipotenti Deo soli serviant, et in nomine ejus vivant; et si in aliqua re interrogati fuerint per ipsum se reclament; et ipsi sint subjecti servi etiam aut coloni qui ipsam terram inhabitaverint; si accusati aut interrogati sive increpati fuerint, nullum alium protectorem aut gubernatorem exquirant nisi ipsum Dominum nostrum Jesum Christum et ministros Ecclesiæ qui eodem tempore ibidem constituti fuerint. Ut qui me de limo terræ potenter creavit, spiraculum vitæ clementer dedit et misericorditer cum pereunte mundo restauravit, et sui cognitionem mihi dedit et ad hanc ætatem me peccatorem pervenire fecit, et de suis bonis quantum sibi placuit mihi concessit, cognoscat et

---

(1) Acfred, fils d'Acfred, comte de Carcassonne et d'Adelinde, sœur de Guillaume le Pieux, succéda, vers 926, à Guillaume II, son frère, dans le comté d'Auvergne et dans le duché d'Aquitaine. Il mourut sans enfants, vers 928, et eut pour successeur Ebles, comte de Poitiers.

de ipsa terra quam mihi largiri dignatus est, quantulamcumque partem sibi reddidisse, et in honore duodecim apostolorum qui, præcepto Patris obedientes, filium ejus Dominum nostrum Jesum Christum corde crediderunt et ore professi sunt, monachos duodecim inibi esse constituo, qui diebus ac noctibus Creatori omnium Domino indefessas laudes persolvant, et pro statu Ecclesiæ humiliter ac devote eum exorent, seu pro peccatis nostris vel omnium christianorum, multimodis precibus misericordiam ipsius expostulent. Ideoque noverint omnes sanctæ Dei Ecclesiæ fideles quoniam reddo Creatori omnium Deo, in pago Arvernico, in comitatu Brivatensi et in Telamitensi, in vicaria Ucionensi et Ambronensi, in primis curtem meam indominicatam quæ vocatur Celsinianias cum ecclesiis duabus, unam in honore Sancti Petri et alteram in honore sancti Joannis Evangelistæ constructis, et casam meam indominicatam, et brolium indominicatum et farinarios quinque cum mansis, campis, pratis, silvis, vineis, omnia et ex omnibus quantumcumque ad ipsam curtem aspicit aut aspicere videtur et omnes appenditias quæ ad ipsam pertinere videntur, videlicet; in Gimniaco, ecclesiam unam in honore sancti Juliani constructam cum omnibus quæ ad eam pertinent; et in Carniaco ecclesiam in honore sancti Remedii constructam cum omnibus ad se pertinentibus; et in ipsa villa mansos quatuor, appendariam unam, et in Brando mansos tres et mansionem unam cum vinea; et in Merdantione mansiones tres cum clauso uno; in Vinzellata mansionem unam cum vinea; in Illa Calme, mansionem unam cum vinea; in Monte Asinario (1), appendariam unam; in Castello, appendarias quatuor et clausum unum; in Utione, mansiones quatuor cum vineis; in Monte-Moriaco, mansos duos, appendarias duas; in Brennaco, mansos duos, appendariam unam; in Monte Benedicto (2), mansos quinque, appendarias quatuor; ab Illo Sallo mansos tres, appendarias tres; ad Illa Calme, appendariam unam; in Sarcicoda (3), mansos duos, appendariam unam; in Illa Jarigia (4), mansos quatuor, appendarias tres; in Riberia (5), appenda-

(1) Montaigné, près Usson.
(2) Mont-Benoît, près Sauxillanges.
(3) Sacot, hameau de Sauxillanges.
(4) La Jarrige, hameau de Saint-Remy-de-Chargnat.
(5) La Ribeyre, près Saint-Babel.

riam unam ; in Genestogille (1), mansos duos, appendariam unam ;
Sperendeus, mansum unum; ad Mansionem-Guntardi, mansos duos ;
ad Mansionem-Baseni, mansos duos, appendarias duas ; ab Illo Montilio (2), mansos duos ; in Pagio Gondrico, mansos duos, appendarias
quatuor ; Balfredus mansos duos ; Gausbertus appendariam unam;
Armanus mansum unum ; Rodina mansos duos ; Dacbertus mansum unum ; Gadlindis mansum unum ; infantes Sicberti, unum
mansum ; Sigfredus mansum unum ; Gauzbertus appendariam
unam ; ad Illum Tillium (3), mansos sex, appendarias quatuor ; ad
Lemovicas (4), unum mansum, appendarias novem; in Jarello, mansos quinque, appendariam unam ; in Illa Buffaria, mansum unum,
appendarias tres ; Benedictus mansum unum ; in Scutearia (5),
appendarias tres; Adalbertus et Ingilbaldus appendariam unam ;
Aldegaudus appendariam unam ; Piscatoribus appendarias duas ;
Bernardus appendariam unam ; Petrus appendariam unam ; in
Poio Lacpatricii appendariam unam ; Victriario (6) appendariam unam; in Illo Croso (7) appendariam unam ; Ingirandus
appendariam unam; in S. Quintino, appendarias duas cum ipsa
ecclesia; inter Condaminas et Conrrontio appendarias duodecim ;
in Crizilono (8), mansum unum, fexiorata tres ; in Calidas Mansiones, mansum unum, appendariam unam. Hæc omnia supradicta cum omni integritate, cultum sive incultum, quæsitum vel
quicquid ad inquirendum est cum ecclesiis, mansis, campis, pratis, silvis, vineis, curtibus, hortis, viridiariis, exiis et regressibus, aquas aquarum ve decursibus cum ipsis farinariis, cum servis
et ancillis ad eamdem curtem pertinentibus qui modo apparent et
postea, Domino multiplicante, nascituri sunt, ego indignus et miserrimus peccator, reddo Domino justo et peccatorum justificatori, ut
cuncta sub defensione nominis ejus vivant, gubernentur ac tueantur, monachi etiam ibidem constituti ipsi soli flectant genu, ipsum
adorent, eumdem solum rectorem invocent, servi etiam et coloni

---

(1) Genestine, hameau de Saint-Etiehne-sur-Usson.
(2) Le Montel, écart de Sauxillanges.
(3) Le Teil, hameau de Saint-Genès-la-Tourette.
(4) Limoges, commune d'Aix-la-Fayette.
(5) L'Escuilerie, hameau d'Eglise-Neuve-des-Liards.
(6) La Verrerie, près d'Eglise-Neuve.
(7) Le Cros, hameau d'Eglise-Neuve.
(8) Grezin, près le Broc.

ad hæc pertinentes eadem faciant. Quin etiam deprecor ego infelicissimus misericordiam omnipotentis Dei ut cedat mihi hæc eadem in suo sancto servitio detinere et sub tuitione nominis ejus regere et gubernare. Post obitum vero meum, quocumque modo ipsi placuerit ut dies meos finiam, nullus hæres meus, aut filius vel filia, si habuero, seu quisque mortalium aliud præsumat agere propter quam incertum est superius. Quod si quis præsumpserit, reum se sentiat majestatis, et pro tali præsumptione ab ipso Domino, cernentibus cunctis, judicium accipiat damnationis et cum Dathan et Abiron necnon et cum Juda proditore, in profundum infernum dejiciatur, et omnes maledictiones, quæ in veteri vel in novo Testamento continentur, veniant super illos, quia a presenti vel in futuro has res quæ superius sunt scriptæ Deo et sanctis ejus et illorum monachorum qui pro statu seculi et salute vivorum Domino famulari cupiunt in suos usus cupiunt retorqueri, nisi resipuerint et emendaverint et ad pœnitentiam, et ad satisfactionem venerint, nec quisquam amodo et in reliquum talia agere protemptet. Et ut hoc incertum per succedentia tempora firmiorem obtineat vigorem, manu propria subter illud firmari et aliorum nobilium virorum manibus roboraretur percensui. Sig. Acfredi comitis, Aquitaniæque ducis, qui hanc certam fieri vel affirmare rogavit. Sig. Roberti vicecomitis. Sig. Guidonis auditoris. Sig. Dalmatii vicecomitis. Sig. Bertranni. Sig. Teodardi. Sig. Mathfredi. Sig. Arimandi. Sig. Guillelmi vicecomitis. Sig. Eustorgii. Sig. item Guillelmi vicecomitis. Sig. Rigaldi. Sig. Hugonis. Sig. Leotaldi. Sig. Arlabaldus, ecclesiæ S. Juliani Brivatensis præpositus. Sig. Cunebertus, ejusdem ecclesiæ decanus, Guracco sacerdos ad presens fuit et sig. Gausbertus.

Actum V Idus Octobris, Celsinanias, anno v°, quod infideles Franci regem suum Carolum inhonestaverunt et Rodulphum in principem elegerunt. In Christi nomine, Ragnibertus sacerdos, quamvis indignus, præcipiente Acfredo, scripsit (1).

V.

Hildegarde fait savoir que, dans le dessein d'attirer sur elle la miséricorde divine et dans l'intérêt de l'âme de ses

(1) Baluze, *Hist. généalogique de la maison d'Auvergne*, p. 21. — Labbe, *Miscellanea*, t. II, p. 520. — *Cartulaire de Sauxillanges*, ch. 13.

parents et amis, elle donne au monastère de Sauxillanges, situé dans le comté d'Auvergne et dans la vicairie de Brioude, l'église de Bournoncle, et le lieu de Barlières, ainsi que d'autres biens à Plauzat, dans la vicairie de Tallende. Elle exprime le vœu que des châtiments éternels soient infligés à ceux qui ne respecteraient pas ses dispositions.

ei omnipotentis amplissima largitas, inter cætera pietatis beneficia, etiam in hoc mortalibus consuluit ut ex perituris æterna, ex labentibus mansura, ex transeuntibus quoque non transeuntia acquirere possent homines moribundi, dum licet vivere in mundo. Idcirco, ego Aldeardis (1), divina tribuente misericordia, notum sit omnibus sanctæ Dei Ecclesiæ curam administrantibus, præsentibus videlicet et futuris, necnon et terræ cunctis inclytis, quia ego Aldeardis, ancilla ancillarum Dei humillima, considerans casum fragilitatis humanæ, ut pius et misericors Dominus de immanitate facinorum meorum aliquid relaxare dignetur, tam pro meipsa quam pro genitore meo Hucberto et genitrice mea Ermengarde et fratribus meis Girbaldo et Willelmo necnon et pro seniore meo Roberto et filio suo Stephano, episcopo, et cunctis propinquis et fidelibus nostris et amicis, reddo Creatori meo, regi regum et Domino dominantium, de ipsa terra quam idem Dominus sua larga clementia parentibus meis et mihi indignissimæ largiri dignatus est, quamdam particulam, ut nomini suo ædificetur, in honore suo teneatur, obumbratione majestatis ejus gubernetur; dein sacro cœnobio Celsiniacensi, dicato in honore sanctæ et individuæ Trinitatis et in honore beatorum Apostolorum Petri et Pauli et beati Joannis Evangelistæ sive reliquorum apostolorum consecratum, quod quidem monasterium dominus Maiolus, abbas, tam per se quam etiam per sibi subditos, utpote sibi per omnia subjectum, regit, ordinat atque disponit: sunt autem ipsæ res in comitatu Arvernensi, in vicaria Brivatensi, in villa quæ dicitur Burnunculo; hoc est ecclesia cum universis appenditiis suis, mansis, campis, pratis, et aliam

---

(1) Aldearde, ou mieux Hildegarde, comme il est dit dans d'autres documents, était fille de Hucbert et d'Ermengarde.

villam, Berlerias (1), cum omnibus quæ ad eam pertinere videntur; item similiter in Plauziaco mansos duos et unam appendariam cum omnibus quæ ad eis pertinere videntur, et sunt ipsi mansi in vicaria Talamitense. Hæc omnia suprascripta cum omni integritate, cultum sive incultum vel quicquid acquirendum est, cum ecclesia, mansis, appendariis, reddo justo Deo et peccatorum justificatori et sanctis apostolis suis. Si quis vero, hæres meus, aut nepos, aut consobrinus, seu quisque mortalium aliud præsumat agere postquam superius insertum est, quod si quis præsumpserit, reum se sentiat majestatis et pro tali præsumptione ab ipso Domino, cernentibus cunctis, judicium accipiat damnationis, nec quicquam amodo et in reliquum talia agere pertemptet, cum Dathan et Abiron et cum Juda proditore in profundum inferni demergatur, et omnes maledictiones, quæ in veteri Testamento vel novo continentur, veniant super illos qui in præsenti vel in futuro has res quæ superius sunt scriptæ Domino et sanctis ejus et monachorum qui pro statu seculi et salute vivorum Domino famulantur, in suos usus cupiunt retorqueri, nisi resipuerint et emendaverint et ad satisfactionem venerint; et ut hoc insertum per succedentia tempora firmiorem obtineat vigorem, Sig. Aldegardis quæ hanc cartulam fieri vel adfirmare rogavit. Sig. domni Stephani episcopi. Sig. Rotberti vicecomitis. Sig. Ucberti vicecomitis. Sig. Bertranni. Sig. Amblardi. Sig. Rotberti abbatis. Sig. Eustorgii. Sig. Rotberti. Sig. Girberni (2).

VI.

Etienne II, évêque des Arvernes, témoigne que, par un sentiment de foi et pour remédier au salut de son âme et de celle de ses parents, il donne au monastère de Sauxillanges l'église de Bonnac et celle de Fournols. Il menace de la colère de Dieu et de ses apôtres ceux qui porteraient atteinte à cette donation.

Décembre 944.

(1) Barlières, écart de Bournoncle.
(2) *Cartulaire de Sauxillanges*, ch. 82.

ei omnipotentis amplissima largitas, inter cætera pietatis suæ beneficia, etiam mortalibus in hoc consulit ut ex perituris æterna, ex labentibus mansura, ex transeuntibus quoque non transeuntia adquirere possent. Quod ego Stephanus, Arvernorum indignus episcopus, divina pulsante cor meum clementia, cogitans, ne totum in novissimo die ad curam corporis expendisse redarguar, dono quiddam de rebus meis pro remedio animæ patris et matris necnon meæ et omnium parentum meorum et pro anima Aimoni atque Rotberti atque item Rotberti abbatis vel omnium christianorum, primo quidem Domino Jesu Christo earumdem rerum vel omnium quæ possideo datori, dein sacro cenobio Celsinanicas, dicato in honore beatorum apostolorum Petri et Pauli atque Joannis Evangelistæ, quod quidem monasterium domnus Aimardus, abba Cluniensis, tam per se quam etiam per sibi subditos ut pote sibi per omnia subjectum regit, ordinat atque disponit. Sunt autem ipsæ res in comitatu Arvernensi, in villa que dicitur Abulnacus; hoc est ecclesia cum universis appenditiis suis, mansis videlicet, vineis, campis, silvis, pratis et quidquid ibi visus sum habere, sub integritate dono monasterio jam prælibato. Similiter ecclesiam de Furnolis, cum omnibus quæ ad eam pertinere videntur, ea vero conditione interposita ut, quamdiu vixero, easdem res teneam et possideam, et annis singulis, festivitate omnium sanctorum, modium unum inter panem et vinum persolvam, me autem ad supernum vocato judicium, rectores monasterii prefatas res sibi vindicent ordinaturi, prout eis regulariter libuerit. Si quis vero hanc donationem calumniari, infringere vel contra eam aliquam litem movere præsumpserit, in primis Virginis filium Redemptorem scilicet nostrum iratum sibi sentiat, postremo supra scriptos apostolos paradisi aditus interclusores sibi inveniat, cogente etiam fisco, ne in presenti indemnis transire videatur, quibus intulerit centum auri libras persolvat, et hæc donatio soliditate plena perpetuum obtineat vigorem cum stipulatione subnexa. Sign. domni Stephani episcopi, qui hanc donationem fieri et confirmare rogavit, et Rotberti vicecomitis. Sig. Hildegardis vicecomitissæ. Sig. Austorgii. Sig. item Austorgii. Sig. Rotberti abbatis. Sig. Stephani abbatis. Sig. Hugoni. Sig. item Rotberti. Sig. Bertranni. Sig. Girmaldi.

Sig. Gausberti. Sig. Amblardi. Sig. Ararberto. Sig. Godonis. Sig. Leudegarii. Sig. Desiderii. Data mense Decembrio, anno XVIII, regnante Ludovico rege (1).

VII.

Arbert notifie par un acte signé qu'il cède au monastère de Sauxillanges, l'église de Saint-Hilaire et plusieurs autres biens. Il témoigne le désir que celui qui priverait cette donation de son effet soit frappé pour toujours de malédiction, à moins qu'il ne se repente.

MNIPOTENTIS Dei amplissima largitas in hoc consuluit humanæ fragilitati ut ex perituris non peritura, ex labentibus non labentia acquirere possent homines moribundi. Idcirco, ego Arbertus, cedo Domino Deo et sancto Petro nec non et duodecim apostolis et ad monasterium quod vocatur Celsinanias, ubi domnus Maiolus abbas præesse videtur, aliquid de rebus proprietatis meæ pro remedio animæ meæ et parentum omnium meorum et omnium fidelium christianorum, ut Deus omnipotens donet mihi vitam æternam. Hæ sunt res quas cedo : ecclesiam unam que est constructa in honore sancti Hylarii episcopi et confessoris, et est sita in pago Arvernico, in comitatu Talamitensi, in villa quæ vocatur Cardonetum, cum omnibus quæ ad eam pertinent, scilicet cum campis et vineis et pratis et cum duobus farinariis et cum omnibus appenditiis suis. Et cedo terram illam quam habeo in montana quæ est super Celsinanias, hæc sunt appendariæ V, in villa de Manso Argello, et in Fornolense terram de Andanas, rivo Scuterio, et Pecgia, et Reculato, et silva Godonisca, et totam terram illam quam Godo vetulus in illa montanea de me tenuit. Ista omnia cedo Domino Deo et sancto Petro apostolo et ad locum jam supradictum in tali ratione ut, post meum discessum, teneant et possideant monachi S. Petri de Celsinanias pro remedio animæ meæ et patris mei et matris meæ sine ullo contradicente. Sane si quis hanc donationem, quam ego

(1) *Cartulaire de Sauxillanges*, ch. 16.

APPENDICE. 413

Arbertus libenti animo facio, contradicere vel calumniare præsumpserit, excommunicatus permaneat ex auctoritate Patris et Filii et Spiritus Sancti et ex auctoritate XII apostolorum et omnium sanctorum et in perpetuum sit maledictus et cum Dathan et Abiron et cum Juda traditore Domini infernum possideat, nisi ad satisfactionem et emendationem venerit : et hæc carta firma et stabilis permaneat stipulatione subnixa. Sig. Arberti qui hanc donationem fecit. Sig. domni Begoni episcopi. Sig. Wilelmi vicecomitis. Sig. Almuini. Item sig. Wilelmi. S. Rotgerii. Sig. Rorici. Sig. Gauceranni (1).

VIII.

Amblard de Brezons déclare qu'ayant formé le dessein de fonder un monastère, il avait choisi le lieu de Saint-Flour pour cette fondation. Il expose que, ne pouvant seul accomplir cette œuvre, il était allé trouver Amblard, comptour de Nonette, pour l'associer à son entreprise. Il raconte que, sur ces entrefaites, Amblard, s'étant rendu coupable d'un homicide, était allé à Rome pour implorer son pardon auprès du pape, qu'il était allé l'y joindre et que, de concert avec lui, il avait donné au pape le fief de Saint-Flour. Il ajoute qu'Odilon étant venu à Rome, le pape lui donna Saint-Flour et ses dépendances, donation que l'un et l'autre Amblard confirmèrent dans le chapitre de Cluny.

1004.

N nomine sanctæ Trinitatis. Sciant omnes tam præsentes quam futuri, qualiter ego Amblardus de Brezons, accepto cum uxore mea consilio de salute animarum nostrarum, decrevi monasterium facere, ut sicut ego et illa fructum mortalem feceramus in terris, ita et immortalem faceremus in cœlis, essetque locus ille ad honorem Dei constructus nobis, quasi specialis filius, ad hæreditandum partem honoris nostri quem vellemus ad opus nostrum eligere, Deo que

(1) *Cartulaire de Sauxillanges*, ch. 255.

donare. Placuit enim nobis ut in villa sancti Flori, in quâ habebam vicariam et feudum magnum, ubi et unus de discipulis Domini requiescebat, monasterium illud fieret in quo, post Deum, tota spes nostra collocari posset, quatenus ibi Deo serviretur in ordine monastico ubi et servire solebat in canonico, antequam facta fuisset loci destructio.

Et quia hoc per me solum fieri non poterat, ivi ad illum per quem fieri valebat, hoc est Amblardum Contorem, de oppido Noneda vocato, qui hoc quod ego in feudo habebam in alodio tenebat et milites suos me et alios multos cassaverat. Quem cum rogabam ut pro animâ suâ faceret quod ego volebam, et a peccatis suis per hanc eleemosinam remedium quæreret, ille graviter ferens acquiescere noluit ut quod terrebat dimitteret quantumlibet injustè usurpasset; cui ego respondens : alodium non suum esse, sed Dei ejusque apostoli Petri ad privilegium Romanæ Sedis pertinens, ac per homagium subjacere periculo, ipsum quandiu possideret locum tanto patrono subditum tamque injuste pervasum, ac militibus distributum, deinceps reatum illius solius futurum. Cum nihil proficerem, cessavi a precibus.

Intereà contigit quod Amblardus, ille qui alteram mentem quam ego gerebat, consanguineum suum et honoris comparem Guillelmum Brunet, ut a participatione castri Nonedæ excluderet, a præsenti vita exclusit, mortique tradi fraudulenter fecit, cui peccati immunitate perterritus, prius episcopum suum, deinde, ipso jubente, Romanum papam adivit, a quo pœnitentiam postularet, prima hebdomada Quadragesimali. Quo illinc me assumpta uxore meâ et suâ perveni. Cui papæ magnitudinem sceleris ostendens, judicavit eum; cui propter et feodalem meum omni honore ex me habito adjudicavi, quicumque aliquid rerum beato Floro destinatarum alius ecclesiæ vellet deputare, sive injuste donare, quod nimirùm interdictum ambo fecimus, ambo firmavimus, præsentibus uxoribus nostris et amicis seu comitatoribus...... sed pro omnibus Romano pontifice ad hujus doni corroborationem dante Apostolicæ Sedis sanctionem. Circa idem tempus. Interim, dum nos quadragesimam pœnitendo peregimus, et ad Sanctum Angelum profecti sumus ac reversi; venerabilis pater Odilo Romam venit et de manu Domini papæ locum Sancti Flori cum omnibus appendicibus suis gubernandum, possidendumque in perpetuum, tam

APPENDICE. 415

sibi quam suis successoribus suscepit. Hoc enim factum est Romæ, apud Sanctam Jerusalem, mense Martio, nobis utrisque Amblardis videntibus, laudantibus et confirmantibus. Posteà donum ipsum in capitulo Cluniacenci iteravimus ; sed cum claudicare vellet Amblardus, ad hoc ego septuagentos solidos dedi, et locum patri Odiloni quietum et liberrimum consignavi (1).

IX.

Eustorge et Amblard, son neveu, font savoir à tous les chrétiens, par un acte public, qu'ils donnent aux monastères de Cluny et de Sauxillanges, qui sont sous la conduite d'Odilon, l'église de Saint-Flour avec toutes ses dépendances. Ils établissent que leurs héritiers ou successeurs auront à accomplir leur donation, et qu'ils n'auront pas le droit de donner à d'autres monastères la moindre partie des biens compris dans cette libéralité. Ils menacent ceux qui agiraient contrairement à leur volonté des malédictions de l'Ancien et du Nouveau Testament.

um in hujus sæculi laboriosa vivitur peregrinatione, summopere laborandum est, qualiter facinora nostra valeamus tergere. Unde noverint tam præsentes quam futuri, cunctique in commune Christi caractere insigniti quod nos, ego videlicet Eustorgius et Amblardus, cognomento Male-Hybermatus, nepos meus, sedula mente hæc pertractantes, cedimus Domino, omnium bonorum datori, aliquid ex rebus et proprietatibus nostris nobis traditis, quæ conjacent in comitatu Arvernensi, in patria quæ vocatur Planetia, in monte Indiciaco. Donamus itaque beatis apostolis Petro et Paulo, et ad locum Cluniacum et Celsiniense, quibus præest domnus ac reverendissimus pater Odilo, ecclesiam in honore beati Flori dicatam, cum omnibus ad se pertinentibus, ut a præsenti die faciant habitatores Cluniacenses et Celsiniacenses inde quod eis placuerit, absque omni calumnia, nulla existente omnino controversia, possidentes universa

(1) *Dictionnaire statistique du Cantal*, t. III, p. 549-551.

hujus ecclesiæ jura et cuncta ejus appenditia. Hoc autem ad præsens facimus: in futuro vero constituimus primum nobis, deinde cunctis nostri honoris hæredibus et successoribus custodiendum, ut quicumque nostram donationem prædii sive alodii, beneficii seu fevi de nostre jure procedentis, et ad nostram ditionem sive potestatem pertinentis, facere voluerit, hic apponat, huic eleemosynæ adjiciat, super hanc adjungendi et augmentandi licentiam habeat, et monasterio Celnisiensi adscribat, quidquid unquam fuerit, maxime in ecclesiasticis honoribus, et omnino in cunctis, sive alodii, sive fevi donationibus. Cæterum aliis monasteriis, sive monachorum, sive canonicorum, sive quarumlibet congregationum, exceptis Cluniensi et Celsiniensi cænobiis, conferendi aliquid supradictorum, atque donandi et nobis et successoribus nostris omnem licentiam resecamus, et perpetuo sic tenendum firmamus, ut superius descripsimus. Quicumque autem aliter fecerit, aut contra calumniam nostram superbo ausu statuta hæc violaverit, et data nostra, vel in futuro danda, cassare, aliove detorquere præsumpserit, veniant super eum omnes novi et veteris Testamenti maledictiones. Signum Eustorgii. Signum Amblardi qui cognominatus est Male-Hybernatus. Sign. domni Stephani, episcopi Claromontensis. Signum domni Rotberti vice-comitis (1).

X.

Louis le Débonnaire expose que Béranger, après avoir reçu de lui le comté de Brioude, a rétabli l'église de Saint-Julien, qui avait été détruite par les Sarrasins, qu'il y a établi trente-quatre chanoines et vingt chanoines à *Castro Victoriaco*. Il déclare qu'il a donné cent mas, dont soixante pour les chanoines et quarante pour l'abbé; que, sur la demande de Béranger, il a arrêté que nul ne pourrait leur enlever les mas qui ont été donnés, que les chanoines auraient le droit d'élire leur abbé, que l'abbé et sa communauté ne seraient sous la domination de personne, et qu'ils ne relèveraient que du roi au-

(1) Mabillon, *Annales Benedictini*, t. IV, Appendix, pp. 697-698. Ex Chartario Celsiniacensi.

quel, chaque année, ils donneraient, en signe d'hommage, un cheval, une épée et une lance ; que toutes les libéralités qui leur seraient faites à l'avenir seraient inviolables.

4 Juin 825.

N nomine Domini Salvatoris nostri Jesu Christi. Ludovicus, divina ordinante Providentia imperator augustus, notum esse volumus cunctis fidelibus sanctæ Dei Ecclesiæ et nostris seu etiam, Deo dispensante, successoribus, quia, postquam comitatum Brivatensem fideli nostro Berengario, illustri comiti, concessimus, ille, ingenio quo valuit, quamdam ecclesiam, ubi sanctus Julianus martyr corpore requiescit, quæ est constructa in vico Brivatensi, non procul a castro Victoriaco, et a Sarracenis destructa et igne combusta erat, ad pristinum statum reduxit, et in eadem ecclesia constituit triginta quatuor canonicos, et in castro prædicto Victoriaco, quod similiter reædificavit, viginti, ut, juxta canonicum ordinem, Domino militarent et canonice viverent, quibus dedit rex ex beneficio suo, scilicet de rebus prædictæ ecclesiæ Sancti Juliani, mansos centum unde eorum necessitates fulcirent et substentationem haberent, videlicet prædictis clericis in commune sexaginta, et abbati quem ipsi pariter super se elegerunt, mansos quadraginta. Precibus quibus valuit, idem Berengarius, fidelis comes, nostram exoravit clementiam, ut per nostrorum auctoritatem constitueremus qualiter prædictos centum mansos nullus exinde abstrahere præsumeret, et ut abbatem super se canonici in prædictis locis constituti inter se eligendi licentiam haberent, et ipse abbas vel congregatio ejus sub nullius ditione fuissent, et nemini cuilibet obsequium pro prædictis rebus fecissent nisi tantum ad partem regis, annuatim caballum unum cum scuto et lancea præsentassent, et in postmodum ab omni exactione vel defunctione publica aut privata immunes et liberi essent. Cujus deprecationi, quia justa et rationabilis nobis visa est, aurem accommodare placuit et hos nostros imperiosos apices fieri per quos decernimus atque jubemus, ut, quemadmodum prædictus Berengarius de supra scriptis locis et abbate atque canonicis vel rebus ibidem concessit, constituit atque præordinavit et à nobis confirmari postulavit, vel, quemadmodum superius dictum est, ita dein-

ceps nostris futurisque temporibus, Domino auxiliante, fixum ac stabile permaneat ; sed et hoc nobis inserere placuit, ut quidquid abhinc futurum in prædictis locis divina pietas per nos aut successores nostros, vel per quoslibet liberos et Deum timentes homines concessum atque distributum fuerit, sub eadem conditione, sicut superius dictum est, consistat, et ut hanc auctoritatis nostræ præceptionem atque confirmationem per futura tempora inviolabilem atque inconvulsam videamus obtinere firmitatem, nostro annulo subter jussimus sigillari. Data cessio ista, secundo Nonas Junii, anno duodecimo imperii Ludovici, serenissimi augusti, indictione tertia (1).

XI.

Pepin, roi d'Aquitaine, fait savoir à tous les fidèles de l'Eglise de Dieu que l'évêque d'Auvergne l'a prié de prendre sous sa protection le monastère construit en l'honneur de saint Julien, que, conformément à ses désirs, il a décrété que personne ne pourrait, au nom d'une autorité royale, abbatiale, épiscopale ou comtale, séjourner dans ce monastère, sans le consentement des moines, qu'aucun juge public ne pourrait exercer certains droits qu'il énumère, dans les lieux qui en dépendent. Il impose une amende à laquelle seront astreints ceux qui violeront ses dispositions.

12 Mars 836.

In nomine sanctæ et individuæ Trinitatis, Pipinus, gratia Dei rex Aquitanorum. Si petitionibus servorum Dei justis et rationabilibus, divini cultus amore, favemus, id nobis procul dubio, et ad præsentem vitam feliciter transigendam et ad æternam perpetualiter capescendam profuturum nullatenus dubitamus. Quapropter notum fieri volumus omnibus sanctæ Dei Ecclesiæ fidelibus et nostris præsentibus ac futuris, venerabilem Arvernicorum episcopum ad nostræ

---

(1) Luc d'Achery. — Le Cointe, *Annales Ecclesiastici Francorum*. — Baluze, *Capitulaires*. — *Cartulaire de Brioude*, ch. 539.

dignitatis accessisse clementiam, atque humiliter petiisse ut monasterium, constructum in honorem sancti Juliani, in comitatu Brivatensi, ubi quoque canonicus est, favente sub nostro mandeburdo ac tuitionis ope acciperemus, acceptumque nostra defenderemus prærogativa. Cujus religiosis suasionibus, ob Dei amorem, tanto libentius assensum præbuimus, quanto id ad nostræ remunerationis præmium amplius profuturum perspeximus ; præcipientesque jubemus, jubentesque decernimus, ut, in supra scripto monasterio, nullus regius, nullus abbatialis, nullus episcopalis vel comitalis homo, mansiones, sine fratrum consensu, accipere præsumat ; neque in villabus prædicti cœnobii, ubicumque locatæ fuerint, quas nunc habent, vel quæ, Deo donante, augendæ esse poterunt, ut nullus judex publicus, nulla cujuslibet judiciariæ potestatis persona, aliquem distringere, aut fidejussores tollere, aut potentiam accipere, neque mansionaticos sive paratas aut parafredos vel teoloneum aut pontaticum sive cispaticum exigere, seu aliquid quod ad publicam districtionem pertineat, agere aut inferre præsumat : sed remota procul, ut diximus, omni seculari vel judiciari potestate, liceat eis, qualemcumque sua sponte sibi elegerint, advocatum habere; ipsumque advocatum nemo præsumat temerario ausu distringere vel in tortum mittere, sed nostro coram comite palatii, ecclesiam prælibati martyris, videlicet Sancti Juliani, absque ullius inquietudine vel morarum dilatione, liceat inquirere, etiam dictis clericis, sub prætextu nostræ donationis. Ac pro incolumitate nostra, uxorisque nostræ Ingeltrudis reginæ, et pro remedio animarum Hermeingardæ quondam reginæ, genitricisque nostræ Thetberti, ac Nebelongi comitis, patris et avi ejusdem Ingeltrudis et prolis, et pro regni statu libentius Dei misericordiam delectet implorare, statuere nobis nostrisque fidelibus placuit ut, qui hæc statuta a nobis firmata violare tentaverit, talenta pondere auri libras duas coactus persolvat. Quin etiam eidem monasterio donavimus quidquid de rebus præfati monasterii exigere jus poterit, in integrum, in usus congregationis ibidem Deo famulantis vel in eleemosinam pauperum, proficiat in augmentum. Ut autem hoc nostræ defensionis edictum validiorem in Dei nomine obtineat vigorem, manu nostra firmavimus, annulique nostri impressione subter jussimus sigillari. Datum quarto Idus Martii, anno vicesimo tertio imperii domini Ludovici, serenissimi augusti, et vicesimo regni nostri

420 APPENDICE.

secundo, indictione decima quarta. Signum Pipini, gloriosissimi regis (1).

XII.

Léger, archevêque de Vienne, expose que, dans le dessein de rendre son éclat au monastère de Saint-Julien de Vienne, il l'avait confié à l'abbaye de Saint-Victor de Marseille, puis, que ce monastère étant devenu désert, il y avait appelé des clercs du chapitre de Brioude. Il ne leur avait encore donné aucun privilége. Nicolas II ayant alors envoyé à Vienne, Etienne, cardinal prêtre, pour y célébrer un concile, il fut arrêté que les biens de Saint-Ferréol seraient réunis à ceux de Saint-Julien. A la suite de cette décision, Léger céda les églises de Saint-Ferréol et de Saint-Symphorien au chapitre de Saint-Julien. Il chargea Pierre, prévôt de Brioude, et Richard, chanoine de Vienne, d'y établir une sage réforme. Il arrêta que désormais le prévôt serait pris dans le chapitre de Vienne ou dans celui de Brioude, que ce choix serait confirmé par le chapitre de Vienne, qu'il ne serait déterminé par aucun motif de cupidité, et que, si le prévôt élu consultait, dans l'exercice de son emploi, plus son orgueil que l'intérêt public, il serait remis dans la place qu'il occupait.

29 Mars 1066.

n nomine sanctæ et individuæ Trinitatis. Notum esse volumus Viennensis Ecclesiæ filiis præsentibus et futuris, qualiter ego, videlicet hujus matris Ecclesiæ archiepiscopus, de restauratione ecclesiarum sancti Ferreoli, martyris Christi et patroni nostri, sollicitus fui. Præsentes quidem urbis hujus habitatores pene omnes noverunt quantum laborem atque angustiam passus sim ut officia divina requiescerent in eis, cis et citra Rodanum. Cum autem legissem vitam sancti Clari, abbatis nostri, in qua continentur antiquæ et venerabiles congregationes denotatæ monachorum, scilicet ac cano-

---

(1) *Cartulaire de Brioude*, ch. 540.

nicorum seu sanctimonialium, virginum ac viduarum degentium per sancta loca in civitate nostra, intus et extra, et reperissem cœnobium Sancti Juliani quadragintorum monachorum insigne nec omnibus bonis abrasum, institi, ut potui, ut qualicumque modo divinis obsequiis non careret. Audiens ergo monasterii Sancti Victoris, quod est situm apud Massiliam, urbem maritimam, laudabilem famam, ascivi congregationis illius fratres, instante Domino Isarno, eorum abbate, qui dum et sua et nostra bene rexit, delegavi eis prædicta loca Sancti Juliani, insuper et ecclesiam ejusdem quæ est sita juxta mœnia urbis, cum quibusdam campis, vineis, silvis, et salicetis, tam cis quam citra Rodhanun, non de communi stipendio fratrum, sed de episcopali peculio, et quamdam villam nomine Cirinum, quæ omnia, sicut inquirendo cognovimus, cum multis aliis quæ Sancti Ferreoli fuerant juris. Defuncto siquidem prædicto abbate Isarno Massiliensium, elegerunt alium nomine Petrum, qui locum nostrum redegit desolatum et pessumdatum, quem commovi per epistolas sæpe et per legatos viva voce quousque, ut legitur, remansit domus nostra deserta. Quam injuriam clerus et populus urbis nostræ non ferens, ab eis vi coactus sum ut, propter veterem amicitiam Ferreoli et Juliani martyrum, Brivatenses clericos advocarem et eis prædicta concederem, ne mea bona voluntas periret; quod et factum est; privilegium tamen nunquam eis scripsi, neque aliquis à me extorquere potuit, quia ad Massilienses scripseram, et, sicut præfatus sum, concesseram. Interea papa Romanus, Nicolaüs secundus, quemdam Stephanum, domus sancti Petri cardinalem presbyterum, ad nos misit ad celebrandum Viennæ concilium. In quo conventu multorum episcoporum atque abbatum, diversique ordinis procerum residentium, hæc res venit ad medium. Aderat tunc temporis Durandus, abbas Massiliensium, quondam præpositus istorum locorum. Quid multa? Duobus diebus hæc res retracta et audita, clamor videlicet canonicorum nostrorum et injuria facta, ut conquerebantur, monachis; tandem die tertia, judicio omnium residentium et præcipue Hugonis, abbatis Cluniensium, decretum est ut martyris Ferreoli bona præsentia et futura cum bonis amici sui Juliani jungerentur, quod et factum est. Privilegium sane, quod prædictus abbas Durandus manu tenebat, a cardinali susceptum et particulatim disruptum est, omnibus videntibus atque laudantibus. Hæc ideo prælibavimus, ut deinceps omnis contentio et a quocumque excitetur, omnimodo sapiatur, et privilegium, quod tantorum virorum auctoritate conficitur, inconvulsum permaneat. Nomina vero præsidentium pontificum subter annotari placuit, ut legentibus fidem faciant hujusmodi verbis atque personis. Ego Leodegarius, prædictæ ecclesiæ Viennensis servus, communi laude canonicorum nostrorum, concedo beato Juliano et canonicis ejus præsentibus et futuris utrasque ecclesias Sancti Ferreoli, una cum eis Sancti Simphoriani, simulque prædia jam dicta, cum campis et vineis, silvis et salicetis, cum arboribus pomiferis et impomiferis, cum aquis, aquarumve decursibus concessis et concedentibus, ad laudem Dei ac servientium sanctæ Ecclesiæ, non ut destruant, sed ædificent, et pro posse cum aggregatis clericis canonice vivant, ita dumtaxat ut bona quæ cognoverint libenter adimpleant, et quod non plene cognoverint obedienter discant et non superbe despiciant. Ergo deinceps quæ prædicamus inconvulse permaneant, et ecclesiæ et domus sæpe dictæ desertæ et desolatæ, Deo annuente et sanctis martyribus intercedentibus, restaurentur. Ordinamus præpositum, sancti Juliani Brivatensis alumnum, nomine Petrum, et delegamus ei socium nostræ congregationis canonicum et archidiaconum, nomine Ricardum, ut eorum labore et industria cum aliis servis Dei reviviscant ibi divina et humana obsequia. De cætero, post finem istorum, qui ibi præpositus electus fuerit a fratribus, qui ibidem Deo servituri sunt, aut de nostris, aut de Brivatensibus, eorum et nostro capitulo confirmata laude eligatur. Obtestamur per Trinitatem Dei et electos angelos, et per merita sanctorum martyrum Mauricii et sociorum ejus, necnon Ferreoli et Juliani, ut sine pretio electio ipsa fiat, neque turpis lucri aliquis cupiditate ductus, de tali negotio lucrum det vel recipiat; quod si fecerit et non resipuerit, veniat super eum quod scriptum est: « Qui dat et qui accipit anathema sit; » omnes prævideant, et habitantes in eodem loco, et congregatio nostra simulque Brivatensis; et quemcumque idoneum invenerint aut de nostris, aut de Brivatensibus, vel de his qui ibidem aggregati fuerint, in Dei servitio communi eligatur consilio, et hoc absque pretio. Si autem præpositus, quod absit, magis voluerit præesse quam prodesse, dejiciatur a superbia sua, in gradu quem ante habuerit permaneat, et alter subrogetur ordine supradicto, et absque pretio. Ad vos vero, fratres carissimi, successores mei, nunc sermonem converto. Obsecro charitatem vestram ut, cum audieritis in quantam gloriam ecclesiarum simulque principum et populi civitas nostra quondam floruerit, et in quantam miseriam, ut videritis, venerit, inconvulse custodiatis ea quæ de paupertacula nostra non secundum velle, sed secundum posse restaurare cœpimus, sicut vultis vestra servari statuta a successoribus vestris. Si ergo in bono amplificaritis, mercedem accipietis; si autem bene cœpta male tractaveritis, rex martyrum Ferreoli et Juliani vindictam faciet de vobis. Data per manus Stephani, presbyteri, quarto kalendas Martii, luna quarta, feria septima, anno ab incarnatione Domini nostri Jesu Christi millesimo sexagesimo sexto, et tricesimo sexto domni Leodegarii archiepiscopi, qui hoc privilegium facit, laudantibus his subter notatis : Stephanus, Romanæ Sedis presbyter cardinalis; Leodegarius, Viennensis archiepiscopus, cæterorum primus; Umbertus, Lugdunensis archiepiscopus; Agano, Eduensis episcopus; Hugo, Diniensis episcopus; Aicardus, Cabilonensis episcopus; Gaucerandus, Belicensis episcopus, ii sunt qui laudaverunt et signaverunt istud privilegium; signaverunt quoque canonici Sancti Mauricii Viennensis ecclesiæ : Otmarus, decanus; Rostanus, archidiaconus, et Bernardus, archidiaconus; et Ricardus, archidiaconus; Adalardus, philosophus; Bernardus, canonicus; Ricardus, præcentor, et alii canonici. Præterea, nobis Brivatensibus clericis ecclesiæ Sancti Juliani hic annotari placuit, quod hæc bona quæ a patribus et a fratribus Viennensis ecclesiæ canonicis nobis conceduntur, quibusdam fratribus, videlicet Petro, ecclesiæ Brivatensis canonico, et Ricardo, Viennensis ecclesiæ canonico et archidiacono, præbemus, qui etiam professionem et obedientiam nobis promittunt quod illi qui hoc bonum post finem istorum sunt habituri faciendum, censemus, et ab istis et ab illis hunc censum retinemus. Signa Stephani, episcopi et præpositi; Poncii, abbatis; Petri, episcopi et decani Brivatensis ecclesiæ; Bertranni, magistri scholarum et... (1).

XIII.

Henri Ier, roi de France, fait savoir que Robert, chanoine

(1) *Cartulaire de Brioude*, ch. 258.

et trésorier de Brioude, est venu le trouver de la part de Rencon, évêque d'Auvergne, pour le prier d'ériger en abbaye l'église de la Chaise-Dieu. Il ajoute que, sur ses prières, il y a établi une abbaye; qu'il a arrêté qu'elle dépendrait de l'Eglise d'Auvergne, que l'abbé serait nommé sur la volonté de l'évêque et d'après le choix des moines, que chaque année l'abbé viendrait avec trois ou quatre de ses moines célébrer à la Cathédrale la fête de l'Assomption, et paierait à la Mère Eglise une rente d'une livre d'encens. Il confirme la donation de plusieurs églises faite à la Chaise-Dieu. Il déclare nulle toute atteinte qui serait portée à cette donation, et confère à cette abbaye le droit d'acquérir de nouveaux biens.

Septembre 1052.

N nomine Domini Dei æterni et salvatoris nostri Jesu Christi, Henricus, Dei gratia Francorum rex. Si regia sollicitudo ea procurat quæ ad instaurationem cunctæ Ecclesiæ catholicæ pertinere noscuntur, procul dubio magnum regii culminis statum præparare probatur et non solum in præsenti stabilitatem regni corroborat, sed etiam in futuro præmium æternæ retributionis conciliat. Qua de re notum esse volumus omnium fidelium Dei, atque nostrorum præsentium scilicet atque futurorum industriæ, quod nostram adiens mansuetudinem venerabilis vir et Deo dignus Robertus, Brivatensis canonicus et thesaurarius, a domino Rencone, dilectissimo et familiarissimo nostro, Arvernorum episcopo, missus et per litteras commendatus, innotuit se quamdam ecclesiam in pago Arvernensi in eremo, sitam et adeo honoribus ampliatam, Casam Dei nominatam, ad culmen et honorem abbatiæ promovere velle, nostræ liberalitatis jussu et potestate, et episcopi sui permissione. Agentes itaque consilium commune cum proceribus et primoribus palatii nostri, decrevimus ejus annuere precibus, et tam pro nostra quam patrum nostrorum indulgentia, per præceptum nostræ firmitatis authorizamus et abbatiam fieri jussimus et permisimus, Ecclesiæ que arvernensi subdidimus tali tenore, ut Arvernensis episcopi jussu et voluntate et monachorum loci illius petitione et electione abbas loco illi provideatur et Deo dignus procuretur, absque omni venalitate et munere instituatur. Insuper etiam in Assumptione beatæ Dei genitricis et Virginis Mariæ, abbas loci illius ad sedem Arvernensis Matris Ecclesiæ cum tribus aut quatuor monachis veniat atque cum canonicis festivæ diei solemnitatem peragat, libramque incensi in censum persolvat. Dona etiam pro Dei amore et timore Ecclesiæ prædictæ concessa, auctoritate nostræ potestatis signavimus et sigillo regio confirmavimus : scilicet in eadem villa, ecclesiam quamdam in honorem Sanctorum Martyrum Vitalis et Agricolæ consecratam; in territorio Brivatensi; ecclesiam unam in honorem sancti Andreæ de Comps cum omnibus ad eam pertinentibus : in vico Tuniac, ecclesiam Sancti Germani martyris, cum ipso vico et omnibus ad eam pertinentibus; ecclesiam de Bello-Pomerio (1) cum ipsa villa et omnibus ad eam pertinentibus; capellam de Castello-Bullionis (2); in vico Luziliaco, tres ecclesias cum ipso vico et omnibus ad eam pertinentibus : in villa Sancti Dominici (3), duas ecclesias et medietatem ipsius villæ : in castro de Monte-Vasconum (4) capellam : in villa Sancti Victoris duas ecclesias : in territorio Rocensi, ecclesiam Sancti Desiderii episcopi et martyris : in territorio Lugdunensi, in villa que dicitur Floriacus (5), ecclesiam Sanctæ Mariæ cum ipsa villa et omnibus ad eam pertinentibus, et etiam perplura prædia villarum, terrarum cultarum et incultarum, silvarum, vinearum, aquarum et pascuorum. Quisquis autem aliquam controversiam vel calumniam huic donationi inferre præsumpserit.... petitio illius irrita nostro præcepto fiat, et episcopi compatriotæ plenam vindictam faciant. Habeat autem prædicta ecclesia licentiam adaugendi et accrescendi jussu nostræ majestatis. Et quidquid rectores ejus in quascumque partes nostri salvo jure ecclesiastico acquisierint, tam in villis quam in prædiis aut aliquibus bonis, firmitate nostræ majestatis signavimus, et tam futura acquirenda quam præterita et acquisita bona tradidimus et authorisavimus....

Hoc autem præceptum ut validiori adstipulatione nitatur, an-

(1) Eglise du Beau-Pommier.
(2) Chapelle de Bulhon.
(3) Saint-Denis-Combarnazat.
(4) La chapelle de Montgàcon.
(5) Val-Fleuri.

426 APPENDICE.

nulo nostro subterfirmavimus, et Arvernensi episcopo et cœteris nostri regni auctoritate episcopis mandavimus (1). Actum Vitriaco palatio publice, obtenta domini et venerabilis Hugonis, Nivernensis episcopi, mense Septembri, luna xi, ab Incarnatione dominica anno MLII, anno regni domini ac invictissimi Henrici regis xxi (2).

XIV.

Pepin, roi des Francs, rappelle que le monastère de Mozat a été construit par le sénateur Calmin, et doté par lui et son épouse Namadie, avec le consentement du roi Thierry. Il expose que Lanfrède, abbé, et ses moines l'ont prié de confirmer ce monastère, à l'exemple de Thierry III et de Clovis III, son fils, dans la possession des biens qui avaient été donnés à l'abbé Eutérius. Sur leurs prières, Pepin ordonne à tous les détenteurs des biens du monastère de rendre ce qu'ils avaient enlevé, et il confirme l'abbaye dans la possession d'un grand nombre d'églises et de fiefs dont il fait l'énumération.

1er Février 764.

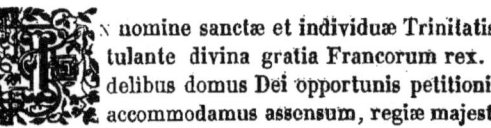

nomine sanctæ et individuæ Trinitatis, Pipinus opitulante divina gratia Francorum rex. Si quando fidelibus domus Dei opportunis petitionibus benignum accommodamus assensum, regiæ majestatis opera frequentamus. Ac per hoc fideles sanctæ matris Ecclesiæ, Mauziacensis nostri monasterii quod antiquitus novimus constructum a nobilissimo senatore Romanorum, nomine Calminio, quod pravitas ma-

---

(1) Ce privilége fut souscrit par Aymon, archevêque de Bourges, Rencon, évêque d'Auvergne, Hugues, évêque de Nevers, Mainard, archevêque de Sens, Arnulfe, archevêque de Tours, Isambard, évêque d'Orléans, Euzelin, évêque de Paris, Agobert, évêque de Chartres, Héribert, évêque d'Auxerre, Helmucin, évêque d'Autun et Gui, évêque de Châlons. L'acte fut également signé par Robert, duc de Bourgogne, frère du roi, par Eudes, frère du roi, par Guillaume, duc d'Aquitaine, par Guillaume, duc de Normandie et par les comtes Guillaume, Rodulfe, Theodbald, Rainaud et Seguin.

(2) *Galllia Christiana*, t. II, Instrumenta Ecclesiæ Claromontensis, col. 103-105.

lorum hominum de pristino honore jamjamque magna ex parte a suo dejecerat, et ecclesias ac villas amplissimaque dona quæ in eodem supradictus vir ac ejus uxor nomine Namadia dereliquerant, cum auctoritate gloriosissimi regis Theodorici quæ sub sigillo ejus signata invenimus : cuncta, ut supra diximus, a malignis christianis direpta invenimus. Igitur abbas Lanfridus supradicti cœnobii a nobis enixius expetiit, ut nostro archisterio adiremus proclamationesque fratrum ibidem commorantium audiendo reciperemus. Idcirco fieri voluimus omnium in notitia fidelium nostrorum (1) magnitudinis scilicet præsentium sive futurorum, qualiter Lanfridus abbas ac ejus congregatio, adeuntes præsentiam dignitatis nostræ, obtulerunt statuta gloriosi patris Calminii supradicti, ac regis supra memorati ; qualiter sua magnificentia per auctoritatem suorum præceptorum honoraverint eundem locum ; quibusdam rebus denominatis, petentes denuo auctoritatem nostri præcepti veluti ab antecessoribus, Theuderico scilicet atque ejus filio Clodoveo, ut quæ Calminio, uxorique Namadiæ, ac abbati Euterio totique congregationi S. Petri apostoli pariterque sancti Caprasii martyris, pro remedio animarum suarum concessa erant, et nos iterum concedamus eorum sequendo exempla. Denique petitionibus Lanfridis abbatis cunctæque congregationis nostri monasterii denegare noluimus : insuper et ipsis quorum avi et patres injuste abstulerunt, vetando voluimus ut relinquerent, et ideo servientibus ejusdem loci traderent, et hoc nostræ magnificentiæ scriptum fieri jussimus ; id est ecclesia Sancti Caprasii quæ vocatur Podangas (2) cum villis in circuitu sibi adhærentibus, cum servis, ancillis ac mancipiis, cunctisque ad se pertinentibus, id est in pago Lemovicensi : item aliam ecclesiam sitam in vicaria Brivatensi vocabulo Vetus-Brivate (3), et ipsam cum cunctis ad se pertinentibus, mansis, cultis et incultis, sibi adjacentibus terris vel aquis : nam ecclesiam Sancti Victoris vocabulo Eremi (4), et est in valle Dorensi, cum servis et mancipiis, et universis ad se pertinentibus, et est ecclesia

---

(1) *Forte* nostræ.
(2) L'église de Podangas, située dans le Limousin.
(3) Vieille-Brioude.
(4) Saint-Victor de l'Hermitage, dans la vallée de la Dore.

Sancti Portiani cognomine Borne, cum sylvis et mansis et sibi pertinentibus villis ac terris, ecclesiam namque Sancti Andreæ apostoli de Paignans, quæ sita est in vicaria Turiacensi, cum mansis et servis et cunctis sibi adhærentibus terris. Item ecclesia Sancti Desiderii cum villa Laurigas, sylvas, atque prata, mansosque qui in circuitu ejus habentur ex ipsa hæreditate, servos ac mancipia, aquarumque discurrentia, et villa Nintringas quæ sita est in vicaria Viganensi, cum mansis et vineis et molendinis, et universis ad se pertinentibus terris; in vicaria Cantellensi, ecclesia vocabulo Navas cum mansis et cunctis sibi adjacentibus terris; ecclesiam namque Sancti Boniti cognomine Carbonerias (1), cum villis et servis, ancillisque, et mancipiis, silvis, pratis, ac universis terris, cultis et incultis, quæ ad ipsam ecclesiam scimus pertinere in Montana sita. Item ecclesiam de Modon cum xxv mansis ad se pertinentibus. Villam namque Belenatensem cum mansis et vineis, servis et ancillis, et universis sibi pertinentibus. Item villam de Plumberias cum mansis et cuncta ad se pertinentia; in vicaria quoque Rigomensi, ecclesiam quæ sita est prope monasterium, quæ in honore Sancti Martini est consecrata vocabulo Sadoc, cum vineis, pratis, molendinis, servis, ancillis, cunctisque adjacentibus terris in circuitu totam et ab integro Domino Deo deliberamus cum villa Progolina (2), quæ sita est in vicaria Randanensi, cum suis omnibus appenditiis, et unam capellam in honore Sancti Hilarii in Molino, villam sitam pertinentem ad Progolinam, villam in Cassaniolas, mansos et vineas ibidem ad Progolinam villam aspicientes, quidquid in Arvernico, vel Biturico, ac Lemovicino necnon Burgundia visum est fuisse de ipsa hereditate deliberamus, et a nostra hæreditate vel auctoritate B. Austremonio, primo præsuli Arvernorum, cujus sacra ossa a Vulvico ad cœnobium transtulimus (3), pro beneficio quasdam villas in comitatu Arvernico sitas, unam in Brivatensi quæ vocatur Flagiacus, aliam in Rigomensi, vocabulo Primilianus, cum mancipiis utriusque sexus, vineis, pratis, silvis, aquis, aquarumque decursibus, vel quidquid ad jura dicta

---

(1) Saint-Bonnet de Charbonnières.
(2) Pragoulin, dans la vicairie de Randan.
(3) Pepin rappelle qu'il avait transporté lui-même, de Volvic à Mozat, les reliques de saint Austremoine.

APPENDICE.

aspicere, vel pertinere videtur, totum et ab integro de jure supradictorum, ac de nostro in jus ac dominationem sancti Austremonii, primi præsulis Arvernorum, et sancti Petri apostoli et sancti Caprasii martyris, jure proprietario cœnobitis ibidem Deo et supradictis solemni donatione transferimus, eo scilicet tenore ut ab hodierna die, hæredibus, ac Christicolis in eodem nostro monasterio commorantibus jure perpetuo sint tradita. Hæc ergo auctoritas, ut semper maneat inconvulsa, monogramma nostrum inserere curavimus, de annuli nostri impressione insigniri subtus jussimus. Signum Pipini, præcellentissimi regis. Y. Diaconus ad vicem Aldeberti episcopi recognovi. Data Kal. Febr., Indict. xi, anno xxiv regnante Pipino (1) inclyto rege. Actum (2) Arvernis civitate publice, in Dei nomine feliciter. Amen (3).

XV.

Guillaume, comte de Poitiers, agissant de concert avec Archembaud de Bourbon, avec Aldin, Fulcon et d'autres, établit à Ennezat, avec l'approbation du pape Alexandre II et d'Etienne V, évêque de Clermont, un chapitre de douze chanoines, auquel il donne Arnaud pour doyen, et Raoul pour aumônier.

1061-1073 ?

Ræscius Deus futurorum et memor fragilitatis humanæ..... Guillelmus, comes Pictaviensis, cum Archimbaldo Borbonensi, cum Aldino, una cum Fulcone, suo nepote, necnon et filiis eorum Eldino, et Guillelmo et Golferio atque Willelmo, cum consilio et laude papæ nostri Alexandri et Stephani nostri, præpositi Aniciensis, urbis præsulis, valde Deo amabilis, et cum voluntate auxiliatorum hujus loci; in nomine Dei omnipotentis sanctæque Mariæ Dei genitricis, et

---

(1) D'après l'analyse de ce document, il paraît certain qu'il s'agit de Pepin, père de Charlemagne, et non de Pepin, fils de Louis le Débonnaire.

(2) L'authenticité de cet acte, qui a été contestée, est reconnue par de graves auteurs, par Le Cointe et les auteurs du *Gallia Christiana*.

(3) *Gallia Christiana*, t, ii, Instrumenta Ecclesiæ Claromontensis, col. 108-110.

in honore sanctorum martyrum Victoris et Coronæ laudamus et eligimus libenti animo hunc locum, qui nunc Annaziacus (1) vocatur, in ordine canonicalis regiminis, in quo constituimus numerum XII canonicorum, qui Deo omnipotenti quotidie laudes reddunt, et unum decanum, nomine Arnaldum, qui pro posse suo omnia amplificat et nititur adesse, quod dicitur, bonis studiis intentus, et unum eleemosynarium laudamus, nomine Radulfum, in honore sanctorum martyrum Victoris et Coronæ pro animarum nostrarum redemptione, etc. (2)...

XVI.

Henri II, roi d'Angleterre, duc de Normandie et d'Aquitaine, comte d'Anjou, à l'archevêque de Bourges et à l'évêque de Clermont, aux comtes, barons, justiciers, et à tous ses sujets d'Auvergne. Il leur annonce qu'il a confirmé la fondation du chapitre d'Ennezat faite par Guillaume, comte de Poitiers.

1173. (3).

ENRICUS, rex Angliæ et dux Normandiæ et Aquitaniæ et comes Andegavensis archiepiscopo Bituricensi et episcopo Claromontensi, comitibus et baronibus justiciariis et omnibus ministris et fidelibus suis totius Arverniæ salutem. Sciatis me concessisse et præsenti charta confirmasse ecclesiæ Eneziaci et canonicis ibidem Deo et Sanctæ Mariæ et beatis martyribus Victori et Coronæ servientibus quidquid comes Willemus Pictaviensis eis dedit et privilegio suo confirmavit, et quidquid eis ab aliis rationabiliter datum est vel datum fuit... Teste Frogio episcopo Sagiensi regni archid. Sap. Rad de Faïa, Ric. de Hum. constabulario, Willemo de Curti dapifero, Roberto de Stut. apud Montem-Ferrandum (4).

(1) Ennezat, chef-lieu de canton de l'arrondissement de Riom.
(2) *Gall. Christ.* t. II. Instrum. Eccles. Claromont. col. 78.
(3) Henri II, roi d'Angleterre, vint en Auvergne, en 1173, et séjourna à Montferrand. C'est sans doute alors qu'il donna ce diplôme.
(4) *Gallia Christ.*, t. II, Instrumenta Ecclesiæ Claromontensis, col. 78.

XVII.

Seguin, abbé de la Chaise-Dieu, fait savoir que Bruno, voyant la Chartreuse déserte, avait donné ce lieu à la Chaise-Dieu pendant son séjour à Rome où il avait été appelé par Urbain II. Il expose que, sur la demande du pape et sur les prières de Bruno et de ses frères, il avait rendu la Chartreuse à ses premiers possesseurs; il ajoute qu'il rendra aussi la charte de cession, dès qu'il l'aura trouvée.

8 Octobre 1090.

Ego frater Siguinus, abbas Casæ-Dei, notum fieri volo præsentibus et futuris, quod frater Bruno a D. papa Urbano Romam evocatus, videns loci destitutionem, fratribus recedentibus propter absentiam ejus, dedit ocum Cartusiæ nobis, et congregationi nobis commissæ. Postmodum vero, rogatu patris nostri papæ Urbani, et precibus præmemorati fratris Brunonis, et eisdem fratribus, ut ibidem remanerent, a priore eorum Brunone plurimum confortatis fratri Lauduino, quem magister Bruno discedens cœteris fratribus præposuit; ipsi, et cœteris fratribus sub eo degentibus, et eorum successoribus donum, quod nobis prædictus Bruno fecerat, coram congregatione nobis commissa, in capitulo nostro, sub præsentia Gratianopolitani episcopi Hugonis, ego ipso frater Siguinus, prædictæ Casa-Dei abbas, cum consensu fratrum nostrorum reliqui, et eis, et successoribus eorum, locum prædictæ Cartusiæ, pro voluntate eorum omnino liberum feci, et juri eorum omnino tradidi. Sed charta, quam prædictus Bruno nobis fecerat, ideo non est reddita, quoniam a fratribus nostris in capitulo sub interdicto requisita, non potuit inveniri : et si unquam inventa fuerit, eorum ipsa charta fit juris. Factum est anno ab Incarnatione Domini 1090, 15 Kal. Octobris. Ego Siguinus abbas subscripsi, et in præsentia archiepiscopi Hugonis hanc chartam ex integro confirmavi (1).

(1) *Gallia Christ.*, t. II, Instrumenta Ecclesiæ Claromontensis, col. 107.

XVIII.

Durand, évêque d'Auvergne, notifie aux fidèles de l'Eglise de Dieu futurs et présents qu'il cède l'abbaye de Mozat au monastère de Cluny, par les mains de Robert, comte de la province, à condition néanmoins que l'abbé et les moines de Cluny rendront à l'Eglise d'Auvergne l'honneur qui lui est dû. Il fait cette cession de concert avec les chanoines pour le remède de leurs âmes, des âmes de leurs prédécesseurs, et de leurs successeurs, pour le remède de l'âme du comte Robert, de ses parents et de tous les fidèles qui sont morts.

1095.

otum sit cunctis sanctæ Dei Ecclesiæ fidelibus tam futuris quam præsentibus, quod ego Durannus, Arvernensis Ecclesiæ episcopus, cum consensu canonicorum meorum, abbatiam Mauziacensem concedo Domino Deo, et sanctis apostolis ejus Petro et Paulo, et Cluniacensi cœnobio, cui domnus Hugo abbas præest, per manus Rotberti ejusdem provinciæ comitis, ad quem præfata abbatia temporaliter respicere videtur ; ut deinceps in potestate et ordinatione domni Hugonis Cluniacensis cœnobii abbatis, omniumque successorum ejusdem, locus perpetualiter maneat, ita tamen ut abbas ejusdem loci et fratres ibidem constituti huic sanctæ matri Ecclesiæ debitam exhibeant reverentiam. Hanc concessionem facimus ego et nostræ ecclesiæ canonici pro remedio animarum nostrarum, omniumque antecessorum seu successorum nostrorum hujus sanctæ matris Ecclesiæ episcoporum seu canonicorum, necnon pro remedio animæ Roberti præfati comitis, omniumque parentum ejus, pro animabus quoque cunctorum fidelium defunctorum. Et ut nos et successores nostri Dei gratia mereamur fieri participes et confratres omnium bonorum, quæ fient in ipsa Cluniacensi congregatione, ipsi quoque cunctorum hujus nostræ Ecclesiæ bonorum consortes existant. Signum Durandi, Arvernis episcopi. S. Rotberti, decani Portuensis. S. Bertranni, archipresbyteri. S. Girberti de Pontgibalt. S. Girini. S. Petri. S. Giraldi. S. Barnardi Cabescoli. S. Stephani

APPENDICE. 433

de Nesgeris. S. Anselmi sacristæ. S. Petri Sirvent. S. Stephani Casla. S. Stephani nepotis. S. Durandi Raimont (1).

XIX.

Philippe Ier, roi de France, fait savoir qu'étant venu à Mozat, et ayant trouvé le monastère dans un état déplorable, il l'avait donné, à la prière de Robert, comte d'Auvergne et de Guillaume, son fils, à Hugues, abbé de Cluny ; cession qui avait été déjà faite par ces comtes et confirmée par Durand, évêque d'Auvergne et par Aldebert, archevêque de Bourges. Il exprime le désir que celui qui porterait atteinte à cette donation, soit frappé de censures et voué à la damnation éternelle, s'il ne change de conduite.

1095.

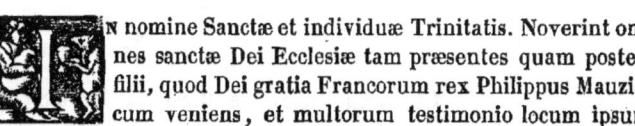

N nomine Sanctæ et individuæ Trinitatis. Noverint omnes sanctæ Dei Ecclesiæ tam præsentes quam posteri filii, quod Dei gratia Francorum rex Philippus Mauziacum veniens, et multorum testimonio locum ipsum culpa et desidia inhabitantium monachorum regularis disciplinæ prævaricatione diu attritum addiscens, rogatu Roberti comitis et Villelmi filii ejus, venerabili Cluniacensi abbati Hugoni et omnibus successoribus ejus, ipsum cum omnibus ad se pertinentibus jure perpetuo possidendum atque regulariter ordinandum pro salute animæ meæ regia auctoritate concessi; sicut præfatos comites dono et confirmatione Arvernensis episcopi Duranni et canonicorum ejus, necnon et archiepiscopi Bituricensis Aldeberti audieram concessisse. Si quis autem huic donationi nostræ contraire et eam irritam facere præsumpserit, tam terrena quam sacerdotali censura coerceatur, et nisi resipuerit, perpetuæ damnationi subjaceat. Donum vero nostrum ut inconvulsum permaneat, et ut hæc concessio nostra stabilis et intaminata persistat, manu nostra subtersigna-

---

(1) *Gallia Christiana*, t. II. Instrumenta ecclesiæ Claromontensis, col. 111. *Histoire de l'abbaye de Mozat*, par H. Gomot, pp. 246-247.

vimus, et sigillo nostro impresso corroborari fecimus. Actum est autem hoc publice Mauziaci, an. dominicæ Incarnationis M. XCV, regni vero nostri XXXVII, Indictione tertia, præsente et confirmante Apostolicæ Sedis legato, Hugone archiepiscopo Lugdunensi et subscribente, præsentibus etiam episcopis aliquibus et multis nobilibus quos huic donationi subscribere, eamque confirmare jussimus (1). Signum Hugonis Apostolicæ Sedis legati et archiepiscopi Lugdunensis. S. Ademari, episcopi Aniciensis. Sigillum Willelmi de Baffia. S. Aganonis, Eduensis episcopi. S. Ademari abbatis Lemovicensis. S. Roberti, præpositi Claromontensis. S. Sancii, decani Aurelianensis. S. Guerini, capellani archiepiscopi Lugdunensis. S. Berardi, archidiaconi Lugdunensis. S. Haimbaldi, vice-cancellarii. S. Odonis, ducis Burgundiæ. S. Roberti, comitis Arvernorum. S. Willelmi filii ejus. S. Guidonis, dapiferi Regis. S. Adelelmi, constabuli ejus. S. Pontii Humberti de Podio. S. Petri Iterii. S. Humberti de Bello-Joco, qui subscripsi jussu regis (2).

XX.

Les Religieuses de Blesle à Urbain II. Elles exposent que, chaque jour, elles prient Dieu de conserver le pape et de lui donner la fermeté apostolique pour le gouvernement de l'Eglise. Elles rappellent qu'autrefois Ermengarde, épouse de Bernard, comte de Poitiers, avait établi le monastère de Blesle sur ses domaines, qu'ensuite elle était allée à Rome et avait donné ce monastère au pape. Elles ajoutent que le pape avait imposé une redevance annuelle de cinq sols, monnaie de Poitiers, et fait don d'un autel consacré de sa propre main, et que, par des lettres apostoliques, il avait donné sa bénédiction aux bienfaiteurs de ce monastère et lancé l'anathème contre ceux qui lui causeraient du dommage. Le monastère avait

---

(1) Parmi les signataires de cet acte qui étaient à Mozat, avec Philippe Ier, on remarque Hugues, archevêque de Lyon, Adémar, évêque du Puy, et Aganon, évêque d'Autun.

(2) *Gallia Christiana*, t. II. Instrumenta Ecclesiæ Claromontensis, col. 110. *Histoire de l'abbaye royale de Mozat*, par H. Gomot, pp. 247-248.

longtemps joui de la paix. Mais à peine Rome, en qui il mettait son appui, eut-elle été jetée dans le trouble, que les moines de la Chaise-Dieu, aidés par Etienne de Mercœur, enlevèrent aux religieuses l'église de Saint-Pierre et de Saint-Léon où, selon une ancienne tradition, reposait le corps de ce pape. Après la mort d'Etienne, sept prêtres du monastère de Blesle jurèrent que l'église était un alleu de Saint-Pierre. Les moines de la Chaise-Dieu la faisaient néanmoins occuper par sept soldats. Les religieuses supplient le pape de les délivrer de cette servitude.

1095.

ummo domino papæ Romanæ Ecclesiæ Urbano humilis grex monialium seu clericorum monasterii Blasiliæ in Domino optimam gratiam et salutem atque in omnibus obedientiæ sibi servitutem. Apostolica et venerabilis tua dignitas, Domine pater, manifeste sciat et credat nos quotidie flexis genibus Deum orare ut te tuosque salvos et incolumes custodiat, necnon digne et laudabiliter regimen vestrum omni Ecclesiæ vigere et præsidere concedat. Vestra enim targa nobis arma et scutum inexpugnabile debet esse. Vestri autem privilegii auctoritas nos tutos ac liberos ab omni aliorum servitute sibi in perpetuum debet habere. Temporibus igitur priscis, matrona quædam nomine Ermengarda comitissa, uxor Bernardi, comitis Pictavorum, pro salute sua utriusque sui et pro animabus filiorum suorum defunctorum, Warini scilicet et Willelmi, monasterium Blasiliæ in prædiis suis constituit atque circa adjacentibus campis et villis et ecclesiis sanctimoniales Deo servientes ibi unde viverent hæreditavit. Deinde diligenter Romam petivit, ipsumque cœnobium beato Petro apostolo atque episcopo, qui tunc temporis Apostolicæ Sedi præsidebat, in proprio jure concessit. Ipse autem papa, huic dono benigne favens, quinque solidos monetæ Pictaviensis Sancto Petro semel in anno dari decrevit, insuper etiam apostolici privilegii auctoritate, idem cœnobium abbatiam monachorum in perpetuum constituit, altare etiam, quod adhuc habemus sua propria manu consecratum, per ipsam matronam nobis transmisit. Apostolicam quidem absolutionem et benedictionem nostris benefactoribus, excommunicationem atque anathematizationem, calumniam atque inquietudinem nobis inferentibus propriis litteris semper nobis notavit. His igitur firmissimis secretis et constitutionibus nostrum monasterium ædificatum cum omnibus nobis appendiciis diu in pace et magna in prosperitate permansit. Statium ut Roma, caput nostrum et defensio nostra, inquietari et perturbari cœpit, insurrexerunt monachi Casæ-Dei, et ecclesiam Sancti Stephani protomartyris et Sancti Leonis, papæ urbis Romæ, quem Romani, quia Carolus imperator elegit eum, excæcaverunt, corpus cujus, ut credimus, ibi requiescit, manu ac violentia cujusdem potentis Stephani Mercoriensis, nobis contradicentibus, abstulerunt, et auxilio domini Durandi, Claromontensis episcopi, ipsum tenuerunt, quamdiu vixit supradictus Stephanus. Post mortem vero ejus, judicio præpositi et abbatis Claromontensis septem presbyteri nostri juraverunt alodium esse Sancti Petri, ut altaris Blasiliæ, recipiente episcopo hoc sacramentum. Ipsi tamen monachi, adhuc rebelles, rectum quod firmaverunt per septem milites tenent, et excommunicatione episcopi illam ecclesiam destitutam et absque ministerio faciunt esse ministrum etiam ejus in modum sacrilegi extra ecclesiam. Ideoque suppliciter et benigne rogamus et obsecramus ut consuetudinem quam tui antecessores fecerunt, facias, et ecclesiam quam amaverunt atque monasterium nostrum cum omnibus rebus suis ab invasione et ereptione supradictorum monachorum eripias, et nos a servitute omnium aliorum protegas et defendas. Vale (1).

XXI.

Guillaume de Baffie, évêque d'Auvergne, déclare que, dans la pensée d'attirer sur lui la miséricorde divine, il donne au monastère de Sauxillanges le lieu de Viverols, l'église qu'il y fait construire et le marché qu'il y a transporté de son château d'Usson. Il rappelle que c'est à l'exemple de ses prédécesseurs qu'il a fait cette libéralité au monastère de Sauxillanges, et qu'il espère en retour obtenir pour lui, pour ses

(1) Mabillon, *Annales Benedictini*, t. v, Appendix, p. 654. — Baluze, *Miscellanea*, t. VI, pp. 403-404. — *Patrologie*, édit. Migo., t. CLI, pp. 557-558.

proches et ses amis, les joies du repos éternel. Il conjure ses prédécesseurs de protéger sa donation contre ceux qui essaieraient d'y porter atteinte.

1096-1101.

unctis misericordiæ operibus insistentibus supernæ misericordiæ patere sinum veritatis testimonio comprobatur, cum dicitur : « Beati misericordes, quoniam ipsi misericordiam consequentur; » cujus misericordiæ dulcedinem in tempore necessitatis adipisci desiderans, ego Willelmus de Baphia, servorum Dei servus, Arvernæ sedis divina permissione episcopus, memor creberrimarum admonitionum celebrandæ memoriæ domini Duranni, antecessoris scilicet mei, qui me ad hoc agendum, dum adviveret, incitabat, dono Domino Deo et sanctis apostolis Petro et Paulo et fratribus in monasterio Celsiniense degentibus locum de Vivairols, ecclesiam scilicet quam ædifico et ædificare facio et mansum de villa et mansum de Podio in quo ipsa villa est fundata quotidieque fundatur, villam ergo cum campis, hortis et pratis et aliis appenditiis et cum mercato quod ab Ebraldo de Chalencone, data commutatione, acquisivi et esse solebat in castro meo de Ucione. Ego autem, eo pacifice adquisito, ipsum apud Vivairols transtuli et monachis cum cæteris quæ dixi perpetuo possidendum sine omni calumnia liberaliter tradidi. Cum tanta autem consideratione providens paci eorum, monachos ex his edixi, hæredes feci ut, ea quæ mei juris proprie non erant, sed ex me mei homines habebant, prius ab eis qui possessores existebant pacifice acquirerent quam eos investirem. Ad hanc autem eleemosinam faciendam antecessorum meorum me roboraverunt exempla, qui semper idem monasterium speciali devotione dilexerunt et magnis possessionibus auxerunt. Omnipotenti igitur Deo, cujus providentiæ idem monasterium et in eo degentes specialiter collatum est, ab illis qui eum ædificaverunt et sanctis ejus apostolis et monachis in eo conversantibus hæc parvitatis nostræ munera afferimus, sperantes in eum qui justificat impios, quod ipse nostræ devotionis munera clementer suscipiet et mercedem sanctis præparatam et justis restituet, et animabus progenitorum nostrorum et omnibus consanguinitate vel amicitia vel commissione curæ pastoralis ad nos pertinentium quietis æternæ præstabit gaudia repromissa digne prome-

rentibus ea. Oramus etiam et obsecramus et episcopali autoritate successoribus nostris præcipimus ut eleemosinam nostram his quibus facta est custodiant, scilicet ut semetipsos a possidentium læsione contineant, et extraneos, si, quod absit, infestatores inventi fuerint, potentius cohæreant defensoribus hujus eleemosinæ nostræ, æterna bonorum remuneratio læsoribus, nisi pœnitendo satisfecerint, perpetua malorum proveniet damnatio. Feci autem hanc donationem, tempore domini Stephani, prioris Celsiniensis, cognomento Candidi, consanguinei mei, in capitulo ejusdem monasterii, domno Hugone abbatiam Cluniacensem regente, Philippo Francorum rege regnante, in testimonio Arvernorum procerum Mauricii scilicet de Monte-Buxerio, Agni de Magnomonte, Bertranni de Castro Nubiacense, Giberti, archipresbiteri, et Faramundi nepotis sui, Petri etiam de Monte Rebelli et aliorum multorum clericorum et laicorum. Facta est cartula ista feria quarta, luna xxvi (1).

XXII.

Richard, évêque d'Albano, à Pierre Roux, évêque d'Auvergne. Il expose que l'abbé de Saint-Pierre de Sens s'est plaint de la révolte du doyen de Mauriac et de ses partisans. Il lui recommande de ramener les auteurs de ce désordre dans la voie de l'obéissance. Il les menace du glaive du Saint-Esprit, dans le cas où ils ne se conformeraient pas à ses ordres. Il ordonne de punir sévèrement ceux qui avaient fait crever les yeux du chapelain de Mauriac, d'excommunier les laïques qui avaient participé à ce crime, et de priver de leurs prébendes les prêtres et les clercs qui avaient été complices.

1109-1110.

ICHARDUS, Albanensis Ecclesiæ qualiscumque minister, Apostolicæ Sedis licet indignus servus et legatus, Petro, carissimo Arvernorum episcopo, salutem. Abbas Sancti Petri Senonensis monasterii conquestus est apud nos de inobedientia et rebellione Mauriacensis decani et fautorum

(1) *Cartulaire de Sauxillanges*, ch. 988.

ejus. Quod graviter ferentes, utpote de Romanæ Ecclesiæ filio, vobis mandamus et præcipimus ut ab Ecclesia sancta hoc tantum dedecus submoveatis, ne filios contumaces in pertinacia sua esse sinatis, sed ad abbatis obedientiam impræsentiarum venire cogatis. Quod si neglexerint et mandatis nostris non acquieverint, gladio Spiritus Sancti eos ferimus, et ut itidem faciatis præcipimus. Præterea, ex ejusdem inobedientiæ radice, sacerdotem quemdam cæcatum pro certo accepimus; quod severe et pro modo culpæ vindicandum judicamus. Itaque laïci, qui tyrannidem hanc exercuerunt, et cæcati presbyteri bona invaserunt, vel possident, excommunicentur; qui vero sacerdotes vel clerici cooperatores aut consentientes fuerunt, officio divino arceantur rebus ecclesiasticis, ac justitiis, quas nos præbendas vocamus, priventur, talique sententiæ subjaceant, quæ eorum culpæ conveniat, et quam cœteri timeant (1).

XXIII.

Léger, archevêque de Bourges, à Pierre Roux, évêque d'Auvergne. Il lui rappelle qu'il avait été convenu, en présence de Girard, évêque d'Angoulême, et de l'archevêque de Bordeaux, qu'il ramènerait dans la voie de l'obéissance les moines de Mauriac, qui s'étaient révoltés contre Arnaud, abbé de Saint-Pierre-le-Vif. L'abbé s'était plaint de ce qu'il n'avait rien fait. Il lui ordonne de frapper d'anathème les moines et leurs partisans, de réconcilier leur église et d'y faire célébrer l'office divin.

1110.

EODEGARIUS, Bituricensis Ecclesiæ humilis minister, Petro, dulcissimo Arvernorum episcopo, euge a Domino. Audito clamore fratris nostri Arnaldi, abbatis Senonensis monasterii apud Evan, reminiscimur nos vobiscum egisse ac concordavisse, præsentibus et approbantibus Gerardo, Engolismensium episcopo, sanctæ Ecclesiæ Romanæ le-

---

(1) D. Luc d'Achery, *Spicilegium*, t. II, Chronicon S. Petri Vivi, p. 479. — *Gallia Christiana*, t. II, col. 266.

gato, et Burdegalensi archiepiscopo, quatenus, sicut in litteris domini nostri Richardi legati continetur, Mauriacenses monachos rebelles et inobedientes ad obedientiam ejusdem abbatis redire compelleretis, quod et vos facturum concessistis. Nunc vero plurimum miramur quoniam, nescimus quo spiritu actus, sicut idem abbas conqueritur, nihil fecistis. Præsentibus igitur litteris fraternitati vestræ mandamus, imo præcipimus, quatenus supradictæ monachos ipsi abbati justitietis, et fautores eorum, simul et omnes illos qui in ecclesia de Mauriaco assultum super abbatem in die Septuagesimæ fecerunt, sub anathemate ponatis, et in eadem ecclesia, reconciliatione facta, divinum officium celebrare sinatis. Valete pro nobis orans (1).

XXIV.

Richard, évêque d'Albano, légat du Saint-Siége, à Pierre Roux, évêque d'Auvergne. Il rappelle qu'il lui a écrit au sujet des désordres qui avaient eu lieu au monastère de Mauriac. Il lui reproche de n'avoir pas exécuté ses ordres. Il porte des peines d'interdit et d'excommunication contre les divers auteurs de ce scandale. Il ordonne de rendre les terres qui ont été gagées sans le consentement de l'abbé, et défend, comme contraires aux canons, les entreprises des laïques contre l'abbé et les moines.

1110.

Richardus, Dei gratia Albanensis Ecclesiæ qualiscumque minister, Apostolicæ Sedis licet indignus servus et legatus, Petro carissimo et venerabili amico suo, Arvernorum episcopo, salutem. Scripsimus vobis de querimonia et proclamatione domini Senonensis abbatis, et ut decanum illum, de cujus inobedientia et rebellione vobis diximus, cum illis qui cum eo ejusdem malitiæ crimen sectantur, ad emendationem et satisfactionem justitiæ venire faceretis, vobis diligenter mandavimus. Sed et de illis qui presbyterum cæcaverunt, et

---

(1) D. Luc d'Achery, *Spicilegium*, t. II, Chronicon S. Petri vivi, p. 450.

tanto sacrilegio assensum præbuerunt, tam de clericis quam de laïcis similiter fecimus. Vos autem legationis nostræ negotia parvipendentes, litteras quidem legistis, sed de justitia parum profecistis. Nunc ergo iterum earumdem causarum proclamationem retractantes, ex apostolica auctoritate, donec ad emendationem veniant, illos interdicimus, et ut similiter faciatis mandamus iterum, atque præcipimus. Sed et illos qui ecclesiam fregerunt, et in abbatem assultum fecerunt, et monachos qui abbatis obedientiam contemnunt, similiter interdicimus, et admonitos a vobis, nisi monachi de inobedientia et laïci de assultu abbatis satisfecerint, excommunicari præcipimus. Quorum enim culpas corrigere est, et non corrigunt, hi profecto malitiæ illorum participes existunt. De terris vero absque jussu abbatis et capituli pignoratis, ut eas ecclesiæ suæ reddi faciatis præcipimus. Sed et de impugnatione quam laïci, in mutando decano, abbati et monachis faciunt, quia hoc sancti canones prohibent, ne ulterius fiat penitus, interdicimus. Valete (1).

XXV.

Guy, archevêque de Vienne, à tous les fidèles de l'Eglise de Dieu. Il expose que l'abbaye de Saint-André, autrefois florissante, était tombée dans le relâchement ; qu'à cette vue, et de concert avec les chanoines de l'Eglise de Vienne, il l'avait cédée à la vénérable abbaye de la Chaise-Dieu, à condition néanmoins, que l'abbaye de Saint-André conserverait le titre d'abbaye. Il arrête que l'abbé de Saint-André devra toujours obéissance à l'abbé de la Chaise-Dieu, et que, s'il se révoltait contre l'archevêque de Vienne et l'abbé de la Chaise-Dieu, il devrait être corrigé et même déposé par l'abbé de la Chaise-Dieu, agissant de concert avec l'archevêque de Vienne. Il menace de l'excommunication ceux qui soutiendraient dans sa révolte l'abbé de Saint-André. Il ordonne que les moines de Saint-André seront consacrés par l'abbé de ce monastère, mais qu'ils feront profession, selon les usages monastiques de la Chaise-Dieu.

1086-1106.

(1) D. Luc d'Achery, *Spicilegium*, Chronicon S. Petri Vivi, p. 481.

uido, Dei gratia sanctæ Viennensis Ecclesiæ servus, omnibus sanctæ Dei Ecclesiæ fidelibus perpetuam in Domino salutem. Ego Guido, per gratiam Dei Viennensium archiepiscopus, gravissimum animadvertens de neglectibus commissorum pastoribus imminere periculum, et copiosum beatitudinis provenire præmium, si salubria eis et recta providerint, cum desiderarem beati Andreæ apostoli abbatiam quondam religiosam ac multa dignitate præditam, infra mœnia urbis Viennæ sitam, omni penitus monastica disciplina inhabitantium pravitate desolatam et temporalibus beneficiis prorsus attenuatam, ne de ipsorum iniquitate judicium subirem divinæ ultionis, convocatis sanctæ Viennensis Ecclesiæ fratribus, domno videlicet Rostagno præposito et Sigebodo decano, Ademaro atque Richardo, cœterisque archidiaconibus ac aliis canonicis, sollicite de prædicti monasterii restauratione in commune tractavimus. Communicato autem consilio, cum manifesta suggereret ratio, nullatenus per prædictos habitatores in pristinam dignitatem ac religionem posse reformari, utile duximus prædictam abbatiam venerabili ac religiosæ abbatiæ, quæ Casæ-Dei dicitur, tradere, et tradendo ad instruendum committere. Quapropter universali Viennensis Ecclesiæ conventu unanimiter laudante ac confirmante, domno Pontio, Casæ-Dei venerabili abbati, ejusque successoribus regulariter viventibus prædictam sancti Andreæ abbatiam ad honorem Dei et Ecclesiæ Viennensis pro salute animarum nostrarum concedimus, et concedendo donamus, ut exinde domnus Pontius, abbas Casæ-Dei, successoresque ejus eamdem libertatem eademque jura habeant in abbatia prædicta, quæ in Casæ-Dei habere videntur, salva reverentia Viennensis Ecclesiæ et nostra, successorumque nostrorum in omnibus et per omnia, ita tamen ut prædictus locus numquam a dignitate abbatiæ descendat. Ille vero, quem abbas Casæ-Dei in abbatem sancti Andreæ de suis et consilio fratrum Casæ-Dei elegerit, cum ab archiepiscopo consecratus fuerit, omnem obedientiam et reverentiam, sicut ipse ante electionem persolvere solebat abbati Casæ-Dei, cum omni humilitate exhibeat. Si autem, quod absit, in vitium rebellionis se contra archiepiscopum Viennensem, aut contra abbatem Casæ-Dei erexerit, aut aliqua digna depositione infamia notatus fuerit, nostra successorumque nostrorum concessione et auctoritate abbas Casæ-

Dei in eum tamquam in suum monachum corrigendi, suspendendi liberam exerceat potestatem, deponendi vero cum Viennensis archiepiscopi consilio. Si quis autem eum manu tenere aut defendere contra archiepiscopum, aut contra abbatem Casæ-Dei præsumpserit, judicio subjaceat excommunicationis, et Viennensis mater Ecclesia totis viribus in eum insurgat. Illi vero qui impræsentiarum in abbatia Sancti Andreæ monachi sunt, aut in futuro ibi ad conversionem venerint, consecrati ab abbate ejusdem loci obedientiam sibi promittant, sed professionem, secundum morem monasticum, abbatiæ quæ Casæ-Dei dicitur, faciant. Et ut hoc donum firmum permaneat, ego Guido Guillelmi, comitis Burgundiæ filius, sigilli nostri impressione hanc nostræ donationis paginam signavi. S. domni Rostagni præpositi. S. Sigebodi decani, cœteris canonicis collaudantibus (1).

XXVI.

Pierre Roux, évêque de Clermont, à Pascal II. Il félicite le pape de son décret contre les incendiaires. Il expose ensuite que quelques-uns de ses paroissiens, qui s'étaient rendus coupables d'incendie, étaient allés le trouver dans la pensée de se soustraire au décret du Concile de Troyes, qui les condamnait ou à se faire moines ou à subir l'exil. Il raconte, à ce sujet, qu'un certain chevalier, qu'ils avaient chassé de sa maison, s'était retiré dans une église appartenant à la Chaise-Dieu et l'avait fortifiée pour se défendre contre leurs attaques. Or, le lendemain de la Circoncision, jour de trêve, ils brûlèrent l'église, pillèrent les ornements sacrés, arrachèrent le prêtre de l'autel, pour l'emmener en captivité, prirent le chevalier et commirent d'horribles cruautés contre ses compagnons. Pierre Roux demande au pape quelle conduite il doit tenir contre les auteurs de ce crime.

1105-1111.

(1) Mabillon, *Annales Benedictini*, Appendix, pp. 655-654. Ex Archivo Casæ-Dei.

everendissimo patri ac beatissimo Romane et Apostolicæ Sedis pontifici, P., indignus Claromontensis Ecclesie minister, debite per omnia subjeccionis humillimam devotionem. Quanta sit utilitas et quanta leticia totius Gallie populis, Beatitudinis vestre de incendiorum prohibitione decretum sufficienter non possum exprimere. Quod quam bonum sit et quam jucundum semper ubique firmiter observari sæpius nemo potest ambigere, cum et Ecclesia per hoc honoretur, et, quod mundus dare non potuit, ad vocem vestre Sanctitatis, omnibus in commune sit prestitum, refrenata tante cladis licentia, securius vivere. Sed quia diabolus per obsequaces suos omnia bona semper conatur evertere, valde providendum est ne, tam secundum quam commune bonum, aliqua possit verborum palliatione minuere. Quidam enim valde versuti de parochianis a vestra paternitate parvitati mee commissis, ad vos veniunt, qui propter incendia que fecerunt, cum nichil aliud mecum quam quod in Trecensi Concilio vestra sanxit auctoritas, scilicet ut aut monachizent, aut exilium subeant, possint efficere, aliud pro velle suo putant a sublimitate vestra se posse percipere. Quapropter quid, quando, vel qualiter ab eis gestum sit pagina presenti curavi subnectere. Miles quidem satis malus et multis irretitus offensionibus, quem ipsi de loco sue habitacionis violenter expulerant, ecclesiam quamdam ad Casam-Dei pertinentem munierat, ut et ibi se tueretur, et eos impugnando posset inde resistere. Isti vero, priusquam mihi res innotesceret, vel aliqua mihi proclamatio fieret, in zelo justicie, sed capitali odio quod mecum dicebantur habere, in crastino Circumcisionis Dominice quo treuga nostra servatur, cimiterium violantes, ecclesiam combusserunt, sacras vestes et ornamenta sanctuarii, supellectilemque commorantis ibidem monachi diripuerunt, presbiterumque qui nichil commiserat, sacris vestibus indutum de post altare traxerunt et in captionem ductum diu tenuerunt, et, capto predicto milite, alios ex his qui cum eo erant, in ipso ecclesie aditu, decollaverunt, alios quos manibus aut pedibus amputatis vel oculis evulsis reliquerant, sequenti die reversi, orribili et nefanda crudelitate mactando laniaverunt. Unde vestra provideat equitas quid in istos dicemus agendum, de quorum vel impunitate vel animadversione omnes Arverni prestolantur exemplum, existimantes eadem via se evasuros, si simile cui-

que facere contingat incendium. Quicquid itaque tam de his qui sceleris hujus principes fuerunt quam de sibi subditis, quos ipsi secum violenter interesse fecerunt, majestatis vestre censura decreverit, pietas vestra suam et benedictionem letificando non dedignetur mihi scriptum sigillatumque transmittere. Ineffabilis omnipotentia Dei beatissimam religionem vestram in regimine suo sancte Ecclesie dignetur ab omni adversitate semper et ubique defendere. Nomina quorumdam predictorum incendiariorum curavi subscribere, ut, cum in presentiam vestram venerint, cito possitis eos cognoscere. Bertrannus de Rocha Forti, Bertrannus de Grangis, Sancius de Crista, Petrus Bobbulus, isti incendium concitaverunt et fecerunt, sed militem illum post ea per comitem reddiderunt. Ego vero eas tantum emendationes que ad treugam nostram pertinent, consilio amicorum, milites eis dimisi, sed de excommunicatione vestra me intermittere non presumpsi (1).

XXVII.

Charte concernant le litige des moines d'Aniane et de ceux de la Chaise-Dieu, au sujet du monastère de Sainte-Marie de Gourdaignes. On rappelle que les juges, choisis par Pascal II pour régler ce différend, avaient reconnu, après un mûr examen, que les moines d'Aniane avaient possédé antérieurement le monastère de Gourdaignes, qu'ils en avaient été chassés par les moines de la Chaise-Dieu, et qu'en définitive ce monastère devait être rendu aux moines d'Aniane. On ajoute que le pape, ayant eu connaissance de ce jugement, le fit mettre à exécution et rétablit dans leurs droits les moines d'Aniane, tout en sauvegardant ceux que la Chaise-Dieu pouvait avoir sur Sainte-Marie de Gourdaignes.

Juillet 1107.

Hartam recordationis ad memoriam retinendam in futuris temporibus scribere curamus de lite, quam habuerunt abbas et monachi Sancti Salvatoris de Aniana contra abbatem et monachos Casæ-Dei de

(1) Original aux Archives départementales du Puy-de-Dôme.

quadam ecclesia Sanctæ Mariæ sita in loco qui Gordanica nuncupatur. Post proclamationem autem factam ante domnum apostolicum Paschalem II, dati sunt ab eo judices, qui causam utriusque partis diligenter audirent, et bene discussam diligenti studio definirent, videlicet domnus Richardus, Albanensis episcopus, et Girardus, Engolismensis episcopus, et Albertus Avinionensis episcopus, et Eustachius Valentinensis episcopus, et Gauterius Magalonensis episcopus, et presbiteri cardinales domnus Risus et Landulfus et Divizo, et diaconi cardinales Johannes, Ugo et Berardus, qui omnes, visis rationibus partium et instrumentis, ex rationibus prædictorum abbatis et monachorum Casæ-Dei et ex scripturis illorum instrumentorum cognoverunt prænominatos Anianenses abbatem et monachos ecclesiam supradictam, de qua lis fuerat, prius possedisse, eosque expulsos fuisse a prædictis monachis Casæ-Dei, et ideo prænominati judices communi consilio judicaverunt ut restitutio præscriptæ ecclesiæ canonice et plenarie daretur Anianensibus abbati et monachis jam sæpe dictis; quod judicium postquam ante prædictum Romanum pontificem relatum est, ad effectum perducere non distulit, sed præfatum abbatem Casæ-Dei cum cereo quem tenebat in manu sua refutare fecit, et ipsemet papa, suscepta eadem refutatione, illico Anianensem abbatem et monachos cum eodem cereo et quodam lapide revestivit, salvo tamen jure Casæ-Dei, si quod ibi habere videbitur. Facta sunt hæc apud Valentiam, temporibus domni Paschalis II papæ et coram eo, dominicæ Incarnationis anno MCVII, mense julio, indict. XV. Ego Risus presbyter cardinalis Damasi S. Ego Richardus Albanensis episcopus interfui et S. Ego Johannes diaconus consensi et S. Signum factum manu Leodegarii, Bituricensis archiepiscopi, qui interfuit, et pro se suscribere jussit. Ego Landulfus presbyter cardinalis tituli Lucinæ S. Ego Berr. diaconus S. Ego Girardus Engolism. episc. S. Ego Divizo cardinalis presbyter tit. B. Martini et B. Silvestri S. Eustachius Valentinæ ecclesiæ interfuit et manu propria S. Ego Rembaldus judex suprascriptis interfui, et dictavi, atque subscripsi, et complevi, et absolvi, præfato domno nostro papa jubente (1).

(1) *Annales Benedictini*, t. v, Appendix, pp. 675-676. — *Gallia Christiana*, t. XIII. Instrumenta Ecclesiæ Uceticensis, col. 297-298.

XXVIII.

Béatrix, comtesse et duchesse, expose que, sous l'inspiration des pensées éternelles, et dans le but de porter remède à son âme, à celles de Godefroi, son époux, et de Béatrix, sa nièce, elle donne à Dieu, à la Vierge sainte Marie et au monastère de Frassinoro, dépendant de la Chaise-Dieu, douze hameaux, dont elle fait l'énumération.

29 Août 1071.

In nomine Dei nostri, Jesu Christi, Dei æterni, anno incarnationis ejus millesimo septuagesimo primo, quarto Calendas Septembris, indictione nona. Dum vita et mors in manu Domini esse noscuntur, optimum est in vita ita res suas disponere, atque cum magna providentia ordinare, ut, cum die mortis obierit, tunc de unius talenti absconsione non præjudicetur, sed illam desiderabilem vocem audire mereatur: « Euge, serve bone et fidelis, supra multa te constituam. » Quapropter manifesta sum ego Beatrix, comitissa ac ducatrix, filia bonæ memoriæ Frederici ducis, quæ professa sum ex natione mea vivere lege saliga, quia per hanc cartulam meæ dispositionis sive offersionis, pro remedio animæ meæ, et pro remedio animæ Gotefredi ducis, quondam viri mei (1), et pro mercede animæ Beatricis, quondam neptis meæ, offero tibi Deo et sanctæ Mariæ Virgini et omnibus sanctis et monasterio, quod est ædificatum in honore tuo et omnium sanctorum, in loco qui dicitur Frassinorum, sub conditione hic subter, curtes etiam duodecim, prima quæ vocatur Roneo Sigefredi; secunda quæ vocatur Medula; tertia quæ dicitur Vitriola; quarta quæ nominatur Antinano; quinta cujus vocabulum est Carpineta; sexta quæ appellatur Cambio; septima quæ nuncupatur Puliano; octava cujus nomen est Isola; nona quæ vocatur Badrione; decima quæ appellatur Companiola; undecima quæ dicitur Modulo; duodecima quæ nominatur Razolo

---

(1) Godefroi, duc de Lorraine.

atque omnibus ecclesiis quæ in prædictis curtibus ædificatæ sunt, in cujuscumque honore consecratæ esse videntur, et cum omnibus castris et rocchis, et juribus suis, casis, etc.

Actum feliciter.

Ego Beatrix, gratia Dei, quod sum, ss.

Ego Ardericus judex, interfui et ss.

Ego Rainerius, judex ab imperatore datus interfui et ss.

Ubertus, judex Domini imperatoris interfui et ss.

Signum manuum Frederici, filii Ludoici comitis et Hungarelli, filii quondam Hugonis et Maginfredi, filii quondam Alberti et Gifficionis, filii quondam Rodulfi et Ardicionis, filii quondam Bonelli et Rolandi, filii Suranni et Garini, filii quondam Araldi, lege viventium salica rogati testes ss.

Signum manuum Rainerii et Bernardi comitum, filii quondam Ardinghi comitis et Pagani, filii quondam Rolandi rogati testes ss.

Ego Girardus, notarius domini imperatoris post traditam complevi et dedi (1).

XXIX.

Frotaire, évêque d'Albi, fait une donation de plusieurs biens, qu'il énumère, à l'abbaye de Gaillac, dépendant de la Chaise-Dieu. Le comte Regismond confirme cette donation et fait en outre plusieurs libéralités à ce monastère.

972.

NNO ab Incarnatione Domini DCCCCLXXII, in nomine Patris et Filii et Spiritus Sancti. Amen. Ego Frotarius, dictus episcopus, hac sacra consecratione qua ad honorem Dei omnipotentis, beatæ Mariæ semper Virginis et sancti Joannis Baptistæ, et omnium sanctorum martyrum, hoc altare consecramus pro amore Dei, et redemptione animæ meæ, et animarum parentum meorum, in præsentia domini Folcranni, episcopi Lodovensis, et domini mei Regimundi comitis, et dominæ meæ Gerfendis comitissæ et aliorum plurimorum hominum. Huic monasterio Galliacensi dono et concedo vallem Ca-

---

(1) *Memorie Storiche Modenesi* dal abate Girolamo Tiraboschi. In Modena, DCCCXIII, t. II, Codice diplomatico, pp. 52-53.

ninam, illos pinos et cambilegos et Salheriam (1), et ecclesiam de Brencia, cum omnibus appendiciis suis, de Falgueras et Montonum cum ecclesia et cum campanis, et Donazat et Feuguerias, et illos mansos de Tescoat, et ecclesiam de Brancona, et de Brens, cum omnibus quæ ad eam pertinent, et ecclesiam Sancti Jacobi de Brens, cum omnibus quæ ad eam pertinent, et ecclesiam Sancti Petri de Galliaco. Et omnes honores hos supradictos huic monasterio Galliacensi dono et concedo in perpetuum. Et deprecor dominum meum Regismundum comitem, qui in præsenti est, ut ipse concedat et confirmet has donationes. Et ego Regismundus comes ad honorem Dei et pro peccatis meis, hæc dona supradicta concedo et confirmo. Insuper et ipsum monasterium Galliacensi concedo et confirmo esse in perpetuum ad Dei servitium ut monachi sub regula S. Benedicti in eo degentes deserviant semper. Et ipsam villam Galliacensem, quæ magna nunc est, vel futura est, et milites et homines universos qui in ea habitant, vel habitaturi sunt, et castrum de Ulmo, dono et concedo et confirmo huic monasterio, ut habeat et possideat sub proprio dominio sine ullo contradictore. Et fidantias et justitias, vendentium et ementium redditus, et ingressus et egressus fluvii Tarnis, a villa de Cortes usque Montanum, et ripas utriusque partis, et transitus et retransitus, et molinaria et molendinos, et ecclesiam Sancti Amantii, et ecclesiam de Brencio : hæc omnia supradicta dono et concedo et confirmo huic monasterio Galliacensi. Signum domini Frotarii, episcopi. Sig. domini Folcranni, episcopi. Sig. Gersindis comitissæ. Sig. Evardi eleemosynarii Albiæ. Sig. comitis (1).

XXX.

Etienne II, évêque d'Auvergne, donne à l'église de Saint-Julien de Brioude le lieu de Liziniac et ses trois églises, dédiées à saint Germain, à saint Jean-Baptiste et à saint Clément. Il assure aux chanoines de Brioude la moitié des dons, des sépultures et des autres fruits qui pourront être perçus à Liziniac.

(1) *Alias* Salezeriam.
(1) *Gallia Christiana*, t. 1. Instrumenta Ecclesiæ Albiensis, col. 3-4. — Ex Tabulario Galliacensi.

450 APPENDICE.

à condition qu'ils y établiront en l'honneur de Notre Seigneur, de Marie, sa sainte mère, de saint Michel archange, de saint Pierre, apôtre, de saint Julien et de saint Germain un chapitre de douze chanoines dont ils assureront l'existence au moyen de ces revenus. Il arrête qu'après sa mort et celle de Robert, abbé, l'autre moitié reviendra aux chanoines de Brioude. Il veut que celui qui mettra obstacle à ces dispositions encoure la colère de Dieu et paye une amende de cent livres d'or, à moins qu'il ne donne des marques de repentir. Il ordonne que Robert, pendant tout le cours de sa vie, aura le gouvernement de Liziniac, et qu'après sa mort ce lieu sera au pouvoir des chanoines de Saint-Julien.

Février 962.

N nomine sanctæ et individuæ Trinitatis. Stephanus, divina annuente gratia, præsul eximius Arvernensis Cathedræ, vita et moribus præclarus, considerans casum fragilitatis humanæ, ut pius et misericors Dominus immanitatem criminum meorum misericorditer minuere dignetur in præsenti sæculo et vitam æternam tribuere in futuro, seu etiam pro seniori meo Clotario rege et anima genitoris ejus Ludovici regis, et pro animabus genitorum meorum Roberti necnon et Algardis, et novercæ meæ Hildegardis, et avunculorum meorum Eustorgii scilicet Matfredi ac Guidonis, et Stephani consobrini mei, necnon et fratrum meorum Eustorgii necnon et Roberti, avunculi quoque mei Armandi et filii ejus Amblardi, sive Eustorgii avunculi mei et filiorum ejus Eustorgii et Willelmi, et etiam Roberti abbatis, genitorumque necnon et fratrum ejus, cunctorumque propinquorum et parentum meorum, amicorum quoque et inimicorum, atque fidelium nostrorum omniumque fidelium christianorum vivorum et defunctorum, reddo Creatori omnium Domino regique regum et domino dominantium, necnon et cedo gloriosissimo martyri Juliano in sacro sanctæ Dei ecclesiæ Brivatensi vico fundatæ honorabiliter quiescenti, aliquid ex rebus meis quæ mihi jure propinquitatis legitimo ordine obvenerunt; scilicet, vicum meum qui vocatur nomine proprio Liziniacus, cum ecclesiis in eodem vallato sive vico dicatis in honorem sanctorum Joannis

Baptistæ (1) sanctique Germani (2), antistitis et confessoris, seu et sancti martyris Clementis (3) atque pontificis, cum omnibus decimis et donariis sive oblationibus ibidem collatis, cum vineis et campis et pratis, cunctisque rebus ad eum locum pertinentibus, vel quantumcumque ibidem nunc possideo ac dominari videor aut in posterum ego Stephanus, præsul, et Robertus, abbas, ad eumdem locum adhærescere vel acquirere juste potuerimus, cum omni sua integritate omnipotenti Domino reddo ut sub tuitione ac potestate sanctissimi martyris Juliani et canonicorum ibidem Christo militantium sit omni tempore, ita duntaxat ut a die præsenti et deinceps canonici prædicti martyris Juliani omnibus donariis et sepulturis sive de fructibus per omnia medietatem accipiant, eo tenore ut post fructum collectum et a Domino perceptum, in eodem prædicto loco Liziniaco, in honorem Domini nostri, et sanctæ genitricis Mariæ, et sancti archangeli Michaelis, et sancti Petri, apostoli, omniumque apostolorum, et sancti Juliani, martyris, sanctique præsulis Germani omniumque sanctorum, duodecim constituantur canonici, cum nostro pari consensu Domino jugiter militandi; ipsi quoque ex prædicta medietate duodecim canonici victum accipiant quotidianum, ex hoc quod exinde supererit in communi victu seu usu canonicorum Brivatensium sit sine ulla controversia, post meum ac Roberti abbatis sive præpositi ex hoc sæculo discessum; reliqua medietas ex supra dicto loco, quam nunc et in diebus vitæ nostræ in usus nostros tenere videmur, sicuti superius scriptum est, in communi usu canonicorum et potestate inclyti martyris Juliani Brivatensis vici absque ullo contradicente. Sane si quis, aut ulla superbia ullo tempore surrexerit, quod haud fore creditur, sive rex, sive comes, sive episcopus, sive abbas, seu aliquis præpotens, nobilis aut ignobilis omnis sexus seu utriusque ordinis, qui contra hæc statua à nobis facta, sive adversus canonicos prædicti martyris propter hanc cessionem aliquam calumniam inferre aut excitare voluerit, nisi resipuerit et ad satisfactionem venerit,

(1) L'église de Saint-Jean-Baptiste formait paroisse. Elle a été détruite. Elle existait à l'endroit où est la place de Saint-Jean.
(2) L'église de Saint-Germain existait dès le ve siècle. Elle sert d'église paroissiale.
(3) L'église de Saint-Clément, autrefois paroisse, a été détruite à la fin du siècle dernier.

iram Dei omnipotentis incurrat et sanctorum omnium intercessionibus careat, et quamdiu vixerit in hac vita, de malo in pejus semper attenuetur, et petitio ipsius nullum effectum habeat, sed insuper auri puri libras centum coactus exsolvat, et postquam indignam vitam digna morte finierit, cum superbo divite et cum Juda proditore Domini ac cum Dathan necnon et Abiron in inferno particeps in omnibus pœnis efficiatur. Placuit itaque mihi Stephano pontifici ut, quamdiu Robertus, abbas et præpositus, supervixerit, pro Dei amore et remedio animæ meæ et omnium fidelium christianorum prædictum locum regat, ædificet et gubernet, et postquam ex hac vita migraverit, jam dictus locus nullum habeat rectorem aut dominatorem nisi Dominum Deum omnipotentem et sanctum Julianum martyrem omniumque sanctorum merita et intercessiones atque canonicos prædictæ ecclesiæ Brivatensis, ut, sicuti superius dictum est, præpositus ac decanus omnesque canonici antedicti, communi concilio et dominatione, prædictum locum Liziniacum in honorem Domini nostri Jesu Christi et omnium sanctorum teneant ac provideant, et una cum eis ad æternam vitam pervenire valeamus. Hæc autem cessio, ut per succedentia tempora firmiorem obtineat vigorem, ego Stephanus, episcopus, manu propria subter eam signavi, et ut nobilium aliorum virorum manibus roboraretur rogavi, et hoc quod exaratum est manu propria firmavi et designavi; Robertus, abbas ac præpositus, quod ratum est, consensit. Signum Roberti, vicecomitis; signum Eustorgii, fratris ejus qui pariter consenserunt. Signum Amblardi. Signum Willelmi. Signum Arberti. Signum Eustorgii. Signum Amblardi. Acta sunt hæc anno Domini DCCCLXII nativitatis Dominicæ, indictione quinta, mense februario, die sabbati, sub imperio Clotarii, regis clarissimi Francigeni seu Aquitanigeni, anno octavo (1).

XXXI.

Cunebert, prévôt du chapitre de Brioude, déclare que, du consentement d'Hector, doyen, et des autres chanoines, il

(1) *Cartulaire de Brioude*, ch. 556.

donne le lieu de Chanteuges, qu'il tenait de Claude, son aïeul, pour qu'il y soit fondé un monastère. Il ajoute que ce décret a été approuvé par Raimond, prince d'Aquitaine, par l'abbé de Brioude, l'évêque Arnaud et beaucoup d'autres personnages, et que cette libéralité est faite en vue des intérêts spirituels des chanoines de Brioude, du roi, des seigneurs, des princes, de ses proches et de tous ceux qui protégeront ce monastère. Il menace du tribunal du Christ ceux qui attenteraient à ses dispositions, à moins qu'ils ne se corrigent. Il exprime la volonté que l'abbaye qu'il fonde suive la règle de Saint-Benoît. Il énumère les lieux qu'il donne à Saint-Marcellin de Chanteuges, et conjure le Seigneur de ne pas permettre qu'aucun roi, aucun évêque, aucun vicomte, aucun homme ose porter atteinte à sa constitution.

28 Août 936.

Auctor omnium bonorum et amator humanæ salutis, Christus, qui se ipsum pro redemptione nostra dedit, ita nobis consulere dignatus est, ut de transitoriis rebus quas post modicum tempus interveniente morte relicturi sumus, æterna præmia mercari possimus. Quapropter magnopere expedit ut de caducis bonis quæ ipso largiente percipimus, si non totum, vel partem ad ejus obsequium delegare studeamus; quatenus videlicet, cum cætera ad usus hujus vitæ consumpta fuerint, hoc quod ei dederimus restare nobis in perpetuum gaudeamus. Noverint igitur omnes, tam præsentes quam futuri qui in beatissimi Juliani martyris Brivatensi congregatione successuri sunt, quod ego Cunebertus, prædictæ congregationis levita et præpositus, exhortantibus et consentientibus domino scilicet Hectore, nostro decano, et universis utriusque ætatis jam dictæ nostræ congregationis canonicis, quamdam possessionem, nomine Cantogilum, in honorem Salvatoris nostri et sanctorum martyrum, in primis scilicet domini jam dicti Juliani, necnon et alterius Juliani cognomine Antiocheni, atque Saturnini, quorum duorum ibidem ecclesiæ constructæ sunt, ad hoc trado ut deinceps conversatio monachorum ibidem existat. Hanc autem possessionem avus meus Claudius, conversus ipse canonicam voluerat facere congregationem, sicut et uxor ejus de reliqua sua parte cum sanctis monialibus gessit. Et quia morte præventus est, ita mihi præfatam possessionem jure testamentario dereliquit ut post ejus (1) discessum sancto Juliano ad Brivatense cœnobium remaneret. Sane cum ego et supradictus noster decanus, Hector videlicet omnesque cœteri fratres, de instantis vitæ periculis necnon et tremendi superni examinis discussione frequenter colloqueremur, tandem in hunc consensum cuncti devenimus ut prædictum locum pro communi salute ad districtiorem id est monachorum conversationem, traderemus; et quia nimirum frigescente jam charitate, cum iniquitas multipliciter inundat et ita turbatus est rerum ordo, ut juxta canonicam institutionem conversari ad integrum nequeamus, saltem hoc nobis ante Dominum proficiat si illos qui regulariter vivant de nostro jure sustentemus, præsertim vero hoc timentes, quod ob honorem domini nostri Juliani multa nobis in eleemosina tribuuntur, ne forte judex universorum nobis illud propheticum imputaret quod nostra habentes peccata populi comederimus. In hoc autem decreto, tam princeps Aquitanorum Raimundus quam et abbas noster et vicecomes Dalmatius, seu certe noster episcopus Arnaldus, quin etiam hujus regionis excellentes viri, Bertrandus scilicet ac Robertus, vicecomes, itemque Robertus juvenior, atque Eustorgius cum aliis quibuscumque provincialibus, ita consenserunt ut non mediocriter gaudere videantur, hoc equidem suos successores, in Dei nomine et sanctorum prædictorum martyrum, præcipue vero sanctissimi Ebredunensis episcopi domini Marcellini, cujus gloriosissimum corpus, cum alio multo sanctorum pignore illo in loco præsenti tempore, Deo dante, susceptum est, contestantes ut hanc nostram constitutionem quisque eorum in suo tempore sic pro possibilitate sua defendat, ut eam nullatenus infringi patiatur. Sit autem hæc oblatio primo quidem pro nostra congregatione tam vivorum quam et mortuorum, dehinc vero pro rege nostro ac senioribus seu supradictis principibus nostris, propinquis quoque ac familiaribus. Postremo, sicut in una charitatis compagine cuncta ecclesiæ membra tenemus, sic universis fidelibus prosit ut nos in singulorum bono participare valeamus.

(1) *Alias* meum.

Cum vero sit eadem oblatio pro anima Willelmi ducis atque nepotum ejus Willelmi et Acfredi, et pro anima Claudii scilicet avi mei, reliquorumque defunctorum; cœterum sit specialiter omnibus illis qui habitatoribus solatium atque defensionem præbuerint. Si quis vero, quod absit, huic ordinationi nostræ contrarius fuerit, aut ad injuriam nostri Salvatoris et sancti Marcellini sanctorumque martyrum prædictorum hoc quod decernimus immutare tentaverit, non solum hac mercede privatus sit, sed etiam præsumptoris atque persecutoris ante tribunal Christi vitium incurrat, nisi se correxerit, et damnatum se prospiciens cum Juda Domini proditore a diabolo in infernum demergatur. Communiter autem decernimus, ut hujus rei causam et executionem domino Odoni, venerabili abbati, committamus, et quoniam ipse alias multipliciter occupatus est; idcirco reverendissimum virum dominum Arnulfum, abbatem, prædictæ rei negotium ad agendum delegamus. At vero monachi cum abbate suo regularem, secundum traditionem beati Benedicti, ad integram vitam ducant; post quoque præsentis abbatis discessum, alium sibi non juxta cujuslibet alterius super ordinationem, sed secundum regulam sancti Benedicti proficiant, et ipsi cum omnibus suis rebus ab omni dominatu cujuslibet personæ sint liberi et absoluti. Delegamus ergo omnimodo absolute, ad servitium Dei et sanctæ regulæ, supra nominatum locum Cantogilum, situm ex una parte super fluvium Halerii et ex altera parte super rivum Deje, cum duabus ut supra diximus ecclesiis, cum terris, silvis, pratis, aquis, molendinis, omnibus earum adjacentiis, cultum et incultum, quæsitum et quod inquirendum est, cum alia videlicet silva, Borleria nomine, qui locus est in pago Arvernico, in comitatu Brivatensi, in vicaria de eadem ipsa villa. Donamus autem ad ipsum locum, in alio loco, villam quæ nuncupatur Volnatius cum omnibus ejus adjacentiis; et in alio loco, mansum duplum unum, vocabulo Benago cum omni integritate ejus, et in ipso aice duos mansos, quorum alteruter vocatur Buco-Navato, cum omni eorum integritate; et in alio loco vocabulo Nozariolas, mansos duos et appendicem, cum omni integritate sua, et in vicaria Nonatensi, in villa quæ dicitur Colonicas et in ipso aice mansos duos, vocabulo Combrunas, et in ipsa vicaria, in villa quæ nominatur Sanciacus, quantum in ipsis villis visi sumus habere vel possidere, cum omnibus ejus adjacentiis totum ibi cedimus. Et ego Cunebertus cedo ad ipsum locum aliquid ex rebus proprietatis meæ quæ mihi ex hæreditate vol conquisto legitime obvenerunt, propter honorem Salvatoris nostri Dei et sanctissimi Marcellini et aliorum sanctorum quorum ibi merita omnes venerantur; hoc est in villa quæ dicitur Pratum Rotundum mansos tres, cum omnibus eorum adjacentiis, et in ipso aizo, in villa quæ dicitur Rivacus, duos mansos cum appendariis (1), cum horto et prato indominicato; et in alio loco vocabulo Valiaco mansos tres cum omni integritate eorum, quantum in his nominatis villis visus sum habere vel possidere; et in alio loco qui dicitur Croflocum, quantum ibi de Ainardo acquisivi et acquirere potero, tam in terra quam in vinea, totum ex integro Deo, ut supra scriptum est, Salvatori et sancto Marcellino trado, transfero atque transfundo. Sed quia locus ille jam dictus de sancti Juliani dominio confertur, sicut causa pro spiritali negotio geritur, ita nihilominus pro recognoscendo possessionis jure spiritalem censum reddi jubemus, ut scilicet privatis diebus per singulas regulares horas binos pro vivis psalmos et officium pro defunctis exsolvant. Siquidem nostra congregatio privilegium tale antiquitus a tempore videlicet Pipini regis habet concessum, ut quidquid de rebus nostræ ecclesiæ communiter decreverimus, inconvulsum prorsus et inviolabile perduret, nos ergo precamur et contestamur per Dominum et in Dominum, et per omnes sanctos ejus, ut hanc nostram constitutionem nullus rex unquam, nullus episcopus, nullus vicecomes, neque, ut supradictum est, nullus unquam homo inquietare præsumat, divinam comminationem pertimescens qua dicitur : « Maledictus qui transfert terminos proximi sui, » et qui consenserit, illud promereatur : « Benedictus qui est bonis consentiens. » Signum Cuneberti, præpositi et levitæ, qui hanc constitutionem fieri vel firmari rogavit. Signum Raimundi, ducis Aquitanorum, cui aliud nutu Dei nomen est Poncii. Signum Quothecalchi (2), episcopi. Signum Dalmacii, vicecomitis. Signum Ingelbergæ. Signum Dalmacii, filii ejus. Signum Bertranni. Signum Stephani. Signum Roberti, vicecomitis. Signum Bertelai. Signum Eustorgii. Signum Bernardi. Signum Guiraldi. Signum Rodrani. Data auctoritas ista testamenti, quinto

(1) *Alias* Benazo.
(2) *Alias* Guotiscalchi.

kalendas septembris, anno primo regnante domino Ludovico rege (1), in basilica martyris Juliani, ante altare sancti Stephani. Sign. † Bosonis monachi et levitæ qui hanc cartam scripsit (2).

XXXII.

Acfred, comte d'Auvergne, déclare donner à l'église de Brioude pour le remède de son âme, de l'âme de son père, de sa mère, de ses oncles, de ses frères, de ses parents et de tous les fidèles, les biens qu'il possède dans les comtés de Brioude, de Tallende et de Gabales. Il lui fait don, en outre, de l'église de Saint-Pierre de Brassac et de toutes ses dépendances.

926-928.

Sacro sanctæ Dei ecclesiæ sancti Juliani martyris vico Brivatæ, ubi ipse sanctus Dei martyr in corpore requiescit, ad dexteram ejus Ilpidius inclytus martyr, ad lævam autem Arconcius, gloriosissimus confessor, triumphantes ante Dominum requiescunt; ubi in Christi nomine Acfredus, Dei gratia comes, super ipsam catervam rector præesse videtur, sub tempore Arlbaldi præpositi, necnon et Cunaberti decani; idcirco in Christi nomine ego Acfredus, etsi indignus peccator, considerans attente immanitatem peccatorum meorum et recordans Domini misericordiæ dicentis : « Date eleemosinam et omnia munda sunt vobis » : propterea cedo Deo, et sancto Juliano in communia fratrum, res meas proprias, pro animæ meæ remedio, ut pius et misericors Dominus peccata mea multa et innumerabilia per intercessionem beatæ Dei genitricis Mariæ et beati Juliani atque omnium sanctorum dimittere dignetur, et pro absolutione genitoris mei Acfredi, et genitricis meæ Adalendis, et avunculorum

---

(1) Louis IV d'Outremer fut couronné à Laon, le 19 juin 936, par Arnaud, archevêque de Reims.

(2) Mabillon, *Annales Benedictini*, t. III, Appendix, pp. 707-708. — *Cartulaire de Brioude*, ch. 337.

meorum Garini atque Guillelmi, et fratrum meorum Bernardi necnon etiam Guillelmi, et omnium consanguinorum meorum, necnon etiam fidelium amicorum meorum seu omnium eleemosinariorum meorum et omnium fidelium christianorum tam vivorum quam defunctorum; quæ res ex alode parentum meorum justo ordine mihi obvenerunt, et sunt in patria Arvernica, in comitatu Brivatensi seu et in Telamitensi, necnon in comitatu Gabalitano. Cedo itaque curtem meam quæ dicitur Braciacus, cum ecclesia quæ est fundata in honorem sancti Petri, cum mansis, campis, silvis, pratis, vineis, broliis indominicatis et omnibus ejus pertinentiis quæ ibi adjacent, vel cœteris mansionibus quæ de foris sunt, et omnibus servis et ancillis quæ nunc sunt et in antea, Deo donante, futuræ sunt... (1).

XXXIII.

Les clercs de Sainte-Livrade, assemblés en chapitre, déclarent donner l'église de Sainte-Livrade avec ses dépendances à l'abbaye de la Chaise-Dieu, à condition que les moines de la Chaise-Dieu recevront dans leur monastère les clercs de Sainte-Livrade qui voudraient y entrer et qu'ils auront pour les autres une affection fraternelle.

25 Février 1117.

PERÆ pretium est præsentibus elementis perenni memoria tradere, quod anno ab Incarnatione Domini M. C. XVII, V kalendas martii, communis conventus clericorum Sanctæ Liberatæ in communi capitulo, solo timore et amore Dei, nulla alia existente causa, concedimus et donamus ecclesiam Sanctæ Liberatæ cum omnibus pertinentiis suis beato Roberto et abbati Stephano et monachis Casæ-Dei præsentibus atque futuris, ut eam habeant, regant atque possideant jure perpetuo. Cum ipsis autem tali fœdere jungimus, ut si cui canonicorum ad regularis vitæ disciplinam converti placuerit,

(1) *Cartulaire de Brioude*, ch. 315.

benigne recipiatur: qui vero noluerint, sanctæ fraternitatis affectione a monachis diligantur, et quotidiana sibi præbenda solitis temporibus honestissime præbeatur, et breve uniuscujusque defuncti Casæ-Dei per monachos deferatur, ubi missas et orationes, ac si monachi essent, funditus consequantur. Infirmis autem eadem cura, quæ et sanis, nihilominus impendatur, nec unquam quilibet canonicus augeatur in ecclesia.

Ego Amaldus cognomento Campanius.
S. Ebraldi sacerdotis.
S. Bernardi sacerdotis.
S. Stephani sacerdotis.
S. Geraldi sacerdotis.
S. Brunonis de Sylva.
S. Guidonis de Calanzo.
S. Bernardi de Podio.
S. Fortis sacerdotis.
S. Raimondi sacerdotis.
S. Raynaldi sacerdotis.
S. Raymundi Lanfredi.
S. Bernardi Escapati.
S. Bernandi de Xcida.
S. Garscionis de Sancto Cosma.
S. Grimoandi de Campania.
S. Guillelmi Seguini.
S. Amalei de Podio.
S. Stephani S. Jacobi.
S. Arnaldi Joannis.
S. Guillelmi Arnaldi.
S. Guillelmi de Molivety.
S. Forteti.
S. Pontii Amanei (1) qui dicitur abbas.
S. Ysarni decani.
S. Guillelmi sacristæ.

His igitur ita peractis, petivimus misericordiam pro patentibus et consanguineis nostris et canonicis ecclesiæ nostræ defunctis,

_____

(1) *Alias* Amanevi.

quam per Dei gratiam taliter consecuti sumus, ut omnibus annis in perpetuum, prima die quadragesimæ, anniversarius dies eorum devotissime celebretur, quatenus Deus omnipotens animabus eorum misereri dignetur. Testes sunt Robertus presbyter qui cognominatur Aviseres, Raymondus de Podio Delfinii et Raymundus de Cannis milites, Bernardus de Manto et Robertus de Nonede et Hugo de Cannis monachi, qui hoc donum susceperunt, et alii innumerabiles viri. Hæc autem carta monob (1) facta est in communi capitulo, perlecta est, et interrogante lectore si laudaremus tertio, ab omnibus nobis responsum est, laudamus (2).

XXXIV.

Ansėric, archevêque de Besançon, déclare que, voyant le monastère de Faverney dans un état déplorable, il avait arrêté avec les religieuses, les clercs et les principaux habitants de Faverney qu'on donnerait ce monastère à la Chaise-Dieu. Conformément à cette convention, Ansėric donne cette abbaye à la Chaise-Dieu, avec plein pouvoir à l'abbé de la Chaise-Dieu, de déposer l'abbé de Faverney, s'il se mettait en état de révolte et qu'il ne voulût pas se corriger.

18 octobre 1132.

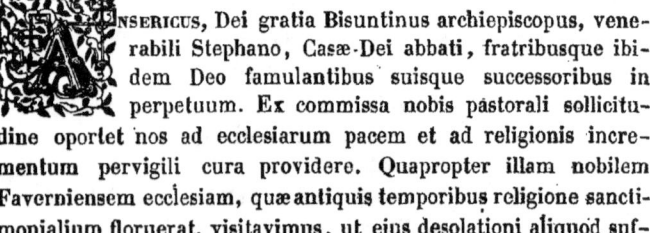

Nsericus, Dei gratia Bisuntinus archiepiscopus, venerabili Stephano, Casæ-Dei abbati, fratribusque ibidem Deo famulantibus suisque successoribus in perpetuum. Ex commissa nobis pastorali sollicitudine oportet nos ad ecclesiarum pacem et ad religionis incrementum pervigili cura providere. Quapropter illam nobilem Faverniensem ecclesiam, quæ antiquis temporibus religione sanctimonialium floruerat, visitavimus, ut ejus desolationi aliquod suffragium præberemus. Convocatis itaque ibidem ejusdem loci

---

(1) Forte idem quod authentica, originalis, uti conjectat Sammarthanus noster. Ducange, *Glossarium Mediæ et Infimæ Latinitatis*, t. IV.

(2) *Gallia Christiana*, t. II. Instrumenta Ecclesiæ Claromontensis, col. 106-107.

advocatis, videlicet Rainaldo consule, Widone de Juncivilla et Henrico, fratre ejus, Theobaldo de Rubromonte, Humberto de Fussiaco et Ludovico, fratre ejus, ab omnis religionis cultu alienam et ab incolis suis pro multimoda perturbatione desertam reperimus. Nostra igitur sollicitudine et illustrium virorum ammonitione, dissentio quæ præfatum locum exterminaverat, Deo auctore, pacificata est. Pro religione verò præfati loci reformanda, prædicti advocati consuetudines quas in villâ Faverniacensi et infra terminos parochiæ ejus sive justas sive injustas habebant in manu Raynaldi comitis omnino deposuerunt et gurpiverunt, et se nunquam ulterius repetituros abjuraverunt, illas verò consuetudines quas in villis Faverniaco appendentibus habere videbantur, similiter in manu ejusdem consulis gurpiverunt, et præter debitas abjurarunt; illas verò easdem Richardus de Montefalconis præter debitas in villis Faverniacensi ecclesiæ appendentibus in manu nostra deposuit et gurpivit: comes autem Rainaldus consuetudines a prædictis advocatis in manu sua depositas in nostra manu donavit et nos Deo et beatæ Mariæ super altare obtulimus. Hoc itaque per Dei misericordiam expleto, sanctimoniales, clerus et populus, casati, advocati pari voce et consensu acclamaverunt ut ecclesiæ Casæ-Dei Faverniacensis ita uniretur ecclesia, ut de capitulo Casæ-Dei perpetuis temporibus abbas assumatur, a quo, secundum ordinem et consuetudinem ecclesiæ Casæ-Dei, Faverniacensis regatur ecclesia. Nos igitur præfatæ plebis voluntatibus inclinantes, ecclesiæ Casæ-Dei Faverniacensem ecclesiam cum appenditiis suis, salvo pontificali jure, et ministrorum ejus regendam concedimus, et abbatis correctionem abbati Casæ-Dei suisque successoribus, si in ordine suo peccaverit, fore stabilimus. Si vero culpa tam gravis exstiterit ut abbas dignus sit depositione, nobis prius ostensa culpa vel archiepiscopis nobis succedentibus, si rebellis exstiterit et emendare noluerit, potestatem deponendi eum prædicto abbati concedimus. Ut autem præsens pagina immobilis perseveret, sigilli nostri impressione insignivimus, et ne quis eam ulterius infringere attentet, sub anathematis vinculo interdicimus. Hujus rei testes sunt Willelmus de Arguel, Wido de Meliniaco, archidiaconus, Petrus de Treva, decanus Sancti Stephani, Hugo, Faverniacensis archidiaconus, Wolbertus, archidiaconus, Hugo de Dolo, Hugo, Luxoviensis abbas, Wido abbas de Caroloco, Lambertus, abbas de Clarafontana, abbas de Morimonte, Warinus capellanus, Raynaldus comes, Fridericus, comes de Fontaniaco, Wido de Juncivilla et Henricus frater ejus, Thibaldus de Rubromonte, Humbertus de Jussiaco et Ludovicus, frater ejus.

Data Bisuntii, laude capituli Sancti Joannis anno ab Incarnatione Domini nostri Jesu Christi M° C° XXX° II°, indictione XII, XV Kal. octobris.

Nos vero, frater Hugo, divina miseratione titulo Sanctæ Sabinæ presbiter cardinalis, dictas litteras vidimus sigillo Anserici dicti archiepiscopi sigillatas, non viciatas, non cancellatas, non abolitas, non in aliqua parte sui suspectas, facta collatione de verbo ad verbum, hunc plene et fideliter habere tenorem. In cujus rei testimonium præsentibus litteris sigillum nostrum duximus apponendum. Datum Lugduni, XVI Kal. martii anno Domini M° CC° quinquagesimo.

Datum pro copia per nos subsiguatos notarios.

RICHARDI.   MAURINI.

« Ce titre est en papier assez bien conservé, ce n'est qu'une coppie du transumpt donné par le cardinal Hugues en 1250, sur l'original, qui existe à l'abbaïe de la Chaise-Dieu en Auvergne; il est en velin assez bien conservé au rapport de Dom Coquelin abbé de Faverney, qui l'a vu. »

Je certifie la présente conforme à la copie.
Dom Maurice Roux Rel. Bénédictin
de la Congrégation de Saint-Vanne (1).

XXXV.

Hugues, archevêque de Rouen et légat du Saint-Siége, à Adémar, abbé de Saint-Thibéry. Il expose que, comme il se trouvait à Montpellier avec les archevêques d'Arles et de Nar-

---

(1) Bibliothèque nationale, Collection Moreau, *Chartes et Diplômes*, fol. 112-115. — Id. ms. latin, 12,745. Antiquitates Benedictinæ in diæcesi Claromontensi. D. Estiennot avait tiré cette charte de l'original qui était à la Chaise-Dieu.

bonne, avec les évêques d'Agde, d'Orange, avec l'abbé de Saint-Gilles et plusieurs autres personnages religieux, l'abbé de Saint-Thibéry, qu'il avait mandé, comparut devant lui, mais que l'abbé de la Chaise-Dieu s'était abstenu de comparaître. Il ajoute qu'ayant demandé à qui appartenait l'église de Bessan, il fut répondu qu'elle dépendait du monastère de Saint-Thibéry, et qu'aussitôt on montra l'acte de donation fait par Béranger, évêque d'Agde. Adémar, abbé de Saint-Thibéry, produisit quatre témoins qui assurèrent que l'église de Saint-Thibéry avait possédé l'église de Bessan, longtemps avant qu'elle fût occupée par les moines de la Chaise-Dieu. Quatre autres témoins déclarèrent qu'ils avaient assisté à l'entrevue qui eut lieu, à Corbie, entre les moines de Saint-Thibéry et ceux de la Chaise-Dieu, et qu'ils entendirent des témoins affirmer avec serment que Bernard, évêque d'Agde, qui d'abord avait livré l'église de Bessan à la Chaise-Dieu, ayant été mieux informé sur cette affaire, avait, dans une conférence tenue à Cabrils, adjugé Bessan à Saint-Thibéry. La vérité de ces faits ayant été confirmée par d'autres témoignages, Hugues, de concert avec les archevêques et évêques présents à Montpellier, approuva la restitution qui avait été faite de l'église de Bessan à l'abbaye de Saint-Thibéry, et en assura la possession perpétuelle à ce monastère.

1134.

uGo Dei gratia Rotomagensis archiepiscopus, Sedis Apostolicæ legatus, dilecto filio Ademaro, abbati Sancti Tiberii, tuisque successoribus in perpetuum. Religiosis et Deo servientibus providere, eorumque possessiones et jura ecclesiastica conservare omnibus qui in regimine positi sunt sanctorum Patrum mandat auctoritas. Eapropter causam illam super ecclesia de Beciano multo tempore ventilatam auctoritate apostolica suscepimus terminandam. Confidentibus itaque nobiscum apud Montempessulanum venerabilibus archiepiscopis B. Arelatensi et A. Narbonensi Sedis Apostolicæ legatis, et episcopis R. Agathensi, et G. Arausicensi, et P. abbati Sancti Ægidii, et aliis quampluribus religiosis personis, tu ad diem in supradicto loco tibi auctoritate apostolica et nostra præstitutam, paratus ad justitiam ante nos venisti. Abbas vero Casæ-Dei, qui ad eamdem diem et eumdem locum auctoritate apostolica a nobis vocatus fuerat, nec ipse venit, nec pro se responsales misit; nec aliquam excusationem canonicam inibi prætendit. Eo itaque sic deficiente, nos præcepto domini nostri papæ Innocentii justitiam exequentes, quæsivimus ab ecclesia Agathensi, in cujus parochia sita est ecclesia de Beciano, ut coram Deo et nobis omnibus ibidem consistentibus veraciter protestarentur, ad quod jure canonico, vel tuum, vel Casæ-Dei monasterium pertineret præfata ecclesia de Beciano. Illi siquidem quia vere, prout ab antecessoribus acceperant, ad jus et possessionem Sancti Tiberii, cui monasterio, Deo auctore, præsides, pertinere responderunt. Ad hæc tu, Ademare abbas, protulisti instrumentum donationis factæ de ecclesia de Beciano ecclesiæ Sancti Tiberii, et prædecessori tuo Deodato: quod instrumentum a Berengario bonæ memoriæ Agathensi episcopo factum, et annis Dominicæ incarnationis, et testibus idoneis roboratum existit. Et tu consequenter produxisti quatuor testes viros antiquos, asserentes se vidisse, quia ecclesia Sancti Tiberii possedit quiete per multos annos ecclesiam de Beciano, antequam monachi de Casa Dei intrassent in eam. Tunc illi canonice examinati juraverunt super Evangelia Dei, et hoc se vidisse, et hoc verum esse. Prodierunt et alii quatuor testes, qui dixerunt se interfuisse placito illi, quod habitum est apud Corbianum inter monachos Sancti Tiberii et monachos Casæ-Dei, in præsentia Aldeberti, Agathensis episcopi, præsentibus A. Narbonensi archiepiscopo, et L. Nemausensi episcopo, dicentes se vidisse et audisse quosdam testes idoneos ibidem jurasse, quod Bernardus, Agathensis episcopus, qui induxerat monachos Casæ-Dei in ecclesiam de Beciano, cum accepisset testimonia personarum authenticarum ecclesiæ suæ, super donatione facta a Berengario antecessore suo Deodato abbati, et monasterio Sancti Tiberii de ecclesia de Beciano, ipse idem Bernardus coram Bertranno, Narbonensi archiepiscopo, in placito de eadem causa habito apud Cabrils, præsentibus monachis Casæ-Dei et Sancti Tiberii, factum correxit, et adjudicavit reddi ecclesiam de Beciano monachis Sancti Tiberii. Quod prædicti Aldebertus Agathensis, et A. Narbonensis, et L. Nemausensis audientes, sententiam restitutionis ipsius ratam esse et tenendam judicaverunt. Et sicut præfati quatuor testes hoc se vidisse et audivisse protestati sunt, ita nobis præsentibus examinati super Evangelium Dei juraverunt. Hoc ipsum A. Narbonensis archiepiscopus, et Ermengaldus Agathensis archidiaconus, et R. sacrista, et magister Dulcianus, qui interfuit præfato placito de Corbiano, coram nobis se vidisse et audisse viva voce protestati sunt. Hi omnes, qui hoc testimonium nobis perhibuerunt, eamdem de præfata restitutione sententiam attestati sunt fuisse confirmatam apud Lupianum a supra nominato A. Agathensi et A. Narbonensi, et P. Lutevensi, et R. Magalonensi episcopis, et R. tunc archidiacono, nunc episcopo Agathensi, præsentibus abbatibus de Casa-Dei et Sancti Tiberii. His omnibus de causis, et insuper admonitione et præcepto Guidonis diaconi cardinalis et Apostolicæ Sedis legati, præfatus R. Agathensis te et ecclesiam Sancti Tiberii de ecclesia de Beciano revestivit. Hanc revestitionem, eodem R. Agathensi episcopo attestante, sic factam, nos et nobiscum hic assidentes supra nominati archiepiscopi, et Apostolicæ Sedis legati, et episcopi, et quamplures authentici et religiosi viri, approbamus, et approbatam vice apostolica, quam super hoc negotio gerimus, confirmamus et pro canonica donatione a Berengario Agathensi episcopo facta, et legitima possessione subsecuta, tibi tuisque successoribus et monasterio Sancti Tiberii, cui præsides, præfatam ecclesiam de Beciano cum decimis et omnibus jure ad eam pertinentibus, omni deinceps quæstione sopita, perpetuo possidendam adjudicamus. Actum est hoc anno Verbi Incarnati mcxxxiv, apud Montempessulanum, universali papa Innocentio, rege Francorum Ludovico. † Ego Hugo Rotomagensis archiepiscopus et Apostolicæ Sedis legatus (1).

XXXVI.

Hugues, archevêque de Rouen et légat du Saint-Siége, à Innocent II. Il expose que, conformément aux instructions du pape, il avait assigné un jour et un lieu à l'abbé de la Chaise-

(1) Mabillon, *Annales Benedictini*, t. vi, Appendix, p. 666. — *Gallia Christiana*, t. vi. Instrumenta Ecclesiæ Agathensis, col. 318-319.

Dieu et à l'abbé de Saint-Thibéry, pour le règlement de l'affaire qui les concernait au sujet de l'église de Bessan. Il raconte qu'il s'était rendu à Montpellier avec les archevêques d'Arles et de Narbonne, avec plusieurs évêques et autres personnages; que l'abbé de Saint-Thibéry s'était présenté, mais que l'abbé de la Chaise-Dieu n'avait comparu en aucune manière. On demanda à l'évêque d'Agde, dans le diocèse duquel se trouve l'église de Bessan, si Bessan appartenait à la Chaise-Dieu ou à Saint-Thibéry. Il fut établi d'abord que le monastère de Saint-Thibéry possédait l'église de Bessan, longtemps avant que les moines de la Chaise-Dieu y vinssent; que, dans la suite, Bernard, évêque d'Agde, y avait établi des moines de la Chaise-Dieu, mais qu'après une plus ample connaissance des faits, il y avait rétabli les moines de Saint-Thibéry. Hugues termine en disant que l'archevêque de Narbonne a confirmé Saint-Thibéry dans la possession de Bessan, que Guy, légat du Saint-Siége, a approuvé cette décision, et qu'il l'a ratifiée de concert avec les archevêques et évêques qui étaient avec lui.

1134?

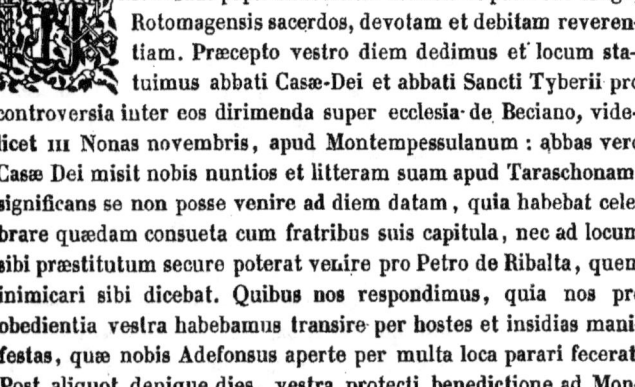

NIVERSALI papæ Innocentio domino et patri suo Hugo, Rotomagensis sacerdos, devotam et debitam reverentiam. Præcepto vestro diem dedimus et locum statuimus abbati Casæ-Dei et abbati Sancti Tyberii pro controversia inter eos dirimenda super ecclesia de Beciano, videlicet III Nonas novembris, apud Montempessulanum : abbas vero Casæ Dei misit nobis nuntios et litteram suam apud Taraschonam, significans se non posse venire ad diem datam, quia habebat celebrare quædam consueta cum fratribus suis capitula, nec ad locum sibi præstitutum secure poterat venire pro Petro de Ribalta, quem inimicari sibi dicebat. Quibus nos respondimus, quia nos pro obedientia vestra habebamus transire per hostes et insidias manifestas, quæ nobis Adefonsus aperte per multa loca parari fecerat. Post aliquot denique dies, vestra protecti benedictione ad Montempessulanum pervenimus, multis utique mirantibus. Ibi nobiscum habuimus venerabiles archiepiscopos B. Arelatensem, A. Narbonensem Sedis Apostolicæ legatos, et plures episcopos et religiosos viros. Præsentavit se ante nos ad justitiam abbas Sancti Tyberii, sed abbas Casæ-Dei nec ipse venit, nec pro se responsalem misit, nec excusationem vel aliquam prætendit. Eo itaque sic deficiente, quæsivimus ab episcopo Agathensi, in cujus parochia sita est ecclesia de Beciano, ut coram Deo et patribus ibidem considentibus nobis ostenderet, ad quod vel Casæ-Dei vel Sancti Tyberii monasterium præfata ecclesia jure canonico pertineret. Inquisiti episcopi et clerici ejus responderunt quia vere, prout acceperant ab antecessoribus suis, ad jus et possessionem pertinebat Sancti Tyberii. Tunc instrumenta Berengarii bonæ memoriæ Agathensis episcopi super hæc facta prolata sunt, et testes prodierunt viri bonæ famæ et antiqui, qui examinati probaverunt se vidisse, quod monasterium Sancti Tyberii possedit ecclesiam de Beciano quiete et multis annis, antequam monachi de Casæ-Dei in eam venissent. Invenimus etiam per attestationem domini A. Narbonensis episcopi et authenticorum testium, quia Bernardus, successor Berengarii, Agathensis episcopi, qui monachos Casæ-Dei in ecclesiam de Beciano induxit, cognita veritate, factum correxit, et ecclesiam de Beciano reddi Sancto Tyberio adjudicavit. Hoc A. Narbonensis et ante se die data inter abbates Sancti Tyberii et Casæ-Dei probatum fuisse per legitimos testes asseruit, ibique revestiri monachos Sancti Tyberii de Ecclesia de Beciano adjudicavit; quam revestitionem dominus Guido, diaconus cardinalis et legatus Apostolicæ Sedis fieri præcepit. Hanc revestitionem canonice sæpius adjudicatam, nos et qui nobiscum erant patres, ratam habuimus et teneri mandavimus pro donatione canonica olim a Berengario Agathensi episcopo facta, et legitime possessione subsecuta fere xxxiii annorum, ut asserunt, post instrumentum Berengarii episcopi, quod anno dominicæ Incarnationis et testibus idoneis roberatum extitit (1).

XXXVII.

Guy, légat du Saint-Siége et cardinal à Adhémar, abbé de Saint-Thibéry. Il rappelle qu'il existait depuis longtemps un

(1) Mabillon, *Annales Benedictini*, t. vii, Appendix, pp. 666-667.

différend entre le monastère de Saint-Thibéry et celui de la Chaise-Dieu, au sujet de l'église de Bessan, que, conformément aux instructions d'Innocent II, il avait sérieusement examiné cette affaire, et qu'il avait travaillé à rétablir la concorde, de concert avec l'archevêque d'Arles, avec les évêques de Nice, d'Agde, de Nîmes, de Viviers, d'Uzès, et avec les abbés de Saint-Gilles et de Saint-Allyre, de Clermont. Il ajoute qu'il avait été arrêté que le monastère de Saint-Thibéry posséderait l'église de Bessan, que le monastère de la Chaise-Dieu aurait en retour l'église de Saint-Martin de Valentiniac, qui dépendait de Saint-Thibéry, que les abbés de Saint-Thibéry paieraient à la Chaise-Dieu, le jour de la Pentecôte, quinze sols sur les revenus de l'église de Bessan, et que la Chaise-Dieu pourrait posséder sans conteste ce qui lui serait attribué par donation ou par vente et qui n'appartiendrait pas à l'église de Bessan.

1139.

Guido diaconus, Apostolicæ Sedis legatus et cardinalis, carissimo in Domino fratri Ademaro, abbati Sancti Tiberii salutem. Inter monasterium Sancti Tiberii cui, auctore Deo, præesse dignosceris, et monasterium Casæ-Dei super ecclesia de Beciano controversia est a longis retro temporibus agitata, unde nimirum utrumque cœnobium multas et difficiles fatigationes sustinuit, et plurimum occasione tuendæ justitiæ quasi in vacuum laboravit. Cœterum, sicut a domino nostro papa Innocentio in mandatis accepimus, termino ad Uticensem Ecclesiam constituto, vestras et alterius partis allegationes diligenter audivimus, perspeximus instrumenta, et testibus, qui ab utraque parte producebantur, examinatis, secundum quod dictaret justitia, consilio sapientium et discretorum virorum qui convenerant, ferre sententiam parati eramus. Cum autem placuit ei, qui multorum et diversorum hominum mentes unius efficit voluntatis, ut super hac causa finem laboribus nostris imponeret, et monachos Sancti Tiberii atque fratres Casæ-Dei ad concordiam revocaret, favorem supernæ clementiæ imitantes, pro pace inter vos et illos, præstante Domino, componenda, cum domino Guillelmo, Arelatensi archiepiscopo, Sedis Apostolicæ legato, cum venerabilibus viris, P. Nicensi, R. Agathensi, G. Nemausensi, Johanne Vivariensi et G. Uticensi episcopis, P. Sancti Ægidii, et Joanne Sancti Illidii Claromontensis abbatibus, diligenti efficacia laboravimus et assensu vestro et abbatis ac fratrum Casæ-Dei, concordiam sic per Dei gratiam composuimus, ut scilicet, tu dilecte in Domino frater A. abbas, atque successores tui, et per vos præfatum Sancti Tiberii monasterium ecclesiam Beati Petri de Beciano cum decimis et omnibus aliis, quæ ad eam pertinere noscuntur, libere et quiete de cœtero jure habeatis, et abbas et monachi Casæ-Dei tam præsentes quam futuri, ecclesiam Beati Martini de Valentiniacis, cum omnibus quæ ad eam pertinent, quæ utique juris erat monasterii Sancti Tiberii, concessione venerabilis viri R. episcopi et canonicorum Agathensium, et tua ac monachorum tuorum, deinceps libere et quiete omnino possideant. Per singulos autem annos, in solemnitate Pentecostes, XV solidos Melgoriensis monetæ de bonis ecclesiæ Beati Petri de Beciano vos et successores vestri abbati et monachis Casæ-Dei, et eorum successoribus persolvetis; ita tamen quod in eadem ecclesia de Beciano monasterium Casæ-Dei neque jus proprietatis, neque jus possessionis deinceps habeat, nec vos ipsam ecclesiam, vel quæ ad illam pertinent ejusdem monasterii nomine possideatis. Si qua vero, vel donatione aliquorum qui habitum religionis vel in vita, vel in morte, ut in monasterio Casæ-Dei sub eodem habitu vivere proponerent, susceperunt, ad ecclesiam de Beciano non pertinentia monachis Casæ-Dei collata sunt, vel emptionis titulo, aliqua quæ non sunt de jure Becianensis ecclesiæ, adepti fuerint, in posterum absque contradictione possideant. In fennagine quoque, quæ Viridarium dicitur, illam habeant tascham, quam emerunt a laicis, et vos terræ culturam. Porro illa quæ laici morientes, quorum corpora in ecclesia de Beciano vel in monasterio vestro sepulta sunt, ibidem pro animarum suarum salute reliquerunt, nihilominus habeatis. Hanc igitur concordiam inter vos, et abbatem et monachos Casæ-Dei, favente divina clementia, stabilitam, ex auctoritate S. R. E. et domini nostri papæ Innocentii confirmamus, et ratum perpetuis temporibus permanere decernimus. Acta sunt hæc apud sedem Uticensem, anno Incarnationis Domini MCXXXIX, ind. II, pontificatus domini Innocentii papæ II, an. x. † Ego Guido diaconus cardinalis Apostolicæ Sedis legatus sig. † Ego Guillelmus Arelatensis Ecclesiæ archiepiscopus Apostolicæ Sedis legatus sig. (1).

XXXVIII.

Aimeric, évêque des Arvernes, déclare que les démêlés qui existaient entre lui et Pierre, abbé de Cluny, au sujet de certaines églises, ont complétement cessé. Il expose que, l'abbé de Cluny et beaucoup de prieurs et moines de Cluny, s'étant rendus à Clermont, le jour de la fête de Saint-Mathieu, il leur a cédé, en présence du chapitre de Clermont, les églises qu'ils réclamaient et dont il fait l'énumération. Il autorise les moines de Cluny à acquérir de ceux qui les possèdent les dîmes des autres églises où ils n'avaient aucune possession.

1131.

GO Aymericus, Dei gratia Arvernorum episcopus, notum facio omnibus tam præsentibus quam futuris graves et diuturnas discordias, que inter me et abbatem Cluniacensem domnum Petrum, ac canonicos Claromontensis et monachos, propter quasdam ecclesias, olim fuerant, taliter Deo auxiliante extinctas fuisse. Nam, Claromonti, in festivitate beati Matthæi apostoli, tam nos, quam prædictus abbas Petrus et multi priorum et fratrum Cluniacensium convenientes, præsente et laudante toto capitulo nostro, omnes ecclesias illas vel partes ecclesiarum, de quibus adversus eos questi fueramus, eis perpetuo possidendas concessimus; quarum hæc sunt nomina: ecclesia S. Pardulphi; capella de Turre; ecclesia de Plausiaco; ecclesia de Vivairols, quæ ad Celsinanias pertinent; ecclesia de Arfolio quæ ad Castellum de Montibus pertinet; ecclesia de Oratorio; ecclesia Sancti Martini, quæ ad Sanctum Florum pertinent; ecclesia de Lastic quæ ad Voltam pertinet; ecclesia Sancti Boniti. Præterea ecclesias de quibus tam nos, quam canonici Claromontenses querebantur, videlicet illam de Charmes, illam de Godoniach, illam

(1) Mabillon, *Annales Benedictini*, t. vi, Appendix, p. 667.

de Sancto Desiderio, illam de Sancto Hilario, eis concessimus, ea conditione ut annuatim xxx solidos, sicut etiam ab antecessoribus nostris constitutum fuerat, quinque istæ ecclesiæ canonicis Claromontensibus persolvant. Illam quoque de Vethina, quam similiter canonici querebantur, eis concessimus. Concessimus etiam omnes illas ecclesias vel partes ecclesiarum de quibus ipsi adversum nos querebantur, vel se a nobis vel ab antecessoribus nostris spoliatos, nos quoque investitos causabantur, quarum hæc sunt nomina : ecclesia de Sendriaco; in ecclesia Sancti Johannis IIII solidi; in ecclesia de Barh quarta pars; item in ecclesia de Linirols quarta pars; medietas de ecclesia de Olonziaco, quæ omnia ad Silviniacum pertinent; in ecclesia vero de Continiaco et in ecclesia de Tresail, quas similiter Silviniacenses querebantur, quidquid juris ego vel canonici Claromontenses habebant, eis concessimus, querimoniis Trinorchiensium monachorum sive aliorum quorumlibet exceptis, ut si aliquid in his duabus se jure habere dixerint, præsentibus Silviniacensibus fratribus judicio nostro eorum querimoniæ diffiniantur. Ecclesiam insuper de Calidis-aquis, de qua prior Sancti Flori; ecclesiam de Peirucha; ecclesiam de Crolantia, de quibus prior de Volta; ecclesiam de Mauniaco, de qua prior de Langiaco; ecclesia de Montibus, ecclesia de Alta-Ripa, de quibus fratres Celsinienses querebantur, eis pari modo concessimus. Præter hoc autem ecclesiam Sancti Christophori et ecclesiam de Ysarpa, in quibus fratres Cluniacenses nihil unquam habuerant, neque aliquid requirebant, eis dedimus. Concessimus quoque indifferenter omnia illa de quibus, tempore Claromontensis Concilii, quod per domnum papam Urbanum secundum celebratum est, investiti erant. Confirmavimus insuper omnia illa, quæ dono vel concessione nostræ vel antecessorum nostrorum aliquando acquisierunt. Super hæc autem omnes illas ecclesias, vel partes ecclesiarum, seu omnia ecclesiastica quolibet modo acquisita, de quibus, die vel anno quo hæc concordia facta est, jam dicti fratres Cluniacenses investiti erant, ut in perpetua pace possideant concessimus, laudavimus, et confirmavimus. Adjecimus etiam ut ecclesiarum in quibus se partem aliquam habuisse aut habere, vel dono, aut concessione Claromontensium episcoporum, aut investitione supradicti Claromontensis concilii, probare potuerint, reliquas partes ipsarum ecclesiarum vel ecclesiasticarum rerum libere ab illis quorum fuerint acquirere, et canonice justeque possidere etiam absque episcopi tunc concessione possint. Ne enim deinceps in petenda ab aliquo subsequentium episcoporum hujusce rei concessione fatigari debeant, nos benigne eorum paci providentes, hoc nunc eis concessimus. Illarum vero ecclesiarum partes quas se habuisse vel habere nec concessione alicujus Claromontensis episcopi, nec investitione jam dicti concilii Claromontensis probare potuerint, habeant quidem et possideant in die vel anno quo hæc concordia inter nos et ipsos facta est, quolibet modo investiti erant: reliquas tamen partes, etiamsi illorum, quorum fuerint, dono acquirere potuerint, sine episcopi Claromontensis concessione suscipere non præsumant. Aliarum sane ecclesiarum, in quibus penitus nihil habent, decimas, exceptis feudis presbyteralibus, ab illis quorum fuerint, absque episcopi concessione, acquirere eis licebit. Hæc omnia nos eis, ipsi autem nobis ecclesiam de Sancto Lupo cum omnibus ad eam pertinentibus dederunt. Acta sunt hoc anno Incarnationis dominicæ M. C. XXX. I. anno secundo pontificatus domini papæ Innocentii II, regnante, rege Francorum Lodovico, in die festivitatis Sancti Matthæi apostoli, me et omnibus canonicis Claromontensibus; prædictoque domno Petro abbate Cluniacensi et multis fratrum Cluniacensium præsentibus et laudantibus, quorum quosdam hic subnotamus. De canonicis; præpositus Claromontensis Petrus de Chamalere, decanus Petrus Guidonis, Hildinus, decanus de Portu, Rotgerius, abbas Sancti Genesii, Petrus Fulcherii archidiaconus, Guillelmus archidiaconus, Rodulphus Claromontensis archipresbyter, Giraldus de Plantatis, Willelmus archipresbyter. De monachis autem; domnus Adalelmus, prior Cluniacensis, Humbertus, prior Celsiniensis, Stephanus, prior Sancti Flori, Hildinus, prior de Volta, Eustachius, prior de Rivis, Petrus, prior de Amberta, Petrus, prior de Boort, Hugo, prior de Nigro-Stabulo. In omnibus vero supradictis ecclesiis sinodos et paratas episcopales nobis et successoribus nostris retinemus, et in ecclesia de Bath sol. et in illa de Ferreriis decem.

XXXIX.

Richard, évêque d'Albano et légat du Saint-Siége à Aimeric, évêque d'Auvergne, à tous les clercs, moines et laïques d'Auvergne. Sur la demande d'Eustache, prieur de Sauxillanges, il s'engage à protéger par les armes spirituelles les lieux dépendant de ce monastère, et qui avaient le plus à souffrir du brigandage des pillards. Il arrête que ceux qui y commettront des larcins ou des violences seront exclus de la communion chrétienne, jusqu'à ce qu'ils se repentent. Il charge l'évêque de Clermont de veiller à ce qu'on observe son ordonnance.

1142?

ICARDUS, Dei gratia Albanus episcopus et Apostolicæ Sedis servus atque legatus, H. (1), dilecto fratri, Arvernensi episcopo, omnibus clericis, monachis, laicis in Arvernia constitutis salutem. Christianæ maximæque pontificalis est bonitatis et digne postulata concedere et nonnunquam etiam nec postulata tribuere. Filius itaque fraterque noster Eustachius, Celsiniacensis prior, latronum, prædonum frequentissimos passus incursus, nobis humiliter supplicavit ut, qui armis corporalibus defendi merito recusabatur, eum ejusque monasterium locaque adjacentia munimentis non immerito spiritualibus tueremur. Designatis igitur a prædicto fratre nostro et filio locis infra quorum terminum spiritualia fueramus fixuri contra diabolicæ expeditionis exercitum armamenta, scilicet, Carafraita, Cumroth, Ventrone, Arbore de Bonaldo, potestaria Monte Benedicti, Rocca savina, taliter monasterii res infra hos locos positas in virtute Sancti Spiritus et apostolorum principum Petri et Pauli dominique Paschalis secundi papæ et nostra qui tunc vices in Galliis apostolicas gerebamus, auctoritate munivimus. Decrevimus siquidem ut, quicumque vi vel furto aliquid infra suprascriptos terminos injuste abstulerit, nisi cognoscens hanc sanctionis nostræ paginam infra competentem terminum emendaverit, sit alienus a totius christianæ communionis consortio, donec compulsus aliquando resipiscat. Si autem in hac eum duritia mors invenerit, nec inde pænitere voluerit, nec corpus Domini, nec sepulturam nec quidquam ad christianæ pietatis pertinens officium sic mortuus abeat. Tu igitur, frater carissime, H., Claromontensis episcope,

(1) Il s'agit d'Aimeric, évêque de Clermont.

hæc nostra pro religione statuta robuste custodias, cunctosque tuo episcopatui subditos facias custodire, ut de commisso beneque expenso talento lucrum a communi Domino merearis; quod sive tu sive successorum seu subjectorum tuorum aliquis hæc nostra edicta neglexerit, gladio sancti Spiritus et Apostolicæ Sedis, nisi correxerit, confodiatur (1).

XL.

Raimond, abbé de Chanteuges, expose que, voyant le monastère de Chanteuges devenu un odieux repaire, il s'était rendu, trois jours avant la fête de Saint-Robert, à la Chaise-Dieu, qu'il avait remis son bâton abbatial entre les mains d'Aimeric, évêque de Clermont, et qu'il avait livré Chanteuges à la Chaise-Dieu, pour qu'on y établît un prieuré. Il assure que cette donation a été confirmée par Albéric, primat d'Aquitaine, par Aimeric, évêque de Clermont, et par les chanoines de Brioude.

1137.

N nomine Patris et Filii et Spiritus Sancti, ego Raimundus, quondam Cantojolensis abbas, videns temporibus meis Cantojolense monasterium ad tantam destructionem pervenisse, ut, spoliato sanctuario et castellificata ecclesia, nullus ibi serviens Deo reperiretur, sed receptaculum esset prædonum et homicidarum, in capitulum Casæ-Dei, tertia die prius festum beati Roberti veni, et curam et administrationem Cantajolensis abbatiæ in manu A., Claromontensis episcopi, cum virga deposui, et Casæ-Dei in prioratum perpetuo possidendum firma fide, bona voluntate, consensu etiam et concessione Cantojolensium fratrum attribui, ut per fratres Casæ-Dei locus ille restitueretur et servitium Dei redintegraretur. Hoc donum Albericus, primas Aquitaniæ, laudavit et confirmavit. Hoc A., Claromontensis episcopus, in capitulo Claromontensi, me volente et expetente, cum consensu omnium canonicorum fecit et confirmavit. Hoc donum Brivatenses canonici, me præsente et expetente,

(1) *Cartulaire de Sauxillanges*, ch. 473.

pari consensu fecerunt et confirmaverunt. Hoc ego R., in præsentia episcoporum et abbatum et totius capituli Casæ-Dei feci, concessi et confirmavi, et munimine sigilli cartam hanc corroboravi, anno ab Incarnatione Domini M. C. XXXVII, rege Francorum Ludovico, Romanæ Ecclesiæ papa Innocentio II. † Et hoc etiam signum crucis propria manu subscripsi (1).

XLI.

Pierre le Vénérable à Eugène III. Il rappelle que le pape avait écrit à l'archevêque d'Arles et à l'évêque de Viviers pour leur confier le soin d'examiner le litige qui existait entre l'évêque de Nîmes et l'abbé de la Chaise-Dieu, au sujet du monastère de Saint-Baudile. Il fait observer que ces arbitres sont suspects. L'archevêque d'Arles est né dans le diocèse de Nîmes, il a été élevé dans cette église, il y a été chanoine, et, depuis son élévation à l'archevêché d'Arles, il n'a cessé d'en soutenir les intérêts. L'évêque de Viviers est ami et parent de l'évêque de Nîmes. Ils ont dépassé le but de leur mandat, en choisissant pour lieu de réunion le territoire où l'évêque de Nîmes peut user de toute influence, et pour époque, celle des moissons, alors que l'administration temporelle du monastère réclamait le plus la présence de l'abbé de la Chaise-Dieu. Néanmoins, celui-ci s'est rendu au jour fixé. Mais, voyant qu'on ne tenait aucun compte de ses justes observations, il s'est adressé à celui qui tient la place de Pierre et qui rend justice à ceux qui souffrent. Il espère que le pape examinera lui-même l'affaire, et qu'il donnera l'église de Saint-Baudile à l'abbaye de la Chaise-Dieu qui l'a tirée de la détresse et l'a rendue florissante.

1148.

UANDO paternitati vestræ scribo, quia aures vestras toti mundo expositas novi, juxta quod materies assumpta permittit, prolixitatem vitare soleo. Quod si modo hoc non potuero, precor ne paterna pietas id ægre

---

(1) *Gallia Christiana*, t. II. Instrumenta Ecclesiæ Claromontensis, col. 82.

ferat. Scripsit sublimitas vestra archiepiscopo Arelatensi, et episcopo Vivariensi ut litem, quæ pro monasterio Sancti Baudilii, inter Nemausensem episcopum et Casæ-Dei abbatem surrexerat, loco congruo et die utraque parte advocata, diligenter audirent, et præter diffinitivam sententiam, quam vobis reservari mandastis, cuncta sollicite examinarent, et examinata ad vos nuntio vel litteris referrent. Sed quia, Pater, nequaquam omnia, maxime illa quæ remotiora sunt, nisi ab his, quibus ea nota sunt, certificemini, scire potestis, notum facio quod a multis religiosis sapientibus et fide dignis clericis et monachis pro certo comperi, adeo alteri parti hos suspectos esse examinatores, ut pene idem sit hoc imponi Arelatensi, quod esset, si imponeretur, episcopo Nemausensi. Et ut me vel ipsos verum dicere sapientia vestra cognoscat, noverit Arelatensem natum in diœcesi Nemausensi, oblatum a patre dum puer esset, Ecclesiæ Nemausensi, nutritum a puero usque ad juvenilem ætatem in Ecclesia Nemausensi, canonicum fuisse Ecclesiæ Nemausensis, et postquam episcopus Agathensis factus est, et postquam in Arelatensem archiepiscopum promotus est, semper defendisse negotia Ecclesiæ Nemausensis, semper contra adversarios pugnasse Ecclesiæ Nemausensis. De Vivariensi vero quid dicam? Licet quantum ad propositum religionis spectat, Cluniacensis monachus sit, et causa Dei ac nostri in Casæ-Dei justitia claudicare non debuerit, videtur tamen mihi, videtur et omnibus qui rem sciunt, et hoc attendunt, quod quantum ad hanc causam pertinet, magis in eo præponderat affectus carnalis, quam ille qui eum magis nobis ac nostris conciliare debuerat, spiritualis. Fuit enim diu Nemausensibus, et ante, et nunc loco proximus, et nunc, et adhuc familiaritate, affinitate, et ipsi Nemausensi episcopo etiam consanguinitate conjunctus. His additur quod hanc de se opinionem, hoc est quod vel judices, vel examinatores hujus causæ suspecti sint, ipsi propria confessione non oris, sed quod majus est, operis nuper testati sunt. Nam cum discretio justitiæ vestræ caute præceperit, ut congruo loco et tempore, utramque partem ante præsentiam suam evocarent, ipsi non ex parte, sed ex toto fines apostolici mandati transgressi sunt, cum non solum de vestro, quod summun est, sed etiam de quolibet rationabili mandato, lex vestra Romana et authentica dicat, quod mandatarius non debet excedere fines mandati. Ex toto plane mandatum apostolicum transgressi sunt, quia non congruum tempus, et incongruum locum, vel congruum locum, et incongruum tempus, sed utrumque pariter, hoc est, et locum et tempus, non dico tantum incongruum, sed, si dici posset, incongruissimum, abbati et monachis præfixerunt : locum, quia in urbe, in ecclesia, in ipsa domo adversarii, sub potestate, sub armis, sub minis, sub terroribus amicorum, affinium, consanguineorum ipsius, causam tractari decreverunt; tempus, quia occupatiore totius anni tempore, quando metendis, colligendis, vel congregandis novis frugibus, omnis paterfamilias, maxime hi qui pauperiores sunt, occupantur. De quorum numero, licet magni nominis sit, ex plurima parte abbas Casæ-Dei excipi non potest. Hoc, inquam, tale tempus ad examinandum tantæ rei negotium, examinatores seu judices justissimi elegerunt. Mandato tamen vestro, sicut in omnibus semper facere paratus est, abbas obediens, tam incongruo tempore ad tam incongruum locum, non ut voluit, sed ut potuit, venit. Nam nullum legis peritum, nullum advocatum, nisi pene prorsus inutilem, de partibus illis provinciæ, timore supradictorum hostium vel prece, vel pretio habere prævalens, cum paucis in Burgundia emendicatis patronis, diei constitutæ interfuit; et, licet sub hostibus agens, mandato tamen vestro in omnibus paruit. Questus est coram jam dictis de loco, questus est de tempore, rationem cur quereretur proposuit, sed nihil conquerendo profecit. Data est ei ad agendum altera, nec minus iniqua dies, præfixus est ei, et idem, de quo toties questus fuerat, locus. Unde quia se videt, non jam latenter, sed aperte gravari, ad justitiæ sedem recurrit, ad patrem ab hostibus fugit, apud vos qui Petri, imo qui illius vices in terris geritis, qui facit judicium injuriam patientibus, querelam tantam deponit. Orat ipse, precatur et universa Casæ-Dei, sicut ipse nostis, non contemnenda congregatio : precor, et ego de sæpe experta majestatis vestræ confidens gratia, ut examinatores hos, vel judices tam aperte, tam sine nube suspectos, ab hac causa removeatis, et vobis si placet, eam examinandam ac terminandam assumatis. Licet enim sit iter a partibus nostris ad vos usque longinquius, licet sit laboriosius, licet morbis Italicis peremptorium, nihil tamen fratres illos gravare poterit, si unde certi sunt, rem de qua agitur, aut jure retinuerint, aut jure amiserint. Sperant tamen, et valde præsumunt monasterium, quod tam diutina, tamque quieta possessione, ut dicunt, possederunt, quod de paupere, quod de vili, quod de irreligiosa ecclesiola, comparatione præcedentis egestatis, in divitem, in nobilem, in religiosam ecclesiam, imo (quod majus est), monasterium, multis laboribus, multis expensis, provexerunt: sperant, inquam, et confidunt, quod justitiæ vestræ judicio repulsis adversariorum calumniis, sempiterne eis possidendum concedatur (1).

XLII.

Pierre-le-Vénérable à Eugène III. Il lui recommande Jordan, son frère, qui se rendait à Rome, et le prie de le recevoir avec la plus grande bienveillance.

1148.

Ræsumens de pietate paterna, soleo vos sæpe, Pater, rogare pro aliis; sed nunc pro illo, qui mihi præ cunctis aliis cordi est, velut pro me altero, majestati apostolicæ supplico. Est autem hic dominus Jordanus, Casæ-Dei abbas. Commendarem eum securius apud vos, quia commendabilis est, nisi notari timerem, quia frater est. Hoc tamen breviter et veraciter dico non eum egere commendatione mea apud vos, si mores ejus, si scientiam ejus, si famam ejus, vestra sapientia agnosceret, sicut agnoscimus nos. Adit præsentiam vestram, nullo, ut ab ipso accepi, negotio tractus, nisi sola causa videndi et visitandi vos. Suscipiat eum benigne, si placet, benignitas vestra, mihi non semel, tantum experta; suscipiat et ego in ipso, si quem apud vos, quod non diffido, locum gratiæ habeo. Deleatur, si placet, si quid unquam nubilum fuit adversus eum in mente vestra; et redeat ad eum illa pro qua sola usque ad vos peregrinatur, gratia vestra. Quia pro ipso paucis supplico, credo quod non miramini. Caro enim et frater noster est (2).

---

(1) Petrus Venerabilis, *Epistolæ*, lib. v, ep. 122. *Patrologie*, édit. Migne, t. CLXXXIX, pp. 586-588.

(2) Bibliothèque nationale, ms. latin, *Miscellanea monastica*, fol. 409. — Petrus Venerabilis, *Epistolæ*, lib. vi, ep. xi. *Patrologie*, édit. Migne, t. CLXXXIX, p. 411.

XLIII.

Pierre-le-Vénérable à Eugène III. Il s'excuse de n'avoir pas aussitôt répondu à la lettre par laquelle il le chargeait d'ordonner à l'évêque de Clermont de rendre la liberté à un soldat qu'il détenait captif depuis deux ans, et de régler le différend qu'avaient certains nobles au sujet du château d'Auzon. Les clercs, au lieu de lui remettre sa lettre, l'avaient remise à l'évêque de Clermont, et il n'en avait pas eu connaissance. L'abbé de Cluny expose ensuite que l'Auvergne était autrefois un puissant royaume, et que de la domination des rois et des comtes elle avait passé sous le gouvernement de l'Eglise. Il raconte que, depuis vingt ans, sa situation est lamentable. L'évêque ne remplit presque aucun de ses devoirs de pontife; l'anarchie et la discorde règnent partout : on trafique de la justice ecclésiastique : les loups ravagent impunément le bercail : les laïques se livrent à la fureur des discordes, et les clercs ne reçoivent ni conseil ni secours. Pierre-le-Vénérable ajoute qu'il passe sous silence des faits plus graves qui arriveront sans doute à la connaissance du pape. Il recommande à Eugène III le clerc qui doit lui remettre sa lettre, et le prie de s'intéresser à son affaire.

1143-1151.

uoniam apostolica mandata negligenter suscipere vel exsequi pene crimen judico, idcirco de quibusdam jam altero ut comperi anno, mihi a paternitate vestra scriptis, et injunctis, quia necdum ea exsecutus sum, me hac epistola apud patrem excusare suscepi. Nec miretur sapientia vestra, tamdiu me vobis inde scribere distulisse, quia pene simul et rei cognitionem accepi, et stylum ad scribendum aptavi. Quam si prius agnoscere licuisset, quod nunc facere cœpit manus, exsequi non distulisset. Scripsit ante annum reverentia vestra domno Lemovicensi episcopo, et mihi, ut in exemplari litterarum apostolicarum a quibusdam Brivatensibus clericis mihi oblato legi, quatenus Claromontensem episcopum, cum

socio jam dicto, die locoque congruo evocatum convenirem, et ut militem quemdam, quem pene per biennium captum tenuerat, redderet, præciperem, et quæstionem, quæ de castello Alsone inter quosdam nobiles versabatur, vestra fultus auctoritate terminarem. Addita sunt quædam alia de episcopo, quæ nobis audienda, non diffinienda commissa sunt. Litteras illas clerici ab urbe detulerunt nec mihi, sed eidem Claromontensi episcopo reddiderunt. Ut autem ipsi mihi testati sunt, hoc ea necessitate fecerunt, quia captivum suum, qui frater unius ex ipsis erat, aliter ab episcopo recipere nequiverunt. Qui statim ut eas habuit, nobis usque ad hanc diem invisibiles fecit. Ea causa est, qua a me apostolica præcepta impleta non sunt. Non enim accepta implere neglexi, sed non accepta implere non potui. Idem, et de Lemovicensi episcopo non quidem scio, sed scire me æstimo. Quem ergo hæc culpa rescipiat qua clarum est, dicere meum non est. Dicam tamen sequentia, quæ idcirco tacenda non sunt, quia non uni, duobus, aut tribus, sed multis populis noxia sunt. Arverniam olim tam spatio terrarum, quam multitudine populorum, teste Cæsare et quibusdam aliis historicis, regnum juxta regnorum antiquorum quantitatem fuisse, multis, etsi non omnibus, notum est. Hujus tota pene cura deficientibus regibus, comitibus, magis Christianum populum infestantibus quam defendentibus, ad justum et lene regimen Ecclesiæ, jam a longo tempore conversa est. Huic soli, deficientibus, ut dixi, principibus vel infestis, hucusque innixa est, sub hac se tutam ac securam mansisse gavisa est. Episcopi enim, qui ante istum terræ illi jure ecclesiastico principati sunt, et quod suum erat juxta sibi datam gratiam impleverunt, et quod regum vel principum fuerat in defendendo Ecclesiam, juxta quod licuit, suppleverunt. At nunc, per viginti fere annos, populus ille Dei tantus, tam numerosus, juxta Scripturæ sanctæ verbum de Judæis olim dictum, mansit sine rege, sine principe, et (quod solum ei supererat) sine lege (quod pejus est), et sacerdote. Quomodo enim sacerdos dici potest qui, exceptis sacramentis pontificalibus, de pontificis officio, ex quo episcopari cœpit, pene nihil implevit? Ubi enim ejus erga gregem commissum vigil custodia? Ubi pastoralis sollicitudo? Ubi pereuntium et quotidie ad inferos sub ejus conspectu descendentium miseratio? Impugnat assidue alter alterum, acuunt pene universi in mutuam cædem gladios, conspirat frater in fratris interitum; castrorum Domini, inferioris nominis milites, burgenses, rustici populi, laicorum omne genus de illo clamant quod propheta Dei olim pessimo regi Israel locutus est : « Vidi universum Israel dispersum in montibus, quasi oves non habentes pastorem. » Si ab eo de malefactoribus justitia ecclesiastica exigitur, aut negatur, aut venditur. Sed hoc primo tempore. Jam enim non negatur, quia nec quæritur. Tanta mutari posse in hominem melius, subditis desperatio facta est, ut cum innumeris ærumnis universi laborent, totaque diœcesis ejus malis infinitis exuberet, non sit jam fere qui de tantorum hominum numero ejus curiam adeat, suas apud eum querelas deponat, consilium quærat, judicium vel justitiam exigat: quorum omnium nihil penes ipsum invenire se posse non dubitat. Manet otiosus inter negotia infinita, vidensque non lupum tantum, sed lupos innumeros in sibi commissas oves irruentes, fugit, ut magnus Gregorius ait, non mutando locum, sed subtrahendo solatium. Fugit, et eo fugiente lupi rapiunt, et dispergunt oves. Sed fortassis laicos negligit, et ut remotiores ab ordine vel proposito suo contemnit. Fortasse illis contentis monachorum vel clericorum curam, quibus professione propinquior est, sibi assumpsit. Sed, o utinam quantum ad ipsum clerici vel monachi laicis pares essent! Sed prorsus non sunt. Nam cum effectum auxilium universis æqualiter neget, affectum tamen, quantum ex his quæ in eo videntur aut ab eo audiuntur, longe majorem laicis quam clericis aut monachis exhibet. Redeunt illi ab eo contenti ad seipsos, et quia gladium spiritus, quod est verbum Dei, in ipso alligatum cernunt, convertuntur ad gladios proprios; et quod ille sermone pacare posset, hi multo effuso sanguine pacare non possunt. Habent tamen aliquid consilii, quando, ut dixi, deserti a suo episcopo seipsos vi armata ipsi tuentur. Sed quid clericis consilii? Quid monachis remedii? Carent vere sub tali episcopo, non tantum divino, sed et humano auxilio: divino, quia spirituali gladio non defenduntur; humano, quia sæcularis gladius, quo ipsi uti non possunt, eos defendere nequit, nec quisquam principum eum ad ipsos defensandos sibi assumit. Mutata est jam ex parte a longo tempore, sed nunc nostris diebus ex toto, apostolica sententia, quam de rege vel principe Paulus profert: « Non enim sine causa gladium portat » (Rom. XIII). Quid ergo faciet clericalis vel monasticus ordo, maxime in terra illa, quantum ad hoc misera, ubi nec ecclesiastica censura protegitur, nec sæculari gladio defensatur? Taceo graviora, taceo peremptoria, quæ a multis, ut mihi videtur, fide dignis ante multos annos audio, et frequenter a referentibus audire non cesso. Quorum quia testis esse nequeo, relator esse nolo. Audiet, ut credo, illa suo tempore vestra sublimitas, ab illis qui ea nobis referunt, et qui coram vobis testificari poterunt. De cætero, si placet, excellentiæ vestræ præsentium latorem commendamus, clericum nobilem, et in quantum scire possumus, honestum. Habet enim causam adversus eumdem episcopum. Quæ si justa fuerit, licet non sit necessaria deprecatio nostra, rogamus tamen ut ei subveniat clementia vestra (1).

XLIV.

Charte pour le monastère de Sauxillanges. Il y est exposé que Guillaume, comptour de Nonette, avait établi de mauvaises coutumes à Saint-Etienne, terre dépendant du prieuré de Sauxillanges, et que, sur la plainte d'Armand, prieur, le Saint-Siége avait porté contre Guillaume une sentence d'anathême. On ajoute que Guillaume avait reconnu sa faute, et qu'afin de faire lever l'excommunication dont il avait été frappé, il avait renoncé aux injustices qu'il avait commises, en plein chapitre de Sauxillanges, en présence de Pons, abbé de Vezelay, d'Armand, prieur, et de tous ses moines.

1145-1150 ?

RÆSENTIUM ac futurorum memoriæ tradimus quod Willelmus, Nonetensis comptor, in terram Sancti Stephani, quæ juris beati Petri Celsiniensis esse dignoscitur, malas consuetudines, talliam videlicet nominatim in hominibus ibi habitantibus faciens sibi usurpaverat et pro duos annos injuste portaverat; constat ergo hac de causa domnum Armannum, priorem, conquestum fuisse et ab Apostolica Sede de ipso Willelmo, et ejus terram, pro injuria ecclesiæ sibi

(1) Petrus Venerabilis, *Epistolæ*, Lib. VI, Ep. XXV. *Patrologie*, édition Migne, t. CLXXXIX, pp. 431-433.

commissæ illata, anathematis sententiam accepisse. Tandem vero ipse Willelmus, advocatus de hac re ab episcopo suo Aimerico, reatum suum cognoscens et tantam excommunicationis sententiam pati indignum esse considerans, talliam proprie et alias pravas consuetudines quas injuste querebat, per manum domini Pontii, abbatis Vizeliacensis, in capitulo Celsiniacensi, astante ipso Pontio, abbate Vizeliacensi, et Armanno totoque conventu et etiam Amblardo, milite, fratre ipsius Willelmi qui hanc controversiam pacificare studebat, in præsenti et in futuro guerpivit ac dereliquit; et, ut hæc guerpitio firmius teneretur, sancti Evangelii librum de manu domini Pontii, abbatis, accepit et in manu ipsius in perpetuum dereliquit. Testes hujus rei, monachi; domnus abbas Pontius Vizeliacensis; Armannus, prior; Petrus decanus; Willelmus eleemosinarius; Hugo, prior de Cancion; Stephanus sacrista; Bertrannus cellerarius; Bonuspar cantor : Laici; Amblardus, frater Willelmi comptoris; Stephanus de La Rocha; Hugo vicarius; Hugo Arbertus; Petrus Durannus; Petrus Maiolus; Petrus Arguinus; Nicolaus capellanus hujus villæ et alii plurimi (1).

XLV.

Guillaume, comte d'Auvergne, déclare qu'après avoir conclu la paix avec l'abbé de Cluny et ses moines, il a donné au monastère de Mozat, contre lequel il avait commis des injustices, la moitié des leydes qu'il possédait dans la ville de Riom. Il s'engage à ne causer aucun tort à cette abbaye, et à protéger non seulement Mozat et ses habitants, mais encore les étrangers qui traverseraient cette terre. Il autorise l'abbé à faire une disposition libre et entière des biens qui appartiennent à l'abbaye, et déclare vouloir rendre et faire rendre tous les biens de ce monastère qui seraient encore occupés par lui ou par ses hommes.

1147.

(1) *Cartulaire de Sauxillanges*, ch. 949.

uæ pro salute geruntur maxime litteris tradere, ne tractu temporis ab hominum cadant memoria, prudentium assuevit distractio. Notum sit itaque, quod ego Willelmus, Arvernorum comes, reformando pacem cum domino Petro, Cluniacensi abbate, et ejus fratribus, pro injuriis quas Mauziacensi monasterio injuriose intuli, medietatem omnium leydarum, quæ in villa Riomensi quoquo tempore acceptæ fuerint, libere prædicto monasterico Mauziacensi et ejus habitatoribus dono et in perpetuum possidere concedo. Verumtamen, si quis prædictis habitatoribus, pro hac medietate leydarum controversiam moverit, ego idem Willelmus, querentibus satisfaciendo, monachos Mauziacenses in pace obtinere faciam..... Si quando, quod absit, ego, vel qui sub potestate mea sit, aliquam injuriam fecero, vel quis fecerit, si abbas Mauziacensis, vel aliquis nomine ejus me emendare monuerit, infra quadraginta dies post admonitionem, eis satisfacere propria manu juro. Ad eamdem quidem pacem reformandam necessario accessit, ut ego et abbas Mauziacensis, nomine Eustachius, quos meliores ejusdem villæ cognovimus astringi præcepimus sacramento, ut consuetudines, quas pacifice pater meus in villa Mauziacensi obtinuerat concorditer dicerent, quibus essem contentus. Quod et ita factum est. Pro quibus consuetudinibus villam et villæ habitatores, sed et extraneos euntes et redeuntes, et res eorum in eadem villa depositas fideliter defendere curabo. Forum Mauziacense, sicuti forum Riomense fideliter defendam. Liberos etiam homines, qui ex villa abbatis ad meas transierunt libere redire permittam. Terras quæ ad jus Mauziacense pertinent quas possidebant, si qui forte reddere noluerint, abbas, quibus voluerit et quomodo voluerit, ordinet et disponat. Consuetudinarii vero ad propria revertantur, excepto uno, qui remanebit, prout statutum est.

Si quas insuper terras ego, vel mei, ad jus beati Austremonii pertinentes occupavimus, ego dimitto et meos dimittere faciam. Si quis vero justitiam pro aliquibus nostris facere noluerit, ad exigendum jus abbati non deero.

Hanc litis transactionem et pacem feci in capitulo Cluniacensi ego Willelmus comes, cum Petro abbate ejusdem monasterii, et cum Eustachio, abbate Mauziacensi..... Hanc etiam chartam tenorem hujus pacis continentem in æternum valituram proprio sigillo muniri præcipio, et ut episcopus et capitulum Claromontense, sed et domnus papa idem faciant, rogo et exopto (1).

XLVI.

Le prieur et les moines de Saint-Pourçain à Louis VII. Ils rappellent qu'ils étaient allés le trouver avec les bourgeois de Saint-Pourçain et qu'il avait recommandé à ces derniers d'assister l'église de Saint-Pourçain dans l'état de détresse où ses dettes l'avaient réduite. Bien qu'ils eussent promis de le faire, ils ont agi contre eux, auprès d'Alexandre III, et ils leur ont fait enlever le droit de sépulture qu'ils tenaient de la munificence royale. Ils supplient le roi d'arrêter le cours de ces manœuvres et de protéger leurs intérêts.

1162.

Ludovico, Dei gratia Francorum regi, domino suo, R., (2) prior et totus Sancti Portiani conventus, salutem et orationum instantiam. Nostis, humanissime domine, quod, exigentibus ecclesiæ nostræ malis, in præsentia vestra nuper venimus, et diem statutam relevationis nostræ, quæ fuerat prolongata pro domino papa qui venerat in partibus nostris, iterum per manum illorum quibus antea præcepistis reconciliari jussistis. Adfuerunt simul et burgenses nostri, quibus rogando dixistis, ut ecclesiæ vestræ, quæ cum periculo ipsorum ære alieno obligata tenetur, infra diem statutam specialius subvenirent. Illi vero et velle mandatum vestrum exequi, et nostræ insistere utilitati responderunt; quod ante in capitulo nostro prædixerant astantibus universis. Non sic impii, non ita egerunt, sed in conspectu domini papæ locuti sunt adversum (nos) lingua dolosa; et optimates curiæ illius miris ac variis donis remunerantes, sepulturas villæ nostræ, speciale videlicet largitatis vestræ et antecessorum vestrorum donum, quod obtinuit ex die qua fun-

(1) *Histoire de l'Abbaye royale de Mozat*, pp. 248-249.
(2) On ne trouve dans la série des prieurs, telle qu'elle est donnée par le *Gallia Christiana*, aucun prieur auquel puisse convenir la lettre R.

data fuit ecclesia nostra, nobis contradicere et prohibere fecerunt. Suppliciter igitur imploramus pietatem vestram, ut superbiam perfidorum istorum, qui contra regiam dignitatem et nostram parvitatem egerunt, more solito ita comprimatis, quatenus eos qui extra se exierunt, intra se reverti faciatis, et quod in contumelia vestri et diminutione nostri fecerunt, ad honorem et utilitatem vestram et nostram convertatur (1).

XLVII.

Pierre de La Châtre, archevêque de Bourges, et Bernard, évêque de Nevers, à Louis VII. Ils informent le roi qu'ils ont amené les bourgeois de Saint-Pourçain à prêter aux moines et sans intérêt une somme de 500 livres, à condition qu'ils percevraient des revenus sur certaines terres dont ils font l'énumération, jusqu'à ce qu'ils aient recouvré la somme prêtée. Ils l'entretiennent d'autres mesures qu'ils ont prises. Ils l'engagent à garantir par des lettres royales les revenus assignés aux bourgeois, et à en faire confirmer la perception par l'évêque de Clermont et par l'abbé de Tournus. Ils lui proposent d'enjoindre à l'abbé de Tournus de se rendre à Saint-Pourçain, ou d'y envoyer des messagers, afin qu'il soit pourvu au changement du prieur et de plusieurs moines qu'ils désignent.

1162.

xcellentissimo domino Ludovico, Dei gratia magnifico et pacifico Francorum regi, Petrus Bituricensis ecclesiæ humilis minister, et Bernardus, Nivernensis episcopus, salutem et veræ humilitatis obsequium. Regiæ celsitudinis mandatum sequentes, sæpius laboravimus pro negotio ecclesiæ Sancti Portiani; et tandem non sine labore ac tædio effecimus, quod burgenses quingentas libras sine usuris accommodabunt ecclesiæ ad persolvendum illud debitum quod debetur ad usuras. Monachi vero de proprio suo, cum adjutorio

---

(1) *Rerum Gallicarum et Francicarum Scriptores*, t. xvi, p. 35.

servientium suorum, reddent ducentas quinquaginta libras. Siquidem burgenses habebunt quosdam redditus illius ecclesiæ sibi assignatos, quos recipient pro accommodata pecunia, computantes in sortem quidquid emolumenti exinde proveniet, quousque rem suam cum integritate perceperint. Loca vero quorum redditus percipere debent, propriis vocabulis duximus exprimenda: Lochee cum appenditiis suis, Montaurum, Soistias, Martillac, Boec, et quidquid Sanctus Portianus in locis istis habet; clausum quoque qui est juxta domum Bernardi Magnificat, et pratum de Liurac. Nos autem ad burgensium postulationem, monachis concedentibus, sibi de rebus istis vestram debemus impetrare confirmationem. De septingentis quinquaginta libris, quas prænotavimus, persolvendis, securitates accepimus ab utraque parte, a monachis scilicet et servientibus suis et a burgensibus. Sed quia non poterant in præsentiarum persolvi, diem ad persolvendum competentem dedimus utrique parti, secunda feria post festum Decollationis B. Joannis Baptistæ; et tunc dominus Archimbaudus de Borbonio ex consilio nostro apud Sanctum Portianum disposuit adesse; et si aliqui eorum a promisso declinaverint, ex parte vestra eos compellere debet ad perficiendum quod promiserunt. Cum vestræ placeat sublimitati, necesse est aliquem de servientibus vestris interesse, qui burgenses, si qui forte rebelles exsiterint, promissionem suam observare compellat: et hoc optant et petunt ipsi burgenses. De ecclesia vestra interius ordinanda, visum est nobis quod modo fieri competenter non possit, donec promissa pecunia persoluta sit: ideoque ad ipsam ordinandam assignavimus alteram diem, scilicet in octavis B. Mariæ, mense septembri. Decet ergo magnificentiam vestram, ut redditus illos qui burgensibus pro accommodata pecunia sunt assignati, ipsis per litteras vestras, sicut nos promisimus, confirmetis, et ab episcopo Claromontensi (1) et abbate Trinorciensi (2) confirmari faciatis, et in manu accipiatis, ne inferatur eis injuria super redditibus istis; et nos eamdem faciemus confirmationem. Necesse est etiam ut interim abbati Trinorciensi mandetis, quatenus die illa quam pro ordinanda ecclesia statuimus, vel ipse veniat apud Sanctum Portianum, vel cum nuntio vestro tales nuntios mittere non postponat, per

(1) Etienne.
(2) Liebald.

quos monachos illos quorum nomina subscripta sunt, ab ecclesia illa removeat et ad monasterium suum reducat. In primis igitur removeat ipsum priorem, et alterum substituat idoneum et honestum. Removeat etiam Humbaudum, monachum, Barrerium, Godetum, et nepotem suum Gannatum, Franconem, Willelmum Bechet, Chambonium, Stephanum de Monte-Rotundo, Petrum de la Foleria, Bernardum de Capellis et Bonetum *Aparcet*. Quibus in ecclesia Sancti Portiani morantibus, eidem ecclesiæ, sicut audivimus, poterit nullatenus provideri, tum quia inutiles sunt, imo perniciosi; tum quia redditus, quos modo percipiunt, tanto conventui non sufficiunt: viginti namque et septem sunt. Nobis autem videtur quod de remotione prioris et monachorum secretum debeat haberi, donec fiat; quoniam illi ecclesiæ posset exinde incommodum provenire. Nec enim monachi noverunt hoc, nec etiam Sy. servientem vestrum credimus hoc novisse. Conservet vos Deus sanum et incolumem (1).

XLVIII.

Le Chapitre et les Bourgeois de Brioude à Louis VII. Ils assurent le roi que, dans la situation où l'église de Brioude a été mise par le doyen, ils ne comptent que sur Dieu et sur lui. Ils rappellent que le doyen a enlevé à l'église son trésor, qu'il a mis presque toute la ville en feu, qu'il a construit une forteresse au-dessus du doyenné pour s'assurer la domination de la ville. Ils conjurent le roi de remédier à de si grands maux. Ils se plaignent de ce que le doyen refuse de rendre la couronne d'or donnée à l'église par Charles-le-Chauve, de ce que, sur ses conseils, Bertrand d'Ebrard a construit près de la ville une forteresse d'où il rançonne les passants, et de ce que, sur la défense des comtes d'Auvergne, les marchands n'osent plus passer par Brioude. Ils terminent en conjurant le prince de veiller sur leurs intérêts et de mettre un terme à ces calamités.

1163.

(1) *Rerum Gallic. et Francic. Scriptores*, t. XVI, pp. 706-707.

APPENDICE. 489

UDOVICO, Dei gratia illustri Francorum regi, Brivatensis Ecclesiæ capitulum et burgenses, cum eo regnare qui regnat in perpetuum. Clementiæ vestræ, o bone rex, notum facere volumus, nos nullum aliud præter Deum et vos defensorem habere. Majestatem vero vestram latere non credimus, nos arrogantia et malitia nostri decani ad summam miseriam pervenisse. Ecclesiam enim thesauro spoliavit, et villam fere totam combussit. Quid enim voluntatis decanus habeat vos prorsus ignoratis. Decanus enim castellum supra decaniam ædificavit, ut vobis et nobis dominium villæ auferret, et sibi vindicaret. Consuetudo enim Mercoriensium est, ut ubicumque pedem figere potuerint, totum sibi vindicent; sicuti fecerunt de quadam abbatia quæ Basilla (1) dicitur, et ad jus comitis Arvernorum consanguinei vestri spectat, quam sibi ex toto abstulerunt. Unde majestati vestræ humiliter supplicamus, quatenus tantæ cladi, si placet, finem imponatis. Sciatis enim nos nullo modo cum decano pacem posse habere, quousque ædificium decaniæ, quod factum est contra consuetudinem ecclesiæ, ad pristinum statum redigatur. Conquerimur etiam de corona data a domino Carolo rege antecessore vestro in signum libertatis ecclesiæ, quæ propter pecuniam vobis a nobis promissam in vadimonio posita fuit, quod pecunia soluta eam nullo modo habere possumus. Conquerimur etiam super Bertrando Ebrardi, qui castrum quoddam juxta villam nostram, consilio et auxilio decani, nobis contradicentibus, in strata ædificavit, unde teloneum inconsuetum a transeuntibus accipit. Conquerimur etiam quod mercatores, qui per nostram villam transire solebant, nullo modo, comitibus (2) prohibentibus, transire audent. Unde celsitudinem vestram humiliter imploramus, et ante pedes vestræ clementiæ quamvis absentes procumbimus, quatenus nobis, ut bonus princeps, consulatis et tanta mala ad honorem vestri et utilitatem nostram terminari faciatis. Dilatet Dominus imperium vestrum, et magnificet vos super omnes reges (3).

(1) Blasilia, *Blesle*.
(2) Les comtes d'Auvergne.
(3) *Rerum Gallicarum et Francicarum Scriptores*, t. XVI, p. 45.

XLIX.

Pierre de La Châtre, archevêque de Bourges, à Louis VII. Il expose que le doyen de Brioude et l'abbé de Saint-Germain-Lembron, étant de passage chez lui, lui ont raconté les violences et les injustices que le prévôt et l'abbé de Brioude avaient commises contre eux, et qu'ils l'avaient prié d'en écrire à Sa Majesté. Il prie le roi de recevoir avec bienveillance le doyen qui se rend auprès de lui, et de se rendre à ses justes demandes.

1163.

XCELLENTISSIMO domino Ludovico, Dei gratia magnifico et pacifico Francorum regi, Petrus, Bituricensis ecclesiæ humillimus minister, salutem et veræ humilitatis obsequium. Decanus Brivatensis et abbas Sancti Germani, per nos transitum facientes, intimaverunt nobis contumelias, damna et injurias a præposito (1) et abbate Brivatensi per violentiam comitum Arvernensium eidem decano, et quibusdam aliis, qui de vestra post Deum protectione confidebant, irreverenter illatas, super destructione domuum et rerum suarum subtractione, super deprædatione terrarum suarum et hominum interfectione, rogantes ut super hoc vestræ scriberemus celsitudini. Quia igitur vestrum in omnibus honorem et per omnia desideramus, et nihil unquam vobis scienter intendimus insinuare quod regiam non deceat majestatem, pro præfato decano preces serenitati vestræ porrigimus, ut eum benigne, si placet, suscipiatis, et in justis petitionibus suis exaudiatis (2).

L.

Aldebert, évêque de Mende, et Alexis cardinal, à Louis VII. Ils rapportent que le prévôt et le doyen de Brioude, s'étant

---

(1) Guillaume.
(2) *Rerum Gallicarum et Francicarum Scriptores*, t. xv. p. 707.

présentés devant eux, ils avaient exigé d'eux des garanties par lesquelles ils s'engageraient à s'en tenir à leur arbitrage, et qu'ils avaient fait le serment d'exécuter leurs décisions. Albert les engagea alors à renoncer aux mauvaises coutumes qui s'étaient introduites par leur négligence dans l'église de Brioude. On exigeait une certaine somme dans la collation des bénéfices ; sous le moindre prétexte, on suspendait les offices divins : les prébendes étaient conférées par droit d'hérédité. Le prévôt et le doyen parurent d'abord se soumettre, mais comme les arbitres délibéraient sur les autres griefs qui avaient été articulés contre eux, le doyen déclara qu'il ne voulait sur ces divers points s'en rapporter qu'à la décision du pape ou du roi. Dès lors les arbitres avaient interrompu le cours de leurs négociations.

1163.

Ludovico, gloriosissimo Dei gratia Francorum regi, A., Mimatensis episcopus, et Alexius (1), tituli Sancti Laurentii in Lucina minister inutilis, ab eo protegi et salvari, qui dat salutem regibus. Convenientibus ante nos præposito et decano Brivatensis Ecclesiæ cum partibus suis, securitates ab eis primum exegimus, quibus, sicut coram domino rege promiserant, nostro stare judicio vel arbitrio cogerentur. Cum autem aliarum securitatem æqua opportunitas utrinque non esset, juramenti religione cum aliquantis suorum sine ulla exceptione promiserunt hinc inde, atque ad eundum et remanendum quocumque vellemus seipsos obsides tradiderunt, quod quidquid inter eos vel arbitrio vel judicio dictaremus, opere prosequente complerent. His ita peractis, seorsum ego Albertus eos admonui, ut a quibusdam pravis consuetudinibus, quæ inter eos per negligentiorem curam contra Deum et sacros canones inoleverant, omnino recederent, et fidem nobis hujus rei facerent juramento. In conferendis etenim beneficiis ex licentia et institutione capituli

---

(1) Selon des conjectures fondées, il serait question d'Albert et non d'Alexis. *Rerum Gallicarum et Francicarum Scriptores*, t. XVI, p. 43.

aliquanta pecunia poterat a personis exquiri: quæ simoniam liquido continebant. Ecclesia pro minima causa ad vocem cujuslibet laici, sive clerici, a divinis suspendebatur officiis. Honores atque præbendæ quibus volebant quasi hæreditario jure videbantur conferri. Et alia plura ibi fiebant, quæ contra eos omnipotentis iram procul dubio incitabant. Sane præpositus et pars ejus mandatum nostrum in his humiliter susceperunt. Decanus vero cum suis in quibusdam mandato nostro se stare velle, in aliis plurium consilio se indigere dixerunt. Post hæc vero ad querelas cæpimus investigandas insistere, et primum de thesauro ecclesiæ, de domo decani et quibusdam honoribus in dissensione collatis, agi præcepimus, eo quod alio facilius differri possent postea, vel componi. Cum hæc igitur tractarentur, et nos aliis vellemus intendere, decanus, procedens in medium, ad domini papæ audientiam appellavit, dicens nolle se in his nisi coram eo, aut coram domino rege procedere. Quo audito, ab injunctæ cursu substitimus actionis (1).

LI.

Le Chapitre et les Bourgeois de Brioude à Louis VII. Ils notifient au roi qu'ils avaient juré de s'en rapporter à la décision du cardinal Albert, au sujet des difficultés soulevées entre eux et le doyen, mais que le doyen, qui s'y était engagé par un serment, refusait d'adhérer au jugement des arbitres et qu'il en appelait au pape. Ils ajoutent que depuis le doyen leur a causé de plus graves dommages, qu'il s'est emparé de leurs hommes et les a jetés dans les fers, qu'il emporte leurs denrées et leur vin, et qu'il cache ses rapines dans ses forteresses. Ils conjurent le prince de les protéger et de les défendre.

1163.

Ludovico, Dei gratia illustri Francorum regi, W., Brivatensis ecclesiæ præpositus, et B., abbas, et totum capitulum et burgenses, cum eo regnare qui regnat in perpetuum. Majestatis vestræ celsitudini, o bone rex, jam notificavimus, et adhuc notificamus, nos voluntate

(1) *Rerum Gallicarum et Francicarum Scriptores*, t. XVI; pp. 43-44.

et mandato vestro jurasse supra sacrosanctas reliquias per manum domini A., cardinalis et domini Mimatensis, sine omni exceptione, de controversia quæ est inter nos et decanum, facere decano et suis quod justitia dictaret, aut prout voluntas eorum expeteret. Decanus vero ex parte sua pro se et pro suis se eidem nobis facturum eodem modo juravit. Tandem causa controversiæ in præsentia illorum utrinque ventilata et cognita, cum nos et facere et recipere quod justitia dictaret, speravimus; decanus, spreto sacramento quod in præsentia vestra et in præsentia illorum duorum sine omni retentione fecerat, curiam domini papæ appellavit. Postea vero nobis volentibus et quærentibus, consilio R., clientis vestri, ut nobis treugas firmas per manum ipsius daret, omnino repudiavit: imo graviora et pejora prioribus comminatus est; et ita quod homines sui homines nostros ceperunt, et in compedibus posuerunt, et adhuc captos tenent, et etiam ea quæ nobis hoc anno abstulerat, et in domo decaniæ reposuerat, annonam scilicet et vina, et alia multa, nobis cernentibus, de villa nostra asportat, et in castris suis recondit. Nos autem, amore et timore vestro, ipsi prohibere nolumus. Unde clementiæ vestræ humiliter supplicamus, quatenus super hoc nobis consulatis. Dilatet Dominus imperium vestrum (1).

LII.

Le prévôt, l'abbé et le Chapitre de Brioude à Louis VII. Ils rappellent que le doyen de Brioude avait ravagé l'église et la ville de Brioude, et que, malgré ses promesses faites à Bourges en sa présence, il refusait d'adhérer à la décision des arbitres qu'il avait choisis. Ils annoncent au roi que le doyen a appelé à son secours les comtes de Rodez et d'Auvergne et qu'il menace la ville de Brioude d'une prochaine destruction. Ils le supplient de faire rendre la couronne détenue par Béraud de Mercœur et d'ordonner au doyen de mettre un terme à ses violences et à ses menaces.

1163.

(1) *Rerum Gallicarum et Francicarum Scriptores*, t. XVI, p. 44.

UDOVICO, Dei gratia Francorum regi, W... Brivatensis ecclesiæ præpositus, et B... abbas et totus conventus, cum eo regnare cujus regni non est finis. Ad aures vestræ regiæ majestatis, o bone rex, multoties pervenit, et etiam in præsentia vestra persæpe ventilatum est, quam nequiter decanus noster intolerabili animi sui nequiter Brivatensem ecclesiam et villam, quæ vestra est, destruxit, et quomodo in præsentia vestra apud Bituricas se stare arbitrio amicorum suorum et nostrorum, quod modo prorsus ipse recusat. Imo comitem Ruthenensem (1) et W... (2) Arvernorum comitem et Robertum, filium ejus, cum innumera multitudine militum et Basclonum ad destruendam Brivatensem villam, quæ vestra est, in proximo adducere machinatur, ipse et frater suus Beraldus. Unde clementiæ vestræ supplicamus, quatenus et coronam quam Beraldus de Mercorio retinet, quæ pro certo redempta est, et texta aurea, quæ decanus habet, nobis reddi faciatis, et prædictis comitibus, et Beraldo de Mercorio, et decano, si placet, mandetis, ne villam, quæ vestra est, infestent, aut super eam cum exercitu veniant. Nos enim parati sumus per manum vestram, aut per manum domini papæ, facere et accipere ab eis quidquid justitia dictaverit, quod omnino decanus recusat. Dilatet Dominus imperium vestrum. Quod autem Simon, cliens noster, de nobis vobis dixerit, pro vero habeatis (3).

LIII.

Le Chapitre de Clermont à Louis VII. Le Chapitre expose que des liens d'union ont toujours existé entre lui et l'Eglise de Brioude, et qu'il déplore vivement les divisions qui la troublent. Le prévôt et l'abbé se sont soulevés contre le doyen et, avec l'aide des comtes d'Auvergne, ils ont détruit sa maison, en haine de l'attachement qu'il avait pour l'Eglise de Clermont.

(1) Hugues II.
(2) Guillaume VIII.
(3) *Rerum Gallicarum et Francicarum Scriptores*, t. XVI, p. 44.

Il supplie Sa Majesté de ne pas laisser impuni un si grand crime et de réprimer l'audace des coupables.

1163.

Arissimo et speciali domino suo Ludovico, Dei gratia excellentissimo regi Francorum, capituli Claromontensis conventus, salutem et fidele obsequium. Ecclesiæ Brivatensis, quæ loci affinitate et unanimi dilectione nostræ ecclesiæ conjuncta est, damna compatimur; ideoque maxime condolemus, quod a suis domesticis sustinet detrimenta. Præpositus enim et abbas illius ecclesiæ subdola conspiratione adversus decanum insurrexerunt, et ut conceptam nequitiam facilius possent explere, Arvernorum comites (1) sui sceleris socios conjunxerunt. Congregata autem iniquorum maxima multitudine, tamdiu domum præfati decani expugnaverunt, donec eam vi capientes diruerunt. Nihil illi vestræ majestatis proclamatio profuit, nec legatorum vestrorum præsentia. Hæc autem super tanto excessu præcipua dicitur esse causa, quod sæpe dictus decanus se pro ecclesia Claromontensi murum opposuit, et auxilium et defensionem maximam nobis contulit. Obnixe igitur majestatem deprecamur, ne tantum scelus impunitum relinquere velitis, quatenus regiæ majestatis honor accrescat, et deinceps sceleratorum comprimatur audacia (2).

LIV.

Archembaud de Bourbon à Louis VII. Il lui annonce que le comte d'Auvergne a causé de grands dommages à l'Eglise de Clermont, à celle de Mozat; qu'il a détruit la maison du doyen de Brioude et que, contre toute coutume, il exige le droit de péage en Auvergne. Il le prie d'accueillir favorablement le doyen de Brioude et l'abbé de Saint-Germain-Lembron qui se rendent auprès de lui.

1163.

(1) Guillaume VIII et Robert son fils.
(2) *Rerum Gallicarum et Francicarum Scriptores*, t. xvi, p. 45.

omino suo venerabili Ludovico, regi Galliæ, A., de Borbonio, salutem et obsequium. Quanta mala comes (1) Arverniæ Ecclesiæ Claromontanæ et canonicis illius intulit, quantas etiam injurias ecclesia de Mozat ab ipso perpessa fuerit, longum est enumerare et ex parte vestra non ignorat prudentia. Præterea domum decani Brivatensis, quam clerico vestro Cadurco ipse decanus reddiderat, ad despectum vestrum dejecit et diruit. Eapropter vobis mandamus quatenus prædictum decanum et abbatem Sancti Germani (2), honestos videlicet viros, honeste suscipiatis, et illis credatis. Novistis autem quod prædictus comes et vobis et vestris semper fuit contrarius. Verumtamen pedagia quædam accipit in Arvernia quæ nullus antea habuit, et propter quæ mercatores antiquum transitum perdiderunt (3).

LV.

Les chanoines du Chapitre cathédral de Clermont à Louis VII. Ils déclarent attendre de lui seul justice et secours contre ceux qui ne cessent d'inquiéter l'Eglise de Clermont. Ils exposent qu'ils avaient montré à l'évêque Etienne sa lettre par laquelle il mettait à sa disposition le palais du comte Guillaume, mais que l'épouse du comte s'en était emparée, qu'elle y avait introduit des soldats et ses partisans, que ses hommes menaçaient, au nom du roi d'Angleterre, dont ils se regardaient les vassaux, de ruiner la cité et l'église. Ils supplient le roi de protéger leurs intérêts.

1163.

arissimo domino suo Ludovico, Dei gratia serenissimo regi Francorum, Claromontensis capituli conventus, salutem et devotam fidelitatem. In vestræ serenitatis et pietatis luce oculos nostros ex toto defiximus, quoniam post Deum ibi misericordiam et justitiam

(1) Guillaume VIII.
(2) Pierre d'Ebrard.
(3) *Rerum Gallicarum et Francicarum Scriptores*, t. xvi, p. 45.

invenimus. Sed hostis antiquus, per suæ nequitiæ ministros, versutiæ fraudibus ecclesiam Claromontensem inquietare minime desistit. Hinc est quod domino S., (1) pontifici nostro, litteras majestatis vestræ ostendimus, et de suscipiendo Willelmi comitis palatio viva voce admonuimus. Sed ecce, dum suscipiendi tempus distulit, prædicti comitis uxor (2), palatium ingressa, milites et clientelam suam ibidem introduxit. Jam sub specie habitationis et commorandi inimicos familiares et ad nocendum promptissimos habemus. Jam ex parte regis Anglorum nobis in aperto minantur, ruinam civitatis et ecclesiæ verbis amarissimis significantes. Jam quod regiæ dignitatis et de fisco regis Francorum est, regis Anglorum feudum esse impudenter asserunt, adventum vestrum et protectionem vestram nobis improperantes. Supplicamus igitur reverendæ majestati vestræ, et obnixe rogamus, quatenus super his nobis consulere dignemini (3).

LVI.

Hugues, évêque de Soissons, à Louis VII. Il lui fait savoir qu'il s'est rendu avec les commissaires royaux à l'entrevue désignée où ont eu lieu des pourparlers avec les commissaires du roi d'Angleterre, au sujet de ce qui regardait les comtes d'Auvergne. Il rend compte de ce qui s'est passé et promet de donner au roi de plus amples détails, quand il sera en sa présence.

1164.

XCELLENTI et præclaro domino suo Ludovico, Dei gratia Francorum regi, H., (4) Suessionensis humilis minister, salutem et prosperitatem. Convenimus ad diem nominatum episcopus Belvacensis (5) et comes (6) Bellimontis, T., (7) de Gisortio et ego una cum illis et aliis

---

(1) Etienne de Mercœur.
(2) Anne, fille de Guillaume II, comte de Nevers.
(3) *Rerum Gallicarum et Francicarum Scriptores*, t. xvi, pp. 45-46.
(4) Hugues.
(5) Barthélemy.
(6) Mathieu.
(7) Theobald.

multis, ex parte vestra. Ex altera parte fuerunt episcopus Ebroicensis, R., (1) de Sancto-Walerico (2), G., (3) filius Haimonis, R., (4) de Homet, et multi alii. Proposuimus eis responsum vestrum, sicut vestri barones dederant vobis in consilio, quod ipsi mandarent comitibus Arverniæ ut venirent ante, et loco et tempore convenienti et nos libenter recrederemus. Ipsi e contrario responderunt quoniam non poterant facere quod comites venirent, quia nos tenebamus eos in prisona et in ostagiis. Nos autem diximus quod ita faceremus, nihil amplius habentes ex mandato vestro. Iterum petierunt a nobis quod nos mandaremus comites ex vestra parte, et ipsi similiter mandarent eos ex sua parte. Et habito consilio nostro super hoc, quæsivimus ab eis quod darent nobis brevem respectum, donec vestrum habuissemus concilium. Responderunt nobis quod nullum respectum darent; sed neque dedissent vobis quando fuerunt Parisiis, nisi conjurassetis eos per fidem regis Angliæ. Alia negotia et nos et ipsi utrinque diligenter usque ad nigram noctem tractavimus multa. In crastinam miserunt ad nos ut alium diem acciperemus pro terminandis aliis, et nos misimus Gisortium ut dies nominaretur; sed nondum redierant illi quos misimus, quando scripsimus vobis ista. Ut autem animus vester in nullo sollicitus esset, ista serenitati vestræ breviter mandavi; et cum præsens ero, uberius singula exponam. Res quidem tota ad honorem vestrum acta est et deducta (5).

LVII.

Hugues, évêque de Soissons, et Théobald de Gisors à Louis VII. Ils l'entretiennent du résultat de leur entrevue avec l'évêque d'Evreux et les autres Normands, au sujet de la reddition des otages donnés par les comtes ou pour les comtes d'Auvergne.

1164.

(1) Rotroc.
(2) Rainald.
(3) Guillaume.
(4) Richard.
(5) *Rerum Francicarum et Gallicarum Scriptores*, t. XVI, p. 111.

APPENDICE. 499

omino suo carissimo Ludovico, Dei gratia serenissimo Francorum regi, Hugo Ecclesiæ Suessionensis humilis minister, et T., de Gisortio, salutem et fidele obsequium. Colloquium habuimus cum episcopo Ebroicense et aliis Normannis, et cepimus cum eis diem in quo debemus obsides recredere proximam diem Mercurii post octavas Sancti Andreæ apud Pontiseram, et nominavimus eis plegios. Cum autem ipsi dicerent se adducturos aut illos, aut alios qui idonei forent, respondimus quod non accipiemus nisi illos. Audivimus autem quod rex Angliæ non transfretabit huc (1) donec post Pascha, et quod comites Arverniæ sunt in Normannia (2). Vale. Sunt et quædam alia quæ nolumus mandare per litteras, quæ viva voce dicemus vobis (3).

LVIII.

Hyacinthe, cardinal diacre, à Louis VII. Il témoigne avec quelle tristesse il a appris que le roi avait vu avec déplaisir le pape relever le comte d'Auvergne de son excommunication. Il lui assure que le pape n'a pas eu l'intention de porter atteinte à la dignité royale. Il déclare en outre que le comte n'a été absous qu'après avoir juré sur les saints Évangiles qu'il rendrait dans quinze jours l'épouse du fils de Béraud de Mercœur, que dans trente jours, il restituerait à l'église de Brioude ce qu'il lui avait enlevé, et qu'il n'exigerait plus aucun péage, jusqu'à ce que le pape fût mieux informé.

1163.

---

(1) En 1165, Henri, roi d'Angleterre, passant en Normandie pendant le carême, eut une entrevue à Gisors avec le roi de France, dans l'octave de Pâques.
(2) Les comtes étaient déjà en liberté: ils avaient, comme il paraît, donné des otages.
(3) *Rerum Gallicarum et Francicarum Scriptores*, t. XVI, p. 111.

UDOVICO, Dei gratia illustrissimo atque invictissimo Francorum regi, Hyacinthus eadem gratia Sanctæ Romanæ Ecclesiæ diaconus cardinalis, salutem et continuam cum triumpho de inimicis victoriam. Cognoscentes quod excellentiæ vestræ displicuerit, quod dominus papa comitem Arverniæ a vinculo excommunicationis absolverit, valde tristati sumus. Si quidem dictum est nobis, quod magnitudini vestræ suggestum sit, quia dominus papa hoc in detrimentum et coronæ vestræ diminutionem fecerit. Quod nullatenus credere debetis; quoniam, ut certum tenemus, dominus papa omnibus modis ad honorem vestrum intendit et exaltationem coronæ vestræ desiderat, nec etiam, ubi nos essemus, aliquid quod ad coronæ vestræ diminutionem pertineret facere posset; quoniam, ut novit ille, qui corda scrutatur et renes, non vivit inter mortales, cujus honorem tantum desideremus secuti vestrum. Nam, si necessarium esset, non tantum nostra pro vobis expenderemus, sed etiam nos et nostra morti exponeremus. Elegimus vos de inter cœteros mortales unicum et specialem amicum, de quo post Deum magis quam de aliquo alio confidimus. Et noverit serenitas vestra quoniam, quando dictus comes postulabat absolutionem, absque aliqua conditione juravit, tactis sacrosanctis Evangeliis, quod quidquid præciperet ei dominus papa, super negotio uxoris filii Ber. de Mercur, et super damnis illatis ecclesiæ Brivatensi et super pedagio observaret : et ita secundum Romanæ Ecclesiæ consuetudinem absolutus est. Facta autem absolutione, dominus papa ei dedit in mandatis ut infra quindecim dies restitueret uxorem (1) B. de Mercur, et ea quæ de rebus ablatis Brivatensi ecclesiæ et canonicis, et eorum hominibus habere posset, infra triginta dies plenarie restitueret; ab exactione vero pedagii cessaret, donec dominus papa melius rei veritatem inde cognosceret (2).

LIX.

Ponce, abbé de la Chaise-Dieu, à Louis VII. Il le remercie de l'intérêt qu'il porte à son monastère et à sa personne. Il

---

(1) Ansalde, épouse du fils de Béraud de Mercœur, fille de Guillaume VII le Jeune.

(2) *Rerum Gallicarum et Francicarum Scriptores*, t. XVI, pp. 47-48.

l'assure que les moines prient constamment pour lui, parce qu'il est leur maître et leur frère. Il le supplie, pour ce double motif, d'intervenir en faveur d'un de ses moines, Bernard, prieur de Cépey, que Dalmace de Freschet détenait en prison, et d'écrire à Raimond, comte de Saint-Gilles, pour qu'il le délivre et lui fasse rendre tout ce qui lui a été enlevé.

Vers 1169.

LORIOSISSIMO ac christianissimo regi Francorum Dei gratia Ludovico, P., Casæ-Dei humilis abbas, et totus ejusdem Ecclesiæ conventus, regi regum placere et in æternum cum illo regnare. De ineffabili affectione cordis, quam erga personam nostram specialiter, et erga res ad jus beati Roberti pertinentes, vos semper tam verbo quam opere demonstrastis et sine intermissione demonstratis habere, Deo et vobis grates et quantas possumus referimus. Hoc autem notum vobis facimus, quia in sacrificiis, psalmis, canticis, hymnis spiritualibus, quæ incessanter Deo offerimus, vestri semper memoriam agimus. Duplex est et enim ratio, tum quia dominus, tum quia frater estis, qua ad hæc agenda vobis tenemur. Eadem duplici ratione, si placet, et vos tenemini, ut nobis tanquam dominus provideatis, et tanquam fratribus in tribulationibus compatiamini. Eapropter, nos et totus conventus ecclesiæ nostræ vobis tanquam domino supplicamus, et tanquam fratrem exhortamur, ut de nova et in regno vestro hactenus nostris inaudita temporibus nequitia, quàm Dalmatius Freschet circa quemdam fratrem nostrum, non vobis, ut credimus, ignotum, Bernardum, qui prior fuit de Cepei, ipsum in vinculis et in carcere detrudendo, operatus est, nobis, ut vestram decet majestatem, justitiam faciatis, et Raimundo, comiti Sancti-Ægidii, quatenus prædictum monachum liberet, et sibi cuncta ablata restituere faciat, scribatis. Ad hoc enim a Deo princeps constitutus estis, ut vestro metu humana coerceatur audacia, et nocendi facultas (1).

(1) *Rerum Gallicarum et Francicarum Scriptores*, t. XVI, p. 147.

LX.

Louis VII, sur la demande de Pierre, abbé de Mozat et de ses moines, prend ce monastère sous sa protection et le confirme dans la possession de ses biens dont il fait une longue énumération. Il décrète que personne ne pourra enlever à ce monastère la dignité d'abbaye qu'il possède, ni élever dans ses limites une tour ou un château. Il ordonne qu'aucun juge ne pourra instruire des causes dans ses dépendances ; il défend d'y lever aucun impôt et de s'y livrer à aucune exaction.

1169.

N nomine sanctæ et individuæ Trinitatis. Ludovicus, opitulante divinæ majestatis gratiâ, Francorum rex. Effectum justa postulantibus et regiæ rigor æquitatis et ordo exigit rationis, præsertim quando petentium voluntatem et pietas adjuvat et veritas comitatur. Eapropter dilecti nostri Petri, Mauziacensis monasterii abbatis, ejusque conventûs petitionibus clementer annuimus, et Mauziacense monasterium, antecessorum nostrorum exempla sequendo, sub regiâ protectione tali ratione et lege quod extra manum nostram mittere vel cuiquam feudatorio dare neque nobis neque hæredibus nostris liceat, suscipientes præsentis præcepti sanctione communimus, statuentes ut quascumque possessiones, quæcumque bona idem monasterium in præsentiarum possidet aut in futurum, concessione pontificum, largitione successorum nostrorum vel principum, oblatione fidelium, seu aliis justis modis poterit adipisci, firma eis eorumque successoribus et illibata permaneant. In quibus hæc propriis duximus exprimenda vocabulis : prope præfatum monasterium, ecclesiam Sancti Laurentii cum pertinentia sua, videlicet vicariâ terræ de Mabiliaco ; ecclesias Sancti Pauli, Sancti Martini et Sancti Calminii, ejusdem monasterii primi fundatoris, cum pertinentiis eorum ; item in montanis, ecclesiam de Giaco cum pertinentibus sibi ecclesiis et eorum possessionibus; item ecclesiam de Rubiaco cum pertinentibus sibi ecclesiis et earum possessionibus; ecclesiam Sancti Ursi cum hæreditate suâ; item ecclesiam de Montibus cum possessionibus suis; item ecclesiam Sancti Ypoliti cum hæreditate suâ; item ecclesiam de Vulvico cum pertinentibus sibi ecclesiis et earum possessionibus; item ecclesias de Martiaco, de Menestrolo, de Ceresio, de Sana Cultura, Sancti Boniti de Calmis, Sancti Martini de Aluschiis et Sancti Andreæ de Paignanscum eorum possessionibus; item ecclesiam de Rocca Forti, quæ in honorem sanctæ Mariæ constructa est, cum castro in proprietate suâ posito et terrâ adjacente per circuitum; item ecclesiam de Dononia cum possessionibus suis; item ecclesiam Sancti Boniti Montis-Pancherii cum municipio de Cathusiaco et terrâ adjacente per circuitum; item ecclesiam Sancti Germani cum castro sibi adjacente et pertinentibus sibi ecclesiis earumque possessionibus; item ecclesiam de Laurigiis cum hæreditate suâ; item ecclesiam de Dreituras cum adjacente sibi villâ, prædiis, aquis et silvis per circuitum; item ecclesiam Sancti Ambrosii in monte, cum ecclesiis sibi pertinentibus et eorum possessionibus. Proprietates quoquê quarumdam possessionum prefati monasterii nostro scripto dignum duximus annotare, scilicet Mabiliac, Tauriniac, Plumberias, Sauzinias, Primiliac usque ad Muratas, et usque ad Garmange, Amanziac quoque et prata illa quæ protendunt a veteri Strata usque ad terram Willelmi de Roure, et a terra Thebaldi usque ad rivum currentem: terram etiam quæ protendit a terrâ Willelmi de Roure usque ad publica pascua, et a rivo currente usque ad viam quæ dicetur Molchas de Pessat: Belanede: Aranea: castrum Mirabel cum valle adjacente: Lathussiac, Bociac et medietatem Iesdæ Riomensis villæ, quoquo tempore detur, prohibentes ne et feuda jam dicto monasterio pertinentia, sicut de jure non licet, aliquis audeat absque consensu abbatis vel fratrum ejusdem monasterii violenter intrare aut sibi usurpare, scilicet feudum castelli de Rocca Forti, in cujus turre et cæteris domibus habent, censum annuum; castellum de Sancto Germano; feudum domini de Scola, id est Camure, et quod habet apud Mauziacum et apud Laurigias; feudum domini Montis-Pancherii, quod habet apud Dononiam et in terris ecclesiæ Sancti Boniti causâ custodiæ; feudum domini de

Thuriaco, scilicet condaminas (1) ejusdem castri, et Sanctimacum feudum domini Montis-Wasconis, id est villam Sancti Andreæ de Paignans et quod habet apud Plumberias; feudum domini de Amaziaco quod habet apud Martiacum, et censum annualem quem habet in villis beati Austremonii causâ custodiæ; feudum domini de Chasluz quod habet inter Martiacum et Mauziacum; feudum domini de Chamaleriâ, scilicet brolium (2) ejusdem castri, Petiatum, Laubariacum, Charaisum, prata de Ceresio, et quod habet apud Martiacum et Mauziacum et Sanctum Bonitum, et Ceresium, et feudatorios multos quos habet ab ecclesia Mauziacensi; feudum domini de Cresto, scilicet quidquid habet apud Riomum, Mauziacum, Mirabellum, Ceresium, vel apud terram quæ dicetur Cuers; feudum domini de Cebaziaco et domini de Rocca forti in Lubartes; quidquid habent in villis Mauziaco scilicet et Martiaco et Ceresio et pertinentiis earum apud Rubiacum feudum Willelmi de Planis, et feuda omnium militum illorum qui dicuntur de Rubiaco, scilicet quidquid habent ipsi vel aliquis alius a viâ furra usque ad Fontanas, et a viâ Sancti Petri de Castello usque ad viam montis ferrati: feuda quoque quæ habent a beato Austremonio homines Mauziacensis villæ, quæ tota cum situ suo per circuitum a rivo de Tolon usque ad ecclesiam de Ceresio et a molendino de Fichet usque ad molendinum de Mota cum viis, pascuis, aquis, aquarumve decursibus in dominio vel proprietate Mauziacensis ecclesiæ posita esse dinoscitur, ubilibet sint cum prædictis ecclesiis et earum pertinentiis, præfatis monachis et eorum ecclesiæ confirmamus, præcipientes et hujus præcepti auctoritate decernentes, ut nulla ecclesiastica secularisve persona præfatum monasterium ab abbatiæ dignitate destituere, vel infra prædictas metas turrem sive castellum ædificare valeat; neque aliquis judex publicus aut quislibet superioris aut inferioris ordinis reipublicæ procurator, ad causas judiciaro more audiendas, in villa seu reliquas possessiones ubicumque ad eumdem locum pertinentes ingredi præsumat, neque tributa aut tallias vel theloneum tollere, aut homines super terra

---

(1) Terre qui appartient à un seul seigneur et qui est exempte de toute charge agraire.
(2) Bois tailli, parc.

ipsius distringere, violentas hospitationes, seu occasione ab eis exigere, nostris futurisque temporibus quisquam temeritate sua audeat. Quod ut ratum habeatur in posterum, nominis nostri caractere insigniri et sigillo nostro muniri præcipimus.

Actum publice apud Brivatem, anno ab incarnatione Domini M. C. LXIX astantibus in palatio nostro quorum nomina et signa subscripta sunt.

    Signum Comitis Theobaldi, dapiferi nostri (1).
— Matthæi, camerarii (2).
— Widonis, buticularii (3).
— Radulfi, constabularii (4).

Data per manum Hugonis, cancellarii et episcopi Suessionensis (5).

LXI.

Guillaume VII, comte d'Auvergne, et Dauphin son fils déclarent qu'ils donnent et cèdent à Saint-Austremoine de Mozat et à Saint-Christophe de Giat l'église du château de Fernoël ; ils défendent de construire aucune église ni chapelle dans les limites de la paroisse qui appartient, en vertu d'un droit très-ancien, à l'église de Giat.

1167.

Notum sit omnibus tam futuris quam præsentibus quod Willelmus, comes Arverniæ et filius ejus Delfinus dederunt et concesserunt Deo et beato Austremonio de Mauzac et Sancto Christophoro de Giac pro salute animarum suarum ecclesiam in castro de Farnoël, quantum vide-

---

(1) Théobald, sénéchal.
(2) Mathieu, chambrier.
(3) Guy, boutellier.
(4) Raoul, connétable.
(5) *Histoire de l'Abbaye royale de Mozat*, pp. 252-255.

licet ad eos spectabat et successores eorum, et ne cuiquam personæ seculari vel religiosæ infra terminos parochiæ, quæ tota cum supradicto castro ad Giacensem ecclesiam de jure antiquissimo pertinet, ecclesiam seu capellam ædificare vel habere in perpetuum liceat, excepto videlicet matrice ecclesiæ de Giac vel de Goreis, quæ nihilominus ad Giacensem ecclesiam pertinet. Hoc donum et concessio solenniter facta est, primo quidem Dominica prima post octavas Sancti Michaelis in Hermine, videntibus et audientibus Raimundo de Sancto Juxto, secunda feria in crastinum apud Giacum, videntibus et audientibus supradicto Delfino et Arberto de Tineria tunc priore de Bort et B., monacho, P. de Manac et Poncio, monacho, et Helia de Cameleria et W. de Mercurol, anno ab incarnatione Domini MCLXVII, regnante Ludovico, rege Francorum. Prior vero de Giac ei concessit quod annuatim anniversarium patris sui in ecclesia celebraret (1).

LXII.

Guillaume VII, comte d'Auvergne, et le Dauphin d'Auvergne déclarent qu'ils donnent au monastère de Saint-André, de l'ordre des Prémontrés, tous les biens qu'ils possèdent dans certains endroits qu'ils énumèrent. Ils lui assurent aussi le droit de haute et basse justice dans plusieurs lieux qu'ils désignent. Ils font ces largesses, à condition que les religieux feront des prières et offriront des sacrifices pour le remède de leur âme, de celle de Jeanne de Calabre et de tous leurs parents. Ils témoignent le désir qu'on les ensevelisse dans l'église de Saint-André, et que, s'ils viennent à mourir dans la guerre contre les Sarrasins, ou hors du royaume de France, on y transporte leurs corps, pour qu'ils y soient inhumés.

1149.

(1) Archives de l'abbaye de Mozat. — *Histoire de l'abbaye royale de Mozat*, par H. Gomot, p. 255.

os Guillelmus, comes Claromontensis, et Delfinus Arverniæ. Notum sit omnibus in nomine Domini, quod nos dederimus et damus monasterio nostro beati Andreæ apostoli, ordinis Premonstratensis, et Deo devotis religiosis nostris abbati et conventui ejusdem, bona et redditus, domos, et grangias, pascua, terras cultas et incultas, nemora, census, decimas et pascerias, feudos et alia quæcumque habemus, in Saulzeto, in Jusiaco, in Gergobia, in Fontantigia, in Sayaco, in Villa-Nova, in monte sive podio de Doma, in Sancto Pardoux, et in dictorum locorum pertinentiis et dependentiis. Damus etiam de libera nostra voluntate dictis abbati et conventui, totam justitiam altam et bassam in dicto monasterio, et infra quatuor cruces quæ sunt extra, et in habitu ejusdem, et in prato quod est ante magnam portam, in quantum se extendit, comprehendendo fluvium ad longitudinem dicti prati, et in duobus molendinis eidem prato contiguis, et in dicto villagio de Saulzeto; et in nemoribus de Vedrina, et in Fromentali, et de Leyronol, et in Jussiaco, in quantum tota terra se extendit, nec amplius solvent tributum nostro castro de Monterigoroso, sive de Montrongnon, ratione arcis quam etiam dedimus et damus in Gergobia, et in circuitu ipsius, et in monte sive in podio qui est supra, usque et comprehendendo veterem manzuram antiquæ Gergobiæ, et in dicta Fontantigia in quantum se extendit, comprehendendo quartam partem laci Sarlevia, et in Sayaco, ubi est grangia, et ambitu comprehendendo fontes qui sunt prope et supra ecclesiam de Sancto Vincentio, et in Villa-Nova, in quantum totum tenementum se extendit, comprehendendo nemora, et in monte sive podio de Doma a parte orientis tantum, et in Sancto Pardoux prope ecclesiam per leucam a parte aquilonis. Quorum omnes justitias altas et bassas dictorum locorum, volumus quod dependeant et suum capiant ressortium ad justitiam quam dedimus et damus in dicto monasterio, in quo omnes homines de Saulzeto, de Jussiaco, et aliorum locorum tenebuntur comparere, et esse præsentes, quoties appellati fuerint, in eis ibidem justitia de omnibus administretur, præcipue quando erit quæstio de aliquo delicto : et ibidem in arctis carceribus, ligatis manibus et pedibus, si opus fuerit, recludantur : et sic factis eorum processibus, per ballivos et justitiæ officiarios dictorum abbatis et conventus dicti

loci, reducentur ad dictos locos, ut in illis publice puniantur, etiam ad mortem, secundum quod demeriti fuerint. Pro quibus omnibus bonis, fundis et proprietatibus, et pro dictis justitiis et juribus, de quibus nos spoliantes dictos religiosos nostros investivimus, et ideo tenebuntur ipsi religiosi, abbas et conventus, tam pro remedio animæ nostræ quam honorabilis conjugis nostræ, Joannæ de Calabria, et omnium parentum nostrorum dicere solemniter missas, et horas canoniales, diurnales, et noctales, secundum quod dies et festa requirunt, et secundum ritum et constitutionem dicti sui ordinis Præmonstratensis; pro quibus faciendis ecclesiam dicti monasterii, et ipsum monasterium ædificare fecimus, et amplius, Deo nobis adjuvante, ædificabimus. Volentes sepeliri in dicta nostra ecclesia, et in loco sepulturæ quam elegimus. Quod si adveniat nos mori in bello contra Sarracenos, aut alibi extra regnum Franciæ et ducatus ipsius, volumus quod dicti abbas et conventus requirant corpora nostra, et transportare faciant in dicta nostra ecclesia, et sepultura nostra, convocatis parentibus nostris honorifice et devote ab eis sepeliantur : et pro nobis in toto primo anno eleemosyna generalis fiat, et major et solemnis commemoratio cantetur. In quarum rerum testimonium, nullo jure nobis nec nostris de eis retento, concessimus prædictis carissimis nostris religiosis præsentes litteras nostri delphinatus sigillo munitas. Actum anno Domini M. C. XLIX, mense Julii (1).

LXIII.

Hyacinthe, cardinal diacre et légat du Saint-Siége, à Bertrand, abbé de la Chaise-Dieu, à son monastère, à Guillaume, prévôt de Brioude et au Chapitre. Il rappelle que, traversant autrefois l'Auvergne, il avait mandé le prévôt, le doyen, l'abbé et les chanoines de Brioude, pour qu'ils eussent à s'expliquer sur leur différend avec la Chaise-Dieu, au sujet du monastère de Chanteuges. Il fut convenu à la Chaise-Dieu, où on s'était

(1) *Gallia Christiana*, t. II, col. 123-124.

réuni, qu'on s'en tiendrait à la décision du légat et que les deux parties enverraient leurs mandataires au jour désigné pour le règlement de cette affaire. Le jour venu, les délégués se présentèrent au Puy, devant le légat qui était assisté de l'évêque du Puy, de l'abbé de Saint-Chaffre, de l'archidiacre de Bourges, et de Raymond, sous-diacre de l'Eglise Romaine. Les chanoines de Brioude exposèrent que le monastère de Chanteuges était anciennement leur possession, qu'ils l'avaient cédé à la Chaise-Dieu, moyennant des redevances annuelles, que les moines de la Chaise-Dieu ne les avaient pas acquittées depuis trois ou quatre ans, que par conséquent on devait ou leur rendre le monastère de Chanteuges, ou contraindre les moines de la Chaise-Dieu à payer les redevances stipulées dans l'acte de donation. Les moines de la Chaise-Dieu prétendaient au contraire que ces redevances avaient été imposées sans leur consentement et que Innocent II, Eugène III, Alexandre III les avaient autorisés à ne pas les servir. Le légat, après avoir examiné les raisons des deux parties, arrêta que, chaque année, le jour de Saint-Julien, le monastère de Chanteuges donnerait un repas aux chanoines de Brioude, et que, le jour de Saint-Marcellin, on servirait un repas, à Chanteuges, aux chanoines de Brioude qui se rendraient à cette fête. Il traça le dispositif de ces réceptions. Il décréta que la Chaise-Dieu aurait une chanoinie au Chapitre de Brioude, que chaque abbé de ce monastère en jouirait, et qu'à la mort du titulaire, l'abbé, son successeur, irait à Brioude en recevoir l'investiture. Il fit convenir entre les chanoines de Brioude et les moines de la Chaise-Dieu que ceux d'entre eux qui violeraient ces dispositions donneraient cent marcs d'argent à l'Eglise Romaine.

9 Décembre 1175.

YACINTHUS, Dei gratia S. R. E diaconus cardinalis, venerabili fratri Bertrando abbati et toti religioso conventui Casæ-Dei atque dilectis in Christo filiis, Willemo præposito et universo Brivatensi capitulo salutem et sinceram discretionem. Olim per Arverniam transitum

facientes ad querimoniam quorumdam fratrum Casæ-Dei, te, dilecte fili, præposite, decanum, abbatem et Brivatenses canonicos tuos per litteras nostras vocavimus, ut super dura et gravi controversia quæ inter vos et monasterium Casæ-Dei de cœnobio Cantajolensi vertebatur, eidem Casæ-Dei coram nobis justitiam exhiberetis; cumque ad eumdem locum Casæ-Dei pervenissemus, quosdam Brivatenses canonicos recepimus qui, nomine capituli sui, et tu, frater abbas Casæ-Dei (1), et conventus tuus in communi capitulo firmiter compromisistis super jam dicta controversia nostro stare arbitrio seu mandato, et quod idoneas de vobis personas quarum factum ratum habetis ad diem quam utrisque statueremus cum plena universitatis auctoritate pro arbitrio seu nostro mandato suscipiendo mitteretis. Ad diem itaque quam propter hoc statuimus pro ecclesia Brivatensi, tu jam dicte præposite, cum abbate, cantore atque abbate Sancti Germani et pluribus aliis ejusdem Ecclesiæ canonicis, et tu præfate abbas Casæ-Dei cum priore, cellario, eleemosynario, et quibusdam aliis obedientiariis, prioribus et monachis Casæ-Dei, qui monasterio vestro apud Anicium ad nostram præsentiam accessistis, plenariam agendi et transigendi et componendi potestatem tam pro vobis quam pro absentibus fratribus vestris hinc inde habentes. Igitur utrisque partibus coram nobis pariter constitutis, assidentibus nobis venerabilibus fratribus nostris, P. (2) Aniciensi episcopo, A. Sancti Theofredi abbate (3), magistro Hu. Bituricensi archidiacono et magistro Raymundo de Capella S. R. E. subdiacono, Brivatenses canonici proposuerunt contra fratres de Casa-Dei quod, cum prælibatum Cantajolense cœnobium in allodio ecclesiæ Brivatensis esset fundatum et largis possessionibus ab ea dotatum, et de dono et concessione ipsius sub certa et annua præstatione ac procuratione canonice facta, monasterium Casæ-Dei possidet quidquid ibidem habebat, et jam a tribus vel quatuor annis debitam præstationem monachi non solvissent, ipsum Cantajolense cœnobium sibi vindicandum adjudicari debere, vel saltem ad id abbatem et fratres de

---

(1) Guillaume de Torrent (1169-1176).
(2) Pierre IV, évêque du Puy (1159-1189).
(3) Ponce de Chalancon, abbé de St-Chaffre. (1172-1186).

Casa-Dei nos debere cogere dicebant, et Brivatensem ecclesiam caput Cantajolensis recognoscentes consuetam reverentiam et præstationes sibi deinceps sine contradictione persolverent, uti continetur in antiquo prædictæ donationis instrumento sigilli Sancti Roberti et Sancti Juliani signato, quod instrumentum in medium produxerunt, et fratres Casæ-Dei requisiti sese par instrumentum habere confessi fuerunt. E contra abbas et fratres de Casa-Dei, licet confiterentur prædictas præstationes Cantajolenses Brivatensibus aliquas solvisse, tamen dicebant eas indebitas et sine consilio et consensu conventus Casæ-Dei fuisse impositas et solutas, ita quod ad eorum querimoniam dominus Innocentius papa, cujus tempore, Cantajolensem locum ejusdem commissione sese acquisivisse allegabant, postmodum dominus Eugenius et dominus Alexander papa, qui nunc præest, litteris suis præcipiendo inhibuerunt ne ab eis exigerentur : super hoc etiam rescriptum Innocentii et litteras Eugenii et Alexandri bullatas nobis obtulerunt. Sane his et aliis partium allegationibus diligenter auditis et instrumentis studiose inspectis, habito consilio et deliberatione, placuit utrique parti ut amicabili compositione causam terminaremus. Verum, quoniam secundum prætaxatum instrumentum a Brivatensibus productum sigillis utriusque, signatum ecclesiæ quod verum et authenticum esse cognovimus, monasterium Cantajolense generale convivium Brivatensibus canonicis unoquoque anno in festo Sancti Juliani, ex debito reverentiæ, uti eorum præpositus seu decanus reddere solebant, solvere tenebatur, et fratres de Casa-Dei plurimum conquerebantur quod iidem canonici nimis eos in hac parte gravarent, multas indebitas et minus honestas personas ea die convivio invitantes et suscipientes, de consilio prædictorum nobis assidentium hoc ita moderati sumus quod solummodo canonicos et cœteros clericos eorum ac abbatem de Pebraco et tertium et communem familiam capituli, et de honestis hospitibus quos alias canonici essent recepturi, tantum usque ad quindecim personas consueto more procurent. De receptione Cantajolensis prioris, cum ad Brivatensem ecclesiam pro hac procuratione facienda venerit, recipiatur tantum cum decem equitatibus, sicut in prædicto instrumento continetur et fieri solet. Sed si abbas Casæ-Dei accessit ad diem festum celebrandum, cum quindecim equitatibus honeste, sicut decet, suscipiatur et tractetur, et in choro, missæ celebratione et capitulo et refectorio, sicut dignum est, honoretur: monachis aut famulis eorum nullum inconveniens fiat. Tamen si Cantajolensis prior et abbas simul venirent, non excedant prædictum numerum equitatorum. In procuratione canonicorum suscipienda, quia vero in eodem instrumento continetur quod quicumque clerici Brivatenses pro celebrando festo Sancti Marcellini Cantajolum ire voluerint cum sibi servientibus ex honoris debito a monachis loci convenienter accipiantur. Et hoc temperavimus quod quadraginta equitaturas non excedant, nisi forte præpositus, abbas vel decanus Brivatensis illuc accederet. Quod si aliquis vel aliqui eorum ad ipsum festum accederent, quinque aliis equitaturis tantum adjectis, ibidem susciperentur, ita quod omnes equitaturæ numerum quadraginta quinque non excedant. Servientes nonnisi de propriis domibus, et nullam personam, nisi duntaxat quæ ibi honeste se habeat, canonici aut clerici secum ducent; tunc sicut patroni loci et defensores honorifice suscipiantur et tractentur. Præterea statutum fuit quod monasterium Casæ-Dei canoniam unam cum plenaria et integra præbenda, uti quilibet præsentium canonicorum Sancti Juliani eam uberius percipit, in ecclesia Brivatensi perpetuo habeat, ita tamen quod omnes abbates Casæ-Dei qui pro tempore fuerint, inde canonici existant. Cæterum quolibet Casæ-Dei abbate obeunte, abbas qui succedet ad Brivatense capitulum ibit; ibique idem abbas honorifice susceptus et præposito, decano et cœteris Brivatensibus canonicis ecclesiæ Sancti Juliani tam Cantajolensis monasterii concessionem quam prælibatæ canoniæ eum præbenda gratuitam suscipiat, et integram investituram. Verumtamen toto illo temporis spatio quod erit a morte abbatis usquequo ejus successor pro jam dicta concessione Brivatense capitulum adeat, elemosinarium hospitale Sancti Juliani integros redditus divini amoris intuitu percipiet, nullique interim alii eadem assignabitur canonia, ut defunctorum abbatum successores eam semper liberam inveniant et vacantem, et debitos inde absque dilatione suscipiant fructus : homini cuique abbatum Casæ-Dei aliquando licebit sive canoniam sive canoniæ redditus in quamlibet aliam personam tempore aliquo transferre, vel ad eos recipiendos laicum instituere, sed ad opus suum et Casæ-Dei eos retinebit. Fuit etiam per stipulationem inter Brivatenses canonicos et abbatem et fratres Casæ-Dei pœna pecuniaria constituta, quod illa partium, quæ præsens statutum infringere præsumpserit, hac compositione rata manente, centum marcas argenti nobis vel Ecclesiæ Romanæ componat. Ut autem præsentis scripti attestatio et perpetuum robur habeat et firmitatem, eam nostri sigilli munimine fecimus consignari, statuentes ut nulli omnino hominum liceat contra hanc compositionis paginam venire vel aliquatenus contraire. Quod si quis temerario ausu agere præsumpserit, sciat se omnipotentis Dei et beatorum apostolorum Petri et Pauli et Ecclesiæ Romanæ indignationem procul dubio incursurum.

† Ego Hyacinthus Sanctæ Mariæ in Cosmedin diaconus cardinalis Apostolicæ Sedis legatus.

† Ego P. Aniciensis episcopus.

Datum per manum Raymundi de Capella S. R. E. subdiaconi, indictione VIII, quinto Idus decembris, anno Domini MCLXXXV, anno pontificatus domini papæ Alexandri tertii XVI (1).

LXIV.

Philippe, roi de France, rappelle que les religieuses de Cusset, voulant mettre sous sa protection tout ce qu'elles possédaient, lui ont donné la moitié de la justice de Cusset, la moitié de la justice des terres que possède l'abbaye de Cusset, la moitié de la plupart de leurs revenus, et qu'en retour il a promis que ni lui ni ses successeurs ne céderaient à personne cette terre et ces revenus.

1184.

HILIPPUS, Dei gratia Franciæ et Navarræ rex. Notum facimus universis tam præsentibus, quam futuris, nos infrascriptas vidisse litteras tenorem qui sequitur continentes.

In nomine sanctæ et individuæ Trinitatis, Amen. Philippus Dei gratia Franciæ rex. Noverint universi præsentes pariter et futuri.

---

(1) Bibliothèque nationale, ms. latin, 12,664. *Monasticon Benedictinum*, fol. 105 et seqq.

Cum universa quæ moniales Cuciaci habent, tam in villa Cuciaci quam alibi, ad petitionem venerabilis patris nostri Lucii papæ, eoque potissimum intuitu quod eadem ad regale nostrum pertinet, in manum et protectionem nostram suscepimus, ad quam nostræ protectionis susceptionem Florencia, abbatissa, totusque conventus, ut affectum nostrum circa rem prædictam redderent magis sollicitum, nobis hic habenda perpetuo dederant; videlicet, medietatem justitiæ Cuciaci, et medietatem justitiæ totius terræ quam habet abbatia Cuciaci, et medietatem reddituum quos constituerunt ex equis, asinis, quadrigis, carris vinum seu merces alias per Cuciacum aut de Cuciaco deferentibus: excepto careagio annonæ et salis, et medietatem omnium mercatorum que fient tam in tempore nundinarum, quam in aliis temporibus apud Cuciacum, exceptis nundinis de septembri. Præterea dederunt nobis ut de singulis domibus terræ quam habent extra Cuciacum, habeamus singulis annis duos denarios in festo Sancti Michaelis. Nos autem eis concessimus quod neque nos neque successores nostri reges Franciæ hanc terram ac hos redditus extra manum regiam mitteremus, nec alicui alii conferremus. Quod ut apud posteros perpetuam sortiatur firmitatem, præsentem cartam sigilli nostri auctoritate, et regii nominis caractere inferius annotato, communimus. Actum Mauziaci, anno Verbi Incarnatione Domini millesimo centesimo octogesimo quarto, regni nostri anno quinto, astantibus in palatio nostro, quorum nomina supposita sunt et signa. S. Comitis Theobaudi, dapiferi nostri. S. Guidonis, buticularii. S. Matthæi, camerarii. S. Rodulphi, constabularii. Datum per manum Hugonis, cancellarii (1).

LXV.

Charles-le-Gros expose qu'Emmène, évêque de Nevers, était venu le trouver et que, conformément à ses désirs, il avait arrêté qu'aucun évêque de Nevers ne pourrait changer la des-

---

(1) *Ordonnances des Roys de France de la troisième race.* Paris, de l'Imprimerie Royale, MDCCXXXIV. 4ᵉ volume, pp. 205-206.

tination du monastère de religieuses qu'il avait fondé à Cusset. Il établit que les religieuses auront le droit d'élire leur abbesse; qu'en reconnaissance de la soumission qu'elles doivent à l'évêque de Nevers, elles lui paieront, à la fête de Saint-Martin, une livre d'argent; qu'aucun comte, ni juge, ni évêque ne pourra s'arroger ce qui est à leur usage; que personne ne pourra exiger d'elles ni cens ni hommage; qu'aucun étranger ne pourra se rendre ni séjourner dans leur monastère, si ce n'est pour y implorer la clémence divine.

17 Août 886.

N nomine sanctæ et individuæ Trinitatis, Carolus, gratia Dei imperator Augustus. Si imperialis sollicitudo ea procuret, quæ ad instaurationem sanctæ Ecclesiæ pertinere noscuntur, sine dubio magnum imperii culminis statum præparare comprobatur, et non solum in præsenti stabilimentum regni et imperii corroborat, sed etiam in futuro æternæ retributionis præmium tibi conciliat. Sit ergo cognitum cunctis fidelibus sanctæ Dei Ecclesiæ tam præsentibus quam et futuris quia Emmenus, venerabilis episcopus Nivernensis Ecclesiæ, ad nostram clementiam veniens, indicavit nobis, quod monasterium in villa Sancti Martini de suburbio Nivernis, in Cuciaco, qui est in Arvernensi comitatu, fundabat et sanctimoniales feminas divinæ militiæ famulaturas ibi constituebat. Petiit denique providens in futurum, ut eisdem sanctimonialibus præceptum nostræ firmitatis concederemus, ut in eodem loco fiducialiter Deo famularentur, et nunquam ab ullo pontifice Nivernensis Ecclesiæ a statu monastici ordinis evellerentur aut mutarentur et neque alius ordo, nisi sanctimonialium feminarum, ibi constitueretur. Dignum itaque intuentes quod poscebat, consensimus precibus et voluntati ejus. Volumus itaque et per hujus præcepti constitutionem roboramus, ut ab hodierna die nullus ordo ecclesiasticus, nisi sanctimoniales feminæ, in Cuciaco villa, quæ ad Sanctum Martinum de suburbio Nivernis pertinet, in monasterio quod Emmenus ibi construi jussit episcopus, Deo famulari præsumat, et neque ab ullo pontifice vel ab aliqua sæculari potestate dissipetur vel transmutetur. Abbatissa quoque hujus monasterii decedente, tribuimus illis et imperiali modo delegavimus, firmiterque concedendo indulsimus quamcumque ex suis maluerint licentiam eligendi abbatissam. Episcopus vero Nivernensis Ecclesiæ nullo modo sine consensu sanctimonialium aliam aliunde abbatiam ibi constituat nisi unam ex ipsis sororibus in invicem consentientibus. Ut autem ipsæ sanctimoniales subjectionem debere se recognoscant Nivernensi episcopo, ne aliquando velint se subtrahere a jugo et ordinatione Nivernensis Ecclesiæ, constituimus consilio fidelium nostrorum, ut omni anno, festivitate Sancti Martini, in mense novembri, in censu exsolvant episcopo Nivernensi libram argenti unam. Deinde per hoc præcepti institutum confirmamus et confirmando prohibemus, ut decimæ nec aliquod unquam ab eis amplius exigatur, præter annualem censum, quem causa subjectionis decrevimus et diffinimus. Confirmamus quoque per hoc præceptum, ut nullus comes, nullus judex publicus, nullus episcopus de his quæ ad usus sanctimonialium pertinent, neque in ipso monasterio, neque alibi extra monasterium, aliquid dominari per potentiam præsumant, et nec ulla apposita persona paratas, nec censum, nec aliquod obsequium a sanctimonialibus exigat, sed absque ullo obstaculo impeditionis, quiete vivere et secundum debitum sua ordinare et pro incolumitate regum et regni pace Deum jugiter velint et delectentur exorare et omnia quæ ad ipsarum sanctimonialium causam pertinere videntur, sub immunitate rerum Sancti Cyrici, sicut in præceptis prædecessorum nostrorum, regum videlicet et imperatorum continetur, tali dispositione permaneant. Decrevimus denique omnimodisque vetamus, et vetando firmiter prohibemus, quatenus, ab hodierno et in reliquum, nullus ibi concursus aliorum fiat, neque aut illic standi aut commorandi, neque confugium inibi faciendi aut mora, exceptis illis qui ad Omnipotentis clementiam adorandam eumdem locum sanctum humiliter petierint, qui eisdem Deo sacratis nullam molestiam inferant. Si qui forte illud præsumptive agere tentaverint, aut capite puniantur, aut tantum auri pondus prætaxato sanctissimo loco conferant, quo tam abbatissæ, quam reliquis ibi Deo militantibus satisfaciant : quia nullatenus illum ad hospitale concessimus alicujus mortalis, sed ad sanctorum suffragia poscenda pro statu regni et temporis ranquillitate et omnium Christianorum salute singulariter diuturna. Et ut auctoritas hujus præcépti vigeat, subtus manu propria firmavimus et annulo nostro insigniri jussimus.

  Signum Caroli, gloriosissimi Augusti.

  Arnalbertus ad vicem Liuthuardi recognovi.

Data xvi Kalend. Septembris, anno Incarnationis Domini dccclxxxv (1), Indictione iiii, anno autem regni domini Caroli piissimi Imperatoris Augusti in Italia v, in Francia iiii, in Gallia ii. Actum Attiniaco palatio feliciter (2).

(1) Le Cartulaire de Nevers a commis une erreur. C'est en 886 qu'ont été données les Lettres de Charles-le-Gros. Dans le Cartulaire de Nevers, il existe deux diplômes, l'un de 885, l'autre de 886.

(2) Mabillon, *De Re Diplomatica*, p. 554-555. — *Gallia Christiana*, t. xii, *Instrumenta Ecclesiæ Nivernensis*, col. 508-509.

TABLE DES MATIÈRES.

	Pages.
INTRODUCTION	IX

NICOLAS Ier (858-867).

Nicolas Ier à Etienne, comte d'Auvergne. Il lui ordonne de rétablir sur son siége saint Sigon, évêque d'Auvergne... 1

JEAN VIII (872-882).

I. Jean VIII à Geilon, abbé de Noirmoutier. Il le confirme dans la possession du monastère de Saint-Pourçain...... 3

II. Jean VIII à Louis-le-Bègue. Il lui recommande Agilmare, évêque d'Auvergne............................. 6

SERGIUS III (904-911).

Sergius III confirme la fondation du monastère de Blesle faite par Ermengarde 7

JEAN X (914-928).

I. Jean X aux évêques de la Gaule. Il ratifie la donation de Moissat faite par Guillaume-le-Pieux aux moines de Saint-Laumer....................................... 8

II. Jean X confirme la donation de cent manses faite à l'abbaye d'Aurillac et met ce monastère sous la dépendance du Saint-Siége............................. 12

AGAPET II (944-955).

AGAPET II engage les Arvernes à arrêter les pillages qui se commettaient sur les terres du monastère de Sauxillanges et en particulier Etienne, évêque d'Auvergne, à retrancher de l'Eglise les auteurs de ce brigandage..... 13

JEAN XIII (965-972).

JEAN XIII recommande à plusieurs évêques de la Gaule, parmi lesquels figure Etienne, évêque d'Auvergne, de protéger Mayeul et l'abbaye de Cluny. Il engage Etienne à faire restituer au monastère de Sauxillanges une terre qui lui avait été enlevée............................ 16

GRÉGOIRE V (996-999).

GRÉGOIRE V à Odilon, abbé de Cluny. Il confirme ce monastère dans ses possessions, dont plusieurs étaient en Auvergne... 18

SERGIUS IV (1009-1012).

SERGIUS IV confirme la donation de quelques biens faite au monastère de Saint-Symphorien de Thiers............. 21

BENOIT VIII (1012-1024).

I. BENOIT VIII à Etienne, évêque des Arvernes. Il signifie qu'il ait à excommunier Tétard et Gilbert, détenteurs de biens appartenant à Cluny.......................... 21

II. BENOIT VIII signe la charte de restauration de l'église collégiale de Saint-Genès de Thiers.................... 22

III. BENOIT VIII aux évêques des provinces de Bourgogne, d'Aquitaine et de Provence, parmi lesquels figure Etienne, évêque d'Auvergne. Il leur recommande d'excommunier les usurpateurs des propriétés clunisiennes, s'ils refusent de donner satisfaction............................... 27

JEAN XIX (1024-1033).

I. JEAN XIX à Etienne, évêque d'Auvergne. Il déclare qu'il ne connaissait pas son obstination dans le péché, quand il a absous Ponce, comte d'Auvergne, qu'en conséquence il annule sa sentence de pardon............... 29

II. Jean XIX à Jourdain, évêque de Limoges. Il lui écrit qu'on peut donner le nom d'apôtre à saint Martial...... 30

LÉON IX (1048-1054).

I. Léon IX réduit à quatre-vingts le nombre des chanoines de Saint-Julien de Brioude................. 33
II. Léon IX à Robert, abbé de la Chaise-Dieu. Il met ce monastère sous la protection du Saint-Siége........... 34

VICTOR II (1052-1057).

Victor II à Hugues, abbé de Cluny. Il confirme ce monastère dans la possession de ses biens dont plusieurs étaient en Auvergne................. 38

ETIENNE IX (1057-1058).

Etienne IX à Hugues, abbé de Cluny. Il assure à cette abbaye la possession de ses biens, dont plusieurs étaient en Auvergne.................

NICOLAS II (1058-1061).

Nicolas II à Emile, abbé d'Aurillac. Il met ce monastère sous la protection du Saint-Siége, et lui confère des droits et des priviléges................. 39

ALEXANDRE II (1061-1073).

I. Alexandre II à Emile, abbé d'Aurillac. Il renouvelle les droits et priviléges conférés à cette abbaye par Nicolas II. 42
II. Alexandre II à Pierre, abbé de Mozat. Il confirme cette abbaye dans la possession de ses biens................. 45
III. Alexandre II confirme l'abbaye de la Chaise-Dieu dans ses biens et priviléges................. 45
IV. Alexandre II approuve la fondation du chapitre d'Ennezat................. 46
V. Alexandre II fait mettre Robert, abbé de la Chaise-Dieu, dans l'album des saints................. 46

GRÉGOIRE VII (1073-1085).

I. Grégoire VII à Hugues, abbé de Cluny. Il confirme cette abbaye dans ses possessions, dont un certain nombre était en Auvergne................. 47

II. Grégoire VII à Pierre, abbé d'Aurillac. Il défend de porter atteinte aux biens de ce monastère et le maintient dans ses priviléges............................ 48

III. Grégoire VII à Seguin, abbé de la Chaise-Dieu. Il confirme ce monastère dans ses immunités et dans la possession des abbayes de Gaillac et de Saint-Théodart....... 50

IV. Grégoire VII aux habitants des provinces de Bourges, de Narbonne et de Bordeaux. Il ordonne de faire restituer à l'abbaye d'Aurillac les biens qui lui avaient été ravis, le monastère de Maurs, les églises de Dolmayrac et de Montsalvy : il confirme la donation du monastère de Vieux. 54

V. Grégoire VII à Guillaume, archevêque d'Auch. Il lui ordonne de restituer à l'abbaye d'Aurillac l'église de Dolmayrac............................ 56

VI. Grégoire VII érige le monastère de Saint-Léger d'Ebreuil en abbaye de l'ordre de Saint-Benoît........ 57

VII. Grégoire VII à Hugues, archevêque de Lyon. Il l'engage à terminer le différend de l'abbé de la Chaise-Dieu avec un abbé contre lequel Hugues avait eu à sévir. Il l'invite à la miséricorde............................ 58

VIII. Grégoire VII concède à l'abbaye d'Aurillac l'église de Saint-Pantaléon............................ 58

IX. Grégoire VII aux chanoines du Puy. Il confirme la sentence d'excommunication portée contre Etienne, évêque de Clermont, qui avait usurpé l'église du Puy...... 59

X. Grégoire VII à Hugues, évêque de Die et légat du Saint-Siège. Il l'engage à terminer les difficultés qui concernent les églises de Chartres, du Puy et d'Auvergne, et lui ordonne d'inviter au synode Hugues, abbé de Cluny, afin qu'il soit assisté de ses lumières pour le règlement de l'affaire de l'Eglise d'Auvergne............ 61

XI. Grégoire VII porte une sentence d'excommunication contre ceux qui avaient enlevé au chapitre cathédral de Clermont l'église de Cebazat et autres biens.......... 63

URBAIN II (1088-1099).

I. Urbain II à Seguin, abbé de la Chaise-Dieu. Il l'engage à rendre aux disciples de Bruno le monastère de la Chartreuse............................ 63

II. Urbain II aux moines de Souvigny. Il les confirme dans leurs possessions............................ 63

III. Urbain II à Durand, évêque des Arvernes. Il le charge de faire restituer par les chanoines de Billom le monastère de Saint-Loup aux moines de Sauxillanges........ 65

IV. Urbain II à Hugues, abbé de Cluny. Il confirme cette abbaye dans la possession du monastère de Mozat et de plusieurs églises situées dans l'évêché d'Auvergne....... 67

V. Urbain II à Eustache de Guigues, abbé de Mozat. Il attribue à ce monastère le premier rang parmi ceux qui relevaient de Cluny................................ 67

VI. Urbain II engage les métropolitains à se rendre au concile de Clermont et à y convoquer leurs suffragants, les dignitaires ecclésiastiques et les princes séculiers........ 67

VII. Urbain II engage Lambert, évêque d'Arras, à assister au concile de Clermont et à soutenir sa cause contre l'évêque de Cambrai................................ 67

VIII. Urbain II à Florence, abbesse de Blesle. Il met son abbaye sous la protection du Saint-Siége.............. 69

IX. Urbain II à Ponce, abbé de la Chaise-Dieu. Il confirme cette abbaye dans la possession de ses monastères....... 72

X. Urbain II à Ponce, abbé de la Chaise-Dieu. Il met cette abbaye sous la juridiction du Saint-Siége et la confirme dans ses biens................................... 72

XI. Urbain II aux moines de Souvigny. Il met leur monastère sous la protection du Saint-Siége et leur confère des immunités ainsi qu'à la ville de Souvigny............. 74

XII. Urbain II aux Pères et à l'Assemblée du Concile de Clermont....................................... 75

XIII. Urbain II à Etienne, prieur de Saint-Flour. Il le confirme dans la possession de l'église de Chaudesaigues. 85

XIV. Urbain II accorde au monastère de Sauxillanges le privilége du grand pardon........................ 86

XV. Urbain II accorde un diplôme en faveur des chanoines de Brioude..................................... 86

XVI. Urbain II aux moines de Sauxillanges. Il les confirme dans leurs possessions et priviléges.................. 86

XVII. Urbain II aux religieuses de Marcigny. Il leur assure la possession de plusieurs églises, dont quelques-unes étaient en Auvergne.............................. 93

XVIII. URBAIN II confirme le prieuré de Saint-Flour dans la possession de l'église de Chaudesaigues............ 94

XIX. URBAIN II érige en abbaye la prévôté de Pébrac..... 94

XX. URBAIN II porte un jugement au sujet de l'abbaye d'Aurillac et du chapitre de Montsalvy............... 95

XXI. URBAIN II à Pierre, abbé d'Aurillac. Confirmation de priviléges et de possessions........................ 96

XXII. URBAIN II arrête que l'abbé de Saint-Germain-d'Auxerre sera tiré des abbayes de Cluny ou de la Chaise-Dieu, ou de Marmoutier................................ 101

XXIII. URBAIN II à Guillaume, évêque d'Auvergne. Il confirme l'Eglise d'Auvergne dans ses possessions et dans ses droits.. 101

PASCAL II (1099-1118).

I. PASCAL II aux moines de Souvigny. Il place leur monastère sous la protection du Saint-Siége et les confirme dans leurs biens et immunités....................... 105

II. PASCAL II à Pierre, abbé d'Aurillac. Confirmation des biens et immunités de cette abbaye................... 108

III. PASCAL II à Arnaud, abbé de Saint-Pierre-le-Vif. Il met sous sa dépendance le monastère de Mauriac....... 111

IV. PASCAL II à Pierre, abbé de Tournus. Il le confirme dans la possession d'un grand nombre d'églises, dont plusieurs étaient dans l'évêché de Clermont............. 115

V. PASCAL II à Aimeric, abbé de la Chaise-Dieu. Il renouvelle les priviléges accordés à ce monastère par Grégoire VII et Urbain II.................................. 118

VI. PASCAL II à Hugues, abbé de Cluny. Il confirme cette abbaye dans la possession de beaucoup d'églises, dont plusieurs étaient en Auvergne.......................... 121

VII. PASCAL II ordonne qu'on rende l'église de Montsalvy au monastère d'Aurillac................................ 123

VIII. PASCAL II charge plusieurs évêques et cardinaux de régler le différend de la Chaise-Dieu et de l'abbaye d'Aniane, au sujet du monastère de Notre-Dame de Gourdaignes... 125

IX. PASCAL II à Hugues, abbé de Cluny. Il met l'abbaye de Menat sous la dépendance des abbés de Cluny.......... 127

X. PASCAL II à Aimeric, abbé de la Chaise-Dieu. Il établit que les abbés de Saint-Marin de Pavie et de Frassinoro seront élus par l'abbé de la Chaise-Dieu, et que les abbés de Brantôme, de Gaillac et de Saint-Théodart continueront d'être nommés par le même abbé. Il confirme cette abbaye dans la possession de plusieurs églises.................. 128

XI. Pascal II à Pons, abbé de Cluny. Il décrète que les monastères qui étaient sous la dépendance de Hugues, resteront sous sa juridiction. Il désigne l'abbaye de Mozat, les prieurés de Souvigny, de Lavoûte, Saint-Flour, Sainte-Marie du Château et Ris........................... 132

XII. Pascal II à Pierre, abbé d'Aniane. Il arrête que la celle de Gourdaignes appartiendra à l'abbaye d'Aniane et non à celle de la Chaise-Dieu...................... 133

XIII. Pascal II à Pierre, abbé d'Aniane. Il arrête de nouveau que le monastère de Gourdaignes dépendra d'Aniane et non de la Chaise-Dieu............................ 136

XIV. Pascal II à Téotard, abbé d'Ebreuil. Confirmation des biens et priviléges de l'abbaye d'Ebreuil............... 137

XV. Pascal II à Odon, abbé de Saint-Sixte de Plaisance. Il confirme le changement opéré dans ce monastère où les religieuses avaient été remplacées par des moines venus de la Chaise-Dieu et de Mantoue........................ 137

XVI. Pascal II à l'abbé de la Chaise-Dieu. Il lui recommande de réintégrer l'abbé de Saint-André de Vienne, auquel il avait enlevé l'abbatiat...................... 143

XVII. Pascal II à Guy, archevêque de Vienne. Il lui enjoint de déposer Umbert que l'abbé de la Chaise-Dieu avait mis à la tête de Saint-André de Vienne, et de rétablir ce monastère dans sa primitive indépendance....... 144

GÉLASE II (1118-1119).

Gélase II à Pons, abbé de Cluny. Il maintient sous sa dépendance plusieurs monastères, parmi lesquels il désigne les abbayes de Mozat, de Thiers et de Menat........... 144

CALIXTE II (1119-1124).

I. Calixte II à l'abbé et aux moines d'Aniane. Il leur signifie de venir le trouver, afin qu'il termine leur différend avec les moines de la Chaise-Dieu, au sujet du monastère de Gourdaignes............................ 145

II. Calixte II à Etienne, abbé de la Chaise-Dieu. Il lui assure la protection du Saint-Siége et la possession de ses biens, parmi lesquels il désigne Saint-Marin de Pavie, Frassinoro et Saint-Sixte de Plaisance................ 146

III. Calixte II à Francon, abbé de Tournus. Il confirme ce monastère dans la possession de ses églises, dont un grand nombre était dans l'évêché de Clermont............... 148

IV. Calixte II aux chanoines de Saint-Julien de Brioude. Il confirme ce chapitre dans ses biens et immunités. Il nomme les abbayes de Saint-Germain-Lembron, de Chanteuges, de Pébrac, de Saint-Julien-de-Tours et plusieurs églises... 150

V. Calixte II à Gosbert, abbé d'Aurillac. Il confirme cette abbaye dans ses biens et priviléges. Il nomme plusieurs églises. Châteauroux, Saint-Marcellin, Beurières, Lesches, Aourte, Polignac, Saint-Pantaléon, Rives, Dolmayrac et Montsalvy, et les abbayes de Maurs et de Boixe........ 158

VI. Calixte II porte une sentence d'excommunication contre les sires d'Oradour............................... 161

VII. Calixte II ordonne aux moines de la Chaise-Dieu de renoncer à leurs prétentions au sujet du monastère de Gourdaignes.. 161

VIII. Calixte II arrête qu'on jugera à Montpellier le différend élevé entre Aton, archevêque d'Arles, et les moines de la Chaise-Dieu d'une part, et les religieux d'Aniane, d'autre part... 162

IX. Calixte II charge plusieurs évêques, cardinaux et abbés, réunis au Concile de Toulouse, de porter un jugement sur l'affaire de Gourdaignes................................... 162

X. Calixte II adjuge la celle de Gourdaignes à l'abbaye d'Aniane, et défend à l'archevêque d'Arles et aux moines de la Chaise-Dieu de troubler cette abbaye dans cette possession... 163

XI. Calixte II à Etienne, abbé de la Chaise-Dieu. Il confirme cette abbaye dans la possession de Sainte-Livrade.. 167

XII. Calixte II à Pons, abbé de Cluny. Il confirme les droits de cette abbaye sur ses monastères, parmi lesquels il désigne Mozat, Thiers et Menat........................... 168

XIII. Calixte II à Pierre, archevêque de Vienne. Il rappelle qu'étant archevêque de Vienne, il avait retiré à la Chaise-Dieu le monastère de Saint-André. Il ordonne à l'archevêque de protéger Galtier que les moines avaient élu pour abbé 169

XIV. Calixte II à Pierre, abbé de Sauxillanges. Il le félicite d'avoir été nommé à l'abbatiat de Cluny........... 171

XV. Calixte II ordonne que les religieuses de Beaumont quitteront l'église où elles se réunissaient pour aller dans celle de Saint-Pierre............................... 172

XVI. Calixte II à l'abbesse de Blesle. Il confirme cette abbaye dans ses biens et immunités.................. 173

XVII. Calixte II autorise Fébroine et ses religieuses à rentrer dans le monastère de Saint-Sixte, occupé, depuis leur expulsion, par les moines de la Chaise-Dieu........ 173

XVIII. Calixte II révoque son mandat en faveur de Febroine et rétablit les moines de la Chaise-Dieu dans le monastère de Saint-Sixte........................... 173

XIX. Calixte II à Aimeric, évêque de Clermont. Il l'engage à terminer le différend qui existait entre lui et l'abbaye de Cluny, au sujet d'un certain nombre d'églises... 174

XX. Calixte II fait donation à la Chaise-Dieu des églises de Montferrand qui lui avaient été cédées par Guillaume VI, comte d'Auvergne....................... 175

HONORIUS II (1124-1130).

I. Honorius II à Humbald, archevêque de Lyon et légat du Saint-Siége. Il lui annonce qu'il a excommunié Pons, abbé de Cluny, et ses partisans parmi lesquels se trouve Eustorge, prieur de Souvigny....................... 176

II. Honorius II aux archevêques et seigneurs de France. Il leur enjoint d'aider le cardinal Pierre, son légat, à renvoyer Pons et ses partisans des maisons de Cluny dont plusieurs étaient en Auvergne........................ 177

III. Honorius II porte une sentence d'excommunication contre Fébronie qui s'obstinait à occuper le monastère de Saint-Sixte donné aux moines de la Chaise-Dieu....... 177

IV. Honorius II à Aimeric, évêque de Clermont. Il lui ordonne de rendre à Erbert, abbé de Saint-Pierre de Sens, l'église de Vercias et d'autres églises qu'il avait ravies... 178

V. Honorius II confirme le monastère de Mauriac dans ses droits et possessions............................ 178

VI. Honorius II à Etienne de Mercœur, abbé de la Chaise-Dieu. Il confirme la sentence d'excommunication portée par Galtier, évêque de Maguelonne, contre ceux qui violaient les décisions pontificales concernant la celle de Sainte-Marie de Gourdaignes........................ 179

INNOCENT II (1130-1143).

I. Innocent II proclame, au Concile de Clermont, une Constitution sur divers points de morale et de discipline...... 179

II. Innocent II à Etienne, abbé de la Chaise-Dieu. Il confirme cette abbaye dans ses droits sur les monastères de Saint-Baudile, Lansac, Beaucaire, Saint-Trivier et autres..... 184

III. Innocent II à Etienne, abbé, et aux moines de la Chaise-Dieu. Il confirme la donation de l'abbaye de Faverney faite à la Chaise-Dieu par Anséric, archevêque de Besançon... 185

IV. Innocent II à Odon, abbé de Saint-Sixte de Plaisance. Il décrète que si, à la mort de l'abbé, les moines ne trouvent pas parmi eux un moine digne de l'abbatiat, ils devront le prendre parmi les moines de la Chaise-Dieu.. 186

V. Innocent II charge Hugues, archevêque de Rouen, d'examiner le différend qui existait entre la Chaise-Dieu et Saint-Thibéri, au sujet du monastère de Bessan...... 187

VI. Innocent II à Guy, légat du Saint-Siége. Il lui ordonne de régler le différend de la Chaise-Dieu et de Saint-Thibéri, concernant l'église de Bessan................... 188

VII. Innocent II à Etienne, abbé de la Chaise-Dieu. Il confirme ce monastère dans la possession de l'église de Saint-Fortunat..................................... 188

VIII. Innocent II sanctionne les réclamations des chanoines d'Albi qui revendiquaient l'église de Vieux, contrairement aux droits que l'abbaye d'Aurillac prétendait avoir sur elle.. 190

IX. Innocent II à Pierre, abbé de Tournus. Il confirme ce monastère dans la possession de l'église de Planciac au diocèse de Lyon, et de l'église de Trésiliac, au diocèse de Clermont.. 190

X. Innocent II à Guillaume Ier, abbé d'Aurillac. Il confirme cette abbaye dans ses priviléges....................... 193

XI. INNOCENT II défend au chapitre de Brioude d'exiger de l'abbé et des moines de la Chaise-Dieu la moindre redevance, au sujet du monastère de Chanteuges.......... 197

XII. INNOCENT II confirme l'abbaye de la Chaise-Dieu dans la possession du monastère de Montferrand............ 198

XIII. INNOCENT II donne une bulle concernant le monastère de Mauriac................................. 198

XIV. INNOCENT II approuve la concession que Roger de Sicile fit à la Chaise-Dieu des prieurés de Sainte-Marie-Neuve et de Sainte-Marie-la-Vieille de Montpiloux...... 198

XV. INNOCENT II règle le différend qui existait entre Guillaume Ier, abbé d'Aurillac, et Bernard Ier d'Auberoche, abbé d'Uzerche, au sujet des églises de Saint-Pantaléon et de Saint-Pierre et Saint-Paul de Turenne............. 199

XVI. INNOCENT II à Aimeric, évêque de Clermont. Il l'engage à se rendre en un lieu qu'il désigne pour le règlement d'une affaire litigieuse....................... 200

CÉLESTIN II (1143-1144).

CÉLESTIN II à Pierre-le-Vénérable, abbé de Cluny. Il lui annonce son élection et expose qu'Aimeric, évêque de Clermont, ne s'est pas rendu, conformément aux instructions d'Innocent II, au lieu qui lui avait été désigné. 200

LUCIUS II (1144-1145).

I. LUCIUS II met l'abbaye de la Chaise-Dieu sous la protection du Saint-Siége et lui confère des priviléges........ 202

II. LUCIUS II à Etienne, abbé de la Chaise-Dieu. Il confirme la donation du monastère de Montferrand à la Chaise-Dieu................................. ... 202

III. LUCIUS II à Etienne, abbé de la Chaise-Dieu. Il confirme l'union de Chanteuges à la Chaise-Dieu et approuve sa réduction d'abbaye en prieuré................... 203

IV. LUCIUS II donne une bulle concernant le monastère de Mauriac.. 203

V. LUCIUS II accorde aux moines de Frassinoro le droit d'élire leur abbé, contrairement aux prétentions de la Chaise-Dieu..................................... 203

VI. Lucius II confirme l'érection du chapitre d'Auzon dans l'église de Saint-Laurent............................ 204

EUGÈNE III (1145-1153).

I. Eugène III à Etienne, abbé de la Chaise-Dieu. Il met le monastère de Frassinoro sous sa dépendance........... 204
II. Eugène III confirme la nomination d'Orilbert, prieur de la Chaise-Dieu, à l'évêché de Valence.............. 206
III. Eugène III à Etienne, abbé de la Chaise-Dieu. Il confirme cette abbaye dans la possession de ses biens et de ses priviléges....................................... 207
IV. Eugène III à Pierre-le-Vénérable, abbé de Cluny. Il établit que, dans beaucoup d'abbayes, relevant de Cluny, parmi lesquelles il nomme celles de Mozat et de Thiers, les abbés ne pourront être élus sans le consentement de l'abbé de Cluny..................................... 213
V. Eugène III à Pierre, archevêque de Bourges. Il le confirme ainsi que ses successeurs dans sa primauté sur la province de Bourges, parmi les diocèses de laquelle il désigne celui de Clermont............................ 214
VI. Eugène III à Raimond de Montrond, archevêque d'Arles, et à Pierre, évêque de Viviers. Il les charge de faire une enquête sur le différend qui divisait Adalbert, évêque de Nîmes, et Jordan de Montboissier, abbé de la Chaise-Dieu, au sujet du prieuré de Saint-Baudile...... 215
VII. Eugène III à Raimond II de Posquières, évêque d'Uzès, et à Pierre Ier Raimondi, évêque de Lodève. Il les charge d'examiner l'affaire qui concernait l'évêque de Nîmes et l'abbé de la Chaise-Dieu....................... 216
VIII. Eugène III à Jordan de Montboissier, abbé de la Chaise-Dieu. Il confirme la donation de Sainte-Livrade, faite à ce monastère................................. 217
IX. Eugène III à Jordan de Montboissier. Il approuve l'accord conclu entre lui et Adalbert, évêque de Nîmes, et le confirme dans la possession du prieuré de Saint-Baudile... 218
X. Eugène III à Jordan de Montboissier. Il le confirme dans la possession de plusieurs abbayes, prieurés et églises.... 218
XI. Eugène III à Frauland, abbé de Saint-Marin de Pavie.

Il confirme des mesures déjà prises au sujet de ce monastère qui relevait de la Chaise-Dieu.................. 219

XII. Eugène III à Guillaume, abbé de Brantôme. Il arrête que l'abbé de Brantôme ne sera élu qu'avec le consentement des moines de la Chaise-Dieu.................. 220

XIII. Eugène III à Pierre, prieur de Souvigny. Il confirme ce monastère dans les possessions qu'il avait dans l'archevêché de Bourges, dans les évêchés d'Auvergne, d'Autun, de Nevers et de Limoges.......................... 220

XIV. Eugène III à Géraud de Cher, évêque de Limoges, et à Pierre-le-Vénérable. Il les engage à traiter une affaire qui concernait l'évêque de Clermont, et une autre affaire ayant trait à la possession du château d'Auzon... 226

XV. Eugène III à Pierre-le-Vénérable. Il l'engage à confier la direction du prieuré de Souvigny à son frère Pons, abbé de Vezelay............................... 227

XVI. Eugène III à Armand, prieur de Sauxillanges. Il lui envoie une sentence d'excommunication contre Guillaume, comptour de Nonette....................... 228

XVII. Eugène III déclare que la Chaise-Dieu ne doit aucune redevance au chapitre de Brioude, au sujet du monastère de Chanteuges................................... 229

ANASTASE IV (1153-1154).

I. Anastase IV à Raimond Garimes, abbé de Pébrac. Il confirme ce monastère dans le maintien de ses priviléges et de son abbatiat...................................... 229

II. Anastase IV à Beraud, abbé de Saint-Sixte de Plaisance, monastère casadien. Il l'autorise à porter la mitre aux principales fêtes de son monastère.................. 230

III. Anastase IV à Pierre-le-Vénérable. Il révoque la donation qu'il avait faite du prieuré de Souvigny à Pons, abbé de Vezelay... 230

ADRIEN IV (1154-1159).

I. Adrien IV à Géraud, abbé d'Ebreuil. Il met cette abbaye sous la protection du Saint-Siége et la confirme dans ses droits sur les églises qu'elle possède dans les diocèses d'Auvergne, de Bourges et de Saintes................. 232

II. Adrien IV à Jordan, abbé de la Chaise-Dieu. Il confirme cette abbaye dans ses possessions et dans ses priviléges... 235

III. Adrien IV à Jordan, abbé de la Chaise-Dieu. Il confirme un arrangement conclu entre lui et Raimond, abbé de Cruas, au sujet des églises de Maillac.................. 239

IV. Adrien IV à Gaufrède, prévôt d'Evaux. Il confirme cette abbaye dans ses possessions et priviléges.......... 239

V. Adrien IV aux moines d'Aurillac et de Souillac. Il leur ordonne de venir le trouver, pour qu'ils aient à s'expliquer sur les débats qui les divisaient................. 246

VI. Adrien IV aux moines d'Aurillac. Il leur enjoint de ne pas inquiéter les moines de Souillac jusqu'à ce qu'il se soit prononcé sur leur différend........................ 246

VII. Adrien IV à Pierre Brun, abbé d'Aurillac. Il arrête que les moines de Souillac dépendront de l'abbaye d'Aurillac.. 246

VIII. Adrien IV à l'abbé de Mozat. Il confirme ce monastère dans la possession de ses biens...................... 249

IX. Adrien IV confirme la réunion de Chanteuges à la Chaise-Dieu et son érection en prieuré................ 249

ALEXANDRE III (1159-1181).

I. Alexandre III à Lucie, abbesse du Buis. Il met ce monastère sous la protection du Saint-Siége.............. 249

II. Alexandre III à Ponce de Beaudinaire, abbé de la Chaise-Dieu. Il prend ce monastère sous sa protection et le confirme dans ses possessions, parmi lesquelles il énumère Saint-Marin de Pavie, Saint-Baudile de Nîmes et Saint-Quirice de Lucques..................................... 250

III. Alexandre III à Etienne de Mercœur, évêque de Clermont. Il confirme l'accord conclu entre l'évêque et le chapitre cathédral, d'une part, et Guillaume VII, comte d'Auvergne, d'autre part, au sujet des droits à prélever sur la ville de Montferrand.......................... 252

IV. Alexandre III au prieur et au couvent de Saint-Pourçain. Il leur retire le droit de sépulture.............. 259

V. Alexandre III à Louis VII, roi de France. Il le conjure d'arrêter les pillages que les comtes d'Auvergne et le vicomte de Polignac commettaient sur les terres de Brioude.. 260

VI. Alexandre III prononce une sentence d'excommunication contre les comtes d'Auvergne, à cause des violences auxquelles ils se livraient dans l'église de Brioude et dans cette province.................................... 262

VII. Alexandre III à Louis VII. Il expose au roi qu'il a absous, à Tours, le comte d'Auvergne et donne les motifs de sa conduite.. 262

VIII. Alexandre III à Louis VII. Il lui propose, dans l'intérêt de la paix, certaines mesures au sujet de la maison du doyen de Brioude..................................... 264

IX. Alexandre III à Louis VII. Il l'entretient de l'affaire de l'église de Brioude....................................... 265

X. Alexandre III à Pierre de La Châtre, archevêque de Bourges et à ses suffragants. Il leur recommande de protéger l'abbaye de la Chaise-Dieu contre toute violence... 266

XI. Alexandre III à Ponce de Beaudinaire, abbé de la Chaise-Dieu. Il donne à cette abbaye le droit de sépulture.. 267

XII. Alexandre III à Pierre de La Tour, abbé de Mozat. Il met cette abbaye sous la protection du Saint-Siége et la confirme dans la possession d'un grand nombre d'églises qu'il énumère... 267

XIII. Alexandre III à Arnaud, abbé de Saint-Allyre. Il prend ce monastère sous sa protection et le confirme dans la possession d'un certain nombre d'églises............. 273

XIV. Alexandre III à Cécile, abbesse de Beaumont. Il met cette abbaye sous la protection du Saint-Siége et la confirme dans ses biens..................................... 278

XV. Alexandre III aux évêques de Rodez et de Cahors. Il leur recommande de terminer le différend qui s'était élevé entre l'évêque et les chanoines d'Albi, d'une part, et les moines d'Aurillac, d'autre part, au sujet de l'église de Vieux... 282

XVI. Alexandre III aux moines d'Aurillac. Il leur mande qu'il a écrit aux évêques de Rodez et de Cahors, au sujet de l'affaire de l'église de Vieux, et leur recommande de se rendre auprès de ces évêques, quand ils les feront appeler.. 283

XVII. Alexandre III à Ponce de Beaudinaire, abbé de la Chaise-Dieu. Il confirme l'accord conclu entre l'abbaye de la Chaise-Dieu et celle de Mozat, au sujet d'un différend concernant des possessions situées au lieu de Casellis 284

XVIII. ALEXANDRE III à l'abbé et au monastère de Saint-Allyre. Il confirme une donation faite à cette abbaye par Fulcon de Saligny............................... 284

XIX. ALEXANDRE III à l'évêque de Clermont. Il lui mande qu'on doit ensevelir un incendiaire qui avait été absous à la mort, et qu'on doit contraindre ses héritiers à réparer les dommages qu'il a causés............................. 285

XX. ALEXANDRE III à l'archevêque de Bourges et à ses suffragants, parmi lesquels était l'évêque de Clermont. Il leur fait savoir qu'il a travaillé à la réconciliation de Henri II et de Thomas Becket....................... 286

XXI. ALEXANDRE III à Philippie, abbesse de Blesle. Il met cette abbaye sous la protection du Saint-Siége. Il la confirme dans ses possessions présentes et futures......... 287

XXII. ALEXANDRE III à Odon, abbé de Saint-Pierre-le-Vif. Il confirme cette abbaye dans ses possessions, parmi lesquelles il désigne la celle de Mauriac.................. 290

XXIII. ALEXANDRE III à l'évêque de Clermont et à l'archidiacre de Bourges. Il leur recommande de régler un litige qui existait entre le monastère de Souvigny et Agnès, veuve d'Archembaud de Bourbon....................... 290

XXIV. ALEXANDRE III à Pierre, archevêque de Tarentaise, à Ponce, évêque de Clermont et au prieur de la Chartreuse. Il les charge d'enjoindre à Henri II, roi d'Angleterre, de rendre la liberté aux filles de Louis VII....... 292

XXV. ALEXANDRE III à Gualtier, prieur de Saint-André. Il prend ce monastère sous sa protection, le confirme dans la possession de ses biens et lui confère des priviléges... 293

XXVI. ALEXANDRE III à l'abbé et aux moines de Saint-Allyre. Il confirme la donation de l'église de Gerzat faite à cette abbaye par Ponce, évêque de Clermont........... 298

XXVII. ALEXANDRE III à Ponce, évêque de Clermont. Il le charge avec Mathieu, évêque de Troyes, de régler le différend survenu entre Josse, archevêque de Tours et Barthélemy Vindechi, archevêque, d'une part, et les abbés de Saint-Martin de Tours et de Connery, d'autre part.. 299

DES MATIÈRES.   535

XXVIII. ALEXANDRE III à l'abbé et aux moines de Pébrac. Il confirme ce monastère dans la possession de la dignité abbatiale.................................. 299

XXIX. ALEXANDRE III à Robert, archevêque de Vienne, et à Ponce, évêque de Clermont. Il les charge de veiller à ce que Guigues, comte du Forez, remplisse ses engagements vis-à-vis de l'Eglise de Lyon.................... 300

XXX. ALEXANDRE III aux chanoines de Brioude. Il leur enjoint de n'exiger aucune redevance de la Chaise-Dieu, au sujet de Chanteuges............................. 302

XXXI. ALEXANDRE III à la prieure et aux religieuses de Comps. Il confirme ce monastère dans ses biens et dans ses priviléges.................................... 302

XXXII. ALEXANDRE III à Bertrand Isarn, abbé de la Chaise-Dieu. Il met ce monastère sous la protection du Saint-Siége et le confirme dans certains priviléges........... 305

XXXIII. ALEXANDRE III à Bertrand Isarn. Il confirme l'abbaye de la Chaise-Dieu dans la possession de ses biens dont il fait l'énumération et constate les priviléges dont elle devra jouir................................... 306

XXXIV. ALEXANDRE III aux religieux de Saint-Sixte de Plaisance. Il se plaint de ce qu'ils ne rendent pas à la Chaise-Dieu l'obéissance et le respect qu'ils lui doivent... 313

XXXV. ALEXANDRE III à Guarin, archevêque de Bourges et à ses suffragants, parmi lesquels était Ponce, évêque de Clermont. Il les invite à se rendre au concile qui doit se célébrer à Rome, le premier dimanche de Carême.... 314

XXXVI. ALEXANDRE III à Bertrand Isarn, abbé de la Chaise-Dieu. Il confirme les priviléges accordés à cette abbaye par ses prédécesseurs...................... 315

XXXVII. ALEXANDRE III à l'archevêque de Bourges et aux évêques de Clermont et du Puy. Il leur recommande de faire observer la sentence portée en faveur de l'abbaye de Tournus.. 316

XXXVIII. ALEXANDRE III à Girard, abbé de Tournus. Il confirme cette abbaye dans ses possessions dont plusieurs étaient dans le diocèse de Clermont................... 316

XXXIX. ALEXANDRE III aux évêques de Cahors et d'Angoulême. Il les charge d'examiner le différend survenu au sujet de l'église de Montalzat, entre l'abbé d'Aurillac et les abbés de Figeac et de Sarlat................... 318

XL. ALEXANDRE III à Ponce, évêque de Clermont. Il met l'Eglise de Clermont sous sa protection et défend de porter aucune atteinte à sa dignité et à ses priviléges.......... 318

XLI. ALEXANDRE III aux évêques de Cahors et de Die. Il les charge de mander devant eux les chanoines de Brioude et les moines de la Chaise-Dieu, et de juger leur différend au sujet du monastère de Chanteuges................. 321

XLII. ALEXANDRE III donne un rescrit en faveur du clergé et du peuple de Montpiloux qui demandaient qu'on érigeât en évêché l'abbaye de Montpiloux qui relevait de la Chaise-Dieu.................................... 323

LUCIUS III (1181-1185).

I. LUCIUS III à Ponce, évêque de Clermont. Il l'engage à contraindre la famille de Annelt à ne pas enlever l'église d'Auzon à la Chaise-Dieu............................ 323

II. LUCIUS III à Lantelme, abbé de la Chaise-Dieu. Il arrête que la Chaise-Dieu ne paiera aucune dîme au sujet des terres et des animaux des prieurés qui en dépendent.... 325

III. LUCIUS III à Aix, abbesse de Blesle. Il confirme cette abbaye dans la possession de plusieurs églises.......... 325

IV. LUCIUS III aux moines de la Chaise-Dieu. Il leur annonce qu'il a conféré à Lantelme, leur abbé, le privilége de porter la mitre aux principales fêtes............... 326

V. LUCIUS III à Lantelme, abbé de la Chaise-Dieu. Il met ce monastère sous la protection du Saint-Siége et lui confère de nombreux priviléges........................ 327

VI. LUCIUS III à Aimeric, prieur, et au chapitre de Souvigny. Il leur confère certaines immunités.............. 336

VII. LUCIUS III à Ponce, abbé de Saint-Allyre. Il confirme ce monastère dans ses possessions et dans ses priviléges.. 338

VIII. LUCIUS III à l'évêque de Nevers. Il lui donne le pouvoir de confirmer Aimeric, prieur de Souvigny, dans le droit de présenter à la chapelle de Bourbon............ 341

IX. LUCIUS III à Philippe-Auguste, roi de France. Il le prie de s'intéresser à une demande que lui adressait Florence, abbesse de Cusset........................... 341

X. LUCIUS III à Beraud, prieur de Saint-Hilaire de Cardonet. Il le confirme dans la possession de l'église de Saint-Hilaire....................................... 343

DES MATIÈRES. 537

XI. Lucius III à la prieure de Saint-Genès-les-Monges. Il met ce monastère sous la protection du Saint-Siége et le confirme dans la possession de certains biens........... 343

XII. Lucius III à l'abbé de Saint-Pierre-le-Vif. Il confirme ce monastère dans la possession de la celle de Mauriac.... 344

XIII. Lucius III à l'abbé de Saint-Gilbert de Neuffontaines. Il met cette abbaye sous la protection du Saint-Siége et la confirme dans ses possessions. 344

XIV. Lucius III à Lantelme, abbé de la Chaise-Dieu. Il prend sous sa protection le monastère de Sainte-Livrade, qui avait été donné à la Chaise-Dieu................. 345

XV. Lucius III confirme la concession qui fut faite par Innocent II à l'abbaye de la Chaise-Dieu des églises de Montpiloux et d'autres possessions....................... 346

XVI. Lucius III au doyen et aux chanoines de Cournon. Il met sous la protection du Saint-Siége leur collégiale et prend d'autres dispositions à leur égard.............. 346

URBAIN III (1185-1187).

Urbain III à Hugues, abbé de Cluny. Il confirme cette abbaye dans la possession de ses monastères, parmi lesquels il désigne ceux de Mozat, de Thiers et de Menat... 348

CLÉMENT III (1187-1191).

I. Clément III à Hugues, abbé de Cluny. Il confirme cette abbaye dans la possession de plusieurs monastères, parmi lesquels il nomme ceux de Mozat, de Thiers et de Menat. 349

II. Clément III à Arnaud, abbé de Saint-Allyre. Il confirme cette abbaye dans ses biens et décrète plusieurs mesures qui la concernent........................... 349

III. Clément III à Durand, abbé de Saint-André. Il confirme ce monastère dans la possession de ses biens et de ses immunités...................................... 354

IV. Clément III à Jean, abbé de Saint-Gilbert de Neuffontaines. Il met ce monastère sous la protection du Saint-Siége, le confirme dans ses biens et ses immunités...... 360

V. Clément III à Jean, cardinal et légat du Saint-Siége. Il lui recommande de faire savoir qu'il a inscrit au catalogue des saints, Etienne, de Thiers, fondateur de l'ordre de Grammont... 364

VI. CLÉMENT III à Géraud, prieur de Grammont. Il lui annonce qu'il a donné à Jean, légat du Saint-Siége, la mission d'apprendre qu'il avait mis au catalogue des saints Etienne de Thiers... 365

VII. CLÉMENT III à Guillaume, prévôt de l'église de Clermont. Il confirme l'Eglise de Clermont dans ses biens et immunités.. 367

VIII. CLÉMENT III à Gilbert, évêque de Clermont. Il le relève d'un serment, en vertu duquel il avait reconnu au chapitre cathédral un droit préjudiciable à la dignité épiscopale.. 373

CÉLESTIN III (1191-1198).

I. CÉLESTIN III à l'abbé de Saint-Sixte de Plaisance, monastère dépendant de la Chaise-Dieu. Il lui accorde l'usage de l'anneau pour les jours de fête et le droit de le porter dans la célébration solennelle des saints mystères........ 374

II. CÉLESTIN III au prévôt et au monastère d'Ulcia. Il les confirme dans la possession de la chapelle de Sainte-Croix, située à Chamalières... 375

III. CÉLESTIN III à l'abbé et aux moines de Val-Luisant. Il prend ce monastère sous sa protection et lui confère certains priviléges.. 376

IV. CÉLESTIN III envoie des lettres apostoliques pour empêcher les dommages que des hommes pervers causaient à l'abbaye de la Chaise-Dieu...................................... 379

V. CÉLESTIN III envoie de nouveau des lettres apostoliques pour faire cesser les pillages de ceux qui s'étaient emparés de différentes terres de la Chaise-Dieu................. 379

VI. CÉLESTIN III à Henry de Sully, archevêque de Bourges et à l'évêque de Clermont. Il leur ordonne de prendre des mesures, au sujet des dommages qui avaient été causés à la Chaise-Dieu et notamment aux prieurés de Teilhède, de Saint-Germain-l'Herm, de Bulhon et de Montferrand... 379

VII. CÉLESTIN III mande aux moines de la Chaise-Dieu, au clergé et au peuple de Montpiloux de se présenter devant lui, afin d'exposer leurs raisons au sujet de l'érection du prieuré de Montpiloux en évêché....................... 383

VIII. Célestin III à Pierre, évêque de Porto, à Jean, à Soffrède et à Jean, cardinaux. Il les charge d'examiner l'affaire au sujet de laquelle la Chaise-Dieu était en différend avec le clergé et le peuple de Montpiloux.... 383

IX. Célestin III à Etienne de Brezons, abbé de la Chaise-Dieu. Il arrête que le prieuré de Montpiloux sera toujours un prieuré soumis à la Chaise-Dieu............ 383

X. Célestin III à l'abbé de Saint-Martin de l'Ile-Barbe et à Pons de Rochebaron, chanoine de Lyon. Il les engage à faire rescinder un contrat de vente qui avait été fait au détriment de la Chaise-Dieu........................ 388

XI. Célestin III à Bernard de Roffiac, abbé de Pébrac. Il confirme ce monastère dans le maintien de son abbatiat. 388

XII. Célestin III au prévôt et aux chanoines de Montsalvy. Il confirme cette prévôté dans la possession des églises qui lui ont été données par Pons, évêque de Rodez, et d'autres églises............................. 389

XIII. Célestin III à Gilbert, évêque de Clermont. Il l'autorise à faire cesser un abus consistant en ce qu'un chanoine du chapitre cathédral pouvait, sans le consentement de l'évêque et du chapitre, mettre l'église en interdit et suspendre l'office divin................... 389

XIV. Célestin III porte une sentence d'excommunication contre des clercs et des bourgeois de Montferrand qui avaient fait bâtir la chapelle de Saint-Jean, sans l'autorisation de l'abbé de la Chaise-Dieu....................... 389

XV. Célestin III porte une sentence contre les Hospitaliers de Montferrand et les prêtres de la communauté de cette ville... 390

XVI. Célestin III à Hélie, archevêque de Bordeaux. Il le charge de régler le différend qui s'était élevé entre Gilbert, évêque de Clermont, et Arnaud, abbé de Saint-Allyre.. 390

XVII. Célestin III à l'abbé de Saint-Allyre. Il ratifie la donation de l'église de Villeneuve et d'autres églises faite à cette abbaye.................................. 391

XVIII. Célestin III confirme l'abbaye de Saint-Amable de Riom dans la possession de l'hôpital de Riom........ 391

SUPPLÉMENT.

Formose approuve la fondation de l'abbaye d'Aurillac..... 393

Agapet II à Aimard, abbé de Cluny. Il confirme cette abbaye dans ses possessions, parmi lesquelles il désigne l'alleu de Sauxillanges.......................... 394

Alexandre II au chapitre de Brioude. Il enjoint au chapitre de faire punir ceux qui dans cette ville commettaient des usures excessives........................... 394

Urbain II à Guillaume, évêque d'Auvergne. Il le chargé de régler le différend élevé entre l'abbaye de Moissac et l'abbaye de Conques, au sujet de l'église de *Déavolojul*. 395

Pascal II à Pierre Roux, évêque d'Auvergne. Il le charge de mettre en vigueur la mesure que Guillaume, son prédécesseur, avait prise au sujet de l'église de *Déavolojul*. 395

Adrien IV aux archevêques de Vienne et de Lyon. Il leur ordonne d'enjoindre à Eustache de Montboissier de mettre un terme à ses dévastations sur les terres de Sauxillanges.. 396

APPENDICE.

I. Charles-le-Chauve aux grands et autres sujets de son royaume. Il leur fait savoir qu'il a donné l'abbaye de Saint-Pourçain à Geilon, abbé de Saint-Philibert de Héro. 399

II. Guillaume-le-Pieux, comte d'Auvergne, déclare qu'il donne au monastère de Moissat la terre et l'église de Peschadoires.................................... 401

III. Guillaume-le-Pieux expose qu'il donne à l'église de Sauxillanges divers biens situés dans la vicairie d'Usson et l'église de Gignat.............................. 402

IV. Acfred, duc d'Aquitaine, fait savoir qu'il a établi dans sa terre de Sauxillanges douze moines et qu'il leur a assuré la possession d'un certain nombre de biens....... 404

V. Hildegarde déclare qu'elle donne au monastère de Sauxillanges l'église de Bournoncle et plusieurs biens situés à Plauzat.. 408

VI. Etienne II, évêque des Arvernes, atteste qu'il donne au monastère de Sauxillanges l'église de Bonnac et celle de Fournols.. 410

VII. Arbert notifie qu'il cède au monastère de Sauxillanges l'église de Saint-Hilaire et plusieurs autres biens... 412

VIII. Amblard de Brezons expose plusieurs faits concernant la fondation du monastère de Saint-Flour........ 413

X. Eustorge et Amblard font savoir qu'ils donnent aux monastères de Cluny et de Sauxillanges l'église de Saint-Flour avec ses dépendances........................ 415

X. Louis-le-Débonnaire fait une donation à l'église de Brioude et prend plusieurs arrêtés qui la concernent.... 416

XI. Pepin, roi d'Aquitaine, prend sous sa protection le monastère de Saint-Julien de Brioude................ 418

XII. Léger, archevêque de Vienne, arrête que le prévôt de Saint-Julien de Vienne sera pris dans le chapitre de Vienne ou dans celui de Brioude...................... 420

XIII. Henri Ier, roi de France, confirme l'érection de l'abbaye de la Chaise-Dieu............................ 423

XIV. Pépin, roi de France, confirme l'abbaye de Mozat dans la possession de ses biens....................... 426

XV. Guillaume, comte de Poitiers, établit à Ennezat un chapitre de douze chanoines......................... 429

XVI. Henri II, roi d'Angleterre, duc de Normandie et d'Aquitaine, confirme la fondation du chapitre d'Ennezat. 430

XVII. Seguin, abbé de la Chaise-Dieu, expose qu'il a rendu la Chartreuse à Bruno, son premier possesseur........ 431

XVIII. Durand, évêque d'Auvergne, cède l'abbaye de Mozat au monastère de Cluny........................ 432

XIX. Phillipe Ier, roi de France, fait savoir qu'il a donné le monastère de Mozat à Hugues, abbé de Cluny........ 433

XX. Les religieuses de Blesle à Urbain II. Elles implorent la protection du pape contre les moines de la Chaise-Dieu... 434

XXI. GUILLAUME DE BAFFIE, évêque d'Auvergne, donne au monastère de Sauxillanges le lieu et l'église de Viverols. 436

XXII. RICHARD, évêque d'Albano, à Pierre Roux, évêque d'Auvergne. Il lui recommande de ramener dans la voie de l'obéissance les auteurs du désordre qui avait éclaté au monastère de Mauriac............................ 438

XXIII. LÉGER, archevêque de Bourges, à Pierre Roux, évêque d'Auvergne. Il lui ordonne de prendre des mesures sévères contre les moines de Mauriac et leurs partisans.. 439

XXIV. RICHARD, évêque d'Albano, à Pierre Roux, évêque d'Auvergne. Il lui reproche de ne pas avoir exécuté ses volontés, au sujet des discordes qui avaient éclaté au monastère de Mauriac............................ 440

XXV. GUY, archevêque de Vienne, cède l'abbaye de Saint-André de Vienne à la Chaise-Dieu................... 441

XXVI. PIERRE ROUX, évêque de Clermont, à Pascal II. Il félicite le pape de son décret contre les incendiaires et lui demande quelle conduite il doit tenir contre quelques-uns de ses paroissiens qui s'étaient rendus coupables d'incendie.. 443

XXVII. CHARTE concernant le litige des moines d'Aniane et de ceux de la Chaise-Dieu, au sujet du monastère de Sainte-Marie de Gourdaignes...................... 445

XXVIII. BÉATRIX, comtesse et duchesse, donne douze hameaux au monastère de Frassinoro, dépendant de la Chaise-Dieu... 447

XXIX. FROTAIRE, évêque d'Albi, fait une donation de plusieurs biens à l'abbaye de Gaillac, dépendant de la Chaise-Dieu... 448

XXX. ETIENNE II, évêque d'Auvergne, donne à l'église de Saint-Julien de Brioude le lieu de Liziniac et ses trois églises.. 449

XXXI. CUNEBERT, prévôt du chapitre de Brioude, donne le lieu de Chanteuges, pour qu'il y soit fondé un monastère.. 452

XXXII. ACFRED, comte d'Auvergne, donne à l'église de Brioude divers biens et entre autres l'église de Brassac... 457

XXXIII. LES CLERCS DE SAINTE-LIVRADE font donation de l'église de Sainte-Livrade à l'abbaye de la Chaise-Dieu... 458

XXXIV. Ansèric, archevêque de Besançon, fait donation du monastère de Faverney à l'abbaye de la Chaise-Dieu. 460

XXXV. Hugues, archevêque de Rouen, à Adhémar, abbé de Saint-Thibéry. Il déclare qu'il a examiné le différend de l'abbé de la Chaise-Dieu et de l'abbé de Saint-Thibéry, au sujet de l'église de Bessan, et il approuve la restitution de l'église de Bessan à l'abbaye de Saint-Thibéry........ 462

XXXVI. Hugues, archevêque de Rouen, à Innocent II. Il déclare qu'il a ratifié la décision, en vertu de laquelle l'église de Bessan a été rendue à l'abbaye de Saint-Thibéry.................................... 465

XXXVII. Guy, légat du Saint-Siége et cardinal, à Adhémar, abbé de Saint-Thibéry. Il fait connaître les arrangements pris au sujet de la restitution de l'église de Bessan au monastère de Saint-Thybéry............... 467

XXXVIII. Aimeric, évêque des Arvernes, expose que l'accord s'est fait entre lui et l'abbé de Cluny, au sujet des églises dont la possession avait soulevé des contestations..................................... 470

XXXIX. Richard, évêque d'Albano, s'engage à protéger le monastère de Sauxillanges contre le brigandage de ceux qui le dévastaient......................... 472

XL. Raimond, abbé de Chanteuges, fait cession de ce monastère à la Chaise-Dieu.......................... 474

XLI. Pierre-le-Vénérable à Eugène III. Il conjure le pape d'examiner le litige qui existait entre l'évêque de Nîmes et l'abbé de la Chaise-Dieu, au sujet de l'église de Saint-Baudile et de rendre cette église à la Chaise-Dieu.. 475

XLII. Pierre-le-Vénérable à Eugène III. Il le prie de recevoir avec bienveillance Jordan, son frère, qui se rendait à Rome.................................. 478

XLIII. Pierre-le-Vénérable à Eugène III. Il expose la situation dans laquelle se trouve l'Eglise de Clermont.... 479

XLIV. Charte pour le monastère de Sauxillanges. Il est dit que Guillaume, comptour de Nonette, renonce aux mauvaises coutumes qu'il avait établies à Saint-Etienne, terre dépendant du monastère de Sauxillanges......... 482

XLV. Guillaume, comte d'Auvergne, s'engage à ne plus causer aucun tort à l'abbaye de Mozat............... 483

XLVI. LE PRIEUR DE SAINT-POURÇAIN et ses moines à Louis VII. Ils le supplient de protéger leurs intérêts contre les bourgeois de Saint-Pourçain.............. 485

XLVII. PIERRE DE LA CHATRE, archevêque de Bourges, et BERNARD, évêque de Nevers, à Louis VII. Ils l'entretiennent des mesures qu'ils ont prises, au sujet du différend des moines et des bourgeois de Saint-Pourçain.... 486

XLVIII. LE CHAPITRE ET LES BOURGEOIS DE BRIOUDE à Louis VII. Ils le conjurent de veiller sur leurs intérêts et de mettre un terme aux calamités qui les désolent.... 488

XLIX. PIERRE DE LA CHATRE, archevêque de Bourges, à Louis VII. Il le prie de recevoir avec bienveillance le doyen de Brioude qui se rend auprès de lui, et d'obtempérer à sa demande............................. 490

L. ALDEBERT, évêque de Mende, et ALEXIS, cardinal, à Louis VII. Ils lui rendent compte de leurs négociations auprès du prévôt et du doyen de Brioude............. 490

LI. LE CHAPITRE ET LES BOURGEOIS DE BRIOUDE à Louis VII. Ils le conjurent de les protéger contre le doyen de Brioude. 492

LII. LE PRÉVÔT, L'ABBÉ ET LE CHAPITRE DE BRIOUDE à Louis VII. Ils le supplient de mettre un terme aux violences du doyen de Brioude...................... 493

LIII. LE CHAPITRE DE CLERMONT à Louis VII. Il le prie d'intervenir en faveur du doyen contre le prévôt et l'abbé de Brioude................................. 494

LIV. ARCHEMBAUD DE BOURBON à Louis VII. Il le prie d'accueillir favorablement le doyen de Brioude et l'abbé de Saint Germain-Lembron qui se rendent auprès de lui... 495

LV. LES CHANOINES DU CHAPITRE DE CLERMONT à Louis VII. Ils implorent son secours contre ceux qui ne cessaient d'inquiéter l'Eglise de Clermont.................... 496

LVI. HUGUES, évêque de Soissons à Louis VII. Il lui rend compte de ce qui s'est passé à l'entrevue où ont eu lieu des pourparlers avec les commissaires du roi d'Angleterre, au sujet des comtes d'Auvergne................ 497

LVII. HUGUES, évêque de Soissons, et THÉOBALD DE GISORS à Louis VII. Ils l'entretiennent du résultat de leur entrevue avec l'évêque d'Evreux et les autres Normands, au sujet de la reddition des otages donnés par les comtes ou pour les comtes d'Auvergne................ 498

DES MATIÈRES. 545

LVIII. Hyacinthe, cardinal-diacre, à Louis VII. Il lui déclare que le pape n'a pas eu l'intention de porter atteinte à la dignité royale, en relevant le comte d'Auvergne de son excommunication.................................. 499

LIX. Ponce, abbé de la Chaise-Dieu, à Louis VII. Il le supplie d'intervenir en faveur d'un de ses moines, Bernard, prieur de Cépey, que Dalmace de Freschet détenait en prison....................................... 501

LX. Louis VII prend l'abbaye de Mozat sous sa protection. 502

LXI. Guillaume VII, comte d'Auvergne, et Dauphin, son fils, donnent à l'abbaye de Mozat et au prieuré de Giat l'église du château de Fernoel.................. 505

LXII. Guillaume VII, comte d'Auvergne, et le Dauphin d'Auvergne donnent au monastère de Saint-André tous les biens qu'ils possèdent en certains endroits qu'ils énumèrent................................... 506

LXIII. Hyacinthe, cardinal-diacre, à Bertrand, abbé de la Chaise-Dieu, à Guillaume, prévôt de Brioude et au chapitre. Il expose les mesures qui ont été prises au sujet des difficultés qui s'étaient élevées entre le chapitre de Brioude et l'abbaye de la Chaise-Dieu touchant le monastère de Chanteuges................................ 508

LXIV. Philippe, roi de France, déclare que les religieuses de Cusset ont mis sous sa protection tout ce qu'elles possédaient....................................... 513

LXV. Charles-le-Gros confirme les dispositions prises par Emmène, évêque de Nevers, au sujet des religieuses de Cusset, et porte plusieurs arrêtés qui les concernent.... 514

CORRECTIONS ET ADDITIONS.

Pages
13. Note, ligne 7, au lieu de *de Vaix*, lisez *de Bex*.
15. Note, ligne 18, *XIII*ᵉ, lisez *XII*ᵉ.
20. Note, ligne 19, nº *VIII*, lisez nᵒˢ *VIII-IX*.
34. Ligne 3, mettez 2 *Mai* avant 1052.
34. Note, ligne 10, nº *VIII*, lisez nº *X*.
id. Note, ligne 12, nº *X*, lisez nº *XI*.
id. Note, ligne 18, nº *X*, lisez nº *XII*.
35. Note, ligne 19, nº *XI*, lisez nº *XIII*.
38. Ligne 4, *Etienne X*, lisez *Etienne IX*.
38. Note, ligne 18, *Etienne X*, lisez *Etienne IX*.
39. Note, ligne 6, *Escorailles*, lisez *Scorailles*.
41. Note, ligne 1, *Soulhac*, lisez *Souillac*.
41. Note, ligne 3, *Cayrac*, lisez *Escayrac*.
41. Note, ligne 5, *diocèse de Valence*, lisez *diocèse de Gap*.
42. Mettre la lettre d'Alexandre II à Emile avant celle de Nicolas à Emile.
45. Note, ligne 3, *enrichi*, lisez *enrichie*.
45. Note, ligne 12, nº *XII*, lisez nº *XIV*.
46. Note, ligne 7, nº *XIII*, lisez nᵒˢ *XV-XVI*.
50. Ligne 14, *Galliac*, lisez *Gaillac*.
50. Ligne 16, mettez 27 *Mars* avant 1080.
51. Note, ligne 6, *faites*, lisez *faite*.
51. Note, ligne 19, *Saint-Beausile*, lisez *Saint-Baudile*.
61. Ligne 21, avant 1077, mettez 12 *Mai*.
64. Ligne 13, avant 1092, mettez 11 *Avril*.
64. Note, ligne 8, nº *XI*, lisez nº *XVII*.
67. Note, ligne 5, nº *XII*, lisez nº *XVIII*.
67. Note, ligne 6, nº *XIII*, lisez nº *XIX*.
68. Note, ligne 1, *Chatel-de-Montagne*, lisez *Chatel-Montagne*.
69. Ligne 4, 15 *Août*, lisez 16 *Juillet*. Mettre la lettre d'Urbain II à Lambert avant la lettre d'Urbain II à tous les métropolitains.
69. Ligne 18, *XVIII kalendas*, lisez *XVII kalendas*.
70. Note, ligne 11, nº *XIV*, lisez nº *XX*.
72. Ligne 9, 7 *Septembre*, lisez 6 *Septembre*.
89. Note, ligne 31, après *Appendice, n°...*, mettre *XXI*.
99. Note, ligne 8, *Sainte-Liorade*, lisez *Sainte-Livrade*.
105. Ligne 13, mettez 14 *Novembre* avant 1100.
105. Note, ligne 14, 1106, lisez 1107.
109. Ligne 5, 17 *Mai*, lisez 17 *Décembre*.
111. Ligne 4, *MCII*, lisez *MCIII*.

CORRECTIONS ET ADDITIONS.

Pages

112. Ligne 3, mettez 10 *Novembre* avant 1104.
117. Note, ligne 3, *Nériguet,* lisez *Nérignet.*
118. Ligne 17, mettez 4 *Février* avant 1106.
118. Note, ligne 2, *canton de Souvigny,* lisez *canton de Saint-Pourçain.*
118. Note, ligne 6, *Andres,* lisez *Andryes.*
119. Note, ligne 18, *Saint-Tiberi,* lisez *Saint-Thibéry.*
121. Ligne 2, *Febroarii,* lisez *Februarii.*
126. Note, ligne 22, *les moines de la Chaise-Dieu*, lisez *les moines d'Aniane.*
127. Ligne 8, 12 *Août,* lisez 4 *Août.*
137. Mettez le *numéro LXXV* avant le *numéro LXXIV,* et transposez les numéros.
137. Ligne 26, 12 *Avril,* mettez 4 *Avril.*
145. Note, ligne 4, *trente-un ans,* mettre *trente-trois ans.*
153. Note, ligne 39, *neveu,* mettre *oncle.*
153. Note, ligne 39, *oncle,* mettre *neveu.*
153. Note, ligne 40, *Hugues,* mettre *Odilon.*
153. Note, ligne 29, *Chantouge,* lisez *Chanteuges.*
165. Note, ligne 2, *ierre,* lisez *Pierre.*
167. Note, ligne 4, *Guillaume VIII,* lisez *Guillaume VII.*
175. Note, ligne 19, *Neyrac,* lisez *Neyrat.*
184. Ligne 23, 31 *Juillet,* lisez 14 *Juillet.*
185. Ligne 5, *Favernay,* lisez *Faverney.*
188. Ligne 6, 27 *Juin,* lisez 9 *Juin.*
190. Ligne 15, *Vioux,* lisez *Vieux.*
194. Ligne 3, 22 *Avril,* lisez 26 *Avril.*
198. Note, ligne 1, 1136, lisez 1137.
213. Ligne 8, 15 *Février,* lisez 18 *Février.*
215. Note, ligne 15, *les termes et les plus,* lisez *les termes les plus.*
217. Ligne 5, 11 *Mars,* lisez 12 *Mars.*
220. Ligne 18, 20 *Février,* lisez 21 *Avril.*
232. Ligne 9, mettez 28 *Décembre* avant 1155.
236. Ligne 6, mettez 13 *Décembre* avant 1157.
240. Ligne 10, 24 *Mai,* lisez 23 *Avril.*
266. Note 32, *Saint-Germain-Lembron*, lisez *de l'abbé de Saint-Germain-Lembron.*
267. Mettez les nos *CLXVI* et *CLXVII* avant le no *CLXI,* et transposez les numéros.
278. Ligne 20, *fin de Juin,* lisez 20 *Juin.*
288. Ligne 7, 18 *Mars,* lisez 15 *Février.*
302. Ligne 13, *Octobre,* lisez *Septembre.*
306. Ligne 3, 10 *Octobre,* lisez 18 *Septembre.*
309. Note, ligne 14, *collection,* lisez *collation.*
377. Note. On ne voit que des ruines au lieu où était l'abbaye du Boucheix.
505. *Boutelier,* lisez *Boutcillier.*

Clermont, typ. Ferd. THIBAUD.

www.ingramcontent.com/pod-product-compliance
Lightning Source LLC
Chambersburg PA
CBHW070412230426
43665CB00012B/1338